绝对精神的感性知识

黑格尔艺术论研究

The Sensual Knowledge of the Absolute Spirit
A Systematic-Historical Study of Hegel's Position on Art

徐贤樑　著

中国社会科学出版社

图书在版编目(CIP)数据

绝对精神的感性知识:黑格尔艺术论研究/徐贤樑著. —北京：中国社会科学出版社，2023.10
ISBN 978-7-5227-2638-0

Ⅰ.①绝… Ⅱ.①徐… Ⅲ.①黑格尔(Hegel,Georg Wehelm 1770-1831)—艺术哲学—研究 Ⅳ.①B516.35②J0-02

中国国家版本馆 CIP 数据核字(2023)第 181869 号

出 版 人	赵剑英
责任编辑	王小溪　顾世宝
责任校对	周　昊
责任印制	戴　宽

出　　版	中国社会科学出版社
社　　址	北京鼓楼西大街甲 158 号
邮　　编	100720
网　　址	http://www.csspw.cn
发 行 部	010-84083685
门 市 部	010-84029450
经　　销	新华书店及其他书店
印　　刷	北京君升印刷有限公司
装　　订	廊坊市广阳区广增装订厂
版　　次	2023 年 10 月第 1 版
印　　次	2023 年 10 月第 1 次印刷
开　　本	710×1000　1/16
印　　张	40
字　　数	579 千字
定　　价	219.00 元

凡购买中国社会科学出版社图书，如有质量问题请与本社营销中心联系调换
电话：010-84083683
版权所有　侵权必究

出 版 说 明

　　为进一步加大对哲学社会科学领域青年人才扶持力度，促进优秀青年学者更快更好成长，国家社科基金 2019 年起设立博士论文出版项目，重点资助学术基础扎实、具有创新意识和发展潜力的青年学者。每年评选一次。2021 年经组织申报、专家评审、社会公示，评选出第三批博士论文项目。按照"统一标识、统一封面、统一版式、统一标准"的总体要求，现予出版，以飨读者。

全国哲学社会科学工作办公室
2022 年

序

朱立元

黑格尔的体系包罗万象，恢宏深邃，在20世纪80年代，对黑格尔美学的研究出现过一段"热潮"，也带动起了国内美学学科的发展，一些研究者不免感叹，研究似乎再难创兴。随着近年来，各种西方最前沿思潮的译介，其价值取向和关注焦点颇受青年学者欢迎，一些研究者便认为黑格尔美学乃至整个德国古典美学，既属"古典"，似乎很难对当下有真正的启示。这些都为黑格尔研究带来了真正的困惑，同时也提出了现实的问题：黑格尔美学对于现代世界是否仍有意义和价值？当前的研究范式还能否有所推进和深化？

徐贤樑是我的博士生，他的博士学位论文是在我的指导下完成的。他从读博期间研究黑格尔哲学美学起，在这个领域有多年的积累和辛勤工作。《绝对精神的感性知识：黑格尔艺术论研究》这部书稿是他在博士学位论文的基础上完成的。我认为，这是一部颇具学术分量的力作。在我看来，这部新著的面世，是对我国黑格尔美学研究的新突破，乃至对于整个德国古典美学研究都有所裨益。要在黑格尔美学研究中做到推陈出新，既需要有理论的勇气，又要求有崭新的视角，更应肯下苦功。徐贤樑博士不仅基于文本力求对黑格尔思想的本来面貌做出尽量准确、忠实的还原，而且对黑格尔美学研究一系列重要的问题都展示出颇多的新意与洞见。

在读完这部书稿后，有三处给我留下了很深刻的印象。

首先是作者架构全书的思路有创新性。作者提出，在黑格尔的整个体系中，概念的自我规定在不同层次上的展开决定了艺术的不同功能，艺术的功能性既包含了在《精神现象学》中引导个体意识上升到科学立场的真理性功能，又指向了实在哲学中唤醒个体不断反思和认识到自身自由本质的审美教育功能。实际上，作者在书中提出了一种对黑格尔体系的全新看法，即精神现象学—逻辑学—实在哲学构成的黑格尔体系的大圆圈，分别代表了概念在人类意识中自我规定、概念在自身中自我规定和概念在现实中自我规定的不同层次。通过这种整体性的阐释架构，作者认为，黑格尔的艺术哲学实质上是一种现代意义上的文化哲学。在黑格尔那里，历史的发展本身不是封闭的，而是不断完善自身的。这种对自身的完善就是通过文化间接消除那些掩盖本真自由的因素。艺术、宗教与哲学各自以自身独特的方式不断加深着历史中个体对自由本质的理解。因而文化哲学既与整个世界历史保持着同步性，又包含着差异，文化的进步并不单纯发生在世界历史的一个区域之中，而是个体意识通过认识和行动，塑造和建构自身复又推动历史的进程，二者呈现为一种有中介的思辨的同一性。这一思路给我以很大的启发，对抉发黑格尔美学的当下意义和价值提供了一个真正可靠的视点和解释模型。

其次，作者对《精神现象学》中的"艺术宗教"与《哲学科学全书纲要》中的"艺术"规定之间的关联和区别给出了一个前后贯通、逻辑严谨的解释。作者指出，艺术在《精神现象学》中起到了引导个体意识不断趋近真理，逐渐提升到概念思维的高度，因而可被称为"艺术—真理论"；而艺术在《哲学科学全书纲要》中代表了整个人类对自身自由存在者本质的全面认识，形象化地呈现了人类如何按照对真理的认识改造自然、改造社会，逐渐将历史导向自由的全过程，故能被称为"艺术—自由论"；二者既有层次上的区别，又是内在一致的，前者构成了后者的基本前提，而后者则是前者的最终根据。我觉得，这一看法乃是作者苦读黑格尔多年的创见，突出阐发和论证了黑格尔思想方法的精髓乃是概念的前进—回溯，从而基于概念的自我规定说明了黑格尔体系乃是逻辑学、本体论、认识论和方法论的统一。在这个意义上，本书不仅对黑格尔《精神现象学》中"艺术宗教"与美学体系之间的关系有了新的创见，并且多层次地分析了黑格尔的美学体系与其思想整体的内在关系，新见迭出，论证严密。

最后，还要谈的一个印象是，作者极其关注1800年前后德意志重要思想家对艺术功能问题的讨论，将黑格尔的美学体系建构置于对早期浪漫派、施莱尔马赫、荷尔德林、谢林等人的吸收、借鉴以及与他们的对话乃至争辩的整体语境中加以考察，这体现了作者独到的眼力。他以德文原著等第一手资料为依据，在这方面做了大量细致入微的考辨和梳理，判定黑格尔的艺术论正是在这种批判与争辩过程中逐渐形成和日趋完善的，这也是本书能展示研究新意和开阔视野的主要原因。黑格尔不仅是一位深刻的思想巨人，而且对同时代人的相关思考了如指掌，这使得他既能合理地吸纳同时代人对艺术规定的真知灼见，又能批判性地反思同时代人艺术规定中新的预设及局限。作者为了展示这一点，下了很大苦功研究与掌握谢林和德国浪漫派的原典，这确实是难能可贵的。

在此，作为作者的博士生导师，我还要简单提两句本书的作者徐贤樑博士。他从2016年起跟随我读博三年，我的突出印象是，他为人正派、勤学好思，他的知识结构比较完善，总是喜爱思考和钻研最复杂、最深刻的理论问题。他的硕士学位论文《从不定到无限——论〈判断力批判〉"崇高者的分析论"中想象力与理性的关系》有12万字，已经有了很高的学术水准。博士入学以来，在学习研究黑格尔美学的同时，他也保持着对康德美学的关注和积累，并将视野扩展到了整个德国古典美学和西方美学。在读博期间，徐贤樑获得国家留学基金委的资助，赴德国耶拿大学联合培养一年半，在国际知名黑格尔研究专家克劳斯·费维克教授指导下学习和研究，在德语和德国古典哲学、美学和德国古典文学研究方面都大有长进，同时大量掌握了国外研究的前沿动态和学术史脉络。他的博士学位论文完成时已有28万字，聚焦的均为国内外黑格尔美学研究中的重点和难点问题，且研究全部基于第一手外文资料，尤其是充分使用了黑格尔柏林时期《美学讲座》的相关手稿，并广泛采用国外相关的最新研究成果，论文体现了开阔的理论视野和扎实的学术功底，达到很高的学术水平。在博士毕业后，徐贤樑没有停留于博士学位论文所获得的肯定，而是始终充满着求知的热切，并继续在德国古典美学和西方美学方面狠下苦功，不断钻研。回到复旦任教之后，他更加努力进取，先后独立承担多门重要课程，如"美学""文学概论"等，在教学上取得不小的进步，受到学生的好评，同时在科研上也取得了一定的成绩，这无疑是可喜可贺的。

以上，我对徐贤樑的《绝对精神的感性知识：黑格尔艺术论研究》一书谈了不少优点与可取之处，其中有些看法仍有待方家与读者检验，该书真正的价值就在于作者的整体研究框架和不少判断有利于启发思路，引起讨论，从而能真正推动关于黑格尔美学的研究以及德国古典美学的研究。对于一位年轻学者而言，在学术起步期就能拿出50万字的学术专著，已属难能可贵，应给予鼓励，何况目前他并不以此为满足，还在继续不断地翻译和写作。记得我的导师蒋孔阳先生曾告诉我，任何个人的学术研究都必然随着时间逐步深入，年轻时写黑格尔美学，到年长时也许会有新的体会。先生的教导言犹在耳，现在我读了徐贤樑博士的这部著作，深有感触，在青年学者身上看到了对学术研究的热忱和严谨的态度，更寄希望于他们。愿贤樑在上下求索中奋进，取得更大的成绩！

是为序。

2023 年 9 月 23 日

摘　　要

　　"绝对精神的感性知识"是黑格尔对艺术的最高规定，而概念的自我规定在不同层次上的展开决定了艺术的不同功能，艺术的功能性既包含了在《精神现象学》中引导个体意识上升到科学立场的真理性功能，又指向了实在哲学中唤醒个体不断反思和认识到自身自由本质的审美教育功能。故此，对黑格尔艺术论的研究并不是传统意义上对黑格尔艺术哲学的描述性研究，而是对黑格尔对艺术不同层次的规定（现象学中的"艺术—真理"论和实在哲学中"艺术—自由"论）的整体性阐释。在黑格尔看来，艺术在根本上关系到人类对自身本质不同层次的理解：在日常意识之中的个体沉浸在看待世界、理解世界的种种预设之中，世界对个体而言也是封闭和不透明的；艺术（现象学中"艺术宗教"环节）代表着人类有意识地反思这些预设的重要阶段，从而逐渐认识到自己与整个外部世界之间的一致性，黑格尔在现象学中主要讨论了艺术与概念思维的关系，规定了艺术的真理性；实在哲学所展现的是人类从自然王国中脱颖而出，逐渐通过自己的行动改造世界迈向自由的全过程，艺术被黑格尔视为一种对世界历史"概念式地理解"的特定方式，因而也被称作"对绝对精神的感性知识"（das sinnliche Wissen），它代表了整个人类对自身自由存在者本质的全面认识，具体鲜活地呈现了人类如何按照对真理的认识改造自然、改造社会，逐渐将历史导向自由的全过程，艺术在现代世界中肩负着个体自由意识之教化的崇高使命。本书以《精神现象学》中"艺术宗教"部分和三版《哲学科学全书纲要》及四次美学讲座中对"艺术"的整体规定为核心文本，同时基于 1800 年前后德意志特定的思想语境，将黑格尔的艺术论视为对早期浪漫派、施莱尔马赫的"艺术宗教"、荷尔德林的"艺术希腊"以及谢林青年时期审美形而上学等各种方案的反思与回应，判定其艺术论正是在这种批判与争辩过程中逐渐形成和日趋完善的。通过体系—历史结合的研究方法，将以体系为导向的建构性诠释和以历史为导向的语境性诠释作为统一的整体，本研究尝试提供一个对黑格尔艺术论多维度的阐释框架。在黑格尔看来，传统的美学各种形式均已无法容纳艺术的新规定——艺术作为绝对精神历史的特定形式完成了对人类在世界历史逐渐形成的自由本质的直接反思，因此，必须以概念前进—回溯的方式严密地建立起艺术和真理、艺术与自由的内在关联，这构成了艺术哲学得以成立的基础。由此，黑格尔将对艺术功能和价值的思考推向了一个前所未有的深度，所谓艺术本身的历史性，并不是对艺术发展做编年史式的描述，而是对艺术在不同历史阶段的功能的整体性规定；艺术在现象学中引导自然意识朝向概念本身、朝向真理，与艺术在实在哲学中使人类逐步认识到自身的自由本质、朝向概念之自由，既有层次上的区别，又是完全一致的。

关键词：关键词；黑格尔；艺术论；概念；体系；《精神现象学》；实在哲学；真理；自由

Abstract

"The sensuous knowledge of the absolute spirit" is Hegel's highest determination for art, the self-determination of concept at different levels determines the different functions of art, the functions of art not only includes the function of truth in guiding individual consciousness to a scientific standpoint in Phenomenology of Spirit, but also points to the function of aesthetic education in philosophy of reality, which awakens individuals to constantly reflect and recognize their essence's freedom. Therefore, the study of Hegel's position on art is not a descriptive study of Hegel's philosophy of art in the traditional sense, but a study is the holistic interpretation of Hegel's different levels determines of art (the "art-truth" theory in phenomenology and the "art-freedom" theory in the philosophy of reality). In Hegel's view, art is fundamentally related to human beings' understanding of different levels of their own nature: Individuals in daily consciousness are immersed in various presuppositions of understanding the world, and the world is also closed to individuals, art (the "religion of art" in phenomenology) represents an important stage in which humans consciously reflect on these presuppositions, thereby gradually realizing their own coherence with the whole external world, Hegel mainly discussed the relationship between art and conceptual thinking in phenomenology, and defined the truth of art; what the philosophy of reality shows is the whole process that human beings stand out from the kingdom of nature and gradually transform the world and move towards freedom through their own actions, art is seen by Hegel as a specific way of "conceptually understanding" world history, therefore, it is also called "sensuous knowledge of the absolute spirit" (das sinnliche Wissen), it represents the entire human beings' comprehensive understanding of the nature of their own free beings, and vividly presents the whole process of how human beings transform nature and society according to their understanding of truth, and gradually lead history to freedom. In the modern world, art shoulders the noble mission of educating the consciousness of individual freedom. The core text of this study is the "Religion of Art" in Phenomenology of Spirit, the overall determination of "art" in the four Aesthetics Lectures on Fine Art and the third edition of "Encyclopedia of the Philosophical Sciences in Basic Outline", based on the specific context of Germany around 1800, Hegel's position on art is regarded as a reflection and response to the early Romantics, Schleiermacher's "artistic religion", Hölderlin's "artistic Greece" and young Schelling's aesthetic Metaphysics and other variety. It is in this process of criticism and debate that Hegel's position on art is gradually formed and perfected. Through the research method of system-history integration, the study attempts to provide a multi-dimensional interpretive framework for Hegel's theory of art by integrating the system-oriented constructive interpretation and the history-oriented contextual interpretation as a unified whole. In Hegel's view, the various forms of traditional aesthetics can no longer accommodate the new determination of art – art, as a specific form of history of absolute spirit, has completed a direct reflection on the nature of freedom that human beings have gradually formed in world history. Therefore, the inner connection between art and truth, art and freedom must be strictly established in a forward-backtrack way of concept, which constitutes the foundation on which the philosophy of art can be established. As a result, Hegel pushed his thinking on the function of art to an unprecedented depth. The so-called historicity of art itself is not a description as a chronicle of the development of art, but a description of the different historical functions of art; in phenomenology, art guides natural consciousness toward the truth of concept, and in the philosophy of reality, art makes human beings gradually realize their own nature of freedom and toward the freedom of concepts. There are differences in levels and complete consistency.

Key words: Hegel; position on art; Concept; System; *Phenomenology of Spirit*; Philosophy of Reality; Truth; Freedom

目　　录

导言 ……………………………………………………………（1）
　　第一节　研究主题和全书结构 ……………………………（1）
　　第二节　阐释方法与基本框架 ……………………………（11）
　　第三节　学术史回顾 ………………………………………（18）

第一部分　体系—历史

第一章　黑格尔及其思想 ……………………………………（37）
　　第一节　主旨 ………………………………………………（43）
　　第二节　方法 ………………………………………………（67）
　　第三节　体系 ………………………………………………（89）

第二章　黑格尔时代的艺术与美学思潮 ……………………（119）
　　第一节　艺术 ………………………………………………（119）
　　第二节　审美形而上学 ……………………………………（136）
　　第三节　艺术宗教 …………………………………………（150）

第二部分　《精神现象学》中的"艺术宗教"
——直接知识，新时代的宗教，概念之真

**第一章　扬弃审美形而上学：黑格尔现象学规划中的
　　　　　艺术和哲学的张力** ……………………………（177）
　　第一节　从直接知识到科学概念的演绎：现象学
　　　　　　构想的起源 ……………………………………（180）

第二节 建构"自我意识之历史"的平行进路:《先验唯心论体系》与《精神现象学》 …………………………… (196)
第三节 个体教化和思辨陈述:现象学的结构 ………………… (215)

第二章 审美革命、原型世界与真理之象征:现象学"艺术宗教"的批判与建构 …………………………………… (237)
引论 现象学的文本和线索 ……………………………………… (238)
第一节 艺术与宗教的联合:启蒙之后的新神话 ……………… (248)
第二节 艺术的历史性:古典希腊、美与自然神话 …………… (272)
第三节 艺术的真理性:神话、象征与语言 …………………… (296)

第三章 朝向概念之真:黑格尔对"艺术"的规定与现象学的结构 ……………………………………………………… (332)
第一节 艺术与宗教的永恒同盟:神秘学、"无艺术作品的艺术"与"精神的回忆" ……………………………… (334)
第二节 诸神与上帝:从艺术宗教到天启宗教 ………………… (357)
第三节 创造与概念的和解:现象学中艺术的双重功能 …… (378)

第三部分 《哲学科学全书纲要》和《美学讲演录》中的"艺术"规定
——绝对精神的历史,朝向自由的世界历史与自由之教化

第一章 艺术进入体系的诸条件 ……………………………… (401)
第一节 黑格尔艺术哲学的形成史 ……………………………… (402)
第二节 实在哲学的结构与艺术哲学的定位 …………………… (414)
第三节 黑格尔柏林时期的艺术生活和接受 …………………… (431)

第二章 实在哲学架构中的艺术 ……………………………… (439)
第一节 朝向自由的历史:历史哲学与艺术哲学 ……………… (441)
第二节 概念之真与概念之自由:艺术哲学的逻辑学基础 ……………………………………………… (457)

第三节　绝对精神的历史：艺术、宗教与哲学 …………… (469)

第三章　艺术哲学体系纲要 ……………………………………… (490)
　　第一节　普遍性："艺术"与"绝对精神" …………………… (494)
　　第二节　特殊性：艺术类型 …………………………………… (516)
　　第三节　艺术门类及其他 ……………………………………… (533)

结语　艺术作为现代世界中通向自由的教化 …………………… (550)

参考文献 …………………………………………………………… (555)

索引与术语表 ……………………………………………………… (597)

后记 ………………………………………………………………… (612)

Contents

Introduction ·· (1)
   Section 1   Theme and Structure ··· (1)
   Section 2   The Method of Interpretation and Research Process ······ (11)
   Section 3   Academic Review ·· (18)

Part I   The Systematic—Historical Hermeneutics

Chapter 1   Hegel and His Philosophy ································ (37)
   Section 1   Major Idea ··· (43)
   Section 2   Method ··· (67)
   Section 3   System ··· (89)

Chapter 2   Art and Aesthetics in the Age of Hegel ············ (119)
   Section 1   Art ·· (119)
   Section 2   Aesthetic Metaphysics ·· (136)
   Section 3   The Religion of Art ·· (150)

Part II   "The Religion of Art" in *Spirt of Phenomenology*: Immediate Knowledge, the New Religion of Modern, the Truth of Concept

Chapter 1   The Sublation of Aesthetic Metaphysics: Tension between Art and Philosophy in Hegel's Phenomenology ······ (177)
   Section 1   From Immediate Knowledge to Deduction of Science: the Origin of the Idea of Phenomenology ············ (180)

Section 2　The Parallel Lines of Construction of "the History of Self-consciousness": *System of Transcendental Idealism* and *Spirt of Phenomenology* ……………………… (196)

Section 3　The Education of Individual and Speculative Statement: The Structure of Phenomenology ………………… (215)

Chapter 2　Aesthetic Revolution, Archetype World and Symbol of Truth: Criticism and Construction in "The Religion of Art" in Spirt of Phenomenology ……………… (237)

Prolog　Text and Route of Phenomenology ………………… (238)

Section 1　The Union of Art and Religion: A New Myth after the Enlightenment ……………………………………… (248)

Section 2　The Historicity of Art: Classical Greece, Beauty, and the Natural Myth ……………………………………… (272)

Section 3　Truth in Art: Myth, Symbol, and Language ………… (296)

Chapter 3　Towards Truth of Concept: Hegel's Definition of "Art" and the Structure of Phenomenology …… (332)

Section 1　The Eternal Alliance of Art and Religion: Mysteries, "Art without Works of Art" and "Memories of Spirit" …… (334)

Section 2　Gods and God: From the Religion of Art to the Revealed Religion ……………………………………… (357)

Section 3　Reconciliation of Creation and Concept: The Dual Function of Art in Phenomenology ………………… (378)

Part III　"Art" in the "Encyclopedia of the Philosophical Sciences in Basic Outline" and "Aesthetics Lectures on Fine Art": the History of the Absolute Spirit, the World History towards Freedom and the Education of Freedom

Chapter 1　The Conditions of Art to Enter the System …… (401)

Section 1　History of the Formation of Hegel's Philosophy of Art ……………………………………………………… (402)

Section 2   The Structure of Philosophy of Reality and the Orientation
            of Philosophy of Art ·················· (414)
Section 3   Art Life and Reception in Hegel's Berlin Period ······ (431)

Chapter 2   Art in the Framework of Philosophy of Reality ······ (439)
Section 1   History towards Freedom: Philosophy of History and
            Philosophy of Art ·················· (441)
Section 2   Truth of Concept and Freedom of Concept: The Logical
            Basis of the Philosophy of Art ·················· (457)
Section 3   The History of the Absolute Spirit: Art, Religion,
            and Philosophy ·················· (469)

Chapter 3   The Basic Outline of Philosophy of Art ············ (490)
Section 1   Generality: "Art" and "Absolute Spirit" ·············· (494)
Section 2   Specialty: The Particular Forms of Art ················ (516)
Section 3   The System of the Individual Arts and Other ······ (533)

**Conclusion   Art as Education to Freedom in the
              Modern World** ·················· (550)

Select Bibliography ·················· (555)

Index and Glossary ·················· (597)

Postscript ·················· (612)

导　言

第一节　研究主题和全书结构

一　研究主题

本书旨在探究黑格尔艺术论的基本架构。黑格尔明确指出，"艺术的规定一方面与宗教、哲学有着共同之处；但它有自身固有的方式，即将更高之物以感性方式呈现，且使之接近感受性的本性"[1]，作为整个人类精神生活和文化世界中最富创造性和最具神圣性的活动之一，艺术始终散发着巨大的吸引力，在黑格尔看来，艺术的魅力之源就在于其根本上关涉人类对自身本质的整体性理解。在《精神现象学》的"艺术宗教"环节和"实在哲学"[2]架构下的艺术哲学中，黑格尔分条缕析地探讨了艺术在人类全部生活中的不同功能：现象学[3]引导个体从自然意识走向科学立场，充当了整个体系的入门，处在自然意识之中的个体往往无法反思自己看待世界、理解世界过程中的种种预设，由于预设的遮蔽，世界对个体而言是锁闭自身的，而"艺术宗教"乃是人类开始反思这些预设的重要阶段，并在这一阶段逐渐认识到自己与整个外部世界之间的一致性，即世

---

[1] G. W. F. Hegel, *Vorlesung über Ästhetik*, *Berlin*, *1823*, *Nachgeschrieben von Heinrich Gustav Hotho*, hrsg von Annemarie Gethmann-Siefert, Hamburg; Felix Meiner, 1998, S. 5.
[2] 可参看本书第一部分第一章第三节中的进一步解释。
[3] 本书中出现的"现象学"多指黑格尔的著作《精神现象学》。

界包含了人类塑造的痕迹，人类正是有意识的劳动者和创作者，而古希腊时期的各种艺术形态则是这种一致性的具象化表达，黑格尔在现象学中主要讨论了艺术与概念思维的关系，规定了艺术的真理性；实在哲学主要展现了人类从自然王国中脱颖而出，逐渐通过自己的行动改造世界迈向自由的全过程。艺术被黑格尔视为一种对世界历史"概念式理解"的特定方式，因而也被称作"对绝对精神的感性知识"（das sinnliche Wissen）[1]，艺术代表了人类对自身自由存在者本质的全面认识，具体鲜活地呈现了人类如何按照对真理的认识改造自然、改造社会，逐渐将历史导向自由的全过程，黑格尔赋予艺术在现代世界承担起个体自由意识之教化的重任。这是本书主标题的由来，同时，本书认为，概念的自我规定在不同层次上的展开决定了艺术的不同功能，艺术的功能性既包含了在现象学中引导个体意识上升到科学立场的真理性功能，又指向了实在哲学中唤醒个体不断反思和认识到自身自由本质的审美教育功能。在这个意义上，本书并不是传统意义上对黑格尔艺术哲学的描述性研究，而是对黑格尔艺术论（现象学中的"艺术—真理"论和实在哲学中"艺术—自由"论）的整体性阐释，这构成本书副标题的"黑格尔艺术论研究"的根本指向。黑格尔认为，在现象学中，艺术之真理性以逻辑科学中的概念在自身中的自我规定为根据；在实在哲学中，艺术之自由性以绝对精神哲学中的概念从现实性中返回自身的自由规定为根据，而概念的绝对自由则赋予了艺术引导个体向着自由意识提升的重要使命，由此，实在哲学以逻辑科学为中介统摄了现象学，而逻辑科学以现象学为中介推动世界历史逐渐向着自由迈进，艺术也以独特的方式串联起真理与自由。

黑格尔的艺术论并非孤立的产物，更不像某些学者所批评的那样，是体系对艺术外在的强制——只有在通盘接收黑格尔体系的前

---

[1] G. W. F. Hegel, *Philosophie der Kunst oder Ästhetik, nach Hegel, im Sommer 1826*, hrsg von Gethmann-Siefert Annemarie, München: Fink, 2004, S. 33.

提下,《美学讲演录》开篇那些耸人听闻的宣称才有意义①。相反,迪特·亨利希(Dieter Henrich)在《黑格尔体系的历史前提》中清晰地阐明了黑格尔思想和时代的复杂关系,"就黑格尔的思想发展史而言,有其特殊的困难。他的思想并非是经过数十年孤独的努力所达到的一种平静的、学院式工作的成果(就如康德那样)。黑格尔思想的建立就决定了他完全不可能孤立地思考,因而他身处在一群重要的朋友中间,每天与他们的交往促使他形成自己的思想。如果不能够准确认识黑格尔的发展之路,就不可能对他的思想道路有恰切的理解。他们都属于革命事件频发的时代,这些事件发生在政治和社会领域,同时也发生在意识和思想领域。黑格尔和他的朋友们也将自己看作是这些事件的测震仪(Seismographen),而他们的工作就是去促进这些革命事件的完成"②。18世纪末19世纪初乃是欧洲政治社会结构性变化最为剧烈时期,黑格尔与同时代人已经敏锐地觉察到时代的整体危机之本质乃是哲学的危机,谢林在《一种自然哲学的理念》(1797)谈到了意识和自然各种力量的分裂——而这种二分已然被如今的反思哲学固化为"绝对主体性"和"绝对客体性"的对立。这种对立是哲学发展已达到近代哲学的基本原则——费希特的观念论的必然产物。③黑格尔则在《费希特和谢林哲学体系的差别》中,将当前哲学的任务规定为,扬弃一系列传统的对立,如理性和感性、理智与自然等。黑格尔青年时期致力于促成政治—艺术—宗教之间的联合,以挽救现代性所造成的整体性之丧失以及分裂横生的危局,这一思路实际上与席勒通过审美教育结合感性和理性,早期浪漫派建构新神话完成自然与精神的统一,

---

① Terry Pinkard, Symbolic, Classical, and Romantic Art, in *Hegel and the Arts*, edited by Stephen Houlgate, Evanston: Northwestern University Press, 2007, p. 3.

② Dieter Henrich, *Hegel im Kontext*, Frankfurt. a. M.: Suhrkamp, 1971, S. 41–42.

③ Vgl. Werner Marx, Aufgabe und Methode der Philosophie in Schellings System des transzendentalen Idealismus und in Hegels Phänomenologie des Geistes, in ders: *Schelling: Geschichte, System, Freiheit*, Freiburg & München: Karl Alber, 1977, S. 64.

荷尔德林回归"艺术希腊"综合启蒙原则和古典希腊的世界观，以及谢林《先验唯心论体系》内在指向的审美形而上学都共同源于康德《判断力批判》中的"审美判断力批判"。鉴赏并不以一种有用性的态度看待世界，而是从整体上将世界视为"合乎目的的"（zweckmäßig），马夸德（Odo Marquard）将这一运思方式概括为"转向—美学"[①]，具有艺术审美化（Ästhetisierung der Kunst）、现实审美化（Ästhetisierung der Wirklichkeit）的总体特征。伴随着思考的推进与成熟，黑格尔扬弃了"转向—美学"的这一思想进路，而走向严格的概念式思维和体系哲学建构的道路。对黑格尔而言，以预设的共相为开端，以作为反映之反映的辩证扬弃预设之固化，最终回复到真正的思辨同一性，不仅是概念自我运动的灵魂，而且是事情本身的结构，因而体系哲学并非对现实外在的描述，而是内在呈现（Darstellung）。通过这一思维范式的转换，黑格尔认为分裂对于现代世界既是危机又是一次前所未有的契机，作为被预设的分裂本身内在包含着一种将自身引回统一的思辨—辩证的力量。在这一崭新的视野下，黑格尔虽然高度赞扬艺术和审美本身所包含的克服世界之种种分裂、捍卫人性自由尊严的巨大价值，却也旗帜鲜明地反对将艺术作品视为一个由艺术家创建的超历史的真理空间，更不同意将艺术创造提升为不受任何限制的绝对自由，这些同样是直接性和思维预设被固化的体现。在这个意义上，黑格尔的艺术论不仅是对同时代其他方案的批判，更是修正、兼容与扬弃。

揆诸以上，本书首先基于黑格尔体系的整体框架探究其对艺术的诸规定，同时在1800年前后德意志思想语境中呈现出黑格尔在与同时代人的交流与对话中不断深化自己思考的过程，及其思想方案

[①] Odo Marquard, *Aesthetica und Anaesthetica*, *Philosophische Überlegungen*, München: Wilhelm Fink, 2003, S. 21. 国内谢林学者翟灿将之翻译为"转向美学"，参见翟灿《艺术与神话：谢林的两大艺术哲学切入点》，上海人民出版社2013年版，第12页。本书考虑到die Wende zur Ästhetik的原义为"（哲学决定性地）转向美学"，故在"转向美学"中加入破折号"——"以突出其动态之意。

本身的独特性。围绕着黑格尔艺术论建构的内在脉络，本书以1807年《精神现象学》中"艺术宗教"部分和1817年至1831年海德堡和柏林出版的三版《哲学科学全书纲要》及四次美学讲座[①]（1820/21年、1823年、1826年、1828/29年）中对"艺术"的整体规定为核心文本，主要围绕着黑格尔自己的问题意识，钩稽其在批判和修正早期浪漫派、施莱尔马赫的"艺术宗教"方案以及谢林青年时期审美形而上学的过程中如何形成自己完整的艺术论的过程，在此基础上探究黑格尔艺术论在其体系中的理论前提、形成条件、内在根据、具体内容、整体定位及真正价值，并依此阐明这一方案对黑格尔整个体系哲学的功能，乃至在整个1800年前后广阔的思想—历史语境中的独特意义。具体说来，首先，本研究力图在历史维度和体系维度的双重脉络之下考察黑格尔的问题意识与思想建构的互动关系，在本书第一部分中搭建起黑格尔体系的框架，还原出18、19世纪之交德意志思想界围绕艺术功能展开讨论的问题域，而黑格尔身上则集中呈现了时代和思想间的巨大张力；其次，本研究将动态呈现《精神现象学》出版至《哲学科学全书纲要》完成期间黑格尔思想演进的全过程，及与之同步发生的艺术论的复杂化和思辨化：在《精神现象学》中，黑格尔着力思考的是艺术在体系建构中的作用及其限度，而在实在哲学中，黑格尔则赋予了艺术在体系中的位置和特定功能；本书的关注点最终将聚焦于黑格尔如何处理艺术的真理性与自由教化间的关系上，他将艺术所具有的治疗和挽救时代危局的中介性功能内化为一种对世界历史重新概念化组织的初阶形式。需要强调的是，黑格尔和主导着1800年德意志思想进程的"转向—美学"思想进路分道扬镳的根本原因并不在于二者对待现代世界分

[①] 按施耐德（Helmut Schneider）的考证，黑格尔第一次在大学开设美学讲座是1818年的夏季学期［海德堡，与《哲学科学全书纲要》（1817）处于同一时期］，但这个讲稿已经散佚，故目前尚无完整的编纂版本面世。Vgl. Helmut Schneider, Eine Nachschrift der Vorlesung Hegels über Ästhetik im Wintersemester 1820/21, in *Hegel Studien*, Bd. 26, hrsg von hrsg von Friedhelm Nicolin und Otto Pöggeler, Bonn: Bouvier, 1991, S. 89.

裂的不同态度，而是克服分裂、走向统一的道路不同。黑格尔认为，审美形而上学虽然超越了知性思维和主体性反思哲学的局限性[1]，但通过艺术和审美所达到的统一，还是直接的、局限于审美的自由感受，普通人审美的自由感依赖于艺术天才的创造活动，这就重新预设了艺术天才和普通人的对立，无疑又退回了传统实体形而上学的残余——将艺术生产一劳永逸地树立为伦理生活永恒的正当性来源，这实际上是一个拒绝历史性和事情本身的纯粹抽象。黑格尔与审美形而上学的差异在于，他肯定了分裂本身就是概念思辨—辩证运动的一个环节，也即事情本身的过程，这意味着，黑格尔艺术论建构的要义就在于服从事情本身，服从概念，由此艺术何以具有真理性以及如何在现代世界守护自由才能得到充分揭示：和谐与统一不是为艺术天才所设定的、世界之外的超越者，而是通过艺术对自由意识的教化功能间接地实现的，人类借助艺术、宗教和哲学逐渐认识到自己是真正自由的，自由的真谛就在于能够按照事情本身改造和重塑现实，因而和谐与统一不是通过设定呼吁的，而是通过人类自己的行动造就的。

二 全书结构

本书初步尝试从整体上阐释黑格尔的艺术论，这种整体性的阐释将兼顾黑格尔的体系结构及其思想形成与发展的时代语境。从课题研究的范围来看，黑格尔的艺术论并不等同于一般意义上的黑格尔美学，毋宁说艺术论提供了美学体系建构所需的所有原理。本书认为，首先，应以文本分析替代结构描述，这需要在相关历史语境中更密集地处理核心文本，从而夯实文献学基础；其次，为了避免阐释上的独断和望文生义，应进一步深入由康德—费希特、早期浪漫派—谢林与黑格尔之间的创造性对话而构成"星丛"（Konstellationen）之中，通过互文性分析澄清黑格尔文本中的含混之处；最

---

[1] 具体论述可参见本书第二部分第一章。

后，应尊重黑格尔的体系，即现象学—逻辑科学—实在哲学所构成的大圆圈[1]，这一独特的结构决定了现象学中艺术的真理性与实在哲学中艺术的自由教化构成了一个关联的有机整体，前者可被称为"艺术—真理"功能，后者则是"艺术—自由"功能。这也是本书的核心观点，黑格尔艺术论的本质是关于人类认识真理和通达现实自由的思辨观念论。

在结构上，本书的第一部分将从黑格尔的整个体系和1800年前后的德意志思想文化语境两个方面搭建起阐释黑格尔艺术论框架的两大基本支柱——体系与历史。而本书的第二部分以《精神现象学》中的"艺术宗教"为主要分析对象。本书的第三部分则以《哲学科学全书纲要》和《美学讲演录》中对"艺术"的总体规定为主要分析对象。除了以上三大部分，本书还包含导言和结语部分。

第一部分：体系—历史，共两章，主要呈现黑格尔思想体系的大致轮廓和关键要点，并初步勾勒出艺术作为一个时代关注的焦点是如何进入1800年前后德意志思想界的理论视野之中。第一部分第一章作为本书开篇，可能是全书最烦琐和晦涩的章节，这一章主要介绍了黑格尔思想的主旨、建构体系的方法论和体系的内在划分，其中所包含的大量概念和术语分析乍看与本书主题并无直接关联，但唯有理解黑格尔独特的思维方式及其体系建构中所包含的真知灼见，才能真正体认黑格尔艺术论的根基所在，故而本章居于篇首并非无的放矢。第二章则可被视为艺术观念在现代兴起，及其重要性逐渐凸显的一个背景性回顾，其中重点梳理了艺术观念在西方文化史上的转变、启蒙之后德意志思想家对艺术在现代世界中基本功能的各种定位以及"艺术宗教"这一术语在1800年前后德意志思想家理论中的复杂含义，这一章构成了阐释黑格尔艺术论必要的思想史前提和具体的参照语境。

第二部分：《精神现象学》中的"艺术宗教"：有限的哲学形

---

[1] 可参见本书第一部分第一章第三节。

式,新时代的宗教,通向概念之真的环节。这一部分是本书的主干,篇幅最长,分析《精神现象学》中的"艺术宗教",共分三章,主要讨论黑格尔在《精神现象学》中对同时代人诸种审美形而上学方案的批判,以及黑格尔自己对艺术真理性的思考。《精神现象学》虽然早已被公认为黑格尔体系建构的开端,而其中作为"宗教"阶段重要环节的"艺术宗教"常被视为黑格尔美学的发端,储备了此后艺术哲学体系的关键要素[①],但"艺术宗教"内在包含的1800年前后德意志思想界关于艺术绝对性的争辩语境却长期被研究界忽视。因此要充分了解"艺术宗教"这一环节内在的复杂性不仅应基于"现象学—逻辑科学"的体系脉络,还需考察1800年前后德意志精神史中有关艺术功能争论的问题史脉络。本书第二部分主导的问题意识是"艺术—真理"功能,结合黑格尔自己思想形成的过程,探讨他对"审美形而上学"的方案的吸纳与批判,以及他对艺术与概念关系的看法。第一章结合黑格尔耶拿后期的思想转变,讨论《精神现象学》的基本任务,论证为何对黑格尔而言,必须通过"意识经验的运动"这一对直接知识而言具有否定性的历程才能真正通达纯粹思维和科学的立场,在此基础上,进一步考察黑格尔如何在现象学中完成了对谢林《先验唯心论体系》的批判和超越。第二章围绕着《精神现象学》"宗教"阶段中"艺术宗教"这一特殊的意识形态的具体内容,首先考察德意志思想界将艺术视为新宗教的观点何以在启蒙之后广为流行,接着分析这一方案在历史哲学和艺术哲学两个维度的局限,由此揭橥黑格尔对浪漫派"新神话"方案、荷尔德林的"美学柏拉图主义"和谢林"哲学神话学"的批判,在此基础上,他认为希腊艺术的整个发展过程,尤其是史诗、悲剧和喜剧之中包含了诗歌语言向散文语言的过渡。而本章将针对现象学讨

[①] 有关黑格尔美学体系与《精神现象学》中"艺术宗教"关联的研究,国内最代表性的研究有王树人先生《思辨哲学新探》(人民出版社1985年版)第二章第一节"黑格尔美学思想的发端",以及朱立元先生《黑格尔美学论稿》(复旦大学出版社1988年版)第三章"黑格尔前期美学思想概述"。

论希腊世界各艺术形式的相关段落做文本评注式分析。第三章首先深入 1800 年前后的德意志思想语境，考察思想家们对希腊世界和基督教世界之间关系的不同看法，进而依据现象学的文本，勾勒出"艺术宗教"和"自然宗教"以及"天启宗教"之间连续过渡的关系，做一个简要的文本梳理，在这一章的最后总结性地回顾性讨论艺术与概念之真的关系，强调艺术在克服思维预设和穿透实体性因素两个方面所具有的真理性功能。

第三部分：《哲学科学全书纲要》和《美学讲演录》中的"艺术"规定：绝对精神的历史，朝向自由的世界历史与自由之教化。第三部分主要考察《哲学科学全书纲要》和《美学讲演录》中对"艺术"的总体规定的相关文本，同样分为三章。这一部分以黑格尔艺术论中"艺术—自由"功能为研究重点。黑格尔不仅在现象学中将艺术视为通向绝对知识和概念之真的重要过站，而且还在实在哲学架构中完成了艺术哲学的建构。黑格尔通过将艺术确立为绝对精神之历史的特定形态，提出了与同时代人"审美形而上学"方案大不相同的、对艺术功能和任务的别样理解。黑格尔独特的贡献在于，在概念之现实自由的整体视域下，论证了艺术作为绝对精神的回忆实现了对世界历史概念式理解和整体性反思，由此担负起了引导现代人通向自由意识的使命，同样，通过个体意识之教化，世界历史才不断朝向自由的目标迈进。本部分以艺术与自由为主导问题意识，采用体系重构的方式，阐明黑格尔如何在现代世界为艺术任务奠定了主体性形而上学的基础。对黑格尔而言真正的哲学不仅是体系哲学，而且是关于事情本身的概念性理解，这种概念性的理解是更为原初意义上的对时代的把握，而那些以时代批判为导向的审美形而上学方案实际上依然没有摆脱知性的预设，是按照主观理性来解释世界或重构世界。第一章分析黑格尔体系中《精神现象学》与实在哲学的差异和关联，介绍黑格尔柏林时期美学讲座的文献学情况及他本人柏林时期的艺术接受。第二章讨论"艺术"在"逻辑科学—实在哲学"的体系脉络中的具体规定。艺术以历史哲学为前提，在希腊世界乃是绝对精神把握自身的最高方式，但也具有特定的局限性，而在现代世界中则通过宗教和哲学对个体自由的本真呈现，释放自身的自由潜能；艺术以逻辑学中本质论为根据，即"显现"，而显现作为概念与实在性直接统一的实质是概念直接反映于其现实性中；艺术、宗教和哲学在绝对精神中相互区分的依据即是主观精神阶段的直观、表象和概念的认识论模式，直观乃是绝对精神在艺术中自我认识和自我显示的方式，也赋予了艺术在绝对精神历史中的独立性。第三章以《哲学科学全书纲要》讨论艺术的诸章节为核心文本，在文本评注的基础上初步呈现黑格尔艺术哲学的纲要：理想作为艺术的普遍规定，艺术历史作为艺术的特殊性，而艺术门类则是艺术的个别性。尤其通过对古典型艺术和浪漫型艺术之间关系的分析，进一步探究艺术何以能引导自由意识之提升及其在整个现代世界中承担的使命和任务。

最后，本书系统总结黑格尔艺术论的两个环节"艺术宗教"和"艺术"的关系，阐明黑格尔艺术论的意义和价值。本书有意识地对黑格尔艺术论中两大主轴做平行处理，黑格尔美学重要的研究者格特曼－希福特（Annemarie Gethmann-Siefert）认为，《精神现象学》和《哲学科学全书纲要》提供了两套平行的对"艺术"的规定[①]，但这一处理方式并非将黑格尔体系及其深刻丰硕的理论总体划归为两个分离的环节，相反，本书首先强调两条线索的相继关系，二者从理论上分别承担了体系整体中的各自特定的任务："艺术—真理"在意识经验之运动中完成了实现有限认识和纯粹思维之同一的任务；"艺术—自由"在实在哲学内建构起对世界历史和客观精神维度真正的超越和概念化组织，由此呈现这两个不同的规定各自在功能上不可化约的特性。再者，本书尝试在更高的维度证明二者内在的统一性，即"艺术—自由"构成了"艺术—真理"的最终实现，这也

---

① Vgl. Annemarie Gethmann-Siefert, *Einführung in Hegels Ästhetik*, München: Fink, 2005, S. 108 – 109.

成为艺术引导个体自由教化真正的前提。

第二节 阐释方法与基本框架

一 阐释方法

在没有完全澄清黑格尔艺术论的理论内涵和具体指向的情况下，而讨论黑格尔思想的应用性，难免有削足适履之嫌；以往研究或侧重于后黑格尔时代现实的艺术发展，或立足于黑格尔理论的思想来源讨论其艺术哲学，并未完全从黑格尔完整的体系建构以及内在的理论关切出发，因此不免产生黑格尔艺术哲学脱离实际的片面看法。本书希望能够将黑格尔艺术论的形成、发展及意义置于德意志观念论—浪漫派的复杂问题域之中，试图展现出黑格尔对同时代审美形而上学方案的批判、扬弃与其艺术论的建构是一致的。当我们尝试追踪思考者思想形成与发展的辙迹，便足以从中见出伟大心灵对于其所身处时代的整体性把握与回应，思想家以自身思维的伟力为时代的危机开具良方，而与之同步的，这种回应又揭露出自身所包含的种种预设，由此，在考察思想家为时代危机所提出的解决方案的同时，便不由自主地暴露出潜藏其中的哲学自身的危机。历史的方法和体系的方法在这个意义上达成了统一，前者使问题本身被还原为时代精神的激荡，后者则揭示出在时代精神中激荡的问题本身乃是思维规定在历史中的镜像。因而，历史的方法不仅是编年史意义上的叙述，更是对黑格尔及同时代其他思想家对话的历史—思想境域（Horizont）之还原与重构；体系的方法也并非将黑格尔抽象或简化为一套现成的理论框架，加以随意运用，而是将黑格尔思想发展历程还原为活生生的生命历程。本书延续由汉斯-格奥尔格·伽达默尔（Hans-Georg Gadamer）、维尔纳·马克思（Werner Marx）、迪特·亨利希（Dieter Henrich）、富尔达（Hans Friedrich Fulda）、罗尔夫-彼得·霍斯特曼（Rolf-Peter Horstmann）和杜辛（Klaus Düsing）等学者所坚持的体系—历史结合的研究方法，将以体系为导向的建构性诠释和以历史为导向的语境性诠释作为统一的整体，体系的诠释无现实的历史知识则空，而语境的诠释无体系的总体视野则盲。

在体系性诠释的视野下，不仅应当将《哲学科学全书纲要》中对艺术的总体规定和《美学讲演录》中对这一总体规定的详细展开视为一个内在有机性的整体，而且根据黑格尔体系的规划，《精神现象学》中对艺术宗教的分析也应纳入其艺术论的讨论之中。因而，黑格尔艺术论的范围不局限于传统意义上黑格尔的美学（以《美学讲演录》为代表）。而在分析黑格尔艺术论内在层次时，也应基于其体系封闭性和开放性相统一的特点，将"艺术—真理""艺术—自由"与个体之教化视为构成黑格尔艺术论的三个相互关联、互为推论关系的内在环节。在语境性诠释的视野下，探讨黑格尔艺术论与同时代其他思想方案之间的共通与差异有助于更清晰地把握其问题意识和思想动机，进而以黑格尔艺术论为理论枢纽，批判性地厘清德意志观念论美学的趋同和根本分野。就黑格尔艺术论的两大建树（"艺术—真理""艺术—自由"）在整个德意志美学建构中所关涉的重大路向差异而言，本书无意去评判黑格尔与康德、席勒，尤其是与早期浪漫派、荷尔德林和谢林等诸种思想方案孰是孰非、孰深孰浅，而是认为，对德国古典美学研究乃至整个西方美学研究具有启发意义的是：把握18世纪、19世纪群星璀璨的星丛中不同思想家面对同一时代危机给出的不同处理方案，进而判析甚至挖掘出观念论—浪漫派（及魏玛古典主义）艺术哲学与美学建构中不同的切入点以及各自的理论深度和广度，能为我们理解之后的西方美学发展打开一个更宽广的视域。

在以体系为经、以历史为纬的总思路下，本书具体运用的研究方式主要有三：其一，从具体问题入手重构历史—思想语境，准确抓住1800年前后德意志思想界的重大问题和争论背后所折射出的不同话语和思想形态间相互影响、相互批判的共生共在关系，在整体上呈现其复杂性；其二，采用宏观与微观相结合的方法，在整体统握的同时，着力在德国古典美学乃至观念论美学内部分疏黑格尔与同时代其他审美方案间的差异；其三，借重发生学的方式，在1800年前后复杂的思想史进程之中把握黑格尔艺术论形成和发展的动态过程背后深层次的问题意识和思想动机的展开，将思想的变化视为一个具有内在统一性的生命过程。尤为重要的是，上述三种方法共同的理由和依据都在于黑格尔的文本，唯有根植于文本本身，才能避免研究流于空泛与主观臆测。因而本书在注重文本解读的基础上，强调文本、语境与体系的互动；在处理黑格尔与同时期其他思想家的互相影响时，将文本置于具体的争辩语境中加以考察；在处理黑格尔不同时期文本差异和连续性时，则将文本置于体系内在的结构中加以考察，充分重视不同核心文本间的互文性和整体性。

二 基本框架

以下将扼要概述与本书思路关系最密切的几种黑格尔美学研究的基本进路，以更好地阐明本书的阐释框架。

（1）艺术的绝对性。威廉·戴斯蒙德（William Desmond）围绕着艺术与绝对关系，给出了一个基于实在哲学、富于启发性的阐释进路[1]。这一方案主要关注的是艺术、宗教和哲学之间的趋同和差异，戴斯蒙德认为艺术与宗教、哲学一样，都代表了人类参与最基础问题和事务的方式，而黑格尔的绝对精神哲学从总体上阐明人类并非以抽象的和超越的方式去处理，而是以具体丰富的哲学思考、内在虔敬的宗教体验和生动多彩的艺术活动投身其中，正因为有着绝对的坚实基础，艺术赢得了最深刻的内容和最普遍的丰富性，而三者的亲缘关系就在于此。同时戴斯蒙德指出，在黑格尔那里艺术和宗教有着独立的生命和功能，以其特有的方式对整个世界及那些

---

[1] Cf. William Desmond, *Art and the Absolute: a Study of Hegel's Aesthetics*, New York: State University of New York Press, 1986.

重大问题做出了重要且独立的回应,而不依赖于哲学,艺术内在于人类的本性,而非知性的诉求,更不属于知性的思维方式,正如黑格尔所强调的,艺术"只有任它和宗教与哲学处在同一境界,成为认识和表现神圣性、人类的最深刻的旨趣以及精神的最深广的真理的一种方式和手段时,艺术才算实现了它最高的任务。在艺术作品中各民族都沉积了他们的最丰富的内在直观和表象;美的艺术对于了解智慧(Weisheit)往往是一把钥匙,而且对于许多民族来说,是唯一的钥匙"[①]。

戴斯蒙德正确地指出,对艺术中创造性的理解应基于对宗教本质的领悟,而非启蒙之后世俗化和人性化加剧的体现。基于这一视角,戴斯蒙德认为,黑格尔充分重视近代艺术的创造性,近代艺术摆脱了"诗与哲学之争"的传统,艺术不再从属于哲学;同时又保留了艺术的模仿性,因为艺术和哲学二者在现代世界都岌岌可危,黑格尔试图在艺术定义的古今之争以及艺术与哲学之间维持一种微妙的平衡。戴斯蒙德拒绝将黑格尔对艺术创造性的肯定与近代主体关联起来,回避了以黑格尔左派为代表的艺术功能的人文主义阐释。戴斯蒙德的局限性在于未能阐明艺术承担人类教化所肩负的人文主义性质,但其洞见为本书打开了阐释艺术的神圣性和自由教化相统一的切入点:基于实在哲学和现象学之间的循环关系,艺术作为一种对世界历史概念化的组织,一方面以神圣性为本质,超越了客观精神王国和行进中的历史;另一方面因这种超越性而担负起了重塑现代世界中的个体自由的功能。人性化与传统的神圣化之间的对立只是知性的预设绝非不可调和。也正因此,将现象学中"艺术宗教"部分的分析纳入黑格尔艺术论非但不是额外的挪用,而是绝对必要的。

[①] G. W. F. Hegel, *Vorlesungen über die Ästhetik I*, Werke in zwanzig Bänden, TWA, Bd. 13, Frankfurt. a. M.: Suhrkamp, 1986, S. 20 – 21;中译见 [德] 黑格尔《美学》(第一卷),朱光潜译,商务印书馆1996年版,第10页,译文有改动,下同。

（2）艺术与真理。邦盖伊（Stephen Bungay）深受克劳斯·哈特曼（Klaus Hartmann）的影响，将哲学和艺术都视为概念之范畴系统的表达形式，哲学形式是真之理念，而感性形式则是美之理念，基于两种形式的对应性他提供了另一个颇有说服力的阐释进路。① 邦盖伊将范畴系统的感性形式规定为"理念"——这一体系性本原——的实例（Instance），艺术史和美的理念间的关系也应作如是观，艺术史为美之理念的实例。邦盖伊围绕着"美是理念之感性显现"这一核心论据，按照逻辑学中的范畴演进关系将黑格尔美学重构为一个形式和内容得以通过范畴系统不断转换的自律系统，并得出结论，黑格尔的美学不是一门由规则支配经验性程序的科学，而是一门对"范畴理论"合乎理性的诠释学操练②。

这一以"美与真"为核心的解读模式没有区分概念之真——逻辑规定和概念之自由——现实规定的不同③。邦盖伊固然可以用概念运动中的普遍性、特殊性和个别性这三个环节来解释美之理念、艺术史和具体门类艺术之间如何实现相互转化，却将艺术中的自由限定在内容与形式、概念和自然的二分模式之中。这就导致这一模式无法为黑格尔在《哲学科学全书纲要》中所提出的"美的艺术从它那方面做了同哲学所做了同一件事情：使精神摆脱非自由而纯化"④做出合理辩护。

与邦盖伊类似，希尔默（Brigitte Hilmer）对黑格尔美学的阐释基础也是逻辑学中诸范畴之间的关系，但不同之处在于，她并没有围绕"真与美"展开分析。在希尔默看来，黑格尔的艺术哲

---

① Cf. Stephen Bungay, *Beauty and Truth*: *a Study of Hegel's Aesthetics*, Oxford: Oxford University Press, 1984.

② Cf. Stephen Bungay, *Beauty and Truth*: *a Study of Hegel's Aesthetics*, Oxford: Oxford University Press, 1984, pp. 188 – 189.

③ 参见本书第一部分第一章第二节。

④ ［德］黑格尔:《哲学科学全书纲要》（1830 年版），薛华译，商务印书馆 2021 年版，第 415 页。

学不宜被视为对传统美学的替代，传统美学的范围和问题域大于黑格尔的艺术哲学，后者以艺术作品为核心，艺术作品就是艺术的实例，是具有特定历史性和意义结构的对象和事件（Vorkommnis）①，在这一框架下，她试图建构起艺术作品与概念显现间的对应性，即将艺术作品的统一性解读为"概念"结构在感性上的统一性（Sinneinheit）②。这一辨析可能比邦盖伊更有针对性，然而问题仍然在于希尔默在阐明艺术和概念逻辑性之自由（begriffslogischer Freiheit）的关系③之后，却未能延续这一进路阐明艺术与概念之现实自由的关系。这一研究模式围绕着实在哲学与逻辑学之间的应用性，较为融贯地揭示了概念之逻辑规定如何内在地贯彻于艺术领域，但也提示本研究还需要考察艺术对世界历史和客观精神领域的超越性，关注概念之真和概念之自由的差异，如果缺乏对后一层面的关切，艺术在黑格尔那里所担负的对人类自由教化的基本使命就会隐而不彰。

（3）艺术在历史中的功能。格特曼－希福特认为，黑格尔哲学化美学的基础在于：对艺术作品特定历史性功能的反思足以呈现艺术之本质，艺术的历史性功能从哲学角度被规定为经验真理的方式（Weise der Wahrheitserfahrung），因而艺术能够在人类的自我理解、行动方向和对世界的整体性解释方面发挥关键作用。④ 在她看来，黑格尔艺术哲学的贡献在于将艺术表述为一种历史中的特定现象（Phänomen），而这种现象本身的建构依据需要通过一种哲学反思才能得到澄清。体系性诠释和历史性诠释在希福特的研究中得到了

---

① Vgl. Brigitte Hilmer, *Scheinen des Begriffs*, *Hegels Logik der Kunst*, Hamburg：Meiner, 2014, S. 6.

② Vgl. Brigitte Hilmer, *Scheinen des Begriffs*, *Hegels Logik der Kunst*, Hamburg：Meiner, 2014, S. 7.

③ Vgl. Brigitte Hilmer, *Scheinen des Begriffs*, *Hegels Logik der Kunst*, Hamburg：Meiner, 2014, S. 262.

④ Vgl. Annemarie Gethmann-Siefert, *Die Funktion der Kunst in der Geschichte*, Hegel Studien, Beiheft 25, Bonn：Bouvier, 1984.

完美的结合,就目前黑格尔美学的相关研究中,其阐释进路最具深度和全面性。希福特将阐释重点聚焦于黑格尔对席勒的接受,提出席勒对黑格尔的启示体现在通过完成对艺术的社会功能的界定,审美教育价值被黑格尔视为艺术的重要本质,显然黑格尔并未止步于席勒,而是依据自己的哲学发展,将这种艺术对人的教育提升为艺术在历史中的功能。希福特在处理逻辑和历史的张力时非常审慎,她并未将艺术的历史性视为哲学对艺术的规定,因为这种阐释将不可避免地导向一种认为艺术只具有过去性(Vergangenheitscharakter)的片面看法——如卢卡奇(György Lukács)就认为,艺术的社会功能仅限于古代,因而到了近代,艺术作为历史性的真理经验和中介就最终为科学性的哲学所取代;希福特认为黑格尔的艺术哲学并不仅是一种关于艺术的历史性理论,而是一种艺术教育功能在历史中的自我修正,在现代性不断变更的历史状况中,艺术不仅不会为哲学抑或宗教所取代,反而将相应地修正其在历史中的功能,这种修正得以可能的前提就是艺术、宗教和哲学作为一个神圣的内在整体,美的独立性是从神圣性中分离的结果,也是在这个层面,对艺术在历史中功能的反思需要哲学的参与。

希福特强调黑格尔对席勒的接受,并以此勾勒艺术教育功能在黑格尔体系中不断深化的进程;本书的切入点则有所不同,聚焦于启蒙之后艺术与宗教边界模糊化的历史现象,尝试将席勒的审美教育纳入这一现象中,也正是在此意义上黑格尔的艺术论能被视为对同时代其他思想家审美形而上学方案的修正与扬弃。本研究的另一重点在于围绕着自由意识的进步与世界历史向着自由前进的共构和相互推动关系,借鉴富尔达提出的世界历史、哲学史、教化历史和绝对精神历史的四重区分[①],重新阐释艺术在黑格尔体系的大圆圈中如何承担起教化人类、推动历史朝向自由之目标前进的功能,在上述研究范式的基础上做进一步的推进和深化。

---

① 参见本书第一部分第一章第三节。

除了上述提到的三种基于黑格尔体系的研究模型，目前比较有代表性的还有以现代性批判的线索阐释黑格尔美学的方案，由于哈贝马斯在中国的知名度和影响力，这一方案比较受到国内研究的青睐[①]，不过哈贝马斯对黑格尔的阐释在很大程度上为一种现实的兴趣所推动[②]，伴随着现代性批判的深入，黑格尔美学日益成为建构新的现代性理论甚至现代性批判理论的重要资源。[③] 人们对黑格尔矛盾态度的主要根源就在于：当代研究者更愿意接受一个非体系化的黑格尔，而将他的本真形而上学和体系框架悬置起来，仅仅以一种实用的态度将黑格尔的观点化约为对启蒙或现代性的维护或批判，以此使对黑格尔的当代阐释更为融贯一致，但如果研究者的先行思考为一种外在兴趣或主观立场所决定，那么无疑会由于对预设的固化而偏离黑格尔的本意。在整体的阐释框架上，本研究更倾向于学习参鉴上述较贴合黑格尔体系的阐释进路，在研究过程中促成体系—历史方法相结合，以求尽量避免按一系列预设去理解黑格尔的思想局限，而努力将思维方式提升至黑格尔所要求的"对预设之反映（反思）"的辩证性，把握其真正的洞见。

第三节　学术史回顾

富尔达将20世纪70年代视为黑格尔研究史的分水岭，70年代之前，对黑格尔的主流评价基于以下三种立场：根据波普尔（Karl

[①] 相关研究可参见张政文等《德意志审美现代性话语研究》，中国社会科学出版社2015年版；黄金城《有机的现代性：青年黑格尔与审美现代性话语》，上海人民出版社2019年版；等等。

[②] 具体评述可参见本书第二章第一节。

[③] Vgl. *Hegels Ästhetik als Theorie der Moderne*, hrsg von Annemarie Gethmann-Siefert, Herta Nagl-Docekal, Erzsebet Rózsa und Elisabeth Weisser-Lohmann, Berlin: Akademie Verlag, 2013, S.7; cf. *Hegel and Aesthetics*, edited by William Maker, Albany: State University of New York Press, 2000, p. vii.

Popper)的理论，黑格尔思想被视为统治意识形态或神学意义上救世说（Heilslehre）的世俗版；根据马克思主义的左派阐释和约阿希姆·里特（Joachim Ritter）的右派阐释，黑格尔被视为对法国大革命和工业资本主义社会第一个和最深刻的解释者；根据伽达默尔对海德格尔克服西方形而上学的再讨论，黑格尔哲学被视为西方形而上学的完成者。[①] 研究模式在20世纪70年代之后出现了影响深远的历史—诠释学转向（die historisch-hermeneutische Wendung），较之以往研究，这一转向的特点在于研究者逐渐摆脱了自身知识和文化背景的特殊影响，研究兴趣变得更为科学和中立，更接近研究对象本身。历史—诠释学模式为处理黑格尔哲学形成中特殊的精神氛围语境提供了一种远胜从前的精确性，这当然得益于20世纪60年代开始的黑格尔著作历史考证版（Die historisch-kritische Geesamtausgabe）的编辑工作如火如荼地开展[②]，大量关于黑格尔青年时期的原始文本、各个时期的笔记和后期讲座纪要（Vorlesungsnachschriften）都得到严格、系统的编订并首次出版，研究者由此获取了丰富的黑格尔青年时期和在耶拿、海德堡和柏林时期思考与大学授课相关的直接信息，极大地推动了青年黑格尔和黑格尔耶拿时期思想的研究，通过文本和研究的互动，一个关于黑格尔体系起源的详尽图景逐渐勾勒成型。与此同时，对德意志观念论之起源的星丛式研究（Konstellationsforschung）逐渐还原出1800年前后欧洲"思想大爆炸"（Gedankenexplosion）的大历史背景，给予黑格尔研究全新的启迪和丰厚的滋养。除了研究广度方面有长足的进步，这一模式还提供了比过往研究更

[①] Vgl, Hans Friedrich Fulda, Die Hegelforschung am Ende unseres Jahrhunderts, in *Information Philosophie*, 26（1998），Nr. 2，S. 7 - 18.

[②] 历史考证版的《黑格尔全集》编辑工作肇始于1957年，是联邦德国"德意志研究会"（Die Deutsche Forschungsgemeinschaft）为纪念黑格尔诞生二百周年所提出的任务。在编辑体例上，充分表现黑格尔著作的历史性，为了方便学术研究编辑者还附上了详细的考证与注释。为了配合这个任务，1958年在波鸿（Bochum）成立了专门的工作机构——黑格尔档案馆。

合理的基础性定位：黑格尔思想所指向的目标、内在的驱动力及其在思想展开的进程中试图克服的问题；黑格尔具体的思想及体系被成功地定位为对他自己首次发现之问题的创造性解答，这些问题在黑格尔思想形成的前史和整个哲学史传统中原本已然被消耗殆尽。①

富尔达提出，当前黑格尔研究同样面临着新的挑战，20世纪70年代之后所取得的一系列突破主要建立在对前人研究的纠正之上，因而致力于对黑格尔思想的精确还原，一旦关于黑格尔的误解与其他带有预设立场的看法全部得到澄清，是否还存在新的研究空间？②本书认可富尔达的主张，当前研究必须经受住黑格尔思想本身的检验，正如仅仅将黑格尔的思想理解为概念在思维中的自我运动或理性对自身的逻辑规定并不足够，因为这远非黑格尔思想的全部，必须同时意识到现实是合乎理性的；同理，研究工作不应满足将自己的工作局限于对黑格尔思想单纯的知识性澄清，或将黑格尔的方法仅视作一种理性的程序，而应当迎难而上，努力在现实中证明其体系和方法真正的生命力所在。

以下，导言将围绕着本研究的主题对学术史的相关研究情况做一简单回顾，以代表性的研究模式转换为主，具体的个案分析为辅。

一　观念论语境中的黑格尔美学

"转向—美学"（die Wende zur Ästhetik）乃是本书分疏黑格尔美学与早期浪漫派和谢林审美形而上学的关键，这一提法源自马夸德的论文《康德与"转向—美学"》③，按照当前德国古典哲学领域的

---

① Vgl. Hans Friedrich Fulda, Die Hegelforschung am Ende unseres Jahrhunderts, in *Information Philosophie*, 26 (1998), Nr. 2, S. 7 – 18.

② Vgl. Hans Friedrich Fulda, Die Hegelforschung am Ende unseres Jahrhunderts, in *Information Philosophie*, 26 (1998), Nr. 2, S. 7 – 18.

③ Odo Marquard, Kant und die Wende zur Ästhetik, in *Zeitschrift für Philosophische Forschung*, Bd. 16 (1962), S. 231 – 243, 363 – 374.

共识，康德的《判断力批判》的出版标志着德国古典哲学的发展进程中出现了一个明显的哲学转向美学的趋向。在作为康德后继者的早期观念论、早期浪漫派和魏玛古典主义看来，第三批判提供了一条通过审美和艺术克服分裂、重建"大全一体"（hen kai pan）的途径，艺术与审美主导了1800年前后德国的思想历程，实现统一的诉求取代理性批判成为这一时期德国古典哲学的核心任务。这一"转向—美学"的进路揭示出德国古典哲学内部的复杂性和多样性。正如霍斯特曼所言，在今天如果我们还认为只存在着一种"从康德到黑格尔"的线性发展历程（指以理查德·克朗纳为代表的传统研究范式），或许"在哲学上是不体面的"[①]。不宜再将康德与黑格尔之间的这段复杂的思想运动简单地理解为一种从抽象、贫乏的"神之形而上学定义"[②] 向着具体、丰富的体系完成的过程，而应将之视为各种思想在"思想大爆炸"中相互影响、互相竞争所共同构成的多维空间。

亨利希围绕着这一思路重构了整个观念论脉络和演进，值得重视的是以下著作：《语境中的黑格尔》（1971），其中章节《黑格尔与荷尔德林》和《黑格尔体系的历史前提》都涉及了黑格尔通过荷尔德林"统一哲学"（Vereinigungsphilosophie）的影响而在法兰克福时期倾向于审美形而上学的方案；在《星丛：有关观念论哲学之起源（1789—1795）的问题与争论》（1991）一书中，亨利希更专题化地讨论了以荷尔德林为核心的法兰克福—霍姆堡圈子（Umkreis in Frankfurt und Homburg），尤其是荷尔德林的《存在与判断》和茨维林遗稿（Jacob Zwillings Nachlaß）对观念论的形成和发展的重大影响，进一步凸显了法兰克福—霍姆堡圈子在德国古典哲学进程中的

---

① Rolf-Peter Horstmann, *Die Grenzen der Vernunft, Eine Untersuchung zu Zielen und Motiven des Deutschen Idealismus*, Frankfurt. a. M.：Vittorio Klostermann, 2004, S. 3.

② Wofgang Janke, *Die dreifache Vollendung des Deutschen Idealismus：Schelling, Hegel und Fichtes ungeschriebene Lehre*, Fichte-Studien, Supplementa, Bd. 22, Amsterdam & New York：Rodopi, 2009, S. 12.

特殊意义。

　　谢林和早期浪漫派的研究者弗兰克（Manfred Frank）对德国古典哲学进程中审美形而上学的研究也极具代表性。他在《德意志观念论的诸出路》（2007）一书中指出，黑格尔的体系和浪漫派美学都是源于康德思想，具有同等正当性，但大部分研究者忽略了浪漫派美学的正当性而将之视作观念论传统或黑格尔思想的异己者[1]。这无疑道出了黑格尔美学思想发展与同时期思想家尤其是浪漫派思想家之间的互动与密切关联。而在《德国早期浪漫派美学导论》（1989）和《德国早期浪漫派的哲学基础》（2004）中，弗兰克进一步判析了观念论美学（尤其指黑格尔）与浪漫派美学在旨趣和追求上的近似之处和思维方式上的根本差异。亨利希和弗兰克的研究代表了德国学界对黑格尔与审美形而上学之间复杂关系的两类看法。亨利希以及其弟子组成的海德堡学派（Heidelberger Schule）[2]认为无论是费希特、谢林、黑格尔还是早期浪漫派都致力于整合后康德时期几个重要流派，如怀疑主义、直接哲学、基础哲学和审美教育之间的冲突和对立，其差别在于整合模式各有侧重，但问题意识和思想动机则比较接近。霍斯特曼在《理性的界限：对德意志观念论之目标与动机之研究》（2004）中辟出一章，以费希特、谢林、黑格尔对康德第三批判的吸纳和改造为例阐明了上述观点[3]。弗兰克更为强调黑格尔与浪漫派、谢林之间的差异和对抗；施莱格尔和早期浪漫派研究者恩斯特·贝勒（Ernst Behler）在《浪漫派与观念论哲学研究》（1988）也提出了与弗兰克类似的看法，并将黑格尔与弗·施莱格尔视为一组对像（Gegenbild），代表了1800年前后德意志思想

---

[1] Manfred Frank, *Auswege aus dem Deutschen Idealismus*, Frankfurt. a. M.：Suhrkamp, 2007, S. 7-8.

[2] 图根哈特（Tugendhat）将亨利希及其弟子对自我意识（Selbstbewusstsein）作为研究切入点的研究范式称为海德堡学派。

[3] Rolf-Peter Horstmann, *Die Grenzen der Vernunft*, *Eine Untersuchung zu Zielen und Motiven des Deutschen Idealismus*, Frankfurt. a. M.：Vittorio Klostermann, 2004.

运动的内在差异性和不兼容性。①

雅默（Christoph Jamme）在《未学之书：荷尔德林与黑格尔在法兰克福时期的哲学团体（1797—1800）》② 中则重点勾勒了黑格尔在法兰克福时期对荷尔德林统一哲学的吸纳和借鉴，以及向着耶拿时期体系建构转变的原因。亨利希和杜辛共同汇编的《黑格尔在耶拿》（1980）中收录了讨论黑格尔耶拿时期思想演变的重要文献，其中杜辛的《观念论实体形而上学：谢林和黑格尔耶拿时期的体系发展问题》和珀格勒（Otto Pöggeler）的《耶拿时期黑格尔美学之形成》对本书研究帮助很大。本书沿袭了杜辛的分期，将1804/1805年视为黑格尔耶拿时期思想发展的分水岭，之前是实体形而上学（与谢林一致），之后是主体形而上学③。同时也认同珀格勒的判断，黑格尔美学三段论的基本模式出现于耶拿时期的一系列残篇，并最终落实在《耶拿实在哲学》（1805—1806）中关于"艺术""宗教"和"科学"（思辨哲学）的论述之中④。

这批于20世纪60年代前后崭露头角的德国学者都不约而同地以历史—诠释学进路重构了德国古典哲学进程中各个思想流派之间互相吸纳、相互竞争的内在理路和基本线索，尽管他们抓住的线索不尽相同，但共通之处在于，在1800年前后的思想语境中，没有任何一家或一派的思想是独立形成的，而始终处于不停歇的交互之中，

---

① Ernst Behler, *Studien zur Romantik und zur idealistischen Philosophie*, München & Wien & Zürich: Ferdiand Schönigh, 1988.

② Christoph Jamme, *Ein ungelehrtes Buch: Die philosophische Gemeinschaft zwischen Hölderlin und Hegel in Frankfurt 1797 – 1800*, Hegel Studien, Beiheft 23, Bonn: Bouvier, 1983.

③ Klaus Düsing, Idealistische Substanzmetaphysik, Probleme der Systementwicklung bei Schelling und Hegel in Jena, in *Hegel in Jena*, Hegel Studien, Beiheft 20, hrsg von Dieter Henrich und Klaus Düsing, Bonn: Bouvier 1980, S. 25 – 44.

④ Otto Pöggeler, Die Entstehung von Hegels Ästhetik in Jena, in *Hegel in Jena*, Hegel Studien, Beiheft 20, hrsg von Dieter Henrich und Klaus Düsing, Bonn: Bouvier, 1980, S. 249 – 270.

在一定程度上都可视为对康德思想吸收、批判、内化以及在相互影响和彼此攻讦中逐渐定型的过程。

二 黑格尔艺术哲学的演变过程

珀格勒的《耶拿时期黑格尔美学之形成》详细梳理了黑格尔耶拿时期（包括青年时期至法兰克福时期）与同时代其他思想家，尤其是与浪漫派和谢林的关系，而一部分活跃于第二次世界大战前的黑格尔学者系统地回顾了从德国狂飙突进（Sturm und Drang）到浪漫主义运动以来的文学经验与黑格尔美学形成之间的双向互动关系。如狄尔泰认为黑格尔早年深受当时强烈推动德意志精神生活的三股力量的影响——希腊精神的复兴，改造当时整个民族灵魂生活的哲学、文学创作运动，从外部侵入这种灵魂生活的法兰西革命[①]。美学思想作为黑格尔思想形成中的一个重要组成部分和原初动力之一开始得到重视。

黑格尔百年纪念版的编纂者格洛克纳（Hermann Glockner）在发表于 20 世纪 20 年代的一系列论文中讨论了黑格尔美学与《精神现象学》及《哲学科学全书纲要》的关系，提出黑格尔对世界主导性的理解方式是审美式的；黑格尔著作杰出的编纂者霍夫迈斯特（Johannes Hoffmeister）在《歌德与德意志观念论》（1932）和《精神的还乡》[②] 中将德意志文化运动或歌德时代（Goethezeit）的整体氛围视作整个观念论发展的精神背景，并认为，假如没有那些伟大的先行者——如赫尔德、歌德或者谢林对自然的探索和文学化的解释，那么则无法想象黑格尔会取得如此成就。尽管歌德的思想并非最清晰或最深刻的，但却是活生生的，谢林是将歌德的思想先验化

[①] Vgl. Wilhelm Dilthey, *Das Erlebnis und die Dichtung*, *Lessing*, *Goethe*, *Novalis*, *Holderlin*, 4. Aufl, Göttingen: Vandenhoeck & Ruprecht, 1970, S. 359；中译参见［德］狄尔泰《体验与诗》，胡其鼎译，生活·读书·新知三联书店 2003 年版，第 295 页，下同。

[②] Johannes Hoffmeister, *Die Heimkehr des Geistes*, Hameln: Seifert, 1946.

（transzendentalisiert），而黑格尔则是将歌德的世界观逻辑化（logisiert）了[1]。在20世纪40年代的讲座集《精神的还乡》之中，霍夫迈斯特进一步强调了歌德和荷尔德林的文学实践与黑格尔哲学的关系，突出了歌德的童话和荷尔德林的颂诗对黑格尔精神概念形成有着至关重要的影响。

关于黑格尔艺术哲学的系统性研究与黑格尔《美学讲演录》的编辑工作密不可分，自黑格尔的得意弟子荷托（Heinrich Gustav Hotho）在1835年完成对黑格尔《美学讲演录》的编辑以来，德语学界尤其是黑格尔左派就非常重视黑格尔的美学，黑格尔左派认为艺术问题乃是政治问题的征兆，因而猛烈批判浪漫型艺术，而思想界对黑格尔美学的兴趣逐渐随着老年黑格尔派的建构美学体系的不成功而黯淡，老年黑格尔派代表人物的特奥多·菲舍尔（Friedrich Theodor Vischer）和罗森克兰茨（Karl Rosenkranz）既是重要的美学思想家，也是黑格尔美学的最早一批研究者。罗森克兰茨发展出一套以丑和喜剧性为核心的新美学，试图以黑格尔对"美的理念"之规定为整体架构，同时整合康德、席勒的美学范畴，如优美与崇高[2]。罗森克兰茨和菲舍尔相对更为重视美学与黑格尔体系哲学的内在关联，但黑格尔的另一批亲炙弟子，如荷托、魏瑟（Christian Weise）等人则尝试将艺术哲学完全纳入历史哲学的框架内，发展出一套艺术理论和艺术史统一的学说，侧重的是文化史或艺术史的维度，甚至伽达默尔对黑格尔美学也采取了类似的看法。伴随历史主义逐渐兴起，黑格尔艺术哲学内在于体系整体的一面被稀释，这种内在的有机联系被折中地当作一套脱离艺术实践的空洞范畴，因而在19世纪60年代后，黑格尔的美学体系不可避免地走向了崩溃。

自老年黑格尔派瓦解之后，鲜有为黑格尔美学之形而上学特性

---

[1] Johannes Hoffmeister, *Goethe und der deutsche Idealismus*, Leipzig: Felix Meiner, 1932.

[2] Karl Rosenkranz, *Ästhetik des Häßlichen*, Königsberg: Bornträger, 1853.

进行辩护的尝试，更遑论重新构建一个黑格尔式的艺术哲学体系。20世纪上半叶比较有代表性的是卢卡奇的研究。由于黑格尔之于马克思主义的特殊意义，在马克思主义研究范式中黑格尔艺术哲学所包含的社会批判功能尤为受到重视，卢卡奇对黑格尔美学的评价强调其整体性和浓厚的历史感，着重讨论了社会现实与艺术哲学的整体关联，却淡化了黑格尔艺术哲学与理念的关系[1]。阿多诺回避了黑格尔美学所包含的观念论特征，在《美学理论》（1970）中，他着力强调艺术的批判功能，而对希腊艺术与古代伦理共同体的关系避而不谈[2]。从整体上看，学界在20世纪60年代前对黑格尔美学的研究尚不充分，研究者也往往没有摆脱自身的立场。

而英语学界在20世纪50年代前，对黑格尔美学的专题研究数量极少，却有一部分英国新黑格尔主义者在有关黑格尔思想的整体研究中对黑格尔美学部分做出了出彩的分析，诸如斯特林（J. H. Stirling）、缪尔（G. R. G. Mure）和芬德莱（J. N. Findlay）都在对黑格尔的整体研究中抓住了核心概念，围绕着这些核心概念评述了美学在黑格尔体系中的地位和价值，芬德莱认为黑格尔艺术哲学中艺术作品的连贯性并非严格的逻辑必然性[3]。在美国，芬德莱之后，德裔学者瓦尔特·考夫曼（Walter Kaufmann）也出版了一本《黑格尔：再阐释》（1978），考夫曼倾向于在黑格尔思想里找到尼采哲学的影子，其研究虽然算不上深刻，但是他将黑格尔置于其同时代人歌德、席勒的脉络中的研究范式对美国学界产生了很大的影响[4]。整体而言，

---

[1] Georg Lukacs, *Hegels Ästhetik*, in Georg Wilhelm Friedrich Hegel, Ästhetik, hrsg von Friedrich Bassenge, Berlin: Aufbau Verlag, 1955.

[2] Theodor Adorno, *Aesthetic theory*, newly translated, edited, and with a Translator's introduction by Robert Hullot-Kentor, London & New York: Continuum, 2002.

[3] J. H. Stirling, *The Secret of Hegel*, Edinburgh: Oliver & Boyd, 1865; G. R. G. Mure, *An Introduction to Hegel*, Oxford: Greenwood Press, 1948; J. N. Findlay, *Hegel. A Re-examination*, Routledge, 1958.

[4] Walter Kaufmann, *Hegel-A Reinterpretation*, Indiana: University of Notre Dame Press, 1978.

由于罗素和摩尔代表的强大的分析哲学和自然主义传统的影响,黑格尔思想整体在英美缺乏关注,更遑论美学。

20世纪以前英语学界对黑格尔美学的关注和热情普遍不如德语学界,一个主要原因是英语世界对黑格尔美学引介较晚、译本不够准确。英语世界里出现的第一个黑格尔美学译本是布莱恩特(W. M. Bryant)在1879年出版的《美学讲演录》的第二部分[1],之后凯德尼(John Steinfort Kedney)出版了英语世界里第一部对黑格尔美学系统的评注《黑格尔的美学:一个批判性解释》[2],对黑格尔美学篇章安排做出了一个简明但清晰的阐释。此后哈斯蒂(W. Hastie)翻译了黑格尔的学生米希勒附在黑格尔美学之前的导论。著名的英国新黑格尔主义者鲍桑葵在20世纪初翻译了黑格尔美学的导论部分(1905)。而第一个完整的英译本由奥斯马斯顿(F. P. B. Osmaston)所翻译[3],但译者对黑格尔的不少德语术语处理随意,并且加入了自己的理解,导致该译本精确性不够。诺克斯(T. M. Knox)在20世纪70年代推出了一个新的黑格尔《美学》全译本,纠正了不少奥斯马斯顿的误译[4]。

伴随着20世纪60年代出现的"黑格尔复兴"和黑格尔历史考证版全集的宏大工程的全面展开,学界对黑格尔美学的研究越发深入。一套更翔实、更原汁原味的讲座记录无疑为研究者奠定了完备和可靠的文献基础,提升了黑格尔美学的研究水准。近50年来较有代表性的研究成果除了在研究进路中归纳的相关论著,还包括:佩雷斯(Constanze Peres)的《黑格尔美学中艺术的结构》[5],赫尔穆

---

[1] Cf. G. W. F. Hegel, *Aesthetics*, *Lectures on Fine Art*, translated by T. M. Knox, Oxford: Clarendon Press, 1975, S. vii.

[2] John Steinfort Kedney, *Hegel's Aesthetics: A Critical Exposition*, Chicago: S. C. Griggs and Company, 1885.

[3] Cf. G. W. F. Hegel, *The Philosophy of Fine Art*, vols. 1–4, translated with notes by F. P. B. Osmaston, London: G. Bell and Sons, 1920.

[4] G. W. F. Hegel, *Aesthetics*, *Lectures on fine art*, translated by T. M. Knox, Oxford: Clarendon Press, 1975.

[5] Constanze Peres, *Die Struktur der Kunst in Hegels Ästhetik*, Bonn: Bouvier, 1983.

特·施耐德（Helmut Schneider）的《精神与历史》①，韩国学者权贞壬（Jeong-lm Kwon）的《黑格尔美学中"象征型艺术"的含义》②，希福特的《黑格尔美学导论》③，以及赫宾（Niklas Hebing）的《黑格尔喜剧美学》④，等等。除了上述专著，由希福特所汇编的一系列文集：《黑格尔美学的世界与影响》⑤，《现象反对体系》⑥，《艺术的历史意义和艺术诸规定》⑦，等等，对于全面理解黑格尔艺术哲学亦大有裨益。

随着美国新实用主义的布兰顿（R. Brandom）和麦克道威尔（J. McDowell）越来越重视黑格尔，近30年来黑格尔研究在美国颇有复兴趋势，但英语世界对黑格尔的解读有比较明显的反形而上学和社群主义化的倾向，对绝大部分学者而言，发挥黑格尔思想中的积极因素远比正确理解黑格尔更有意义。其中，对黑格尔美学代表性的著作有卡明斯基（Jack Kaminsky）的《黑格尔论艺术》⑧，威廉·马克（William Maker）编纂的《黑格尔与美学》（Hegel and Aesthetics, 2000）多选取从现代性角度研究黑格尔美学的专题论文，很大程度上代表了近20年来英美学界对黑格尔美学的主流看法⑨，霍尔盖特（Ste-

---

① Helmut Schneider, *Geist und Geschichte*, *Studien zur Philosophie Hegels*, Frankfurt. a. M.：Peter Lang, 1998.

② Jeong-Im Kwon, *Hegels Bestimmung der Kunst*, München：Fink, 2001.

③ Annemarie Gethmann-Siefert, *Einführung in Hegels Ästhetik*, München：Fink, 2005.

④ Niklas Hebing, *Hegel Ästhetik des Komischen*, Hamburg：Felix Meiner, 2015.

⑤ *Welt und Wirkung von Hegels Ästhetik*, Hegel Studien, Beiheft 27, hrsg von Gethmann-Siefert und Otto Pöggeler, Bonn：Bouvier, 1986.

⑥ *Phänomen versus System*, Hegel Studien, Beiheft 34, hrsg von Gethmann-Siefert und Otto Pöggeler, Bonn：Bouvier, 1992.

⑦ *Die geschichtliche Bedeutung der Kunst und die Bestimmung der Künste*, hrsg von Annemarie Gethmann-Siefert, Lu de Vos und Bernadette Collenberg-Plotnikov, München：Fink, 2005.

⑧ Jack Kaminsky, *Hegel on Art*, New York：State University of New York Press, 1962.

⑨ William Maker, *Hegel and Aesthetics*, New York：State University of New York Press, 2000.

phen Houlagte）在《黑格尔导论：自由、真理和历史》（2005）中对黑格尔美学做了一个全面而又深入的解读，尤其是结合20世纪艺术的发展考察了黑格尔美学的未来[1]，而莫兰（Lydia L Moland）的《艺术的观念论》（2019）属于近年来少数延续着邦盖伊的思路围绕着黑格尔体系重构其艺术哲学的尝试，对诸如艺术终结问题以及艺术是否从属于哲学都做了一个更全面的考察。[2]

与国外研究保持同步的是，国内黑格尔研究乃至美学研究的高潮也大致出现在20世纪80年代。实际上，20世纪早期，黑格尔哲学以及美学就受到国内学界的关注[3]，然而对黑格尔美学较为系统和全面的介绍可能还要追溯到朱光潜先生于中华人民共和国成立之后所撰写的《西方美学史》（1963）。在撰写《西方美学史》的同时，朱先生着手进行了黑格尔《美学讲演录》的翻译工作，直到20世纪80年代初，三卷四册的黑格尔《美学》才全部出版。在黑格尔美学研究史上具有标志性意义的是1986年，这一年出版了三部对黑格尔美学专题研究的著作：薛华的《黑格尔与艺术难题》、朱立元与陈望衡同书名的《黑格尔美学论稿》（朱著由复旦大学出版社出版，陈著由贵州人民出版社出版）。薛华先生的《黑格尔与艺术难题》[4]将黑格尔的"艺术终结"问题置于问题史中加以考察，不仅全部基于第一手文献和国外最新的研究成果对诸如"艺术终结""艺术与哲学的关系"等黑格尔美学中的重大问题做出了准确而清晰的分析，而且通过呈现这一论题在20世纪西方思想界的效果历史，进一步揭示了黑格尔思想本身的生命力，虽然此书并不属于对黑格尔艺术哲

---

[1] ［英］斯蒂芬·霍尔盖特：《黑格尔导论：自由、真理和历史》，丁三东译，商务印书馆2013年版。

[2] Lydia L. Moland, *Hegel's Aesthetics: The Art of Idealism*, New York: Oxford University Press, 2019.

[3] 国内早期研究和介绍德国古典美学以及黑格尔美学相关研究情况可以参见朱立元《德国古典美学在中国》，《湖南社会科学》2016年第5期。

[4] 薛华：《黑格尔与艺术难题》，中国社会科学出版社1986年版。

学系统性的研究，但论证充分有力，开当时国内黑格尔研究风气之先，之后的研究或多或少都从中汲取了养分。而朱立元先生的《黑格尔美学论稿》[1]（以及该版本在 2013 年出版的与《黑格尔戏剧美学思想初探》的合订本《黑格尔美学引论》）可能至今仍是国内最系统的对黑格尔美学进行研究的著作，作者以纲举目张的方式讨论了黑格尔艺术哲学建构的主要方面，并以一种客观持平的态度分析和总括了黑格尔美学的意义及局限，对黑格尔艺术哲学体系的研究具有不可替代的意义。20 世纪 90 年代之后，比较有代表性的相关研究有邱紫华的《思辨的美学与自由的艺术：黑格尔美学思想引论》（1997）、雷礼锡的《黑格尔神学美学论》（2005）、陈鹏的《走出艺术哲学迷宫：黑格尔〈美学〉笔记》（2007）、徐晓庚的《黑格尔造型艺术美学》（2012）、蓝华增的《黑格尔的诗美学》（2014）等，这些著作的出版无不体现了国内黑格尔美学研究在深度和广度两个方面的极大拓展。

进入 2010 年后，由于国外相关研究的重要著作不断被译介，国内学界在研究视角和方法上日益呈现多样性，但最为主流的模式，还是在前一节相关研究进路反思中所提到的审美现代性的研究进路，而这一进路在国内具有代表性的研究有张政文等所著《德意志审美现代性话语研究》[2]，该书围绕着启蒙现代性和审美现代性之间的张力，整体性地考察了德国古典美学以及黑格尔美学。此外，黄金城的《有机的现代性：青年黑格尔与审美现代性话语》[3] 同样是从现代性角度研究青年黑格尔，与张著的不同在于，该书更多借鉴了里特学派对现代性的分析，围绕着有机体这一 1800 年前后德意志典型的话语模型，探讨了青年黑格尔对浪漫派有机体话语的接受和批

---

[1] 朱立元：《黑格尔美学论稿》，复旦大学出版社 1986 年版。
[2] 张政文等：《德意志审美现代性话语研究》，中国社会科学出版社 2015 年版。
[3] 黄金城：《有机的现代性：青年黑格尔与审美现代性话语》，上海人民出版社 2019 年版。

判。此外，一些黑格尔美学中关键的问题重新进入人们的视野①，甚至也有学者注意到了黑格尔柏林时期美学讲座的编纂情况②，在逐渐培养起黑格尔研究之国际视野的同时，国内研究者同样开始反思自己研究的特色，试图形成独特的研究传统。

三 现象学和实在哲学的相关研究

在对于黑格尔的整体理解，及其体系内在结构方面，富尔达卓越的工作成果，如《黑格尔》③、《黑格尔〈逻辑科学〉中一个导论之问题》④和大量相关论文⑤都对本研究产生了决定性的影响。富尔达极其精细地区分了在黑格尔体系中概念之真和概念之自由的不同，以及一系列在细部上的洞见，诸如历史概念的四重区分、作为本真形而上学的逻辑科学、精神哲学与自然哲学的关系等都构成了本项研究思考的前提。其因对黑格尔思想把握之精准和深刻，至今仍应被视为黑格尔研究的典范。除富尔达，洛维特（Karl Löwith）的弟子维尔纳·马克思一系列对黑格尔《精神现象学》的研究⑥，尤

---

① 如朱立元《对黑格尔"艺术终结"论的再思考》，《西南大学学报》（社会科学版）2019 年第 2 期；张汝伦《现代性问题域中的艺术哲学——对黑格尔〈美学〉的若干思考》，《清华西方哲学研究》2016 年第 2 期。

② 如贾红雨《黑格尔艺术哲学重述》，《哲学研究》2020 年第 2 期；徐贤樑《论黑格尔美学体系的形成——〈美学讲演录（1820/1821）〉的文献意义与体系价值》，《西南大学学报》（社会科学版）2019 年第 5 期。

③ Hans Friedrich Fulda, *G. W. F. Hegel*, München: Beck, 2003.

④ Hans Friedrich Fulda, *Das Problem einer Einleitung in Hegels Wissenschaft der Logik*, Frankfurt. a. M.: Vittorio Klostermann, 1975.

⑤ 如 Hans Friedrich Fulda, Zur Logik der Phänomenologie von 1807, in *Hegel-Tage Royaumont* 1964, Hegel Studien, Beiheft 3, hrsg von Hans-Georg Gadamer, Bonn: Bouvier, 1984, Hans Friedrich Fulda, Hegels Wissenschaft der Phänomenologie des Geistes, Programm und Ausführung, in *Hegel und die Phänomenologie des Geistes*, hrsg von Michael Gerten, Würzburg: Königshausen & Neumann, 2012.

⑥ Werner Marx, *Hegels Phänomenologie des Geistes*, Frankfurt. a. M.: Vittorio Klostermann, 1981; Klaus Erich Kaehler, Werner Marx, *Die Vernunft in Hegels Phänomenologie des Geistes*, Frankfurt. a. M.: Vittorio Klostermann, 1992.

其是《黑格尔的〈精神现象学〉:"序言"和"导论"中对其理念的规定》(1981) 对现象学与体系的关系做出了精当而有启发性的辨析。法国黑格尔研究权威伊波利特(Jean Hyppolite)在《精神现象学的起源与结构》[①] 中提出了一系列对本研究有启发的观点,比如黑格尔概念式思维和谢林理智直观的差异,黑格尔现象学所带有的教养小说性质,等等。而布尔乔亚(Bernard Bourgeois)在其短小精悍的《德国古典哲学》[②] 中也提供了一种对黑格尔现象学与体系关系别样的看法,对本书同样有所帮助。在《精神现象学》"艺术宗教"的相关研究中,贺伯特·博德(Heribert Boeder)的《黑格尔〈精神现象学〉讲座:穿越意识哲学的自然和历史》[③]、法尔克(Gustav-H. H. Falke)的《概念化的历史》[④] 和约瑟夫·施密特(Josef Schmidt)的《"精神"、"宗教"和"绝对知识"》[⑤] 都为"艺术宗教"部分做了比较系统的评注。亨利希和富尔达合编的《黑格尔精神现象学资料集》[⑥] 收录了 20 世纪 70 年代及之前一系列代表性的研究;韦尔施(Wolfgang Welsch)和费维克(Klaus Vieweg)合编的《黑格尔精神现象学》[⑦] 则包含了近 20 年来研究黑格尔精神现象学的主要成果,其中不乏对"艺术宗教"极其精彩的阐释。

在《哲学科学全书纲要》"艺术"规定的相关研究中,与本研

---

① Jean Hyppolite, *Genesis and Structure of Hegel's Phenomenology of Spirit*, translated by John Heckman, Evanston: Northwestern University Press, 1974.

② [法]贝尔纳·布尔乔亚:《德国古典哲学》,邓刚译,高宣扬校,人民出版社 2013 年版。

③ [德]贺伯特·博德:《黑格尔〈精神现象学〉讲座:穿越意识哲学的自然和历史》,戴晖译,商务印书馆 2016 年版。

④ Gustav-H. H. Falke, *Begriffne Geschichte*, Berlin: Lukas Verlag, 1996.

⑤ Josef Schmidt,„ *Geist* ",„ *Religion* " und „ *absolutes Wissen* ", Stuttgart: Kohlhammer, 1997.

⑥ *Materialien zu Hegels Phänomenlogie des Geistes*, hrsg von. Hans Friedrich Fulda und Dieter Henrich, Frankfurt. a. M.: Suhrkamp, 1973.

⑦ *Hegels Phänomenologie des Geistes*, hrsg von K. Vieweg und W. Welsch, Frankfurt. a. M.: Suhrkamp, 2008.

究关系最密切的是托因尼森（Michael Theunissen）的《作为神学政治论的黑格尔的绝对精神学说》① 和佩珀扎克（Adriaan Peperzak）的《绝对的自我认知》②，尽管这两部专著在论点上可能不够全面，但基于绝对精神之历史考察艺术的功能的视野无疑包含洞见，且对相关核心章节做出了具有启发性的评注。相关论文集和资料集中具参考价值的有：《黑格尔〈哲学科学全书〉（1830）评注》③ 收录了施耐德巴赫（Herbert Schnädelbach）、德辉（Hermann Drüe）、诺伊泽尔（Wolfgang Neuser）等六位黑格尔各个领域的研究者合写的评注，简明梳理了《哲学科学全书纲要》中各个节点。亨利希和霍斯特曼合编的《黑格尔哲学的逻辑》④，图西林（Burkhard Tuschling）和卢卡斯（Hans-Christian Lucas）合编的《黑格尔哲学的全书体系》⑤ 也收录了大量重要的论文。

　　国内对黑格尔现象学和精神哲学的研究实际上达到了极高水准，足以在国际学界自成一格。其中值得一提的是，本书关于黑格尔体系乃是"现象学—逻辑学—实在哲学（应用逻辑学）"大圆圈的看法很大程度上得益于杨祖陶先生在《康德黑格尔哲学研究》讨论《精神现象学》在黑格尔体系中的地位和功能的分析，杨先生同样认为黑格尔的体系是由"精神现象学、逻辑学和应用逻辑学构成的大圆圈"⑥。本书关于世界历史不断朝向自由发展的看法则受到了薛华先

---

① Michael Theunissen, *Hegels Lehre vom absoluten Geist als theologisch-politischer Traktat*, Berlin: De Gruyter, 1970.
② Adriaan Peperzak, *Selbsterkenntnis des Absoluten*, Stuttgart: Frommann-Holzboog Verlag, 1987.
③ *Hegels "Enzyklopädie der philosophischen Wissenschaften" (1830)*, Frankfurt. a. M.: Suhrkamp, 2000.
④ *Hegels Logik der Philosophie*, hrsg von Dieter Henrich und Rolf-Peter Horstmann, Stuttgart: Klett-Cotta, 1984.
⑤ *Hegels enzyklopädisches System der Philosophie*, hrsg von Hans-Christian Lucas und Burkhard Tuschling und Ulrich Vogel, Stuttgart: Frommann-Holzboog, 2004.
⑥ 杨祖陶：《康德黑格尔哲学研究》，人民出版社2015年版。

生的《黑格尔、哈贝马斯与自由意识》① 中《黑格尔对历史终点的理解》极大的启发。王树人先生的《思辨哲学新探》② 中包含了众多对黑格尔美学与历史哲学相关性的洞见。除了上述著作，邓晓芒的《黑格尔〈精神现象学〉句读》③、张世英的《自我实现的历程：解读黑格尔〈精神现象学〉》④ 以及庄振华的《〈精神现象学〉讲读》⑤ 等都是解读黑格尔现象学文本的佳作。而《哲学科学全书纲要》与《精神哲学》具有相当完备的中译本，杨祖陶先生的译本和薛华先生的译本分别于 2006 年和 2010 年（2021 年出了最新的修订版）先后出版，杨祖陶先生的《黑格尔〈精神哲学〉指要》⑥ 部分涉及艺术在体系之中的功能，具有相当参考价值。

通过近几十年来国内外学者对黑格尔思想发展及其同时代人关系的研究，黑格尔艺术哲学与整个体系的整体关联逐渐清晰起来，大量优秀的研究成果表明，要理解黑格尔特定的部门哲学必须尊重其体系建构尤其是黑格尔独特的概念思维，这也佐证了要真正开启黑格尔艺术论为我们所理解的可能性，就必须深入黑格尔的整个体系架构。不过这种对黑格尔体系的尊重，并不偏废将黑格尔的思想置于与同时代人对话关系之中的历史研究的方法。出于上述考量，一种综合体系与历史研究的工作便显得格外重要，这同样是本书第一部分选择首先从体系和历史切入，以求更完整地搭建起黑格尔艺术论整体阐释框架的根本原因。

---

① 薛华：《黑格尔、哈贝马斯与自由意识》，中国法制出版社 2008 年版。
② 王树人：《思辨哲学新探》，人民出版社 1985 年版。
③ 邓晓芒：《黑格尔〈精神现象学〉句读》（十卷），人民出版社 2017 年版。
④ 张世英：《自我实现的历程：解读黑格尔〈精神现象学〉》，山东人民出版社 2001 年版。
⑤ 庄振华：《〈精神现象学〉讲读》，人民出版社 2018 年版。
⑥ 杨祖陶著，舒远招整理：《黑格尔〈精神哲学〉指要》，人民出版社 2018 年版。

第一部分

体系—历史

第 一 章

黑格尔及其思想

"In mir hat Hegel den unsterblichen Funken der Freiheit entzündet."
Johann Georg August Wirth

"黑格尔引燃了我心中自由的不朽火花。"[1]

约翰·格奥尔格·奥古斯特·魏尔特[2]

黑格尔（Georg Wilhelm Friedrich Hegel，1770—1831）是 19 世纪最伟大的德国哲学家，也是有史以来最伟大、最具有影响力的哲学家之一，如将其置于整个西方哲学史抑或文化史的坐标之中，他的名字无疑将与柏拉图、与亚里士多德一起并列闪耀。相比于柏拉图和亚里士多德，黑格尔对现代世界有着更强有力和不可估量的贡献，任何淡化乃至拒斥黑格尔的企图也无法回避这一事实：没有黑格尔哲学及其影响，历史的进一步发展将大为不同[3]，福柯（Michel Foucault）直言："我们的整个时代，无论是通过逻辑学，还是认识

---

[1] Johann Georg August Wirth, *Denkwürdigkeiten aus meinem Leben*, Bd. 1, Emmishofen: Verlag des Literarischen Institue, 1844, S. 26.

[2] 魏尔特（Johann Georg August Wirth，1798—1848），德意志 1848 年三月革命（Vormärz）时期的律师、作家和政治家，曾于 1814—1816 年就读于黑格尔担任校长的纽伦堡高级文理中学（Nürnberger Gymnasium）。

[3] Horst Althaus, *Hegel und die heroischen Jahre der Philosophie, Eine Biographie*, München: Carl Hanser, 1992, S. 11.

论，无论是通过马克思，还是通过尼采，都在试图摆脱黑格尔……然而，真正摆脱黑格尔则要求准确评价那些难以从他那里摆脱的东西，要求弄清在我们借以反对黑格尔的东西中，哪些仍然属于黑格尔，同时意味着察觉我们反对他的方式，在哪些方面或许是他用以抗拒我们的方式和不动声色地为我们设下的圈套。"①

黑格尔的第一位传记作家罗森克兰茨如此回望了行进至黑格尔的德意志精神史，"直至在莱辛（Lessing）和温克尔曼（Winkelmann）之中，在克洛普施托克（Klopstock）和赫尔德（Herder）之中，德意志精神慢慢地、怯生生地鼓荡起来，复又独立地聚集起来，并为歌德（Goethe）和席勒（Schiller）开辟了道路。哲学当前在精神的行进中发挥了前所未有的作用，因为自康德（Kant）以来，它不仅伴随着美文学的所有阶段，而且还通过其批判的刺激形成了富有成效的影响。然而，最重要的是，它通过捍卫作为自由灵魂的自由理念，显示了哲学在宗教和政治领域的重要性。在路德（Luther）之后，没有一个名字像康德那样深深地吸引着德意志民族，因为他不仅是一位思辨思想家，也是一位民族作者，他不厌其烦地、迫切地教导良心、信仰和思想的自由，当然也包括出版自由，直到最后一息。……从康德的哲学命题（Philosophem）中，现在出现了一种意义深远的对哲学工作的划定，即按照康德的原则对一般的科学（Wissenschaft）进行的革新。莱因霍尔德（Reinhold）、费希特（Fichte）、赫尔巴特（Herbart）、谢林（Schelling）、克劳斯（Krause）、巴德尔（Baader）、叔本华（Schopenhauer）和黑格尔都在康德的基础上扩大和深化了科学的组织（Organisation）。……在这些人中，没有人像黑格尔那样与康德如此接近。没有人像黑格尔那样敏锐地认识到康德的宝贵遗产；没有人像黑格尔那样完整地勾勒出康德思维方式的必然性；没有人像黑格尔那样在宗教和政治领域用自由原则深

---

① ［法］迪迪埃·埃里蓬：《米歇尔·福柯传》，谢强、马月译，上海人民出版社2017年版，第18页。

深地影响着国民，而不带任何狂热；最后，没有人像黑格尔那样促进哲学语言的进一步发展，使之成为完全符合康德意义上的普遍科学语言"①。黑格尔生于德意志思想文化最辉煌的时代，并在文化层面将德意志哲学推至最高峰，成为观念论的集大成者，他的一生不像歌德那么波澜壮阔，但也不似康德那样平静无波。而与费希特、谢林接近，既是典型的哲学的一生，又带有法国大革命的时代的印记，约阿希姆·里特认为，"他从未站在一个安全世界的岸边将革命视为一个已完成的事件"，"在黑格尔那里，一切关联着时代的哲学规定都聚焦于法国大革命这一事件，以抵御和解决这个问题，没有任何一种哲学就其最内在的冲动而言像黑格尔哲学那样是革命的哲学"②。费维克在新《黑格尔传》中将这种革命性浓缩地概括为，对黑格尔而言，"哲学意味着学会自由地生活"③。

1770年8月27日，黑格尔在斯图加特降生，其父是符腾堡公国的税务局书记官，其新教式的家庭氛围和内在虔敬的特质造就了他少年老成的脾性，作为这个中产阶级家庭的长子，黑格尔从小接受了正统的拉丁式教育，在高级文理中学（Gymnasium）学习期间，系统地研习了古希腊和罗马的经典，同时也深受启蒙理想的熏陶。黑格尔于1788年进入图宾根神学院学习，在此期间他结识了荷尔德林（Hölderlin）和谢林，并结为密友，二人当时在哲学思辨方面都领先于他，并对他持续产生了重要的影响。1789年法国大革命爆发，黑格尔、谢林和荷尔德林等一众神学院学生，无不将之视为新时代的曙光。黑格尔在大学时期热心于宗教、政治等公共事务，彼时卢梭是他心目中的英雄。1793年大学毕业之后，黑格尔前往瑞士伯尔尼，找到了一份家庭教师的工作，他怀抱着文学梦，从大学期间关

---

① Karl Rosenkranz, *Hegel als deutscher Nationalphilosoph*, Darmstadt: Wissenschaftliche Buchgesellschaft, 1965, S. 2-3.

② Joachim Ritter, *Hegel und die französische Revolution*, Köln & Opladen: Westdeutscher Verlag, 1957, S. 15.

③ Klaus Vieweg, *Hegel, Der Philosoph der Freiheit*, München: C. H. Beck, 2019, S. 17.

注的公共生活（宗教）问题出发，认为诗人能够成为"民众导师"（Volkslehrer）；这一时期他极重视康德的伦理学，希望能为建构有生命力的民众宗教奠定基础，并关注经济学问题，广泛阅读苏格兰政治经济学家的著作。1797 年黑格尔在荷尔德林的帮助下来到法兰克福，在富商戈格尔（Gogel）家中担任家庭教师，从静谧的瑞士小城重新回到了充满商业气息的大城市，这期间他广泛参与社交，不仅体验到异常丰富的文化艺术生活，而且还从荷尔德林、辛克莱尔（Sinclair）和茨维林（Zwilling）等一批朋友那里接受到许多新思想。黑格尔在这一时期迎来了第一次思想转变，"统一、爱和生命"（Vereinigung, Leben und Liebe）被理解为"理性的现实化"（Verwirklichung der Vernunft）而进入了他思考的中心。但黑格尔迅速厌倦了家庭教师的生活，转而求助谢林①，试图进入学术圈，1801 年，通过谢林的推荐，黑格尔来到耶拿，获得耶拿大学编外讲师的职位，至此哲学取代宗教—政治问题，成为黑格尔此后生命中全部事业的核心。

  1801 年出版的《费希特和谢林哲学体系的差别》（*Differenz des Fichteschen und Schellingschen Systems der Philosophie*）（即《差异论文》）标志着黑格尔在哲学上的首次亮相，随后他又与谢林合办《哲学评论杂志》（*Das kritische Journal der Philosophie*），其耶拿时期大部分重要的作品都发表在这份杂志上。在耶拿的岁月中，黑格尔始终苦心孤诣地构造自己的哲学体系，但这一艰巨的工作直到 1807 年《精神现象学》（*Phänomenologie des Geist*）的出版才迎来了真正的开端，自此之后他在构建"大全一体"（Die All-Einheit, hen kai pan）的体系道路上越走越顺。1807 年 3 月，黑格尔来到了巴伐利亚州风景宜人的小城班贝格（Bamberg），成为《班贝格》报社的记者和编辑，圆了年轻时的记者梦，尽管他在此间的工作卓有成效，但由于其政治立场触怒了当局，他不得不在老友尼特哈默尔（Niethammer）

---

① Vgl. *Briefe von und an Hegel*, Bd. 1. hrsg von Johannes Hoffmeister, Hamburg: Felix Meiner, 1969, S. 58 – 60.

的斡旋下，于1809年前往纽伦堡担任高级文理中学的校长。在纽伦堡时期，黑格尔取得了事业和爱情的双丰收，于1811年迎娶了当地贵族图赫尔家族的女儿玛丽·冯·图赫尔（Marie von Tucher），建立起幸福的小家庭；在哲学事业上，他以强韧的精神力为整个哲学体系夯实了基础，出版了《逻辑学》（*Wissenschaft der Logik*）的上卷，体系的中枢得以塑造成型。1816年，黑格尔应邀前往海德堡大学，第一次在大学获得了正式的哲学教席，其间出版了《哲学科学百科全书纲要》（*Enzyklopädie der philosophischen Wissenschaften im Grundrisse*）的第一版，这乃是黑格尔对其体系轮廓首次正式表述，他也从体系的总体规划深入所有局部以及特殊环节巨量和琐碎的工作之中。随着阿尔滕斯泰因（Karl Altenstein）出任普鲁士内阁大臣，黑格尔被柏林大学聘请为哲学教授。

从1818年直至去世，黑格尔一直工作于柏林大学，还一度出任大学校长（Rektor der Universität Berlin, 1829）。在柏林，黑格尔的授课几乎涵盖了所有哲学和人文科学领域，包括逻辑学、自然哲学、心理学、认识论、法哲学、历史哲学、艺术哲学、宗教哲学和哲学史等[①]，他赢得了众多追随者，几乎吸引了欧洲各地的学生，学生记录了他的一系列讲座。这一时期的黑格尔是当之无愧德意志学界翘楚，学术声誉日隆，政治仕途也达至顶峰，其间基本实现了他在思辨—辩证的体系之中囊括万有的宏愿。1831年11月14日，黑格尔因霍乱（Cholera）逝世于柏林［按照黑格尔亲近的学生爱德华·甘斯（Eduard Gans）的讣告，11月14日亦是莱布尼兹的忌辰］，他的学生和朋友们按照他的遗愿将他安葬在柏林多罗苔亚公墓（der Dorotheenstädtische Friedhof）中，与费希特和晚期浪漫派代表人物索尔格（Solger）比邻而居。黑格尔的遗孀玛丽·黑格尔在致姐妹的信中描述了黑格尔的"哲人之死"，"他（指黑格尔）在神看来是幸运

---

① Vgl. Hans Friedrich Fulda, *Georg Wilhelm Friedrich Hegel*, München: C. H. Beck, 2003, S. 267.

的，尤其是蒙恩的，他将神带入自身之中，并在精神和真理中辨识出祂——他漫步于蒙恩之人中，一切尘世的苦难、一切烦恼纠缠和晚年的病痛都得到了赦免——所以出乎意料的是，他病了1天半之后，病中他还在全力以赴、还投身于他被保佑的卓有成效的工作，其间他开始只是抱怨胃痛和想呕吐，在霍乱（哦！为什么我一定要说出这个可怕的词）发病后（但这种病症只是内在地摧毁了他高贵的生命，我们所有人并未从外表上看出来）——轻柔地、无痛地、温和地和极乐地，没有濒死的痛苦，没有对死亡的预感，有的只是带着清醒的意识直至沉入到最后的睡眠。这样的霍乱是最蒙恩的死亡——并不使人战栗"①。库诺·菲舍尔（Kuno Fischer）认为黑格尔之死标志着哲学的完成，"在其著作（Werk）和讲座（Vorlesung）中，他圆满地完成了历史赋予他作为哲学著作者和哲学教师的使命。当他谢世时没有留下任何多余之物"②。

事实上，与其说黑格尔志业和思想处于已经完成的状态，不如说始终在行进之中，直到逝世前一个月他还在兢兢业业地修改《逻辑学》，而完成于染病前3天的《逻辑学》再版序言理应被视为他留给现代世界的最后忠告，"一本属于现代世界的著作，所要研究的是更深的原理、更难的对象和范围更广的材料，就应该让作者有自由的闲暇作七十七遍的修改才好。不过，由于外在的必需，由于时代兴趣的巨大与繁多而无法避免的分心，甚至还由于日常事物的杂闹和纠缠于日常事物为荣的眩人耳目的虚妄空谈，使人怀疑是否还有在没有激动的平静中一心从事思维认识的余地，在这种情况下，作者从任务之伟大这一角度来考虑这本著作，所以就不得不以迄今所可能完成的模样为满足了"③。据大卫·施特劳斯（David Friedrich Strauß）记录，黑格尔柏林时期的讲座留给学生们和听众们的最后一

---

① Günther Nicolin, *Hegel in Berichten seiner Zeitgenossen*, Hamburg: Felix Meiner, 1970, S. 460–461.

② Kuno Fischer, *Hegels Leben Werke und Lehre*, Heidelberg: Winter, 1911, S. 201.

③ ［德］黑格尔：《逻辑学》（上），杨一之译，商务印书馆1982年版，第21页。

句话是"自由是最内在之物,精神世界的整体结构正是由之而出"①。一言以蔽之,黑格尔的一生就是教会人如何自由地思维和自由地生活。

第一节 主旨

按研究界习常的看法,黑格尔的思想体系常被概括为"绝对观念论"(absolute idealism)②,从黑格尔思想的接受史和研究传统看,黑格尔的得意门生米希勒(Karl Ludwig Michelet)多半是始作俑者。作为黑格尔《哲学史讲演录》的友人版全集的编纂者,米希勒在该书前言中略带歉意地指出,"特别是自康德以来的最近的(德意志哲学)时期遭到了(黑格尔)非常简略的处理","在完成《讲演录》的编辑之后,我们在这里看到,黑格尔忽略了为印刷出版一部与他紧密相连的由康德到黑格尔的近来德意志哲学体系的详细的历史做好准备"③。为了弥补这一遗憾,米希勒自己勾勒了这一时段哲学史的发展——《从康德到黑格尔的德意志最晚近的哲学诸体系的历史》,这一全二卷、篇幅超千页的大部头断代史实则强化了黑格尔式的上升阶梯(stair-step theory)书写模式④:从康德到费希特的思

---

① G. W. F. Hegel, Strauß-Nachschrift Rechtsphilosophie, S. 925, in Klaus Vieweg, *Hegel. Der Philosoph der Freiheit*, München: C. H. Beck, 2019, S. 672.

② 参见 [美] 弗雷德里克·拜塞尔《黑格尔》,王志宏、姜佑福译,华夏出版社 2019 年版,第 66—70 页;[美] 罗伯特·皮平《黑格尔的观念论:自意识的满足》,陈虎平译,华夏出版社 2006 年版,第 88 页;Louis Althusser, *The Spectre of Hegel*, *Early Writings*, Translated by G. M. Goshgarian, London & New York: Verso, 1997, p. 248; Charles Taylor, *Hegel*, Cambridge: Cambridge University Press, 1975, p. 109.

③ Georg Wilhelm Friedrich Hegel, Vorlesungen über die Geschichte der Philosophie I, hrsg von Karl Ludwig Michelet, Berlin: Duncker und Humblot, 1840, Vorrede des Herausgebers zur ersten Ausgabe, S. XVIII.

④ Cf. Dieter Henrich, *Between Kant and Hegel. Lectures on German Idealism*, edited by David S. Pacini, Cambridge & Massachusetts: Harvard University Press, 2008, p. xvi.

想进程被概括为主观观念论；谢林的思想被界定为客观观念论；而黑格尔作为主观和客观观念论的综合者最终被名之"绝对观念论"①。这个说法在 19 世纪末 20 世纪初的德语思想界似乎迅速被接受，新康德主义者埃宾豪斯（Julius Ebbinghaus）在《相对和绝对观念论：对从康德到黑格尔之道路的历史—系统性研究》中用"绝对观念论"和"相对观念论"将黑格尔与黑格尔之前的思想方案对立起来②；实际上，黑格尔生前就对这种将自身哲学体系简化为一个脱离语境的术语的做法颇有顾虑，故下意识地避免使用，至多只是在《哲学科学全书纲要》的一处论及康德贡献的附释中提过一次"绝对观念论"③，"我们直接认识的事物并不只是就我们来说是现象，而且即就其本身而言，也只是现象。而且这些在限事物自己特有的命运、它们存在的根据不是在它们自己本身内，而是在一个普遍神圣的理念里"④，这一对"绝对观念论"只言片语的描述倒也与不少人心目中黑格尔的形象接近。当然，"绝对观念论"的概括自有其合理性，黑格尔的思想的确围绕"绝对"而展开，其体系哲学的任务在《差异论文》中被规定为"为意识建构绝对"⑤，但"绝对"一词所指究竟为何还有待澄清。黑格尔并非"绝对"概念的首倡者，在近代，绝对总是和斯宾诺莎（Spinoza）的实体概念和斯宾诺莎主义（Spinozismus）对神的理解密不可分；在康德那里，绝对则不再是一个能通过知性、理性手段所能达到的形而上学的对象——理智直观被彻底拒斥了，而在范导性功能中，康德将之作为实践得以可能的激发与条件，用以扩大理论理性的知识，并在实践中

---

① Vgl. Karl Ludwig Michelet, *Geschichte der letzten Systeme der Philosophie in Deutschland von Kant bis Hegel*, 2 Bde., Berlin: Duncker und Humblot, 1837 – 1838.

② Vgl. Julius Ebbinghaus, *Relativer und absoluter Idealismus. Historisch—systematische Untersuchung über den Weg von Kant zu Hegel*, Leipzig: Voß, 1910.

③ 参见 [德] 黑格尔《小逻辑》，贺麟译，商务印书馆 1996 年版，第 127 页。

④ [德] 黑格尔：《小逻辑》，贺麟译，商务印书馆 1996 年版，第 127 页。

⑤ G. W. F. Hegel, *Jenaer Schriften* (1801 – 1807), Werke in zwanzig Bänden, TWA, Bd. 2, Frankfurt. a. M.: Suhrkamp, 1986, S. 25.

提升人的规定①。在康德完成对传统形而上学的卓越批判之后,"绝对"在整个后康德的观念论(Post-Kantian Idealism)语境中就失去了隐藏在作为幻相(Illusory)的表象之下实体的地位,而成为一个自身—他者化(self-othering)的运动②:对费希特而言,知识学的对象不是传统形而上学所理解的绝对,而是绝对知识;谢林则是地道的绝对哲学家,他自己思考之呈现即为展现对绝对的概念性理解。③

然而,黑格尔认为这些思想上的先行者们并未给予"绝对"最根本的规定,还停留在无生气的同语反复上,唯有谓述(Prädikat)④"绝对"的"精神"(der Geist)才能赋予其真正的内在生命,"精神是最高贵的概念,是新时代(近代)及其宗教的概念"⑤,绝对精神(absolute Geist)或绝对知识(absolute Wissen)既是概念化的实在(begreffenes Resultat),又是现实的概念化。显然,用"绝对观念论"化约黑格尔的思想并非不足取,但理解"精神"或把握住"精神"和"绝对"之间的思辨关系可能才是掌握其思想要旨的关键。在作为整个体系基本规定(eigen Grundbestimmung)的《精神现象

---

① Vgl. R. Kuhlen, Absolut, das Absolute, in *Historisches Wörterbuch der Philosophie*, Bd. 1, hrsg von J. Ritter, Basel: Schwabe, 1971, S. 15 – 20.

② Cf. Markus Gabriel, Slavoj Žižek, Mythology, *Madness, and Laughter, Subjectivity in German Idealism*, New York: Continuum, 2009, pp. 2 – 3.

③ Vgl. R. Kuhlen, Absolut, das Absolute, in *Historisches Wörterbuch der Philosophie*, Bd. 1, hrsg von J. Ritter, Basel: Schwabe, 1971, S. 21f.

④ Prädikat 也被译为"宾词",在语法学中一般被称为"谓语",意为对主语动作状态或特征的陈述;在逻辑学中被称为"谓项",本书会按照语境采用"谓述""谓语"和"谓项"不同译名。

⑤ G. W. F. Hegel, *Phänomenologie des Geistes*, Werke in zwanzig Bänden, TWA, Bd. 3, Frankfurt. a. M.: Suhrkamp, 1986, S. 28;中译见[德]黑格尔《精神现象学》(上),贺麟、王玖兴译,商务印书馆 1981 年版,第 15 页,译文有改动。《精神现象学》的引用主要参照黑格尔著作集理论版(Theorie Werkeausgabe)的第三卷,同时参考黑格尔全集历史考证版(die historisch-kritische Gesamtausgabe)的第九卷(G. W. F. Hegel, *Phänomenologie des Geistes*, Gesammelte Werke, Bd. 9, hrsg von Wolfgang Bonsiepen und Reinhard Hede, Hamburg: Felix Meiner, 1968)。

学》之"序言"(Vorrede)① 中，黑格尔将自己全部工作概括为："说真实者只作为体系才是现实的，或者说实体在本质上即是主体，这乃是绝对即精神这句话所要表达的观念。"② "绝对即精神"这一总命题的具体内涵包含于两个从属性的命题——"真实者只作为体系才是现实的"与"实体在本质上即是主体"——之中。本章第一节以黑格尔《精神现象学》"序言"和《哲学科学全书纲要》(1830)"导论"(Einleitung) 和"精神的概念"(Begriff des Geistes) 中相关段落为依据，由点及面地阐明此命题，进而展现黑格尔思想要旨。

一 "真实者只作为体系才是现实"

在《精神现象学》"序言"中，黑格尔通过展开"真实者是全体"多种含义以阐明"真实者只作为体系才是现实"的内涵：

> 真实者是全体。但全体只是通过自身发展而达于完满的那种本质。关于绝对，我们可以说，它本质上是个结果，它只有到终点才真正成为它之所以为它；而它的本性恰恰就在这里，因为按照它的本性，它是现实、主体、或自我形成。……开端、原则或绝对，最初直接说出来时只是个共相。……上帝、绝对、永恒等字也并不说出其中所含的东西，事实上这样的字只是把直观当作直接性的东西表述出来。比这样的字更多些的东西，即使仅只变为一句话，其中也包含着一个向他物的转化（这个转化而成的他物还必须重新被吸收回来），或一个中介。③

---

① Wolfgang Janke, *Die dreifache Vollendung des Deutschen Idealismus*, Fichte-Studien. Supplementa, Bd. 22, Amsterdam & New York: Rodophi, 2009, S. 11.
② ［德］黑格尔：《精神现象学》（上），贺麟、王玖兴译，商务印书馆 1981 年版，第 15 页，着重号为原作者所加，下同。
③ ［德］黑格尔：《精神现象学》（上），贺麟、王玖兴译，商务印书馆 1981 年版，第 12 页，译文略有改动。

（1）真实者（das Wahre）①。黑格尔用"所有参与者都为之酩酊大醉的一场酒神巴克斯（bacchantische Taumel）的狂欢"② 这一隐喻引发了人们对真实者含义的猜想。因为巴克斯（Bacchus）之秘仪以面包和葡萄酒为饮宴主角的酒神狂欢不同于对奥林匹斯神系的献祭，代表了"神秘学"（Mystik）传统，新黑格尔主义者克朗纳（Richard Kroner）据此将黑格尔视为"理性的神秘学"（rationelle Mystik）③。但黑格尔在不同场合都批评了种种企图以"内部秘传"（esoterisches Besitztum）、"感受与直观"、"形式主义"（Formalismus）等手段来通达绝对的"神秘学"方案，因而这一隐喻并不意味着将"真实者"视为无法思维只能神秘体验的超越性对象。相反，饮宴中面包和葡萄酒的真实含义是人类对普遍自我意识的生命共同体的庆祝（Feier）④，所有酒神信徒共同参与到秘仪之中，由此超越了个体自我虚假的独立性，达到了真正普遍的自我意识。个体认识到自身是共同体中的一个环节，唯有所有信徒都沉浸在对面包与葡萄酒的享受中，狂欢才成为真正的崇拜仪式，一旦任何一个信徒离开了饮宴，仪式便随即土崩瓦解。同样，环节无法脱离共同体，需在共同体中得到内在规定；环节间的关系构成了共同体的

---

① 贺麟、王玖兴译本中 das Wahre 的译名并不统一，据先刚的统计，大致有"真实的东西或真理""真实的""真理性""真的""真的东西""真"等，这也说明了该术语不易掌握。按德语的字面义，das Wahre 是形容词的名词化，指真的东西、真实的事物。在黑格尔那里，唯一真实的东西就是理念或概念，但却不能理解为传统形而上学意义上作为万物之本源（Arche）或超越之神的那类实体性存在。先刚的新译本将 das Wahre 翻译成了真相，很好地传达出了概念的实际存在及其显现的双重含义。但综合考虑到真相在口语中总是被认作藏在事情背后、与事情分离的本质，可能会引起误解；而"的东西"的译法实体性意味较浓，故采纳了"真实者"这个拗口的译名。

② ［德］黑格尔：《精神现象学》（上），贺麟、王玖兴译，商务印书馆 1981 年版，第 30 页，译文有改动。

③ Richard Kroner, *Von Kant bis Hegel*, Bd. 2, Tübingen: Mohr（Siebeck），1977, S. 272.

④ Vgl. Pirmin Stekeler-Weithofer, *Hegels Phänomenologie des Geistes*, *Ein dialogischer Kommentar*, Bd. 2. Geist und Religion, Hamburg: Felix Meiner, 2014, S. 815.

内在结构。这种环节与共同体的关联就是全体（das Ganze），全体不是环节的机械叠加或外在拼凑，而是通过自身发展而不断完善着的本质①，全体由此不仅是结果，更是过程；故"真实者是全体"，因为"真实者就是它自己的完成过程（das Werden），就是这样一个圆圈（der Kreis）"②。

（2）不断完善着（sich vollendende）的全体。除了"完成过程"和"圆圈"，黑格尔对真实者的进一步规定乃是"预先将它的终点（Ende）设定为（voraussetzen）目的（Zweck），并以它的终点为开端（Anfange），而且只有通过展开并达到了它的终点它才是现实的（wirklich）"③。黑格尔以开端、终点和目的来规定真实者和描述全体并非术语的滥用，而正恰如其分地展现出"真实者"或全体绝非一个空洞的名称或抽象的概念，而是具体的内容和实现过程。在黑格尔看来，孤立的环节必须内在地结合，形成一个处在转变和发展中的过程，唯有如此全体才是不断完善着的。作为开端，全体还是孤立的，未经展开（Ausführung），没有发展出后续环节，因而并不进入与其他环节的关系中，在这个意义上是被预设的（vorausgesetzt）④ 目的。开端远称不上真实者，因缺乏相续环节，故尚无法被冠以全体之名，而只是空洞的共相（das Allgemeine）⑤。有差异的环节因这种孤立性和抽象性被外在地认作相互矛盾（Widerspruch）的，但在内在展开中却真

---

① ［德］黑格尔：《精神现象学》（上），贺麟、王玖兴译，商务印书馆1981年版，第12页，译文有改动。
② ［德］黑格尔：《精神现象学》（上），贺麟、王玖兴译，商务印书馆1981年版，第11页，译文有改动。
③ ［德］黑格尔：《精神现象学》（上），贺麟、王玖兴译，商务印书馆1981年版，第11页，译文有改动。
④ Voraussetzen 在贺、王译本中一般被译为"预先设定"或"预设"，其词干 setzen 即费希特在《知识学》中所规定的绝对自我的活动方式，而前缀 voraus，意为在前的、预先的。从推论形式看，voraussetzen 指的是确立一个能够推导出结论的前提，即以"……"为前提，它的名词 die Voraussetzung 就是推论中的前提，这个词下文会灵活译成"前提"或"预设"。
⑤ 黑格尔也在其他场合称之为"抽象的普遍性""纯粹的直接性"。

正构成了全体的生命（das Leben des Ganzen），"它们的流动性却使它们同时成为有机统一体的环节，它们在有机统一体中不但不互相抵触，而且彼此都同样是必要的"①。黑格尔与谢林都认为，真正的哲学以绝对及其丰富呈现形态为对象，不同的特殊事物就其本质而言乃是绝对在这个特殊事物之内的呈现，因此严格说来，并没有"特殊的"哲学或"部门哲学"独立存在，而是唯一的哲学在不同领域里的呈现。在此视域下，全体本质上是完整和不可分割的，环节并不是与全体对立的"特殊者"，而是唯一全体在特殊领域里的呈现，任何一个环节都是全体自身展开这一过程中的特殊形态，或在特殊形态中的自我规定，因而环节既是全体，又只是全体的一个规定性；环节与环节的关系生成或每一环节在全体中得到规定都是全体自己形成自己，自身转变的过程本身。

（3）自身反映（sich in sich selbst reflektieren）或中介（die Vermittlung）。全体作为自身转变的过程，其开端和结果必然是同一的，如果说结果是目的之完善（vollendt），那么开端就是未实现的目的（空虚的开端），作为目的的两端，开端应与结果同一，故开端作为未现实之目，其片面性和孤立性需要被毁灭，因此，这种空虚是一种返回自身的否定性。自身的空虚性使得开端成为一种对自身的否定行动，转化为一种指向自身结果的能动性；对已然处在完善中的结果而言，开端向着结果的生成则是一种肯定自身的行动。在生成过程中，原先空洞的名称成为真正现实的，"结果之所以就是开端，只因为开端就是目的；或者换句话说，现实之所以就是关于此现实的概念，只因为直接性的东西，作为目的其本身就包含着'自身'（das Selbst）或纯粹的现实。实现了目的或具体存在着的现实就是运动，就是展开了的形成过程"②。开端成为结果，或目的的最终实现

---

① ［德］黑格尔：《精神现象学》（上），贺麟、王玖兴译，商务印书馆1981年版，第2页。
② ［德］黑格尔：《精神现象学》（上），贺麟、王玖兴译，商务印书馆1981年版，第13页。

就是引导自己返回自己的过程，这是一种亚里士多德"目的论"式的运动，终点作为目的的实现乃是最完满者，而开端作为目的的欠缺乃是最空洞者，在实现活动中，开端的被"预设"性、空洞性得到了扬弃，而发展过程就是"有目的"地趋向完成，趋向实现了的目的（ἐντελέχχεια/entelecheia）——在全体形成的过程中，实现了目的及朝向这一实现状态的开端构成了设定行动的两面，在自我实现的过程中，设定行动就转变为一个自我成全、自我证明的封闭的循环，从外在的预设性呈现为真正的内在必然性，因为它"呈现它自己的发展环节时所表现的那种形态里"①。

　　这种内在必然性具体表现为，全体之生成的活动乃是向着他物的转化和他物重新被自身所吸收回来：开端虽被预设为诸如"上帝"之类空洞的名称，或"上帝是永恒"等抽象的命题，但上帝能够通过谓语呈现出自身、获得了真正的内容和意义。从外在的角度来看，同一命题的形式表明谓语通过联项（是）外在地附着于主语之上，他物只是外在描述了上帝的一个属性而已；从内在的角度看，谓语其实呈现主语在某一特殊形态中的规定性，这种转化的本质毋宁说是将自身反映为他物或在他物中的自身反映，黑格尔也将这个过程称为以他物为中介返回自身。中介就是"运动着的自身同一""自身反映""自为存在着的自我的环节""纯粹的否定性""单纯的生成"②，这是一种崭新的思维方式或看待思维与存在同一的方式：孤立的环节之间的外在反映对全体而言就是自身特殊形态的向内反映，即将自己呈现在自身的特殊性之中，虽然他物作为孤立的环节处在与开端的外在对立中，但在生成活动中，一切环节在本质上都是全体内在的规定性，这使得中介能够"将结果与其形成过程之间的对

---

　　① [德] 黑格尔：《精神现象学》（上），贺麟、王玖兴译，商务印书馆1981年版，第3页。

　　② [德] 黑格尔：《精神现象学》（上），贺麟、王玖兴译，商务印书馆1981年版，第12页，译文有改动。

立予以扬弃"①。由此，全体或真实者"不是那个严格意义上的原初的或直接的统一性"（ursprüngliche Einheit als solche oder unmittelbare）②，而是"正在重建其自身的一致性（Gleichheit）或在他物中的自身反映"③，即主体和现实。

（4）体系与主体。通过对"真实者是全体"多重含义的分析，不难看出，所谓真实者或全体实际上意指的就是精神及其具体的呈现形态，精神以自身反映和中介化为活动方式。精神作为全体是唯一真实者，即太一（Eins）；精神的各种呈现形态则是在自身反映中展开并转化为现实的具体规定性，即大全（Alles）。精神的现实性就在于规定性的内在形成，原先孤立的环节、抽象的命题被内在地联系起来，成为真正意义上无所不包、囊括万有的全体，这一内在组织起来的全体也就是科学体系，唯有在科学体系中，环节和命题的真义才能得到揭示，相应地，意识或个体对这些环节或命题的认识也唯有立足于体系才能不断地自我修正和完善，变得越来越丰富。精神唯有作为形成和转变的活动本身，才是真实者，才是主体，"真实者在本质上乃是主体，作为主体，真的东西只不过是辩证运动，只不过是这个产生其自身、发展其自身并返回于其自身的进程"④。

二 "实体在本质上即是主体"

如果说有什么概括黑格尔思想的标签，那"实体即主体"很可能是大多数人的首选，但脱离思想语境将其简化为一个抽象断语却

---

① ［德］黑格尔：《精神现象学》（上），贺麟、王玖兴译，商务印书馆1981年版，第13页。
② ［德］黑格尔：《精神现象学》（上），贺麟、王玖兴译，商务印书馆1981年版，第11页。
③ ［德］黑格尔：《精神现象学》（上），贺麟、王玖兴译，商务印书馆1981年版，第11页，译文有改动。
④ ［德］黑格尔：《精神现象学》（上），贺麟、王玖兴译，商务印书馆1981年版，第44页，译文有改动。

会引发无数误解。"不仅把真实者理解和表述为实体，而且同样理解和表述为主体"①，在这个著名命题中，实体（die Substanz）和主体（das Subjekt）这两个最关键的术语几乎包纳了整个近代欧洲哲学的发展史，而黑格尔的实体与主体概念也是在对先前重要思想家吸收、批判和整合的基础上所完成的改造：

> 实体性（die Substantialität）自身既包含着共相（das Allgemeine）或知识自身的直接性，也包含着存在或作为知识之对象的那种直接性。——如果说，上帝是唯一实体这个概念曾在它被宣布出来时使整个时代为之激怒，那么所以如此，一部分是因为人们本能地觉得在这样的概念里自我意识不是被保留下来而是完全毁灭了，但另一部分则是因为人们相反地坚持思维就是思维，坚持普遍性（Allgemeinheit）本身就是这个单一性或这个无差别不运动的实体性。而如果说有第三种见解，认为思维在其自身中就是与实体的存在合为一体的并且把直接性或直观视为思维，那还要看这种理智的直观是否不重新堕入毫无生气的单一性中以及是否它不重新以一种不现实的方式来陈述现实自身。②

英美学界习惯将黑格尔的"实体"和"主体"分别代换为斯宾诺莎式的上帝和康德—费希特式的自我意识或自我③。霍格曼（Friedrich Hogemann）和耶施克（Walter Jaeschke）则结合《逻辑学》准确地

---

① ［德］黑格尔：《精神现象学》（上），贺麟、王玖兴译，商务印书馆1981年版，第11页，译文有改动。

② ［德］黑格尔：《精神现象学》（上），贺麟、王玖兴译，商务印书馆1981年版，第11页。

③ 参见［美］弗雷德里克·拜塞尔《黑格尔》，王志宏、姜佑福译，华夏出版社2019年版，第38—57页；［美］罗伯特·皮平《黑格尔的观念论：自意识的满足》，陈虎平译，华夏出版社2006年版；Charles Taylor, *Hegel*, Cambridge：Cambridge University Press，1975，p.87.

把握到,"实体"在黑格尔那里实际指向了概念的"直接性","实体的辩证运动是概念的直接起源（unmittelbare Genesis）"①。这一解释可与上述引文相互阐发：近代实体概念包含两个维度："共相或知识自身的直接性""存在或作为知识之对象的那种直接性"。围绕这两个维度产生了近代对实体的三种主流表述：（1）上帝是唯一实体；（2）思维是思维，坚持普遍性本身就是这个单一性或这个无差别不运动的实体性；（3）思维在其自身中就是与实体的存在合为一体的，并且把直接性或直观视为思维。

黑格尔在《哲学史讲演录》中将这三种主流表述分别对应于斯宾诺莎、康德（费希特）和谢林。（1）斯宾诺莎的核心思想是"只有唯一的实体是真的，实体的属性是思维和广延（自然）；只有这个绝对的统一是现实的（wirklich），是现实性（Wirklichkeit），——只有它是神"②，作为上帝的实体指的就是"存在或作为知识对象的那种直接性"，即直接存在。（2）"康德哲学的观点首先是这样：思维通过它的推理作用达到了：自己认识到自己本身是绝对的、具体的、自由的、最高无上的。思维认识到自己是一切的一切。除了思维的权威之外更没有外在的权威；一切权威只有通过思维才有效准。所以思维是自己规定自己的，是具体的。其次这种本身具体的思维被他理解为某种主观的东西"③，作为"共相或知识自身的直接性"即普遍思维本身。黑格尔将康德—费希特哲学纳入"实体"中直接知识的维度，颠覆了将"实体即主体"片面地理解为斯宾诺莎+康德、

---

① Friedrich Hogemann und Walter Jaeschke, Die Wissenschaft der Logik, in *Hegel, Ein Einführung in seine Philosophie*, hrsg von Otto Pöggeler, Freiburg & München：Karl Alber, 1997, S. 88f.

② G. W. F. Hegel, *Vorlesungen über die Geschichte der Philosophie Ⅲ*, Werke in zwanzig Bänden, TWA, Bd. 20, Frankfurt. a. M.：Suhrkamp, 1986, S. 161；中译见［德］黑格尔《哲学史讲演录》（第四卷），贺麟、王太庆译，商务印书馆1983年版，第98页，译文有改动。

③ ［德］黑格尔：《哲学史讲演录》（第四卷），贺麟、王太庆译，商务印书馆1983年版，第256页。

费希特的流俗看法。诚然，康德的统觉和费希特"绝对自我"都包含了通向黑格尔"绝对主体性"的潜能①，但在处理知识如何可能的问题上，康德并未解决直观在质料上的被给予性与概念在形式上的自发性之间的二元论，费希特在《知识学》中也没有克服设定行动中理智直观的直接性与意识反思的间接性的相互抵牾。黑格尔深刻地洞见到，无论是认识活动的直接性，还是认识对象的直接性，实际都包含了对方，因而二者只是被预设为直接性，这种对实体的理解自然引发了主体（康德—费希特）—客体（斯宾诺莎）在近代哲学中的对峙。（3）认识与认识对象之间关系的直接性或直接等同，表现为主观认识和客观对象之间无差别的绝对同一，黑格尔对谢林的批评便是，"谢林哲学的缺点在于一开始就提出来主观和客观的无差别点，这种同一性只是绝对地（抽象地）陈述出来的，并没有证明它是真实者"②。

　　这三种对实体的流行看法的共性在于，将实体理解为直接性：存在的直接性，认识的直接性与二者关系的直接等同。拉丁语 Substantia（实体）原是对希腊哲学中 Ousia（亚里士多德意义上的第一实体）的翻译，指最具基础性的实在要素。而黑格尔在法兰克福时期接受了这一传统，认为神学中的上帝或斯宾诺莎的实体代表了本体论的最高原则，是万有实在的统一性③；从耶拿中后期起，他逐渐意识到这一方案的缺陷：如果仅仅将实体视为一种被预设的最基础的实在要素或支撑万有的普遍性，无论是存在的普遍性、思维的普遍性抑或思维与存在的直接等同，都还是与实在万有相脱离的抽象原则，"如果理念的发展只是同一公式的如此重复而已，则这理念虽

---

　　① 参见［美］罗伯特·皮平《黑格尔的观念论：自意识的满足》，陈虎平译，华夏出版社 2006 年版，第二、第三章。
　　② ［德］黑格尔：《哲学史讲演录》（第四卷），贺麟、王太庆译，商务印书馆 1983 年版，第 353 页，译文有改动。
　　③ Vgl. Klaus Düsing, Jugendschriften, in *Hegel. Ein Einführung in seine Philosophie*, hrsg von Otto Pöggeler, Freiburg & München: Karl Alber, 1997, S. 39.

然本身是真实的，事实上却永远仅只是个开端"①，仅仅是一个未经展开的共相和开端，缺乏中介和自身反映，从中无法发展出任何具体的东西。霍斯特曼认为，黑格尔耶拿中后期对体系的基本规划已经与谢林的同一哲学（Identitätsphilosophie）拉开了间距，放弃了主体—客体—同一性之建构（das Konstruieren）。虽然哲学的任务依然是对作为一切对立物之统一的绝对之认识，但主导的概念性和体系性的框架却不再是实体形而上学式的主客体之间的对立，而是统一和复多间关联的各种不同形式。与主体客体对立的理论相比，统一—复多构造的方案不再将不同的对象类型理解为对立面，而是将它们视为由不同的（相反的）关系规定性构造起来的。② 结合"真实者是全体"的多重含义，黑格尔耶拿中后期对实体概念的新思考无疑意义重大。精神作为"真实者"不再是抽象的开端、空洞的共相，更不是无差别和不运动的结果，而是"正在重建其自身的一致性（Gleichheit）或在他物中的自身反映"，即全体自身转化的活生生的运动。主体就是对这个过程更简洁有力的表述。

相比于实体，主体（Subjekt/Ὑποκείμενον-hypokeimenon）无疑是近代哲学最复杂也最具歧义的概念，在亚里士多德那里它就有着多重含义：主体首先指谓述的对象，即命题形式中表述的主语；其次，根据命题和存在的对应关系，命题的主语在存在维度便是属性的承载者和支撑者（Träger），即实体。而在近代主体哲学奠基者笛卡尔那里，主体在大部分情况下保持了命题主语和属性承载者的传统含义，同时，Subjekt 也被笛卡尔视为诸思维（Cogitationes）的承载者。主体作为自我知识之承载者虽然仍处在实体—偶性本体论传统之中，但也开启了与作为近代哲学基础的自我之间的联系，作

---

① [德] 黑格尔：《精神现象学》（上），贺麟、王玖兴译，商务印书馆1981年版，第9页。
② Vgl. Rolf P. Horstmann, Jenaer Systemkonzeptionen, in *Hegel, Ein Einführung in seine Philosophie*, hrsg von Otto Pöggeler, Freiburg & München: Karl Alber, 1997, S. 48.

为思维的主体的心灵，是各种内心情状的基底，也是实体。现代意义上作为"自我"或自主行动者的主体概念由此呼之欲出。莱布尼兹和霍布斯开始将主体（或心灵实体）理解为自我（Ich），但作为理智实体的单子（莱布尼兹）和作为个性承载者的身体（霍布斯）都在一定程度上延续了自亚里士多德开始的实体—偶性的二分法，只是向内转向。而休谟却认为无论是亚里士多德的第一实体，抑或莱布尼兹—霍布斯式的自我—主体都无法被发现，经验之流（Erfahrungsstrom）的连续性无法借此得到保证，因此没有任何实在意义上的承载者。[1] 康德在《纯粹理性批判》中对灵魂持存和理性心理学的批判一方面回应了休谟难题，另一方面开启了解决主体—客体同一性的自我意识进路。先验统觉的颠覆性力量就在于，主体不再是内在心灵的实在要素，而是一种虚化的活动结构，通过综合判断将逻辑形式赋予与之对立的客体，"一般经验可能性诸条件同时就是经验对象之可能性的诸条件"（A158/B197）[2]。皮平认为康德的统觉学说潜在地模糊了直观和概念的二元性[3]，这暗示了直观确立范畴客观实在性的方案已经被纯粹概念活动的扩展取代。黑格尔由此推导出，主体能够在它所"构成"的客体性领域——在其他者中——重新发现自身。[4] 这一洞见的确与康德—费希特的主体学说有关，但在深度和广度上却又超越了二人，主体不再是一种被预设的、先于客体的形式结构，而是在他物中重新建立自身的活动，"所以唯有这种正在

---

[1] Vgl. B. Kilble, Subjekt, in *Historisches Wörterbuch der Philosophie*, Bd. 10, hrsg von J. Ritter, Basel: Schwabe, 1998, S. 373–380.

[2] Immanuel Kant, *Kritik der reinen Vernunft*, Unveränderter Neudruck der von Raymund Schmidt, Hamburg: Felix Meiner, 1956, S. 212；中译见［德］康德《纯粹理性批判》，邓晓芒译，杨祖陶校，人民出版社2004年版，第151页，下文参照国际惯例标出A、B两版标准码。

[3] 参见［美］罗伯特·皮平《黑格尔的观念论：自意识的满足》，陈虎平译，华夏出版社2006年版，第37页。

[4] ［德］维尔纳·马克思：《黑格尔的〈精神现象学〉——"序言"和"导论"中对其理念的规定》，谢永康译，人民出版社2014年版，第12页。

重建其自身的同一性或在他物中的自身反映,才是真实的,而原始的或直接的统一性,就其本身而言,则不是"①。

康德—费希特(甚至是早期谢林)式的主体概念在黑格尔看来只是主体与客体的主观的统一,或在主体之内的统一,而黑格尔的主体作为在他物中的自身反映或中介化,并不局限为知识的形成,同时也是统治着万有的秩序,是单纯的否定性(reine einfache Negativität):

> 而且活的实体,只当它是建立自身的运动时,或者说,只当它是自身转化与其自己之间的中介时,它就真实而言是现实的存在,或换个说法也一样,它这个存在才真正是主体。实体作为主体是纯粹的简单的否定性,唯其如此,它是单一的东西的分裂为二的过程或树立对立面的双重化过程,而这种过程则又是这种漠不相干的区别及其对立的否定。②

主体之结构即过渡为他物,通过确立他物,复又建立自身的否定活动。主体是单一者一分为二的过程(Entzweiung),或确立对立面的活动,但却并不终止于产生差异、产生分裂,而是通过在对立面中发现自身之规定性,从而返回自身。在这种生产性的转化活动中,主体自我规定的诸范畴、诸规定性就自行演绎出来。主体被称为纯粹的简单的否定性的根本原因就在于,它否定了被预设的直接性,而成为自己建立自己的活动,这一过程就是被规定了的否定(bestimmte Negation)。诚然,实体可被视为一个被预设的开端,纯粹的直接性;按其内在本性,作为全体之开端或目的就势必出离自身,开端展开为过程既是转化为他物,又是向着结果的生成,因此转化为他

---

① [德]黑格尔:《精神现象学》(上),贺麟、王玖兴译,商务印书馆1981年版,第11页,译文有改动。

② [德]黑格尔:《精神现象学》(上),贺麟、王玖兴译,商务印书馆1981年版,第11页,译文有改动。

物实际上是回归自身,即"预悬它的终点为目的并以它的终点为起点"①,终点作为起点的规定,意味着开端的预设性不是外在给定的,而是主体贯彻自身的内在规定:将实体带离自身直接性的否定活动,产生直接的统一性和中介性之间的对立,确立他者就构成了确立自身,而这种确立即"正在重建其自身的同一性"。现实的主体充分体现了黑格尔圆圈(Kreis)式思维:如果说开端是起点,结果是终点,在圆圈未形成时,起点和终点都只占据了一个抽象的位置,无法摆脱自己与他物的外在对立,但开端与结果必然在圆圈的展开中成为同一的,这种同一并不意味着起点寂然不动、保持在一个特定的位置上,起点唯有离开初始位置才能被规定为起点,而向着终点前进同样也是回归自身,这种前进回溯并非直线进程,其直观形象乃是圆圈。

"实体作为主体是纯粹的简单的否定性",黑格尔的主体是通过否定性或中介来规定自身的绝对活动,从实体方面来看,否定性作为在他物中的自身反映意味着直接的普遍性转化为"活的"实体。在《哲学史讲演录》对芝诺(Zeno)的评注中,黑格尔对否定性的运作模式做了一个易懂的说明:对一个规定的否定,这个否定活动本身同样是一个规定②。同样,起点之位置是起点的第一个规定,而起点离开这一位置乃是对规定的第一个否定,通过这一否定活动,起点展开成了线;起点展开成线又反过来证明能够从起点出发,起点由此从被设定转变为真正现实的,这就是否定之否定。

根据传统的命题形式,无论是基督教的上帝、斯宾诺莎的实体还是谢林的绝对同一都可以充当命题的主语,但谓语如果不是主语自己建立起来的而是外在附加的,那这些主语仍是无意义的声音或者空洞的名称即抽象的实体。推理逻辑只是将主语、谓语视

---

① [德]黑格尔:《精神现象学》(上),贺麟、王玖兴译,商务印书馆1981年版,第11页。

② 参见[德]黑格尔《哲学史讲演录》(第一卷),贺麟、王太庆译,商务印书馆1983年版,第278—279页。

为通过系词联结的外在组合，主语一般指涉个别事物，谓语表述其性质，这对应于传统形而上学实体—属性的模式，同一主语能够作为不同谓语逻辑形式上的承载者，恰如实体能作为各种属性存在论上的承载者。黑格尔虽然还保留了同一命题的外在形式，但却不再将主语视为命题中稳固的基点，更不再保持主语、谓语外在的对立性，现在，主语并非外在地以谓语为其内容，而"自己运动着的并且将它自己的规定收回于其自身"①，这就是所谓的思辨命题（das spekulativ Satz）②。主语和谓语在命题的同一性形式中已经占据着不同的位置，这乃是主语将自己分裂为二（主项和谓项）的行动。谓语首先构成了对主语的否定，这就建立起主语与谓语的第一个差别。其次，谓语和主语通过联项"是"建立起同一关系，谓语不是主语的性质，而是与主语完全吻合的内容，二者被预设的差别被现实地建立起来，这也是第二个否定。通过取消主、谓语在命题形式上被预设的差别，谓语成了主语在谓项中的自身反映，即主语自己的内容和规定性，由此，主语在命题中的核心位置被谓语取代，"表象思维由主语出发，以为主体继续作为基础，却发现由于谓语才是实体，主语已过渡至谓语，并因此被扬弃"③。在推理形式中，知性思维无法溶解主项和谓项被预设的直接性，只能将主语视为逻辑意义上的实体，但在思辨命题中，静止的主体趋向于崩溃，它深入自己的区别④，发现谓语才是自身的规定性和内容，将自身让渡给谓语，这就颠覆了推理思维形式所框定的僵死对立，但主语向谓语的过渡并不是对他物的认识，而是在他物中认识自身，"思维不再继续进行从主语

---

① ［德］黑格尔：《精神现象学》（上），贺麟、王玖兴译，商务印书馆1981年版，第41页。
② 参见刘创馥《黑格尔新释》，商务印书馆2019年版，第97—139页。
③ ［德］黑格尔：《精神现象学》（上），贺麟、王玖兴译，商务印书馆1981年版，第41—42页，译文有改动。
④ 参见［德］黑格尔《精神现象学》（上），贺麟、王玖兴译，商务印书馆1981年版，第42页，译文有改动。

到谓语的过渡,是由于主语消失而感到阻抑,并且因为失去主语而被抛回关于主体的思想"①,思辨命题经过谓语再次返回到主语,此时主语不再是命题的主语,而是认识着自身的思维主体,而命题的形式和内容借此不再彼此对立。和"实体即主体"类似,"真实者是全体""绝对是精神"同样是思辨命题,黑格尔成功地证明,真正的实体会将自己的直接性扬弃在主体性中,这个在他物中自身反映或在他物中发现自身的过程,就是实体自己认识自己的活动,也是其现实的存在方式。在这个意义上,主体是实体的真理,是思维与存在在活动中同一的方式,因而也就是精神,是上帝的生活与生命。

三 "绝对即精神"

"精神"对黑格尔而言是头等重要的主题词,"是最高贵的概念,是新时代及其宗教的概念。唯有精神的东西才是现实的;精神的东西是本质或自在而存在着的东西,——自身关系着的和规定了的东西,他在和自为存在——并且它是在这种规定性中或在它的他在性中仍然停留于其自身的东西;——或者说它是自在而自为"②。参照黑格尔自身思想发展的历程,精神成为其思想的核心概念属于较为晚近的事件,直到伯尔尼时期(大约1797年前),黑格尔仍是康德主义者,将自律原则视为宗教的起源,只是通过阅读了启蒙时期的历史哲学著作,才开始关注起"精神"概念,而且当时黑格尔还是在孟德斯鸠(Montesquicus)或赫尔德"民族精神"(Volksgeist)的层次上理解精神。前往法兰克福与荷尔德林重逢使得黑格尔意识到自己原先在康德主义立场上的局限,仅将自由概念理解为康德意义上的自律是有所欠缺的,自由要成为一切现

---

① [德]黑格尔:《精神现象学》(上),贺麟、王玖兴译,商务印书馆1981年版,第42页,译文有改动。
② [德]黑格尔:《精神现象学》(上),贺麟、王玖兴译,商务印书馆1981年版,第15页。

实意识的根基，还应被理解为奉献（Hingabe）；产生差异的反设活动（entgegensetzende Tätigkeit）也必须通过一个更高的统一原则（übergeordnetes Prinzip）得到补充。① 黑格尔在这一时期最钟爱用"生命"（Leben）一词来表达这种最高的统一性，在《1800年体系残篇》中，他将"无限的生命叫做精神，因为精神乃是多样之物的活生生的统一"②。但在法兰克福时期，黑格尔还缺乏真正思辨的方法来理解"生命"如何将一种自我知识（sich Wissen）作为自身的关联结构。到了耶拿时期，通过与谢林的合作，黑格尔对精神概念有了初步的规划，首先，是《信仰与知识》（*Glauben und Wissen*）对"主体性反思哲学"（Reflexionsphilosophie der Subjektivität）的批判；其次，得益于谢林与费希特有关自然哲学的争论，黑格尔继续将不属于纯粹物理世界的总体称为精神；再次，黑格尔开始用"精神"概念重构其在法兰克福时期借助生命概念所作的全部构想，这一重构的结晶就是1802年的《伦理体系》（*System der Sittlichkeit*）；最后，黑格尔的《耶拿体系草稿》（*Jenaer Systementwürfe*）进一步发展和规范了整个重构计划。③ 在《伦理体系》中，精神概念还只是对源自伦理现象之图示的宇宙论的概括④，在城邦伦理中，个体不是以抽象的方式——通过契约和个体意志的服从——而是自然而然地、以"有生命的"方式与伦理整体合二为一，故此黑格尔喜欢在类比的意义上将精神称为"伦理自然"⑤。里德尔（Manfred

---

① Vgl. H. F. Fulda, Geist, in *Historisches Wörterbuch der Philosophie*, Bd. 3, hrsg von Joachim Ritter, Basel: Schwabe, 1974, S. 191f.

② ［德］黑格尔：《黑格尔早期神学著作》，贺麟译，商务印书馆1988年版，第402页。

③ Vgl. H. F. Fulda, Geist, in *Historisches Wörterbuch der Philosophie*, Bd. 3, hrsg von Joachim Ritter, Basel: Schwabe, 1974, S. 192f.

④ Vgl. H. F. Fulda, Geist, in *Historisches Wörterbuch der Philosophie*, Bd. 3, hrsg von Joachim Ritter, Basel: Schwabe, 1974, S. 192f.

⑤ Vgl. G. W. F. Hegel, *Schriften und Entwürfe* (1799 – 1808), Gesammelte Werke, Bd. 5, hrsg. von Manfred Baum und Kurt Rainer Meist, Hamburg: Felix Meiner, 1998, S. 279.

Riedel）的解释是，1801 年至 1804 年，精神哲学与伦理学说在黑格尔那里还是一致的，没有内部区分，在这一时期，甚至宗教和哲学都属于伦理。① 而在 1805/1806 年耶拿讲座的结尾，艺术、宗教和科学（Wissenschaft）首次被纳入"绝对自由精神"（absolut freye Geist）中，"绝对自由精神"将一切前述的规定都收回到自身，并自由地产生出"另一个世界"②。这种收回（zurüknehmen）和产生（hervorbringen）意味着对外在性的扬弃，精神不再是与自然的对立者，而是从自然中返回自身的观念性（Idealität）。在《耶拿体系草稿》的最后方案中，虽然并未出现对"主观精神""客观精神"以及"绝对精神"的体系性区分，但精神自我中介的活动方式已经成型。

而从思想史的角度来看，"Geist"带有浓厚的神学背景，der Heilige Geist 意为三位一体中的圣灵，这对出身图宾根神学院的黑格尔而言最为熟悉不过，"精神"甚至被称为"新时代及其宗教的概念"，这无疑凸显出新教改革（Reformation）所奠定的内在性传统的深层而流长的影响③。(1) 有不少研究者因此有足够的理据将黑格尔的思想视为对近代新教神学的整体改写，甚至当代黑格尔最出色的研究者托因尼森也认为黑格尔的绝对精神就是基督教启示中的上帝④。(2) 在去神学化的解释框架中，使精神概念见容于现代思潮的方案主要体现为如下进路：回到黑格尔精神概念形成的开端（法兰克福时期），视其为"生命"概念的升级版，狄尔泰（Dilthey）将

---

① Vgl. Manfred Riedel, *Zwischen Tradition und Revolution*, *Studien zu Hegels Rechtsphilosophie*, Stuttgart：Klett-Cotta, 1982, S. 32.

② Vgl. G. W. F. Hegel, *Jenaer Systementwürfe Ⅲ*, Gesammelte Werke, Bd. 8, hrsg von Rolf-Peter Horstmann, Hamburg：Felix Meiner, 1976, S. 277.

③ 参见［美］马尔库塞《理性和革命——黑格尔和社会理论的兴起》，程志民等译，重庆出版社 1993 年版，第 13 页。

④ Michael Theunissen, *Heges Lehre vom absolute Geist als theologisch-politischer Traktat*, Berlin：De Gruyter, 1970, S. 11.

生命概念视为黑格尔"神秘的泛神论"（mystische Pantheismus）[1] 的产物，在狄尔泰的影响下，克朗纳根据黑格尔的原文——哲学的任务就在于，"……把有限之物置入作为生命的无限之物之中"（I, 177）——指出，生命就是总体性，是哲学的最高对象，也就是后来的"精神"，而黑格尔的生命概念超出谢林之处就在于包含了内容，即历史的生命。[2] 黑格尔由此被塑造成了现代生命哲学先导。（3）围绕德意志观念论的整体语境，尤其是黑格尔的精神概念的主体性维度，将之视为康德的统觉和费希特自我的深化和完成，但这并非一种"上升阶梯理论"（stair-step theory）叙事[3]，而是各种异质性因素的综合，例如皮平指出，尽管谢林早期的形而上学方案带有鲜明的斯宾诺莎主义实体性因素，但其理智直观学说实际上是对康德—费希特自我意识理论的深化，黑格尔也深受其影响[4]。众多优秀的学者已经在此方面做出了大量开拓性工作，如珀格勒，格兰德（Ingtraud Görland），鲍姆（Manfred Baum），基默勒（Heinz Kimmerle），杜辛，希普（Ludwig Siep），霍斯特曼和哈里斯（H. S. Harris），等等，语境中相关文本的联系逐渐变得清晰，相关问题也更为集中化[5]。

---

[1] Vgl. Wilhelm Dilthey, *Die Jugendgeschichte Hegels und andere Abhandlungen zur Geschichte des deutschen Idealismus*, Gesammelte Schriften. Band Ⅳ, 6, unveränd. Aufl., Stuttgart: Teubner, 1990, S. 54.

[2] Vgl. Richard Kroner, *Von Kant bis Hegel*, Bd. 2, Tübingen: Mohr（Siebeck）, 1977, S. 145.

[3] Cf. Dieter Henrich, *Between Kant and Hegel*, *Lectures on German Idealism*, edited by David S. Pacini, Cambridge & Massachusetts: Harvard University Press, 2008, p. xvi.

[4] 参见［美］罗伯特·皮平《黑格尔的观念论：自意识的满足》，陈虎平译，华夏出版社2006年版，第82—91页。

[5] Vgl. Otto Pöggeler, *Hegels Idee einer Phänomenologie des Geistes*, Freiburg & München: Karl Alber, 1973; Ingtraud Görland, *Die Kantkritik des jungen Hegel*, Frankfurt. a. M.: Vittorio Klostermann, 1999; Heinz Kimmerle, *Zur Entwicklung des Hegelschen Denkens in Jena*, in *Hegel-Tage Urbino* 1965, Hegel Studien, Beiheft 4, hrsg von Hans-Georg Gadamer, Bonn: Bouiver, 1969, S. 33 – 47; Klaus Düsing, Idealistishe Substanzmetaphysik. Probleme der Systementwicklung bei Schelling und Hegel in Jena, in *Hegel in Jena*, Hegel Studien, Beiheft 20, Hegel in Jena, hrsg von. Dieter Henrich und Klaus Düsing, Bonn: Bouvier（转下页）

(4) 强调 18 世纪晚期德意志思想氛围的影响，福斯特（Michael N. Forster）认为黑格尔早年有关基督教的研究文本中，精神概念包含了人类个体、整个民族以及上帝三个维度，而此时康德、费希特、谢林乃至亚里士多德对黑格尔哲学方面的影响尚未发生，黑格尔精神概念的起源应主要归功于赫尔德的影响，具体表现为客观精神之维度与社会、伦理实体之间的密切关系。[①] 福斯特的解读与拜塞尔（Fredrieck C. Beiser）将黑格尔的精神概念回溯到起源于 18 世纪生物学物活论（Vitalismus）的自然主义策略类似，倾向于把黑格尔的绝对或精神理解为自然整体或存在物的总和，认为其体系发展的最后目标是通过社会整体实现真正的自我认同[②]。这就只突出了历史语境，而刻意剥离了相应的思想语境。(5) 回溯到古典形而上学，突出黑格尔精神概念和柏拉图、亚里士多德，乃至新柏拉图主义的关系。如芬德莱（Findlay）不仅将黑格尔精神概念的起源置于德意志观念论的发展之中，也认为亚里士多德的努斯（Nous）是其另一重要来源，耶拿时期以来，希腊对黑格尔产生了同样重要的影响[③]。芬德莱认为精神在最高阶段就是纯粹的思维自身的思考，这无疑呼应了亚里士多德《形而上学》的顶峰。杜辛指出，黑格尔的精神概念并不完全等同于柏拉图的理念论和亚里士多德的努斯学说，而是通过精神概念重构了主动努斯和被动努斯之间的统一关系，即一种主体性理论

（接上页）1980, S. 25 – 44; Manfred Baum, *Die Entstehung der Hegelischen Dialektik*, Bonn: Bouvier, 1986; Ludwig Siep, *Anerkennung als Prinzip der praktischen Philosophie. Untersuchungen zu Hegels Jenaer Philosophie des Geistes*, Freiburg & München: Karl Alber, 1979; H. S. Harris, *Hegel's Development I. Towards the Sunlight (1770 – 1801)*, *Hegel's Development II. Night Thoughts (Jena 1801 – 1806)*, Oxford: Oxford University Press, 1972, 1983.

[①] Vgl. Michael N. Forster, Ursprung und Wesen des Hegelschen Geistbegriffs, in *Hegel-Jahrbuch (2011)*, Berlin: Akademie Verlag, 2011, S. 213 – 229.

[②] Fredrick Beiser, "Introduction: Hegel and the Problem of Metaphysics", in *The Cambridge Companion to Hegel*, edited by Fredrick Beiser, Cambridge: Cambridge University Press, 1993, pp. 1 – 24.

[③] Cf. John Findlay, Foreword, in G. W. F. Hegel, *Hegel's Philosophy of Mind*, translated by William Wallace, Oxford: Clarendon Press, 1971, pp. vii – viii.

的新诠释和哲学史解释上的现代主义。① 而哈弗瓦森（Jens Halfwassen）更为倚重柏拉图主义的传统，黑格尔虽然以亚里士多德作为精神概念真正思辨性的例子，但背后的依据却是新柏拉图主义。② 在新柏拉图主义中，思维的自我关系才与一切规定的总体性和对立之统一结合在一起，从而形成了一种适合于精神的概念。③

黑格尔的精神概念有其复杂的哲学史甚至思想史的背景，这体现了其思想的全息性和综合古今的伟大气魄，伽达默尔认为，与其将作为主体的精神理解为近代哲学的自我意识理论的深化或完成，不如说主体是一种概念展开为体系的必然性，它是统治着大全的秩序，即希腊哲学意义上的逻各斯（Logos），"黑格尔的逻辑是将整个古希腊哲学之全体囊括进了思辨科学之中。近代哲学的出发点——绝对是生命、活动性（Tätigkeit）、精神——如此多地规定着他，但这并不是黑格尔在其中看到一切知识（Wissen）根基（Fundament）的自我意识的主体性，毋宁说是一切现实的合理性（die Vernünftigkeit alles Wirklichen），即作为真正现实的精神概念，这使得他被列入到整个由巴门尼德所开启的古希腊努斯哲学（Nousphilosophie）之中"④。无论是亚里士多德的努斯，普罗提诺的神圣三一体，近代形而上学（笛卡尔、斯宾诺莎和莱布尼兹等），还是黑格尔

---

① Vgl. Klaus Düsing, Endliche und absolute Subjektivität. Untersuchungen zu Hegels philosophischer Psychologie und zu ihrer spekulativen Grundlegung, in *Hegels Theorie des subjektiven Geistes in der "Enzyklopädie der philosophischen Wissenschaften im Grundrisse"*, hrsg vo Lother Eley, Stuttgart: Frommann-Holzboog, 1990, S. 55.

② Vgl. Jens Halfwassen, *Hegel und der spätantike Neuplatonismus. Untersuchungen zur Metaphysik des Einen und des Nous in Hegels spekulativer und geschichtlicher Deutung*, 2. Aufl. Hamburg: Felix Meiner, 2005.

③ Vgl. Jens Halfwassen, *Hegel und der spätantike Neuplatonismus. Untersuchungen zur Metaphysik des Einen und des Nous in Hegels spekulativer und geschichtlicher Deutung*, 2. Aufl. Hamburg: Felix Meiner, 2005, S. 350 – 385, 432 – 462.

④ Hans-Georg Gadamer, *Neuere Philosophie I: Hegel · Husserl · Heidegger*, Gesammelte Werke, Bd. 3, Tübingen: Mohr (Siebeck), 1987, S. 10；中译见［德］伽达默尔《伽达默尔论黑格尔》，张志伟译，光明日报出版社1992年版，第12页，译文有改动。

的同时代人——康德的先验统觉、赫尔德的民族精神、费希特的自我,甚至谢林的理智直观,唯有当所有这些理论资源全部汇入黑格尔自己思考的特定问题域之中,才真正凝结汇聚为作为实体和主体内在一致的精神概念。此外,对黑格尔而言,法兰克福时期所受到荷尔德林的启发是另一个至关重要的时刻:在发展着的体系规划(Systematik)中出现的方法论问题使得精神不仅作为统一之终点(ad quem),而且作为展开的出发点(Ausgangspunkt)和实体(Substanz)[1]。库诺·菲舍尔甚至判断绝对精神的雏形出现于与荷尔德林的联合,"上帝就是一切的一切,外于上帝则一切都不存在,所以我们必须把世界过程和认识过程了解为来源于上帝的本质,又回复到上帝的本质,而上帝是把这两个本质特性结合起来的:(1)上帝是无限的、在自身之内完成和完结的存在,是绝对的东西,就像斯宾诺莎把上帝称为绝对无限的实体那样;(2)由于上帝是在认识过程中显示自己,所以上帝又是自我认识的本质,即精神。这样上帝就是绝对精神"[2]。精神是自我展开过程和自我认识过程的同一,是在历史进程中逐渐成为现实的精神。黑格尔的精神概念也由此回到了亚里士多德的灵魂($\psi\nu\chi\eta$-Psyche)论——通过自身活动者,将自身造就为自己所是,其所是则是自身造就的。[3]

"真实者是全体""实体即主体"都是对"绝对即精神"的解释,而"绝对的东西是精神;这是绝对东西的最高定义"[4]。德辉

---

[1] Vgl. H. F. Fulda, Geist, in *Historisches Wörterbuch der Philosophie*, Bd. 3, hrsg von Joachim Ritter, Basel: Schwabe, 1974, S. 193.

[2] [德]库诺·菲舍尔:《青年黑格尔的哲学思想》,张世英译,吉林人民出版社1983年版,第60—61页。

[3] Vgl. H. F. Fulda, Geist, in *Historisches Wörterbuch der Philosophie*, Bd. 3, hrsg von Joachim Ritter, Basel: Schwabe, 1974, S. 193f.

[4] G. W. F. Hegel, *Enzyklopädie der philosophischen Wissenschaften im Grundrisse* (1830), Gesammelte Werke, Bd. 20, hrsg von Wolfgang Bonsiepen und Hans-Christian Lucas, Hamburg: Felix Meiner, 1992, S. 381;[德]黑格尔:《哲学科学全书纲要》(1830年版),薛华译,商务印书馆2021年版,第293页,下同。

（Hermann Drüe）认为，精神的本质乃是行动和效用，精神的自由和无限得到了公正对待，克服了精神有限性和限定性的局限。① 缪尔将黑格尔那里完成的实体视为精神的纯粹现实性，实体之完成是精神的可能性与现实性之合一②，可能性就是转变为他物的能力，即低级阶段向高级阶段攀升的力量③。到了柏林时期，黑格尔在《哲学科学全书纲要》中做出了对精神最一般的规定："精神以自然为它的前提，它是自然的真理性，并因之是自然的绝对第一性的东西。在这种真理性中，自然消失了，而精神则作为已达到其自为存在的理念产生了自己，理念的客体同主体一样，都是概念。"④ 精神将其最普遍的规定保持在其本质形式上的自由、自身规定性的显示（Manifestation）和对自身的启示（Offenbaren seiner selbst）之中。⑤

第二节　方法

一　精神与概念

"精神的本质形式上是自由，是概念的作为自身同一性的绝对的否定性"，"精神的规定是显示"，"概念中的启示是创造自然作为精神的存在，在这种存在中，精神给自己提供自由的肯定性和真理性"⑥。

---

① Vgl. *Hegels "Enzyklopädie der philosophischen Wissenschaften"* (1830), Frankfurt. a. M.: Suhrkamp, 2000, S. 210.

② Cf. Geoffrey Reginald Gilchrist Mure, *The philosophy of Hegel*, London: Oxford University Press, 1965, p. 152.

③ Cf. F. G. Weiss, *Hegel's Critique of Aristotle's Philosophy of Mind*, The Hague: Martinus Nijhoff, 1969, p. 48.

④ ［德］黑格尔：《哲学科学全书纲要》（1830年版），薛华译，商务印书馆2021年版，第293页。

⑤ Vgl. G. W. F. Hegel, *Enzyklopädie der philosophischen Wissenschaften im Grundrisse* (1830), Gesammelte Werke, Bd. 20, hrsg von Wolfgang Bonsiepen und Hans-Christian Lucas, Hamburg: Felix Meiner, 1992, S. 382, 383, 384.

⑥ ［德］黑格尔：《哲学科学全书纲要》（1830年版），薛华译，商务印书馆2021年版，第293—294页。

基于这些特性，黑格尔认为精神的知识是最高、最难的，精神既不再是传统形而上学中作为支撑万有存在的实体性因素，也不是最抽象贫乏的共相，而是最具体丰富（concreteste）的现实，"精神的规定和阶段本质上只是作为更高发展阶段那里的环节、状态、规定。由此就发生较高的东西——较低级的、较抽象的规定那里表明自己事实上已是经验地存在着"①，精神作为逻各斯构成了一切存在物的秩序和智性，作为努斯使万有变得符合秩序和智性，这些秩序并不是康德—费希特意义上人类知识所构造的，而是超越了人类或个体有限的认识，相反，人类的认识是去把握这种精神统治一切的运动。②正如伽达默尔和维尔纳·马克思所指出的，黑格尔精神概念的真正根基在逻各斯—努斯哲学传统（Logos-Nous-Tradition）之中，逻各斯既是存在整体的秩序，又是使这种秩序为人所理解的思维，在希腊人那里逻各斯本身就是思维与存在的同一；努斯则被认为能提供一切推论（dianoia）的前提，是对最终目的（telos）的规定，是一种直觉性的、绝对可靠的知识，这就将万有之整体引向了朝向自身的发展，万有本身和诸存在者间的关联甚至贯穿其中的秩序变得彻底透明，展现为真正的必然性。这种必然性表现为精神在发展中并不是同时呈现所有展开的环节，较低的环节包含了发展为较高环节的潜能，较高的环节则是较低环节的真理。黑格尔将精神发展的过程比作生命过程，"哲学必须把精神理解为永恒理念的一种必然的发展，并且必须让那构成精神科学各个特殊部分的东西纯然从精神的概念中自己展开出来。正如在一般有生命的东西那里，一切东西都已经以观念的方式包含在胚芽中，并且是由这胚芽本身而不是由一种异己的力量产生出来的；同样地，活生生的精神的一切特殊形态

---

① ［德］黑格尔：《哲学科学全书纲要》（1830年版），薛华译，商务印书馆2021年版，第292页。

② 参见［德］维尔纳·马克思《黑格尔的〈精神现象学〉——"序言"和"导论"中对其理念的规定》，谢永康译，人民出版社2014年版，第13页。

也必须从作为它们的胚芽的精神概念中自己发生出来"①。

在黑格尔看来，精神发展实际上就是"在认识着自己本身的精神那里被产生的和产生它的是同一个东西"②，因为精神作为大全一体，必须将自身分裂为认识和与认识处在否定关系中的他物，从而在认识活动中揭示出他物只是自身在特殊中的规定性，这种自我显示实际上就是在他物中的自身反映，精神的自我活动本质是一种自我区分、自我转化以及从自身区分中所保持着的单纯性。在《哲学史讲演录》中"认识你自己"被称为"精神的法则"③。黑格尔将认识比作光线，"因为认识不是光线的折射作用，认识就是光线自身，光线自身才使我们接触到真理"④。而精神与光都是单纯性⑤，照耀是光的活动方式也显示其存在，不照耀便是黑暗，光通过照亮他物显示自身，但在照亮他物的同时却不为他物毒化，反倒是消融他物并保持着自己的纯粹性。认识首先是穿透和扬弃一切与之相异的他物并返回自身获得完全的清晰性，而精神的自我认识就是在活动中建构自身的总体规定，在此基础上通过总体规定进而重塑现实，"精神在其直接性中还不是真实的，还没有使它的概念成为它的对象性的东西，还没有把在它里面以直接方式存在的东西改造为一个它所建立起来的东西，还没有把精神的现实改组为一个适合于它的概念的现实。精神的整个发展过程无非是它自己本身提高为真理的过程"⑥。如果说在自

---

① G. W. F. Hegel, *Enzyklopädie der philosophischen Wissenschaften im Grundrisse* III, Werke in zwanzig Bänden, TWA, Bd. 10, Frankfurt. a. M.：Suhrkamp, 1986, S. 14；中译见［德］黑格尔《精神哲学》，杨祖陶译，人民出版社2006年版，第7页，下同。

② ［德］黑格尔：《精神哲学》，杨祖陶译，人民出版社2006年版，第8页。

③ G. W. F. Hegel, *Vorlesungen über die Geschichte der Philosophie* I, Werke in zwanzig Bänden, TWA, Bd. 18, Frankfurt. a. M.：Suhrkamp, 1986, S. 502；中译见［德］黑格尔《哲学史讲演录》（第二卷），贺麟、王太庆译，商务印书馆1983年版，第96页。

④ ［德］黑格尔：《精神现象学》（上），贺麟、王玖兴译，商务印书馆1981年版，第52页。

⑤ 参见［德］黑格尔《精神哲学》，杨祖陶译，人民出版社2006年版，第15页。

⑥ ［德］黑格尔：《精神哲学》，杨祖陶译，人民出版社2006年版，第8页。

身反映中重建自身的精神就是"主体",那么"它的他物就在它自身之内以及它的运动式自身运动……并将其自己加以区别的那个思想……就是纯粹的概念"①,在黑格尔那里,作为主体的精神和自身运动的概念是同一个东西,"精神的运动就是概念的内在发展:它乃是认识的绝对方法,同时也是内容本身的内在灵魂"②。

精神作为主体,其本质就是概念的辩证运动,概念的辩证运动作为认识的绝对方法保证精神的"开端与终结的自行集中为一"③,因为"为概念推动的思维始终是彻底内在于也同样为概念推动的对象之中的;我们仿佛只注视着对象的自己发展,而不要由于我们主观的表象和想法的介入而改变这个发展。概念为了自己的实现并不需要任何外面的推动力"④,这种必然性也被黑格尔称为"概念的运动"(Bewegung des Begriffs)⑤。虽然黑格尔也在日常语言的广义上使用概念,即命题中谓语或一般意义上的思维范畴(类似康德的知性概念),但概念在狭义上却是在自身发展中所形成的无所不包的思维规定性的总体,即总念⑥或概念之概念(Begriff des Begriff),而思维规定在总念中的自行展开就是建构体系的绝对方法,黑格尔将整个体系的全部任务称为把握和整理自身规定之中的概念⑦。而运动(Bewegung)虽然可以在广义上指称在经验中发生的一系列变化,但

---

① [德] 黑格尔:《精神现象学》(上),贺麟、王玖兴译,商务印书馆 1981 年版,第 38 页。
② G. W. F. Hegel, *Wissenschaft der Logik I*, Werke in zwanzig Bänden, TWA, Bd. 5, Frankfurt. a. M.: Suhrkamp, 1986, S. 17;中译见 [德] 黑格尔《逻辑学》(上),杨一之译,商务印书馆 1982 年版,第 5 页,下同。
③ [德] 黑格尔:《精神哲学》,杨祖陶译,人民出版社 2006 年版,第 7 页。
④ [德] 黑格尔:《精神哲学》,杨祖陶译,人民出版社 2006 年版,第 7 页。
⑤ [德] 黑格尔:《精神现象学》(上),贺麟、王玖兴译,商务印书馆 1981 年版,第 23 页。
⑥ 参见贺麟《译者引言》,载 [德] 黑格尔《小逻辑》,贺麟译,商务印书馆 1996 年版,第 vii 页。
⑦ 参见 [德] 黑格尔《哲学科学全书纲要》(1830 年版),薛华译,商务印书馆 2021 年版,第 146 页。

其本真的含义却是"实现"（Verwirklichung），"使自己现实地成为它起初只包含着其可能性的那个全体"① 就是概念之本性。在希腊人那里，无论是逻各斯还是努斯都是属神的，而黑格尔并不是在这种神性的意义上赋予古希腊哲学以特殊关注，而是在其中发现了概念本身的思辨性和辩证法的开端，这些都被黑格尔当作绝对主体性的形而上学（Metaphysik der absoluten Subjektivität）之暗示②。在近代哲学中，尽管主体性理论被建立起来了，但却没有得到系统的详细解释；康德尽管有思辨的洞见和对于理性辩证法的革新，但却守于"主观观念论"（subjektiven Idealismus）的立场，自我意识还仅仅是概念的形式③。因此，黑格尔的精神概念并不等同于基督教启示中的上帝，而是概念，是通过否定、扬弃和中介运动规定自身的主体，概念既是实体的真理④，又是穿透和扬弃一切异己者的力量，使真实者变得完全透明。在这个意义上，概念是对真理的揭示，也摆脱了一切他者的约束，进而将其内化和吸收为自身的财富，将在思维中的逻辑规定转化为现实，而成为真正自由的，因此达到"自我运动"的概念和一个充分施行的绝对内在性的体系是一致的⑤。展现概念推动自身前进的逻辑体系构成了黑格尔整个体系方法论和狭义上的本真形而上学（die eigentliche Metaphysik）⑥。黑格尔根据精神纯粹的

---

① ［德］黑格尔：《精神哲学》，杨祖陶译，人民出版社2006年版，第7页。

② Vgl. Klaus Düsing, *Hegel und die Geschichte der Philosophie*, Darmstadt: Wissenschaftliche Buchgesellschaft, 1983, S. 4；中译参见［德］克劳斯·杜辛《黑格尔与哲学史——古代、近代的本体论与辩证法》，王树人译，社会科学文献出版社1992年版，第5页，译文略有改动。

③ 参见［德］维尔纳·马克思《黑格尔的〈精神现象学〉——"序言"和"导论"中对其理念的规定》，谢永康译，人民出版社2014年版，第83页。

④ 参见［德］黑格尔《逻辑学》（下），杨一之译，商务印书馆1982年版，第240页。

⑤ Vgl. Wolfgang Marx, *Hegels Theorie logischer Vermittlung*, *Kritik der dialektischen Begriffskonstruktionen in der*, *Wissenschaft der Logik'*, Stuttgart: Frommann-Holzboog, 1972, S. 50.

⑥ Vgl. Hans Friedrich Fulda, Die Ontologie und ihr Schicksal in der Philosophie Hegels, Kantkritik in Fortsetzung kantischer Gedanken, in: *Revue Internationale de Philosophie*, 4, 1999, No. 210, S. 465 – 484.

概念本性使得科学体系在运动中自己组织起来。这一节的任务则是结合《逻辑学》的相关文本简述黑格尔的方法论。

二 概念与思辨——辩证的方法

在康德完成了对近代实体性形而上学（主要是笛卡尔和莱布尼兹—沃尔夫学派）的批判后，后康德的思想家都试图重新出发，以自我意识的认知特性为线索，将康德的批判哲学系统化，即"依据康德方法论，将自我、概念、理性的目的论循环的组织方式和途径，以及借此产生真理的方法和途径规定为'体系'"①。当前观念论研究大宗亨利希对康德批判哲学和观念论体系哲学之差异做了一个简要的区分：对康德而言，自由作为哲学系统的最终目的，既无法作为体系的开端，也无法由它推演出其他事物；但是将自由置于理性系统之中能使这一系统成为有意义的整体，因此，理性是我们借以抵达自由的中介，通过与自由的联结，这个结构便成为自我支撑的。观念论者（费希特、谢林和黑格尔）则主张自由是理性的固有本质，因此体系的一元论和方法的一元论在体系哲学中是一致的。康德认为批判哲学是一种向上提升的努力攀登，最后达到自由的原理，通过对自由的洞见而将理性组成一个整体。观念论者则致力于从最高原理或本原（Prinzip）推演出一个囊括万有的体系。② "哲学应成为一个闭合的体系"是康德之后德国古典哲学的重要主题③，但不少带有现象学和分析哲学背景的学者认为德意志观念论体系哲学的方案仍具有某种

---

① [德]维尔纳·马克思：《黑格尔的〈精神现象学〉——"序言"和"导论"中对其理念的规定》，谢永康译，人民出版社2014年版，第83页。

② Cf. Dieter Henrich, *Between Kant and Hegel*, *Lectures on German Idealism*, Cambridge & London: Harvard University Press, 2003, pp. 65 – 68；中译参见[德]迪特·亨利希《康德与黑格尔之间：德国观念论讲演录》，彭文本译，台北：商周出版2006年版，第86—88页。

③ Vgl. *Systembegriffe nach 1800 – 1809*, *Systeme in Bewegung*, hrsg von Christian Danz, Jürgen Stolzenberg, Violetta L. Waibel, Hamburg: Felix Meiner, 2018, S. 1.

类似笛卡尔式的基础主义（Foundationalism）特征[1]，基础主义甚至严格体系哲学的疑难并不在于具体存在者如何通过体系得到合理的确证，而在于最高原则必须证明自己是无条件的和绝对的，其自身既不依赖任何前提也没有任何对立面。无论是笛卡尔的"我思故我在"，还是莱茵霍尔德的表象理论，甚至是费希特的第一原理都并未突破传统同一命题的形式限制，似乎只要最高原理是一个命题，那么它就无法同时表达自己的对立面。弗里德里希·施莱格尔（Friedrich Schlegel）在耶拿时期就洞见到费希特的知识学并不是建立在唯一的原理之上，而是以两个完全对立的原理为基础，即知识学的根基并非最高的基础性原理，而是两条同等的但相对立的原理。[2] 弗·施莱格尔的好友诺瓦利斯（Novalis）进一步指出，即使再设定一个无根据（grundlos）的前提用以规避这种思维上的循环，那么这个前提也只算作一个"假设原理"。[3] 因为同一前提受到命题这一表现形式的限制，自身之中包含的两个对立面都可以按照同样的理由无根据地被设定，这样一来，人们就又被迫去寻找第三个更为根本的根据，试图达到无前提，而这就势必导致了无穷倒退。

那么是否最高原理无条件的疑难成了体系哲学无法解决的悖论呢？针对这个疑难，雅各比（Jacobi）主张一种直接知识，放弃康德式的认知模式，实现"信仰之跃"（salto mortale），似乎这样一来通过信仰所把握的终极真理就不会受到命题形式的限制，成为真正意义上不依赖任何前提的本原。后康德哲学发展中以舒尔茨

---

[1] Cf. Kyriaki Goudeli, *Challenges to German Idealism*, *Schelling*, *Fichte and Kant*, London: Palgrave Macmillan, 2002; Terry Pinkard, *German Philosophy*（1760 – 1860）, *The Legacy of Idealism*, Cambridge: Cambridge University Press, 2002.

[2] Vgl. Friedrich Schlegel, *Philosophische Vorlesungen I*（1800 – 1807）, Kritische Friedrich-Schlegel-Ausgabe, Zweiter Abteilung, Bd. 12, hrsg von Jean-Jacques Anstett, Paderborn & München & Wien & Zürich: Schöningh, 1964, S. 131.

[3] Novalis, Philosophische Studien der Jahre（1795/96）, Fichte-Studien, in *Novalis Schriften II*, hrsg von Richard Samuel in Zusammenarbeit mit Hans-Joachim Mähl und Gerhard Schulz, Stuttgart: Kohlhammer, 1965, S. 177, Nr. 1214.

(G. E. Schulze) 为代表的怀疑主义,施莱尔马赫(Friedrich Schleiermacher)对宇宙的直观,早期浪漫派和早期谢林试图将引导绝对者进入意识的功能赋予艺术①的方案,在某种程度上均可视为在直接知识启发下对基础主义之疑难的修正。黑格尔作为体系哲学家,一方面并不完全接受近代形而上学以及费希特和青年谢林将被设定的最高本原作为体系阿基米德点的做法,因为根本没有任何意义上的终极原则能通过预设成为体系无前提的最高原理;另一方面却更不认同雅各比、浪漫派以及怀疑主义的方案,认为他们实际上将非理性的、直观信仰作为最终基础以避免知性思维的限制,并逃避理性的自我检验,这会使得哲学陷入空疏浅薄的境地,"哲学自己意味并确信它曾经发现并证明没有对于真理的知识;上帝,世界和精神的本质,乃是一个不可把握不可认知的东西"②。黑格尔既批评以设定构建体系的做法,又要求哲学的体系性和绝对性,他坚持认为"逻辑却不能预先假定这些反思形式或思维的规则与法则,因为这些东西就构成逻辑内容本身的一部分,并且必须在逻辑之内才得到证明"③,他认为,没有任何个别命题或原理能够通过设定摆脱与其他命题或原则的关系,正如个别存在者无法孤立化自身而保持自身同一性,唯有作为思维规定之总体的概念能够对自己的内容进行全面的把握,因为概念的自我认识不是一种被设定的无前提或外在借用的方法,而是直接性和间接性的统一,无条件和中介化的统一。

在此意义上,黑格尔绝不是自己发明或设计出了一种外在于内容的新方法,或强行建立了能够应用于体系的新形式④,更不是

---

① Vgl. Manfred Frank, *Auswege aus dem Deutschen Idealismus*, Frankfurt. a. M.: Suhrkamp, 2007, S. 17.

② [德] 黑格尔:《小逻辑》,贺麟译,商务印书馆1996年版,第33页。

③ [德] 黑格尔:《逻辑学》(上),杨一之译,商务印书馆1982年版,第5页。

④ Cf. Micheal Forster, "Hegel's Dialectical Method", in *The Cambridge Companion to Hegel*, edited by F. C. Beiser, Cambridge: Cambridge University Press, 1993, p. 133.

"泛逻辑主义"①；毋宁说是他在思维本身的运作中发现了"内容在自身所具有的、推动内容前进的辩证法"②。正因为辩证法并非"传统哲学意义上的方法"（马克思语），故而有关它的误解也最多，后黑格尔的思想家对于黑格尔究竟是倒退回了前康德的旧形而上学③还是开启了一种全新的无预设（无前提）的思维方式④始终争论不休。黑格尔并未因为康德理性批判的毁灭性而放弃形而上学，他一方面赞同康德，认为传统实体性形而上学失之独断——只是信仰能够通过再思（nachdenken）认识真理——既没有考察那些应用于真实者谓语的本真含义，又没有检验命题形式本身的界限⑤；另一方面却认为康德的批判还不够彻底，其还只是按照知性的形式将概念划分为主观性和客观性的对立，而没有尊重概念的本性⑥。因此，黑格尔虽然没有延续康德理性批判的进路，但同样将传统形而上学视为"过去的"（vormalig），形而上学因辩证法在黑格尔那里发生了深刻的变化。

在《精神现象学》的"序言"中，黑格尔将克服这一悖论的关键系于阐明辩证法的本性，这一工作的出发点就是对知性（Verstand）的改造，"科学的知性形式是向一切人提供的、为一切人铺平了的通往科学的道路，而通过知性以求达取理性知识乃是向科学的意识的正当要求：因为知性一般说来即是思维，即是纯粹的自我，而知性的东西（das Verständige）则是已知的东西和科学与非科学的

---

① 参见［德］谢林《近代哲学史》，先刚译，北京大学出版社2016年版，第151页。
② ［德］黑格尔：《逻辑学》（上），杨一之译，商务印书馆1982年版，第37页。
③ 如新康德主义，以及海德格尔。
④ 参见［英］霍尔盖特《黑格尔导论：自由、真理与历史》，丁三东译，商务印书馆2013年版，第41页。
⑤ 参见［德］黑格尔《哲学科学全书纲要》（1830年版），薛华译，商务印书馆2021年版，第52—53页。
⑥ 参见［德］黑格尔《哲学科学全书纲要》（1830年版），薛华译，商务印书馆2021年版，第59页。

意识共有的东西，非科学的人通过它就能直接进入科学"①，但"形式的知性并不深入于事物的内在内容，而永远站立在它所谈论的个别实际存在之上综观全体，这就是说，它根本看不见个别的实际存在"②。费、谢、黑都对知性的局限性有着清醒的认知，它代表了一种静态的思维模式，只追求普遍有效的确定性，它最一般的力量和工作就是将一个具体的总体分解为各个抽象的环节③，并将被分离的环节固定化，造成了一系列的二元对立，如精神与物质、灵魂与身体、信仰与知识、自由与必然等。概言之，知性仅仅是一种破坏性的力量或否定性，并将这些二元对立保持住，这样一来，生命本身变得僵化，无法回复现实的统一性和内在的流动性，在体系中囊括万有的哲学任务也就失败了。谢林在《先验唯心论体系》中诉诸理智直观（die intellektuelle Anschauung）以超越知性和反思哲学的局限，并借此开启通向绝对同一的道路。黑格尔却不认为否定性阶段在体系建构中应被放弃，谢林的方案将绝对带入了知识与存在的直接等同，绝对的形成过程却被轻易牺牲，个体意识只是断言占据了这个未经检验的真理，而没有参与到真理生成的过程之中。对黑格尔而言，构建思辨—辩证的方法并不是使理性越过知性，而是使知性从理性之敌成为理性之友④。

在《哲学科学全书纲要》的《逻辑学》"引论"（Vorbegriff）部分中，黑格尔将概念运动的逻辑规定界定为三个方面：

---

① ［德］黑格尔：《精神现象学》（上），贺麟、王玖兴译，商务印书馆1981年版，第8页。

② ［德］黑格尔：《精神现象学》（上），贺麟、王玖兴译，商务印书馆1981年版，第36页。

③ 参见［德］黑格尔《精神现象学》（上），贺麟、王玖兴译，商务印书馆1981年版，第21页。

④ Cf. Angelica Nuzzo, Dialectic, Understanding, and Reason: How does Hegel's Logic Begin, in *The Dimensions of Hegel's Dialectic*, edited by Nectarios G. Limnatis, London: Continuum, 2010, p.12.

逻辑的东西按照形式有三个方面：α）抽象的或知性的方面，β）辩证的或否定性理性的方面，γ）思辨的或肯定性理性的方面。

这三个方面并非构成逻辑的三个部分，而是每一逻辑—实在的东西所具有的一些环节，也就是说，每一概念或每一真理的东西一般具有的环节。它们可能被一起归于第一个环节，并以此被互相分离开来，但是这样一来它们也就不是在真理性内加以考察了。①

（1）直接性。知性的本性是坚持"固定的规定性"、坚持与他物的差别②，以避免思维陷入矛盾和二律背反，而保持同一性即自身的纯粹确定性。按照传统的形式逻辑，矛盾是思维的大忌，不等同性会瓦解实体的稳固性，因此黑格尔承认知性对于理性的必要性。作为主体的概念的第一个方面就是直接性（无中介性），概念和它的内容就处在同一性中，是一种与"自身等同的"规定性，在这一阶段的概念具有单纯性、表现为固定的和持续存在的，也就是实体③。在黑格尔看来，这种"自身封闭的、自身依据的东西并且作为实体而保持其环节于自身内，它就是一种直接的关系，因而是没有什么可惊奇的关系"④，相反，"知性是一切势力中最惊人的和最伟大的"，因为否定物是"一种无比巨大的势力"⑤。当思维"对它自己的纯粹

---

① ［德］黑格尔：《哲学科学全书纲要》（1830年版），薛华译，商务印书馆2021年版，第90页。
② 参见［德］黑格尔《哲学科学全书纲要》（1830年版），薛华译，商务印书馆2021年版，第90页。
③ 参见［德］黑格尔《精神现象学》（上），贺麟、王玖兴译，商务印书馆1981年版，第38页。
④ ［德］黑格尔：《精神现象学》（上），贺麟、王玖兴译，商务印书馆1981年版，第21页。
⑤ ［德］黑格尔：《精神现象学》（上），贺麟、王玖兴译，商务印书馆1981年版，第21页。

确定性进行自身抽象"① 时，就是固化了自身的规定性，知性的这种工作使得规定性脱离了流动的现实，概念和它的规定性即内容从直接的等同成为不等同的，而不等同使知性内部产生了矛盾，内在产生的矛盾就使固化的规定性陷于瓦解。

（2）预设—反映。概念运动的第二个方面是辩证的理性，其一般的力量和工作是反映—反思（Reflexion）。然而，反映是知性和理性共同的运作方式，黑格尔将当前的文化特征称为"无实体的自身反映"（die substanzlosen Reflexion seiner in sich selbst）②，这是"新精神的开端"③，经由这种变革，人们开始意识到，主体的本质体现在反思之中。在耶拿早期的《差异论文》中，黑格尔认为知性的反思就是限定（Beschränkung）④，而他自己致力于真正的理性反思，即"先验直观"（die transzendentale Anschauung），"任何一个被限定物是一种（相对的）同一性，就反思而言，是二律背反物，这是知识的否定面，由理性支配的形式物毁灭自己。知识除了否定面之外，还有肯定面，即直观"⑤。黑格尔这里用了谢林的术语"直观"指称绝对者构成统一性，但直观却不取消对立，在这个意义上，它就是思辨⑥。而从《精神现象学》开始，黑格尔不再采用先验直观，而是挖掘知性反思自我扬弃的潜能，反思现在被理解为对象在思维中的反映。在反映中双方是同等的，而在知性思维中，被反映的一方难免被固

---

① ［德］黑格尔：《精神现象学》（上），贺麟、王玖兴译，商务印书馆1981年版，第22页。

② ［德］黑格尔：《精神现象学》（上），贺麟、王玖兴译，商务印书馆1981年版，第4页。

③ ［德］黑格尔：《精神现象学》（上），贺麟、王玖兴译，商务印书馆1981年版，第7页。

④ Vgl. G. W. F. Hegel, *Jenaer Schriften* (1801 – 1807), Werke in zwanzig Bänden, TWA, Bd. 2, Frankfurt. a. M.: Suhrkamp, 1986, S. 20, 25.

⑤ G. W. F. Hegel, *Jenaer Schriften* (1801 – 1807), Werke in zwanzig Bänden, TWA, Bd. 2, Frankfurt. a. M.: Suhrkamp, 1986, S. 41f.

⑥ Vgl. G. W. F. Hegel, *Jenaer Schriften* (1801 – 1807), Werke in zwanzig Bänden, TWA, Bd. 2, Frankfurt. a. M.: Suhrkamp, 1986, S. 43.

化为一种前提，因而在《逻辑学》中也被称为"预设"（预先设定）①。黑格尔看来，反映虽然以固化为前提，但却体现了知性伟大的分解力量，概念及其规定性的直接等同由之从实体的束缚中解放出来，分化为同等的双方，这构成了通向辩证理性的第一步。知性的分解作用首先表现为使思维和被思维对象的分离，对思维主体（概念）而言，对象成了"他物"，显现为"自我与对象之间的不同一性"②；其次，知性依然保持着这种对立和二分的固化，总有一方被设定为在先的，例如实体对于属性的优先，自我对于非我的优先；最后，由于分解原先被设定的直接的同一性现在转变为相互对立，思维第一次扬弃了预设性和自身直接的等同性和持续存在，而成为活动。从知性的限制到理性的反映的关键就在于，知性预设的前提及其固化在反映中被消融了，成为流动的相互规定，"反映首先是对分离的规定性的超越，也是对其进行一种关联，通过关联这种的规定性就被设定于关系之内，附带也在其分离地位中保留下来"③。反映揭示出在分离中被预设的限制者和被限制者并非事情本身，而是知性在设定行动中刻意的固化。反映本质上是一面自我之镜，揭示出知性预设的他物实际上是自我反映的镜像，设定他物就是回归自身，"反映只是作为它自己的回归或否定物"④，被设定的双方都在流动性中回归自身，因而扬弃反映就是反映自身。当知性不再坚持固化时，对立本身的直接性成了被扬弃的设定，知性也服从于理性，提升为辩证的理性。

（3）辩证—思辨。理性反思就是从辩证到思辨的过程。辩证

---

① ［德］黑格尔：《逻辑学》（下），杨一之译，商务印书馆1982年版，第17页，译文有改动。
② ［德］黑格尔：《精神现象学》（上），贺麟、王玖兴译，商务印书馆1981年版，第24页。
③ ［德］黑格尔：《哲学科学全书纲要》（1830年版），薛华译，商务印书馆2021年版，第91页。
④ ［德］黑格尔：《逻辑学》（下），杨一之译，商务印书馆1982年版，第17页，译文有改动。

就是知性固化在相互反映中自我溶解，而这就是否定性的第二次运作。思维和对象的固化会在现实的流动性中自我否定，思维和对象的预设性和孤立性在自身中包含了否定性，但"知性并不是把这种东西（按：活生生的运动）掩蔽起来，而是根本不知道这种东西"①，而理性的辩证性就是将知性的设定和固化转换为相互反映，从而使直接反映转变为对反映的反映。思维通过辩证而成为流动的，那么康德统觉学说中思维与对象的区分，以及思维对于对象的优先性都被取消了；对象通过辩证而成为流动的，那么斯宾诺莎实体学说中实体和属性之间的区分，以及实体对于属性和样态的优先性也被取消了。二者都是在"他物中的自身反映"和"在绝对的他在中的纯粹的自我认识"②，因此原本抽象的思维规定和抽象的思维的预设性在双向返回中被扬弃了，思维通过自身与对象在关联中的区别，洞见到被分解的对象其实是自身的规定性，从而获取了"自我直接的财产"；对象通过自身与思维在关联中的区别，证明被分解的思维是自身的本质。思维和思维规定在重建中的统一性就是概念，概念就是在思维的流动中展开为思维规定的总体。布普纳（Rüdiger Bubner）将绝对反思称为"反思转化为了思辨"（Überführung von Reflexion in Spekulation），即逻辑之思想规定的自我运动③。思辨是"在各规定的对立中把握它们的统一性，把握那种包含在这些规定的转化和它们解体过程中是肯定的东西"④，它与反思类似，一方面是关系性的，伽达默尔认为思辨意味着"映现关系"

---

① ［德］黑格尔：《精神现象学》（上），贺麟、王玖兴译，商务印书馆1981年版，第35页。

② ［德］黑格尔：《精神现象学》（上），贺麟、王玖兴译，商务印书馆1981年版，第11、15页。

③ Vgl. Rüdiger Bubner, Problemgeschichte und systematischer Sinn einer Phänomenologie, in *Hegel Studien Bd. 5*, hrsg von Friedhelm Nicolin und Otto Pöggeler, Bonn：Bouvier, 1969, S. 146.

④ ［德］黑格尔：《哲学科学全书纲要》（1830年版），薛华译，商务印书馆2021年版，第91页。

(das Verhältnis des Spiegelns)①；另一方面则超越了关系性，即思辨并不止于建立起对存在者的思维规定，更是通过树立被反映的他者实现的真正的自我认识和自我规定，即一种把握思维与其规定性的内在方法。对概念的主体性而言，思辨就是"对预设的反映"（voraussetzungsbezogener Reflexion）②，即反映出设定活动本身的结构。知性遗忘了预设中出现的区分也是一种关联，只能将设定的结果当作一种被给定的在先者；当反映揭示被知性预设在先者只是关联整体回归自身的前提，设定结构本身在反映活动中便清晰化了，作为主体的概念或思辨理性也由之而出。在对预设的反映中，思维与其规定性之间任何一方被预设的优先性被取消了，而二者"运动着的自身同一"③ 就是概念通过否定性所完成的自我规定。由此理性的反思或辩证性同样成为概念思辨运动中的一个环节，通过对预设的扬弃，从将直接预设的同一性和辩证的非同一性均纳入自身成为思辨的同一性。

三　概念与主体性

唯有通过概念自身的发展，科学才能成为真正有机的体系，当代黑格尔最杰出的诠释者富尔达称概念为"思想规定把握运动的方法和思想规定的系统，方法和系统在这里是同一个东西"④，科学就是概念在自我认识即自我实现活动中推导出的思维规定的有机总体，通过思辨—辩证的方法，概念的内容显示出它的规定性都不是从另

---

① ［德］伽达默尔：《诠释学 I：真理与方法——哲学诠释学的基本特征》（修订译本），洪汉鼎译，商务印书馆 2007 年版，第 628 页，译文略有改动。
② Arend Kulenkampff, *Antinomie und Dialektik: Zur Funktion des Widerspruchs in der Philosophie*, Stuttgart: J. B. Metzler, 1970, S. 16.
③ ［德］黑格尔：《精神现象学》（上），贺麟、王玖兴译，商务印书馆 1981 年版，第 12 页。
④ Vgl. Hans Friedrich Fulda, Die Ontologie und ihr Schicksal in der Philosophie Hegels. Kantkritik in Fortsetzung kantischer Gedanken, in: *Revue Internationale de Philosophie*, 4, 1999, No. 210, S. 465 – 484.

外的东西那里接受过来贴在自己身上的，而是内容给自己建立起规定性，自己把自己安排为环节，安排到全体的一个位置上①。否定性一方面建立起概念之特殊规定性之间的区别；另一方面则使得被建立起的区别成为概念自身在特殊环节中的自我区分。借助前一否定活动，实际存在者有了现实的区别，能够保持独立性；借着后一否定活动，实际存在者的区别又成为全体形成自身的活动，由此实际存在者又消融了独立性，成为全体的环节。概念使将一切实际存在保存为简单的思想规定性，而规定性的总体不仅是科学体系，更是真实者在真理中的存在，是真正的绝对知识。

在黑格尔那里，思辨—辩证的方法就是概念在自身中的展开方式以及概念按其本性被思考的方式。真正的思辨理性克服了知性思维局限于对立和分离的有限性，故此，黑格尔的思辨—辩证的方法不是妄图处在上帝的视角综观全体，诸如谢林式的理智直观或雅各比式的直接知识，更不像费尔巴哈（Feuerbach）所批评的那样径直假定了一个特殊的、本身是偶然的前提（Voraussetzung），并以之为依据②，抑或现代研究者所认为的那样是玄想或一种不存在的方法③。思辨或概念式的认识只是对知性局限的彻思，从而消融知性所带有的独断性。值得一提的是，尽管霍尔盖特（Stephen Houlgate）将黑格尔的《逻辑学》视为一种真正"无前提的思维"，以抵御晚期谢林、特兰德伦堡（Trendelenburg）、克尔凯郭尔（Kierkegaard）等严肃批评者对黑格尔方法论一系列的误解④，但如果仅仅因为思辨是一种"对预设的反思"，就认为黑格尔通过后设证明而悬置了前

---

① 参见［德］黑格尔《精神现象学》（上），贺麟、王玖兴译，商务印书馆1981年版，第35页。

② 参见［德］费尔巴哈《费尔巴哈哲学著作选集》（上卷），荣震华、李金山等译，商务印书馆1984年版，第50—51页。

③ Cf. Robert C. Solomon, *In the Spirit of Hegel*, Oxford: Oxford University Press, 1983, pp. 21 – 22.

④ 参见［英］霍尔盖特《黑格尔〈逻辑学〉开篇：从存在到无限性》，刘一译，中国人民大学出版社2021年版，第36—37页。

提，那这种辩护的力度其实也还没有充分呈现黑格尔方法论的革命性。在此以黑格尔《逻辑学》的开端问题为例做进一步澄清。

开端问题对体系哲学至关重要，其决定了体系是否真正具备严格的必然性，因此开端、最高原理（本原）和结果应当是合一的，但这却绝不意味着开端像费尔巴哈批判的那样随意做了一个完全任意的、特殊的、偶然的假设，将一切崇高、美好的概念或事物赋于其上。黑格尔认为，古代哲学的本原（Arche）是万有的绝对基础、存在论上的实在统一性，而柏拉图的理念和亚里士多德的努斯代表了古代本原学说的顶峰，理念和努斯克服了前苏格拉底哲学中诸如"水""数"这类本原的独断性，可以通过理智认识，因此是客观的，但本原学说不尽如人意之处在于，其缺乏严格意义上的开端，即一种在认识活动中的依据。近代哲学抓住了古代的本原学说缺乏开端这一点，认为失之独断，应当找出如何将本原视为本原的准则，如此一来认识行为和主观性成了开端，但却丧失了古代哲学中本原的客观性。黑格尔试图综合古代的本原和近代的开端，"本原应当也就是开端，那对于思维是首要的东西，对于思维过程也应当是最初的东西"①。相比于费希特将"自我"作为本原、谢林将"绝对同一"作为本原，黑格尔从来没有宣称绝对、精神或概念是体系的本原，但这并不意味着黑格尔的体系缺乏最高原理，或不需要开端，而是他从未将最高原理或本原作为预设来接受。在《哲学科学全书纲要》的开篇，黑格尔谆谆告诫，"哲学缺少对其他科学有利的那种好处，可以把它的各个对象预设为直接由表象附加的，和可以把有关开端与进展的认识方法同样假定为已经被接受的"②，因为预设虽然不是无中生有的创造，但还是一种知性的思维方式，将被给予者未经考察的加以固化，甚至，在黑格尔看来，一个科学体系要求一个开

---

① ［德］黑格尔：《逻辑学》（上），杨一之译，商务印书馆1982年版，第52页。
② ［德］黑格尔：《哲学科学全书纲要》（1830年版），薛华译，商务印书馆2021年版，第27页，译文略有改动。

端，或最高原理的要求本身就是被预设，"因为一个开端作为一种直接的东西在做出一个预设，或者毋宁说其本身就是一种预设"①。

黑格尔解决这个循环的方案非常巧妙，纯粹思维既是开端又是结果，它对自己而言同时是最初的和首要的，但是，纯粹思维本身却既是直接的，又是被中介的。它扬弃了与他物与中介的一切关系，是无区别的东西、是单纯的直接性②；同时它又经过《精神现象学》检验的，是发展的结果，因而是间接的。在更深的层次，这种直接与间接的关系，或者说有前提（以《精神现象学》中意识的全部发展为前提）和无前提（纯粹思维）的关系内在于整个逻辑科学之中，因为"开端的规定性，是一般直接的和抽象的东西，它的这种片面性，由于前进而失去了；开端将成为有中介的东西，于是科学向前运动的路线，便因此而成为了一个圆圈"③，这种圆圈就体现在开端隐含了纯粹思维本身在逻辑科学中的全部发展，所以不是通过开端来建构起整个逻辑系统，而是开端深入自身的预设，"前进就是回溯到根据，回溯到原始的和真正的东西；被用作开端的东西就依靠这种根据，并且实际上将是由根据产生的"④。这种对根据的认识就构成开端自己对预设性的反映，而这个根据作为最后的结果在前进回溯中证明了开端是由之产生的。这种内在循环的特性实际上呈现了开端—根据作为纯粹思维的整体是如何朝向自身的⑤，即思维规定的总体以自身为前提、以自身为目的，而非接受任何外在给定的前提，由此才能在前进回溯的过程中扬弃预设的固化，在逻辑体系中内在地呈现为自己推动自己、自己规定自己的活动。在这个意义

---

① ［德］黑格尔：《哲学科学全书纲要》（1830 年版），薛华译，商务印书馆 2021 年版，第 27 页。
② ［德］黑格尔：《逻辑学》（上），杨一之译，商务印书馆 1982 年版，第 54 页。
③ ［德］黑格尔：《逻辑学》（上），杨一之译，商务印书馆 1982 年版，第 56—57 页。
④ ［德］黑格尔：《逻辑学》（上），杨一之译，商务印书馆 1982 年版，第 55 页。
⑤ Cf. Werner Marx, *Reason and World, Between Tradition and Another Beginnig*, Netherlands：Springer，1971，p. 8.

上，黑格尔的方法既不是有前提的，也不是无前提的，而就"事情本身的过程"①。

这澄清了对黑格尔概念之概念长久的误解，概念总体既展现为一个错综复杂的结构性网络，又是全体和真实者的自我实现，"对于精神来说根本不存在任何彻头彻尾不同的东西"②，每一个特殊的规定性如"存在""纯无""变易""定在"等逻辑范畴，即是概念总体中在自我规定中不断展示出真正的内容，它自身是"统摄了这一切，并且是这一切的本质，是绝对的真"③ 和全部的真。作为全体的概念不单是主观的思想，而是万有的规范系统，因而真之逻辑就是绝对知识。

概念总体在《逻辑学》中就两个方面被考察，其一是"存在的概念的逻辑"，这部分被称为"客观逻辑"；其二是"作为概念的概念的逻辑"，这部分就是"主观逻辑"。而在二者之间的中间区域，即"反映规定体系"或"本质论"，也被归入"客观逻辑"中，"因为，本质尽管已经是内在的东西，但主体性却应该明确地保留给概念"④，包含着"存在论"和"本质论"的客观逻辑在这个意义上乃是概念自身的发生史，在黑格尔看来，作为概念的概念或作为主体性的概念就是进行思维的概念，它就是精神⑤。在此，作为主体性的概念，其本真的活动方式完全呈现，"不再是过渡转化，也不是向他物内映现，而是发展（Entwicklung）"⑥，"发展"提示了概念本身的

---

① ［德］黑格尔：《逻辑学》（上），杨一之译，商务印书馆1982年版，第37页。
② ［德］黑格尔：《精神哲学》，杨祖陶译，人民出版社2006年版，第2页。
③ ［德］黑格尔：《逻辑学》（上），杨一之译，商务印书馆1982年版，第42页。
④ ［德］黑格尔：《逻辑学》（上），杨一之译，商务印书馆1982年版，第45页，译文有改动。
⑤ 参见［德］黑格尔《逻辑学》（下），杨一之译，商务印书馆1982年版，第251—252页。
⑥ ［德］黑格尔：《哲学科学全书纲要》（1830年版），薛华译，商务印书馆2021年版，第139页。

生命性，"它仿佛是一粒种子，从那里将要生长出主体性的整棵植株"①，概念就其自身而言包含了三个规定：

第一，概念的区别或建立起来之有本身最初是单纯的，并且只是一个映象，所以区别的环节都直接是概念的总体，并且只是概念本身。

第二，但是，因为概念是绝对否定性，所以它分裂自己，并把自身设定为自己的否定物或自己的他物；诚然，因为概念才不过是直接的概念，这种建立或区别就具有下列的规定：环节彼此漠不相关，各为自己；概念的统一在这种划分中还只是外在的关系。这样，概念作为其被建立为独立的和漠不相关的环节的关系，就是判断。

第三，判断固然包含着那个消失于其独立环节中的概念的统一，但这个统一并非建立起来的。这个统一将通过那个由此而成为推论的判断的辩证运动，变为建立起来的而达到完全建立起来的概念；因为在推理中既把它的环节建立为独立的端项，也同样建立了为这些端项的中介的统一。②

（1）概念自身。由于概念本身是纯粹的思维活动，因此其首要的规定性就是普遍性，就概念的发展史而言，它包含了自在的直接存在和被设定了的存在，能够在他物中回到自身，因而是其规定性内的"自由的自身等同性"③。而特殊性则是普遍性自身在特殊中的持续存在和自身等同，普遍在特殊中的自身反映就构成了个别性。概念的三个环节在概念之内构成了直接性—反映—思辨的方面，因

---

① 杨祖陶：《康德黑格尔哲学研究》，人民出版社2015年版，第291页。
② [德]黑格尔：《逻辑学》（下），杨一之译，商务印书馆1982年版，第265页，译文有改动。
③ [德]黑格尔：《哲学科学全书纲要》（1830年版），薛华译，商务印书馆2021年版，第141页。

而普遍—特殊—个别是概念建立起的同一性，是真正具体的。

（2）判断。由于概念是建立起的否定的自身同一，因而其活动和发展的具体行动就是将自身不同的规定性或环节区分开来，同时设定这些规定性和环节，使环节或规定性本身成为被设定了的同一性，概念之特殊性由此从直接的转化为现实的，这就是判断。判断无非是概念将潜在的规定性通过行动揭示出来，如果说概念本身乃是一种直接的同一性，那么判断则是对这种直接同一性的分割，由此使得原始同一性中的环节能够以反映的方式充分显示出来，相对于概念本身，判断主要表述（固化）区分和差异。在传统逻辑学以及康德的先验逻辑中，判断都是最基础的真知单位，因此也构成了同一命题的形式，但黑格尔指出，"命题的形式，或者更确定地说，判断的形式，是不适于表达具体的东西的——而真理的东西是具体的——和思辨的东西的；判断由于它的形式是片面的，就此而言也是虚假的"[1]，其根本问题在于只能表达同一而无法兼容对立。黑格尔并不否认判断形式可以表述日常生活中的各种具体事态，但需要区分正确（richtig）和真（wahr），判断无疑可以够得上正确，但这种正确却是依赖于种种预设的，或者说判断的真值性是缺乏整体性。黑格尔认为从亚里士多德到康德所遵循的传统判断形式之根本问题在于无法显示出命题中表面的矛盾只是源于片面的预设，在《信仰与知识》中他第一次指出，思维的流动性和生命性，"理性的……或作为中介概念的绝对同一性，并不表达在判断中，而是在推论"[2]。

（3）推论。传统逻辑也分为三段论结构（syllogism），即概念—判断—推论，然而黑格尔概念主体性中概念、判断和推论却不同于传统逻辑，推论并不是形式逻辑由前提到结论的演绎，而是概念和判断的统一，是概念经过判断的区分和中介，向着自身的回归，简

---

[1] ［德］黑格尔：《哲学科学全书纲要》（1830年版），薛华译，商务印书馆2021年版，第53—54页。

[2] G. W. F. Hegel, *Jenaer Schriften* (1801–1807), Werke in zwanzig Bänden, TWA, Bd. 2, Frankfurt. a. M.：Suhrkamp, 1986, S. 307.

单说来，概念现在从潜在的、直接的三环节之统一体转变为现实的三个环节的统一体，这个过程也就是概念实现自身全部规定性的过程。只有在这个意义上，才能说推论使得概念真正获得了内在的生命，突破了判断包含的知性的预设，思维也将自己的规定性（内容）自由地塑造为真正的现实，"推论就是概念各个环节中介的圆圈行程，通过这一行程，现实性的东西就把自己设定为一"①。实质上，在《精神现象学》中出现的"思辨命题"蕴含了《逻辑学》中推论的全部设想，在命题的形式中内在地呈现概念自身的运动，马耶夏克（Stefan Majetschak）认为黑格尔之所以大费周章地革新判断形式，试图以思辨命题同时容纳对立和同一的原因就在于，"一方面，表达必须依赖命题形式，因为思想只能在具体的谓述中得到表达；另一方面，在有限命题形式中的谓述本身似乎把被把握为无限的对象有限化了，而扭曲了这些对象的真理。黑格尔尝试以思辨命题克服这个两难，寻求一个接近日常理解的命题表达"②。黑格尔并未因语言的束缚而试图创立一套新的表述方式（如海德格尔）而是遵从语言的本性，穷尽内在于语言的全部可能性，以思辨命题反映判断内在结构就是具体例证，但同时他并非毫无批判地依赖由语言所决定的思维结构，更不是尝试取而代之，而是透过对内容和形式关系的反映，内容逐渐成为自我运动的③。而推论则是对思辨命题方案的具体化，个别的命题虽然是片面的、不适合表述真和全体，但个别命题内部包含的预设作为否定性却会推动命题自己发展，成为命题运动，而这种命题自身的前进和运动就自己组织成了推论。概念以推论的方式在主观思维层面的活动再次证明概念以思辨—辩证的方

---

① ［德］黑格尔：《哲学科学全书纲要》（1830 年版），薛华译，商务印书馆 2021 年版，第 152 页，译文有改动。

② Stefan Majetschak, *Die Logik des Absoluten*, *Spekulation und Zeitlichkeit in der Philosophie Hegels*, Berlin: Akademie Verlag, 1992, S. 78f.

③ Vgl. Heinz Röttiges, *Der Begriff der Method in der Philosophie Hegels*, Meisenheim a. M.: Hain, 1981, S. 67, 81.

式使万有自己推动发展，这并非黑格尔人为的建构或发明，而是事情自身真正自由的绝对主体性。

第三节 体系

一 《精神现象学》作为体系的第一部分？

（一）体系划分的疑难

《逻辑学》一向被视为黑格尔的体系基础和中枢，但该体系到底是由哪些部分所构成的，学界有不同看法。通常认为，黑格尔《哲学科学全书纲要》的三个部分——逻辑学、自然哲学和精神哲学构成了其体系①，与之类似的是将《哲学科学全书纲要》和《逻辑学》的整体称为体系②，这一看法有相当合理性，而且有文本依据作为支撑。《哲学科学全书纲要》三个部分的区别仅仅是研究对象外在的不同；就内容本身而言，逻辑—自然—精神的过渡和发展是契合黑格尔"理念"的三个发展阶段，这一区别是基于理念（概念）自身不同的活动方式而在自身中产生的，逻辑、自然和精神是概念全体在自我实现过程中三种不同的形态，分别对应：自在存在着的理念、处在外在表现中的理念和由外在向着自身返回的理念。黑格尔认为"哲学的全部工作是对理念予以思维的掌握"③，理念是自己和自己绝对同一的思维，即概念与其规定性在思维方面的同一，因此"理

---

① 参见贺麟《黑格尔哲学讲演集》，上海人民出版社 1986 年版，第 407 页。
② 参见刘创馥《黑格尔新释》，商务印书馆 2019 年版，第 X 页；Vgl. Vittorio Hösle, *Hegels System. Der Idealismus der Subjektivität und das Problem der Intersubjektivität*, Hamburg: Felix Meiner, 1998, S. 60ff.
③ G. W. F. Hegel, *Enzyklopädie der philosophischen Wissenschaften im Grundrisse 1830, Erster Teil Die Wissenschaft der Logik Mit den mündlichen Zusätzen*, Werke in zwanzig Bänden, TWA, Bd. 8, Frankfurt. a. M.: Suhrkamp, 1986, S. 369；中译见 [德] 黑格尔《小逻辑》，贺麟译，商务印书馆 1996 年版，第 400 页，下同。

念就是真理","绝对就是理念"①。在内在同一性方面,理念与精神同义;二者的区别在于,"绝对是普遍的和唯一的理念,这理念由于判断的活动特殊化其自身成为一些特定理念的系统,但是这些特定理念之所以成为系统,也只是在于它们能返回到那唯一的理念,返回到它们的真理。从这种判断的过程去看理念,理念最初是唯一的、普遍的实体,但却是实体的发展了的真正的现实性,因而成为了主体,所以也就是精神"②。精神是实现的、完成的理念,理念的真理,是在他物中依靠自身的力量而存在、克服自身与外在对立的自由的主体性。

然而按照最新的研究,《哲学科学全书纲要》并非完整的哲学著作,而是供学生上课的纲要(Kompendium/Programm)③,它虽然概括地勾勒出整个体系的框架和各个环节之间的联系,但却没有详尽的发挥,本质上只是大纲。富尔达认为,黑格尔学派和20世纪的新黑格尔主义正式将《哲学科学全书纲要》宣布(ausgeben)为黑格尔的"哲学体系",偏偏这与黑格尔所预告的"科学体系"的构想不尽相同——《精神现象学》是体系的导论性部分,而出版于1812年的《逻辑学》是现象学的续篇(Fortsetzung)。④ 出于一种更全面的考量,以贺麟先生和杨祖陶先生为代表的另一些学者提出了第二种看法,"不单以《哲学科学全书纲要》为准,而是统观黑格尔的全部著作以求其全体的重点所在,精神所注以及中心论证辩证发展的整个过程,加以合理安排。依此看法,便应以《精神现象学》为全体系的导言,为第一环;以逻辑学(包括《耶拿逻辑》、《逻辑学》和《小逻辑》)为全体系的中坚,为第二环;以《自然哲学》和

---

① [德] 黑格尔:《小逻辑》,贺麟译,商务印书馆1996年版,第397页。
② [德] 黑格尔:《小逻辑》,贺麟译,商务印书馆1996年版,第398页。
③ Vgl. Hans Friedrich Fulda, *Georg Wilhelm Friedrich Hegel*, München: C. H. Beck, 2003, S. 127.
④ Vgl. Hans Friedrich Fulda, *Georg Wilhelm Friedrich Hegel*, München: C. H. Beck, 2003, S. 126f.

《精神哲学》（包括《法哲学原理》、《历史哲学》、《美学》、《宗教哲学》、《哲学史讲演录》等）为逻辑学的应用和发挥，统称'应用逻辑学'，为第三环"①。这一看法的文本依据在于：黑格尔在《精神现象学》的结尾处区分了绝对精神凭依自身的存在（Beisichsein）及其三种外化形式，绝对精神凭自身而存在即"当精神达到概念时，它就在其生命的这种以太中展开它的定在和运动，而这就是科学"②，对应纯概念自身的运动——《逻辑学》。第一种外化形式为"纯粹概念抛弃自身的形式的必然性和由概念向意识过渡的必然性"③，即外化为各种特定的意识形态的序列，精神作为对象反映在个体意识之中，对应于《精神现象学》。第二种外化形式为"精神在这种过程中，以自由的偶然的事件的形式，表现它成为精神的变化过程，把它的纯粹的自我直观为它在外面的实践，把它的存在同样地直观为空间。精神的这个最后过程，自然界"④，对应于自然哲学。第三种外化形式是"历史，是认识着的、自身中介着的变化过程——在时间里外在化来的精神；不过，这种外在化也同样是对外在化自己本身的外在化"⑤，而这一层面最为复杂。在《精神现象学》中，这种外化形式被称为绝对精神对自身在历史中的形成过程的回忆（Erinnerung）⑥，即对其在历史中的形态所作的"概念式地

---

① 贺麟：《黑格尔哲学讲演集》，上海人民出版社1986年版，第408—409页；参见杨祖陶《康德黑格尔哲学研究》，人民出版社2015年版，第209页。
② [德]黑格尔：《精神现象学》（下），贺麟、王玖兴译，商务印书馆1981年版，第272页。
③ [德]黑格尔：《精神现象学》（下），贺麟、王玖兴译，商务印书馆1981年版，第273页。
④ [德]黑格尔：《精神现象学》（下），贺麟、王玖兴译，商务印书馆1981年版，第273页。
⑤ [德]黑格尔：《精神现象学》（下），贺麟、王玖兴译，商务印书馆1981年版，第274页。
⑥ 关于《精神现象学》中精神的回忆与意识形态发展的关系，可参见徐贤樑《从"意识的发现之旅"到"精神的奥德赛"——教养小说模式下的〈精神现象学〉》，《学术月刊》2022年第6期。

理解"①，是这些历史上的显现形态保存为概念的规定性，它构成了意识形态偶然的显现形式背后的逻辑根据，但精神的形成史或概念化的历史实际上只能在哲学科学全书计划的基础上才能进行，即精神作为概念，其展开扬弃了意识和对象的区分，因此精神自身形成的历史应该归于与"精神反映在意识之中"不同的另一哲学部分②，即精神哲学。

这两种不同的看法之间的主要区别有二。（1）《精神现象学》究竟是不是体系的第一部分。（2）《逻辑学》被称为科学体系本身，那其究竟与黑格尔的整个体系是什么关系。从第二种看法中又引申出第三个困难。（3）《精神现象学》与精神科学之间是否具有同一性③。这些困难源于黑格尔体系观念的变化，黑格尔在 1805—1807 年规划了精神认识自身的轮廓，哲学被认为与宗教具有相同的内容，而哲学在概念的形式中首先被划分为思辨哲学和自然哲学，精神的生成被理解为概念全体成为实存着的概念（existierenden Begriffe），在此基础上又参照自我认识的精神对民族精神和宗教的支配，规定了哲学知识本身。④ 这一决定性的变化也主导了黑格尔《精神现象学》结尾处的体系划分，按照绝对精神的本质及其外化将《精神现象学》《逻辑学》和《自然哲学》《精神哲学》内在串联起来。以下将围绕着上述三个问题，简要讨论该如何理解黑格尔的体系。

（二）《精神现象学》的定位

黑格尔对《精神现象学》的看法颇为模棱两可，而且前后多变。

---

① ［德］黑格尔：《精神现象学》（下），贺麟、王玖兴译，商务印书馆1981年版，第275页。

② Vgl. Hans Friedrich Fulda, *Das Problem einer Einleitung in Hegels Wissenschaft der Logik*, Frankfurt. a. M. : Vittorio Klostermann, 1975, S. 266.

③ Vgl. Otto Pöggeler, Zur Deutung der Phänomenologie des Geistes, in *Hegel Studien* Bd. 1, hrsg von Friedhelm Nicolin und Otto Pöggeler, Bonn: Bouvier, 1961, S. 255 – 294.

④ Vgl. Hans Friedrich Fulda, *Das Problem einer Einleitung in Hegels Wissenschaft der Logik*, Frankfurt. a. M. : Vittorio Klostermann, 1975, S. 93.

肯定性的表述主要集中在：黑格尔最初在《班贝格日报》为《精神现象学》所做的预告中（1807年6月28日—7月10日），将现象学称为自己体系的第一部分（System der Wissenschaft, Erster Theil）①，并冠以"意识经验的科学"（Wissenschaft der Erfahrung des Bewusstseyns）之名，在1813年出版《逻辑学》时再次肯定了这点。与之抵牾的看法则源于：最迟从1817年始，黑格尔就不再将现象学视为整个体系的第一部分②，而称之为体系的前提和导论。黑格尔并未对《精神现象学》的地位做进一步解释，导致有研究者认为是黑格尔自己对《精神现象学》的看法前后矛盾。在《精神现象学》出版后，黑格尔在《逻辑学》第一版"序言"中宣布了他的计划，"至于外在的编排，原定在《科学体系》第一部分（即包括'现象学'的那一部分）之后，将续之以第二部分，它将包括逻辑学和哲学的两种实在科学，即自然哲学和精神哲学，而科学体系也就可以完备了"③，可见黑格尔原先几乎是以现象学为体系的第一部分，逻辑学为后续第二部分，并作为之后实在哲学的基础，建构起一个现象学—逻辑学—应用逻辑学（实在哲学）的总体。不过因为《逻辑学》的篇幅大幅增加，成为一部详尽完整的独立著作，故此黑格尔"将这一部分分别问世；因此在一个扩大了的计划中，《逻辑学》构成了《精神现象学》的第一个续篇。以后，我将继续完成上述哲学的两种实在科学的著作"④。在《逻辑学》出版后，黑格尔将要继续出版在篇幅和规模上与现象学和逻辑学相当的自然哲学和精神哲学的专著，以构成逻辑学之后的续篇，由此扩大这个在《精神现象学》结尾处所

---

① Vgl. Friedrich Fulda, Dieter Henrich, Vorwort, in *Materialien zu Hegels Phänomenlogie des Geistes*, hrsg von Hans Friedrich Fulda und Dieter Henrich, Frankfurt. a. M.：Suhrkamp, 1973, S. 7.

② Hans Friedrich Fulda, *Das Problem einer Einleitung in Hegels Wissenschaft der Logik*, Frankfurt. a. M.：Vittorio Klostermann, 1975, S. 105.

③ ［德］黑格尔：《逻辑学》（上），杨一之译，商务印书馆1982年版，第5—6页。

④ ［德］黑格尔：《逻辑学》（上），杨一之译，商务印书馆1982年版，第5—6页。

构思的计划——（1）现象学；（2）逻辑学；（3）自然哲学；（4）精神哲学。另一处相关的文本证据是在《哲学科学全书纲要》的第一版"序言"中，黑格尔颇为遗憾地表示，"假如情况允许我如同就整体的第一部分、即逻辑学那样，已把一部较详尽的著作交给读者，关于哲学的其他部分同样也先行有一较详尽的著作，那我就真可以认为这一做法对于哲学的这一新的论述，对于公众界才是更有好处的了"[①]。在很大程度上，《哲学科学全书纲要》的出版早于黑格尔的规划，并带有很强的实用目的，主要在于适应学生和听众对于教本的需求[②]，同样，在柏林时期《纲要》第二版、第三版的扩充主要是为了满足柏林的学生和听众。柏林时期黑格尔运思的主要特点就是通过讲座课来发展体系的各个部门，讲座涉及内容不仅涵盖了哲学的主要分支，还拓展到精神领域的方方面面，繁重的授课任务使得黑格尔不得不搁置完成类似《逻辑学》篇幅和规模的《自然哲学》和《精神哲学》的写作计划，这一点尤其体现在《精神哲学》的写作上，精神哲学的许多部门非要用一本专著，甚至多卷本的著作来处理不可，而这在黑格尔的有生之年恐怕很难办到[③]。

出于上述原因，黑格尔在1831年出版的《逻辑学》修订版中宣布"这个名称（现象学作为科学体系第一部分）于下次复活节出版的第2版中（现象学的第2版）将不再附上去。——下文提到的计划第二部分，包括全部其他哲学科学，我从那时以后，就改用《哲学科学全书纲要》之名问世，去年已出至第3版"[④]，按黑格尔写作计划的演变可知，将"科学体系第一部分"删除并不意味着现象学在科学体系中所占的位置发生了变化，相反，这是一种权宜之计。

[①] ［德］黑格尔:《哲学科学全书纲要》（1827年版），薛华译，商务印书馆2021年版，第13页。

[②] Vgl. Hans Friedrich Fulda, *Georg Wilhelm Friedrich Hegel*, München: C. H. Beck, 2003, S. 127.

[③] 参见杨祖陶《康德黑格尔哲学研究》，人民出版社2015年版，第214页。

[④] ［德］黑格尔:《逻辑学》（上），杨一之译，商务印书馆1982年版，第5页。

从海德堡到柏林，通过设课来不断完善自己的体系，黑格尔实际所取得的成就和在具体内容上的进展远远超过了1812年出版《逻辑学》时"扩大了的计划"，这样一来就不需再拘泥于原先"外在编排"的考虑①，而这并不意味着取消了现象学作为体系第一部分的地位。现象学作为精神外化的第一种形态，而"哲学知识须以意识的许多具体形态，如道德、伦理、艺术、宗教等为前提"②，意识与对象之扬弃作为现象学的终点就是真正意义上的纯粹思维或概念对自身的把握，并构成了逻辑学的起点，而概念的自我运动构成了现象学的基础。因此，黑格尔在1830年出版的《哲学科学全书纲要》中仍然坚持，体系的导言对体系而言也是科学的，它不仅具有教育意义，而且能够以绝对必然的方式通向体系。③

（三）《精神现象学》是体系的开端吗？

黑格尔明确在《逻辑学》导论中指出，"精神现象学不是别的，正是纯科学概念的演绎，所以本书（指逻辑学）便在这样情况下，把这种概念及其演绎作为前提"④。对个体而言，掌握意识从最低级的感性知识到绝对知识的经验发展的必然性，才能理解由纯粹概念所构成的逻辑系统的真理性，因此黑格尔在这种教育学意义上讲"个体却又有权要求科学至少给他提供达到这种立足点所用的梯子并且给他指明这种立足点就在他自身"⑤，富尔达认为，对黑格尔的科学体系而言，存在着不科学的意识并非偶然，那么在不做任何外在于科学之假设的情况下，引入一个导论是绝对必要的⑥。在《精神现象学》的"绝对知识"章中，首先，概念总体通过深入自身的内

---

① 参见杨祖陶《康德黑格尔哲学研究》，人民出版社2015年版，第215页。
② ［德］黑格尔：《小逻辑》，贺麟译，商务印书馆1996年版，第94页。
③ 参见［德］黑格尔《小逻辑》，贺麟译，商务印书馆1996年版，第93—94页。
④ ［德］黑格尔：《逻辑学》（上），杨一之译，商务印书馆1982年版，第30页。
⑤ ［德］黑格尔：《精神现象学》（上），贺麟、王玖兴译，商务印书馆1981年版，第16页。
⑥ Hans Friedrich Fulda, *Das Problem einer Einleitung in Hegels Wissenschaft der Logik*, Frankfurt. a. M. : Vittorio Klostermann, 1975, S. 80.

在化将已经在意识经验运动中发生的无数个瞬间汇集起来,扬弃了属于现象的外在的、孤立的性质,将之转化为内在之物和纯粹的本质,由此意识经验的运动被提升为概念①。其次,在前者的基础上,《逻辑学》奠定了《精神现象学》的基础:在意识的发展中,科学完成了自我证明,展现了科学之方法如何建构内容的运作模式②。因此,现象学不同于一般意义上外在于体系、被附加的导论,由于方法论的连贯性,它同时构成了体系的第一部分。

此外,需要额外考察的是,如果现象学作为纯粹思维的前提,那么这种现象学和逻辑学的关系是否与《哲学科学全书纲要》中现象学作为主观精神一个阶段的看法相矛盾呢?黑格尔在《哲学科学全书纲要》第一版(即1817年版)对此做了一个简要的论述,"先前我曾在一种意义上把精神现象学,意识的科学史,作为哲学的第一部分来处理,即精神现象学应当走在纯粹科学之前,因为它是纯科学概念的产生。但在同时意识和它的历史如同其他每种哲学科学一样,并不是一种绝对的开端,而是哲学圆圈上的一个环节"③。这处引文是否佐证了黑格尔既将意识经验的运动作为逻辑学的前提,又同时将其作为主观精神的一个环节,由此出现了前后矛盾的问题呢?作为主观精神特定阶段的"精神现象学"与《精神现象学》在内容上无疑有所重复,概述了"意识""自我意识"和"理性"三个阶段的重要环节,基本等同于《精神现象学》中个体意识发展的大致历程,但并没有包含全体意识发展的"精神"和"宗教"两个阶段,而这种内容上的重复并不使《精神现象学》作为体系第一部分的定位与主观精神中的特定环节彼此排斥,黑格尔明确指出,"对

---

① Vgl. Hans Friedrich Fulda, *Das Problem einer Einleitung in Hegels Wissenschaft der Logik*, Frankfurt. a. M. : Vittorio Klostermann, 1975, S. 80.

② 参见[德]黑格尔《精神现象学》(上),贺麟、王玖兴译,商务印书馆1981年版,第35页。

③ [德]黑格尔:《哲学科学全书纲要》(1817年版),薛华译,商务印书馆2021年版,第25页。

于科学说来，重要的东西倒并不很在乎有一个纯粹的直接物作开端，而在乎科学的整体本身是一个圆圈，在这个圆圈中，最初的也将是最后的东西，最后的也将是最初的东西"①，如此严密的科学体系之开端对黑格尔而言其实可以是任意的，这种任意性从知性视角来看就是从外在角度预设一个起点，但这一预设性会在概念自身的前进回溯中被扬弃，证明预设自身作为体系中的一个环节根据圆圈运动回到自身，因此现象学作为开端不是绝对的，更多只是处于教育学功能上的考量，即将个体意识之教化纳入概念形成的历程中同时促成了知性从理性之敌转变为理性之友。黑格尔的体系作为真正意义上的"大全一体"也就包容了偶然性②。

二 《逻辑学》作为体系的基础

（一）本真形而上学

如果说《精神现象学》是因为在体系定位中的含混引得研究者争论不休，那么《逻辑学》则是因为其本身内容的晦涩而成为黑格尔最令人费解的著作。人人都知道《逻辑学》无比重要，却又都有意无意地将之视为过时的和应被摈弃的③。黑格尔则明确指出，"思想，按照这样的规定，可以叫做客观的思想，甚至那些最初在普通形式逻辑里惯于只当作被意识了的思维形式，也可以算作客观的形式。因此逻辑学便与形而上学合流了。形而上学是研究思想所把握住的事物的科学，而思想是能够表达事物的本质性的"④。关于黑格尔逻辑学最耳熟能详的说法莫过于，"逻辑学、本体论、认识论和方

---

① ［德］黑格尔：《逻辑学》（上），杨一之译，商务印书馆1982年版，第56页。
② Cf. Jon Stewart, Hegel and the Myth of Reason, in *The Hegel Myths and Legends*, edited by Jon Stewart, Evanston: Northwestern University Press, 1996, pp. 16, 306.
③ 参见［意］克罗齐《黑格尔哲学中的活东西和死东西》，王衍孔译，商务印书馆1959年版，第57—67页；Cf. Charles Taylor, *Hegel*, Cambridge: Cambridge University Press, 1975, p. 538.
④ ［德］黑格尔：《小逻辑》，贺麟译，商务印书馆1996年版，第79页。

法论的统一"①"存在—神学—逻辑（Onto-Theo-Logik）"② 等，本体论（Ontologia）③ 虽然在德意志启蒙时期的学院哲学中被视为形而上学（Metaphysik）的主要部分，甚至被大部分人等同于形而上学，但其能否作为对黑格尔逻辑学的描述仍有待进一步省察。富尔达总结出四种关于黑格尔《逻辑学》最有影响力的解读：（1）海德格尔批判的本体神学；（2）根据传统形而上学"太一逻辑"（henologisch），而将逻辑科学理解为描述作为关系总体的绝对理念的"关系存在论的一元论"（relationsontologischer Monismus）——霍斯特曼；（3）根据逻辑学和康德先验逻辑的关系，将逻辑学的客观逻辑部分理解为形而上学的批判性呈现（kritische Darstellung der Metaphysik），但主观逻辑部分依然保留了特殊形而上学的残留，未能完全去"存在论化"（ent-ontologisieren）——托因尼森；（4）围绕着"大全一体"的体系哲学方案构想的存在——宇宙论（Onto-Kosmologie）——亨利希。④

如果将近代德意志学院哲学形而上学（本体论加特殊形而上学）作为预设的理解框架，那么黑格尔的《逻辑学》要么被理解为概念对诸存在者（万有）的思维规定，要么被理解为对特殊形而上学

---

① 参见杨祖陶《康德黑格尔哲学研究》，人民出版社 2015 年版，第 255 页。

② 参见［德］海德格尔《同一与差异》，孙周兴等译，商务印书馆 2014 年版，第 70—71 页。

③ "本体论"和"形而上学"二词的来源不同。拉丁名词 ontologia 是由德意志学者于 17 世纪根据构词法创制而成，在 1613 年，德国学者郭克兰纽（Rudolf Goclenius, 1547—1628）在自己编纂出版的拉丁文《哲学辞典》（*Lexicon philosophicum*）中首次收录了"ontologia"一词，并做出了简明的解释："ontologia, philosophia de ente"，意即关于存在（being）的哲学，即关于"诸存在者的学问"。因此在沃尔夫的哲学体系中被称为"一般形而上学"，不包括讨论宇宙论（Kosmologie）、理性心理学（Psychologie）和理性神学（Theologie）一门三分的特殊形而上学（metaphysica specialis）。Vgl. U. Wolf, Ontologie, in *Historisches Wörterbuch der Philosophie*, Bd. 6, hrsg von Joachim Ritter und Karlfried Gründer, Basel & Stuttgart: Schwabe & CO. AG, 1984, S. 1189.

④ Vgl. Hans Friedrich Fulda, Die Ontologie und ihr Schicksal in der Philosophie Hegels. Kantkritik in Fortsetzung kantischer Gedanken, in: *Revue Internationale de Philosophie*, 4, 1999, No. 210, S. 465–484.

(理性神学)中的上帝本身的思维规定。尤其是《逻辑学》的导论明确指出其"内容就是上帝的展示"①——足以作为后一种理解的明证，但由于对上帝根深蒂固的宗教性或神学的理解，这种解读很容易将《逻辑学》还原为一种新的实体性形而上学或理性神学②，将《逻辑学》与未能经受住康德理性批判的旧形而上学绑定在了一起。而克劳斯·哈特曼则反其道行之，提出了一种对逻辑学彻底去形而上学化的解读，在接受了康德对旧形而上学的批判后，黑格尔的逻辑学应理解为一套范畴学说（Kategorienlehre），为世界之"所是"以及世界之"所是"能被范畴化或概念性的重构提供了一个整全的解释范式，这一解释范式能在方法论的意义上被视为在范畴学说中的本体论（Ontologie in Form einer Kategorienlehre）③，这种解读参照了黑格尔文本中"批判哲学诚然已经使形而上学成为逻辑"④的论断，并进一步将形而上学去实在化，化约为范畴论。首先，黑格尔的逻辑学绝不等同于返回康德理性批判之前的旧形而上学或仅仅提供了一套替代方案，黑格尔尽管在《逻辑学》导论部分提到"不如说客观逻辑代替了昔日形而上学的地位"，"首先直接就是被客观逻辑所替代的本体论，——形而上学的这一部分，应该研究一般的恩斯（Ens）；恩斯本身既包括有（Sein），也包括本质（Wesen）"⑤，但是，应当留意到，黑格尔在客观逻辑部分并不预设概念的诸规定性是存在者之为存在者的谓语或关系规定，"客观逻辑却也包括其余的形而上学，因为后者曾试图以纯思维形式来把握特殊的，首先是由表象取来的基底（Substrate），如：灵魂、世界、上帝等，

---

① [德]黑格尔：《逻辑学》（上），杨一之译，商务印书馆1982年版，第31页。
② Vgl. Ermylos Plevrakis, *Das Absolute und der Begriff. Zur Frage philosophischer Theologie in Hegels Wissenschaft der Logik*, Tübingen：Mohr（Siebeck），2017.
③ Vgl. Klaus Hartmann, *Hegels Logik*, hrsg von Olaf Müller, mit einem Vorwort von Klaus Brinkmann, Belin & New York：De Gruyter, 1999, S. 28 – 35.
④ [德]黑格尔：《逻辑学》（上），杨一之译，商务印书馆1982年版，第34页。
⑤ [德]黑格尔：《逻辑学》（上），杨一之译，商务印书馆1982年版，第47、48页。

而思维规定曾经构成考察方法的本质的东西。但是逻辑所考察的形式，确实摆脱了上述表象之基底（Substrat）和主语（Subjekt）的那些形式，是它们的本性和价值自身"①，这意味着逻辑学所呈现的范畴（或纯粹的思维规定）绝不是对存在者某些属性的抽象，而是概念在自身运动中发展出的规定性，在这个意义上逻辑学才摆脱了旧形而上学中因表象式思维而产生的各种预设的基底。其次，这并不意味着哈特曼（包括亨利希和霍斯特曼的观点）将逻辑学阐释为一套只具有操作性的、融贯的范畴系统②就完全符合黑格尔的旨趣，尽管黑格尔指出，"存在本身，还有后面的各个规定，作为对绝对东西的定义可以被看做是对上帝的形而上学定义，不仅是后面关于存在的各个规定，而是整个的逻辑规定都可如此"③，照此似乎的确能将逻辑学的对象解释为关系的总体（霍斯特曼）、大全一体的内在世界秩序（亨利希）和为本体论奠基的范畴学说（哈特曼），但黑格尔随后指出，这乃是知性的定义观，"即使绝对——这应是用思想的意义和形式去表达上帝的最高范畴——与用来界说上帝的谓语、同确定的和现实的表述所具有的关系内，也依然只是一意谓的思想，一种本身不确定的基底罢了"④，按照知性的命题形式或定义会将上帝有限化，无论是逻辑学中的特定范畴，抑或所有范畴的总体，这类看法依然没有摆脱传统同一命题的局限。按

---

① ［德］黑格尔：《逻辑学》（上），杨一之译，商务印书馆1982年版，第48页，译文有改动。

② Vgl. Klaus Hartmann, *Hegels Logik*, hrsg von Olaf Müller, mit einem Vorwort von Klaus Brinkmann, Belin & New York: De Gruyter, 1999; Rolf-Peter Horstmann, *Wahrheit aus dem Begriff: eine Einführung in Hegel*, Frankfurt. a. M.: Hain, 1990; Dieter Henrich, Andersheit und Absolutheit des Geistes, in Ders, *Selbstverhältnisse*, Stuttgart: Reclam, 1982, S. 142–172.

③ ［德］黑格尔：《哲学科学全书纲要》（1830年版），薛华译，商务印书馆2021年版，第93页。

④ ［德］黑格尔：《小逻辑》，贺麟译，商务印书馆1996年版，第188页，译文有改动。

照维兰德（Wolfgang Wieland）的看法，黑格尔所说的诸范畴可被视为上帝的形而上学定义，仅仅是提供了一种帮助读者理解的方法①，因为这些范畴或思维规定并不是通过判断或同一命题的形式外在地运用到对上帝的言说之中，更不是一个按照传统逻辑学教科书外在排布起来的范畴系统，而是概念本身对知性定义观包含的预设的扬弃，使得固化的诸范畴重新流动起来，按照自身的本性内在展开为一个概念系统。综上，黑格尔逻辑学不仅剥离了传统形而上学实在性的因素，而且克服了康德以来先验逻辑所包含的传统同一命题中知性预设的干扰，唯有彻底纯化实体形而上学和知性思维之后，才显示出事情本身，即"在科学认识中运动着的内容的本性，同时内容这种自己的反映，才建立并产生内容的规定本身"，是真正意义上的"本真形而上学"②。

（二）真之逻辑（Aletheiologie）

在这种双重纯化的意义上，富尔达才认为，作为逻辑学对象的客观思想只涉及思想规定把握运动的方法和思想规定的系统，方法和系统在概念活动（begreifen）中是同一的，客观思想作为把握自身的概念，不再是对存在者的思维规定，而是"是"（Sein）——充实了的"是"，而不是"存在"。③众所周知，"是"（Sein）在西语中首要的含义，并非其名词化——存在，而是其动词的原初义——断真，即纯粹思维及其规定的同一性。因此，纯粹思维规定运动的方法和组织起来的体系应是绝对的真和一切的真，这个过程和结果

---

① Vgl. Wolfgang Wieland, Bemerkungen zum Anfang von Hegels Logik, in *Seminar: Dialektik in der Philosophie Hegels*, herausgegeben und eingeleitet von Rolf-Peter Horstmann, Frankfurt. a. M.: Suhrkamp, 1978, S. 205.

② ［德］黑格尔：《逻辑学》（上），杨一之译，商务印书馆1982年版，第4页，译文有改动。

③ Vgl. Hans Friedrich Fulda, Die Ontologie und ihr Schicksal in der Philosophie Hegels. Kantkritik in Fortsetzung kantischer Gedanken, in: *Revue Internationale de Philosophie*, 4, 1999, No. 210, S. 465–484.

很难被断言是在探究真正的存在者。①《逻辑学》在黑格尔那里作为本真形而上学就是真之逻辑或纯粹理性的概念,真之逻辑一方面并未复活抑或提出一个与实体形而上学等价的方案,故经得起康德理性批判的考验——康德在纯粹理性批判的"先验理想"部分已经展示了思维如何推导出理性理念的模式,这些理念(灵魂、世界和上帝)仍然附着在未被纯化的表象形式和实体形而上学的残余因素之上,同时黑格尔的《逻辑学》将康德的工作发挥到了极致,概念的运动或纯粹思维不再与传统的神学纠缠在一起②,而是只关涉纯粹思维或理性概念的自我教化,它决定了人类理性如何按照事情本身进行思维和行动,并且避免了理性思考在最基础层面的独断性和预设性;另一方面,思维对存在者的规定,即本体论层面并未被取消,而是被转化、保留到了《精神现象学》之中,对象在意识与对象的关系中得到建构和不断变化,这一本体论意义上对存在者的规定内化为整个意识学说的组成元素。③ 黑格尔实际上是通过真实者和真理的关系,重新规划了本体论和形而上学:在整个《精神现象学》中,意识以真实者(精神)为对象,获得具体而丰富的认识,通过与对象的认识关系,从而形成了一种真理(Wahrheit)的提升,最终构成一个"科学的真理体系"。唯有概念全体作为意识对象时,真实者才具有本体论意义上的各种存在形态,概念自身作为一个整体在意识不断改变认知方式的过程中变得越来越丰富、越来越具体,而意识对作为对象的概念全体之认识也会随着概念本身的发展而越发趋

---

① Vgl. Hans Friedrich Fulda, Die Ontologie und ihr Schicksal in der Philosophie Hegels. Kantkritik in Fortsetzung kantischer Gedanken, in: *Revue Internationale de Philosophie*, 4, 1999, No. 210, S. 465 – 484.

② 在这个意义上,富尔达对托因尼森的批评是成立的,Vgl. Michael Theunissen, *Sein und Schein: Die kritische Funktion der Hegelschen Logik*, Frankfurt. a. M.: Suhrkamp, 1980.

③ Vgl. Hans Friedrich Fulda, Die Ontologie und ihr Schicksal in der Philosophie Hegels. Kantkritik in Fortsetzung kantischer Gedanken, in: *Revue Internationale de Philosophie*, 4, 1999, No. 210, S. 465 – 484.

向于真理，这种朝向真理的意识运动既是意识逐渐摆脱与对象的对立，又是概念自身逐渐剥离与意识之间的反映关系，对意识而言，真理就是自己与真实者一致时；对概念而言，真理就是自我规定，这是真实者最本真的规定。只有在这个意义上，逻辑学可以不必再处理本体论意义上的真实者，而仅仅关注概念总体的自我规定，或概念的自我认识，概念与自身一致的方式，即绝对真理和一切真理。

（三）逻辑科学和实在哲学（应用逻辑学）

《逻辑学》在作为真之逻辑的意义上，的确如研究者所说是逻辑学、形而上学、认识论和方法论的统一[①]，因此将《哲学科学全书纲要》中"逻辑学—自然哲学—精神哲学"视为黑格尔体系的看法具有明显的局限，"没有突出《逻辑学》在黑格尔体系中的核心地位"以及"黑格尔《哲学科学全书纲要》以外的许多著作……在其体系中均未得到适当的安置"[②]，而作为四合一的崭新的"逻辑科学"则完完全全地揭示出推动精神三种外化形式的内在节奏，"如果依前此所说，认为逻辑学是纯粹思维规定的体系，那么别的部门的哲学科学，如像自然哲学和精神哲学，似乎就是应用的逻辑学，因为逻辑学是自然哲学和精神哲学中富有生气的灵魂。其余部门的哲学兴趣，都只在于认识在自然和精神形态中的逻辑形式，而自然或精神的形态只是纯粹思维形式的特殊表现"[③]。

自然哲学和精神哲学及其所包含的各个部门哲学所构成的总体，一般可以被概括为"实在哲学"（Realphilosophie）或应用的逻辑学。黑格尔在自拟的《精神现象学》的图书广告（Selbstanzeige，1807. 10. 28）中提出了科学体系的设想，自然哲学和精神哲学作为科学体系的部分分别被称为自然科学和精神科学[④]。而自然哲学和精神哲学

[①] 参见杨祖陶《康德黑格尔哲学研究》，人民出版社2015年版，第224页。
[②] 贺麟：《黑格尔哲学讲演集》，上海人民出版社1986年版，第408页。
[③] ［德］黑格尔：《小逻辑》，贺麟译，商务印书馆1996年版，第83—84页。
[④] Vgl. G. W. F. Hegel, *Phänomenologie des Geistes*, Gesammelte Werke, Bd. 9, hrsg von Wolfgang Bonsiepen und Reinhard Hede, Hamburg: Felix Meiner, 1968, S. 447.

在耶拿大学 1805/1806 年冬季学期的"实在哲学"的讲座稿中早已具有暂时性的自成一体的形态（eine vorläufig abgeschlossene Gestalt）[①]；黑格尔新考订版（Neue kritische Ausgabe）的编者霍夫迈斯特（Johannes Hoffmeister）在编辑黑格尔遗稿（Nachlaßbände）时，将第 12 卷、第 15 卷分别命名为《实在哲学Ⅰ》（1803/1804）和《实在哲学Ⅱ》（1805/1806）以澄清从 1803 年到现象学出版这段"黑格尔哲学发展最晦暗不明的历程"（dunkelste Wegstrecke von Hegels philosophischer Entwicklung），也即黑格尔在从 1803 年到《精神现象学》写作的时间段中更为精细地处理了作为体系部分的自然哲学和精神哲学。[②] 虽然黑格尔实际上并未在正式出版物中将自然哲学和精神哲学包含的部门哲学的总体称为"实在哲学"，但这个称呼的确能代表黑格尔体系规划的部分方案[③]。而"应用逻辑学"这个说法则出自 1830 年版《哲学科学全书纲要》"附释"（Zusatz）即学生笔记之中[④]，从体系各个环节不同功能的角度明确界定了自然哲学和精神哲学的总体。

自然哲学和精神哲学包含的各个领域即各个分支部门的建立实际上就是概念自我规定的方法和原理在特殊性中的具体应用，因而尽管逻辑范畴和实在哲学的范畴之间存在差异，但这两个层面依然存在对应关系[⑤]，这种对应关系会表现为两种不同的方式，一种是圆圈式的对应（zyklische Entsprechungen），另一种是直线式的对应

[①] Vgl. Heinz Kimmerle, Zur Chronologie von Hegels Jenaer Schriften, in *Hegel Studien* Bd. 4, hrsg von Friedhelm Nicolin und Otto Pöggeler, Bonn: Bouvier, 1967, S. 87.

[②] Vgl. Heinz Kimmerle, Zur Chronologie von Hegels Jenaer Schriften, in *Hegel Studien* Bd. 4, hrsg von Friedhelm Nicolin und Otto Pöggeler, Bonn: Bouvier, 1967, S. 126.

[③] 参见 Walter Jaeschke《黑格尔〈全集〉：论发展中体系的编纂》，张灯译，《现代哲学》2010 年第 1 期。

[④] 参见［德］黑格尔《小逻辑》，贺麟译，商务印书馆 1996 年版，第 83—84 页。

[⑤] Vgl. Vittorio Hösle, *Hegels System, Der Idealismus der Subjektivität und das Problem der Intersubjektivität*, Hamburg: Felix Meiner, 1998, S. 101.

(lineare Entsprechungen)①。第一种对应关系具体指的是"哲学的各特殊科学的区别只是理念本身的规定,而理念本身正是在这些不同的要素中表现自己"②,这既是概念的实现,也是逻辑的应用。第二种对应关系具体指的是逻辑—自然—精神之间的过渡"在自然内存在的并不是某一与理念不同的东西,它似乎须加以认识,而是理念在此是在外化的形式内;同样,同一理念在精神内是作为自在地存在着的和自在而自为地变异着的"③。直线式的对应实际上服从于圆圈式的对象,因为逻辑—自然—精神之间的过渡关系在外在的角度被视为直线式的,而就概念的自我规定而言,乃是前进回溯的运动,因而"理念在其中进行显现的这样一种规定,同时是一种流动着的环节,因此个别的科学也正是一方面把它的内容认识为存在着的对象,而另一方面也同时直接地是在其中认识对象向自己更高圆圈范围的转化"④。

三 实在哲学与体系的圆圈

(一) 逻辑—自然—精神和逻辑—精神—自然

概念的自我规定统一了两种对应关系,直线式的对应只是圆圈式的对应的外在呈现。逻辑的理念是逻辑—自然—精神圆圈式过渡中最初的前提,精神以自然作为直接的前提,而精神本身则是作为逻辑理念和自然理念这两个环节的统一与理念真正的实现,因而也是这两者的真理,同时逻辑理念作为最初的前提,在精神的完满中就回归到了真正的逻辑根据,最终的由此成为最原初的,最纯粹的

---

① Vgl. Vittorio Hösle, *Hegels System. Der Idealismus der Subjektivität und das Problem der Intersubjektivität*, Hamburg: Felix Meiner, 1998, S. 102ff.

② [德] 黑格尔:《哲学科学全书纲要》(1830 年版),薛华译,商务印书馆 2021 年版,第 43 页。

③ [德] 黑格尔:《哲学科学全书纲要》(1830 年版),薛华译,商务印书馆 2021 年版,第 43 页。

④ [德] 黑格尔:《哲学科学全书纲要》(1830 年版),薛华译,商务印书馆 2021 年版,第 43 页。

才是最具体的：

> 精神以自然为它的前提，它是自然的真理性，并因之是自然的绝对第一性的东西。在这种真理性中，自然消失了，而精神则作为已达到其自为存在的理念产生了自己，理念的客体同主体一样，都是概念。这种同一性是绝对的否定性，因为在自然中概念具有自己完善的外在的客观性，但是，概念已经扬弃了自己的这种外化，它并在这种外化中自己已变得与自己同一。所以概念之为这种同一性，同时只是作为从自然回归。①

概念之本质是依凭自身的存在（Beisichsein），是保持在自身之内的思维规定总体，在展开过程中即为贯穿于万有之内的逻各斯。这一进程的直线式对应即概念从自身纯粹的逻辑规定外化，转化为直接的存在，即"自然的生成"，尽管自然同样是概念自身的一种外化和呈现，但仍是概念反映在自身外在性中，因而自然与概念自身并不一致，概念从外在性中返回自身，这一自为化（fürsichwerden）构成了概念真正的现实性②，这种自为化乃是"自然里沉睡着的、自在存在着的精神，扬弃自然的外在性、孤立性和直接性，给自己创造一个适合于它的内在性和普遍性的定在，并由此成为在自身内映现的、自为存在着的、有自我意识的、觉醒了的精神"③，即逻辑—自然—精神。

与康德的《自然科学的形而上学基础》不同，黑格尔的自然哲学并不单纯致力于阐述在时空中实际存在的事物，因为这落入了空间运动的规律之中，属于经验科学或自然科学的研究对象，而是走向了对整个自然的哲学认识（ein philosophisches Erkennen der ganzen

---

① ［德］黑格尔：《哲学科学全书纲要》（1830年版），薛华译，商务印书馆2021年版，第293页。
② 参见［德］黑格尔《精神哲学》，杨祖陶译，人民出版社2006年版，第28页。
③ ［德］黑格尔：《精神哲学》，杨祖陶译，人民出版社2006年版，第28页。

Natur)①。首先，自然理念与保持在自身之内的逻辑理念不同，它的特征是"外在性构成了规定"，因而与概念纯粹的逻辑规定（理念）有了区别，作为概念外化的自然绝不仅仅单纯充当对纯粹逻辑规定之整体进行直观的理念。② 其次，自然哲学以逻辑科学为前提，以精神哲学为目标，而概念在其外在性的整个发展历程为，"理念把它自己设定为它自在地所是的东西；或者换句话说，在于它从它的直接性和外在性——这种外在性是死亡——回到自身之内，以便首先作为有生命的东西而存在，但理念在这一规定性内只是生命，进一步就在于同样扬弃这一规定性，并且使自己产生为精神的实存，精神是自然的真理性和终极目的，并是理念的真实的现实"③。最后，自然哲学的终点并非固执于自然本身，而是扬弃自身，"精神在自然内发现它自己的本质，即自然中的概念，发现它在自然中的对像（Gegenbild），这是自然哲学的任务和目的。因此研究自然就是精神在自然内的解放，因为就精神自身不是与他物相关，而是与它自身相关，它是在自然内生成的。这也同样是自然的解放"④。自然和精神在实在哲学的规划中并没有被划分为两个相对的领域或产生潜在的二元论，相反，黑格尔将自然和精神视为概念运动的两个方面与相互契合的原则，一方面，自然作为概念的直接反映和被设定的外在性，能不断凸显出精神的本质；另一方面自然作为被设定的外在性亦是依凭自身的存在，这就构成了精神在向内返回的活动中与自然相互

---

① Vgl. Hans Friedrich Fulda, *Georg Wilhelm Friedrich Hegel*, München：C. H. Beck, 2003，S. 133.

② Vgl. Hans Friedrich Fulda, *Georg Wilhelm Friedrich Hegel*, München：C. H. Beck, 2003，S. 140.

③ ［德］黑格尔：《哲学科学全书纲要》（1830年版），薛华译，商务印书馆2021年版，第191—192页。

④ G. W. F. Hegel, *Enzyklopädie der philosophischen Wissenschaften im Grundrisse 1830, Zweiter Teil Die Naturphilosophie Mit den mündlichen Zusätzen*, Werke in zwanzig Bänden, TWA, Bd. 9, Frankfurt. a. M.：Suhrkamp Verlag，1986，S. 23；中译见［德］黑格尔《自然哲学》，梁志学、薛华、钱广华、沈真译，商务印书馆1986年版，第18—19页。

和解的前提。

相比于自然，黑格尔更关心"精神"，他明确将"绝对即精神"称为"绝对者的最高定义"。精神哲学包含的主观精神和绝对精神两部分大致相当于莱布尼兹—沃尔夫学派特殊形而上学中的经验心理学、理性心理学和理性神学，这三者有一个共同的名称——"普纽玛学"（Pneumatica）（科学 scientia），人们可以将此视为对一种统一的精神哲学的承诺。① 经过逻辑科学对本体论的剥离，黑格尔的精神哲学不应再被视为特殊形而上学，或实体性的普纽玛学，而是概念的真正的自为存在和绝对的否定性。作为自然概念的直接过渡，精神似乎被暗示应理解为自然的结果。但按照概念自身的运动，精神作为概念的实现，才是自然这个被"预设"环节的真理和前提；精神预设了自然，因而它是"自然的绝对第一性的东西"②。当概念从自然进展到精神时，精神不再被当作自然结果或"他物"，而是向着逻辑理念的回复（Rückkehr），这一回复便是概念自身的思辨环节。由此，逻辑、自然与精神这一概念的三位一体产生了另一种不同于逻辑—自然—精神的顺序，即逻辑—精神—自然。逻辑仍然处于这个序列的开端，但紧随其后的是精神——就像在新柏拉图主义那里，上帝之后是努斯，而努斯之后才是自然。③ 自然被精神收摄其中，以一种恰当的方式伴随着精神一并被思考，精神作为概念的自为化，绝不仅仅意味着一种单纯的从自在存在的过渡（Übergang），因为，自为存在并不发生在自在存在之后，而是概念在其诸环节中与自身同一（Identität）的更高阶的方式，是一种重建的与自在存在的同一。

概念的自我规定所构成的逻辑—精神—自然新的圆圈，进一步

---

① Vgl. Hans Friedrich Fulda, *Georg Wilhelm Friedrich Hegel*, München: C. H. Beck, 2003, S. 156.

② ［德］黑格尔:《哲学科学全书纲要》（1830 年版），薛华译，商务印书馆 2021 年版，第 293 页。

③ Vgl. Hans Friedrich Fulda, *Georg Wilhelm Friedrich Hegel*, München: C. H. Beck, 2003, S. 162f.

彰显了概念"绝对否定性"的力量,如果说逻辑理念的外化构成了自然的规定,那么观念性就是精神自为存在的规定性,"精神概念的这种对外在性的扬弃,就是我们曾称之为精神的观念性的东西。精神的一切活动都无非是外在东西回复到内在性的各种不同的方式,而这种内在性就是精神本身,并且只有通过这种回复,通过这种外在东西的观念化或同化,精神才成为而且是精神"①。观念性即是"理念的异在(Anderssein)的扬弃、理念从它的他物向自身的回复和回复到了自身"②。精神持续在其中产生自为存在:成为被扬弃的(Aufgehobenwerden),即一切有限者的"观念性",总是重新成为另一种"实在性"(Realität)——理念在其异在中拥有每个定在,作为在这种他者中持存着的理念(自然)的有限化存在(Verendlichtsein)本身。概念是自然最内在的运动主体,现在它在其客观性中已经"变得自身与自身同一"。作为在多中之个别化(vereinzelte)中的个别性(Einzelheit),它没有外化自身,而是与自身同一。③观念性并不使精神与自然对立,也不使精神为自然支配,反倒是穿透自然、使万有透明化,这种穿透和透明化并不是取消万有的实际存在,而是扬弃万有这种被预设的存在资格④,自为存在不仅在他物中依靠自身的力量而存在,而且通过行动将以直接方式存在的东西改造为一个它所建立起来的东西,把精神的现实改组为一个适合于它的概念的现实⑤。这种改造的过程就是在设定的否定性中认识自身也重新塑造自身,精神扬弃自然以返回自身的过程与概念在纯粹思维中发展出一切真和绝对真有所不同,精神在这种重建了的自身"同一性"

---

① [德]黑格尔:《精神哲学》,杨祖陶译,人民出版社2006年版,第14页。
② [德]黑格尔:《精神哲学》,杨祖陶译,人民出版社2006年版,第11页。
③ Hans Friedrich Fulda, *Georg Wilhelm Friedrich Hegel*, München: C. H. Beck, 2003, S. 162f.
④ 参见[德]欧根·芬克《黑格尔〈精神现象学〉的现象学阐释》,贾红雨等译,上海书店出版社2011年版,第183页。
⑤ [德]黑格尔:《精神哲学》,杨祖陶译,人民出版社2006年版,第8页。

中产生了现实自由，实现了自我解放。

　　逻辑—精神—自然这一概念运动中的圆圈式对应克服了自然与精神的对立，如果仅仅以直线式对应看待自然和精神的关系，会带来诸多无法解决的疑难：按照理论认识，精神彻底建基于自然之中，那么精神无法与自然区别；按实践认识，自然和精神的区别乃是前提，自然是概念预设的现实和直接存在，精神对这种直接性的克服意味着其最内在的规定即"自由"，并不建基于自然之中，而是对于他者的自由。因此，限于理论或实践认识的对立，甚至无法达到对精神统一的阐述。[①] 按照绝对的规定或概念之运动，对精神的阐述不宜按照传统实体形而上学及理性宇宙论的视野，这会造成有限精神和无限精神的对立，如果只将精神概念视为无限精神，一切有限事物的无限起源、产生自然，却也在宇宙中占有一席之地，或作为仍然与自然相异的无限根据，那么这就取消了有限精神、个体的自由意志以及身心关系等近代形而上学重要的论题[②]；反之，如果只将精神概念理解为有限精神，那么传统形而上学中的理性神学，一元论结构、斯宾诺莎式的实体，甚至基督教的上帝也同样受到了威胁。而在这一新的圆圈式对应中，上述困境都能得以摆脱，精神的一元论并非将精神设定为唯一的存在者，对黑格尔而言，真正的一元论是理念的一元论，而绝对理念并非存在者，即在可能的他物、诸规定和特性之下被预设之物。它是一个包罗万象的过程，是更整全之物，而不仅仅是精神，更不仅仅是自然[③]。自然与精神仍然是两种各不相同的存在者，它们彼此相异，仅仅是对方的"他物"，同时也是一个过程的两个阶段，这个过程就是绝对理念。绝对理念使从自然

---

　　① Vgl. Hans Friedrich Fulda, *Georg Wilhelm Friedrich Hegel*, München: C. H. Beck, 2003, S. 164f.

　　② Vgl. Hans Friedrich Fulda, *Georg Wilhelm Friedrich Hegel*, München: C. H. Beck, 2003, S. 166.

　　③ 参见［德］黑格尔《哲学科学全书纲要》(1830)，薛华译，商务印书馆2021年版，第432页。

到精神的进展具有连续性,并规避了种种两难。①

(二) 自由、历史与教化

在逻辑—精神—自然的圆圈式对应中,精神作为自然绝对第一性之物,乃是自然的主体,即在自然的一切作用与效果中都是按照自己的目的而活动。② 精神作为实现了的概念不仅能在他者之中赢得独立性,是进行着自我区分的概念,而且在这现实的区分中依凭自身而自为地存在着(bei-und-für sich-seiende),产生了现实的自由。自由并非排斥他物的独立性或惧怕他物的纯粹性,而是精神通过行动将一切与其概念不符合的现实存在改造为与概念相适应的现实性,从而使自身从他物的束缚中解放出来。概念由此转化为现实的主体,"概念是自由的,因为自在自为的存在的同一构成实体的必然,同时又作为被扬弃了的或作为建立起来的存在,而这个建立起来的存在,作为自己与自己相关,就正是那个同一"③,这个同一(Selbst)正是通过对自然的扬弃重建的自身一致性。"精神的本质形式是自由,是概念的作为自身同一性的绝对的否定性"④,这种概念的自由和对自身否定的负载决定了黑格尔的观念论是关于自由的观念论⑤,是真正自由的思维和自由的行动⑥。自由包含了多个层次:首先,意味着概念对自身直接性的否定,即纯粹的抽象,在否定中肯定地保持自身,这是思维的自由;其次,概念与其规定性在否定中的统一只是逻辑理念中的自由,而精神的自由还是在他物中依凭自身而存在,

---

① Hans Friedrich Fulda, *Georg Wilhelm Friedrich Hegel*, München: C. H. Beck, 2003, S. 168.

② Hans Friedrich Fulda, *Georg Wilhelm Friedrich Hegel*, München: C. H. Beck, 2003, S. 168.

③ [德]黑格尔:《逻辑学》(下),杨一之译,商务印书馆1982年版,第245页。

④ [德]黑格尔:《哲学科学全书纲要》(1830年版),薛华译,商务印书馆2021年版,第293页。

⑤ Cf. Robert B. Pippin, *Idealism as Modernism: Hegelian Variations*, Cambridge: Cambridge University Press, 1997.

⑥ Vgl. Klaus Vieweg, *Das Denken der Freiheit*, München: Wilhelm Fink, 2012.

因为他物被设定为现实的否定物，精神必须通过现实地扬弃他物返回自身，而实现真正的自为存在，这是现实的自由。概念之运动作为自由的运动是将一切有区别的环节纳入自身（in sich selbst）的运动，并以此同时包含自身及其差异，因此差异就纳入了环节的同一性之中①，精神与独立的自然通过精神的塑造，成为精神自身之内的差异，而达成了和解，概念自在存在和自为存在之间达到了统一，转化为无限创造着的"绝对精神"。

在概念的现实自由中，这种经由建立和改组的现实真正成了精神对自身的显示（Manifestation），"自在存在着的精神由于其异在的扬弃而成为自为的，就是说，成为对自己显示出来的"②，精神作为概念的自由和实现就是将观念性完全显示的过程。佩珀扎克将"全体"——精神之外无所存在——作为自我显示的关键③，但概念向自身的显示并不直接等同于对整全的追求，自我显示意味着，精神在他在之中就其自身的概念将自己公开为自在存在的精神，或者逻辑的理念，公开为其在直接性中的外化，公开为自然和自为存在着的自我意识的精神，这个精神将自然的直接性在它的内在性之中变得与普遍性相适应。④ 精神在主观精神阶段通过所设定的各种主观能力而达到其主观自由；在客观精神阶段则根据所设定的各种法权或伦理现实而给出其客观自由，在绝对精神中则扬弃了所有的预设性。"精神不是随一某种规定性或内容，这一内容的外现和外在性似乎仅仅是与之相区别的形式，以致精神不是启示某种东西，而应当说它的规定性和内容就是这启

---

① Wolfgang Marx, Die Logik des Freiheitsbegriffs, in *Hegel Studien* Bd. 11, hrsg von Friedhelm Nicolin und Otto Pöggeler, Bonn：Bouvier, 1976, S. 146.

② ［德］黑格尔：《精神哲学》，杨祖陶译，人民出版社2006年版，第22页。

③ Adriaan Peperzak, *Selbsterkenntnis des Absoluten*, Stuttgart：Frommann-Holzboog, 1987, S. 33.

④ 参见［德］维尔纳·马克思《黑格尔的〈精神现象学〉——"序言"和"导论"中对其理念的规定》，谢永康译，人民出版社2014年版，第64页。

示本身"①，自我显示是概念的形式，而建构的全体是概念的内容，"精神通过它的显示并不是显示出来是一个和它的形式不同的内容，而是显示出它的表达着其全部内容的形式。内容和形式在精神那里因而是相互同一的"②，概言之，内容作为被预设的他物，在精神的进展中被扬弃而成为在概念之内存在之物，形式与内容的统一是概念自身与其现实规定性的统一，即绝对真，而这种统一是通过概念的现实行动所造就的，故也是绝对自由，概言之，全体并非概念的外在追求，而是在绝对真和绝对自由中被建构起来的。

精神通过自我显示而建构的总体性就是广阔的历史世界。富尔达区分出历史（Geschichte）和历史性（Geschichtlichkeit）在黑格尔哲学中的四种含义，即世界历史（Weltgeschichte）、哲学史（die Geschichte der Philosophie）、教化历史（Bildungsgeschichte）和绝对精神历史（die Geschichte des absoluten Geistes）。在黑格尔那里，世界历史即普遍精神的形成史，精神在这个形成过程中通过观念性的活动产生出自我意识。而哲学史一方面植根于时代，无法超前（vorauseilen），它的发展阶段总是在与世界历史相对应的时刻发生；另一方面则并不局限于时代，或屈从于时代本身在世界历史之中的发生条件，而是基于思想自身的自我意识，只要当个体之教化发展到能够将自身从构成其实体的时代氛围中剥离出来，就会出现哲学之需要（das Bedürfnis der Philosophie）。在狭义上，哲学产生的条件存身于个体的教化。③ 在众多个体的教化中，哲学家们的个体精神具有特殊的地位，因为他们以普遍的思维为认识对象，乃是包含普遍于自身的特殊者，因此，哲学家的思辨活动代表了民族精神和时代精神。而就哲学史中出现的思想而言，其本身由于局限在民族精神和时代

---

① ［德］黑格尔：《哲学科学全书纲要》（1830 年版），薛华译，商务印书馆 2021 年版，第 293 页。

② ［德］黑格尔：《精神哲学》，杨祖陶译，人民出版社 2006 年版，第 22 页。

③ Vgl. Hans Friedrich Fulda, *Das Problem einer Einleitung in Hegels Wissenschaft der Logik*, Frankfurt. a. M.：Vittorio Klostermann, 1975, S. 203f.

精神的特定反映之中，而仅仅是理性或纯粹思维在时间中的形象（Abbild），尚未获得相称的形式，以到达哲学本身，因此哲学本身或其本真的形式就是对这些反映的反映。① 因而，世界历史和哲学史的差异源自精神的历史性结构和精神的哲学结构之间的差异，这归根到底还是客观精神和绝对精神的差异：世界精神就是保持在最具体的现实性中的客观精神，它总是朝向着自己设定的对象——法权、道德、伦理而活动的，但却将预设的对象作为独立的世界；相应地，绝对精神虽然也朝向着自己设定的内容（艺术、宗教和哲学），但这些内容却扬弃了设定性，不再是绝对精神之外独立存在的世界。这意味着，世界历史虽然也是一种有目的的活动，但是针对其预设的内容，还需要通过手段（Mittel），才能根据目的（Zweck）将其塑造成符合概念的现实，在客观精神领域，活动和手段、内容和目的还是相互分离；而在哲学历史中，内容、手段、活动和目的则是绝对同一的，思想本身甚至不能像绝对精神的其他显现形式（艺术和宗教）还保持着概念自身及其规定性的内在区分②，在这个意义上，哲学史是绝对精神历史最纯粹的形态。"哲学拥有历史"（或艺术拥有历史、宗教拥有历史）的真实含义在于，并不是说，存在着这样一个对象，它除自身之外附带拥有一个历史，而是说，历史的主体［即哲学］唯有凭借历史才获得其身份。这个主体不是作为载体为历史提供基础，而是唯有通过历史才成为历史的主体。③ 绝对精神之历史是世界历史的根据，而世界历史也总是带有向着绝对精神历史超越的倾向，但哲学历史却始终是一种保持在自身之内的

---

① Vgl. Rüdiger Bubner, "Philosophie ist ihre Zeit, in Gedanken erfasst", *Hermeneutik und Dialektik*, Bd. 1, hrsg von Rüdiger Bubner, Tübingen: Mohr（Siebeck）, 1970, S. 339.

② Vgl. Hans Friedrich Fulda, *Das Problem einer Einleitung in Hegels Wissenschaft der Logik*, Frankfurt. a. M.: Vittorio Klostermann, 1975, S. 204.

③ Emil Angehrn, Das Denken der Geschichte. Hegels Theorie des Geistes zwischen Geschichtsphilosophie und Philosophiegeschichte, in: *Internationales Jahrbuch des Deutschen Idealismus*, Bd. 10, Berlin: De Gruyter, 2012, S. 207.

运动。①

黑格尔将个体意识进入科学的陶冶和培养过程称为"教化史",他将《精神现象学》的一个任务规定为"引导一个个体使之从它的未受教化的状态变为有知识"②。而个体意识教化的历史需要以世界历史或普遍精神之形成史为前提,个体教化的程度对世界历史的发展阶段存在着对应关系。一方面世界历史总是有超越自身,朝向绝对精神之历史,尤其是哲学历史的趋向,"推动精神关于自己的知识的形式向前开展的运动,就是精神所完成的作为现实的历史的工作"③,世界历史始终以绝对知识为目标;另一方面,个体教化的成就就在于消化和掌握规定着自身的世界历史,在经历了现象学的道路之后,个体意识能够必然地、详尽地、完完全全地阐明世界历史的形成过程,使精神形成的历史反映在个体意识之中,从而成为教化史的主体。薛华先生非常准确地将这种世界历史和教化历史之间的互动概括为:"黑格尔企图通过历史的圆圈概括迄今以前历史发展的过程,说明那是人类由自在到自为的过程,人类认识自由的这一现实历史正好与精神从自在到实现过程本质上一致,体现了精神发展的一般过程,因此作为一个完整的过程,无论从现实形态方面看,还是从精神发展看,都可以说是完成了,首尾相合,成为一个封闭的整体。"④ 这种个体教化的本质即是自由意识的提升,由于个体自由意识的提升能够反过来促使世界历史不断朝向绝对精神的历史,而构成了现实历史行程中真正的自我意识,故此,"虽然这个精神看起来仿佛只是从自己出发,再次从头开始它的教养,可是它同时也

---

① Vgl. Hans Friedrich Fulda, *Das Problem einer Einleitung in Hegels Wissenschaft der Logik*, Frankfurt. a. M.: Vittorio Klostermann, 1975, S. 204.

② [德]黑格尔:《精神现象学》(上),贺麟、王玖兴译,商务印书馆1981年版,第17页。

③ [德]黑格尔:《精神现象学》(下),贺麟、王玖兴译,商务印书馆1981年版,第269页。

④ 薛华:《黑格尔、哈贝马斯与自由意识》,中国法制出版社2008年版,第179页。

是从一个更高的阶段开始。在实际存在中，这样形成起来的精神王国，构成一个前后相继的系列，在这里一个精神为另一个精神所代替，并且每一个精神都从先行的精神那里接管［精神］世界的王国"①，世界历史的向前发展与人认识自由程度的提升在本质上是一致的，而二者相互推动关系意味着世界历史之朝向自由需要经由个体自由意识的提升这一中介，但黑格尔在更高的层面上将这样一个精神对自身认识深入的过程比作"图画的画廊，其中每一幅画像都拥有精神的全部的财富，而运动所以如此缓慢，就是因为自我必须渗透和消化它的实体的这全部财富。因为精神的完成在于充满地知道它是什么，知道它的实体，所以这种知识就是它的回忆（深入自身的过程）"②，这一回忆也就是哲学的历史（包括宗教的历史和艺术的历史），是纯粹概念在历史中的展开，如果说纯粹概念在思维中的展开构成了一切真和绝对真，那么纯粹概念在历史中的展开则是构成了一切自由和绝对自由。绝对精神正是通过回忆实现个体教化和世界历史发展之间相互推动和贯穿，既使世界历史反映在个体意识中实现自由意识的提升，又使个体自由反映在世界历史之中推动世界历史的进步，从而彰显概念发展的法则，显示出它的发展模式，它必须重新把自己的终点作为起点，在新的基础上按照自己的法则和模式发展。③在这个意义上，诚如库诺·菲舍尔所言："世界历史是自由意识中的进步，这既不可以看作一个有限的过程，有一天完成和静止下来，也不可以看作是一个无限的过程，以那种陷于不可解决的矛盾的单调的无限性方式，不断追求其目标，但却永远达不到其目标。人的精神在其进步中不同于一条直线，既不同于有限的直线，也不同于无限的直线，而类似于一条向自身回归的线，类似

---

① ［德］黑格尔：《精神现象学》（下），贺麟、王玖兴译，商务印书馆1981年版，第274页。
② ［德］黑格尔：《精神现象学》（下），贺麟、王玖兴译，商务印书馆1981年版，第274页，译文略有改动。
③ 薛华：《黑格尔、哈贝马斯与自由意识》，中国法制出版社2008年版，第180页。

于圆,类似于这一表示完满或真正无限的图形。"①

(三) 现象学—逻辑科学—实在哲学的圆圈

综上所述,黑格尔整个体系的基本结构的确如贺麟和杨祖陶两位先生所说,"是以《精神现象学》为全体系的导言,为第一环;以逻辑学为中坚,为第二环;以自然哲学和精神哲学为逻辑学的应用和发挥,统称为应用逻辑学,为第三环"②,并且三个环节构成一个首尾相贯的大圆圈。(1) 从现象学和逻辑学的关系来看,现象学处理的是精神在意识中的外化,因而作为精神直接性的意识和外化于空间和时间中的精神(包括自然)构成了一种主体客体相对立的关系,而对这种对立的预设和取消本质上都是概念在自身的他物中反映,并扬弃他物返回自身的运动。故现象学虽然构成了通向逻辑学的道路和否定性的前提,并预演了概念自身思辨—辩证运动的方式,但却仍需以逻辑学为依据。(2) 从逻辑学和应用逻辑学的关系来看,逻辑学是达到了对自身概念式地理解的纯粹科学,它穿透了一系列对立,以纯概念在自身中的运动演绎出一切真和绝对真。一方面逻辑学通过现象学纯化了自身,既摆脱了传统实体性形而上学中本体论的残余,又引导知性自己扬弃了自身一系列的预设,上升到了真正的思辨理性;另一方面逻辑学则按照概念自身包含的直接—辩证—思辨三个方面扬弃自身的直接等同性形式,外化为自然,并扬弃这种外化返回自身,成为真正现实的、自由的概念——精神。(3) 从实在哲学和现象学的关系看,逻辑—自然—精神圆圈式过渡既是精神生成的过程也是概念本身重建自身一致性的绝对主体性。在这个达到现实自由的过程中,概念通过观念性和显示,将预设的否定物作为实现自由的中介,由此整个世界历史的漫长进程缓缓展开,然而世界历史不断向前发展也是精神在时间中产生自我意识的过程:(1) 精神的自我认识的深入与个体自由意识的提升本质上的一致性

---

① Kuno Fischer, *Hegels Leben Werke und Lehre*, Heidelberg: Winter, 1901, S. 813.
② 杨祖陶:《康德黑格尔哲学研究》,人民出版社 2015 年版,第 225 页。

意味着应用逻辑学需要以现象学为中介，通过现象学引导个体意识不断提升到与精神的现实自由相互匹配的程度，因此世界历史的发展与个体自由之间总是有差异的同一，这也决定了历史的发展、精神的完善不会终结，而是持续在完善过程中；（2）在人的自由意识提升到与精神的历史阶段相匹配的时候，精神就会真正按照通过回忆前进到新的历史阶段，而回忆对个体教化和世界历史的统摄展现出绝对精神的真正历史，也决定了历史的发展不会终结，而始终是趋向于绝对真和绝对自由，来完善自身的。

黑格尔的整个体系既具有目的论意义上的内在封闭性，同时在实际展开中却是保持开放和不会终结的。

第 二 章

黑格尔时代的艺术与美学思潮

"Nicht die Kunst und die Werke machen den Künstler, sondern der Sinn und die Begeisterung und der Trieb."

Friedrich Schlegel

"不是艺术和作品,而是感觉、热忱和冲动造就了艺术家。"[1]

弗里德里希·施莱格尔

第一节 艺术

康德的弟子莱茵霍尔德于1790年如此写道,"我们时代最显著和最独特的特征是:迄今为止所有熟悉的体系、理论和思维方式发生了动荡,动荡的广度和深度在人类精神史上是史无前例的"[2];无独有偶,大约在同一时期,年轻的弗里德里希·施莱格尔也做出了如下预言:"或许之后的年代会常常回顾现今,虽然未必是带着崇拜

---

[1] Friedrich Schlegel, *Charakteristiken und Kritiken I. 1796 – 1801*, Kritische Friedrich-Schlegel-Ausgabe, Erste Abteilung, Bd. 2, hrsg von Hans Eichner, München & Paderborn & Wien & Zürich: Schöningh, 1967, S. 153;中译见[德]施勒格尔《浪漫派风格——施勒格尔批评文集》,李伯杰译,华夏出版社2005年版,第52页。

[2] Karl Leonhard Reinhold, *Briefe über die kantische Philosophie*, hrsg von Raymond Schmidt, Lepzig: Meiner, 1923, S. 24.

的赞美,但绝对不会不满。"① 从路德的新教改革、三十年战争,到启蒙运动对旧世界全面的冲击和改造,康德先验哲学体系所标志的现代思维方式的兴起与欧洲市民阶层所代表的现代生活方式的诞生,再到工业革命对整个社会的持续而深刻的影响,法国大革命史诗式的爆发带来旧制度的全面崩溃,和新世界诞生的曙光的升起……这一系列转折性的大事件使得黑格尔及其同时代人切实地感受到自己处于整个人类历史转折的关键节点上。

18、19 世纪之交首先是一个革命的年代②,"法国大革命不仅废除了封建专制制度,代之以中产阶级的经济和政治制度,而且完成了德国宗教改革所开始的以自由的个人成为自己命运的主人的使命。人在世界中的地位,他的劳动方式和享受方式再也不依靠某些外在的权威,而是取决于他自己的自由的理性的活动。人类已经走过了遭受自然和社会力量奴役的漫长的幼年时期,并且已经逐渐地形成了自我发展的独立的主体。从现在起,人与自然和社会组织的斗争由人自己在知识上的进步指导着。世界应该是一个理性支配的世界"③。

18、19 世纪之交同样是一个哲学的年代,如果以《纯粹理性批判》出版为起点,以黑格尔修订完《逻辑学》为终点,那么自 1781 年至 1831 年这短短五十年光景无疑是整个人类文明史中最具创造力和革命性的时段,德国古典哲学的出现宣告了精神发展的历史突破到了一个全新的阶段。甚至可以说,从深刻性和影响力上看,唯一

---

① Friedrich Schlegel, Studien des Klassischen Altertums, *in Kritische Friedrich-Schlegel-Ausgabe*, Erste Abteilung, Bd. 1, hrsg von Ernst Behler, München & Paderborn & Wien & Zürich: Schöningh, 1979, S. 356.

② 参见[英]霍布斯鲍姆《革命的年代》,王章辉等译,江苏人民出版社 1999 年版,第 2 页。

③ Herbert Marcuse, *Reason and Revolution, Hegel and the rise of social Theory*, 2nd Edition, London: Routledge, 1955, pp. 3-4;中译见[美]马尔库塞《理性和革命——黑格尔和社会理论的兴起》,程志民等译,重庆出版社 1993 年版,第 3—4 页,译文有改动,下同。

可与之比拟的就是古希腊哲学的发展，然而后者绵延于一个更为漫长的时段，而不像德国古典哲学时期那般密集而迅疾地产生出如此之多的伟大思想，尤其在1800年前后，一个复一个庞大的思想体系以令人目眩神驰的速度铺陈开来，一部又一部杰作面世，似乎将要集结起来创造出这个人类历史上独一无二的时刻[①]，谢林晚年在慕尼黑开设近代哲学史的讲座中（Münchner Vorlesungen zur Geschichte der neueren Philosophie）如此回顾这段发展史，"将来的人们对于这段历史的评价会是这样的：自从康德以来，围绕着人类精神的最高财富的内外斗争，从未像现在这样的激烈，科学精神在它的努力追求中，从未像现在这样取得如此深刻的成果和如此丰富的经验"[②]。

与前两者同等重要的是，18、19世纪之交更是一个艺术和审美觉醒的年代，在艺术史和美学史上很少有哪个时期能达到如此高度的自觉性，弗·施莱格尔宣称："不是艺术和作品，而是感觉、热忱和冲动造就了艺术家。"[③] 施莱格尔的自信来源于18世纪末期艺术地位的大幅提升以及艺术哲学的确立，对早期浪漫派与早期观念论而言，"艺术哲学"的自觉意味着一种"审美革命"的发生[④]，其革命性在于艺术被赋予了与以往不同的任务，"现代诗的崇高使命，不是什么微不足道的东西，而是每一种可能存在的诗的最高目标，是对艺术可能提出的最大的要求，以及艺术所能追求的最伟大的东西。

[①] Vgl. Richard Kroner, *Von Kant bis Hegel*, Bd. I, Tübingen：Mohr（Siebeck），1961, S. 1.

[②] F. W. J. Schelling, *Sämmtliche Werke*, Abt. 1 Bd. 10, hrsg von K. F. A. Schelling, Stuttgart：Cotta, 1861, S. 73；中译见［德］谢林《近代哲学史》，先刚译，北京大学出版社2016年版，第88—89页。

[③] ［德］施勒格尔：《浪漫派风格——施勒格尔批评文集》，李伯杰译，华夏出版社2005年版，第52页。

[④] Vgl. Walter Jaeschke, Ästhetische Revolution, Stichworte zur Einführung, in *Der Streit um die Grundlagen der Ästhetik（1795 – 1805）*, hrsg von Walter Jaeschke, Hamburg：Felix Meiner, 1999, S. 1.

那无需任何条件就是最高的，是永远无法企及的"①，现在艺术"就像施了魔法一样，总能使人看到如此雄伟的沉睡力量的财富"②，在审美革命的作用下，客观之物（das Objektive）得以在现代人的审美教育中占据主导地位③。

一 艺术的歧义

现在艺术被毫无疑义地视为人类最基本的活动方式之一，甚至代表着人类最具有独创性的活动。现代西语（英语 art，法语 art 和意大利语 arte）中的"艺术"一词均出自拉丁语 ars，ars 又是对希腊语 τέχνη téchne 的翻译。然而需要说明的是，τέχνη 与 ars 原初的基本含义都与我们现代对艺术的基本理解不同，从概念史演变的角度看，这种现代的艺术观念乃是启蒙以来逐渐塑造形成的。近现代西方语言中的"艺术"一词虽然承袭自 ars 和 τέχνη，但历久生变，从古希腊罗马、中世纪以及文艺复兴时期至近代已逾千年，其外延和内涵均发生了巨大变化。最晚至文艺复兴时期，Τεχνη/ars 仍义为技艺，技艺既可泛指在制作某些事物时所需的技术，大到皇宫教堂小到日用器皿乃至服饰等，又能指称在某些特殊领域运用的各种技巧，上至治国行军（政治的艺术和战争的艺术）下至取悦听众（演说的艺术）等，凡是与技巧有关，凡是关乎对技巧的掌握和认识，都可以称为 τέχνη：政治家、战略家、医生、建筑师、雕刻家、裁缝师、手工艺人、几何学家、演说家都可以算是掌握 τέχνη/ars 的人。揆诸

---

① Friedrich Schlegel, Studien des Klassischen Altertums, *in Kritische Friedrich-Schlegel-Ausgabe*, Erste Abteilung, Bd. 1, hrsg von Ernst Behler, München & Paderborn & Wien & Zürich：Schöningh, 1979, S. 254.

② Friedrich Schlegel, Studien des Klassischen Altertums, *in Kritische Friedrich-Schlegel-Ausgabe*, Erste Abteilung, Bd. 1, hrsg von Ernst Behler, München & Paderborn & Wien & Zürich：Schöningh, 1979, S. 358.

③ Friedrich Schlegel, Studien des Klassischen Altertums, *in Kritische Friedrich-Schlegel-Ausgabe*, Erste Abteilung, Bd. 1, hrsg von Ernst Behler, München & Paderborn & Wien & Zürich：Schöningh, 1979, S. 268.

种种，对 τέχνη/ars 而言，实施的前提是必须以某种规则的知识为基础，缺少规则或对规则的认识不足就不成其为技艺或技巧，如建筑师之造房技艺依赖对房屋结构的洞察，医生的治疗技艺亦本于对人体结构的掌握和药物的知识。从古希腊一直到中世纪，艺术所涉及的范围及其用法在大部分人心目中远比当今通行的含义广泛许多，它不仅囊括了一切通过技术制作具体产物的活动，如绘画、裁缝，甚至烹饪，还涵盖了有关技艺之规则的专业性知识，如逻辑、算术与和声学等。我们所熟知的现代艺术观念——"美的艺术"只在 τέχνη/ars 的领域中占据了很小一部分，手工业和一部分理论知识全都能归入 τέχνη/ars 名下。与内在于现代艺术观念的独创性不同，规则或对规则的认识则包含在 τέχνη/ars 概念及其原初定义之中。现今最重要的艺术门类——诗歌在古代和中世纪却并未被视为 τέχνη/ars，在希腊人看来（前柏拉图时期），单凭灵感或幻象，不依据规则就完成的创作非但算不上 τέχνη/ars 艺术，而且恰是其反面，技艺（τέχνη/ars）和诗歌（Dichtung）正处于两个极端，前者关乎技巧与知识，而后者则源自缪斯灵感的灌注，诗歌并非出于诗人对规则的运用，因而诗歌并不被算在艺术之内，更多是被当作神谕甚至哲学来看待，诗人也在这个层面上更接近先知而非艺术家[①]。

虽然这种对艺术的普遍理解直到文艺复兴时期依然被广泛接受，但细微的变化已然发生，并且持续不断地产生影响。变化集中在两个层面：首先，手工艺和科学逐渐被排除在艺术之外，而诗歌则开始被划归入艺术的范围之中；其次，在手工艺和科学被排除后，很快产生了一种将剩余的艺术门类概括为一个整体的意识，艺术逐渐被视为一个由技巧的作用而产生的人类创造作品所构成的独立的领域或类。[②]（1）诗歌被纳入艺术领域首先得益于亚里士多德的《诗

[①] 参见［波］瓦迪斯瓦夫·塔塔尔凯维奇《西方六大美学观念史》，刘文潭译，上海译文出版社2006年版，第13—14页。

[②] 参见［波］瓦迪斯瓦夫·塔塔尔凯维奇《西方六大美学观念史》，刘文潭译，上海译文出版社2006年版，第13—14页。

学》在文艺复兴时期的重现发现和翻译。(2) 诸如绘画、音乐、雕塑和建筑等其他艺术门类在文艺复兴时期逐渐从手工艺中脱颖而出,则主要受益于人们对"美"(das Schöne)的自觉。虽然古希腊人已经广泛使用"美"(καλός/Kalos)一词,但 καλός 在大多数情况下表示"值得认识"或"具有功绩的",兼具了广义上的道德之美、精神之美,以及对特定的视觉、听觉对象的"匀称"以及"合乎秩序"的狭义描述。现代意义上对美的理解之形成是较为晚近的事件,在希腊化时代,斯多葛学派才将美具体界定为,"具有合适的比例与诱人的色彩的东西"[①],到了文艺复兴时期,艺术的发达和对美的自觉相辅相成,学者们都倾向于收缩美的概念范围,现代审美意义的"美"(schön/beautiful)才逐渐定型。这些"美"的产物的制作者——画家、雕塑家、建筑师和音乐家在西方文化史上,也开始受到尊敬和如此高的评价。(3) 古希腊不仅缺乏对狭义艺术作品审美式的品鉴,同样忽视特定制作活动所包含的创造性。在古希腊人一般性的观念里,艺术作品的本质在于模仿(μίμησις/mimesis),无论是柏拉图主张对自然或世界被动而忠实的临摹,还是亚里士多德主张按照事物应有的样子来表现,实际上都将制作—技艺归摄于知识之下,制作—技艺的前提是对被模仿事物的认知和对实施规则的掌握。

　　文艺复兴时期的学者尝试以各种概括性的名称来命名艺术这一经过重组的新的特殊的领域[②],但现代西方意义上的艺术概念的过程却是极其艰难和缓慢的,其标志是"美的艺术"的概念的出现和普遍接受。"美的艺术"(Beaux Arts)概念最初产生时,一般指视觉艺术,但也可以指称音乐或诗歌。真正确立起近代"美的艺术"概念的是 18 世纪法国艺术理论家巴托(Charles Batteux),其在 1746 年出

[①] [波] 瓦迪斯瓦夫·塔塔尔凯维奇:《西方六大美学观念史》,刘文潭译,上海译文出版社 2006 年版,第 127 页。

[②] 具体的名称可参见 [波] 瓦迪斯瓦夫·塔塔尔凯维奇《西方六大美学观念史》,刘文潭译,上海译文出版社 2006 年版,第 20—23 页。

版的《统一原则下的美的艺术》(*Les Beaux arts reduits aun meme principe*)一书中正式为现代意义上的艺术划定了确切范围,找出了五种称得上美之艺术的特定门类——绘画、雕刻、音乐、诗歌和舞蹈,并加上两种相关的艺术——建筑与雄辩。但遗憾的是,在涉及这七种"美的艺术"之统一原则的问题上,在经历了文艺复兴时期一系列变革之后巴托又绕回了古希腊的"模仿"理念,试图将模仿确立为收摄七种艺术形式于"美的艺术"之中的理论依据。巴托的贡献在于,不仅将"美的艺术"从较为宽泛的 τέχνη/ars 领域孤立而出、为其划定了相应的范围,而且找到了一条能够统辖各种"美的艺术"的总法则。"美的艺术"很快成为 18 世纪欧洲思想界的流行语,其所包含的完整的艺术门类(7 种)系统也得到了公认,概言之,18 世纪中叶以后,手工艺就被归属于狭义的技术,而不再是产生美的艺术了;中世纪的自由七艺也被纳入理论知识,而非艺术的范畴,现代意义上的西方艺术观念开始正式形成。

稍微晚于"美的艺术"出现的另一重要思想事件,无疑是美学(Ästhetik)作为一门崭新学科应运而生。"美学"一词的创始人鲍姆嘉通(Baumgarten)主要是在莱布尼兹-沃尔夫学派旧形而上学的框架下讨论"艺术",将艺术与作为人类最低级的认识官能的感性能力(sensitive Fähigkeit)关联起来,但却不吝于赋予艺术较高的地位,主张美的艺术和诗歌艺术不仅应为人类的教化做贡献,而且能够以其作品之美和完满性(Vollkommenenheit)彰显出造物主之荣光,从而占据了一个特殊的地位。[①] 艺术现在不仅以美为本质,而且关联起了感性的认识能力,在莱布尼兹-沃尔夫学派的传统中,美作为"具有合适的比例与诱人的色彩",实际上被视为对事物实现为有目的、有秩序的整体关联的感性复现(sinnliche Repräsentation),艺术与美之间的协调就是由这一应用而产生

---

① Vgl. Ursula Franke, Kunst, Kunstwerk, in *Historisches Wörterbuch der Philosophie*, Bd. 4, hrsg von J. Ritter, Basel: Schwabe, 1976, S. 1378.

的必然结果，鲍姆嘉通认为，具体的艺术作品之美就在于其与思想清楚明白的一致性（sinnfälligen einsinnigkeit）。① 更为重要的却是，艺术终于建立起了与"创造性"的关联，艺术的榜样不再是被造的自然（natura naturata），而是创造的自然（natura naturans）。② 我们很难在古希腊语的常用词汇中找到与现代观念中"创造"或"创造者"相当的概念③，而在犹太教与基督宗教的传统中，创造概念往往用于叙述上帝无中生有的神圣的创造活动（creatio ex nihilo），而并不应用于对人类才能与活动的描述。在文艺复兴时期，与对"美"的自觉相伴而来的是对个体独立和自由意识的强调，著名的新柏拉图主义者费奇诺（Marsilio Ficino）用带有浓厚神学意味的 ex-cogitatio（思念）④ 来描述艺术家的创作活动；伟大的画家米开朗琪罗（Michelangelo Buonarroti）认为艺术家在实现用心眼所看到的灵见，而非模仿用肉眼所见到的自然；诗论家卡普里亚诺（Giovanni Pietro Capriano）则更大胆地认为诗人以无中生有的方式从事发明。⑤ "创造性"一词已经呼之欲出。从 17 世纪开始，就有诗人和理论家勇于将创新（de novo creat）和发明（confingit）归诸诗人，甚至还有诗人以"上帝的方式"（instar Dei）创作的说法，不过创造性在 17 世纪还仅仅是诗歌的特权，尚未扩展到绘画、雕塑等其他被视为模仿性艺术的艺术门类之上。到了 18 世纪，人们逐渐接受，

---

① Vgl. Ursula Franke, Kunst, Kunstwerk, in *Historisches Wörterbuch der Philosophie*, Bd. 4, hrsg von J. Ritter, Basel: Schwabe, 1976, S. 1378.

② Vgl. Ursula Franke, Kunst, Kunstwerk, in *Historisches Wörterbuch der Philosophie*, Bd. 4, hrsg von J. Ritter, Basel: Schwabe, 1976, S. 1378.

③ 参见［波］瓦迪斯瓦夫·塔塔尔凯维奇《西方六大美学观念史》，刘文潭译，上海译文出版社 2006 年版，第 251 页。

④ 此处沿用刘俊余《神学大全》中的译法，excogitatio 指灵魂与对象合一的意向，参见［意］圣多玛斯·阿奎那《神学大全》（第三册：论创造人类与治理万物），刘俊余译，碧岳学社、中华明道会 2009 年版，第 100 页。

⑤ 参见［波］瓦迪斯瓦夫·塔塔尔凯维奇《西方六大美学观念史》，刘文潭译，上海译文出版社 2006 年版，第 254—255 页。

艺术中的创作规则本质上源于人的发明,"在艺术和诗歌中都有约束性的法则在,但是它们的根源,乃是在于我们心灵的本性之中"(Houdar de la Motte, Réflexions sur la critique, 1715)①,至18、19世纪之交,艺术一反过往排斥创造性为其本质的旧论,"创作者"逐渐成为艺术家和诗人的同义词。

二 艺术的自律

从艺术概念的演变史来看,主导着我们当前对艺术基本理解的那些关键要素,例如审美化、创造性等,并非艺术古已有之或天经地义的规定,而是与诸如对规则的认识和掌握、模仿性等因素在交锋竞争中上位的结果。这些因素扭转了艺术自古希腊以来在人类精神生活和文化领域的从属地位,柏拉图在《理想国》卷十中,曾借苏格拉底之口拒绝"诗歌"进入理想城邦,因为诗人及其模仿性的"技艺"所滋养或激发的乃是灵魂中的低劣部分——欲望,而非灵魂最高贵的部分——理性,认为艺术的本质是让情感驾驭灵魂,致使灵魂秩序失效。这意味着在柏拉图看来艺术并非真理源泉,而是背离了真理。柏拉图的理念论以"善之理念"(die Idee des agathôn)为核心,"善之理念"既是最本真的存在也是最纯粹的思维,不仅是万有存在论上的主宰,而且是存在可被认识的保证。在这样的真理层级中,艺术性模仿的产物只是理念的替代物,是派生和依附的,因而以感性物再现真理的需求必须被排除,而且一旦技艺产物具有了独立性并与理念本身相对立,那它就成为煽动欲望的源泉。亚里士多德在《诗学》中重提了这一悖论,较为温和地赋予了模仿和技艺次一级的地位,认为二者在某些情况下具有真实性,也能起到陶冶道德和净化灵魂之效,但由于模仿性的技艺只涉及可变之物,而无法触及不变的真理,因此还只是一种不完善的方式。总之,哲学

---

① [波]瓦迪斯瓦夫·塔塔尔凯维奇:《西方六大美学观念史》,刘文潭译,上海译文出版社2006年版,第256页。

一开始就将真理与原物以及纯思维联系在一起,而模仿性的再现既需依赖于原物或摹本,又不得不借助对规则的认识和掌握,因此作为模仿性再现的艺术在存在维度和认识维度两个方面都是不自足的和次生的。从好的方面看,模仿物和摹本完全一致,那其自身就失去了独立的价值,完全依附于摹本;从坏的方面看,模仿物歪曲了摹本而造成了损害,那就构成了真理的反面。因此在18世纪中期、启蒙运动之前将近千年的思想传统中,艺术总是他律(Heteronomie)和从属性的。

如果说巴托的贡献在于划定了"美的艺术"的范围和界限,使之成为一个独立且相对封闭的整体,那么启蒙运动(Die Aufklärung)的深入展开则使得艺术本身开始摆脱他律和从属地位。形成这一转捩点的关键就在于,启蒙本身要求将人的自我理解从传统和习俗所构成的种种秩序中解放出来,进而希求人将现存的一切不仅理解为人主观塑造的产物,而且应当对这些主观塑造的产物具有绝对的统治权。康德将启蒙的这种特定归纳为,"启蒙就是人类摆脱自己加之于自己的不成熟。不成熟就是不经别人的引导就无法运用自己的理智"[1],人类独立运用理性去面对世界,"在一切事情上都公开运用自己理性的自由"[2]。启蒙的要义在于,人类独立自主地运用理性参与到公共领域之中以完成自我解放,自主性和公共性共同构成了理性自身的运作机制,故思想史家们常将由启蒙运动所引发的、在18世纪中期出现的巨大的历史断裂和社会的整体变革视为现代世界秩序的诞生[3]。而哈贝马斯(Jürgen Habermas)甚至将现代的诞生和审美领域力求确证自身相关联,18世纪初,著名的古代与现代

---

[1] [德]康德:《历史理性批判文集》,何兆武译,商务印书馆1990年版,第22页。

[2] [德]康德:《历史理性批判文集》,何兆武译,商务印书馆1990年版,第24页。

[3] 参见[美]彼得·盖伊《启蒙时代:人的觉醒与现代秩序的诞生》,刘北成、王皖强译,上海人民出版社2019年版。

之争（"古今之争"）导致要求摆脱古代艺术的范本[①]，"粗略说来，人们可以从现代艺术的发展史中解剖出一条不断前进的自律化道路。首先，在文艺复兴时期，那个最终属于美这一范畴的对象领域被建构出来。进而，在18世纪的进程中，文学、造型艺术和音乐被体制化，成为一个与宗教和宫廷生活相分离的行为领域"[②]。现代世界的一个根本倾向就在于，个别的领域乃至力量总是试图彼此分离，而使自身独立发展，其代价就是总体性的丧失，出于补偿，个别领域尝试构建起这个内在空间的公共性，使得自主性在内部成为普遍的原则。哈贝马斯认为，从事实层面，即制度化的角度来看，科学、道德和艺术在18世纪末已经分化为不同的活动领域，各自探讨自身独有的问题，但从原理层面将这种分化和独立最终合法化的还是康德的批判哲学，批判哲学同时确立了客观知识、道德认识和审美评价[③]，"现代性方案由18世纪的启蒙哲学家草拟的，它就在于，客观化的科学、道德和法权的普遍主义基础和自律的艺术以各自的执拗毫不动摇地发展"[④]。

哈贝马斯将艺术自律的理论奠基者的桂冠授予康德，根本原因在于康德在启蒙语境下，在强调理性的自主运用的同时，第一次正面肯定了审美活动以及艺术创作所具有的独立于认识和实践的真理性。弗兰克认为，在康德那里首次出现了"感性论"意义上的"Ästhetik"和"鉴赏力批判"意义上的"Ästhetik"（zwischen Ästhetik im Sinne einer Theorie des Sinnlichen und Ästhetik im Sinne einer »Kritik des Geschmacks«）在语义学上的区分，这意味着理性意识到了自身的边界

[①] 参见［德］哈贝马斯《现代性的哲学话语》，曹卫东译，译林出版社2004年版，第25页。

[②] ［德］哈贝马斯：《现代性——一个未完成的方案》，黄金城译，《文化与诗学》2019年第1期。

[③] 参见［德］哈贝马斯《现代性的哲学话语》，曹卫东译，译林出版社2004年版，第22—23页。

[④] ［德］哈贝马斯：《现代性——一个未完成的方案》，黄金城译，《文化与诗学》2019年第1期。

(Grenze)①。康德通过区分感性论意义上"Ästhetik"和"鉴赏力批判"意义上的"Ästhetik",从莱布尼兹-沃尔夫学派旧形而上学体系的传统中发展出了一种对"美学"的崭新理解,切断了"美学"与作为认识能力的"感性"的关联,将"美学"从认识论的附庸中解放出来;康德从哲学人类学的角度,将情感而非认识或欲求归为在心灵(das Gemüt)机能中与美学或鉴赏判断相关的唯一领域,美学随之不再是低级的认识论,而成为对情感能力之界限及原理的分析,这就为美和艺术提供了一种真正意义上的独立性和不依附认识和实践的新的普遍性。里特学派(Ritter Schule)的代表人物马夸德认为,康德在近代哲学发展进程中首次在严密的哲学论证的层次牢固地树立起一种确信:不再根据先知和圣徒来理解人类,这是基于上帝的神学观照;不再根据学者来理解人类,这是基于科学—哲学;不根据公民来理解人,这是基于历史哲学。而是在艺术创作的天才(Genie)中来审美地看待人是什么。② 通过哲学本身确立起审美领域的自律性并不仅仅意味着哲学获得了新的对象领域,而是与传统发生了根本的断裂(Bruch mit ihrer stärksten Traditionen)③ 或彻底颠倒—反转(Umkehrung)。无论是肯定艺术创作中包含的天才的原创性也好,还是确立起情感愉悦的独立原则,都无不中断甚至违反了古希腊哲人所推崇的原物(被模仿物)在存在论上的优先性和思维把握原物在认识论上的优先性的经典传统。从更革命的角度来看,艺术在启蒙运动中彻底从哲学传统的束缚中解放了出来:自哲学、宗教和艺术从共同的源头神话分流之后,哲学通过建立起的思维(或理性)垄断了

---

① Vgl. Manfred Frank, *Einführung in die frühromantische Ästhetik*, Frankfurt. a. M.: Suhrkamp, 1989, S. 9;需要强调的是,Ästhetik一词在《纯粹理性批判》中被译为"感性论",处理的是作为被动接受能力的感性的先验原理;而Ästhetik一词在《判断力批判》中则被视为"纯粹审美判断"的同义词。

② Vgl. Odo Marquard, *Aesthetica und Anaesthetica, Philosophische überlegungen*, München: Fink, 2003, S. 21.

③ Odo Marquard, *Aesthetica und Anaesthetica, Philosophische überlegungen*, München: Fink, 2003, S. 22.

真理，并始终努力与诗及艺术划清界限；从近代启蒙主义的立场出发，哲学理性居然为艺术加冕并推崇艺术的尊严和独立性，努力澄清后者所谓的"非理性因素"，这并非自然而然，而是石破天惊的。

三 艺术与现代世界

现代是一个对自主和自律空前推崇的时代，同时也是一个强烈呼吁个体参与公共生活的时代，这既对应了康德启蒙界定中包含的理性"自主性"和"公共性"的背反，又预示着现代世界的基本运作模式，"自我决定或以自我为基础的普遍的德国观念，就是现代性原则"①，更在深层次呼应了黑格尔对知性思维的批判，"由于理念进而来说一般地是具体的、精神的统一性，而知性却在于仅仅是在其抽象内、因而也就是在其片面性和有限性内来把握概念规定，所以那种统一性就被弄成抽象的、没有精神的同一性，以之在这种同一性中也不存在区别，而是一切似乎是一，就中善与恶也似乎是一类"②，在设定的同时固化设定既是知性的局限，又构成了现代世界的根本问题。稍有深度的思想史家基本都意识到，在启蒙运动之后，原本支配着古代世界的万有的整体性原则和统一性根据丧失了，而当启蒙运动排除了一切传统形而上学中超感官的、实体性的根基在现代世界中存在的合法性之后，知性作为现代主体性运作的基本内核，却无法凭借自身建构起世界内在的统一性，这就导致了"主体性原则不但使理性本身，还使'整个生活关系的系统'陷于分裂状态"③。知性作为一种抽象的主体性，其局限正如哈贝马斯所请问的："主体性原则及其内在自我意识的结构是否能够作为确定规范的

---

① [美]罗伯特·皮平：《作为哲学问题的现代主义——论对欧洲高雅文化的不满》，阎嘉译，商务印书馆2007年版，第37页。
② [德]黑格尔：《哲学科学全书纲要》（1830年版），薛华译，商务印书馆2021年版，第3页。
③ [德]哈贝马斯：《现代性的哲学话语》，曹卫东译，译林出版社2004年版，第25页。

源泉;也就是说,它们是否既能替科学、道德和艺术奠定基础,也能巩固摆脱一切历史责任的历史框架。但现代的问题是,主体性和自我意识能否产生出这样的标准:它既是从现代世界中抽取出来的,同时又引导人们去认识现代世界,即它同样也适用于批判自身内部发生了分裂的现代。怎样才能根据现代精神建构一种内在的理想形态,它既不单单是模仿,也不只是从表面上利用有关现代的诸种表现形式?"①

由是,现代世界虽然是一个尊重个体自主行动的时代,但这种尊重的前提却是建立在个体与共同体的分裂,以及人与世界本身的分裂之上。黑格尔在《精神现象学》中将启蒙运动概括为,"自我意识在一切对象里都使自己意识到它自己的这种个别性或行动,另一方面,正相反,自我意识的个体性在这里是与自己本身同一的,是普遍的"②,启蒙不仅要求自己来支配特定领域中现存的一切,而且试图在特定领域中建构起规则,自治和分裂由此反倒成为真正普遍的。康德既对现代世界包含的分裂洞若观火,又坚持以分裂的方式来克服这种分裂。在完成了对理性在理论和实践两个领域中功能、原理和界限的全面检视之后,康德并没有贸然地在纯粹理性的基础上构建科学的形而上学以响应启蒙以来哲学向自然科学学习的号召,而是在整个时代语境中极其审慎地"转向"情感领域以及与情感联结在一起的艺术—审美领域。转向情感及其背后的艺术—审美领域一方面是出于主体性在各个不同领域构建自主性原则的必然要求,另一方面却是缘于康德敏锐地注意到理性在各个领域的自治必然会导致分裂,由此将弥补分裂的功能开创性地赋予了艺术。康德在《纯粹理性批判》和《实践理性批判》中将人与世界的外在分裂转化为理论理性和实践理性的内在分裂,使得哲学不能依赖自然理论

---

① [德]哈贝马斯:《现代性的哲学话语》,曹卫东译,译林出版社2004年版,第24页。

② [德]黑格尔:《精神现象学》(下),贺麟、王玖兴译,商务印书馆1981年版,第79页。

哲学和道德哲学去建构心灵的内在统一。在这种情况下，继理论理性和实践理性之后，判断力或审美鉴赏力被提高为最关键的弥合工具，而艺术作为媒介，其重要性也得到了大幅度提升。

这样一来，"审美地规定的事物"这一根本性的视角就被引入哲学之内，并直接影响着哲学的内在本质，从而改变了哲学的基本概念并修正了哲学的自我理解。哲学现在一反自柏拉图以来那种对艺术不信任的传统，而是公开向曾经的对手或辅助者寻求帮助并与之结盟。但是，康德坚持理性批判和先验哲学的重要结论和界限[①]，只是开启了这一趋向，却并不打算执行这一实际转向，从先验哲学内部出发，康德尚且无法以情感这一心灵结构为基础证明那种在审美活动中出现的和谐一致具有客观或实在的根据，所以艺术在康德那里还未担负起重建客观统一性的任务。然而，哈贝马斯却认为康德的《判断力批判》中已经隐含着某种"审美执拗"（der Eigensinn des Ästhetischen），即"去中心性的、自行经验自身的主观性的客观转化，脱离于日常生活的时间和空间结构，断裂于感知与目的行为的习惯，揭露与震惊的辩证法"[②]。在哈贝马斯看来，理性自主选择会自我强化为一系列的固定框架结构，而这些固定框架结构的总体构成了文化合理性的全部，"科学、道德和艺术等文化价值领域都有其本身固有的规律"[③]，而这种执拗会导致现代性发展的不平衡日益严重，从启蒙现代性和审美现代性的内在对峙中不断聚集种种爆破性的能量，转变为审美现代性经验的极度扩张和最终崩溃，"一切尝试，诸如抹平艺术与生活、虚构与实践、幻相与现实的落差，诸如取消艺术品和消费品、制成品和现成物、艺术塑造和自发冲动之间

---

① Vgl. Odo Marquard, *Aesthetica und Anaesthetica*, *Philosophische überlegungen*, München: Wilhelm Fink, 2003, S. 28.

② [德] 哈贝马斯：《现代性——一个未完成的方案》，黄金城译，《文化与诗学》2019年第1期。

③ [德] 哈贝马斯：《现代性的哲学话语》，曹卫东译，译林出版社2004年版，第58页。

的区别，诸如宣称一切都是艺术而人人都是艺术家，取缔一切标准，将审美判断等同于主观体验的表达——这一切做法目前已经得到很好的分析，在今天，它们已经被理解为毫无意义的实验"①。哈贝马斯既将现代性弊端之根源诊断为审美现代性的扩张，又将后现代对启蒙现代性的批判归罪于此，担心现代性自治结构的平衡被审美现代性打破，因而异常警惕康德美学激进化的诸种样态。

从思想发展的进程来看，康德本人尽管没有直接创立一种审美形而上学或为哲学体系奠基的美学，但《判断力批判》的确使康德的后继者关注到艺术在克服现代世界之分裂上的补救性功能。这在后续德国古典哲学发展进程中［无论是早期观念论（Früher Idealismus）、早期浪漫派（Frühromantik）还是魏玛古典主义者（Weimarer Klassik）］确立起一种确信：要在艺术创造的"天才"那里、在审美（鉴赏）活动所给予的心灵诸种能力的和谐一致中去寻找和发现人的本质。康德的后继者尝试突破批判哲学的字面义（Buchstaben der Kantischen Philosophie）的束缚，而努力寻求其精神义（Geist der Kantischen Philosophie）②。通过艺术创作或审美活动探寻人心灵的统一性乃至世界的统一性，这一主张的颠覆性唯有在启蒙运动撕开古今之争的裂口中才能得到真正的理解。实际上，回溯到柏拉图之前，重新进入古典希腊诗教的传统之中，艺术（尤其是诗歌）不但具有与哲学竞争的资质，而且还优于哲学，但这种优于乃至高于哲学的根本原因在于古希腊诗歌并不能被视为美的艺术作品，相反，希罗多德（Herodotus）的说法，"他们（赫西奥德与荷马）把诸神的家世教给希腊人，把它们的一些名字、尊荣和技艺教给所有的人并且

---

① ［德］哈贝马斯：《现代性——一个未完成的方案》，黄金城译，《文化与诗学》2019 年第 1 期。
② 康德哲学字面义和精神义的区分是康德的学生莱茵霍尔德率先运用的一个带有修辞性的比喻，Vgl. Rolf-Peter Horstmann, *Die Grenzen der Vernunft. Eine Untersuchung zu Zielen und Motiven des Deutschen Idealimus*, Frankfurt. a. M.：Vittorio Klostermann, 2004, S. 145 – 146.

说出了它们的外形"① 代表了希腊人的普遍观念，希腊宗教是经由诗人宣布的。在康德的后继者看来，启蒙以后，哲学不能将建构统一性的权利拱手让予宗教，他们要求理性承担起这一使命，但事实上，康德已经意识到在知性的统治之下的现代世界之中、在这个为动力因和机械力学所主导的现代世界之中，作为目的的人早已不复存在，作为大全的世界更不复存在，而第三批判标志着近代主体性在否定传统那种由宗教或神学所维系的被给予的绝对统一性之后的一个重要突破——凭借审美理性去克服无整体的危险存在处境和重建新的统一性。与哈贝马斯不同，马夸德将康德美学及其激进化的诸种样态视为在知性构建各个自治领域的同时所产生的一种对抗机制，世界审美化的实质类似于灵知主义式（gnostisch）的对整个世界的否定，启蒙现代性建构的现实世界的终结也就意味着艺术创造和艺术作品的诞生②，审美现代性所体现的这种否定的自主性被称为"末世论的世界丧失（eschatologischen weltverlust）的一种补偿方案"③。在马夸德看来，审美原则在以自主和分裂为主导的现代世界中，为个体的身份建构保留了仍能自主选择的领域。但是，与哈贝马斯诉诸在交往行为中达成共识以修补现代性裂痕的立场类似，马夸德同样乐观地认为，个体似乎凭借自主选择就得以在现代世界中扭转异化，他并没有意识到自治领域扩张乃至僭越反倒以公共性的稳定性为前提，而公共性的实质只是一种为知性所预设的交往形式或特殊的普遍性。要正确评估艺术在18、19世纪之交的思想语境中所蕴含的巨大能量，还需要暂时放弃现代西方思潮所固守的有限性立场，从而进一步凸显与黑格尔整个体系哲学同时出现的审美形而

---

① ［古希腊］希罗多德：《历史》（上），王以铸译，商务印书馆1997年版，第135页。

② Vgl. Odo Marquard, *Aesthetica und Anaesthetica*, *Philosophische überlegungen*, München: Fink, 2003, S. 13.

③ Vgl. Odo Marquard, *Aesthetica und Anaesthetica*, *Philosophische überlegungen*, München: Fink, 2003, S. 13.

上学的深刻性和强有力的理论竞争性。

第二节 审美形而上学

一 德国古典哲学进程中的"转向—美学"

可以说第二次世界大战之前，德国古典哲学研究的主流范式是以理查德·克朗纳《从康德到黑格尔》(Von Kant bis Hegel) 为代表的线性叙述，文德尔班（Windelband）就宣称，"如果康德之后的哲学必然以其概念化工作指向理性体系的发展，那么事实上这就是从康德经费希特和谢林到黑格尔（von Kant über Fichte und Schelling zu Hegel）的一个必然前进，而在最新哲学从新康德主义到新黑格尔主义的前进中重复这一过程并不是偶然，而是在自身中拥有一种事实性的必然性"[1]。但是，对这种以黑格尔为指向的叙事逻辑并非不存在反对意见，霍斯特曼就曾颇为戏谑地评论道："那些哲学家本人绝不认为他们是在一项统一的计划中工作，被黑格尔概括在一个团体内的哲学家中的任何一位，都把那些被黑格尔置于一边的作者们的哲学上的努力视为或者完全错误，或者极其有限的。在（从康德到黑格尔）上升和下降的路线中，出现在黑格尔排序模式中的思维哲学家中的任何一个，私下都认识直接接续自己的同事。无论如何，使得康德、费希特、谢林与黑格尔联系起来的东西就是那种相互蔑视。"[2] 在战后的德国学院研究内部，人们越来越倾向于将这一时段的哲学更具体地称为康德哲学、费希特哲学、谢林哲学和黑格尔哲学，而不再将其置于一个笼统的术语或标签之下，亨利希致力于解构那种从康德到黑格尔均质发展的叙事图景，他更倾向于将整个德

---

[1] Wilhelm Windelband, *Die Erneuerung des Hegelianismus: Festrede in der Heidelberger Akademie der Wissenschaften*, Heidelberg: C. Winter, 1910, S. 279.

[2] Vgl. Rolf-Peter Horstmann, *Die Grenzen der Vernunft. Eine Untersuchung zu Zielen und Motiven des Deutschen Idealismus*, Frankfurt. a. M.: Vittorio Klostermann, 2004, S. 5–6.

国古典哲学进程视为一片"星丛",是伟大的精神之间围绕相同的问题域而产生的争辩系统。被卷入其中的不仅有费希特、谢林、黑格尔这样的同代哲学家,也有斯宾诺莎这样的前时代人,以及荷尔德林这样的诗人。[1] 在这一新的研究图景中,德国古典哲学诚然是哲学史上的一座高峰,但高峰是山脉的聚集,德国古典哲学的高峰性质不仅体现在以最纯粹的哲学语言聚集了先前的整个哲学史,更在于聚集了先前全部哲学的主要争辩及其内在的、指向未来的张力。德国古典哲学由此不再被视为一个具有同一、均质、有序、后者师从前者的直线逻辑的上升过程,而被更宽泛地界定为一个充满张力和争辩的聚集性空间,这样既不会抹杀德国古典哲学进程内部各种具有批判性和创造性的精神和哲学家们之间体系的不同,也突出了这一时段内部争辩对话的可能性,这种可能性并不是任何意义上的思想关联的统一性,而仅仅是一种超越断裂的共性。

事实上,在研究范式转变之前,即20世纪初,已经有学者关注到德国古典哲学进程中美学地位的升降,并将其视为德国古典哲学发展中不可忽视的一条重要线索。例如严谨的新康德主义者文德尔班在《近代哲学史》(1904)中将其概括为所谓的"审美观念论"或"美学观念论"(der Ästhetische Idealismus),"因而(康德第三批判)的继承人都是那些试图在感性生活之理论方面与近代哲学取得一致的诗人们,这引发了对之后(德意志哲学)的进一步发展有着决定性意义的哲学与诗歌运动之间的融合(Verschmelzung)。从而美学不仅成为了二者(哲学与诗歌)之间活生生的中间环节(Zwischenglied),而且一方面成为诗歌生产之中的一种力量,另一方面对哲学的世界观而言也是一个本质环节(Moment)"[2]。文德尔班认为这是后康德哲学潮流中的一支线索,席勒、耶拿浪漫派和早期谢林都

---

[1] Vgl. Dieter Henrich, *Konstellationen. Probleme und Debatten am Ursprung der idealistischen Philosophie (1789–1795)*, Stuttgart: Klett-Cotta, 1991, S. 30–33.

[2] Wilhelm Windelband, *Die Geschichte der neueren Philosophie, zweiter Band, Von Kant bis Hegel und Herbart*, Leipzig: Breitkopf & Härtel, 1904, S. 251.

可归入此列，审美观念论为后康德哲学带来的成果就在于使美学不仅成为哲学的一个学科（Disziplin），而且成为其中最具决定性的学科（abschließenden Disziplin），艺术的形而上性的学说被构建起来了①，而克朗纳同样在从康德到黑格尔的"上升阶梯理论"中为美学在哲学体系中的升降预留了一个中间环节——谢林从自然哲学到同一哲学体系之间的"审美观念论"，"谢林借助《先验唯心论体系》（1800）将自然哲学和知识学联合起来（vereinigen），成功地表明二者构成了一个知识整体。谢林在这种联合中成功地找到了实践理性与理论理性的一体性（Einheit），实践理性的理念以知识学中的绝对自我为基础，理论理性的理念被思考为自然哲学中绝对（生产性）的自然，这种一体性在审美理性中被找到，在艺术中主观性及客观性之间的对立、自我与自然的对立、理念与实在的对立都得到了克服"②。两人都认为审美观念论之发生继承自康德第三批判的第一部分，并构成了一个从康德到黑格尔之运动中决定性的要素③。

自20世纪60年代始，德语世界的观念论研究者在重新审查康德第三批判的出版这一关键事件对德意志哲学进程的重大意义之时，已经将之界定为具有颠覆性的"转向—美学"（die Wende zur Ästhetik）④。这一界定不同于以往研究只关注美学对德国古典哲学进程的线性影响，而是洞见到美学提供了另一种不同于思辨理性的新的全局性的基础。马夸德在《康德与"转向—美学"》（1959/1960）一文中对"转向—美学"做出了详细的解释，"自18世纪末以来，美学已经成为了基础哲学（Fundamentalphilosophie），并持续至今。

---

① Vgl. Wilhelm Windelband, *Die Geschichte der neueren Philosophie*, zweiter Band, *Von Kant bis Hegel und Herbart*, Leipzig: Breitkopf & Härtel, 1904, S. 273.

② Richard Kroner, *Von Kant bis Hegel*, Bd. 2, Tübingen: Mohr (Siebeck), 1977, S. 42.

③ Vgl. Richard Kroner, *Von Kant bis Hegel*, Bd. 2, Tübingen: Mohr (Siebeck), 1977, S. 45.

④ Odo Marquard, *Aesthetica und Anaesthetica*, *Philosophische überlegungen*, München: Fink, 2003, S. 21.

美学被理解为一种基础哲学体现在这些大美学家的思想之中，席勒的美学、浪漫派的艺术家神化（Künstlerverklärung），或许叔本华的悲观主义救赎美学（Erlösungs Ästhetik）也在此列，以及青年尼采的'艺术家形而上学'（Artistenmetaphysik），甚至狄尔泰的心理性—历史性的体验美学（Erlebnisästhetik）。而这一主张同样也受到伟大的浪漫派美学批判者——黑格尔、克尔凯郭尔以及晚期尼采的批评"[1]。马夸德认为，这一"转向—美学"是在偏离（精密）科学（指自然科学模式）的背景下发生，美学作为一种科学的补充而在后康德哲学的发展中贡献着自己的力量[2]。艺术与审美在事实上主导了1800年前后德意志思想的进程，实现统一的诉求取代理性批判成为德国古典哲学的核心任务。由此，"转向—美学"成为串联起德国古典哲学进程中后康德一代（早期观念论、早期浪漫派和魏玛古典主义）的显性因素。耶施克富有洞见地指出，"康德《判断力批判》对于早期浪漫派和早期观念论之形成具有同等重要性。而它（译按：康德的《判断力批判》）对于魏玛古典主义的影响更是毋庸多言，就像在席勒的《审美教育书简》里体现的那样，而《审美教育书简》复又对上述两股思潮产生了决定性的影响"[3]。艺术被规定为真理的最高表达方式而与哲学平分秋色，艺术与哲学的联合更成为统一哲学（Vereinigungsphilosophie）的口号，这代表了整个西方思想史中审美形而上学的建构。早期浪漫派和谢林的研究专家弗兰克甚至认为，早期浪漫派和早期观念论对这一"转向"的理解不同，导致了其思想方案的巨大差异，审美经验和艺术在思想建构中的定位

---

[1] Odo Marquard, *Aesthetica und Anaesthetica*, *Philosophische überlegungen*, München: Fink, 2003, S. 21 – 22.

[2] Vgl. Odo Marquard, *Aesthetica und Anaesthetica*, *Philosophische überlegungen*, München: Fink, 2003, S. 24.

[3] Vgl. Walter Jaeschke, Ästhetische Revolution, Stichworte zur Einführung, in *Der Streit um die Grundlagen der Ästhetik (1795 – 1805)*, hrsg von Walter Jaeschke, Hamburg: Felix Meiner, 1999, S. 1.

不同由此成为全局性因素之一，对以黑格尔的体系和谢林中期同一哲学为代表的绝对观念论而言，艺术或美学虽然在体系中具有很高，甚至最高的功能性，但艺术却不再必须承担向我们传达一种无法进入意识之绝对者的功能，而这恰好是早期浪漫派和前期谢林所追求的①。

二 变体

尽管早期观念论、早期浪漫派及魏玛古典主义都认同艺术有资格成为克服分裂的重要中介，甚至还有可能围绕着艺术构建起一套崭新的审美形而上学，但这一总的方案之下还产生了多种变体。

（1）最有代表性的当数艺术与古典希腊的结合。狄尔泰在《体验与诗》中指出，在 1800 年前后存在三股决定性的力量强烈推动着的德意志精神生活：希腊精神的复兴，改造当时整个民族灵魂生活的哲学、文学创作运动，从外部侵入这种灵魂生活的法兰西革命②。在 18 世纪 70 年代出生的著作家那里，接纳了诗艺曾加以发挥的、符合想象的对宇宙的直观，在这点上，作为诗人的荷尔德林又影响了他的朋友黑格尔。从夏夫兹博里到席勒青年时代的诗歌以及他的哲学书简，都贯穿着一种努力，即把宇宙概括成一种关联，它充满着力，而这种力又能被想象与内心所领会③。而其中第一股和第二股力量又经由"转向—美学"的影响，成为一种强有力的对古典希腊的崇拜。无独有偶，萨弗兰斯基（Rüdiger Safranski）就认为在席勒眼中，"希腊古典文化具有一种审美的世界关系的烙印……它

---

① Vgl. Manfred Frank, *Einführung in die frühromantische Ästhetik*, Frankfurt. a. M.: Suhrkamp, 1989, S. 202.

② Vgl. Wilhelm Dilthey, *Das Erlebnis und die Dichtung, Lessing, Goethe, Novalis, Holderlin*, 4. Aufl, Göttingen: Vandenhoeck & Ruprecht, 1970, S. 359; 中译参见［德］狄尔泰《体验与诗》，胡其鼎译，生活·读书·新知三联书店 2003 年版，第 295 页。

③ 参见［德］狄尔泰《体验与诗》，胡其鼎译，生活·读书·新知三联书店 2003 年版，第 297 页。

可以色彩鲜明地反衬现代"①,它是一个美的世界,而威廉·洪堡（Wilhelm von Humboldt）则认为,"希腊宗教完全是感性的,它促进了一切艺术,使艺术通过和政府宪法精确的结合上升为更高的尊严,更伟大的不可缺少的东西。滋养了美感,还使美感更普遍,因为整个民族都参加艺术总是陪伴左右的仪式,在美感促进人的正确、均衡的教育的时候,宗教间接地出色地对此产生了作用"②。这种将艺术与古典希腊结合的深层动因在于,艺术创造中所达到的自然与自由的统一、理论与实践的统一被18、19世纪之交的思想家视为希腊古典世界所代表的个体与共同体和谐统一的状态。古典希腊与现代（Neu-Zeit 即新时代）间的不同,并不关乎审美趣味和文化竞争,而来自其背后历史哲学原则的差异。在魏玛古典主义的三位代表人物歌德、席勒和洪堡看来,现代是一个主体性对实体性的全面胜利的时代,但是主体性的胜利并没有带来个体自由和尊严的凯旋,相反,"在希腊的国家里,每个个体都享有独立的生活、必要时又能成为整体;希腊国家的这种水螅性如今已被一架精巧的钟表所代替,在那里无限众多但都没有生命的部分拼凑在一起,从而构成了一个机械生活的整体"③;"如果今人,正如现在在刚刚发生在我们身上的情况一样,每每进行一次观察,便要把自己抛入无穷之境,以便最终（如果他能成功的话）重新返回到有限的一点上,那么古人却能即刻感受到那唯一的、位于美的世界之迷人范围以内的愉快,而无需去走什么弯路"④;"我们感到在古代,吸引我们的首先是一个人的生命奉献的伟大,是想象力的生机勃发、精神的深邃、意志的坚强、

---

① [德]萨弗兰斯基:《席勒传》,卫茂平译,人民文学出版社2010年版,第256页。
② [德]洪堡:《论古代文化,特别是古希腊文化的研究》(1793),载《洪堡人类学和教育理论论文集》,胡嘉荔、崔延强译,重庆大学出版社2013年版,第17页。
③ [德]席勒:《审美教育书简》,冯至、范大灿译,北京大学出版社1985年版,第29页。
④ [德]歌德:《温克尔曼》,罗炜译,载《论文学艺术》(歌德文集,第10卷),人民出版社1999年版,第414页。

整个言行的一致，而单单后者就给予人真正的价值"①。三人都意识到，分裂对于现代而言尽管是无法回避的命运，但却未必无法克服，他们都寄希望通过艺术回到希腊古典世界代表的个体与共同体和谐统一的状态。古典希腊由此转化为艺术希腊，与其说德意志人对古典希腊的幻想是历史哲学的建构，不如说这是一个纯粹的美学问题，或审美现代性扩张的表征。

（2）此外，围绕着艺术建构起新的形而上学，这在很大程度上代表了早期浪漫派突破康德批判哲学所划定的理性之界限的基本方向。在早期浪漫派看来，在康德的《判断力批判》出版之前，整个在近代哲学的基本框架下，美学这门学科甚至连外部形态都未曾得到清晰的勾勒，但第三批判也只是对人类的情感能力或审美理性做了严格功能性划界，因此，康德意义上的美学只能呈现为鉴赏判断的形态，而不能成为真正的艺术哲学。唯有将艺术哲学确立为哲学之基础，方能克服反思哲学以及启蒙以来种种主体性哲学的弊端。例如，在诺瓦利斯看来，康德的鉴赏判断学说潜在包含了一种情感基础主义或感觉基础主义，他在《费希特研究》（*Fichte-Studien*）中提出了一个与费希特自身意识理论针锋相对的概念——"自身感受"（Selbstgefühl）。费希特在知识学中首次完整地揭露了传统自身意识理论"反思模式"②的功败垂成，在他看来，主体性或者自我不再是对一个指向它自身的表象的反映，概言之，主体性或自我不再是反思的成就。诺瓦利斯当然完全同意费希特这一对知识学而言具有奠基性的总体思路，即自身意识完全不能由反思对立来解释，"反思

---

① ［德］洪堡：《论国家的作用》，林荣远、冯兴元译，中国社会科学出版社 2016 年版，第 28 页。

② 亨利希指出，传统的反思模式具有如下问题：（a）反思活动的前提是预设了"自我"，因而无法解释自身意识本身；（b）反思被实行是基于断言一种同自身的本源的、认知性的主体关联，因而无法解释指示词"我"在指称上的同一性。参见［德］迪特·亨利希《自身意识：一门理论的批判导言》，张任之译，《现代外国哲学》2021 年第 1 期。

所发现之物，似乎总是业已存在之物"① 尽管费希特为克服反思模式的局限，试图将直接性赋予"自我性"，试图以"自我的直截了当地自己设定自身"来描述最为原初的自身意识，但与荷尔德林在《存在与判断》的诊断类似，诺瓦利斯也指出，在费希特这个结构中反身代词 sich 再次出现，这表明这个结构并不适合于用来描述最原初的意识。因为，直接性与自身关涉性在根本上是不相容的，这个再次溢出的反身代词 sich 实际上显露出原初的差异之统一（prädifferentielle Einheit）的崩解。② 为了描述最原初的意识，诺瓦利斯在《费希特研究》中以自身感受作为费希特描绘的自身关系的竞争者，而早期浪漫派的灵感就来自康德《判断力批判》所确立起的情感（Gefühl）本身的优先性，情感模式不仅在诺瓦利斯那里，也在施莱尔马赫的《论宗教》中最终为彻底的主体性提供了一种熟悉自身的方式，一种根本上无须"认识"自身，而仅仅是非对象化、非反思的方式。③

对于诺瓦利斯以及整个早期浪漫派来说，自身感受始终是前概念的、前反思的、直接的和非对象化的。任何自身反思的知识或自我认识都要以这种"自身亲熟"（Selbstvertrautheit）或原初的自身感受为基础。④ 因此，自身感受首先是在认识论上建立起了情感（Gefühl）对于认知（Erkenntnis）的优先性，它意味着对一个意识直接地意识到，或对体验直接体验到。对早期浪漫派而言，自身既不是反思的表象，也不是费希特意义上的本原行动（Tathandlung），

---

① Novalis, Philosophische Studien der Jahre (1795/96), Fichte-Studien, in *Novalis Schriften II*, hrsg. von Richard Samuel in Zusammenarbeit mit Hans-Joachim Mähl und Gerhard Schulz, Stuttgart: Kohlhammer, 1965, S. 113, Nr. 15.

② Vgl. Manfred Frank, *Einführung in die frühromantische Ästhetik*, Frankfurt. a. M.: Suhrkamp, 1989, S. 249–250.

③ Vgl. Manfred Frank, *Selbstgefühl: Eine historisch-systematische Erkundung*, Frankfurt. a. M.: Suhrkamp, 2002, S. 8.

④ Vgl. Manfred Frank, *Selbstgefühl: Eine historisch-systematische Erkundung*, Frankfurt. a. M.: Suhrkamp, 2002, S. 21.

而是类似处于鉴赏中的原初统一的意识状态。其次，自身感受也不仅意味着一种非对象性的"自身亲熟"，还意味着一种"把握本真实存的认知能力"①，一种"在其彻底的前概念性中把握存在、自然也把握本真存在的认知能力"②。这非常接近雅各比式的直接知识，诺瓦利斯强调此意义上自身感觉更应在存在论的层面来理解，即作为"实存感受"（Existenzgefühl），这也非常接近施莱尔马赫在《论宗教》中提到的"绝对的依赖感"③。这种脱胎于康德《判断力批判》的情感基础主义很快发展为早期浪漫派各种艺术家神化（Künstlerverklärung）的方案，并构成了对观念论体系建构的强有力的批评者。

（3）德意志观念论尝试在体系之内完成的艺术哲学建构。在德国古典哲学的整个发展进程中，美学从鉴赏判断发展为艺术哲学，这一典型的形态变化在很大程度上标示着德意志观念论对同时代其他审美形而上学方案局部的接纳，通过判摄，将之扬弃为体系哲学中的一个特定环节。德意志观念论者一方面赋予美学在体系中极高的地位，另一方面取消了艺术创作中的天才或鉴赏活动中感觉作为整个体系的基础，而是坚持重新从哲学的角度规定艺术在体系中的功能。

《判断力批判》对耶拿时期采取先验哲学进路的费希特的影响，并没有体现在他直接建构了一套美学理论或为数不多的、有关艺术的具体论断之上，而是内化为其基本哲学形式。费希特耶拿时期的知识学体系已经是一个典型的按照单一原则建构起的一元论体系，

---

① Vgl. Manfred Frank, *Selbstgefühl*: *Eine historisch-systematische Erkundung*, Frankfurt. a. M.: Suhrkamp, 2002, S. 8.

② Novalis, Philosophische Studien der Jahre (1795/96), Fichte-Studien, in *Novalis Schriften II*, hrsg. von Richard Samuel in Zusammenarbeit mit Hans-Joachim Mähl und Gerhard Schulz, Stuttgart: Kohlhammer, 1965, S. 106, Nr. 2.

③ Vgl. Manfred Frank, *Selbstgefühl*: *Eine historisch-systematische Erkundung*, Frankfurt. a. M.: Suhrkamp, 2002, S. 39 – 40, 141.

将思辨推进到作为有限理性之根据的"绝对自我",而审美形而上学对费希特知识学体系极其内在和隐蔽的渗透就表现在,他的"绝对自我"很大程度上是依据"在艺术创作的天才中发现人的本质"这一创见而完成的"先验哲学普遍化"①,费希特实际上将天才的创造活动提高为一种普遍的绝对行动②,费希特这种"绝对自我"的极端构造代表了近代自笛卡尔所开启的主体化和内在化的顶点,在此过程中天才作为创造被引入绝非偶然,现在不仅应该将主体理解为进行着设定的自身意识,而且还更应被把握为绝对行动的必然产物。而在谢林和黑格尔那里,审美形而上学则被内化为观念论美学的最高成就——艺术哲学体系。需要细加甄别的是,谢林的《先验唯心论体系》(耶拿,1799/1800)并不能笼统地归纳到观念论美学之列,早期浪漫派的审美形而上学的显著特点就在于,放弃以思辨或反思这一否定性的方式达到真理,这一空缺则需要通过艺术媒介肯定性地填补,由此,审美意识和艺术创造开启了哲学反思,根据这一标准,《先验唯心论体系》可以被视为审美形而上学最为严密的理论表述。而《艺术哲学》(维尔茨堡,1802/1803)则并不属于此列,因为处在同一哲学时期的谢林,以观念和实在的绝对同一作为体系的本原—开端(Prinzip)与最终目标,在这一整体架构下,虽然艺术和思维都是对绝对同一的展现方式,但艺术自身的合法性却需要通过思维才能得到阐明,"哲学是一切事物的基础,并且把一切事物包揽在自身之内;她使自己的建构延伸到知识的全部潜能阶次和对象上面;唯有通过哲学,人们才能够达到最高者。通过艺术哲学,哲

---

① Vgl. Emiliano Acosta, Die Wissenschaftslehre als Kunstwerk. Bloß ein Gleichnis? Versuch einer ästhetischen Betrachtung der Wissenschaftslehre, in *Fichte und die Kunst*, Fichte-Studien (Band 41), hrsg von Ives Radrizzani, in Zusammenarbeit mit Faustino Oncina Coves, Amsterdam & New York: Rodopi, 2014, S. 29ff.

② Vgl. Michael Bastian Weiß, Ästhetik des Lebens. Fichtes Adaption der Transzendentalen Kunstphilosophie im Projekt der Wissenschaftslehre, *Fichte und die Kunst*, Fichte-Studien (Band 41), hrsg von Ives Radrizzani, in Zusammenarbeit mit Faustino Oncina Coves, Amsterdam & New York: Rodopi, 2014, S. 244 – 245.

学自身之内形成一个更狭小的范围，在其中，我们以更直接的方式仿佛直观到永恒者的可见形态，因此真正的艺术哲学和哲学本身是完全和谐一致的"①。而在黑格尔成熟时期的体系建构中，美学事实上是按照概念运动的主体性原则而进入整个体系哲学之中，因此，尽管艺术哲学在黑格尔的整个哲学体系中处在一个较高的位置，在其宏大且精微的理论建构中黑格尔亦赋予了艺术一个较高且确定的形而上学地位，但艺术的合法性却仍依赖于概念活动在现实历史中的展开层次，也即其所能引领自由意识企及的高度，而这种审美和艺术在体系之中的边缘性具体表现为黑格尔关于在整个现代生活之中"艺术的过去性"历史性功能转化的严肃反思。

三 黑格尔思想发展历程中与"审美形而上学"的纠缠

按目前黑格尔研究界惯常的划分，黑格尔青年时期的思想发展大致可以分为神学院时期（1788—1793 年），伯尔尼时期（1793—1796 年）和法兰克福时期（1797—1800 年），前后约 12 年。从其思想整体来看，这短短 12 年至多只是他思想形成的准备期，但在 20 世纪 60 年代之前，这段黑格尔的思想发展时期在研究史中长期被冷落，在很大程度上与此间（1788—1800 年）大量黑格尔生前未出版的手稿没有得到系统编订密切相关——黑格尔的学生们在 1832 年开始编辑友人版黑格尔全集时，将黑格尔耶拿时期发表的论文收作全集的第一卷，而并未收入 1788—1800 年的大量手稿。直到 1907 年，这些手稿才由诺尔（Hermann Nohl）比较系统地收入和整理，他在系年和语文学的考订方面做了大量细致的工作，但诺尔却将这一系列未发表的论文和手稿冠以《黑格尔青年时神学著作》（Hegels theologische Jugendschriften）之名出版②，以神学著作之名笼统地称呼黑

---

① ［德］谢林：《艺术哲学》，先刚译，北京大学出版社 2021 年版，第 40 页。
② Hegels theologische Jugendschriften, hrsg. von Hermann Nohl, Tühingen: Mohr, 1907.

格尔这一时期的手稿带有一定误导性,实际上黑格尔这一时期的思考范围并不局限于神学问题,而是涵盖了哲学、政治学、伦理学和政治经济学等诸多方面。从 20 世纪 60 年代开始,黑格尔历史考证版全集的编纂工作大规模展开,大批优秀学者完成了大量基础性工作。黑格尔青年时期的思想也由此开始完整地进入了研究者的视野。

按杜辛的分疏,对黑格尔思想之发源地的研究主要有三种不同的进路和取向:(1)以卢卡奇《青年黑格尔》为代表,从马克思主义观点出发,突出黑格尔的政治经济学研究在其思想形成之中的重要性,研究的核心范围集中在黑格尔从伯尔尼时期的共和主义者到法兰克福时期对神秘主义问题的关注和对生命概念泛神论化的处理,以及《精神现象学》中所体现的青年黑格尔思想中社会本体论的重要面向;(2)以佩珀扎克、哈里斯和珀格勒为代表的研究青年黑格尔的政治思想和神学思想的阐释传统。珀格勒认为,通过荷尔德林的影响,黑格尔在法兰克福时期发现了美、生命和神性的神秘性关联,这构成了青年黑格尔思想的高潮点;(3)亨利希则将青年黑格尔置于整个德意志观念论思想脉络之中,尤其关注他以荷尔德林为核心的法兰克福—霍姆堡圈子之间的思想关联,讨论青年黑格尔的反思哲学批判与自己独立思考形而上学建构原则之间的关联。[1] 通过珀格勒和亨利希两种研究,可以将审美形而上学及其各种变体对青年黑格尔思想形成的影响概括如下:(1)《判断力批判》所带来的自然与自由统一的问题,以及美、和谐和目的论的问题[2];(2)在荷尔德林的影响下,黑格尔发展出观念论一元论的形式的"统一哲学"(Vereinigungsphilosophie)。这两方面构成了黑格尔问题意识和思想动机中两个基础性问题:(1)克服先验哲学—反思哲学未能解决的现代世界的分裂问题,而克服分裂又有各种不同的途径,这样

---

[1] Vgl. Klaus Düsing, Jugendschriften, in *Hegel. Ein Einführung in seine Philosophie*, hrsg von Otto Pöggeler, Freiburg & München: Karl Alber, 1977, S. 29 – 30.

[2] Vgl. Ingtraud Görland, *Die Kantkritik des jungen Hegel*, Frankfurt. a. M.: Vittorio Klostermann, 1999, S. 41ff.

就产生了；（2）审美—艺术的统一和思辨—辩证的统一之间的竞争关系。这两个基础性问题可以被概括为哲学首先致力于克服分裂、实现统一；其次，它必须以哲学的方式克服分裂、走向统一。对于这两个基础性的问题，黑格尔在耶拿时期提出了与其青年时期不尽相同的解答方案。

黑格尔在法兰克福时期曾倾心于用爱与生命在更高层面上克服康德那里自然和自由的异化及在费希特主体性反思哲学那里自然和自我的割裂，他在荷尔德林的影响下接受一种"美学柏拉图主义"（Ästhetischer Platonismus）[1]，黑格尔尝试克服实定性和主观性的二律背反，而荷尔德林则试图超越存在和判断的对立，两人自觉地采纳了以美、生命抽象地否定丑的东西和死的东西，而至高者和纯粹者超越于不洁的尘世，将美视为对统一性之经验的本体论性的保证[2]。黑格尔若干年后在柏林开设"美学讲座"时，还不忘回顾这段"美学柏拉图主义"的美好岁月，"它是一种无所希求的爱，但也不是友谊，因为友谊不管多么真挚，毕竟要求有一种内容意义，有一种要旨，作为结合的目的。母爱在自然的亲属关系中获得直接的支持，无须双方有共同的目的或利害计较……"[3] 黑格尔在耶拿时期逐渐形成了坚实的历史哲学基础，他逐渐意识到，审美和艺术虽然有力地批判进而纠偏了知性以及狭义的科学理性之局限，但它自己缺乏历史性的维度，这意味着呈现为美的整体生命是一种缺乏规定和差异的直接统一性，它倒退回了前康德的实体形而上学的架构中，无法经受康德先验辩证论的检验，直接的统一性现在必须经过反映及

---

[1] Vgl. Klaus Düsing, Ästhetischer Platonismus bei Hölderlin und Hegel, in Ders: *Aufhebung der Tradition im dialektischen Denken*, München: Fink, 2012, S. 282.

[2] Vgl. Christoph Jamme, *Ein ungelehrtes Buch: Die philosophische Gemeinschaft zwischen Hölderlin und Hegel in Frankfurt 1797–1800*, Hegel Studien, Beiheft 23, Bonn: Bouvier, 1983, S. 317.

[3] G. W. F. Hegel, Vorlesungen über die Ästhetik, TWA, Bd. 14, Frankfurt. a. M.: Suhrkamp Verlag, 1986, S. 156; 中译见 ［德］黑格尔《美学》（第二卷），朱光潜译，商务印书馆 1996 年版，第 303 页。

中介运动而成为活生生的,这无疑是黑格尔决定性地转向构建体系哲学或绝对观念论的根本所在。马夸德指出,考虑到在启蒙运动得到解放的人仍然处在分裂的困境之中,在科学思维不再有效、历史性思维尚未成熟的情况下,"转向—美学"担负起了引领人们走出困境的任务[1]。这意味着那些偏好审美形而上学的思想家和诗人们,诸如早期浪漫派以及荷尔德林的立场——完全脱离了历史—政治问题的视野,转而通过与"自然"之关联来自我规定。[2] 这从某种意义上构成了早期浪漫派以及荷尔德林思想的独创之处,但同时很可能也是其根本缺陷所在,至少在黑格尔看来,这种朝向自然的求助,通过与自然的关联而规定自身或建构起来的统一性仍然是一种直接性,无法克服分裂、实现真正的统一。

将黑格尔思想之转变纳入由康德肇始的德国古典哲学之"转向—美学"的总体背景内,能够改变我们至今对黑格尔艺术论之总体定位的那种片面(或者至少是不全面)的哲学史和美学史刻板印象。大部分对黑格尔艺术论的相关研究,基本是基于其《美学讲演录》,而忽略了黑格尔发展与整个德国古典哲学的进程的复杂关系,以及其与观念论内部的多元语境的关联。尽管在《美学讲演录》的导论部分,黑格尔批判了康德《判断力批判》、席勒《审美教育书简》、浪漫派的反讽以及早期谢林《先验唯心论体系》的种种不足,但这并不妨碍黑格尔在青年时期尤其是法兰克福时期乃是这些高度独创性和深刻性思想的追随者和同路人。因此,如果简单地认为黑格尔的艺术哲学体系乃是整个德国古典美学的完成,或者认为黑格尔自始至终就是同时代审美形而上学的批判者[3],就很可能陷入由学

---

[1] Vgl. Odo Marquard, *Aesthetica und Anaesthetica*, *Philosophische überlegungen*, München: Fink, 2003, S. 24–25.

[2] Vgl. Odo Marquard, *Aesthetica und Anaesthetica*, *Philosophische überlegungen*, München: Fink, 2003, S. 33.

[3] Vgl. Helmut Kuhn, Die Vollendung der klassischen deutschen Ästhetik durch Hegel, in Ders: *Schriften zur Ästhetik*, hrsg von Wolfhart Henckmann. München: Kösel, 1966, S. 15–144.

派间固有成见而造成的理解偏差。黑格尔从耶拿时期就不同于审美形而上学的路向（包括其青年时期在内），而走向了构建体系的绝对观念论的道路，经历了《费希特与谢林哲学体系之差别》，再到这一时期的逻辑、形而上学和自然哲学、精神哲学诸多手稿，最终在1807年《精神现象学》中第一次达到了哲学体系的思辨—辩证性，也第一次在其中成熟地表达了审美—艺术对通向概念之真的积极意义，而海德堡和柏林时期的黑格尔更是积极地引导哲学与宗教、艺术结成理论同盟，并使之实现真正的联合——从概念之自由的高度，严肃探讨了艺术如何促进个体的自由意识在世界历史的进程中不断提升。

第三节　艺术宗教

在前述诸种审美形而上学的变体中有一套方案最为特殊，与黑格尔思想发展关系最为密切、纠缠也最深，这就是艺术宗教（Kunstreligion）。如果说现代艺术概念的形成源自 Τέχνη/ars，其内涵和外延的最终稳定虽然经历了一个较为漫长和艰难的历程，但尚有迹可循，那么艺术宗教（Kunstreligion）一词则是一个诞生于18世纪中后期、彻头彻尾的新名词。按德国概念史研究开创者科泽勒克（Reinhart Koselleck）的看法，18世纪中期以降，欧洲危机四伏，传统语言中的词语和用法经历着范式转换。变化了的社会和经济范式，亦导致了概念的意义变化，这一时期所出现的概念剧变不仅是社会和历史发展的"表征"（Indikator），而且是能够直接影响历史变化的"因素"（Faktor），概念本身就是历史发展的动力之一。[①] 18世纪下半叶以来，一大批新词出现，意味着某些新事物将在传统及习

[①] Vgl. Reinhart Koselleck, "Begriffsgeschichte und Sozialgeschichte", in Ders: *Historische Semantik und Begriffsgeschichte*, Stuttgart: Klett-Cotta, 1979, S. 19–36.

俗背后规范地建立起来。概念与被理解之物间的关系发生了颠倒，诸如"艺术宗教""新宗教"和"新神话"等术语实际上从语言上规范了时人对未来的预期。这些新名词，尤其是"艺术宗教"一词在很大程度上代表了后康德思想发展脉络中某些共同的思想诉求和相似的危机应对模式，也是出于这一缘故，黑格尔对"艺术宗教"异常重视，他在《精神现象学》"艺术宗教"环节的相关论述与在三版《哲学科学全书纲要》及柏林时期的《美学讲演录》中关于"艺术"在实在哲学领域的整体规定共同构成了黑格尔艺术论的主干。

一　起源

艺术在启蒙之后逐渐划定独立的自治领域并最终确立起自治原则，在艺术腾飞的同时，宗教却在启蒙主义的批判中逐渐式微，因为启蒙的主要目标就在于瓦解上帝的权威。"启蒙"一词几乎在现代主要西方语言（法语 Siècle des Lumières、英语 Enlightenment、德语 Aufklärung）中均有"光明""照亮"等含义，而在基督教传统之中，"光"专属于上帝，包括人在内的世界万有都存在于光中，但启蒙主义者尤其是法国思想家们却拒斥了上帝对光的垄断，而将之赋予人的理性，人类的理性之光标志着历史的新纪元的开始，而此前的漫长历史却被贬为未经理性照亮的黑暗世纪，宗教也由此不再是人类生活的必需品乃至客观根基。正是在这一复杂的背景下，出现了艺术与宗教重新联合的吊诡情形，艺术的公共化和宗教的审美化（主观化）构成了这一联合过程中的两个面向。

（一）危机

按卢曼（Niklas Luhmann）的看法，启蒙从社会学的角度应被定义为"摆脱复杂性"[①]，启蒙的确将人类的思维从复杂性中解放出

[①] Vgl. Niklas Luhmann, *Soziologische Aufklärung*, Bd. 1, Opladen: Westdeutscher Verlag, 1970, S. 85.

来，并通过将理性确立为唯一原则，提供了一套理解世界、掌握世界的基本尺度，但这种简化也使理性排斥了自身的丰富规定，"启蒙的思维方式假设超感性的根基可还原为经济力量和智识力量（及其能力）的自由游戏，由此诸如宗教性或道德性这样的范畴就成了'经济有用性'（ökonomisch Brauchbarkeit）的功能及别称"①，理性首先被等同为合理性，其次合理性维度又需根据"摆脱复杂性"的要求进一步简化为对事物有用性的直接感知，而彻底丧失自身的客观内容。这种抽空的后果正如霍克海默所批评的，"理性单纯对立于一切非理性的原则，成为启蒙与神话相互对立的真正基础。……启蒙则与此相反，将相互关联、意义与生活全部回收到（zurücknehmen）主体性之中，而主体性也恰恰在这一过程中第一次构成。理性对启蒙而言，是化学试剂，它汲取了事物的真正实体，并在理性自身纯然自律中将其挥发出来。为了逃避对自然迷信的恐惧，启蒙将客观的效果统一体（Wirkungseinheit）和形态统统表现为纯然混沌物质的迷雾，把它对人性（menschliche Instanz）产生的影响咒骂为一种奴役，直到主体根据其自身的概念而转变为了一个单一的、无拘无束的，却又空洞的权威"②。启蒙将复杂性抽象为单一性，仅仅保留程序的合理性，而放弃了一切实质的内容，这就要求理性必须以程序化的方式控制自然，以技术手段管理世界，这种程序化和技术化的实质就是去"找到现成的抽象形式；掌握和吸取这种形式，可以说只是不假中介地将内在的东西外化出来并隔离地将普遍的东西［共相］制造出来，而不是从具体事物中和现实存在的形形色色之中把内在和普遍的东西产生出来"③，其后果便是按照现成的抽象形式人

---

① ［德］曼弗雷德·弗兰克：《浪漫派的将来之神——新神话学讲稿》，李双志译，华东师范大学出版社 2011 年版，第 223 页。

② Max Horkheimer und Theodor W. Adorno, *Dialektik der Aufklärung*, Gesammelte Schriften, Bd. 5, hrsg von Gunzelin Schmid Noerr, Frankfurt. a. M.: Fischer, 1987, S. 112 – 113.

③ ［德］黑格尔：《精神现象学》（上），贺麟、王玖兴译，商务印书馆 1981 年版，第 22 页。

为地制造出各个相对封闭的独立自治领域。而这就导致出现了诸如主观和客观、形式与内容、内在与外在等一系列的分裂和对立,柯拉科夫斯基(Leszek Kolakowski)认为技术理性不仅能引发世界的分裂,更会逐渐导向虚无主义,因为技术理性只能分析给定的现存事物,却无法为现存事物提供根据,"文化中有着这样一种需求,希望它所指涉的对象是现存的。但这一现存性从根本上来说不可能是证明的对象,因为证明功能是技术化了的分析理性的能力,是不可能超出分析理性的任务范围的"①。客观根据的丧失,及如何填补这一真空成为后启蒙思想领域的焦点,在启蒙理性瓦解了传统宗教所提供的实体性基础后,社会共同体也就被抛向了无根(grundlos)状态,一方面,现代的共同生活的基础无法建立在僵化的、异己的、被给定的和外在的传统宗教之上;另一方面,理性本身虽然能够自主地构建起共同生活的社会空间,但却无法像传统宗教那样为这个空间提供具有内容的伦理性因素,而艺术的客观化和宗教的主观化则尝试从两个方向给出替代性方案。

(二)合法性确立(Rechtfertigung)之一

艺术的客观化。哈贝马斯将艺术客观化倾向的开端定于席勒,"席勒从1793年夏天开始写作《审美教育书简》,并于1795年把它发表在《季节女神》(Horen)上。这些书简成了现代性的审美批判的第一部纲领性文献。席勒用康德哲学的概念来分析自身内部已经发生分裂的现代性,并设计了一套审美乌托邦,赋予艺术一种全面的社会—革命作用。由此看来,较之在图宾根结为挚友的谢林、黑格尔和荷尔德林在法兰克福对未来的憧憬,席勒的这部作品已经领先了一步,艺术应当能够代替宗教,发挥出一体化的力量"②。诚然,这种艺术公共性之诉求无疑是对技术理性所造成的分裂危机的

---

① Leszek Kolakowski, *Die Gegenwärtigkeit des Mythos*, München, Piper, 1973, S. 14.
② [德]哈贝马斯:《现代性的哲学话语》,曹卫东译,译林出版社2004年版,第25页。

挽救，但却同样是启蒙运动本身的产物，饱受哈贝马斯批评的审美现代性之扩展实质上依然遵循了启蒙的运作模式和机制，雅默指出，启蒙理性的批判者提供的是启蒙理性感性化［Versinnlichung der (aufklärerischen) Vernunft］方案，是为了让社会的各个阶层能更清晰地认识到那些为启蒙所忽视的却本就属于理性传统的其他面向[①]。艺术客观化的要求或许在黑格尔看来依然是知性思维的产物，但是，在理性合理化、各领域自治的世界图景确立和实在性的统一因素丧失的共同背景之下，现代艺术所承担的功能至少在外表上的确与传统宗教越发接近，二者的界限也愈加模糊：传统宗教的绝对超越性变得与艺术鉴赏中内在的情感难以区分；基督教中的启示乃至作为前宗教形态的神话逐渐被解读为艺术的创造；审美感知以及艺术创作取代了默祷和礼拜，成为直接体验超越性之物新的特定场所和专属空间。甚至在法兰克福学派（Frankfurter Schule）和卡西尔（Ernst Cassirer）符号哲学的视域下，艺术享受取代了宗教救赎的经验，美不再被视为德性的象征，而是作为人与现实和谐一致的中介，不再以否定、差异、痛苦和任何形式的压迫为特征，由此在现代世界带有了一种世俗宗教（säkularisierten Religion）的特征[②]。

现代艺术对传统宗教功能的部分取代既可被理解为自启蒙时期以来世俗化进程的加剧，不断瓜分原本属于宗教的神圣空间，又能被视作宗教对世俗思潮的整合的产物，神圣化总是无孔不入地与世俗化交织在一起，特洛尔奇（Ernst Troeltsch）干脆指出现代艺术具有双重性，"其一是它对世俗世界的再发现和提升，其二是表现了那

[①] Christoph Jamme, Aufklärung via Mythologie: Zum Zusammenhang von Naturbeherrschung und Naturfrömmigkeit um 1800, in *Idealismus und Aufklärung. Kontinuität und Kritik der Aufklärung in Philosophie und Poesie um 1800*, hrsg von Christoph Jamme und Gerhard Kurz, Stuttgart: Klett-Cotta, 1988, S. 43.

[②] Vgl. Wilhelm Lütterfelds, Zu einer these aus hegels «phänomenologie Des geistes», in Hegel-Jahrbuch 1999, hrsg von Andreas Arndt, Karol Bai und Henning Ottmann, Berlin: Akademie Verlag, 2004, S. 227–233.

种感知和寻求深层自我的创造性个体。现代艺术一方面彻底打破了奥古斯丁主义及其贬低世俗世界的绝对腐朽和贬低感性的学说，以此与其他一切现代的世俗化主题联系了起来，成为这种世俗化最直观、最令人信服、最有效的证明；另一方面，现代艺术又是基督教内在性与个性的提升，摆脱了教会和权威这些客观权力，完全自由地表现纯个人的生活内涵，经常成为自觉的和为人所要求的创造性（Originalität）"①。自 18 世纪以来，德意志始终处于艺术公共功能之争论的旋涡中心，进入 19 世纪之后，宗教的审美化、主观化以及艺术向宗教的提升更成为德意志有教养的市民阶层最常挂在口边的主题②，艺术也开始主动寻求与宗教的联合。

（三）合法性确立之一

宗教的主观化。与艺术客观化几乎同时发生的，乃是宗教的内在转向。实际上，正是在启蒙运动理性批判的刺激下，"宗教"（Religion）才反向划定了自身的界限和范围，因为在启蒙运动之前（以及启蒙的视域之外），宗教的本质总是和敬拜的（kultisch）、魔法的（magisch）、仪式性的（rituell）、神话的（mythisch）、神学的（theologisch）等传统定义混杂在一起③。而虔敬（Religiosität）则是在启蒙运动及宗教批评之后，1790 年前后开始在德意志思想界被普遍接受为宗教的本质，虔敬代表了一种主观化的征兆（Symptom）——用个体的、内在的自我确定性来代替对上帝的信仰。宗教也由此被划分为内在（主观）的和外在［客观或实定（positive）］两种类型，并逐渐解除了神学、国家、道德对之外在的束缚，而变

---

① ［德］特洛尔奇：《基督教理论与现代》，朱雁冰、李承言、刘宗坤译，华夏出版社 2004 年版，第 57 页。

② Vgl. Ernst Müller, Religion/Religiosität, in *Ästhetische Grundbegriffe. Historisches Wörterbuch in sieben Bänden*, Bd. 5, hrsg von Karlheinz Barck, Martin Fontius, Dieter Schlenstedt, Burkhart Steinwachs, Friedrich Wolfzettel, Stuttgart & Weimar：J. B. Metzler, 2010, S. 229.

③ Vgl. Ernst Müller, Religion/Religiosität, in *Ästhetische Grundbegriffe. Historisches Wörterbuch in sieben Bänden*, Bd. 5, hrsg von Karlheinz Barck, Martin Fontius, Dieter Schlenstedt, Burkhart Steinwachs, Friedrich Wolfzettel, Stuttgart & Weimar：J. B. Metzler, 2010, S. 229.

得私有化（Privatisierung）。① 经历了启蒙的理性批判之后，在宗教领域首先崩溃的是外在的、制度性的公共结构，宗教不再被视为一种天经地义的公共秩序②，在失去了外在的公共领域和相关的对象范围之后，"虔敬"乘势取而代之，宗教现在应当建立在内在的、个体的、审美的道德情感之上。③ 在这条宗教主观化的道路上，摩拉维亚兄弟会的主教青岑多夫伯爵（Nikolaus Ludwig von Zinzendorf und Pottendorf）起到了承上启下的作用，他在一份题为《宗教精神或虔敬》的笔记（Notiz, 1751）中首次将虔敬规定为人内在的宗教情感："人性中有一种东西，即虔敬；当人们自己设想造物主和被造物时，它（指虔敬）必然是后者与生俱来的（innata）。当一提到被造物一词，人们就会立即想到被造物对其起源的虔敬，想到被造物对其中心的倾向、对其来源的趋向。"④ 青岑多夫伯爵所归属的虔敬派（Pietismus）将虔敬视作内在理念，是上帝的主观对应物（subjektives Pendant）⑤，这就赋予了虔敬与审美情感类似的结构。其重要意义在于，主观化的宗教不再是人对绝对者外在的接受，而是出于内在的情感需求。

---

① Vgl. Ernst Müller, Religion/Religiosität, in *Ästhetische Grundbegriffe. Historisches Wörterbuch in sieben Bänden*, Bd. 5, hrsg von Karlheinz Barck, Martin Fontius, Dieter Schlenstedt, Burkhart Steinwachs, Friedrich Wolfzettel, Stuttgart & Weimar: J. B. Metzler, 2010, S. 243.

② Vgl. Ulrich Dierse, Religion, *Historisches Wörterbuch der Philosophie*, Bd. 8, hrsg von Joachim Ritter, Basel: Schwabe, 1992, S. 632f.

③ Vgl. Ernst Müller, Religion/Religiosität, in *Ästhetische Grundbegriffe. Historisches Wörterbuch in sieben Bänden*, Bd. 5, hrsg von Karlheinz Barck, Martin Fontius, Dieter Schlenstedt, Burkhart Steinwachs, Friedrich Wolfzettel, Stuttgart & Weimar: J. B. Metzler, 2010, S. 243.

④ Nikolaus Ludwig von Zinzendorf und Pottendorf, *Jüngerhausdiarium*, 8.9.1751, Universitätsarchiv Ex. A. 16, S. 131-132.

⑤ Vgl. Ernst Müller, Religion/Religiosität, in *Ästhetische Grundbegriffe. Historisches Wörterbuch in sieben Bänden*, Bd. 5, hrsg von Karlheinz Barck, Martin Fontius, Dieter Schlenstedt, Burkhart Steinwachs, Friedrich Wolfzettel, Stuttgart & Weimar: J. B. Metzler, 2010, S. 243.

在写作时间稍晚于《宗教精神或虔敬》的《社会契约论》中，卢梭指出，在共同体中，公民应以自己的意志参与立法，从而去发现一个适合共同体最好的社会规则，立法需要基于个体自然感受与共同体普遍意志的一致，这就需要一种不同于传统基督教的新宗教，为这一共同生活和法制状态奠基。卢梭将这种新宗教称为"公民宗教"。荷尔德林和黑格尔在图宾根神学院学习期间，不约而同地认为希腊的"幻想宗教"（Phantasiereligion）能出色地完成这种"公民宗教"的政治任务（politische Aufgabe）[①]。希腊的"幻想宗教"包含了宗教对审美的需求和推崇，在这一共同体中，个体之间共同生活的基础既不是建立在抽象的人格的概念抑或财产所有权之上，也不是依赖于外在于个体的神律，而是每个人都是基于相同的审美感受和情感自发地与共同体一致。

艺术与宗教汇流的一个转捩点就是发生于18世纪下半叶的德意志"亲希腊主义"（Philhellenismus），这种对古典希腊的崇拜甚至扩大为一场颇有声势的新古典人文主义（Neuhumanismus）运动（约1750—1820年）。这场"亲希腊主义"以1764年温克尔曼（Johann Joachim Winckelmann）《古代艺术史》的发表为发端，1800年席勒的诗作《希腊诸神》（*Die Götter Griechenlands*）的再版为高峰，在新古典人文主义者的视野下，"模仿希腊人，不仅是一个美学命令，还是一个政治命令、宗教命令和道德命令"[②]，其影响之深远，甚至使古典希腊成为理想和美本身的代称，"谈到古典理想在历史上的实现，几乎不消指出，这要到希腊人中间去找"[③]。"艺术宗教"一词

[①] Vgl. Hans Friedrich Fulda, Rousseausche Probleme in Hegels Entwicklung, in *Rousseau, die Revolution und der junge Hegel*, hrsg. von Hans Friedrich Fulda und Rolf-Peter Horstmann, Stuttgart: Klett-Cotta, 1991, S. 48.

[②] ［美］弗里德里克·C.拜泽尔：《狄奥提玛的孩子们——从莱布尼茨到莱辛的德国审美理性主义》，张红军译，人民出版社2019年版，第196页。

[③] ［德］黑格尔：《美学》（第二卷），朱光潜译，商务印书馆1979年版，第168—169页。

的产生乃是历史错位的产物，它起于温克尔曼所引发的古代艺术的热情，而洪堡直接将其视为拟人化的结果，"最古老的希腊人和罗马人的各种神和我们最远古祖先的各种神是身体的力量和强壮的理想化。当感性美的理念产生并被高雅化之时，人们就把拟人化的、感性的美提高到神明的宝座上，这样就产生了宗教，人们可以把它称之为艺术的宗教"①，因为艺术本身就是希腊人的宗教。施莱尔马赫则在《论宗教》中第一次明确地将"艺术宗教"（Kunstreligion）作为术语使用，"关于主宰了这些民族和时代的艺术宗教中，我从来都没有什么感觉。只是我知道，艺术感绝不会接近了宗教的前两种形式，而不以新的优美和神圣使宗教发生动摇并友好地缓解它原初的褊狭。所以，通过希腊年长的贤人和诗人，自然宗教（Naturreligion）改变成为一种更加美丽和快乐的形态，于是，他们神圣的柏拉图把最神圣的神话提高到了神性和人性的最高顶峰之上"②。

二　同时代人

（一）先声

18世纪末期哈曼（Hamann）和赫尔德（Herder）已经开始酝酿艺术与宗教结合的具体模式，他们不约而同地将关注点聚焦于《圣经》之上。哈曼将上帝阐释为一位作家，通过被造物和预言家（Seher）、通过诗人（Poet）和先知（Prophet）来言说，"上帝的灵通过为祂所驱使的圣人的凡人之笔（Menschengriffel）虚己（erniedrigt）和外化（entäußert）自己的威严，这属于神圣启示之统一性，就像圣子

---

① ［德］洪堡：《论国家的作用》，林荣远、冯兴元译，中国社会科学出版社2016年版，第79—80页。

② Friedrich Schleiermacher, *über die Religion. Reden an die Gebildeten unter ihren Verächtern* (1799), in Friedrich Daniel Ernst Schleiermacher, Schriften aus der Berliner Zeit (1796–1799), KGA I/2, hrsg von Günter Meckenstock, Berlin & New York: Walter de Gruyter, 1984, S. 263；中译见 ［德］施莱尔马赫《论宗教》，邓安庆译，人民出版社2011年版，第99页，下同。

为奴仆的形象来虚己，也像整个创造是最为谦卑的行为（Werk）"①。通过上帝虚己的观念，哈曼将《圣经》诠释为关于创造的感性诗学（sinnliche Poetik der Schöpfung），上帝的起源是感性的充实，而不像18世纪流行的自然神学（deistische Theologie）将上帝理解为抽象的理性（abstrakte Ratio），"诗是人类的母语；如园艺比耕地更古老；如图画比书写更古老；如歌谣比诵读更古老；如譬喻比推论更古老；如交换比贸易更古老"②。而早期浪漫派的艺术宗教构想，尤其是诺瓦利斯和弗·施莱格尔关于未来新圣经的计划实际上就继承自哈曼的观念，上帝通过人类诗性的创造力量而颁布了《圣经》。③ 赫尔德则首先区分了宗教和神学，使神学成为一门科学化的专业学科，接着将宗教转化为人文主义和人类教化中的关键环节，"它（宗教）渗入到人的一切偏好和冲动中，为了使之和谐一致并将它们导向正确的轨道"④，他在《希伯来诗歌的精神》中，同样采取了一种审美—文学化的方式阐释圣经，《旧约》的真理性不再由其神圣性和神性保证，而是由它通过审美影响和形塑人之教化之实际经验的能力来保证。⑤

---

① Johann Georg Hamann, Kleeblatt Hellenistischer Briefe I, in Hamann, *Sämtliche Werke*, Bd. 2, hrsg von Josef Nadler, Wien: Thomas-Morus-Presse im Verlag Herder, 1950, S. 171.

② Johann Georg Hamann, Aesthetica in nuce (1762), in *Hamann, Sämtliche Werke*, Bd. 2, hrsg von Josef Nadler, Wien: Thomas-Morus-Presse im Verlag Herder, 1950, S. 207.

③ Vgl. Ernst Müller, Religion/Religiosität, in *Ästhetische Grundbegriffe. Historisches Wörterbuch in sieben Bänden*, Bd. 5, hrsg von Karlheinz Barck, Martin Fontius, Dieter Schlenstedt, Burkhart Steinwachs, Friedrich Wolfzettel, Stuttgart & Weimar: J. B. Metzler, 2010, S. 239.

④ Johann Gottfried Herder, Von religion, lehrmeinungen und gebräuchen (1798), in Herder, *Sämtliche Werke*, Bd. 20, hrsg von Bernhard Suphan, Berlin: Weidmann, 1880, S. 135.

⑤ Vgl. Ernst Müller, Religion/Religiosität, in *Ästhetische Grundbegriffe. Historisches Wörterbuch in sieben Bänden*, Bd. 5, hrsg von Karlheinz Barck, Martin Fontius, Dieter Schlenstedt, Burkhart Steinwachs, Friedrich Wolfzettel, Stuttgart & Weimar: J. B. Metzler, 2010, S. 245.

与哈曼和赫尔德不同,柏林启蒙主义者摩西·门德尔松(Moses Mendelssohn)和莱辛(Lessing)却主张艺术摆脱宗教的影响,在《拉奥孔》中,莱辛将宗教和艺术的界限与诗画的界限相提并论,"对于古代艺术家来说,宗教往往就是这种外在压力。他的作品既然是规定要为虔敬和崇拜服务的,就不能象他专以娱乐观众为目的时所做到的那样完美"①,他"希望把'艺术作品'这个名称只限用于艺术家在其中是作为艺术家而创作,并且以美为唯一目的的那一类作品。此外一切带有明显的宗教祭典痕迹的作品都不配称为'艺术作品',因为艺术在这里不是为它自己而创作出来,而只是宗教的一种工具,它对自己所创造的感性形象更看重的是它所指的意义而不是美"②。莱辛虽然基于艺术的自律性坚持艺术和宗教的分离,但反向赋予了艺术,尤其是诗歌在描绘上帝上以更大的自由,诗歌既不再是对彼岸的模仿或形象化,也不是使神圣事物可视化,而是可以不必遵守宗教的陈规,任意选取符号,以幻想的形式、不受摹本拘束的自由表现。莫里茨(Karl Philipp Moritz)则从艺术作品本身的结构讨论了艺术的自足性,在题献给门德尔松的论文《论自身完善之物的概念》(1785)中,他强调人们只是为着艺术作品自身而珍爱它,"作为某物,并非在我这里,而是在自身中完善,因此它自身就构成了一个全体",艺术之美具有这样一种特质,"当美将我们的注意力完全吸引到它身上时,它又在这一片刻将我们的注意力从自己身上移开,使我们似乎在美的对象中失去了自我;而恰恰是这种丧失,这种对我们自己的遗忘,使美为我们带来的最高程度的纯粹和无私的愉快"③。这种纯粹的或自律的艺术之美中,欣赏者的体验"越来越接近一种无私之爱"④,它在

---

① [德]莱辛:《拉奥孔》,朱光潜译,人民文学出版社 1984 年版,第 57 页。
② [德]莱辛:《拉奥孔》,朱光潜译,人民文学出版社 1984 年版,第 57 页。
③ Karl Philipp Moritz, über den Begriff des in sich selbst Vollendeten (1785), in Mortiz, *Werke*, Bd. 2, Frankfurt. a. M.: Insel, 1981, S. 543.
④ Karl Philipp Moritz, über den Begriff des in sich selbst Vollendeten (1785), in Mortiz, *Werke*, Bd. 2, Frankfurt. a. M.: Insel, 1981, S. 545.

摆脱一切外在要求的同时，实际上预先构成了浪漫派"艺术宗教"之基本规定。

（二）古典主义和浪漫派

基于启蒙运动的影响，以及康德、莱辛和莫里茨为艺术自律奠定的理论基础，从18世纪90年代开始，魏玛古典主义、早期观念论和早期浪漫派都习惯将宗教当作一个特定的审美范畴。费希特在《试评一切天启》中将"虔敬"规定为主观上作为理性精神的习性（Habitus），是一切宗教（包括自然宗教和启示宗教）的效果[1]，在费希特看来，游戏、诗歌和美与虔敬类似，都是通过想象力而形成的一种精神习性，而席勒则试图找到一个术语以描述康德批判哲学中义务和偏好的和解，他在与歌德的通信中创造了"审美宗教"（ästhetische Religion）这个术语，"如果人们坚持基督教的这种不同于所有一神论宗教的特有的特征，那么，这种特征不是别的，就在于废除法则或废除康德的绝对命令，基督教声称用一种自由爱好将它们取而代之了。这就是用其纯粹的形式表现优美的伦理或道成肉身，在这个意义上的唯一的审美宗教"[2]。而青年洪堡在早期自由主义的政治论文中，认为宗教不再服务于确立道德的外在规范，而应将自身建立在"审美情感"之上，他在《论国家的作用》中强调了宗教个体性、内在性、非制度性和非实定性的特征。[3]

---

[1] J. G. Fichte, *Werke* (*1791–1794*), J. G. Fichte-Gesamtausgabe, *Werk*, Bd. 1, hrsg von Reinhad Lauth und Hans Jacob unter Mitwirkung von Manfred Zahn und Richard Schottky, Stuttgart: Frommann Holzboog, 1964, S. 39；中译见［德］费希特《费希特著作选集》（卷一），梁志学主编，商务印书馆1990年版，第32页，译文有改动。

[2] Friedrich Schiller, *Briefwechsel*, *Briefe an Schiller* 1. 7. 1795–31. 10. 1796, Schillers Werke. Nationalausgabe, Bd. 28, Weimar, Hermann Böhlau, 1969；中译见［德］歌德、［德］席勒《歌德席勒文学书简》，张玉书、张荣昌译，安徽文艺出版社1991年版，第46页，译文有改动。

[3] Vgl. Ernst Müller, Religion/Religiosität, in *Ästhetische Grundbegriffe. Historisches Wörterbuch in sieben Bänden*, Bd. 5, hrsg von Karlheinz Barck, Martin Fontius, Dieter Schlenstedt, Burkhart Steinwachs, Friedrich Wolfzettel, Stuttgart & Weimar: J. B. Metzler, 2010, S. 245.

瓦肯罗德（Wilhelm Heinrich Wackenroder）的《一个热爱艺术的修士的内心倾诉》（1796）基本可以视为"艺术宗教"学说在早期浪漫派中的完备版本，在这篇奇特的小说中，瓦肯罗德将康德、莱辛和莫里茨所奠定的艺术自律原则作为批判技术理性功利化、经济有用性的有力武器，并且将庸常世界和艺术之间的差异提升到了类似世俗之城和上帝之城之间对立的程度，但是构成这两个世界边界的却不再是宗教意义上的此岸和彼岸，而是商品生产社会的散文语言和神圣的诗歌语言。[1] 艺术对庸常世界的超越性之实质就是神圣语言对日常语言的超越性，在早期浪漫派看来，上帝赐予人类两种语言：自然与艺术。自然是上帝的语言，而艺术是上帝赋予小部分被拣选的天才的语言[2]，天才可以通过艺术来把握神性。艺术代表了人类创造力所能达到的最高的完美性，上帝看待其作品——自然（或整个世界）的方式就与人类看待艺术作品的方式类似，同样上帝将我们眼中的自然称为诗。在艺术神圣化的基础上，在早期浪漫派看来，克服现代世界种种分裂和危机的关键就是重新建构一种审美的公共体验，但这种体验产生的前提是一个"新世界"的诞生，这个新世界既非古典希腊，亦非虔敬的内心世界，而是天主教世界。瓦肯罗德在《一个热爱艺术的修士的内心倾诉》中描述了天主教陌生的敬拜仪式对他产生的强烈而美妙的冲击；而诺瓦利斯在《基督世界与欧罗巴》（*Die Christenheit oder Europa*）中将天主教视为在未来降临的永久和平的神圣阶段，"古老的天主教信仰……它在生命中的普遍存在，它在艺术中的爱，它深厚的人性，它的牢不可破的婚姻，它善意的健谈性格，它对穷困、顺从和忠贞的喜爱，这一切都使

---

[1] Vgl. Ernst Müller, Religion/Religiosität, in *Ästhetische Grundbegriffe. Historisches Wörterbuch in sieben Bänden*, Bd. 5, hrsg von Karlheinz Barck, Martin Fontius, Dieter Schlenstedt, Burkhart Steinwachs, Friedrich Wolfzettel, Stuttgart & Weimar: J. B. Metzler, 2010, S. 247f.

[2] Vgl. Hans Belting, *Bild und Kult. Eine Geschichte des Bildes vor dem Zeitalter der Kunst*, München: C. H. Beck, 1991, S. 533ff.

它作为真正的宗教不会被误认,其中也包含了它的宪章的基本特征。经过时代潮流的冲刷,天主教信仰变得纯洁了;在同其他两种基督教形态的不可分割的紧密结合中,它将永远给这片大地带来幸福"[1]。

蒂克(Ludwig Tieck)认为在一切艺术门类中,器乐最具有宗教性,"因为音乐(Tonkunst)无疑就是信仰最终的奥秘,是神秘主义,是彻底的启示宗教"[2],瓦肯罗德和蒂克都将音乐启示性的关键系于音乐和语言的分离,音乐能将人带入一种极境,在这种情境下,个体与上帝之间的交互不再基于理解,而是处在无法言说(Unsagbar)的状态。施莱尔马赫同样非常推崇器乐,沉醉于音乐所包含的这种不可言说性和渴望之中,器乐也是《论宗教》中最被用以指称真正"宗教行家"的隐喻,器乐不依赖对象—瞬息即逝的形式正对应于所渴望的内在性和表达的直接和非模仿性的统一,合唱队和管弦乐队中演奏家间的互动既是无中介的又是同步的,正对应于教会中人人平等、相互交流和直接提升的理想,[3] 但这种无法言说的状态并没有消除人与神之间的疏离,而只是表达了未能和解的渴望,此外,音乐作为一种最适于表达现代性的分裂之经验和对和解之无法满足的渴望的艺术形式,实质上脱胎于新教对内在性的强调以及虔敬派所推崇的内心虔敬,却并非天主教。

然而,瓦肯罗德也看到了浪漫派艺术宗教方案的内在悖论,如果人类并不是通过艺术使尘世间的一切变得更为美好,而是像上帝一样"无中生有"(creatio ex nihilo)地创造自然,那么他就会陷入傲慢而渎神。救赎本身只能在平淡无奇的散文性的日常世界之外追

---

[1] [德]诺瓦利斯:《夜颂中的革命和宗教——诺瓦利斯选集卷一》,林克等译,华夏出版社 2007 年版,第 217 页,译文有改动。

[2] Wilhelm Heinrich Wackenroder, Phantasien über die Kunst, für Freunde der Kunst (1799), in Wackenroder, *Dichtung*, *Schriften*, *Briefe*, hrsg von Heinrich Gerda, Berlin: Union, 1984, S. 351.

[3] Vgl. Gunter Scholtz, *Schleiermachers Musikphilosophie*, Göttingen: Vandenhoeck & Ruprecht, 1981.

寻，但艺术带来的救赎却包含了僭妄，"脆弱的人类能照亮天堂的秘密吗？难道他认为他敢于将上帝用手遮盖之物带入光中吗？"①

（三）施莱尔马赫

黑格尔在柏林大学时期的同事兼晚年论敌神学家施莱尔马赫可视为浪漫派艺术宗教构想的理论奠基人，他不仅第一次正式使用了"艺术宗教"这一术语，而且在《论宗教》的第三讲中将艺术与宗教的融合视为将再次发生于未来的"宗教的复活"②。而诺瓦利斯在与弗·施莱格尔论及施莱尔马赫的构想时，做了如下概括："施莱尔马赫宣扬一种爱，一种宗教——种艺术宗教—几近于一种类似艺术家的宗教，他们崇拜美和理想。"③ 在早期浪漫派以及施莱尔马赫那里，"艺术宗教"这个概念非但没有勾勒出艺术和宗教内在的差异，反倒有意地掩盖了，它表现了一种告别过去而拥抱未来的姿态。

施莱尔马赫对艺术与宗教关系的看法基本与浪漫派保持了同一立场，在《论宗教》这部现代神学的开山之作中，他切断了宗教与道德、哲学和国家自古以来的联系，而以主观性、祈祷忏悔（Kontemplation）和内在性来界定宗教，从理论的高度进一步加深了浪漫派模糊艺术和宗教间界限的趋势。他大量采用第三批判中的术语，认为宗教的情感与审美愉快的情感类似，也是无关切和无目的的，"宗教的本质既非思维也非行动，而是直观和情感"④。通过将宗教的本质界定为"直观和情感"，施莱尔马赫将真正的宗教行家（religiöse Virtuosen）类比于浪漫派美学中的"天才"，"宗教诚然追求的是，让那么些还没有能力直观宇宙的人睁开眼睛，因为每一个

---

① Wilhelm Heinrich Wackenroder, Herzensergießungen eines kunstliebenden Klosterbruders (1796), in Wackenroder, *Dichtung, Schriften, Briefe*, hrsg von Heinrich Gerda, Berlin: Union, 1984, S. 192.

② ［德］施莱尔马赫：《论宗教》，邓安庆译，人民出版社2011年版，第100页。

③ Novalis, Randbemerkung zu Friedrich Schlegels 〈Ideen〉, in *Novalis Schriften* III, hrsg. von Richard Samuel in Zusammenarbeit mit Hans-Joachim Mähl und Gerhard Schulz, Stuttgart: Kohlhammer, 1968, S. 488.

④ ［德］施莱尔马赫：《论宗教》，邓安庆译，人民出版社2011年版，第30页。

直观者都是一个新教士,新的中介者,一个新的器官"①,直观把握的是宇宙中个别的显象,而不是这些显象之间的关联、中介形式或在总体中的宇宙,这些个别显象构成了原初的混沌,而每个直观者把握到的个别都是宇宙中的一个世界,施莱尔马赫据此将浪漫派所颂扬的艺术家所创造的个别的艺术作品转变为"无艺术作品"(ohne Kunstwerk)的主观觉知②。每个直观者的信仰和直观之间都没有被规定的内在联系,在对绝对者直接的感受中,每个个体都保持同时又超越了自己的特殊性,浪漫派审美革命中每个个体在审美活动中的平等性被嫁接为个体直观绝对者在交互价值(Tauschwert)上的平等性。

每个个体的直观都是上帝的器官和中介,施莱尔马赫这一观念可追溯到诺瓦利斯的断片《花粉》(*Blüthenstaub-Fragment*,1798),"真正的宗教似乎又自相矛盾地分为泛神论和一神论……万物皆可充当神的器官和中介,我将万物提升到这种地位,类似于一神论对信仰的概括,不过与此相反:对我们而言,世界上只有一个这样的器官,只有它才切合一个中介的观点,上帝唯一通过它让自己被人获悉,我之所以要求自己选择它,是因为若无这种选择,一神论就不是真正的宗教。尽管二者看起来殊不相容,但二者的结合仍然可以实现,如果让一神论的中介变成泛神论的中介世界之中介,仿佛让它构成这个中介世界的中心,这样一来,二者便以不同的方式使对方变为必要的"③;而弗·施莱格尔认为这个中介世界的中介就是艺术家,"人类在地球上其他各种生物中的地位,就是艺术家在人类中

---

① [德]施莱尔马赫:《论宗教》,邓安庆译,人民出版社2011年版,第37页,译文有改动。

② Vgl. Ernst Müller, Religion/Religiosität, in *Ästhetische Grundbegriffe. Historisches Wörterbuch in sieben Bänden*, Bd. 5, hrsg von Karlheinz Barck, Martin Fontius, Dieter Schlenstedt, Burkhart Steinwachs, Friedrich Wolfzettel, Stuttgart & Weimar: J. B. Metzler, 2010, S. 250f.

③ [德]诺瓦利斯:《夜颂中的革命和宗教——诺瓦利斯选集卷一》,林克等译,华夏出版社2007年版,第92—93页。

的地位","所谓中介者就是在自己内心中窥视到神性的人,为了在道德和行动、言语和作品中向一切人宣布、传达并描绘神性,中介者毁灭性地牺牲自己。倘若这个冲动不成功,那么所窥见到的东西就不是神性的,或不是自己的。调解(Vermitteln)或被调解(Vermitteltwerden),是人的全部更高的生活,并且每一个艺术家对于所有其他人,都是中介者"①。施莱尔马赫将个人的宗教信仰的教化比作艺术品的创造,不同之处在于直观者并没有将自己的情感客观化,而是保留在主观的直观和内在情感之中,因而宗教是"无艺术作品的艺术"②。

三 黑格尔

黑格尔尽管是以体系哲学家的形象而为人熟知,但青年时期的黑格尔心目中的头等大事却是探究伦理、艺术与宗教之间的关系,在这个意义上他与早期浪漫派的差异并不在于关注的问题不同,而在于解决问题的方法判然有别。黑格尔整个思想发展的起点是图宾根时期对"民众宗教"(Volksreligion)的思考,首先,他在"民众宗教"中强调的是主观性,主观性的两大要素是情感和心,唯有借助此二者,教义的神圣性才能成为人行动的内在驱力;其次这一方案建立在与卢梭极其类似的基础上,因而主观性与公共性并不矛盾,"人是一种兼有感性和理性的存在",所以宗教"不可能仅仅建立在理性上"③,但为了达到公共性却必须诉诸"理念的感性化",如此

---

① [德]施勒尔:《浪漫派风格——施勒格尔批评文集》,李伯杰译,华夏出版社 2005 年版,第 43—44 页,译文有改动。

② Vgl. Ernst Müller, Religion/Religiosität, in *Ästhetische Grundbegriffe. Historisches Wörterbuch in sieben Bänden*, Bd. 5, hrsg von Karlheinz Barck, Martin Fontius, Dieter Schlenstedt, Burkhart Steinwachs, Friedrich Wolzettel, Stuttgart & Weimar: J. B. Metzler, 2010, S. 251.

③ Vgl. *Hegels theologische Jugendschriften*, hrsg. von H. Nohl, Tübingen: J. C. B. Mohr, 1907, S. 140.

人才能成为"感性与理性统一而成的存在"①，在这种公共性中，宗教和生活真正达到亲密无间、无所分离，卢卡奇据此认为黑格尔青年时期所谓的主观情感并不是个别性的，而是直截了当地从集体的主体出发②。在这一理论框架下，卢梭在《社会契约论》中"公民宗教"的理想很容易就被黑格尔代换为希腊城邦的历史影像，而他在伯尔尼时期的断片《基督教的实定性》（1795—1796年）已经开始尝试践行这一构想，这一断片前半部分对基督教实定性的批判同样延续了他在图宾根时期的思想工作——真正的宗教应该以理性和感性的糅合为基础；在这一断片的后半部分，黑格尔明确提出了要为"当前的德意志民族"建立一种新神话以实现卢梭式的"公民宗教"。引入神话是为了进一步解决宗教与公共生活的关系，他设想了三条进路：（1）通过复兴"古德意志"神话，然而这一传统已经中断；（2）通过改编旧约故事，并将之纳入德意志的幻想世界，但犹太经典的陌生感是难以消除的；（3）通过以新人文主义的方式回溯希腊神话。在大革命时代，民众开始呼吁共和与自由的情绪下，第三条进路是目前唯一有前景的做法。③ 这三条进路实际上表明了黑格尔对三大"民众宗教"建构模式的基本看法（古日耳曼民族、犹太民族和希腊人），他青年时期对古典希腊的偏爱表露无遗。

黑格尔在伯尔尼—法兰克福时期对公共生活正当性的思考同样也是浪漫派"艺术宗教"构想试图克服的现代世界中的根本问题，黑格尔指出，在希腊人那里，每个人都服从于自己建立的法律，因此个体和公共生活的关系是一种活生生的有机统一。而在希腊世界被基督教世界取代后，个体在公共生活中的自由取代个体的自由感

---

① *Hegels theologische Jugendschriften*, hrsg. von H. Nohl, Tübingen: J. C. B. Mohr, 1907, S. 357.

② ［匈］卢卡奇：《青年黑格尔》（选译），王玖兴译，商务印书馆1963年版，第36页。

③ Vgl. Hans-Otto Rebstock, *Hegels Auffassung des Mythos in seinen Frühschriften*, Freiburg: Karl Alber, 1958.

成为真正亟须解决的问题。在代表青年黑格尔、谢林、荷尔德林以及浪漫派的思想共识的重要文本——《德意志观念论最初体系纲领》（以下简称《体系纲领》）之中，新时代的"诗歌"被要求担负起一种新宗教或新神话（neue Mythos）的任务，"民众需要一个感性宗教（eine sinnliche Religion）。但其实不仅是民众，还有哲学家，都需要属于他们的关于理性的一神教和心（des Herzens）的一神教，以及关于想象力（Einbildungskraft）的多神教和艺术的多神教。这正是我们所亟需的！"① 关于诗歌如何承担这一职责，黑格尔当时的思考显然没有达到成熟时期历史哲学的高度，而是相信现代艺术有能力重新扮演起古典时期城邦立法者的角色，赋予其一种超历史的功能，"诗因此获得一种更高的尊严，最终它又将成为其开端之所是，——人类的导师"②。

进入耶拿时期之后，黑格尔开始真正思考艺术因何能充当伦理生活（公共生活）的根据。在《耶拿体系草稿Ⅰ》，亦即《自然哲学和精神哲学（1803/1804）》中，黑格认为，艺术作品应被规定为国家的作品，国家和艺术作品有着如下共同点：一个绝对伦理通过行动将自己设定为一个现实的存在，在这个现实存在即特定的伦理实体（Sittelichkeit）之中反照自身，凸显出特定的伦理实体存在的历史性③。换言之，当艺术被视为伦理实体对自身存在的自我认识之时，城邦立法的正当性才能在艺术作品中得到体现。如果参照黑格尔成熟时期实在哲学的架构来看，当时他只是在客观精神的层次上思考了艺术和伦理的关系，还没有提升到绝对精神的高度。而同一时期的另一个断片《精神的本质及其形式》中，黑格尔并未像早期

---

① *Das älteste Systemprogramm*, *Studien zur Frühgeschichte des deutschen Idealismus*, hrsg. von Rüdiger Bubner, Hegel Studien, Beiheft 9, Bonn: Bouvier, 1982, S. 265.

② *Das älteste Systemprogramm*, *Studien zur Frühgeschichte des deutschen Idealismus*, hrsg. von Rüdiger Bubner, Hegel Studien, Beiheft 9, Bonn: Bouvier, 1982, S. 265.

③ Annemarie Gethmann-Siefert, *Einführung in Hegels Ästhetik*, München: Wilhelm Fink Verlag, 2005, S. 79.

浪漫派那样预设天才的艺术作品乃是个体与上帝之间的绝对中介，也没有像以魏玛古典主义者（如席勒、洪堡）将古典希腊视为一个超越现代世界的静态世界观，相反，他认为这种绝对性不是被创造的，而是被发现的，诗人并没有——像古老的提泰神系或后来的普罗米修斯那样——去创造民族的本质，而只是去发现民族之中早已被创造的事物。① 黑格尔在《耶拿体系草稿（1805—1806）》中，则第一次从历史哲学的角度阐明了希腊世界与近代世界的根本差别，"近代的更高的原则，这是古代人、柏拉图所不知道的，在古代，美的公共的生活是所有人的伦常风俗（Sitte）——美、普遍的东西和个别的东西的直接统一，是一件艺术品，其中没有一个部分与全体分离，而是自我认识的自身（指精神）及其呈现的天才的统一。但是个别性的绝对自我认识、这种绝对的己内存在（Insichseyn）没有出现（这指的就是近代更高的原则）"②。而现代世界实际上也是宗教虔敬产生的土壤，它将这种虔敬与对待世界技术化的实用态度结合了起来，因此产生了以道德和经济为主导原则的现代性原则，这种世界图景与希腊世界截然不同。黑格尔现在认为，"当然，如果对我们的时代而言，活生生的世界本身并不能构成艺术品，那么艺术家就必须将他的想象力运用到一个过去的世界中，他必须自己梦想一个世界，但他的作品也带有了幻想和非活生生关联存在的，和过去的特征"③。从耶拿时期开始，黑格尔明确拒绝了浪漫派"艺术宗教"的方案。

因此，黑格尔在《精神现象学》中采用的"艺术宗教"这一术

---

① Vgl. G. W. F. Hegel, Fragmente aus Vorlesungsmanuskripten (1803), Das Wesen des Geistes, in Hegel, *Schriften und Entwürfe* (*1799–1808*), Gesammelte Werke, Band 5, hrsg von Manfred Baum und Kurt Rainer Meist, Hamburg: Felix Meiner, 1998, S. 376–377.

② G. W. F. Hegel, *Jenaer Systementwürfe Ⅲ*, Gesammelte Werke, Band 8, hrsg. von Johann Heinrich Trede und Rolf—Peter Horstmann, Hamburg: Felix Meiner, 1976, S. 263.

③ G. W. F. Hegel, Fragmente aus Vorlesungsmanuskripten (1803), Das Wesen des Geistes, in Hegel, *Schriften und Entwürfe* (*1799–1808*), Gesammelte Werke, Bd. 5, hrsg von Manfred Baum und Kurt Rainer Meist, Hamburg: Felix Meiner, 1998, S. 377.

语有着强烈的论辩特质，他显然预设了读者对宗教理解审美化和艺术理解神学化的时代风尚的熟知①，而黑格尔的主要理论竞争对手，除了施莱尔马赫和早期浪漫派，其实还包含作为《先验唯心论体系》作者的昔年同窗好友谢林——谢林在自然哲学时期对艺术功能的看法显然象征着艺术形而上学的理论顶峰。在《精神现象学》宗教阶段中，黑格尔实际上只是将"艺术宗教"作为一个扬弃的阶段，一个通向"概念之真"历程中的过站和预备性的真实形态。而从写作策略角度看，黑格尔采用了施莱尔马赫和早期浪漫派的术语分析古典希腊，实际上是一种诠释性技巧（hermeneutischer Kunstgriff），成功规避了浪漫派"艺术宗教"的未来形象。正如黑格尔根据词源学（etymologisch）对宗教（Re-ligion）所作的解释，宗教就是回忆（Erinnerung），精神的回忆和对历史概念式的理解和重组，而黑格尔这一阐释现在看来完全可以被验证，正是因为通过启蒙运动对宗教的理性批判，宗教被成功界定为一种文化上（精神世界）的秩序概念②。基于这一洞见，黑格尔不仅批判了"艺术宗教"方案缺乏历史性，而且通过将"艺术宗教"确立为精神回忆的初级形态完成了对谢林《先验唯心论体系》包含的艺术形而上学构想的批判，他既要阐明艺术何以在古典希腊具有绝对的真理性，又要证明在以主体性为历史原则的现代世界之中，宗教审美化和艺术神学化实际上都是不完备的真理形态。

---

① Vgl. A. Halder, Kunstreligion, in *Historisches Wörterbuch der Philosophie*, Bd. 4, hrsg von Joachim Ritter, Basel: Schwabe, 1976, S. 1458.

② Vgl. Ernst Müller, Religion/Religiosität, in *Ästhetische Grundbegriffe. Historisches Wörterbuch in sieben Bänden*, Bd. 5, hrsg von Karlheinz Barck, Martin Fontius, Dieter Schlenstedt, Burkhart Steinwachs, Friedrich Wolfzettel, Stuttgart & Weimar: J. B. Metzler, 2010, S. 253.

第二部分

《精神现象学》中的"艺术宗教"

——直接知识,新时代的宗教,概念之真

"Dagegen tritt nun die Kunst ein, denn indem der Mensch auf den Gipfel der Natur gestellt ist, so sieht er sich wieder als eine ganze Natur an, die in sich abermals einen Gipfel hervorzubringen hat. Dazu steigert er sich, indem er sich mit allen Vollkommenheiten und Tugenden durchdringt, Wahl, Ordnung, Harmonie und Bedeutung aufruft und sich endlich bis zur Produktion des Kunstwerkes erhebt, das neben seinen übrigen Taten und Werken einen glänzenden Platz einnimmt. Ist es einmal hervorgebracht, steht es in seiner idealen Wirklichkeit vor der Welt, so bringt es eine dauernde Wirkung, es bringt die höchste hervor: denn indem es aus den gesamten Kräften sich geistig entwickelt, so nimmt es alles Herrliche, Verehrungs-und Liebenswürdige in sich auf und erhebt, indem es die menschliche Gestalt beseelt, den Menschen über sich selbst, schließt seinen Lebens-und Tatenkreis ab und vergöttert ihn für die Gegenwart, in der das Vergangene und Künftige begriffen ist. Von solchen Gefühlen wurden die ergriffen, die den Olympischen Jupiter erblickten, wie wir aus den Beschreibungen, Nachrichten und Zeugnissen der Alten uns entwickeln können. Der Gott war zum Menschen geworden, um den Menschen zum Gott zu erheben. Man erblickte die höchste Würde und ward für die höchste Schönheit begeistert."

Johann Wolfgang Goethe

艺术于是应运而生。把自己置于自然的顶峰,通过这种方法,人重新把自己视为一个完整的、必须再次创造出一座顶峰的自然。他通过以下途径使自己上升到这一步:他用所有的完善和美德充实自己,他呼唤选择、秩序、和谐和重要性并最终起来生产那同他其余的活动和产品相比占据着一席璀璨之地的艺术品。一旦它被创造出来、以其理想的现实性立于世界的面前,他也就创造出一种持久的、亦即最高级的作用来:由于它是所有力量的精神产物,所以它包容了一切值得尊敬和爱的美好事物,它赋予人的形象以灵魂,从而使人超越自己,替他完成他那生命与行动之圆，并且为了集过去和未来于一体的现在而将他神化那些看见了奥林匹亚的朱庇特的人们为这样的情感所打动，这一点我们可以从各种有关古人的描绘、消息和见证中推断出来神变成了人，目的是为了把人提高为神。人们看见了最高的尊严并为那最高的美而激动不已。①

约翰·沃尔夫冈·歌德

"艺术宗教"（Kunstreligion）在《精神现象学》中是个令人费解的术语，希福特认为，艺术宗教是一种通过艺术被建立起来的独立的虔敬（Religiosität）形式，是黑格尔"教育民众之理想"（Ideals der Volkserziehung）在现象学的"宗教章"（Religionskapitel）中得到贯彻的体现，而呈现为美的宗教的理想。虽然艺术在实在哲学中被规定为绝对精神的第一种形式，但直到《哲学科学全书纲要》第一版（1817）中，黑格尔仍然将艺术和宗教结合在一起，即"艺术的宗教"（die Religion der Kunst）②，甚至，黑格尔在刚到柏林不久后仍计划在讲座课中一并讨论宗教和艺术③，但旋即在1820/1821年冬季学期，他明确将艺术哲学作为单独的讲座内容，形成了真正独立于宗教哲学、和宗教哲学平起平坐的"艺术哲学"，黑格尔在写给其挚友、神话学家克罗伊茨（Friedrich Creuzer）的信中也提到了单独出版美学的计划④。

---

① Johann Wolfgang von Goethe, *Kunsttheoretische Schriften und übersetzungen*, Schriften zur bildenden Kunst. I, Aufsätze zur bildenden Kunst (1772 – 1808), Wickelmann und sein Jahrhundert Philipp Hackett, Berliner Ausgabe. Bd. 19, hrsg von Siegfried Seidel, Berlin & Weimar: Aufbau, 1973, S. 486; 中译见［德］歌德《论文学艺术》（歌德文集卷10），范大灿、安书祉、黄燎宇等译，人民文学出版社1999年版，第418—419页。

② Vgl. Annemarie Gethmann-Siefert, *Einführung in Hegels Ästhetik*, München: Fink, 2005, S. 93.

③ Annemarie Gethmann-Siefert, *Einführung in Hegels Ästhetik*, München: Fink, 2005, S. 93.

④ Vgl. *Briefe von und an Hegel*, Bd. 2, hrsg von Johannes Hoffmeister, Hamburg: Felix Meiner, 1969, S. 266.

这个术语似乎暗示了黑格尔模棱两可的艺术观念：在1820/1821年之前，他倾向于将艺术视为内在虔敬的建构方式和宗教主观化的一种表现；在1820年之后真正分离了艺术和宗教，由此出现了《精神现象学》和《哲学科学全书纲要》（1827/1830）对艺术之规定存在较大的出入：在《精神现象学》中，艺术受宗教所支配，是一种特定形态的宗教或宗教的特殊阶段；在《哲学科学全书纲要》（1827/1830）中，艺术和宗教则并置为绝对精神自我认识的最高阶段，这似乎又再一次验证了那种认为黑格尔对艺术缺乏连贯统一的看法的观点。在黑格尔美学的研究史中，这一繁杂的问题常被有意无意地模糊化处理，研究者们对现象学中的"艺术宗教"与成熟的艺术哲学体系间的关系，有着不同的看法：王树人先生将"艺术宗教"部分视为黑格尔艺术哲学的具体发端，艺术未被单独列出而置于宗教阶段的原因有二，一方面在于黑格尔当时尚未系统研究和讲授艺术哲学；另一方面西方艺术发展与宗教密切相关。① 这类看法实际上将"艺术宗教"视为黑格尔美学的雏形②，对这一部分是否具有独立于黑格尔柏林时期成熟的艺术哲学的价值和意义则语焉不详。而在希福特看来，《精神现象学》和《哲学科学全书纲要》都是黑格尔规定艺术之体系价值（systematischen Stellenwert）的著作，虽然艺术在现象学中被置于宗教章的框架内，因为现象学之构造（phänomenologische Strukturierung）是规定艺术的方法论基础，但艺术在现象学中的推进对于黑格尔美学的体系性结构仍有着决定性意义，它勾勒出艺术哲学发展的可能性。必须以此为基础，才能与在《哲学科学全书纲要》中由美的理念所进一步规定的艺术的客观世界相结合。③ 希福特对艺术在整个黑

---

① 参见王树人《思辨哲学新探》，人民出版社1985年版，第160页。
② 朱立元先生也在《黑格尔美学论稿》中将现象学中"艺术宗教"部分视为一幅艺术发展史的轮廓、《美学讲演录》中描述的完整艺术史的最早草图。参见朱立元《黑格尔美学引论》，天津教育出版社2013年版，第63页。
③ Vgl. Annemarie Gethmann-Siefert, *Einführung in Hegels Ästhetik*, München：Fink, 2005, S. 108f, 204.

格尔体系之内承担的不同功能给出了一个精湛而富有说服力的考辨，然而这又引发了一个新的疑难，"艺术宗教"仅仅是因为现象学特殊的构造才承担了一个不同于艺术哲学的附加功能吗？

"艺术宗教"并非黑格尔首创的术语，本部分将"艺术宗教"部分置于现象学和黑格尔体系的整体关系中加以考察，通过重构黑格尔与同时代人关于艺术功能的争辩语境，以进一步澄清"艺术宗教"在现象学内部既是一个通向概念式思维的过渡点，又是黑格尔对谢林《先验唯心论体系》所包含的"审美形而上学"倾向与早期浪漫派和施莱尔马赫"新宗教"方案的针对性批判。正是在这种针对性的批判中，"艺术"在早期浪漫派和谢林那里所具有的不受拘束的、绝对肯定性的创造功能被黑格尔扬弃为个体从自然意识提升到科学立场的一个否定性阶段。长期以来，对黑格尔实在哲学中艺术、宗教和哲学的关系存在着一种固化的理解模式，即将三者的关系简单地判定为宗教取代艺术、哲学取代宗教，艺术与宗教最终为哲学所吞没，不少重要的黑格尔研究者甚至认为，在黑格尔的思想中，艺术已然成为过去，只是精神发展过程中一个被扬弃的阶段[①]，艺术也就被顺理成章地打上了"过去性"的标签，而只有哲学是至高无上的。本研究的第二部分将试图证明，这种看法虽然并非毫无根据，但至多只能在黑格尔对"艺术宗教"的分析中勉强成立。需额外强调的是，艺术在意识经验运动中所起到的否定性功能并不意味着黑格尔认为作为文化形式的艺术低于哲学，与之相反，黑格尔会在绝对精神学说中阐明二者的不同功能具有同等价值，并不存在所谓的

[①] 关于艺术，Vgl. Christian Hermann Weisse, *System der Ästhetik als Wissenschaft von der Idee der Schönheit*, Lepzig: E. H. F. Hartmann, 1830; Rüdiger Bubner, *Ästhetische Erfahrung*, Frankfurt. a. M.: Suhrkamp, 1989, S. 18. 关于宗教，Vgl. Christian Hermann Weisse, *Die Idee der Gottheit: Eine philosophische Abhandlung als wissenschaftliche Grundlegung zur Philosophie der Religion*, Dresden: Grimm, 1833; Cf. Stephen Rocker, The Integral Relation of Religion and Philosophy in Hegel's Philosophy, in *New Perspectives on Hegel's Philosophy of Religion*, edited by David Kolb, New York: University of New York Press, 1992, pp. 27-29.

支配关系；不可否认的是，作为文化形式的艺术和哲学在世界历史发展过程中起到的作用并不能等同于"艺术宗教"和"绝对知识"在个体意识的教化史中扮演的角色，艺术在现象学和实在哲学中的不同功能是内在于黑格尔体系的。黑格尔在《精神现象学》中清晰地阐明了个体意识与认知对象双向建构的关系，意识认知对象的方式会反向塑造对象在世界中的存在方式，个体意识摆脱种种认知预设而不断纯化自身，通向绝对知识的历程也就是作为唯一真实者的概念剥离种种本体论和实体性形而上学残余因素，最终成为自我规定着的纯粹概念的过程。艺术作为一种创造性的活动，虽然通过对艺术作品的欣赏活动弥合了世界之内出现的一系列分裂、重构了一种伦理生活的整全性，但却尚未摆脱创作活动和产物之间的分离，这种分离表现为设定创作者对世界本身（作品和欣赏者）外在的超越性，因而艺术作为一种意识的认知模式和一种基础的本体论结构必须扬弃自身，向着天启宗教和绝对知识过渡。

第 一 章

扬弃审美形而上学：黑格尔现象学规划中的艺术和哲学的张力

  Das Wissen, wie es zuerst ist, oder der *unmittelbare Geist* ist das Geistlose, das *sinnliche Bewußtsein*, Um zum eigentlichen Wissen zu werden oder das Element der Wissenschaft, das ihr reiner Begriff selbst ist, zu erzeugen, hat es sich durch einen langen Weg hindurchzuarbeiten.

G. W. F. Hegel

  最初的知识或直接的精神，是没有精神的东西，是感性的意识。为了成为真正的知识，或者说，为了产生科学的因素，产生科学的纯粹概念，最初的知识必须经历一段艰苦而漫长的道路[①]。

黑格尔

  富尔达与亨利希对《精神现象学》的历史贡献给予了极高的评价，"《精神现象学》作为科学体系的第一卷，是黑格尔正式撰写和出版的第一本著作，哪怕它仅是他唯一一部体系性的著作，也足以

---

  ① G. W. F. Hegel, *Phänomenologie des Geistes*, Werke in zwanzig Bänden, TWA, Bd. 3, Frankfurt. a. M.：Suhrkamp Verlag, 1986, S. 31；中译见［德］黑格尔《精神现象学》（上），贺麟、王玖兴译，商务印书馆1981年版，第17页。

使其作者名扬天下。尽管现象学在一开始反响平平和赞誉寥寥、声名来得迟缓,但现象学的影响却足够持久,它远远超出了单纯的哲学专业内部的讨论范畴,蔓延至散文家、文学研究者、历史学家、神学家、内省的政治家和诗人,并延续至今。当一本书有着这样大的魅力,当它的作者石破天惊地宣称要为一门新的、基础性的哲学科学奠基——特别是这样一门允许将令人眼花缭乱的各种精神显象纳入系统性定向之中的科学——那么人们也许对此满怀期待,要见出这本书的构思并不难。问题的关键在于,这门新科学能否被证明是持续可行的,及其成果如何。事实上,在整个近代哲学史上还没有任何一部重要的著作能像黑格尔的《精神现象学》那样引发人们对其思想的众多猜测,也没有任何一部著作让许多人怀疑其中仍有着留待人们去探索的秘密,更没有一部著作能引发如此多的解读尝试去揭开它的神秘的面纱。和他的时代一样,他的后辈至今仍注定要孜孜不倦地阐释这部奇书。"①

《精神现象学》或许不是黑格尔著作中最重要的,但一定是最激动人心和最具争议的一部:一方面它与黑格尔体系的关系最为错综复杂:首先,到底该如何看待黑格尔对现象学定位的前后不一致②,现象学作为体系的前提和导论如何同时构成了体系的第一环?其次,现象学的内容和之后的实在哲学在范围上有重合,芬德莱认为,《精神现象学》大致包含了体系的每一个概念和原则,而且常常是在更透彻、更有启发性的形式中找到③,那又该如何看待现象学和实在哲学的关系?最后,现象学以自然意识为出发点,但各个意识形态之间却存在着必然的过渡,这种必然性被认为是纯粹思维对意识的预

---

① Hans Friedrich Fulda, Dieter Henrich, Vorwort, in *Materialien zu Hegels Phänomenlogie des Geistes*, hrsg von. Hans Friedrich Fulda und Dieter Henrich, Frankfurt. a. M.:Suhrkamp,1973,S. 8.

② 参见第一部分第一章第三节。

③ Cf. N. Findlay, *Hegel*, *A Re-Examination*, London:Routledge, 1958, p. 148.

先支配①，我们应怎样理解意识和纯粹概念之间的关系？另一方面它又与时代联系得最为紧密，伊波利特曾指出，黑格尔通过现象学为体系或新科学奠基的计划同时受到历史经验和文化需要的影响。因为黑格尔时代的文化绝不是和谐和自发的成长，也不是柏格森意义上的绵延，而是一种迷途（Verirrung）、一种自我遗忘（Selbstvergessenheit）和一种反映性的恢复（reflexiver Wiedergewinn）。正是因为黑格尔和同时代人已经意识到当前的文化不再一成不变地向前发展，精神已然疏离自身（sich seiner selbst entfremdet），它过去的历史显现为一个它必须据为己有的外部自然。但是精神作为其历史的主体如何能够同时借此给出一种绝对知识、一种思辨逻辑，即我们表象语言中提到的"永恒本质中的上帝在创造自然和一个有限的精神以前是怎样的"。黑格尔试图革新形式逻辑，他将康德的先验逻辑视为自己及同时代人工作的起源，如果绝对是主体，那么其发展的内在范畴就必须如同历史那般是辩证的：二者必须在其运动和体系化（Bewegung und Systematisierung）中表达为一种纯粹的自我生成（reine Sichselbstwerden），这也是黑格尔在19世纪的黎明为这个剧变的文化时代提出的构想。这门科学必须追随着直接的精神，即精神在艺术和宗教（在现象学的层面混合在一起）中给自己上演的大戏，以及国家和崭新的社会，这就是精神自身的概念，它已经在各种哲学中预先形成了、得到了预备性形塑（vorgebildet），黑格尔在《精神现象学》的"序言"中将自己视为实施了由康德所唤醒并为费希特和谢林所承认的思辨理念的哲学家，这一思辨理念的构想伴随着一个世界时代（Weltzeitalter）而涌现。对黑格尔而言，精神的实存早已自为地将自身呈现于自然中、在艺术作品中和上帝道成肉身的历史中。而现象学的任务就在于解释精神概念和人类历史新纪元的

---

① Vgl. Jean Hyppolite, Anmerkungen zur Vorrede der Phänomenologie des Geistes und zum Thema: das Absolute ist Subjekt, in *Materialien zu Hegels Phänomenlogie des Geistes*, hrsg von. Hans Friedrich Fulda und Dieter Henrich, Frankfurt. a. M. : Suhrkamp, 1973, S. 45 – 52.

深层关系，并给出一个令人满意的答案。①

在第一部分，本书探讨了一种对黑格尔体系深入理解的可能——由现象学—逻辑科学—实在哲学构成的首尾相续、互为中介的大圆圈，以更好地澄清现象学和体系和实在哲学以及逻辑学的关系，并且概要性地分析了黑格尔时代的基本问题——克服一系列分裂，初步勾勒出黑格尔与同时代人的对话的基本视域。在这一基本框架下，本章的任务有三：首先，根据黑格尔自身思想发展的线索，阐述黑格尔耶拿时期体系建构方案何以被《精神现象学》整体性取代；其次，围绕着德意志观念论语境中建构"自我意识之历史" (Geschichte des Selbstbewusstseins) 的不同方案，尤其以谢林的《先验唯心论体系》为参照，初步呈现审美形而上学和体系哲学在构想上的差异；最后，基于《精神现象学》独特的结构和表现形式，进一步呈现现象学内在隐含的绝对知识与艺术形式之间的张力。

第一节　从直接知识到科学概念的演绎：现象学构想的起源

一　青年时期——哲学转向

学界常以"从宗教到哲学"来概括黑格尔青年时期至《精神现象学》完成以前的思想发展过程②，认为宗教构成了黑格尔思想的起点和青年时期思想的核心。在黑格尔那里，宗教并不是一个局部的、仅仅关乎信仰的问题，他在《民众宗教和基督教》的开篇如是说，"宗教是我们生活里最重要的事务之一"③。诸神在古代世界以

---

① Vgl. Jean Hyppolite, Anmerkungen zur Vorrede der Phänomenologie des Geistes und zum Thema: das Absolute ist Subjekt, in *Materialien zu Hegels Phänomenlogie des Geistes*, hrsg von. Hans Friedrich Fulda und Dieter Henrich, Frankfurt. a. M.: Suhrkamp, 1973, S. 50ff.

② 参见朱学平《古典与现代的冲突与融合——青年黑格尔思想的形成与演进》，湖南教育出版社2010年版。

③ [德]黑格尔：《黑格尔早期神学著作》，贺麟译，商务印书馆1988年版，第1页。

及上帝在中世纪所发挥的客观一体化力量随着知性原则的展开和基督教威权性的瓦解在近代而日渐式微，对诸神或上帝的信仰被视为给定的，不再具有作为合理性的准则的资格，更难以维系人们的共同生活，但超越者对于人的共同生活而言仍有着某种不可替代的重要性，在启蒙驱逐了上帝之后，人类必须借助理性本身来为陷入分裂的世界重建一个合乎理性的秩序，这样一来，个体自由和上帝超越性之间的对立被转化为一系列世界之内的分裂，而存在与应当、自主性与统一性之间的张力，都构成黑格尔及其同时代人始终密切追随的时代主题。黑格尔青年时期关注的核心问题是以宗教为代表的公共事务，但他所理解的宗教却并非传统意义上的基督教，而更接近一种传统形而上学中的实体性因素。这种对上帝的同情和包容态度与德意志启蒙的特殊性密切相关，尽管黑格尔、谢林、荷尔德林乃至早期浪漫派都认同启蒙的基本原则，启蒙对理性和自由的高扬构成了他们思考不言而喻的前提[①]，但德意志的启蒙思想家较之英法启蒙思想家对理性和宗教的复杂关系更为宽容，处理方案也更为审慎，他们并非一味否定宗教，而是反对正统神学的教条，并将宗教本质视为内在的虔敬和对神的内在情感，因而宗教完全能与道德和审美携手同行、相互兼容。

德意志启蒙时期的学院哲学一开始就接受了古希腊哲学和中世纪神学的亲缘关系[②]，基于这一复杂背景，上帝并不被视为迷信的对象而首先是一个本体论（Ontologia）和特殊形而上学（metaphysica specialis）[③]

[①] Vgl. Georg Lukacs, *Der junge Hegel. Über die Beziehungen von Dialektik und Ökonomie*, Nachdruck, Frankfurt. a. Main: Suhrkamp, 1973, S. 3.

[②] Vgl. Joachim Ritter, *Metaphysik und Politik*, Frankfurt. a. M.: Suhrkamp, 1969, S. 9 – 21.

[③] 本体论在德意志启蒙时期的学院哲学中并不等同于形而上学（Metaphysik），本体论是关于"诸存在者的学问"，在莱布尼兹－沃尔夫学派的哲学体系中也被称为"一般形而上学"，而形而上学体系不仅包含了一般形而上学，而且有特殊形而上学，特殊形而上学又包含了理性心理学、宇宙论和神学三个部分，而上帝就是理性神学研究的对象。Vgl. U. Wolf, Ontologie, in *Historisches Wörterbuch der Philosophie*, Bd. 6, hrsg von Joachim Ritter und Karlfried Gründer, Basel & Stuttgart: Schwabe, 1984, S. 1189.

中的最高范畴——最高的存在者（summum ens）以及对祂的概念、对祂存在的证明以及对祂种种属性的考察都是理性神学的任务①。如托马修斯（Christian Thomasius）、沃尔夫（Christian Wolff）、莱辛和门德尔松等德意志启蒙思想家基本都在这一学院传统的形而上学架构下思考理性和宗教的问题，对一个完满的形而上学体系而言，上帝不仅必不可少，还能合乎理性地将世界统一为一个合目的的整体，从而使我们的认识趋于清晰完备。祂既是诸存在者的存在根据（Grund），也是一切有限存在者最终所指向的目的（Telos），这也是海德格尔所谓的存在—神—逻辑学机制，因此宗教对黑格尔及其同时代人而言不仅代表了一种被给定的客观的生活方式，而且还是一种对绝对者（Absolute）、无限者（Unendliche）或太一（Eine）的意识，黑格尔对宗教本身的思考一开始就脱胎于学院形而上学的传统，他相信理性与绝对者是内在一致的②。需要强调的是，与成熟时期将绝对者、无限者、太一或精神理解为概念的主体性不同，黑格尔青年时期理解这些崇高对象的模式沿袭了传统的实体性形而上学。

基于德意志特殊的思想传统，20世纪70年代前的黑格尔研究范式一般都将法兰克福时期视为黑格尔哲学思考的起点，如库诺·菲舍尔和理查德·克朗纳认为，黑格尔在法兰克福时期的哲学转向脱胎于将基督教的和解精神纳入传统形而上学的框架中，黑格尔援引宗教的比喻以形象地表达一切在绝对的生命中和解的想法③；20世纪70年代后，另一批研究者则强调黑格尔这一时期的哲学转向源于

---

① Cf. Lewis White Beck, *Early German Philosophy*, Cambridge: Harvard University Press, 1969, pp. 244 – 275.

② Cf. Klaus Düsing, Ontology and Dialectic in Hegel's Thought, in *The Dimensions of Hegel's Dialectic*, edited by N. G Limnatis, London & New York: Continuum, 2010, pp. 97 – 122.

③ Vgl. Kuno Fischer, *Hegels Leben, Werke und Lehre, Teil I*, Heidelberg: Winter, 1911, S. 55ff; vgl. Richard Kroner, *Von Kant bis Hegel*, Bd. 2, Tübingen: Mohr (Siebeck), 1977, S. 236f.

荷尔德林和整个法兰克福—霍姆堡圈子的"统一哲学"的影响，其思想也呈现为"美学柏拉图主义"的形态①。黑格尔青年时期虽然提出了一系列包含着洞见的观点，并在一系列研究宗教、道德、审美和政治的论文中逐渐酝酿起"绝对即精神"的体系主旨，但思考框架还未超出传统形而上学及康德道德哲学的窠臼。因而，如果期待仅仅通过关注他青年时期思想尚不够成熟的著作，试图通过一些不同于主体形而上学时期的独特论点，进而得出黑格尔真正的思想价值在于其青年时期，那反倒是本末倒置了。费维克在《黑格尔传》中颇有洞见地指出，"在图林根州的耶拿，黑格尔为其哲学大教堂奠定了基石（Grundstein）、为他的自由的绝对观念论奠定了基础。在他的思想道路上这一最为激动人心和具有理智上决定性意义的阶段，形成了这样一个也是唯一一个具有开创性和持续影响的基本思想——在耶拿，黑格尔成其为黑格尔"②。耶拿时期思想范式对于确定现象学的基本导向具有革命性意义。

二 耶拿时期方法确立和体系建构

参照北威州科学院主持编辑的黑格尔历史考证版全集的目录，耶拿时期的黑格尔著作包括了第四卷《耶拿批判文集》、第五卷《文集与手稿（1799—1808）》、第六卷—第八卷《耶拿体系草稿（Ⅰ、Ⅱ、Ⅲ）》，共五卷，除了1803—1806年比较完整的讲座稿即俗称的耶拿体系草稿（思辨哲学体系、逻辑学—形而上学—自然哲学、自然哲学和精神哲学），重要的原始文献还有《批判文集》和《文集与手稿》中收录的《差异论文》《伦理体系》《信仰与知识》等极其重要的论文。黑格尔耶拿时期具有明确的构建体系的意识，历史考证版第六卷的编者基默勒引用黑格尔致歌德的书信（1804年9月

---

① Vgl. *Mythologie der Vernunft. Hegels ältestes Systemprogramm des deutschen Idealismus*, hrsg von Christoph Jamme und Helmut Schneider, Frankfurt. a. M.: Suhrkamp, 1984, S. 41, 61.

② Klaus Vieweg, *Hegel. Der Philosoph der Freiheit*, München: C. H. Beck, 2019, S. 193.

29日）证明，黑格尔在耶拿时期曾有过将1804—1805年冬季学期的讲座稿——《逻辑学、形而上学、自然哲学》作为代表自己体系构想的著作出版①。事实上，这个手稿没能成为黑格尔第一个体系，他很快便放弃了这一思路。杜辛将1804年视为黑格尔耶拿时期思想发展的重要时间界限，之前仍隶属实体性形而上学时期，而之后则进入主体性形而上学时期②。本书遵从杜辛的分期，认为黑格尔在"实体性形而上学"时期受到谢林较多影响，工作重心是对近代反思哲学的批判以及确立认识绝对精神的方法，这一时期黑格尔的任务可以概括为用"绝对"概念重述法兰克福时期的全部思考；在"主体性形而上学"时期，黑格尔逐渐走上了独立思考的道路，工作重心是尝试在建构体系的过程中将方法展开为内容。

在耶拿早期，黑格尔与谢林所合办的《哲学批判杂志》（Kritisches Journal der Philosophie）中囊括了二人这一时期一系列重要的论文，其中黑格尔的《差异论文》和《信仰与知识》这两篇篇幅宏大的论文均值得重视。从主题上看，《差异论文》和《信仰与知识》都是借助对同时代其他哲学家的批判，隐晦地提出自己对"绝对"的规定。在写作《差异论文》时，黑格尔虽仍被视为一个谢林主义者，但实际上这篇论文出现了一些不同于谢林的思想的尝试。首先，黑格尔在《差异论文》中改造了谢林《体系》中对"绝对者"的规定，而提出了"绝对自身是同一性与非同一性的同一"③，杜辛甚至认为谢林同一哲学中的绝对同一概念所包含的有限者与无限者（或

---

① Vgl. Heinz Kimmerle, Die Chronologie der Manuskripte Hegels in den Bänden 4 bis 9, in G. W. F. Hegel, *Jenaer Systementwürfe III*, Gesammelte Werke, Bd. 8, hrsg von Rolf-Peter Horstmann, Hamburg: Felix Meiner, 1976, S. 358.

② Vgl. Klaus Düsing, Idealistische Substanzmetaphysik. Probleme der Systementwicklung bei Schelling und Hegel in Jena, in *Hegel in Jena*, Hegel Studien, Beiheft 20, hrsg von Dieter Henrich und Klaus Düsing, Bonn: Bouvier, 1980, S. 26–44.

③ [德] 黑格尔：《费希特与谢林哲学体系的差别》，宋祖良、程志民译，商务印书馆1994年版，第68页。

第一章　扬弃审美形而上学:黑格尔现象学规划中的艺术和哲学的张力

普遍与特殊）的统一来自黑格尔的影响①。谢林所理解的绝对同一乃是独一（das eine）的、在自身中的单纯存在者（in sich einfach seiende）、无差别的无限者，其自身之内并不包含任何对立和否定，祂虽然作为实体和宇宙（Universum）能作用于有限者，但却超越于其上。② 由于绝对同一能通过审美直观完全实在化，成为事实意义上的超越根据，因此被视为实体性的。黑格尔耶拿早期深受谢林《先验唯心论体系》所运用的"理智直观"的影响，而处于"实体性形而上学阶段"，也将绝对者理解为实体，但黑格尔所理解的绝对者是一种特殊的实体，它没有任何外在于自身的对立，而是将对立和非同一包容于自身中的肯定性存在着的、独一者和无限者。其次，黑格尔在《差异论文》中虽然主要批判费希特《知识学》中主观性的局限，但却敏锐地意识到了谢林先验哲学乃至其后同一哲学体系的不足，将"绝对同一"从有条件者或有限者拔擢而出，实际上再次造成了绝对与世界的对立，这就使绝对同一与有限者的总体构成非同一的关系，那么一切差别和对立就不是从绝对者自身中内在生成的而是被外在赋予的，因此所有的差别都会消解在"无色的光"③之中。最后，黑格尔在《差异论文》中提出了自己版本的"绝对同一性"：

　　在绝对同一性中，主体和客体被扬弃了，但是，由于它们存在于绝对同一性之中，所以它们同时并存。正是它们的存在才有可能产生知识，因为在知识中，二者的分裂被部分地设置

---

① Vgl. Klaus Düsing, Idealistische Substanzmetaphysik. Probleme der Systementwicklung bei Schelling und Hegel in Jena, in *Hegel in Jena*, Hegel Studien, Beiheft 20, hrsg von Dieter Henrich und Klaus Düsing, Bonn: Bouvier, 1980, S. 37.

② Vgl. Klaus Düsing, Idealistische Substanzmetaphysik. Probleme der Systementwicklung bei Schelling und Hegel in Jena, in *Hegel in Jena*, Hegel Studien, Beiheft 20, hrsg von Dieter Henrich und Klaus Düsing, Bonn: Bouvier, 1980, S. 37.

③ ［德］黑格尔：《费希特与谢林哲学体系的差别》，宋祖良、程志民译，商务印书馆1994年版，第66页。

了。这种分离活动是反思,就自身观察而言,分离活动扬弃了同一性和绝对者,而任何认识都会绝对是一个错误,因为在任何认识中都有分离存在。……但是,就任何知识同时都是同一性而言,并不存在绝对的错误。正如同一是有效的那样,分离必然同样是有效的。……但是,绝对者本身是同一性和非同一性的同一性,对立和同一同时都在绝对者之中。①

绝对者和有限物的关系不再是一方支配另一方,而是在分离中相互结合,哲学的任务是从绝对同一性出发,分离则是绝对者自我运动必然经历的环节,这一思路基本与预设—反映—思辨的概念运动结构相当。杜辛认为,虽然黑格尔在"实体性形而上学时期"受谢林影响更多,但将"绝对同一性"作为精神的基本规定,却是黑格尔所独创,黑格尔与谢林在一开始就对"绝对"的理解有着根本的差异②。

而在写作时间稍晚的《信仰与知识》(1802)中,黑格尔通过分析康德、雅各比和费希特的思想,系统阐明了主体性的反思哲学的局限,严肃思考了认识绝对者的方法。康德、雅各比和费希特三人的哲学虽然在形式大相径庭,但黑格尔将之都列入主观性的反思哲学的脉络中,这一判断一直保留到他柏林时期的《哲学史讲演录》之中。首先,黑格尔将主观性的反思哲学的共同问题都归结于无法真正认识"绝对",而局限于主观性的认识结构或基本原理中:康德通过将主体的认知结构的形式推展至普遍,构建了主观的客观性。而雅各比作为康德最早的批判者,反其道而行之,他坚持认为对上帝的认识不能借助理性的分析和推理,只能通过"信仰的飞跃"

---

① [德]黑格尔:《费希特与谢林哲学体系的差别》,宋祖良、程志民译,商务印书馆1994年版,第67—68页。

② Vgl. Klaus Düsing, Idealistische Substanzmetaphysik. Probleme der Systementwicklung bei Schelling und Hegel in Jena, in *Hegel in Jena*, Hegel Studien, Beiheft 20, hrsg von Dieter Henrich und Klaus Düsing, Bonn: Bouvier, 1980, S. 37.

(salto mortale)①。其直接知识或"情感哲学"的方案反对康德对经验的建构,径直将有限经验与绝对者对立起来。黑格尔对雅各比的工作做出了中肯的评价,雅各比虽然恢复了有限存在的意义,但却只能在单纯的信仰中,达到对"绝对""无限"的渴望,这使得主体性沦为一种主观的任意性,没有概念的中介,这种靠情感维系的同一性是一种独断的设定。② 直接知识或情感为了取消有限性、摆脱康德那里认知结构的限制而逃避思维,信仰因取消主观性而将主观的意识保持在自身;主观性在这种对自己的取消中挽救了自己,信仰同时在这种否定行动的意义上将它所否定的东西纳入自身。③ 费希特是二者的综合,他通过使有限者与无限者无限地趋近虽然克服了情感和认识的分裂,但却仍然只是在主观层面促成了有限与无限的和解,而没有进展到现实的和解。④ 造成这一局面的深层次动因在于绝对者被视为外在认识的超越性对象,黑格尔在批判主观性的同时,有意识地重申了理智直观和绝对者的关系。黑格尔非常公允地肯定了谢林直接从本原出发从而超越了反思哲学的基本局限,即从绝对同一出发考察分裂,在分裂中把握到了活动中的同一性,进而将分裂规定为绝对者自我阐明的必要环节,但同时他看到了谢林通过理智直观把握"绝对者"的方式会造成绝对者构成对有限者的外在否定,这种直接的等同性意味着放弃了有限者向着绝对者提升的可能。黑格尔逐渐在方法论上将谢林的理智直观归入康德—雅各比—费希特的反思模式之中,并统称为信仰(Glauben)。

---

① Friedrieh Heinrich Jacobi, *The Main Philosophical Writings and the Novel*, *Allwill*, translated and edited by George di Giovanni, Montreal & Kingsdon: McGill—Queen's University Press, 1994, p. 189.

② Vgl. G. W. F. Hegel, *Jenaer kritisches Schriften*, Gesammelte Werke, Bd. 4, hrsg von Hartmut Buchner und Otto Pöggeler, Hamburg: Felix Meiner, 1968, S. 347 – 350.

③ G. W. F. Hegel, *Jenaer kritisches Schriften*, Gesammelte Werke, Bd. 4, hrsg von Hartmut Buchner und Otto Pöggeler, Hamburg: Felix Meiner, 1968, S. 379.

④ Vgl. G. W. F. Hegel, *Jenaer kritisches Schriften*, Gesammelte Werke, Bd. 4, hrsg von Hartmut Buchner und Otto Pöggeler, Hamburg: Felix Meiner, 1968, S. 315 – 319.

其次，黑格尔在与信仰的区别中讨论了知识（Wissen）这一认识方式与绝对者的关系。信仰与知识的对立关系似乎可以上溯到哲学与宗教之争，自启蒙运动以来，哲学对宗教取得了压倒性优势，但自康德在《纯粹理性批判》第二版"序言"中提出"限制知识，以便给信仰留出位置"（das Wissen aufheben, um zum Glauben Platz zu bekommen）[1]之后，二者的关系重新又成为18世纪末19世纪初德国思想界最富争议的话题之一。在启蒙运动彻底批判宗教之根基后，康德和费希特的实践哲学却从道德律令中引申出神的概念，复又使哲学蜕变为一种改头换面的新信仰，"哲学使自身再次沦为信仰的婢女"[2]。在《信仰与知识》中，黑格尔意味深长地指出，当前的文化已然将有关理性（Vernunft）与信仰之间古老的对立提升为哲学和实定宗教（positiver Religion）的对抗，即知识与信仰之间的对峙早就赢得了一种不同于过往的全新意义，并且这种对峙被转移到哲学的内部领域[3]。在黑格尔看来，信仰不是别的，就是一种将"绝对"与有限认识的对立的态度，或者用《差异论文》的话说，将分离作为同一的前提，却无法反思这一前提的预设性，这使得有限与无限、特殊与普遍无法得到和解。信仰的问题在于固执于被预设的分离，不能依靠对分离活动本身的扬弃克服种种分裂的预设，因而信仰对绝对的把握只停留在一种外在的统一中，即无中介地将分离的双方外在地等同起来，而无法达到绝对者与世界之间内在的同一。康德、雅各比和费希特三人的学说表面看起来似乎相互抵牾，但黑格尔认为其都没有超出信仰的范畴。

最后，黑格尔通过阐明信仰的不彻底性正式提出了他认为通达

---

[1] Immanuel Kant, *Kritik der reinen Vernunft*, hrsg. von Raymund Schmidt, Hamburg: Felix Meiner, 1956, S. 28.

[2] G. W. F. Hegel, *Jenaer kritisches Schriften*, Gesammelte Werke, Bd. 4, hrsg von Hartmut Buchner und Otto Pöggeler, Hamburg: Felix Meiner, 1968, S. 316.

[3] G. W. F. Hegel, *Jenaer kritisches Schriften*, Gesammelte Werke, Bd. 4, hrsg von Hartmut Buchner und Otto Pöggeler, Hamburg: Felix Meiner, 1968, S. 315.

第一章　扬弃审美形而上学：黑格尔现象学规划中的艺术和哲学的张力　　189

"绝对者"的本真方式——知识，他在《差异论文》中对知识和信仰的区别做了精当的小结：有限物和无限性的这种有意识的同一性，两个世界的统一，即感性和理智的、必然性的和自由的这两个世界的统一，在意识中就是知识①；这种限制性与绝对者的状况或者关系（在这关系中，关系在意识中只是对立，与此相反，在统一性之上存在着一种完全的无意识性），叫作信仰。信仰不表示感觉或直观的综合物，它是一种反思与绝对者的关系，在这种关系中它虽然是理性，虽然自身作为分离物和被分离物以及它们的产物（一个个别的意识存在）被消灭了，但是它还保持了分离的形式②。知识并不外在于绝对者，严格来说它并不是一种能随意加以运用的方式，而就是遵从事情本身而扬弃预设；信仰的问题在于固化分离的预设，而知识则反之，通过对事情本身的遵循，而使"绝对者"与有限者真正内在地同一起来，因此对黑格尔而言，将信仰提升为知识、将表象纯化为概念，将预设置于构造活动中进行检验和自我扬弃，是一以贯之的道路。

黑格尔认为对绝对者的科学认识或达到科学不是一蹴而就的，相反必须洞察到知识的有限性是绝对者自我有限化所产生的自身与自身的对立，他比谢林更深彻地通晓了知识的本性，知识不仅展现了存在者为他存在的一面——将自身反映在他物之中，而且这种为他存在的方式同时被反映在活动中，被反映者和行反映者在知识活动中成为重建了的自身关联，因而统一了自身同一和非同一。知识活动对反映关系和再反映实质上就是自我认识，后者恰好是谢林所忽视的。方法论问题是黑格尔体系建构道路的关键所在，以"理智直观"认识绝对者或绝对同一的方法在1800年前后被广泛接受的，甚至被视为真正思辨观念论的神髓，库特·麦斯特（Kurt Rainer

---

① [德] 黑格尔：《费希特与谢林哲学体系的差别》，宋祖良、程志民译，商务印书馆1994年版，第15页。

② [德] 黑格尔：《费希特与谢林哲学体系的差别》，宋祖良、程志民译，商务印书馆1994年版，第18—19页。

Meist）认为，黑格尔在耶拿早期虽受到谢林的影响，将绝对同一作为知识活动的根据和出发点，但却并未完全接受谢林的"理智直观"方法。黑格尔要借助反映来建构谢林在理智直观中把握住同一性，从而实现在哲学体系中对"绝对"的思辨的认知。[①] "理智直观"方法之弊在黑格尔看来与信仰类似，都越过了认知过程、无法在认知过程中实施自我检验，因此方法无法展开为体系，抑或使体系停留在事实性和被给予性上，而无法在构成活动中显明其合法性，这就没有真正克服分裂和对立，如果绝对同一本身没有包含差异化的结构，那么分离的双方只能被外在地等同，而无法内在地重建。黑格尔始终在思索如何变更出发点，修正以直观或绝对同一原则作为开端的原初方案（《差异论文》和《信仰与知识》），因为哲学本身的问题不能用"非哲学"的方式来取消。[②] 对耶拿后期的黑格尔而言，全新的任务呼之欲出：克服理智直观这一方法的缺陷——摆脱那种未经中介的同一性。对理智直观局限性的超越伴随着黑格尔对科学体系本身认识的深入而同时发生，既然理智直观这种直接的肯定性不适宜作为体系的开端，那么体系就需要一个带有否定性和预备性的导论作为体系自身的中介，用以阐明知识自身的同一化结构（即概念的本性）。知识对自身本性的检验就超越了理智直观对体系的洞见（Einsicht）与保证（Versicherung），成为体系的导论。

三 现象学对耶拿体系的取代

黑格尔在耶拿早期就已经开始探索哲学导论的适当形式，他于1801年秋做了一个关于哲学导论的讲座——"逻辑学与形而上学"，

[①] Vgl. Kurt Rainer Meist, Hegels Systemkonzeption in der frühen Jenaer Zeit, in *Hegel in Jena*, Hegel Studien, Beiheft 20, hrsg von Dieter Henrich und Klaus Düsing, Bonn: Bouvier, 1980, S. 62.

[②] Vgl. Hans Friedrich Fulda, *Georg Wilhelm Friedrich Hegel*, München: Beck, 2003, S. 81.

但并未完成①。这一方案以知性的有限反思为出发点，进而达到对这种有限形式的取消。黑格尔当时对逻辑学的理解还接近于康德意义上的先验逻辑，因此赋予了其扬弃有限的认识形式（endliche Formen des Erkennens）②的任务，并以之为体系的导论。但1804年之后，黑格尔放弃出版已经在耶拿大学开设三个学期的关于"逻辑学和形而上学"（1803—1804）讲稿的计划，取而代之的是构建真正的"科学体系"③，即《逻辑学、形而上学、自然哲学》（1804—1805）。在这个讲稿中，逻辑学成为形而上学本身，它直接展示体系展开的内在原理，而不再是将提升有限认识为无限认识。这并不意味着黑格尔追求一个不需要任何否定性环节的体系，而表明他不再将这个否定性的功能赋予逻辑学，现在逻辑学要展示，绝对者不仅是将一切对立容纳于自身的实体，更是将自我他者化的知识活动，唯有通过知识活动这种存在方式，绝对者才能真正把同一与非同一同一起来。与之对应的是，黑格尔在1805—1806年开始尝试阐明"精神对自己的认知"的概念，即绝对主体性④。

既然1801年的逻辑学设想已经被黑格尔全盘放弃，现在亟待考察的是充当精神的自我认识引导的新方案。一方面，黑格尔将"绝对者"规定为"自身是同一性与非同一性的同一"的看法贯穿整个耶拿时期，体系的展开即绝对者和有限者内在的同一、对分裂内在的克服；另一方面，绝对者和有限个体之间的差异在认知结构上体现为一种有限认识和无限知识的差异。因为对绝对者而言，认识和认识对象的区

---

① 这一残篇后被收入于《黑格尔历史批评版全集》第五卷，命名为《讲座手稿残篇（1801—1802）》。

② Vgl. G. W. F. Hegel, *Schriften und Entwürfe*（1799 – 1808）, Gesammelte Werke, Bd. 5, hrsg. von Manfred Baum und Kurt Rainer Meist, Hamburg：Felix Meiner, 1998, S. 272.

③ Vgl. Hans Friedrich Fulda, *Georg Wilhelm Friedrich Hegel*, München：Beck, 2003, S. 81.

④ Vgl. Klaus Düsing, Hegels Begriff der Subjektivität in der Logik und in der Philosophie des subjektiven Geist, in *Hegels philosophische Psychologie*, Hegel Studien, Beiheft 19, hrsg von Dieter Henrich, Bonn：Bouvier, 1979.

分在认识中已经被扬弃，但对于有限个体而言，仍然存在着意识和对象的鸿沟。因此，对耶拿后期的黑格尔而言，这个体系导论的新方案的功能就聚焦于引导个体意识上升到科学的立场。

《逻辑学、形而上学、自然哲学》（1804—1805）作为体系方案由于黑格尔在耶拿后期更为深入地思考"理智直观"的缺陷而被搁置，取而代之的是将1807年正式出版的《精神现象学》确立为新的体系导论。在耶拿前期，黑格尔就已经将"知识"作为认识"绝对者"的最高方法，而耶拿体系则是实现方法和体系同一的第一次尝试，将"绝对者"的自我认识展开为一个体系。富尔达、珀格勒、布伯纳和维尔纳·马克思都将1804年作为黑格尔思想的转折点[1]，无论是将现象学写作计划追溯到对《逻辑学、形而上学》（1803—1804）的替代[2]，还是对耶拿精神哲学的替代[3]，都意味着将"意识经验的科学"作为体系导论的构想并非黑格尔的心血来潮，更不是在写作现象学的过程中才产生的，而是内在于耶拿体系的建构过程而形成的，富尔达从对现象学和《逻辑学、形而上学》（1803—1804）的比较中得出如下看法，黑格尔致力于消除耶拿体系的两个基本缺陷，方法必须成为内容的灵魂；取消意识经验与形而上学之间的对

---

[1] Vgl. Hans Friedrich Fulda, Zur Logik der Phänomenologie von 1807, in *Hegel-Tage Royaumont 1964*, Hegel Studien, Beiheft 3, hrsg von Hans-Georg Gadamer, Bonn: Bouvier, 1984; vgl. Otto Pöggeler, Die Komposition der Phänomenologie des Geistes, in *Hegel-Tage Royaumont 1964*, Hegel Studien, Beiheft 3, hrsg von Hans-Georg Gadamer, Bonn: Bouvier, 1984; vgl. Rüdiger Bubner, Problemgeschichte und systematischer Sinn einer Phänomenologie, in *Hegel Studien*, Bd. 5, hrsg von Friedelm Nicolin und Otto Pöggeler, Bonn: Bouvier, 1969; vgl. Werner Marx Bd. , Hegels Phänomenologie des Geistes, Frankfurt. a. M. : Vittorio Klostermann, 1981.

[2] Vgl. Otto Pöggeler, Die Komposition der Phänomenologie des Geistes, in *Hegel-Tage Royaumont 1964*, Hegel Studien, Beiheft 3, hrsg von Hans-Georg Gadamer, Bonn: Bouvier, 1984.

[3] Vgl. Hans Friedrich Fulda, Zur Logik der Phänomenologie von 1807, in *Hegel-Tage Royaumont 1964*, Hegel Studien, Beiheft 3, hrsg von Hans-Georg Gadamer, Bonn: Bouvier, 1984, S. 82.

立，使概念的运动贯穿于二者。① 从现象学和逻辑科学的内在关系上看，现象学必须证明概念是事情本身，因而意识的经验运动因为概念而具有一种内在的必然性，即"纯粹概念抛弃自身的形式的必然性和由概念向意识过渡的必然性"②，而这正是《逻辑学》导言中所强调的"纯粹科学概念的演绎"③，但这还不是现象学任务的全部，它还必须克服个体意识和绝对者的差异，即引导自然的或经验的意识向着科学的认识方式，即"绝对知识"的提升，乃是现象学的另一个功能，"引导一个个体使之从它的未受教养（ungebildet）的状态变为有知识"④，就个体的发展形成（Bildung）来考察普遍的个体—有自我意识的精神，以揭示"意识前进到纯思维——思维其本质的精神"⑤ 的全过程。也正是现象学本身包含了双重功能，才使它在整体上替代了耶拿体系。同时，从1800年前后德意志学院讨论的外在语境来看，施耐德巴赫（Herbert Schnädelbach）认为，黑格尔之所以选择现象学这门学科作为体系之导论，很大程度是遵循了德意志的学院传统，自兰贝特（Lambert）起，现象学作为研究显象（Schein）的学说一直起着避免假象通达真实的功能，因而与其说现象学研究的是知识的形成，不如说是知识可靠性的自我检验——基于现象学的批判性功能，《精神现象学》之于黑格尔科学体系（Wissenschaft），可以与康德的《纯粹理性批判》之于其理性形而上学等量齐观。⑥

---

① Vgl. Hans Friedrich Fulda, Zur Logik der Phänomenologie von 1807, in *Hegel-Tage Royaumont 1964*, Hegel Studien, Beiheft 3, hrsg von Hans-Georg Gadamer, Bonn: Bouvier, 1984, S. 94 – 95.

② ［德］黑格尔：《精神现象学》（上），贺麟、王玖兴译，商务印书馆1981年版，第273页。

③ ［德］黑格尔：《逻辑学》（上），杨一之译，商务印书馆1986年版，第30页。

④ ［德］黑格尔：《精神现象学》（上），贺麟、王玖兴译，商务印书馆1981年版，第17—18页。

⑤ ［德］黑格尔：《逻辑学》（上），杨一之译，商务印书馆1986年版，第5页。

⑥ Vgl. Herbert Schnädelbach, *G. W. F. Hegel zur Einführung*, Hamburg: Junius, 1999, S. 47；欧根·芬克（Eugen Fink）同样认为黑格尔的现象学与康德的纯批类似（转下页）

在耶拿时期（1801—1807 年），黑格尔和谢林一样将工作重心确立为：从哲学原理上说明分裂只是同一的表现形态而非本质，进而克服现实的分裂。黑格尔在《差异论文》（1801）中提出了著名的"哲学的需要"，即"当生命的努力作为理性走向远方，诸限制的总体同时也就消灭了，在这个消灭之中，它与绝对者相联系，同时因此被理解为、被设置为单纯的现象，在绝对者与诸限制的总体之间的分裂就消失了"[①]。而《精神现象学》同样力图实现这一目标，在这个意义上，黑格尔耶拿时期一系列思想尝试与现象学具有内在的连续性。在耶拿早期，黑格尔在对主体性反思哲学的批判中，意识到不能局限在主观性中将个体与绝对者的对立固化；在耶拿后期，他开始认真反思"理智直观"方法的局限，"理智直观"尽管直接把握到有限者与绝对者的绝对同一，但由于直接性却造成了方法和对象的分离，绝对的形成过程无法为个体所认识，个体意识只是断言占据了这个结果，以上种种做法"都是知识空虚的一种幼稚表现"。[②]耶拿后期的黑格尔一方面已经独立地发展出以精神作为主体的绝对形而上学方案，具备了整个体系的雏形；另一方面，方法的外在性仍未被完全克服，这种直接性的残余体现在以下的例子中：黑格尔在《自然哲学和精神哲学》（1805—1806）中，虽然明确将艺术、宗教和科学的认识论要素区分开来——分别对应于直观、表象和概念，但却是直接地给定了三者之间的对应关系，而不是从概念的自我规定中内在地发展出这些区别。概括而言，由于黑格尔在耶拿时期尚未解决精神的不同领域和概念各种"是"（Sein）的方式之间的区分，因此体系和方法仍未合一，正是出于这个原因，与成

（接上页），是为一种新形而上学奠基，参见［德］欧根·芬克《黑格尔〈精神现象学〉的现象学阐释》，贾红雨等译，上海书店出版社2011年版，第68页。

① ［德］黑格尔：《费希特与谢林哲学体系的差别》，宋祖良、程志民译，商务印书馆1994年版，第9页。

② 参见［德］黑格尔《精神现象学》（上），贺麟、王玖兴译，商务印书馆1981年版，第10页。

第一章 扬弃审美形而上学:黑格尔现象学规划中的艺术和哲学的张力

熟时期的体系相比,黑格尔的耶拿时期体系仍保留了大量功能上的混杂和不平衡。因而,彻底剥离实体性形而上学以及谢林理智直观方法的影响对黑格尔而言不是一蹴而就的,伴随着对理智直观局限性的省察,他意识到科学体系的建构也不是直接的,而必须以一个预备性的导论作为体系的前提,这个导论与"科学体系"本身是为同一方法所支配的。故"导论"又以科学体系为根据,这种循环性体现出知识兼容了对他者的认识和对自身的认识,构成了一条漫长的科学完善之路①。黑格尔意义上的科学体系以自然意识为直接的出发点,但这个出发点不是支配性的,而具有相对的任意性,因为这一前提能通过概念圆圈式展开的运动回到自身,意识向着普遍精神的进展也是在逻辑科学中扬弃这个出发点。

但《精神现象学》需要同时展示出知识(Wissen)的形成和意识的教化(Bildung)②,这双重任务是否具有内在的关联性?这一向是黑格尔研究的焦点。《精神现象学》(历史考证版 GW)编者邦西彭(Wolfgang Bonsiepen)将如何为"自我意识历史的理念"(die Idee einer Geschichte des Selbstbewußtseins)奠基视为《精神现象学》的核心问题,并指出黑格尔的方案延续了费希特"知识学"和谢林《先验唯心论体系》关于"自我意识形成"的设想,但不同的是,《精神现象学》以构建"意识成长史"(Geschichte der Bildung des Bewußtseins)的方式代替了人类精神实际的历史(费希特)和自我意识的历史(谢林)③。因而要呈现黑格尔现象学结构真正的独特性,还需要将这一计划置于整个德意志观念论的整体视域下加以考察。

---

① Vgl. Hans Friedrich Fulda, *Das Problem einer Einleitung in Hegels Wissenschaft der Logik*, Frankfurt. a. M.: Vittorio Klostermann, 1975, S. 28.

② Bildung 概念在《精神现象学》中具有多义性,可灵活翻译为:教化、教养、文化、形成、成长……本文将结合上下文语境进行翻译。

③ Vgl. Wolfgang Bonsiepen, Phänomenologie des Geistes, in *Hegel. Einführung in seine Philosophie*, hrsg von Otto Pöggeler, München & Freiburg: Karl Alber, 1977, S. 64.

第二节　建构"自我意识之历史"的平行进路：《先验唯心论体系》与《精神现象学》

一　德意志观念论中的"自我意识之历史"

何谓"自我意识之历史"？这一问题何以在德意志观念论发展中至关重要？观念论者普遍认为，"自我意识之历史"所阐明的无非是哲学对于自然意识（die natürliche Bewußtsein）的建构性［用康德的话说，对象是以我们的认知为定向的（KV，B XVI）］。自然意识本身就具有一种认知的品格，但它又径直将自身面对的世界视为与自身无关的他物，而没有发觉这个世界的呈现已然经由自身中介。反之，自我意识清晰地辨识出对象意识是自然意识活动的产物，自然意识的形成同样离不开世界，由此自我意识在认识活动的层面成为自然意识活动的根据，对自然意识而言也成为建构性的（konstitutiv）。自我意识之历史的立场标志着先验反思的原则，建构自我意识之历史就是整个先验哲学的任务。基于自我意识和自然意识层级上的差异，"为我们"（für uns）和"为他"（für es）的根本区别随之产生，自然意识只局限于"为他"，而自我意识则可以上升到"为我们"，即在阐明自然意识如何活动的过程中阐明自身。这一区别可用 res gestae 和 historia rerum gestarum 这对有关历史叙述的拉丁语术语为例加以说明，前者即"发生的事情"对应了"为他"，而后者即"发生事情的历史"则对应了"为我们"。由此，自我意识之历史不仅在先验哲学层面构成了对自然意识之活动的哲学性说明，也在历史哲学层面成为对自然意识所产生的一系列事件的历史性显示。自我意识之历史暗示了先验哲学与历史哲学内在的同构性，因而在整个德意志观念运动中具有决定性的地位，它提供了一种对认识活动及其产物颠覆性的理解：哲学的对象不再是直接的，而是通过在反思中被主题化的自然意识而成为被中介的①，自我意识之历史与自然意识的关系当然能够进一步上溯到巴门尼德—柏拉图传统对真理和意见的区分，但德意志观念论"自我意识之历史"的建构计划却坦然承认了意见对真理的价值，这一方案旗帜鲜明地体现了观念论的体系哲学和以莱布尼兹－沃尔夫学派为代表的旧形而上学间的典型差异：作为科学体系的哲学现在不能像旧形而上学那样无视自然意识的活动性而径直处理对象，而应自觉地将自身设定在了自然意识之旁，进而通过阐明自身与自然意识之差异，通过把握自然意识理解自己的本性，由此真正达到知识绝对实在性的终极根据（Grund）和呈现知识的绝对整全性，即真正的"绝对知识"。

邦西彭认为，观念论领域最关键的三本著作——费希特的《全部知识学的基础》、谢林的《先验唯心论体系》（以下简称《体系》）和黑格尔的《精神现象学》都试图为"自我意识之历史的理念"奠基②，探究意识原理的实在性构成了三人哲学工作的共同出发点。海德曼（Dietmar H. Heidemann）认为，"自我意识之历史"作为德意志观念论的方法论程序始于费希特的知识学，在谢林的《体系》那里得到发展，而黑格尔的现象学通过将意识的教化与科学概念的演绎结合为一真正重构了这一概念。③ 从哲学史语境来看，将《体系》和现象学纳入了德意志观念论确立自我意识原则绝对性的整体脉络中，才能更透彻地理解二者的共通之处和差异，现象学的体系功能并非横空出世，其一方面是黑格尔对先行者费希特、谢林哲学工作的延续，另一方面是试图借助这种对话甚至论战而标识出自己工作

---

① Vgl. Ulrich Claesges, *Geschichte des Selbstbewusstseins*: *Der Ursprung des Spekulativen Problems in Fichtes Wissenschaftslehre von 1794–1795*, Netherlands: Nijhoff, 1974, S. 12.

② Vgl. Wolfgang Bonsiepen, Phänomenologie des Geistes, in *Hegel*, *Einführung in seine Philosophie*, hrsg von Otto Pöggeler, München & Freiburg: Karl Alber, 1977, S. 64.

③ Dietmar H. Heidemann, Substance, subject, system: the justification of science in Hegel's Phenomenology of Spirit, in *Hegel's Phenomenology of Spirit*, *A Critical Guide*, edited by Dean Moyar and Micheal Quante, Cambridge: Cambridge University Press, 2008, p. 16.

真正的独创性。在"整个自我意识之历史"建构的大工程中，谢林和黑格尔的争辩无疑是核心中的核心。从时间脉络上看，黑格尔（自然）是谢林工作的后继者[①]；鲍姆加特纳（Hans Michael Baumgartner）将这种时间上的先后判断为方法论上的继承，认为谢林在费希特之后成功发展出一套方法论结构，而这套方法论构成了黑格尔现象学的范式，根据这种结构，哲学化的自我将普通的、经验的自我引向更高层次的自我认识，以实现真正的自身透明化[②]。谢林和黑格尔之间复杂的影响关系蔓延到了双方研究者之中，与鲍姆加特纳突出黑格尔对谢林的沿袭不同，希普则从方法论角度修正了《体系》和现象学的关系：谢林在《体系》中强调自我的理智诸种形式（die Formen der Intelligenz）与整个自然的阶段的平行与对应关系启发了黑格尔，但黑格尔进一步将这种自然哲学和先验哲学的对应关系转化为对象（自然）与认识（理智）的互动关系[③]。

为黑格尔辩护力度更大的策略无疑是扭转谢林对黑格尔单方面的影响，从而反证黑格尔在思想上的独创性及耶拿时期对谢林建构同一哲学的反向影响。杜辛在《观念论的实体形而上学》一文中重点提到了在方法论问题上谢、黑二人的相互影响，谢林在《体系》中认为绝对者无法通过哲学反思得到体系化呈现的基本洞见实际上深受黑格尔法兰克福时期"理性神话学"方案的启发，由此才完成了先验哲学的体系性建构[④]。谢林在《近代哲学史》中回顾了《体

[①] 参见先刚《"回忆"和黑格尔精神现象学的开端》，《江苏社会科学》2019年第1期。

[②] Hans Michael Baumgartner und Harald Korten, *Friedrich Wilhelm Joseph Schelling*, München: C. H. Beck, 1996, S. 78.

[③] Vgl. Ludwig Siep, *Der Weg der »Phänomenologie des Geistes«*, *Ein einführender Kommentar zu Hegels »Differenzschrift« und zur »Phänomenologie des Geistes«*, Frankfurt. a. M.: Suhrkamp, 1973, S. 44–45.

[④] Vgl. Klaus Düsing, Idealistishe Substanzmetaphysik. Probleme der Systementwicklung bei Schelling und Hegel in Jena, in *Hegel in Jena*, Hegel Studien, Beiheft 20, hrsg von Dieter Henrich und Klaus Düsing, Bonn: Bouvier 1980, S. 31.

第一章　扬弃审美形而上学：黑格尔现象学规划中的艺术和哲学的张力　　**199**

系》的工作，"我（指谢林）试图通过自我的一个先行于现实意识或经验意识的'先验过去（transzendentale Vergangenheit）来解释，为什么自我始终是与一个必然呈现在它面前的外部世界联系在一起。于是这个解释走向自我的先验历史（transzendentale Geschichte）'"①，谢林对先验历史原创性的强调不点名地批评了黑格尔的现象学，他认为现象学之计划即先验历史，黑格尔的现象学只是从自己的《体系》中捡拾些许牙慧而已。而珀格勒试图将现象学与《体系》之间的哲学史上的继承脉络转化为一种平行进路，以为黑格尔思想的独创性正名：谢林在《体系》中完成了一种"事实性"（faktisch）证明：自我（Ich）是哲学的原则，并由此推导出整体关联——事实上发生的人的知识与行为（Wissen und Verhalten）系统，通过向人们呈现如何将所有人类知识和行为（自然科学、道德、宗教、艺术）回溯到一种自我的变体（Modifikation des Ich）—意识（本质上是自我意识）之上，以证明自我作为哲学原则的合法性；黑格尔则在现象学中试图说明人类的知识和行为如何形成一个有秩序的整体关联，以及这种整体关联在历史上是如何发展——并且如何作为"现实的知识"（wirkliches Wissen）获得自己的定位②。据此，黑格尔尽管为谢林的方法所吸引，但"自我意识之历史的理念"并非继承自谢林，而完全是由自己独立的工作所唤醒的③，现象学的理念是黑格尔始于耶拿早期、终于生命尽头始终努力争取的④。黑格尔研究者尝试扭转黑格尔耶拿时期（包括构思现象学时）作为谢林学生的形象，而强调二人在耶拿时期的合作关系。

---

①　[德] 谢林：《近代哲学史》，先刚译，北京大学出版社2016年版，第110页。
②　Otto Pöggeler, *Hegels Idee einer Phänomenologie des Geistes*, München & Freiburg: Karl Alber, 1993, S. 382.
③　Vgl. Otto Pöggeler, Die Komposition der Phänomenologie des Geistes, in *Materialien zu Hegels Phänomenologie des Geistes*, hrsg von Hans Friedrich Fulda und Dieter Henrich, Frankfurt. a. M.：Suhrkamp, 1973, S. 375.
④　Otto Pöggeler, *Hegels Idee einer Phänomenologie des Geistes*, Freiburg & München: Karl Alber, 1993, S. 229.

另一些研究者认为，建构"自我意识之历史"的方案串联起了谢林《体系》和黑格尔现象学的总体关联，这种复杂关系却不能简单化为某一方单向受到另一方的影响。维尔纳·马克思重新勾勒了谢林、黑格尔与费希特的关系，强调了谢林和黑格尔建构"自我意识之历史"的计划与费希特知识学的进路的断裂，二人都试图超越以费希特—雅各比为代表的反思哲学的局限。谢林同意黑格尔在《差异论文》中对当前哲学任务的规定——必须扬弃一系列的二分，如理性和感性、理智与自然；而他则在《一种自然哲学的理念》（1797）中更早提及意识和自然各种力量的分裂。对谢林和黑格尔而言，扬弃这种对于知识的二分（Entzweiung）的思想任务和建构"自我意识之历史"的计划是一致的，因为这种二分已经被当前的反思哲学固化为"绝对主体性"和"绝对客体性"的对立。这种对立是哲学发展达到了近代哲学的基本原则——即费希特的观念论的必然产物。[1]《体系》和现象学不仅志在破除对象和意识之间的分裂，而且将其提升为哲学自身的需求（bedürfnis），因此建构"自我意识之历史"并不能等同于将自我意识这一主观原理提升为哲学的最高原则，而是对主观原理本身的克服；谢林、黑格尔还试图借助"自我意识之历史"之建构确证意识和对象真正的一致（Einheit），以哲学的方式阐明绝对知识的实在性，但在相似的总目标之下，谢林和黑格尔解决方案仍存在着差异。伊波利特指出，建构哲学的自我意识虽然是谢林和黑格尔相近的目标，但谢林呈现出自然意识向纯粹自我意识的提升却是哲学家人为的；黑格尔却使哲学家从自然意识提升的历史中消失了，而构成了绝对的客观性。[2] 富尔达认为，黑格尔"不仅把真实者理解和表述为实体，而且同样理解和

---

[1] Vgl. Werner Marx, Aufgabe und Methode der Philosophie in Schellings System des transzendentalen Idealismus und in Hegels Phänomenologie des Geistes, in Ders, *Schelling: Geschichte, System, Freiheit*, Freiburg & München: Karl Alber, 1977, S. 64.

[2] Jean Hyppolite, *Genesis and Structure of Hegel's Phenomenology of Spirit*, translated by John Heckman, Evanston: Northwestern University Press, 1974, p. 9.

表述为主体"① 的著名论断包含了对谢林的反驳,"实体本质上是主体"意味着黑格尔将作为精神的绝对者视为在有限主体(意识)中的活动者,活动性不仅包括将有限者理想化,同时也产生分裂,即意识必然作为精神的显现。谢林与黑格尔虽然都在思考绝对者的显现问题,并尝试将因反映(Reflexion)而产生的绝对者的对立面视为绝对者自身之内的积极环节,但谢林却止步于"建构"方法的静态结构。② 在伊波利特和富尔达看来,黑格尔在方法论层面对谢林的超越会决定性地引发体系建构形态上的差异,黑格尔不仅没有照搬谢林的方法论,而且完成了对其突破性的改造。

如果杜辛的判断——"在近代哲学史上第一次提出的绝对形而上学的纲要(das Programm einer absoluten Metaphysik),即完整的理性认识理论和对绝对者的体系性阐释,是由黑格尔和谢林在1801年共同起草的"③——能够成立,那么无论是作为体系导论的现象学还是作为先验哲学向同一哲学体系(Identitätsphilosophie)过渡的《体系》,实质上都服务于黑格尔和谢林建构绝对形而上学的总设想。因此,现象学和《体系》方法论及整体上的差异植根于黑格尔和谢林绝对形而上学构想之间的差异(主体性形而上学 VS 实体性形而上学)。两套方案的平行性就在于:如果说谢林关注的是意识和对象在事实层面(faktisch)的同一性,即"自我意识之历史"的完满性能在艺术中得到客观呈现、绝对知识的原理也理应通过艺术的创造活动被客观揭示;那么黑格尔则并不停驻于"自我意识之历史"事实性,而是要阐明自我意识之历史预演了概念自我构造的方法,这种预演意味着自我意识之历史的本质是概念的自我规定在意识层面的呈现。

---

① [德]黑格尔:《精神现象学》(上),贺麟、王玖兴译,商务印书馆1981年版,第10页,译文有改动。
② Vgl. Hans Friedrich Fulda, *G. W. F. Hegel*, München: Beck, 2003, S. 75, 86.
③ Klaus Düsing, Idealistishe Substanzmetaphysik. Probleme der Systementwicklung bei Schelling und Hegel in Jena, in *Hegel in Jena*, Hegel Studien, Beiheft 20, hrsg von Dieter Henrich und Klaus Düsing, Bonn: Bouvier, 1980, S. 25.

二 先验哲学对知识实在性的事实性演绎——"艺术作为哲学的官能"

作为谢林前期最重要的思考结晶,《体系》在从康德到黑格尔上升阶梯论的经典叙事中却只被视为客观观念论建构阶段的产物,即黑格尔的绝对观念论的预备性工作[①];谢林的方案被简化为通过客观观念论来纠正费希特主观观念论的片面性,以便黑格尔完成对主客观的绝对综合,但在观念论"自我意识之历史"的语境中,谢林与黑格尔都试图完成一种对体系实在性的预先建构,以保证知识原理和知识整体建立在绝对根据之上,差别在于二人所确证的实在性是不同意义上的实在性。谢林在《体系》中试图建构的实在性无法以黑格尔意义上的科学体系为评判标准。科勒(Dietmar Köhler)认为,谢林不仅相信艺术和哲学具有相同的内容和同样的任务,而且更以精英主义的方式把艺术置于哲学之上,他在《体系》中所赋予的艺术决定性的功能与黑格尔关于体系设想之间的决定性的差异间接导致了现象学的横空出世[②]。但艺术作为哲学体系实在性保证的方案不仅在整个德意志观念论中是独一无二的,而且在谢林的思想历程中也是孤例,谢林的研究者或以同一哲学架构为立足点[③],或参照谢林晚年对耶拿时期运思方案的评价[④],不约而同地判断哲学艺术化或审美形而上学实际上已经是一个被谢林放弃的方案,甚至还认为他这一

---

① Vgl. Richard Kroner, *Von Kant bis Hegel*, Bd. 2, Tübingen: Mohr (Sibeck), 1977, S. 363.

② Vgl. Dietmar Köhler, "Kunst und Spekulation sind in ihrem Wesen der Gottesdienst", in *Die geschichtliche Bedeutung der Kunst und die Bestimmung der Künste*, hrsg von Annemarie Gethmann-Siefert, Lu de Vos und Bernadette Collenberg-Plotnikov, München: Fink, 2005, S. 72.

③ Vgl. Helmuth Pleßner, Das Identitätssystem, in *Verhandlungen auf der Schelling-Tagung Bad Ragaz*, Jahrbuch der schweizer. Philosophischen Gesellschaft, 14, 1954, S. 68–80.

④ Vgl. Walter Schulz, *Die Vollendung des deutschen Idealismus in der Spätphilosophie Schellings*, Stuttgart: Kohlhammer, 1954.

时期将艺术置于哲学之上是受了早期浪漫派的影响。考虑到谢林与早期浪漫派不同的动机和旨趣，不宜将这一方案的暂时性和孤立性片面地归结于谢林的浪漫化，而必须置于其整个先验哲学内部加以考察。

先验哲学体系在谢林那里有着独特内涵，他一方面在基本任务上延续了康德批判哲学和费希特知识学的目标——探究作为整体的知识活动如何可能，另一方面在研究视野上又不同于康、费二人。康德将知识活动如何可能转化为探究主体认识能力的运作原理、功能及界限；费希特则将知识本身理解为本原行动的产物，"绝对自我"必然的活动方式，从而将对知识原理的分析深化为一种发生学意义上的描述。在谢林看来，费希特的先验哲学试图依赖绝对自我的同一性（A=A）这一被给定的事实来阐明知识活动（A=B）中自我和非我的对立如何产生，但认识活动中 A 与 B 的符合实际上却依赖于因绝对自我的可分割性而产生有限自我和非我的关联，这种可分割性对非同一性的综合活动会使绝对自我的同一性成为一种无法真正实现的同一性。黑格尔在《差异论文》中简洁地表达代表他与谢林对费希特知识学局限的共同看法，"自由的自我活动（Selbsttätigkeit）的这种绝对行动（Akt）是哲学知识的条件，但它还不是哲学本身"[①]。谢林认为费希特那里自我和非我在认识中的和解实际上依赖于一种超出自我同一性的更高的根据，由此必须放弃费希特所确立的思维原理（同一律）的基点，因为知识本身（A=B）不可能从同一律中推导出来，而依赖于一个比认识（A）和对象（B）更基础的同一性（C）。因此，先验哲学不仅关涉到对这一更基础的同一性的理性认识及其所构成的知识整体，而且这一同一性作为认识的原初根据必须在知识整体中完成自我阐明，假如这一原初根据无法为理性活动及其总体关联所揭示，那么体系建构的努力就失败了。谢林一开始就将自我意识既认识又被认识的活动方式视为先验哲学的主题，即

[①] [德]黑格尔：《费希特与谢林哲学体系的差别》，宋祖良、程志民译，商务印书馆 1994 年版，第 35 页，译文有改动。

自我和对象的这种反映（Reflexion）关系要以更基础的同一性（C）为前提，最终整个自我意识之历史的发展也应揭示出这种同一性。由此，《体系》具有一种康德和费希特先验哲学所不具备的双向运动结构，这一结构既可在内容层面被视为意识—自我（Ich）与对象—自然（Natur）相互关联与返回自身，又可在形式层面被视为知识活动原理在活动中的实现或体系的实在性阐明。

谢林对作为知识根据的基础同一性的看法并非一成不变的，其早年［以《论自我作为哲学的本原》（1795）和《对知识学之观念论阐释的论文集》（1796）为主］已经认识到原始的同一性既不是事实（不同于费希特），也不是对象，而是能赋予知识体系以实在性使之结合为一个整体①的无条件者。谢林在《论自我》中提出："因为主体只有在与客体的关联中才是可被思维的，客体只有在与主体的关联中才是可被思维的，因而两者中没有一个能包含无条件者（das Unbedingte）；两者以对方为条件，两者同时都被对方所设定的。为了规定两者的关系，一个更高的规定根据（Bestimmungsgrund）必须要被预先设定，而两者都以这个更高的根据为条件。"②他将这种原初同一性称为"自我"（并非以客体为条件的主体），并且视这一先于主客体交互规定的无条件者为知识活动的根据，同时，他也将这一基于更高根据的知识和对象双向结构称为自己版本的"自我意识之历史"③。谢林早期虽然借助费希特知识学的视野将原初同一性（即绝对者）称为"绝对自我"（或无条件者）④，但这个原初根据却不能按照费希特式的本原行动的分割和随之而来的综合

---

① F. W. J. Schelling, *Sämmtliche Werke*, Abt. 1, Bd. 1, hrsg von K. F. A. Schelling, Stuttgart: Cotta, 1856, S. 162.

② F. W. J. Schelling, *Sämmtliche Werke*, Abt. 1, Bd. 1, hrsg von K. F. A. Schelling, Stuttgart: Cotta, 1856, S. 165-166.

③ F. W. J. Schelling, *Sämmtliche Werke*, Abt. 1, Bd. 1, hrsg von K. F. A. Schelling, Stuttgart: Cotta, 1856, S. 382.

④ 参见先刚《试析早期谢林与费希特的"绝对自我"观的差异》，《云南大学学报》（社会科学版）2019年第4期。

来理解，而应将自我的不可入性理解为同一性的隐喻性表达。作为"绝对自我"的同一性由于不可入性只能"借助一个他者被发现"①，而无法通过自我的活动被阐明。到了1800年前后向同一哲学体系建构的过渡阶段（即《体系》的写作时期），谢林不再以"绝对自我"指称绝对者，而是坚决地使用"绝对同一"，这意味着绝对者可以通过知识活动中自我意识超出自身又返回自身的二重性得到充分揭示，成为完全实在的，原先自我的不可入性被改造为绝对同一向外反映自身的结构，绝对同一通过这种向外反映真正实在化了。杜辛将谢林耶拿时期对绝对者的这种理解称为实体性的，这一理解内在地驱使艺术必须扮演起体系实在性赋予者的角色。②

谢林的先验哲学处理了两层同一性，第一层即认识活动中对象和表象的符合，这延续了康德、费希特的工作，但第二层则是在认识活动中呈现认识的原初根据，阐明绝对同一如何为自然—理智、对象—自我的对立奠基。知识根据在认识中的呈现成为真正意义上的真理问题。因此，在谢林的构思中，尽管先验哲学只涉及知识如何可能，却因为绝对同一的奠基性而与自然哲学彼此相关，在实际的知识活动中，认识和被认识的对象在结构上是同一的，不存在一方对另一方的优先性，但为了解释方便却需要将某一方规定知识活动发生的条件，"或者使客观的东西成为第一位的，这样的问题就在于，与它一致的主观的东西何以会归附于它""或者使主观的东西成为第一位的，仅凭自然哲学和先验哲学都无法完整地表述，但这样的课题就是：与它一致的客观的东西何以会归附于它"③，前者是整

---

① F. W. J. Schelling, *Sämmtliche Werke*, Abt. 1, Bd. 1, hrsg von K. F. A. Schelling, Stuttgart: Cotta, 1856, S. 155.
② Vgl. Klaus Düsing, Idealistishe Substanzmetaphysik. Probleme der Systementwicklung bei Schelling und Hegel in Jena, in *Hegel in Jena*, Hegel Studien, Beiheft 20, hrsg von Dieter Henrich und Klaus Düsing, Bonn: Bouvier, 1980, S. 25.
③ ［德］谢林：《先验唯心论体系》，梁志学、石泉译，商务印书馆1983年版，第6、8页。

个自然哲学的进路,而后者是先验哲学的进路,二者相互映现。因为自然和理智两个对应性的领域的映现关系,"自我意识之历史"同时包含了"自然历史"和"意识历史"两组平行序列。谢林的真正洞见在于,作为知识根据的"绝对同一"(C)超出了知识活动本身(A)也超出了自然(B),但又是二者映现关系的保证,是"一切知识都以客观东西和主观东西的一致为基础。因为人们认识的只是真实的东西;而真理普遍认定是在于表象同其对象一致"[1]。这种根据或本原用数学的方式表达为 A = B:自然变化或幂次提升(Potenz)中的一致性,如具体自然物 A_1(如种子)生长为 B_1(树木)依赖于自然 C_1 作为基底(Substrat)本身的不变;而在知识活动中,命题中表象 A_2 与对象 B_2 符合,意味着一种思维与直观之间的连续性 C_2,谢林颠倒了费希特知识学原理间的同一和对立的先后次序。基于同一根据,自然和知识构成了一种相互贯穿的镜像关系,谢林也将之称为前(预)定和谐,"如果在观念世界和现实世界这两个世界之间没有存在着一种预定和谐,客观世界怎么与我们心里的表象适合,同时我们心里的表象又怎么与客观世界适应,便是不可理解的"[2]。绝对同一在自然哲学领域被理解为自然绝对的创造,在先验哲学领域表现为"直观的历史","关于这种实在性的令人信服的证明可以在先验哲学中、特别是眼前这部作品的有关阐述中找到,所以这部作品应看成是作者有关自然哲学的著作的一部必要的姊妹篇"[3]。

在前定和谐的架构下,自然和自我之间的简单对立之假象——自然是认识对象,是无意识的;理智则是认识的行动者,是有意识

---

[1] [德]谢林:《先验唯心论体系》,梁志学、石泉译,商务印书馆1983年版,第6页。

[2] [德]谢林:《先验唯心论体系》,梁志学、石泉译,商务印书馆1983年版,第14页。

[3] [德]谢林:《先验唯心论体系》,梁志学、石泉译,商务印书馆1983年版,第3页。

的——足以被破除,二者的区别仅仅在于,自然哲学的出发点是实在之物,先验哲学的出发点是观念之物。那么,一切无意识的客观之物——广义理解的"自然"和精神—历史世界——一切有意识的主观之物的总括(Inbegriff)之间的和谐对知识而言究竟是如何在主客体同一体(Subjekt-Objekt-Einheit)的效用下产生的?①谢林通过思考自我意识之客观形态(自然)以及进行着建构活动的主体(历史、精神)而引导出了一种绝对者的显现学说(Erscheinungslehre),在其中,绝对者已经展露出的各个阶段被理解为主体性和客体性之关系的不同结构组合。②因此无意识的自然和有意识的理智在知识中出现的彼此会合的活动以绝对同一为根据,也在会合活动中不断呈现绝对同一,而"(先验)哲学的课题就在于说明这种会合的活动"③;最后这种会合活动在艺术那里闭合为一个稳固的三角锥,艺术成为知识序列和自然序列的榫头,使知识根据完全客观呈现。"我们眼下这部著作的目的正是要把先验唯心论扩展成它实际上应当是的东西,即扩展成一个关于全部知识的体系,因而不是仅仅一般地证明这个体系,而是用事实本身证明这个体系"④。《体系》描绘了自我意识发展的认知历程,理智直观是其活动方式,"是从自我意识中最初级、最简单的直观开始,而到最高级的、即审美的直观为止"⑤,具体展开为理论哲学、实践哲学、目的论—艺术哲学的具体

---

① Werner Marx, Aufgabe und Methode der Philosophie in Schellings System des transzendentalen Idealismus und in Hegels Phänomenologie des Geistes, in Ders, *Schelling*: *Geschichte*, *System*, *Freiheit*, Freiburg & München: Karl Alber, 1977, S. 69.

② Vgl. Hans Michael Baumgartner, Das Unbedingte im Wissen: Ich-Identität-Freiheit, in *Schelling. Einführung in seine Philosophie*, hrsg von Hans Michael Baumgartner, Freiburg & München: Karl Alber, 1975, S. 54.

③ [德]谢林:《先验唯心论体系》,梁志学、石泉译,商务印书馆1983年版,第6页。

④ [德]谢林:《先验唯心论体系》,梁志学、石泉译,商务印书馆1983年版,第2页。

⑤ [德]谢林:《先验唯心论体系》,梁志学、石泉译,商务印书馆1983年版,第278页。

架构；这种认知历程同样被反映为客观世界中认知对象的提升（自然哲学为其前奏——从单纯的物质发展为有机体），即作为有机体的人经由理性认识世界的必然性和任意（Willkür）改造世界的自由，最终在艺术中实现自由与必然的同一，自我在直观活动中不断转化为自身对象，而保持自身同一性，这种同一性被谢林视为一个连续的序列，即现实意识之前的"先验历史"。

自我意识的活动方式就是"理智直观"（intellektuelle Anschauung），在谢林看来两个对立面的会合是一种经过中介而实现的活动，因而理智直观并非自我与对象的直接等同，而是包含了双重结构，作为先验思维官能的理智直观被规定为"一种同时创造它自身（作为对象）的知识活动"[1]。谢林对理智直观的功能界定经历了一个与对绝对同一看法类似的变化，谢林早期将绝对者规定为"排除掉所有对立面东西的自我"[2]（不可入性），与之对应的是，理智直观作为把握绝对自我的方式也被要求是直接的、不通过思维，但其不同于感性直观的被动性和接受性，而是借助自由创造产生的[3]。理智直观作为"创造性的直观"接近于艺术创作中天才的活动方式，将绝对者排除对立的外斥活动内在化为在自身之内创造性的生成。谢林早期否定了以任何知识规定形式来阐明作为主观和客观之根据的无条件者，因此只能借助自由创造消解这个原初领域中一切要排斥的矛盾或对立，这涉及绝对自我的根本悖论：作为主体—客体对立根据的绝对自我本身排除了一切对立，那么它对于知识而言就是"无"，"无"固然可以作为知识的开端[4]，但知识体系的完成却无法止于这

---

[1] ［德］谢林：《先验唯心论体系》，梁志学、石泉译，商务印书馆1983年版，第34—35页。

[2] F. W. J. Schelling, *Sämmtliche Werke*, Abt. 1, Bd. 1, hrsg von K. F. A. Schelling, Stuttgart: Cotta, 1856, S. 176.

[3] Vgl. F. W. J. Schelling, *Sämmtliche Werke*, Abt. 1, Bd. 1, hrsg von K. F. A. Schelling, Stuttgart: Cotta, 1856, S. 401, 318.

[4] Vgl. F. W. J. Schelling, *Sämmtliche Werke*, Abt. 1, Bd. 1, hrsg von K. F. A. Schelling, Stuttgart: Cotta, 1856, S. 326.

种黑夜式的"无",因为如果没有任何对立,那么绝对自我的理智直观也无法返回自身①,整个现实就旋即成为无限的绵延,即无内容的空无。绝对自我的悖论导致了理智直观无法同时满足同一性和实在性的疑难。而在《体系》中,谢林依然将理智直观规定为一种建构认识行动者和被认识者的双向活动的绝对方法,创造者和被创造者在创造性直观中是同一个自我,所以活动本身既是直观也是创造,是联结主观和客观的中介。无限的创造能动性构成了理智直观的观念维度,而有限的对象化则构成了其实在维度,这两个维度的共构使得自我意识之历史在不断攀升,既创造客体,又通过创造的产物把握到了主体性,自我能从直观的创造活动中返回自身同时构成自身的对象化。这种同时建构对象和返回自身的能力也被谢林称为理性的反映(超越知性的反思),或思辨的直观②;弗兰克认为在反映中无法对象化的同一性在理智直观中被显示为不可分割③,这修正了早期理智直观取消一切对立的否定性功能;理智直观现在被肯定性地视为"一种非反映的或非思维的思维"④,它既能在意识之内呈现这种原初同一性,又不将其当作对象思考,这就保证绝对同一性本身不会产生认识和对象的非同一性。《体系》通过理智直观呈现了绝对自我的不可入性,因此谢林有理由要求知识整体的实在性并不能从实存着的具体事物中发现,而只能是知识根据在知识活动中的自我确证,理智直观满足了绝对同一在意识之内的反映,阐明了知识根据和知识活动的同一性。

但这种自内反映却依赖意识,这意味着理智直观并未解决同一

---

① Vgl. F. W. J. Schelling, *Sämmtliche Werke*, Abt. 1, Bd. 1, hrsg von K. F. A. Schelling, Stuttgart: Cotta, 1856, S. 325.

② Vgl. Klaus Düsing, Spekulation und Reflexion. Zur Zusammenarbeit Schellings und Hegels in Jena, *Hegel Studien* Bd. 5, hrsg von Friedelm Nicolin und Otto Pöggeler, Bonn: Bouvier, 1969, S. 95 ff.

③ Vgl. Manfred Frank, *Der unendliche Mangel an Sein*, München: Fink, 1992, S. 105.

④ Manfred Frank, *Der unendliche Mangel an Sein*, München: Fink, 1992, S. 105.

性和实在性无法兼得的悖论，现在先验哲学体系要求实在性即将自内反映转化为向外显现，从而使知识的实在性或哲学的体系性从意识之内的主观认识呈现为客观实在，理智直观也需要外化或具有实在性，审美直观便应运而生，审美直观构成了自内向外的转化，也是体系建构完成的闭合点，其对谢林而言是不可替代的，"这样一种活动只能是美感活动，任何艺术作品都只能理解成是这样一种活动的产物。因此艺术的理想世界和客体的现实世界都是同一活动的产物；（有意识的活动和无意识的活动）两者的会合无意识地创造着现实世界，而有意识地创造着美感世界"①，由此"哲学的工具总论和整个大厦的拱顶石乃是艺术哲学"②。

三 分道而行——艺术的客观显现和概念的自我规定

谢林《体系》中"艺术作为哲学总官能"（Organ）的命题在很大程度上延续了康德《判断力批判》的整体思路，其先验哲学方案的内在划分对应了批判哲学的架构，甚至不少关键术语诸如工具论（Organon）、拱顶石（Schlußstein）等都承袭自康德。康德借助反思判断力找到了超感官世界对感官世界的作用点，以及自由对自然的作用方式，谢林的革命性体现在，这种交会或过渡不能停留在对心灵能力和谐一致的感知或绝对统一性在意识之中的反映，而应被揭示为实在的。基于这种扩展，迪特·耶希（Dieter Jähig）认为，谢林所谓的"拱顶石"并不是泛指建筑的结合部，而是特指哥特式建筑穹顶（Gewölb）的闭合件。拱顶石将承重的石块聚集为一个整体，同时也是整个建筑的承载者。③ 这一建筑学的隐喻重新界定了艺术在

---

① ［德］谢林：《先验唯心论体系》，梁志学、石泉译，商务印书馆1983年版，第15页。

② ［德］谢林：《先验唯心论体系》，梁志学、石泉译，商务印书馆1983年版，第15页。

③ Vgl. Dieter Jähig, *Schelling: Die Kunst in der Philosophie*, Bd. 2, *Die Wahrheitsfunktion der Kunst*, Pfüllingen: Neske, 1969, S. 8.

整个先验哲学体系中的地位,艺术必须将在生成过程中的知识整体实在化,而这种实在化对谢林而言就是向外呈现绝对同一。谢林认为,先验哲学的前两大组成部分——理论哲学和实践哲学均不能满足在知识生成的过程中呈现知识根据的任务,理智直观无法同时保证同一性和实在性的局限未能解决,"我们要有理论的确实性,就得失去实践的确实性,要有实践的确实性,就得丧失理论的确实性;在我们的认识中存在着真理性而同时又在我们的意志中存在着实在性,这是不可能的"①。而"目的论"部分则描绘了自然本身的能动性,"显现为一种被有意识地创造出来的作品能促成理论哲学和实践哲学的结合,因为,但同时也必将显现为最盲目的机械过程的产物。自然是合目的的,却又不能用合目的性加以解释"②,有机自然暗示了"自由与必然统一于外部世界的完整表现"③,并且这种绝对同一性也是客观存在的。但"客观世界只是精神原始的、还没有意识的诗篇",而"那种既是有意识的同时又是无意识的活动可以在主观的东西之内,在意识本身指明。这样一种活动只能是美感活动"④,虽然整个体系在目的论部分达到了完满,但谢林需要艺术作为这种无目的的合目的性的"例证",必须从外部的自然世界过渡到理智领域的创造活动本身。概言之,绝对同一性虽然已经在有机自然中得到隐喻性的表达,但只能在艺术中被自我意识认识,这种认识的内在主张要求艺术被确立为哲学本身的实在之镜,正如"理智直观的这种普遍承认、无可否认的客观性就是艺术本身。因为审美直观正是

---

① [德] 谢林:《先验唯心论体系》,梁志学、石泉译,商务印书馆1983年版,第14页。

② [德] 谢林:《先验唯心论体系》,梁志学、石泉译,商务印书馆1983年版,第14页。

③ [德] 谢林:《先验唯心论体系》,梁志学、石泉译,商务印书馆1983年版,第258页。

④ [德] 谢林:《先验唯心论体系》,梁志学、石泉译,商务印书馆1983年版,第15页。

业已变得客观的理智直观"①。

哲学在谢林那里成为按照理智直观二重化结构将意识和对象关联在一起的自我意识之历史的建构，但"哲学家却只注重构造活动本身，这种活动是一种绝对内在的活动"，这就导致了"由于创造和直观这样不断二重化，对象就会成为其他东西所无法反映的"②，那么这种无法映现为外物的绝对同一的内在性必须借助一面镜子向外投射，而这面镜子就是审美活动和艺术。谢林认为，哲学和艺术虽有同一个任务，但实现方向却不同，即"超脱凡俗现实只有两条出路：诗和哲学。前者使我们身临理想世界，后者使现实世界完全从我们面前消逝"③。哲学达到的成果仅仅存在于哲学家的思考中，而很难让普通人接受，"哲学虽然可以企及最崇高的事物，但仿佛仅仅是引导一小部分人达到这一点；艺术则按照人的本来面貌引导全部的人到达这一境地，即认识最崇高的事物"④，谢林罕见地承认，艺术作为哲学之镜既是哲学的工具，又确保和证成了哲学本身的合法性。艺术表现绝对同一肯定性的外显，而哲学表现绝对同一否定性的内斥，"艺术作为整个体系的拱顶石"实际上完成了先验哲学本身的功能性检验，这一检验是按照先验哲学的总目标来进行的，谢林认为在自然世界和人类历史世界都尚未实现的绝对同一原理的客观性，在艺术中完全达到了。

在维尔纳·马克思看来，谢林这一方案的最重要的结果是，在审美直观中哲学的理智成为客观的，如果说哲学的内在直观在本质

---

① ［德］谢林：《先验唯心论体系》，梁志学、石泉译，商务印书馆 1983 年版，第 273—274 页。

② ［德］谢林：《先验唯心论体系》，梁志学、石泉译，商务印书馆 1983 年版，第 16 页。

③ ［德］谢林：《先验唯心论体系》，梁志学、石泉译，商务印书馆 1983 年版，第 17 页。

④ ［德］谢林：《先验唯心论体系》，梁志学、石泉译，商务印书馆 1983 年版，第 278 页。

上是非客观的,那么它就势必要求向着审美提升。① 这种提升在谢林那里是基于理智直观本身的缺陷,也就是一种外在的补救,绝对者只是在艺术中将在意识中达到的同一性投射于外,同一性和实在性并没有合一,反倒是构成了一种平行关系,这种平行性恰好意味着知识活动并不是一个自我生成的有机整体,而更接近于设定的聚合体。这暗示了谢林的方案重新固化了内外的分裂,哲学只局限于内在,而艺术构成了哲学的现实形态,尽管谢林始终强调艺术是哲学的官能(Organ)和工具论(Organon),但实际上艺术在先验哲学体系内并非哲学的一个对象领域,而是作为哲学最高原理如何显现的范本,它类似于谢林早期勾画的那个绝对者不可入的原初领域,那么艺术作为哲学体系的检验者而超出了哲学体系,哲学体系本身并没有在知识如何产生的自我意识之历史中完成自我阐明,而只是通过艺术给出了一个结果。

根据对谢林建构"自我意识之历史"的考察,绝对同一性虽然被谢林要求在知识活动中得到阐明和检验,但哲学本身只起到了否定性的功能,反倒是作为理智直观之补充的审美直观为绝对同一提供了实在性证明,即艺术作为绝对同一的实例。谢林将这种绝对同一性由预设向揭示的转化本身视为先验哲学必然的运作模式,审美直观对理智直观的补充性被视为绝对同一返回自身的原初力量,但这也招致黑格尔在《精神现象学》中对谢林著名的批判,"如果理念的发展只是同一公式的如此重复而已,则这理念虽然本身是真实的,事实上却永远仅只是个开始"②,在黑格尔看来,谢林的"直观"原则只是"把唯一地静止的形式引用到现成存在物上来","这样做出来的不是从自身发生出来的丰富内容,也不是各个形态给自

---

① Werner Marx, Aufgabe und Methode der Philosophie in Schellings System des transzendentalen Idealismus und in Hegels Phänomenologie des Geistes, in Ders, *Schelling: Geschichte, System, Freiheit*, Freiburg & München: Karl Alber, 1977, S. 64.

② [德]黑格尔:《精神现象学》(上),贺麟、王玖兴译,商务印书馆1981年版,第9页。

身规定出来的差别，而毋宁是一种单调的形式主义"①。简言之，如果说理智直观还始终保持着自我和对象相互反映和双重建构的二重化结构，那么在理智直观向着审美直观的外化中，这种二重结构又被直接性取代了，因而在黑格尔看来，这种哲学向艺术的求助实际上反映了谢林"自我意识之历史"建构计划的本质乃是有限理性不可能完成的"无限的任务"，因为其终点乃是一个超越于知识活动本身的彼岸存在，这种超越性在方法论上需要向作为奇迹的"艺术"求助，或知识重新倒退回了"信仰"，这就意味着在艺术之镜中开启的绝对同一仍旧是知识开端那里所预设的，没有任何发展和提升的因素，在这个意义上，黑格尔视此方案为形式主义的同语反复。

黑格尔对这种作为哲学镜像的艺术抱有极为复杂的态度，一方面他接受谢林的看法——在艺术形式中，直观表现出了绝对者客观和外在的存在②；另一方面认为这种客观性乃是一种抽象的直接性，因为感性形式虽然客观呈现了绝对同一性，但艺术作品只是这种实在性的符号或例证，而不能等同于实在性本身，在《耶拿体系草稿（1805/1806）》中黑格尔将在艺术中所呈现的绝对者称为"被意欲的无限性"（gemeinte Unendlichkeit），在这种意欲的无限性中，美只是绝对者的显现形态，而不是其本身③。黑格尔认为艺术之镜所给定的绝对同一之事实性需要被超越，自我意识之历史的建构不仅要证明哲学或自我意识对自然意识之构成性（即自我和对象的同一性），而且应展示这种同一如何在活动中自我构成。

---

① ［德］黑格尔：《精神现象学》（上），贺麟、王玖兴译，商务印书馆1981年版，第9页。

② Vgl. Dietmar Köhler, "Kunst und Spekulation sind in ihrem Wesen der Gottesdienst", in *Die geschichtliche Bedeutung der Kunst und die Bestimmung der Künste*, hrsg von Annemarie Gethmann-Siefert, Lu de Vos und Bernadette Collenberg-Plotnikov, München: Fink, 2005, S. 70.

③ Georg Wilhelm Friedrich Hegel, *Jenaer Systementwürfe III*, Gesammelte Werke, Bd. 8, hrsg. von Johann Heinrich Trede und Rolf-Peter Horstmann, Hamburg: Felix Meiner, 1976, S. 278.

第三节　个体教化和思辨陈述：现象学的结构

一　审美形而上学的反批判或哲学的文学化？

在对待传统形而上学的态度上，谢林、黑格尔和早期浪漫派有一共识：作为知识最高原理的绝对，并不是对象，或实体性的"事物"，而这一点谢林已经在《论自我》（1795）对无条件者的分析中做了精彩的发挥，诺瓦利斯的《花粉》（1798）以这一名言开篇——"我们到处寻找无条件者，最终只找到事物（Dinge）"[1]；弗·施莱格尔反对将本原视为实体性的"事物"，"自由是一种非对象这一说法非常重要；它也是唯一的非对象和反对象"[2]。谢林、早期浪漫派同样和黑格尔一样，不再将本原视为支撑万有的实体性因素，但是谢林和浪漫派却发现了这种去实体化的理解所引发的认识悖论——区分作为认识的前提，无可回避，自我和对象（或自然）基于区分才构成了反思关系，但这导致了认识与同一性之间的矛盾，简言之，如果绝对同一是认识的对象，那么它就产生了与他物的区分而丧失了同一性；如果绝对同一不包含区分，那么它就无法被认识。

谢林解决这一悖论的两大法宝是幂次提升和理智直观，幂次提升或潜能（potentiā）解释了自然之内一切对立都是潜在的，一物并不现实地与另一物互斥，自然的同一性起着支配作用；理智直观则解释了各种能力在理智层面的对立是潜在的，比如感觉非但不构成

---

[1] Novalis, Blüthenstaub-Fragmen, in *Novalis Schriften* Ⅱ, hrsg. von Richard Samuel in Zusammenarbeit mit Hans-Joachim Mähl und Gerhard Schulz, Stuttgart: Kohlhammer, 1965, S. 412, Nr. 1；中译见［德］诺瓦利斯《夜颂中的革命和宗教——诺瓦利斯选集卷一》，林克等译，华夏出版社2007年版，第77页，下同。

[2] Vgl. Friedrich Schlegel, *Philosophische Lehrjahre*: 1796–1806; *nebst philosophischen Manuskripten aus den Jahren 1796–1828*, Kritische Friedrich-Schlegel-Ausgabe, Zweiter Abteilung, Bd. 19, hrsg. von Ernst Behler, München & Paderborn & Wien & Zürich: Schöningh, 1971, S. 115.

知性的对立面，而且是向后者的内在提升，因而同一性始终贯穿于主体和客体之中，这使得主体和客体仅仅潜在地对立，但主体在现实中不可能同时是客体，这意味着一旦理智直观试图将原初的同一性实在化，那么这些原本潜在的对立也会转化为现实，自我意识的自内反映（反思）就瓦解了。但绝对同一如果仅仅是哲学家在理智直观中所把握到的潜在的同一性，而不能在所有人感官中展现其实在性，观念性和实在性就构成了非同一关系。谢林在建构先验哲学体系时，毫不迟疑地将潜在同一性向实在转化置于一个出人意料的瞬间，这就是"创造"，"如果自我已经意识到了创造，那么，有意识活动与无意识活动便一定是分离开的，因为这种分离是意识到创造的必要条件。所以，两种活动必须是同一个东西"①，创造在神学中的神秘性经由启蒙运动和康德第三批判已然被归诸艺术创作的天才，"这个根本无法认识而只能从产物中反射出来的不变的同一体，对创造者来说也正是对行动者来说的那种命运之类的东西，就是说，是一种模糊的未知的力量，它把业已完成的东西或客观的东西添加到自由的不完整的作品之上；并且，就象那种通过我们的自由行动，未经我们的认识，甚至违背着我们的意志而实现了没有想象到的目标的力量可以被称为命运一样，这种不可理解的东西，这种不受自由的影响，在某种程度上又违背着自由，永远躲藏到自由中的东西，这种在创造过程中得到了统一，把客观事物添加到有意识事物上的东西，也可以用模糊的天才概念来表示"②，谢林对艺术创造和天才极具革命性的阐释，使得艺术于 1800 年第一次在西方哲学史上获得最高层级的地位，美学被提高到原理的地位③。

---

① ［德］谢林：《先验唯心论体系》，梁志学、石泉译，商务印书馆 1983 年版，第 263—264 页。

② ［德］谢林：《先验唯心论体系》，梁志学、石泉译，商务印书馆 1983 年版，第 265 页。

③ Vgl. Manfred Frank, *Einführung in die frühromantische Ästhetik*, Frankfurt. a. M. : Suhrkamp, 1989, S. 171.

谢林的方案与早期浪漫派相互呼应共同构成了审美形而上学的谱系，弗·施莱格尔大约在与《体系》发表的同一时期提出了类似设想，最高的同一越过了人的反思能力，"通过反思真正达到这种最高存在的不可能，导致了隐喻的出现"①，"一切美都是隐喻。这种最高存在，正因为它是无可名状的，所以人只能用隐喻来表达"②。青年谢林（1802 年之前）和早期浪漫派将艺术奉为绝对的颂歌和真正的诗篇，"造型艺术作品的最高真理并不存在于同被造物（Geschöpf）或被造物之摹本（Geschöpf）的单纯的符合性（Übereinstimmung）中"③，将艺术视为对真理之模仿的传统看法已然完全被颠覆，艺术现在是以非反思的、直接的方式表现无限性的媒介，其本质特性就在于被表现之物与表达本身之间的不和谐一致。因为这种不和谐一致，艺术能在揭示出绝对（或绝对同一）的同时，又保留绝对的不可表达性（用海德格尔的话说就是"解蔽"），艺术所表现的远远不能涵盖它所要表现的［晚期谢林会将绝对同一的这种特性称为"不可预思之在"（das unvordenkliche Sein）］，其真理性就在于它并不再现（模仿）实体性的本原，而是通过创造活动赋予绝对可见的形象。诺瓦利斯对这点做出了精彩绝伦的发挥，"对诗的感受与神秘主义有许多共同之处。它是对独特的、个人的、未知的、神秘的、要被启示的、完全偶然之物的感受。它能呈现不可呈现之物，能看见不可见之物，感觉到不可感受的东西，依次类推。对诗的批评是极不合情理的。断定某物是诗与否已经很难，但却是唯一可能的断定。诗

---

① Friedrich Schlegel, *Philosophische Lehrjahre: 1796 – 1806; nebst philosophischen Manuskripten aus den Jahren 1796 – 1828*, Kritische Friedrich-Schlegel-Ausgabe, Zweiter Abteilung, Bd. 19, hrsg. von Ernst Behler, München & Paderborn & Wien & Zürich: Schöningh, 1971, S. 25.

② Friedrich Schlegel, *Charakteristiken und Kritiken I. 1796 – 1801*, Kritische Friedrich-Schlegel-Ausgabe, Erste Abteilung, Bd. 2, hrsg von Hans Eichner, München & Paderborn & Wien & Zürich: Schöningh, 1967, S. 324.

③ F. W. J. Schelling, *Sämmtliche Werke*, Abt. 1 Bd. 10, Hrsg von K. F. A. Schelling, Stuttgart: Cotta, 1861, S. 118.

人真正被剥夺了感知，为此他拥有了一切。他在本真意义上把主体—客体表象为情感—世界。这正是一首好诗的无限性、永恒性。一般而言，对诗的感受与预言（Weissagung）、宗教、先知（Sehersinn）的含义具有密切联系。诗人在进行整理、统一、选择、发明——自己并不清楚，为什么偏偏这样而不是那样"①。弗·施莱格尔基于艺术的真理性，批评"概念是一种缺陷（Irrtum）"②，相比于艺术的创造本性，浪漫派认为概念或反思更接近对真理的模仿。

黑格尔将谢林和早期浪漫派的审美形而上学视为直接知识，谢林和早期浪漫派同样判定黑格尔并未摆脱启蒙以来知性反思和主观性的窠臼。谢林在《近代哲学史》中批评黑格尔局限于哲学家的视角，"黑格尔自己的哲学表明，他对于这个现实世界的很多方面都还缺乏理解把握。……在这个号称是必然的运动中，存在着一个双重的错觉：1）首先，概念不但顶替了思想的位置，而且被设想为一个自行运动着的东西，但是概念就其自身而言只能是一个完全不动的东西，除非它是一个思考着的主体的概念，也就是说，除非它是一个思想；2）其次，人们以为，思想仅仅是被一个包含在它自身内的必然性推动着前进，但实际上，人们很显然早就已经有了一个努力追求的目标，而且，即使哲学家想尽办法企图掩饰他的意识，那么这也不过表明，那个目标是以一种更具决定性的方式无意识地影响着哲学家的活动"③。谢林的批评代表了对黑格尔的普遍误解：黑格尔将自己的思想（Gedanke）冒充为概念自身的运动；概念是寂然不动的，只有思想才能被推动，但是思想的活动是被哲学家的主观预

---

① Novalis, Fragmente und Studien 1799 – 1800, in *Novalis Schriften* III, hrsg. von Richard Samuel in Zusammenarbeit mit Hans-Joachim Mähl und Gerhard Schulz, Stuttgart: Kohlhammer, 1968, S. 685–686, Nr. 671.

② Vgl. Friedrich Schlegel, *Philosophische Vorlesungen* I (1800 – 1807), Kritische Friedrich-Schlegel-Ausgabe, Zweiter Abteilung, Bd. 12, hrsg von Jean-Jacques Anstett, Paderborn & München & Wien & Zürich: Schöningh, 1964, S. 305.

③ ［德］谢林：《近代哲学史》，先刚译，北京大学出版社2016年版，第158—159页。

第一章　扬弃审美形而上学:黑格尔现象学规划中的艺术和哲学的张力

设所决定的,因而黑格尔所宣称的体系的实在性是虚假的。一言以蔽之,他认为现象学作为"纯粹科学的演绎"只是黑格尔的纯主观的思想的冒认而已,"黑格尔把'演进过程'概念改造为一种辩证的推进运动,其中根本没有任何斗争,而是只有一种单调的、几乎令人昏昏欲睡的推进过程……实际上,并非概念必须得充实自己,而是思想(亦即我这位哲学家)能够感受到一种需要,即必须从空洞的东西过渡到充实的东西"①。这种刻板印象混淆了黑格尔那里概念和思想的区分,谢林所批判的哲学家主观的念头并不是黑格尔意义上的概念,而恰好是黑格尔着力克服的表象(与对象本身分离的认识),而黑格尔意义上的概念以不同于艺术创造的方式同时达到同一性和实在性。

与审美形而上学将黑格尔知性化、主观化的误解相呼应的另一种看法是,将《精神现象学》视为哲学的文学化,施瓦茨(Justus Schwarz)将《精神现象学》称为黑格尔的"精神的奥德赛"(Odyssee seines Geistes),认为在其中"全部个人性因素和广博的普遍性因素结合一致"②,将《精神现象学》视为描述哲学家黑格尔的经历的教养小说;黑格尔(就如但丁《神曲》中的维吉尔)引导读者通过知识净化灵魂③。罗蒂(Richard Rorty)尤为强调《精神现象学》与特定类型文学作品主题上的趋同性,并将这种文学性因素推至极端,干脆把《精神现象学》的哲学实践归为一种文学类型,却有意忽视了黑格尔对表象与概念的区分④。

---

① [德] 谢林:《近代哲学史》,先刚译,北京大学出版社2016年版,第166页。

② Justus Schwarz, Die Vorbereitung der Phänomenologie des Geistes in Hegels Jenenser Systementwürfen. in: *Zeitschrift für deutsche Kulturphilosophie*, 2. 1936, S. 127. 施瓦茨借用了谢林对自己《先验唯心论体系》的称呼,见 [德] 谢林《先验唯心论体系》,梁志学、石泉译,商务印书馆1983年版,第276页。

③ Cf. Robert Stern, *Hegel and the Phenomenology of Spirit*, London: Routledge, 2002, p. 42.

④ 罗蒂将黑格尔视作反讽主义者,认为其辩证方法本质上只是一种文学技巧,而黑格尔在《精神现象学》中的努力开启了后世反讽主义哲学的传统。参(转下页)

布洛赫（Ernst Bloch）的判断则更为谨慎，《精神现象学》与德意志同时期文学杰作间具有亲缘性，"（尽管）歌德的诗歌（按：指《浮士德》）在现象学（按：指《精神现象学》）中是隐含的，但它却明确给出了方法上的规定"①，布洛赫将其称为"浮士德动机"（das Faustmotiv）②。珀格勒强调现象学功能中"个体教化"的一面，在通过梳理黑格尔"Bildung"概念的来源时判断黑格尔从青年时期到耶拿时期不仅深受启蒙教化观影响，还汲取了大量艺术经验。③作为近现代德国人文主义思潮的核心术语，"Bildung"的影响范围远超教育领域，而具有了思想启蒙和文化陶冶的巨大意义。Bildung的多重含义是在思想史变迁中逐渐丰富起来的，据利希滕施泰因（Ernst Lichtenstein）的考证，它最早被运用于神秘—神学领域和自然哲学—思辨领域（mystisch—theologischen und naturphilosophisch—spekulative），《圣经》传统中将人称为"神的肖像"（Bild）（对此的经典表述可见于《旧约·创世记》），人乃是借由神的形象而被塑造（Bildung）的，这一意象在中世纪晚期的德国密契论（Mystizismus 神秘主义）传统中得到进一步发展。中世纪神学家埃克哈特大师（Meister Eckhart）及其弟子们，如苏索（Henry Suso）和陶勒（Johannes Tauler）等，将Bildung和新柏拉图主义的流溢说相结合，以揭示出人的本质来自神，人的形象是神的在场和对神性的接受。④随着文艺复兴和人

（接上页）见［美］理查德·罗蒂《偶然、反讽与团结》，徐文瑞译，商务印书馆2003年版，第112—113页。毫无疑问，这种观点相当程度上混同了黑格尔与早期浪漫派。

① Ernst Bloch, Das Faustmotiv der Phänomenologie des Geistes, in *Hegel Studien*, Bd. 1, hrsg von Friedhelm Nicolin und Otto Pöggeler, Bonn: Bouvier, 1961, S. 162.

② Ernst Bloch, Das Faustmotiv der Phänomenologie des Geistes, in *Hegel Studien*, Bd. 1, hrsg von Friedhelm Nicolin und Otto Pöggeler, Bonn: Bouvier, 1961, S. 162.

③ Otto Pöggeler, Hegels Bildungskonzeption im geschichtlichen Zusammenhang, in *Hegel Studien* Bd. 15, hrsg von Friedhelm Nicolin und Otto Pöggeler, Bonn: Bouvier, 1980, S. 249 – 255.

④ E. Lichtenstein, Bildung, in *Historisches Wörterbuch der Philosophie*, Bd. 1, hrsg von J. Ritter, Basel & Stuttgart: Schwabe & CO Verlag, 1971, S. 922.

文主义运动的兴起，Bildung 概念的神学色彩逐渐淡化，至 18 世纪，由于德国虔敬派倡导情感解放，它被赋予了审美—人文主义的内涵和内在性维度。启蒙思想家们将 Bildung 与对人的规定结合起来，虽尚未形成完全一致的定义，但仍可以概括出三个较固定含义：对人格的塑造和成型（Formung）；按照这种人格塑造的目标所进行的教育（Erziehung）；通过这种教育实现人的全面发展（Entwicklung）[1]，这三层含义构成了教化理念的核心，并集中体现为个体由局限于自然禀赋最终发展至完满人性的全过程，而教养小说正是其文学表达。

教养小说（Bildungsroman）植根于这一特定的历史—思想语境，在 1800 年前后的德意志成为一种个体教化理想的代表性范式：歌德的《威廉·迈斯特的学习时代》（1795/1796）一经问世便成为竞相模仿的对象，甚至有学者称自此以降"几乎所有重要的德语长篇小说，都可以归入其类"[2]。无论是浪漫派的诺瓦利斯，还是带有古典主义倾向的让·保尔（Jean Paul），都有意识地借鉴了《威廉·迈斯特》的形式，这构成了文化领域的一大奇景，因而在启蒙之后的德语世界，教养小说不唯有文学史意义，更具思想史价值。狄尔泰在 1870 年正式采用"教养小说"这一术语称呼这类出现于启蒙时期前后的特殊德语文学体裁，"我想将由《威廉·迈斯特的学习时代》所构成的这类小说称为教养小说。歌德的作品展示出在各个不同的阶段、形态和生活时段的人类学习与发展"[3]，狄尔泰将教养小说视为对启蒙教化理念的艺术性表达，并从德意志精神史的角度肯定其价值和意义，将之确立为一种独特的德意志现象。歌德的《威廉·迈斯特的学习时代》（1795/1796）和《威廉·迈斯特的漫游时代》

---

[1] 参见谷裕《思想史语境中的德语修养小说：创作与诗学》，《比较文学与世界文学》2012 年第 2 期。

[2] 谷裕：《思想史语境中的德语修养小说：创作与诗学》，《比较文学与世界文学》2012 年第 2 期。

[3] Wilhelm Dilthey, *Das Leben Schleiermachers*, Bd. I, Berlin & Leipzig: De Gruyter, 1922, S. 317.

(1823）乃是教养小说的典范，主人公在《威廉·迈斯特的学习时代》中完成了对单纯私人空间的超越（剧院），走向了实际行动（塔社）；而在《威廉·迈斯特的漫游时代》里，更是进一步投入公共生活之中（联络有志之士），黑格尔将这种超越的意义称为，"使主体把自己的稚气和锋芒磨掉，把自己的愿望和念头纳入现存社会关系及其合理性范围里，使自己成为世界锁链中的一个环节，在其中占上一个恰当的地位"①。

这种对个别性的超越以进入真正的普遍科学立场，正如同黑格尔在《精神现象学》序言中指出的，个体意识一开始是与科学相对的，二者必须在发展过程中结合起来，从自在的变成自为的②。而自青年时代起，黑格尔便对教养小说有着很高的阅读热情③，在教养小说的文学性表述中，黑格尔洞见到近代主体性或者说自我意识如何在漫游中形成，而这一模式对于《精神现象学》而言，无疑具有典范性。黑格尔的得意弟子米希勒曾提及黑格尔称《精神现象学》为"意识的发现之旅"（Entdeckungsreisen）④，利希滕施泰因也将教化概念的哲学功能视为黑格尔耶拿时期辩证哲学的出发点⑤，费维克认为教养小说的形式对黑格尔思想道路的形成有着关键的影响，但

---

① G. W. F. Hegel, *Vorlesungen über die Ästhetik*, TWA, Bd. 14, Frankfurt. a. M.：Suhrkamp, 1986, S. 220；中译见［德］黑格尔《美学》（第二卷），朱光潜译，商务印书馆 1996 年版，第 364 页，译文有改动。

② 参见［德］黑格尔《精神现象学》（上），贺麟、王玖兴译，商务印书馆 1981 年版，第 19 页。

③ 黑格尔高中时就钟爱维兰德的教养小说《阿迦通》（*Agathon*），图宾根时期他也常与荷尔德林一起阅读雅各比的教养小说。Vgl. Klaus Vieweg, *Hegel. Der Philosoph der Freiheit*, München：C. H. Beck, 2019, S. 688；Otto Pöggeler, Hegels philosophische Anfänge, in *Der Weg zum System*, *Materialien zum jungen Hegel*, Frankfurt. a. M.：Suhrkamp, 1990, S. 80–81.

④ *Hegel in Berichten seiner Zeitgenossen*, hrsg von Günther Nicolin, Hamburg：Felix Meiner, 1970, S. 76.

⑤ Ernst Lichtenstein, Zur Entwicklung des Bildungsbegriffs von Meister Eckhart bis Hegel, in *Hegels Theorie der Bildung*, Bd. 2, Kommentare, hrsg von Jürgen-Eckardt Pleines, Hildesheim & Zürich & New York：Georg Olms Verlag, 1986, S. 173.

《精神现象学》却是以概念形式扬弃了教养小说的诗意叙述①。在这个意义上,黑格尔的现象学并非哲学的文学化,更不是将哲学家的主观视角冒充为实在性,而是概念通过自身在意识经验中的显现,将个体经验的特殊性提升为思维的普遍性。这种概念在他者之中的显现也正与黑格尔对教化的规定相对应,洛维特将黑格尔的教化概括为一种"行抽象和异化的能力"(Fähigkeit zur Abstraktion und Entfremdung)②,这种抽象和异化的能力不仅是概念将自身反映在他者——意识之中而保持自身一致的能力,同样是个体意识将自身反映在作为对象的实体(未被揭示的概念)之中以深入自身根据的过程,"当意识把客观事物理解为与它自己对立,并把自己理解为与客观事物对立的时候,意识所处的立足点是科学的对立:在这个科学的对立中意识只知道自己在其自身,这毋宁是完全丧失了精神;那么反过来说,科学的因素乃是意识的一个辽远的彼岸:在这辽远的彼岸里意识不再占有它自己。这两方面的任何一方,在对方看起来都是真理的颠倒"③。

二 意识的结构——"显现着的知识"和"个体意识的教养"

教养小说和现象学乃是对教化理念的不同表达,但教化小说的模式对于理解现象学的结构仍有不可替代的作用④,鲍夏特(Hans Heinrich Borcherdt)从歌德的《威廉·迈斯特的漫游时代》中提炼

---

① Klaus Vieweg, Heiterer Leichtsinn und fröhlicher Scharfsinn. Komik und Humor als Formen ästhetisch-poetischer Skepsis, in *Die geschichtliche Bedeutung der Kunst und die Bestimmung der Künste*, hrsg von A. Gethmann-Siefert, München: Fink, 2002;中译见[德]克劳斯·费维克《黑格尔的艺术哲学》,徐贤樑等译,商务印书馆2018年版,第109、128页。

② Karl Löwith, Hegels Begriff von Bildung, in *Hegels Theorie der Bildung*, Bd. 2. Kommentare, hrsg von Jürgen Eckardt Pleines, Hildesheim & Zürich & New York: Georg Olms Verlag, 1986, S. 197.

③ [德]黑格尔:《精神现象学》(上),贺麟、王玖兴译,商务印书馆1981年版,第16页。

④ 有关这方面详细的论述可参见徐贤樑《从"意识的发现之旅"到"精神的奥德赛"——教养小说模式下的〈精神现象学〉》,《学术月刊》2022年第6期。

出教养小说的结构：青年时代（Jugendjahre）—漫游时代（Wanderjahre）—净化（Läuterung）①，并将此三段式确立为教养小说的典范模式：主角因青年时代的稚气与世界对抗，在与周遭不同环境打交道的漫游过程中逐渐实现了自我和世界之间的和谐。"漫游"乃是主角与世界和解的重要阶段，借助空间的拓展呈现人生际遇的连续性，体现主角的成长。《精神现象学》描绘意识不断从与对象的纠缠中解放出来，从"感性确定性"最终达至"绝对知识"的整个历程，这一意识的成长和教化在内容上无疑接近"青年时代—漫游时代—净化"的教养小说模式，早期英美新黑格尔主义者鲁一士（Josiah Royce）对现象学这一特点了然，就曾莞尔说道："假使黑氏能稍减去其晦涩之哲学术语，使一般研究文学的人也易于了解，则此书在德国浪漫时期的文学史上准可占很高的地位。"②

在旅程伊始，个体意识总是豪情万丈，自认为必将战胜对立于自身之外的对象；在与对象的短兵相接中，个体意识领会到自己与外界的冲突实则是自身内部的矛盾，内在的分裂被投射为与外界的敌对关系；个体意识正是"出现于它自己与这些环节的关系中"③，一旦明了这点，意识便反躬自问，由此不断改变与对象的关系，形成不同的关联形态，进而改变自身、进入新的生命阶段。与对象关联的一面被黑格尔称为"真理性"，而与自我相关的一面则是"确定性"。当意识深入对象以求真（das Wahre）时，却看到对象的真理性乃是自己的建构；而当它欲向内求己时，又发现自身内在性因素存身于更广阔的外部世界中。遍历种种颠倒错乱，主角"意识"日渐醒悟到自我同一性与外在世界的对立无非是未经反思的预设，经历诸环节的连续过渡，意识最终超越个体性局限，发现自

---

① Hans Heinrich Borcherdt, Bildungsroman, in *Reallexikon der deutschen Literaturgeschichte*, 2. Auflage, Bd. I, 1958, S. 177.
② ［美］鲁一士：《黑格尔学述》，贺麟译，商务印书馆2012年版，第201页。
③ 参见［德］黑格尔《精神现象学》（上），贺麟、王玖兴译，商务印书馆1981年版，第70页。

己的本质。黑格尔在现象学的"导论"中指出，意识和对象的关系是为其自身结构所决定的：在最宽泛意义上，意识就是自身与对象既区分又关联的结构。在这个结构中，意识关联自身又关联自身的对立物——对象，并通过这种双重关联确证自身的同一性。意识是在与对象的区别中保持了自身的同一性，因而这种自身关联性本身就包含了双重规定：一方面从活动性看，意识具有否定性的，是抽象的自身联系，因而它是最普遍的；另一方面，意识是否定一切与自身不同者（对象）的普遍活动，故而存在形态上它又是最个别的。简单地说，意识的活动既建构自身又构造了它的对象，因此它总是和自己的对象结合在一起，但遗憾的是，意识对自身的双重规定缺乏明确洞见，它总是专注于自身与对象的区分，而没有注意到建立区分就是建立关联。这也是个体意识的局限所在，它总将外界万物视为陌生和不可理解的，意识或执着于对象，或转回自身，即使察知到自身和对象的一致性也只是停留在断言，黑格尔认为个体意识受限于周遭环境，而意识与其处境的直接统一构成了意识的形态（Gestalt）[1]。作为意识形态的意识，是一种自然意识，自然成了约束意识的力量（Bestimmende）。

在现象学的开端，无论是意识的存在还是对象的存在都是有缺陷的，意识并非自在自为存在着的自身，而是"存在于不真实的知识里的，即它的一种坏的存在方式，它的现象（Erscheinung）"[2]，意识与对象处在直接对立中，二者的存在只能通过对方相互映现，这种相互关系被称为"显现着的知识"（das erscheinende Wissen）[3]，

---

[1] ［德］黑格尔：《精神现象学》（上），贺麟、王玖兴译，商务印书馆1981年版，第63页。

[2] ［德］黑格尔：《精神现象学》（上），贺麟、王玖兴译，商务印书馆1981年版，第61页。

[3] ［德］黑格尔：《精神现象学》（上），贺麟、王玖兴译，商务印书馆1981年版，第61页，本书对"显现为现象的知识"的译法有所改动，以提示 das erscheinende Wissen 和 Erscheinung 的密切关系。

它既构成意识的存在方式，也构成了对象的存在方式——（精神的）现象。黑格尔有关意识结构的看法无疑受到了谢林理智直观二重化结构的影响，正因为这种意识和对象的同构性，富尔达才极富洞见地指出，本体论被黑格尔保留到了现象学中。由于意识总想通过与对象的区分而保持自身的同一性，因而二者的关系就不断因意识的活动而改变，这意味着显现着的知识是意识在某一特定形态中所独有的与对象关联的方式，因而是片面的。当意识"以这种片面性为本质，它就是不完全的意识的形态之一"①，特定的意识形态（环境）与特定的"显现着的知识"（关系）乃是相互造就的。意识自身由于处在自然状态的束缚中，并不能清楚地察知这种相互造就。而当意识固执于这种对象的特定关系，甚至认为这就是真理时，这一关系就在意识的自欺中迅速崩溃，"自然的意识将证明它自己只是知识的概念是不实在的知识，但由于它直接把自己视为实在的知识，于是在它看来这条道路就具有否定的意义……它在这条道路上丧失了它的真理性"②。

真理性的丧失并不意味着意识和对象某一阶段关系（特定的显现着的知识）的错误，它具有相对稳定性，但当意识虚妄地视之为长存不变时，它就旋即落入新的束缚，进而"显现着的知识"须得继续提升以克服这种片面性。这一过程被黑格尔称为"怀疑"（Zweifel）。怀疑只是对某一阶段意识和对象关系的否定而已，在这种对意识与对象间暂时关系的怀疑中，二者间相对的稳定被不断否定，意识必须不断重新建立与对象的关系，不断产生出新的对象和新的意识形态，进而再否定，再建立……因此，自然意识总是在两难中徘徊，当它与对象相对稳定时，就处在确定的形态之中，但它又因坚持这种稳定而使得关系破裂，被迫不断改变自己和对象的关

---

① ［德］黑格尔：《精神现象学》（上），贺麟、王玖兴译，商务印书馆1981年版，第63页。
② ［德］黑格尔：《精神现象学》（上），贺麟、王玖兴译，商务印书馆1981年版，第61页。

系，使得自身的同一性始终处在动荡不安中。"怀疑"虽然是种"片面的见解"①，但在客观上却起着与"教育"类似的作用：因为"怀疑"，显现着的知识会不断揭示自身的不真性（片面性），并通过改变意识和对象的关系尝试修正这种不真性，以期达到更真实的知识形式，这就同时推动着个体意识的求知和教化。在"导论"中，黑格尔将这种"教育—怀疑"的具体实施界定为"审查"（Prüfung），所谓"审查"就是意识自己考察自己，因为就意识的活动方式来看，建立区分也是建立关联，区分是一种关联之外的关系，是以意识之中就存在着两组关系，一方面意识建立了与对象的关系（知识—为意识）；另一方面则维持着与对象的区别、非关系（真理—自在），那么所谓意识和对象的区别就"并不超出于意识以外"②，真理（对象）和知识也是意识自身的双重筹划，对象之真实（真理）乃是意识所设定的审查知识之标准，是为意识的意识，但它同时被设定在与知识的关系之外，这样一来知识与对象间的相互审查就永远是意识自身两个环节的比较。

在此意义上黑格尔会说，为意识的就是自在的，自在的也是为意识的，"意识在它自身就是为一个另外的意识的意识"③。无论对象和知识哪一方符合另一方，其实都是意识内部两个环节的运动，是意识自身给自身以尺度。"自在"与"为意识"（知识）不仅是认知关系（认识论），而且是存在结构（本体论），没有与知识无关的自在存在，更不存在不借助存在者展现的知识，二者的互动关系是意识的自我运动④。认识和存在永远不是直接的，而是包含着一个自

---

① ［德］黑格尔：《精神现象学》（上），贺麟、王玖兴译，商务印书馆1981年版，第63页。

② ［德］黑格尔：《精神现象学》（上），贺麟、王玖兴译，商务印书馆1981年版，第66页。

③ ［德］黑格尔：《精神现象学》（上），贺麟、王玖兴译，商务印书馆1981年版，第66页。

④ Vgl. Theodor Litt, *Hegel, Versuch einer kritischen Erneuerung*, Heidelberg: Quelle & Meyer, 1953, S. 27.

228　第二部分　《精神现象学》中的"艺术宗教"

相关联的结构：知识揭示存在者的存在同时包含了自在存在和为他存在，它既是凝聚在自身中的内在存在（Sein-für-sich-selbst），也是为意识的存在（Sein-für-Bewusstsein）。自在存在者的保持是凝聚在自身中、尚未发展，也拒绝在意识中呈现的密闭者①，这种"自在存在"处在一种天真的对象性麻木（Gegenstandsbenommenheit）中，黑格尔称之为"本能"（instinktmäßig），而真正的自在存在者（概念）总是隐藏于其后并且能把握到前者的真实境遇②。自在存在者同时是意识的预设，意识将自在存在者超出自身密闭的过程反映在认识之中，自在存在者逐渐对自己清晰可见起来，通过意识把握到了自己的本质，因此"自在"转变成"自为"（für sich）。认识亦是如此，其结构包含了两个相互排斥的环节，知识向来就无法摆脱异己关系而总是关于某存在者的知识，这意味着知识无法直接呈现自身，但在知识的呈现中，一切异己者消融在认识之光中，知识在这个中介化的过程中呈现了自身。

在知识和对象的相互审查中，显现着的知识逐渐趋向于更高的知识形式，知识方式的改变造成意识与对象关系的变化，"新对象的出现显然是通过一种意识本身的颠倒（Umkehrung des Bewusstseins）而成的"③。意识原是以改变自身与对象的关系来对抗怀疑（即改变显现着的知识），但关系改变却塑造了新的对象，自然意识又复与对象相联系，这种崭新对象的出现便意味着造就了新的意识形态，从一个意识形态向着另一个意识形态的转化便是所谓的"经验"（die Erfahrung）。意识的自我审查作为怀疑的实施，使得意识摆脱了狂妄和患得患失，领会到冲突不在于自己与对象，而在于自身之内的分裂，

---

① Vgl. Theodor Litt, *Hegel, Versuch einer kritischen Erneuerung*, Heidelberg: Quelle & Meyer, 1953, S. 28.

② Theodor Litt, *Hegel, Versuch einer kritischen Erneuerung*, Heidelberg: Quelle & Meyer, 1953, S. 28.

③ ［德］黑格尔：《精神现象学》（上），贺麟、王玖兴译，商务印书馆1981年版，第68—69页。

第一章　扬弃审美形而上学：黑格尔现象学规划中的艺术和哲学的张力　　229

自我和对象于是不断和解，意识由此迈入新阶段，意识的教化就体现在知识的形成中，这两条线索遂合二为一、保持同步。在这种自我审查中，意识从一种形态向另一种形态过渡，它在知识形式高阶化中不断提升自己，但形态的过渡并未使意识真正摆脱形态的限制，它仍旧处在和对象的直接对立中，因而难以洞察到对象的转化是由自身的提升所塑造的，意识只能把握到对象的变化，但却无法洞悉自身的连续性，看不到自己的成长。为了同时呈现意识的内在同一性，黑格尔引入了新的要素，意识成长过程中始终伴随着的一位神秘观察者——"我们"（wir）①。在《精神现象学》中，"我们"所扮演的角色一直是研究史中的争议点②，一方面只有作为观察者的"我们"（而非主角"意识"）才能从整体上把握"意识的形成运动"③或"意识的经验"，并清楚地知道"世界精神在人世里所经过的种种样法"④；另一方面"我们"在意识的教化中却始终保持着袖手旁观的状态。"我们"的旁观与"意识的形成运动"究竟有怎样的关系？

　　启蒙时期的教养小说中普遍存在两个视角，一个是成长中的主角，另一个则是处在更高层面的"教育者"（Erzeihergestalt）⑤。以此角度切入，就不难理解"意识"和"我们"的关系。不自知的"意识"和作为旁观者的"我们"无疑充当了《精神现象学》中成长的"主角"和处在高阶位置的"教育者"，作为旁观者的"我们"在功能上扮演了成长中的意识之引导者角色。理查德·克朗纳对二者关系做过一个相当精辟的阐释，"在《精神现象学》中有着两个

---

①　[德]黑格尔：《精神现象学》（上），贺麟、王玖兴译，商务印书馆1981年版，第69页。
②　参见[德]维尔纳·马克思《黑格尔的〈精神现象学〉——"序言"和"导论"中对其理念的规定》，谢永康译，人民出版社2014年版，第105页以下。
③　[德]黑格尔：《精神现象学》（上），贺麟、王玖兴译，商务印书馆1981年版，第69页。
④　[美]鲁一士：《黑格尔学述》，贺麟译，商务印书馆2012年版，第234页。
⑤　Vgl. Winfried Pielow, *Die Erziehergestalten der großn deutschen Bildungsromane von Goethe bis zur Gegenwart*, S. 6.

相互平行的运动序列：被观察的对象，即在经验与经验间徘徊着的漫游灵魂和处在漫游终点总揽全局并将之把握为绝对的自我实现之观察者。因此，自然意识发展的每一步在两方面都是必然的，或者每一步的必然性都体现在两方面。一方面意识是基于自己的经验被推动的……另一方面，意识自我运动的必然性在绝对知识之中得以显明，同时观察者早已达到了意识所朝向的目的地，并在目的地（绝对知识）指引着尚在漫游中的意识，见出其中之必然性"①。简言之，"我们"就是经历了成长的全部历程，完全明了普遍乃是个体本质的整体视角。谢林将现象学出现的"我们"准确地把握为自我意识之历史中的双重视角，"一方面是一个不断展开自身的自我，或者说一个忙于制造出自我意识的自我，另一方面是一个反思着这一切，仿佛观望着这一切的自我，亦即一个进行着哲学思考的自我"②，但谢林坚持，"我们"不是对知识过程本身的呈现，而正是哲学家的主观视角，实际上，黑格尔在个体意识教化中突出"我们"的地位时，他关注的实则是意识发展阶段的划分，换言之，在意识成长历程中扮演"引导者"或"教育者"角色的"我们"正是知识形成的路标和意识成长的见证，"我们"既不是某个外在于意识自我审查的标准或原则，更不会干涉意识的自我运动，但倘若缺少这一基本要素，意识的全体性序列和发展的连续性则会隐没于各个形态的不断更迭之中，而难以达到所谓的全体性。

意识的漫游行至何处方能摆脱个体性的局限达到普遍性，重点和目标正是最重要的发展关键点，"就是知识不需要再超越它自己的地方，就是它找到了它自己的那个地方"③，确切地说，在显现着的

---

① Richard Kroner, *Von Kant bis Hegel*, Bd. II, Tübingen: Mohr (Siebeck), 1977, S. 369–370.

② [德] 谢林：《近代哲学史》，先刚译，北京大学出版社2016年版，第115—116页。

③ [德] 黑格尔：《精神现象学》（上），贺麟、王玖兴译，商务印书馆1981年版，第63页。

知识发展为绝对知识；完成了教化的意识最终发现了自己的本质①，从而纯化自身，并提升为精神之时②，"意识的发现之旅"就获得了圆满的结局。意识自我同一性的实现具体表现为对象与知识间相互符合的目标最终达成，意识自身的双重结构被充分揭示出来：知识和对象的相互符合就是意识关联一面和非关联一面的同一，而不是任何个别的对象与任何片面的知识形式之间的对应。因此，当显现着的知识被提升为绝对知识（科学）时，不真性和片面性都被克服了，意识与对象之间的区分成了不是区分的区分。意识终于确证对象和知识无非自己内在的两个环节，由此与对象不再处在对立或相互限制之中，意识虽然仍以个体的形态存在着，但却不再被外物所限，而是真正把握到了自己的本质乃是绝对普遍的，进而彻底摆脱了意识形态的局限性。《精神现象学》实现了将个体的教化与知识的形成合二为一的开创性壮举，从意识活动性方面看，意识成长表现为知识的形成；从意识存在的角度来看，知识形式的提升就是个体教化。

三 陈述——概念在意识经验运动中的活动

随着显现着的知识被提升为绝对知识，个体意识洞见到自己和对象的区分乃是"不是区分的区分"，从而成为有修养的（gebildet），发现之旅的终点就是意识发现精神乃是自己的本质。黑格尔将完成了自身教化的意识称为被精神重新占据的个体，精神作为唯一的真实者无非是具有自我意识的全体，是概念按照概念运动的逻辑对现实的占据和内化，它能够在与自己的区别（他在性、他者）中保持自身，而成为自在且自为的存在，是作为独一体的大我（das Selbst）。意识的每个形态都反映了精神的一种特性。从精神的角度

---

① ［德］黑格尔：《精神现象学》（上），贺麟、王玖兴译，商务印书馆1981年版，第70页。

② 参见［德］黑格尔《精神现象学》（上），贺麟、王玖兴译，商务印书馆1981年版，第61页。

看，意识"构成精神的映现或关系的阶段，即精神作为现象的阶段"①，意识虽然是精神的反映，但却潜在地包含着精神的本质，意识就是自我，即主观确定性。在"现象学"阶段，意识如同一面镜子，精神通过意识的活动被反映为显象（Erscheinung）。从意识角度看，意识无法把握这层映现关系，因而意识一方面将精神设定为对象，与之建立起关联；另一方面又对自身和精神的联系尚不自知，认为对象在自身之外，作为对象的精神总是被有限的个体意识预设为一个与自身分离的、有待实现的目标，但"精神作为意识的目标是使它的这个现象与本质同一"②，这意味着精神作为无所不包的全体会推动意识自身扬弃这一预设。意识和精神的关系应作如是观：意识原本就是不自知的精神，唯有在其作为精神之他在者的一面被克服之际，意识方才发现到自己的本质就是精神，而精神也不再作为意识的对象，而是从他在（在意识中映现）中返回到自身，成为有自我意识的精神。用黑格尔的话说，整部《精神现象学》既是意识实体化的过程，也是精神主体化的历程。

因此，不仅意识在"发现之旅"中发现了意识和对象的二重化建构，而且"发现之旅"的前提乃是精神（概念）自身的二重化，这意味着发现之旅既是意识发现精神（概念）的道路，也是精神通过意识回顾自身如何形成的过程。黑格尔将精神的回顾的方式称为"陈述"（Darstellung），"应该将正在显现为现象的知识加以陈述……这种陈述毋宁可以被视为向真知识发展中的自然意识的道路"③。在意识的发现之旅中，作为否定性因素的怀疑（Zweifel）却是促进意识自我教化、推动情节展开的助动力，而"我们"则通过对全体性这一目标的肯定，避免意识走上无尽的绝望之旅（Verzweifelung），也避免怀疑成为无规定的否定性。在

---

① [德]黑格尔：《精神哲学》，杨祖陶译，人民出版社2006年版，第204页。
② [德]黑格尔：《精神哲学》，杨祖陶译，人民出版社2006年版，第209页。
③ [德]黑格尔：《精神现象学》（上），贺麟、王玖兴译，商务印书馆1981年版，第61页。

第一章　扬弃审美形而上学:黑格尔现象学规划中的艺术和哲学的张力　233

"我们"的引导下，个体意识漫游的足迹遍及所有领域，既使自己的对象扩展为真正的全体，又将一个个曾经的意识形态吸纳为自身的规定性，把所有这些形态都连缀成一个整体序列，使得意识自身趋向于全体，明了自身与对象的对立实际是自我区分和自我规定。陈述既与作为否定性动力的怀疑有关，又与作为肯定性结构的"我们"相关联，并以肯定性统摄了否定性。教养小说能够生动、诗意地叙述个体教化的过程，但小说形式和叙述内容之间的关系是偶然的，在教养小说中，个体的教化被描绘为一个具有代表性的个人经历，却无法揭示这一典型过程的必然性。在黑格尔看来，尽管艺术通过表现形式和内容之间的张力试图呈现内容本身无限丰富的层次，但这种形式和内容，创造和产物之间的分离依然植根于表象的缺陷，自然意识将精神预设为外在于自身的对象，对象和意识处在怀疑的否定性中，沉浸在知性的预设中不可自拔，而概念对意识的推动并不是一种外在强迫，而是不断瓦解自然意识自己的预设，将怀疑转为教育的方式，同时怀疑也并不是一种单调的无限进程，只有当显现着的知识向着它的内在本质呈现整个范围时，怀疑才称得上实现着自身的怀疑主义（sich vollbringende Skeptizismus）[①]，实现着自身的怀疑主义就是将一切外在预设转变为自我规定的概念，唯有如此，前述否定性的显现着的知识才成为概念在意识中运作的肯定性环节。自然意识无法把握自己的局限性，也难以洞悉显现着的知识之不真性，而陈述则是对自然意识片面性本身的揭示，是包含着否定性的肯定性，检验着自身的呈现过程。

陈述是内容自我构造的灵魂。富尔达正确地指出，并非为了使《精神现象学》达至完满的科学形态才对显现着的知识加以陈述，而

[①] Vgl. Hans Friedrich Fulda, Zur Logik der Phänomenologie von 1807, in *Hegel-Tage Royaumont 1964*, Hegel Studien, Beiheft 3, hrsg von Hans-Georg Gadamer, Bonn: Bouvier, 1984, S. 81.

是为了揭示出显现着的知识的不真性与片面性。① 因为这种揭示本身就预示着形成道路的真理性和必然性，不真和片面同样是真理不可缺少的环节。作为形式的陈述揭示出显现着的知识之不真性与意识形态本身的暂时性；由此在"意识教化历史"这一总体中确定每个意识单纯"形态"（Gestalt）的位置，从而勾勒出意识形态过渡的内在必然性，并"由于这种必然性，这条达到科学的道路本身已经就是科学了"②。故此，作为《精神现象学》呈现形式的陈述就是科学的方法、概念式的把握和概念自己的活动，"陈述为了忠实于它对于思辨的洞悉的本性的认识，必须保留辩证的形式，避免夹杂一切没被概念地理解的和不是概念的东西"③。在科学方法的组织下，内容获得了科学形式，"形式就是具体内容自身所本有的形成过程"④。彭特（Lorenz Bruno Puntel）认为，被表达的辩证运动就是思辨的陈述。⑤ 思辨—辩证并非黑格尔发明，而是对"经验"的陈述："真不是一种铸成的硬币，可以现成地拿过来就用"⑥，毋宁说是揭示虚妄包含预设的过程，在这种揭示中虚妄也就成为真的一个环节，由是，辩证作为对预设的反映也就成为对事情本身的追随（folgen）。《精神现象学》作为"意识的发现之旅"所发现的即为概念自身，概念不仅是旅途的终点，而且是推动整个旅途的内在规定，其通过思辨的

---

① Vgl. Hans Friedrich Fulda, *Das Problem einer Einleitung in Hegels Wissenschaft der Logik*, Frankfurt. a. M.：Vittorio Klostermann，1975，S. 299.

② ［德］黑格尔：《精神现象学》（上），贺麟、王玖兴译，商务印书馆1981年版，第69页。

③ ［德］黑格尔：《精神现象学》（上），贺麟、王玖兴译，商务印书馆1981年版，第51页。

④ ［德］黑格尔：《精神现象学》（上），贺麟、王玖兴译，商务印书馆1981年版，第44页。

⑤ L. Bruno Puntel, *Darstellung，Methode und Struktur. Untersuchungen zur Einheit der systematischen Philosophie G. W. F. Hegels*，Hegel Studien，Beiheft 10，2. Aufl，Bonn：Bouvier，1981，S. 33.

⑥ ［德］黑格尔：《精神现象学》（上），贺麟、王玖兴译，商务印书馆1981年版，第25页。

陈述组织起意识经验的运动，赋予其概念的规定，将内容的真理性保留为概念的诸环节，也使"经验"的生成反映为概念在意识中的显现。不过需强调的是，《精神现象学》是以概念的方法或科学的方式呈现非科学的内容，尚未达到以科学的方法揭示科学的自我发展，《精神现象学》与《实在哲学》的差异就在于，现象学中意识教化历史仍只是实在哲学中世界历史的预演。

罗森克朗茨认为黑格尔耶拿时期的思想突破在于，他没有直接取用谢林意义上的绝对同一为哲学的前提，而是以主体性与客体性相互关联的知识结构为自我中介，由此他首先在逻辑学和形而上学的导论中发展出"经验"概念，即意识对自身的造就。从1804年起黑格尔就着手构建现象学，在这一计划中包含了他最有意义的成果，即将所有经验性的、历史性的意识（empirisch geschichtlichen Bewußtsein）的内容纳入意识之理想的历史（ideale Geschichte des Bewußtseins）之中。[1] 罗森克朗茨提到的"所有经验的、历史性的意识的内容"无疑就是指现象学所描述的"意识经验的运动"，而"意识之理想的历史"（即自我意识之历史）对应着整个意识形态序列中过渡的必然性，黑格尔认为这种必然性不是通过"审美直观"将内在性转化为向外呈现，这种"理智直观—审美直观"所呈现的绝对者的实在性乃是一个脱离过程的结果，艺术创造的局限在黑格尔看来，仍产生了创造者和作品之间的分裂，绝对同一并没有克服创造过程和创造结果的非同一，在这个意义上黑格尔将谢林的绝对同一（包括浪漫派的审美形而上学）视为"实体性"的最后残余，这一残余由于缺乏在知识活动中的自我检验，而成为超越性的抽象形式，沦为毫无意义的同语反复。现象学的陈述即知识内容的自我检验，通过这种检验，概念的实在性就在概念的活动中被自行建构了，"这种精神的运动，从单纯性中给予自己以规定性，

---

[1] Otto Pöggeler, *Hegels Idee einer Phänomenologie des Geistes*, München: Karl Alber, 1993, S. 148.

又从这个规定性给自己以自身同一性,因此,精神的运动就是概念的内在发展;它乃是认识的绝对方法,同时也是内容本身的内在灵魂。……只有沿着这条自己构成自己的道路,哲学才能够成为客观的、论证的科学"①。

---

① [德]黑格尔:《逻辑学》(上),杨一之译,商务印书馆1976年版,第5页。

第 二 章

审美革命、原型世界与真理之象征：现象学"艺术宗教"的批判与建构

Alle Bedingungen seines Hervorgangs sind vorhanden, und diese Totalität seiner Bedingungen macht das Werden, den Begriff oder das ansichseiende Hervorgehen desselben aus. – Der Kreis der Hervorbringungen der Kunst umfaßt die Formen der Entäußerungen der absoluten Substanz.

G. W. F. Hegel

精神出现的一切条件都具备了，而这些条件的全体构成精神的成长、概念或自在存在的出现——艺术创造的各个阶段所形成的圆圈（或整体），包括了绝对实体外在化自身的各个形式。[1]

黑格尔

本章在前一章的基础上进一步围绕《精神现象学》宗教章中"艺术宗教"与同时代其他相关重要文本的对话关系，从历史（与同时代人的争辩）和体系（基于现象学本身的独特结构）两个层面分析黑格尔"艺术宗教"在批判中建构、在争鸣中判摄的特点。首

---

[1] G. W. F. Hegel, *Phänomenologie des Geistes*, Werke in zwanzig Bänden, TWA, Bd. 3, Frankfurt. a. M.: Suhrkamp, 1986, S. 547；中译见［德］黑格尔《精神现象学》（下），贺麟、王玖兴译，商务印书馆1981年版，第232页。

先根据现象学的体系功能和意识结构简单介绍《精神现象学》文本的大致内容和发展线索。在此基础上，本章第一节将围绕着启蒙之后艺术—宗教联合的历史语境，探讨这一方案的目标包含的预设以及黑格尔青年时期对这一方案的参与和逐渐背离的过程。第二节分析1800年前后"艺术宗教"理念的核心——幻想中的古典希腊，重点讨论法兰克福时期黑格尔与荷尔德林的共同理想——美学柏拉图主义的局限，以及谢林哲学神话学中作为"自然神话"——希腊世界观的建构。第三节基于现象学"艺术宗教"中"精神的艺术作品"的文本，探讨黑格尔对同时代人历史哲学和艺术哲学双重维度的批判，以初步呈现艺术和概念在现象学中的关系。

引论　现象学的文本和线索

现象学所陈述的乃是意识和对象在整个意识经验运动中如何相互造就，个体意识怎样不断得到教化、认知形式日渐提升、对象愈加丰富和具体。认知方式（认识论）、个体存在（意识论）和对象存在（本体论）三者作为一个整体扭结于"意识形态"（die Gestalten des Bewusstseins）[①]之中，而"我们"所观察到的意识形态之间的连续过渡所构成的序列就是向着概念陈述的"意识之详细的教化史"（die ausführliche Geschichte der Bildung des Bewußtseins）。意识形态中包含了逻辑原则和经验材料的直接统一，就经验材料方面而言，自然意识包含着各种本体论的实体性因素和认识论的预设，鲁道夫·海姆（Rudolf Haym）认为这"犹如生理学提供由种子发展成果实、由鼻子发展成有生命的存在的发展史，同样，精神现象学则企图提供由自然的意识，即类似胚胎的意识提高到高度有教养的、

[①]　字面义为意识的诸种形态，还需留意其与马克思研究界最为熟悉的术语——"意识形态"（Ideologie）的区别。

第二章 审美革命、原型世界与真理之象征:现象学"艺术宗教"的批判与建构 239

高度成熟的意识的这样一个发展史（Entwickelungsgeschichte）"①，恩格斯也指出意识形态"可视作人的意识在历史上所经过的诸阶段的缩影"，每一个意识形态可视作某一类型的人类意识在历史中的缩影②；就逻辑原则而言，现象学被建构在逻辑的基本要素的序列上，此序列与黑格尔当时的逻辑构想一致，并且在现象学中具有统一性的功能。③ 因而概念作为意识运动的根据并不体现为逻辑学中的范畴与各个意识形态之间的一一对应，而是概念将自身投入意识的反映中，构成了整个序列之中的逻辑简单本质。④

如果仅以个体教化作为现象学谋篇布局的参照，那么现象学的文本脉络显然已经超出这一任务，因为《精神现象学》前五章（感性确定性、知觉、力和知性、意识自身确定性的真理性、理性的确定性与真理性）完整构成了个体意识经验的发展史。⑤ 作为个体的人的成长历程大致与《哲学科学全书纲要》中处于"主观精神"的"现象学"阶段相当，即意识、自我意识和理性三大阶段，在"理性"之后个体就进入了"主观精神"中的"心理学"阶段。而《精神现象学》在"理性的确定性与真理性"之后还包括了"精神""宗教"和"绝对知识"三章。理性章的确有明显的过渡性，在现

---

① Rudolf Haym, *Hegel und Seine Zeit*, Hildesheim: Georg Olms, 1962, S. 236.
② 参见［德］黑格尔《精神现象学》（上），贺麟、王玖兴译，译者导言部分，商务印书馆 1981 年版，第 21 页。
③ Vgl. Hans Friedrich Fulda, Zur Logik der Phänomenologie von 1807, in *Hegel-Tage Royaumont 1964*, Hegel Studien, Beiheft 3, hrsg von. Hans-Georg Gadamer, Bonn: Bouvier, 1984, S. 78.
④ Vgl. Hans Friedrich Fulda, Zur Logik der Phänomenologie von 1807, in *Hegel-Tage Royaumont 1964*, Hegel Studien, Beiheft 3, hrsg von. Hans-Georg Gadamer, Bonn: Bouvier, 1984, S. 86.
⑤ Vgl. Johannes Hoffmeister, Zur Feststellung des Textes, in G. W. F. Hegel, *Phänomenologie des Geistes* (Nach dem Texte der Originalausgabe), hrsg von Johannes Hoffmeister, Berlin: Akademie Verlag, 1975, S. 575ff; auch vgl. Otto Pöggeler, Die Komposition der Phänomenologie des Geistes, in *Materialien zu Hegels Phänomenologie des Geistes*, hrsg von Hans Friedrich Fulda und Dieter Henrich, Frankfurt. a. M.: Suhrkamp, 1973, S. 329 – 390.

象学中可视其为分水岭：此前陈述的是个体意识，此后三章乃是个体意识在整体生活中发现自己的本质。在意识发展阶段的划分上，目前最权威的现象学历史考证版目录为：Ⅰ. 感性确定性；Ⅱ. 知觉；Ⅲ. 力和知性；Ⅳ. 意识自身确定性的真理性；Ⅴ. 理性的确定性与真理性；Ⅵ. 精神；Ⅶ. 宗教；Ⅷ. 绝对知识。而最通行的理论版（TWA）的编排则为：A. 意识；B. 自我意识；C.（AA）理性；（BB）. 精神，（CC）. 宗教，（DD）绝对知识。富尔达认为，这种目录编排上的差异并非出自编辑者的随心所欲，而在于意识形态之发展本身就存在着三组序列：罗马数字（Ⅰ、Ⅱ、Ⅲ）、大写字母（A、B、C）和双重大写字母（AA、BB、CC）。第一组序列作为一个小整体与第二个序列的 A 完全对应，即感性确定性、知觉、力和知性属于狭义意识①的三个环节；第二组序列的 C 同时就是第三组序列中的 AA，第二组序列集中呈现了意识作为个体的成长（意识和自我意识统一于理性）；第三组序列呈现了个体意识在整个外部世界中经历的从个体到集体的成长（自然、客观精神和宗教）。这三组序列有条不紊地将自然意识从感性确定性到宗教的发展历程汇聚到了现象学的结构之中：前 7 章（Ⅰ—Ⅶ）——意识经验的运动作为一个整体与最后一章（Ⅷ绝对知识）有所区别，但这个整体又为最终在绝对知识中达到纯粹思维②。

一 意识和对象

第一组序列（Ⅰ、Ⅱ、Ⅲ）的特点是意识与其内容直接对立，对意识而言，它的对象或内容作为真实者，外在于自身，认识以对象为尺度，符合对象。在感性确定性中，意识将真实者预设为最直接的、最纯粹的存在者，它是在时间和空间中直接被给予的最丰富

---

① 现象学中意识有广、狭两义，广义的意识指的是整个"意识之详细的教化史"的主角，而狭义的意识则指这段发展史的第一个阶段，这一阶段也最集中地体现了自然意识的各种特点。

② Vgl. Hans Friedrich Fulda, *G. W. F. Hegel*, München: C. H. Beck, 2003, S. 89f.

第二章 审美革命、原型世界与真理之象征:现象学"艺术宗教"的批判与建构 241

多彩和最个别的存在者。与之对应的知识模式就是感性确定性(感觉),但在对知识和真实者的检验中,这个最直接、最丰富的个别存在者在知识中成为"这一个""此时""此地"等最普遍的意谓(Bedeutung),对最个别者的知识是最普遍的。发觉这一矛盾,意识不得不彻底翻转,将最普遍的存在者设定为真实者,感性确定性的认识模式随即颠倒,成为知觉。在知觉中,真实者是在诸多属性中保持自己特性的物,即包含普遍的个别者,同时具有为他存在(与他物共同的普遍属性)和自为存在(区别于他物的根本特性)两个面向。而知觉则对真实者采取一种纯粹接纳的态度,但被预设的真实者本身包含着属性和特性两个环节,知觉也徘徊于普遍和个别两端而无法调和单一和复多的矛盾,由此,意识迫不得已将真实者设定为无条件的普遍者,知觉被倒转为知性。在第三环节"力和知性"中,意识将力预设为真实者,力作为外化和返回的双向运动,包含了两个环节——1. 力的外化构成了现象本身,是复多者;2. 力的返回是现象的本质,单一者。与之对应的知识模式——知性,则力图穿透现象把握本质,这就将两个环节的反映固化为外在对立。现在知识和真实者的矛盾在于,由于现象与本质成为对立的双方,知性也无法通过一方认识另一方。知性的运作模式揭示了意识是如何将自身和对象的关系建构为外在对立,因而现象和本质的合一就意味着,意识放弃了将自身之内建构起来的关系固化为外在对立的预设,这种放弃意味着意识扬弃了被建构起来的差别,由此新的真实者即为真无限,即对意识而言,对象不构成外在限制,而成为内在的自我规定。对象的自在存在被证明是为意识的存在,意识的活动方式就是预设差别取消瓦解差别的活动,在袖手旁观的"我们"看来,意识就成为自我意识。

在第二组序列(A、B、C)中,个体意识遵循更普遍的原则:在与对象打交道中将自身直接把握为个别的。个体意识也更多沉浸在自然环境对之的约束中,缺乏对知识形式的预设和对象的直接性之反思。在意识阶段(A),个体将自己和对象的关系设定为相互独立、毫不相干的。① 在自我意识阶段（B），个体已经意识到自身和对象的外在对抗是一种预设，并非漠不相干，而是一种内在区分。个体现在将这种区分活动设定为真实者，即通过排斥异己者获得了确定性，这种新知识模式叫作自身确定性的真理性。个体既保持着与对象在自身之内的对立，又瓦解了这种对立建立起的确定性，对象是为意识的、偶然的，而知识则是自在和真实的。自我意识阶段的矛盾在于，知识和对象作为个体自身之内的环节被设定为直接等同：或是一个自我意识与物的关系，或是与另一个自我意识的关系，甚至是与普遍自我意识（人类）的关系。个别自我意识预设自己的确定性是最普遍的，但取消异己的普遍活动却不等于唯我独尊，因为与之处在对立关系上的并不是无生命的死物，而是会以同样方式还以颜色的另一个自我意识，在这种短兵相接中双方最终只能承认自己其实就是个别的（生死斗争）。失败的个别自我意识（奴隶）在为胜利的自我意识的服务中通过劳动将自己的形式赋予物，从而构成了真正的普遍性，却没有发现这种普遍性乃是个别者赋予的。因而在个别自我意识与普遍性的对立中，个别自我意识谦虚地将自己的个别性设定为非本质的和变化的，而将普遍性设定为本质的和不变的，取消自身的非本质以投身本质的各种知识方式表现为斯多葛主义、怀疑主义，或早期基督教的苦恼意识，但最终个别的自我意识发现这个普遍性是自身的预设，因而个别性反而被证明是普遍本质。② 意识将真实者颠倒为作为一切对象的真理的个别者，在袖手旁观的"我们"看来，自我意识成为理性，理性即是确知自己为对象普遍本质的个别者。在理性阶段，个体将对象视为普遍和个别的统一，即自己构成了一切个别事物的普遍规律和本质，因此无须通过排斥对象来维持自身确定性，而能自如地在对象中发现自身，因此认识对象就意味着达到了自身的确定性，这

---

① Vgl. Hans Friedrich Fulda, *G. W. F. Hegel*, München: C. H. Beck, 2003, S. 90.
② Vgl. Werner Marx, *Das Selbstbewußtsein in Hegels Phänomenologie des Geistes*, Frankfurt. a. M.: Vittorio Klostermann, 1986, S. 175.

种知识模式是近代典型的科学理性，所掌握的自然规律是自己设定的，这一阶段的意识形态原则对应的就是康德在认识论上的"哥白尼革命"，真实就是符合知识。① 科学理性是个体教化的顶峰，是意识和自我意识的统一，理性是无限发展的自身确定性，建构对象的本质，使对象成为"属我的"。

在第三组序列（AA、BB、CC）中，意识的总原则有所推进，在与自己建构的对象打交道中发现自身的普遍性。个体逐渐摆脱自然的种种束缚，思维方式上也开始成为有中介的。在理性阶段，个体还只是抽象地认定对象是"属我的"，这种抽象意味着个体将自己预设为对象的内在规律，但却无法阐明自己如何成为对象的本质，因而只是一种信仰，尚达不到真正意义上的理性知识。个体无法证明自己是所建构对象的普遍真理（无论是对自然、对身体的科学观察，还是个体的文学创作或实践行动），由此个体出现了一种自我迷失。② 因此在这组序列中出现了一个重要的转折，理性逐渐发现其他个体也是以同样的方式观察和行动，这种个体和其他人的等同性意味着，普遍性不是个体直接建构的，而是个体以整体的方式对世界的塑造、赋予世界自己的形式。因此在"我们"的冷眼旁观中，意识不再坚持个别的存在方式，而承认了自己是以民族或伦理精神的方式活动。意识发展到（伦理）精神阶段就成为普遍的，而对象就是自己组织的伦理世界或现实本身，普遍意识在（伦理）精神阶段已经提升为实体，是世界历史之中的民族，民族包含了理性的一切特性，是行动着和具体的理性。个体意识发现自己和作为对象的伦理世界，不再相互对立，而是直接的统一，个体意识将民族的普遍性作为自己的本质，由此颠倒了理性原则，普遍与个别直接统一于

---

① Vgl. Klaus Erich Kaehler, Werner Marx, *Die Vernunft in Hegels Phänomenologie des Geistes*, Frankfurt. a. M.: Vittorio Klostermann, 1992, S. 15ff.

② Vgl. Hans Friedrich Fulda, Hegels "Wissenschaft der Phänomenologie des Geistes", Programm und Ausführung, in *Hegel und die Phänomenologie des Geistes*, hrsg von Michael Gerten, Würzburg: Königshausen & Neumann, 2012, S. 62.

普遍之中，而民族就是以个体的方式存在的普遍者。① 然而，对象与知识的直接同一中却包含着分裂的因素，个体和民族间亦存在着种种冲突，希腊世界中家庭和城邦所包含的矛盾冲突逐渐尖锐化，最终衍化为启蒙时代世俗世界和彼岸世界两个王国，现实的整体性的分裂已无可掩饰地展现出来，很大程度上黑格尔及其同时代人所共同面对的问题正源于此。无论是法国大革命，还是德意志的道德哲学［包括了道德的世界观、良心（Gewissen）和优美灵魂（schöne Seele）］的出现都标志着意识再次迷失在普遍的自我确定性之中，只要一切存在者是个别，就会被这种抽象的普遍自我确定性毁灭，因此它排斥了一切客观的真实者，只是空洞的"我＝我"，最终丧失了一切对象性内容而走向了自我消逝（这有力地批评了早期浪漫派审美形而上学对无艺术作品的艺术创造的推崇）。② 最后，普遍意识在宽恕中使彼岸和现实达成和解，而这种统一被称为自我（Ich）。"自我"就是确知自身是对自身纯粹认识的普遍性，是民族对自身行动的认识、普遍的自我意识。在袖手旁观的"我们"看来，（伦理）精神就进入了"宗教"阶段。

在宗教这一意识形态中，普遍意识辨识出普遍现实的本质是自身构建的，因而摆脱了自身和现实直接的统一。自然意识已然扬弃大部分预设和直接性思维的局限，因而不再塑造外在的现实世界或拓展行动的空间，而是着力反映普遍的自我意识何以构成了现实世界的本质，具体表现为普遍意识以确立具体的宗教来反映自己与现实世界的关系，因而称得上普遍的自我意识。在宗教阶段，普遍自我意识开始反思自己如何形塑外在世界，由此把握其自身（自然宗教、艺术宗教和天启宗教）的本质，故而称得上绝对精神（或概

---

① Vgl. Klaus Erich Kaehler, Werner Marx, *Die Vernunft in Hegels Phänomenologie des Geistes*, Frankfurt. a. M.：Vittorio Klostermann, 1992，S. 228.

② Vgl. Emanuel Hirsch, Die Beisetzung der Romantiker in Hegels Phänomenologie, in *Materialien zu Hegels Phänomenologie des Geistes*, hrsg von Hans Friedrich Fulda und Dieter Henrich, Frankfurt. a. M.：Suhrkamp, 1973，S. 270.

念）的形式。在宗教阶段，不再存在知识与对象、自然意识与真实者之间的对立，仅剩的预设就是意识对自身的预设——存在形态和活动方式之间的不等同，但这一对立却是植根于意识本性。① 意识经验的运动并非终结于知识与对象的合一，而是显现着的知识与知识本身生成的合一，由此，现象学才必须完成于绝对知识（DD），而不是宗教。在绝对知识章中，知识的内容与认知形式之间的差异、意识的存在形态和活动方式之间的不同一才真正被扬弃，从功能上说，最后一章"绝对知识"才标志着真正完成了现象学向科学的过渡。

二 意识与概念

在《哲学科学全书纲要》中，黑格尔对意识的简单规定即"自我"（Enz，§413）。自我就是概念本身的直接形式，概念在意识发展的序列中简单的统一功能，"一个规定性、绝对普遍性，正如另一规定性、个别性的绝对间断性一样，也是纯粹自身知识，而且两者都仅仅是这种纯粹的自身知识。因此两种规定性都是这样的认知着的纯粹概念：这纯粹概念，其规定性本身就是直接知识，换句话说，其联系和对立就是我（Ich）"②。自我并不仅意指着个别的（individuelle）—独一性（Einzigkeit），而且还是普适的（jedesmalige）—独一性。③

在现象学中，自我作为概念或逻辑原则从一开始就发挥着作用。例如，在感性确定性中，自我第一次出现，"在这种确定性里，意识只是一个纯自我，或者说，在这种认识里，我只是一个纯粹的这一个。……自我和事情［对象］在这里都没有多方面的中介性的意义，

---

① Vgl. Hans Friedrich Fulda, Hegels "Wissenschaft der Phänomenologie des Geistes", Programm und Ausführung, in *Hegel und die Phänomenologie des Geistes*, hrsg von Michael Gerten, Würzburg: Königshausen & Neumann, 2012, S. 67f.

② ［德］黑格尔：《精神现象学》（下），贺麟、王玖兴译，商务印书馆1981年版，第177页。

③ Theodor Litt, *Hegel, Versuch einer kritischen Erneuerung*, Heidelberg: Quelle & Meyer, 1953, S. 47.

自我没有包含多方面的表象或作多方面的思考,事情并不意味着质的多样性"①。在感性确定性的知识形态中,对象是直接存在,知识是直接知识,而意识同时包含了这种交互关联,首先意识是关联对象的活动,其次意识是在关联对象活动中保持自身确定性的那种存在的力量,"我"就是自身否定的统一性,是概念在意识中保持其反映和自身规定的力量,或者用黑格尔的话说,"自我是是(Sein),或者说,在自己内具有存在作为环节。在我设定这个存在是一个与我对立的他物,而同时是与我同一的东西时,我就是知并且具有对我的存在的绝对确定性"②。也正因如此,自我支撑起了意识在经验运动中的连续性。这种连续性进一步表现为在显现着的知识不断摆脱预设的同时,对象的直接性会逐渐被建构性取代,由此,意识本身的形态也会越来越具体,"确知它自己的自我在开始时还是完全单纯主观的东西、完全抽象自由的东西、完全不确定的观念性或一切限制性的否定性"③。例如,从"意识"到"自我意识"的过渡中,意识在形态上就从直接的、被给予的存在者发展为对象性的存在者;从"自我意识"到"理性"的过渡中,意识在形态上又从对象性的存在者发展为能发现普遍本质的个别者;从"理性"向"精神"的过渡中,意识在形态上则进一步发展为将其他个别者理解为与自己一致的个别者,即与普遍本质一致的个别者,是以个别形态存在的普遍者;从"精神"向"宗教"的过渡中,意识则是认识到自身作为现实之本质的普遍者,黑格尔将之比作知道自己是纯粹知识的那些自我之间的上帝。④ 而这个上帝或真正普遍的自我意识就是概念自

---

① [德] 黑格尔:《精神现象学》(上),贺麟、王玖兴译,商务印书馆1981年版,第63—64页。

② [德] 黑格尔:《精神哲学》,杨祖陶译,人民出版社2006年版,第205页,译文有改动。

③ [德] 黑格尔:《精神哲学》,杨祖陶译,人民出版社2006年版,第205页。

④ 参见 [德] 黑格尔《精神现象学》(下),贺麟、王玖兴译,商务印书馆1981年版,第178页。

第二章　审美革命、原型世界与真理之象征:现象学"艺术宗教"的批判与建构　247

身的直接形式或精神对自身的表象式信仰,并最终会在"绝对知识"中提升为概念本身。自我作为概念在意识中的统一作用阐明了意识以怎样的方式对待它的对象,它自己就呈现怎样的形态,即意识的活动性就是其存在方式①,因而这就是概念自身运动及其规定性最直接的"是"(Sein)。

概念以陈述作为意识经验运动的逻辑根据,以自我作为意识形态的内在统一性,因而富尔达指出,现象学和逻辑科学的对应关系存在于逻辑环节对意识形态以各种的不同"是"的多种统一中②,而这种统一性包含了三个环节分别为:(1)在意识中,被直接把握的对象——为意识的(直接的对象和知识);(2)知识和对象的关系总体——意识形态本身;(3)陈述(在意识经验运动整体中的意识形态之序列)。③ 为意识的环节所代表的是"自在的直接性"(Unmittelbarkeit des Ansich),它的表现或为直接的对象,或为直接的知识,或为意识和对象的直接关联,富尔达阐明了自在的就是为意识的。而"为意识"原则的颠倒,就是将直接性重建为由怀疑执行的检验,那么直接性也就转化为间接性。每一个当下的意识形态都包含了意识和对象的互动关系,它不是简单的意识或简单的对象,而是一种感性和概念、普遍的和从属于精神的具体的历史性生命的多种规定的混合和统一。④ 而作为第三个环节的概念陈述在上一章中得

---

① Vgl. Frank-Peter Hansen, Georg W. F. Hegel: *Phänomenologie des Geistes*, Paderborn: Schöningh, 1994, S. 62.
② Vgl. Hans Friedrich Fulda, Zur Logik der Phänomenologie von 1807, in *Hegel-Tage Royaumont 1964*, Hegel Studien, Beiheft 3, hrsg von Hans-Georg Gadamer, Bonn: Bouvier, 1984, S. 86.
③ Vgl. Hans Friedrich Fulda, Zur Logik der Phänomenologie von 1807, in *Hegel-Tage Royaumont 1964*, Hegel Studien, Beiheft 3, hrsg von Hans-Georg Gadamer, Bonn: Bouvier, 1984, S. 86.
④ Hans Friedrich Fulda, Zur Logik der Phänomenologie von *1807*, in *Hegel-Tage Royaumont 1964*, Hegel Studien, Beiheft 3, hrsg von Hans-Georg Gadamer, Bonn: Bouvier, 1984, S. 86.

到了详细讨论。概念的运动虽然是意识经验发展的内在灵魂，但也受制于意识本身的结构。黑格尔的意图并不是外在地赋予概念对意识的支配性，而是从对意识本身的考察去解释概念如何在意识的结构中起作用。[①] 概念作为纯粹思维的自我规定，是意识活动的基础，就构成了意识的本质和实体（Substanz），因而在最初的自然意识中，作为对象的概念在意识中被反映为自在的直接性[②]，这种自在性未经任何反思，故而是最直接的，但也因为包含了最多的预设，故而是隐藏得最深的，需要层层剥离才能深入其内在，这也构成了我们日常思维中对概念的误解，将内在性直接当作抽象性。每一个意识形态都预设了知识形式或对象形式，因而预设是每种意识形态本身的原则，概念起作用的方式就是引导意识发现在某种特定意识形态存在着的预设，但由于意识本身具有固化预设的知性本能，因而得到揭示的预设会再次被颠倒为新的预设，这样一来，概念不仅反映各个特定意识形态中的预设，而且最终将反映意识对自身的预设。在所有预设都通过反映成为概念自我规定的诸环节之时，概念也就成为最丰富、最具体的思维。

第一节　艺术与宗教的联合：启蒙之后的新神话

黑格尔在《精神现象学》中极富洞见地指出，"精神的诸环节是各个分离的和每一个环节各自表现其自身的。但是精神的诸环节：意识、自我意识、理性和精神——末一个环节（精神）作为直接的

[①] Vgl. Hans Friedrich Fulda, Zur Logik der Phänomenologie von 1807, in *Hegel-Tage Royaumont 1964*, Hegel Studien, Beiheft 3, hrsg von Hans-Georg Gadamer, Bonn: Bouvier, 1984, S. 94f.

[②] Vgl. Hans Friedrich Fulda, Zur Logik der Phänomenologie von 1807, in *Hegel-Tage Royaumont 1964*, Hegel Studien, Beiheft 3, hrsg von Hans-Georg Gadamer, Bonn: Bouvier, 1984, S. 88.

精神，还不是对于精神的意识。精神诸环节合在一起来看的全体构成精神在世界中总的现实的存在"①，而"宗教以这些环节的经历过程为前提，并且是这些环节之单纯的全体或绝对的自我或灵魂。——其次，这些环节所经历的过程与宗教的关系是不可以被认作在时间中的。只有整个精神才是在时间中的，而且那些作为整个精神本身的诸形态才表现出有一个接一个的秩序。因为只有全体才真正具有现实性，因而也只有全体对其他东西来说，才具有纯粹自由的形式，这形式就被表述为时间"②。这段话尽管晦涩，但其中的道理却浅显，宗教作为意识看待世界（对象）较高级的方式，在产生时间上却并不在前几种方式之后，而是对前述几种打交道方式（意识、自我意识、理性和精神）的反映，将这种方式反映为特定的对象（自然物—自然宗教、艺术作品—艺术宗教、内心的启示—天启宗教），在这个意义上，宗教是人们对日用而不知的种种预设和世界观有意识的反思，黑格尔将之称为保存经验的回忆（Erinnerung）③。整个宗教的发展就是将种种人类与世界交往的方式都纳入其中，加以重组和规划，意识、自我意识、精神都成为宗教的内在环节，宗教通过反映这些形态中意识和世界关联的方式，而成为之前形态的真理。在宗教这种高级的意识形态中，普遍意识早已不再前向看，而是往回看，因而这一阶段是一个"关键间歇"（Hauptruhepunkt）④，宗教意识通过回溯以往的经验证明世界历史的开始，历史也就是普遍意识对自己在时间中种种作为（发生的事件）的再思。黑格尔的解读

---

① ［德］黑格尔：《精神现象学》（下），贺麟、王玖兴译，商务印书馆1981年版，第182页。

② ［德］黑格尔：《精神现象学》（下），贺麟、王玖兴译，商务印书馆1981年版，第182页。

③ 参见［德］黑格尔《精神现象学》（下），贺麟、王玖兴译，商务印书馆1981年版，第274页。

④ Hans Friedrich Fulda, Hegels "Wissenschaft der Phänomenologie des Geistes", Programm und Ausführung, in *Hegel und die Phänomenologie des Geistes*, hrsg von Michael Gerten, Würzburg: Königshausen & Neumann, 2012, S. 65.

实际上包纳了之后马克思的洞见,"人不是抽象的蛰居于世界之外的存在物。人就是人的世界,就是国家,社会。这个国家、这个社会产生了宗教,一种颠倒的世界意识,因为它们就是颠倒的世界"①,即宗教是普遍意识将自己与世界打交道的方式颠倒为神在世界中的存在形态,这意味着宗教之需求尽管表现为颠倒的世界意识,但这种需求本身却是正当和普遍的,并非如启蒙思想家所批判的,是一种无理性的蒙昧或迷信。

一 新神话计划

(一) 宗教对艺术的需求

有趣的是,宗教不仅是一种对普遍自我意识的颠倒化和神化,而且在无关虔诚、敬拜、祭祀等的日常生活中无处不在。同理,宗教在现象学中虽然是一种较高级的意识形态,却在前宗教阶段异常活跃,"宗教也曾经作为绝对本质一般的意识出现过,不过,那是从绝对本质为认识对象的那种意识的观点出发而言;自在自为的绝对本质本身、精神的自我意识,却没有出现在那些形式里"②,黑格尔称为"宗教意谓"(religöse Bedeutung)③,宗教意谓就是意识将普遍意识的本质当作外在于自身的超越者来把握,这个被预设的超越者在前宗教的意识形态中表现为种种实体性的存在:如"力和知性"中的"超感官世界"、"苦恼意识"中的"不变者——彼岸"、"伦理世界"中的"命运的黑夜"、"纯粹识见"中的"空洞信仰"等。"宗教意谓"就是在世俗生活中对上帝的朦胧感受,这种感受的产生以意识的存在与自己的本质的分裂为前提,并固化为自我与超越者

---

① 《马克思恩格斯全集》(第3卷),中共中央马克思恩格斯列宁斯大林著作编译局编译,人民出版社2002年版,第1页。

② [德] 黑格尔:《精神现象学》(下),贺麟、王玖兴译,商务印书馆1981年版,第179页。

③ Josef Schmidt,„Geist", „Religion" und „absolutes Wissen", Stuttgart: Kohlhammer, 1997, S. 311.

之间的对立；而宗教则使这种对立统一为对自己与世界打交道方式的认识。耶施克认为，对宗教的关注始终贯穿在黑格尔思考中，而黑格尔的重要著作或多或少都涉及宗教。因为宗教的形式本身是合乎理性需求的，是对绝对精神领域最一般的称谓。①

如果依此框架来看待传统的"诗歌与哲学之争"，那就会发现争论的焦点在于，宗教意识到底是通过诗歌语言（艺术）来反思世俗生活的根据还是服从哲学思维。柏拉图在《理想国》卷十中借苏格拉底之口驱逐诗人，实际上是宣誓了哲学对反思生活的主权，艺术和哲学在世俗世界紧张关系的实质无非对诗人与哲学家谁能真正具备教导民众反思各自生活的争执。柏拉图虽然在理念论的架构下建立起了哲学在存在和认识两个维度中对艺术的真理性和优先性，但却相当谨慎地保留了艺术语言对普罗大众的影响，曾经立志成为一名诗人的柏拉图对民众热衷影像的特点最为清醒，"在希腊人看来，表现神的存在的图像并不是单纯的象征，而是逼真的肖像。他不是蒙眬显现只能领会其精神的象征，而是就住在大地上的某个神圣的肖像；神的本性是可以看得见的，而不是不可见的"②，希腊人的世界被后人设想为一个诗意的世界，因而对伦理生活根据的反思必然依赖艺术，艺术作为民众喜闻乐见的接受方式之地位难以撼动，哲人们只是需要坚持艺术必须在哲学的指导下教会民众过真正善（agathos）的生活，换言之，哲学通过教会艺术如何正确地立法，而进入城邦，而不是取代艺术。亚里士多德在《诗学》中对"陶冶"（katharsis）的重视亦是把握到了艺术对公共生活的教化功能。哲人们所作的努力并不是切断艺术与伦理的关系，而是尽量使"美"（kalos）为真所用，而不再出于诗歌语言盲目的滥用。启蒙时代将这种宗教以诗歌语言或艺术确立世俗世界根据与正当性的现象视为

---

① Vgl. Walter Jaeschke, *Die Religionsphilosophie Hegels*, Darmstadt: Wissenschaftliche Buchgesellschaft, 1983, S. 1–4.

② ［英］鲍桑葵：《美学史》，李步楼译，商务印书馆2017年版，第14—15页。

"神话",神话和公共生活内在一致的图景构成了18世纪晚期德意志世界对古典希腊想象的核心,"艺术宗教"(Kunstreligion)这个经典概念在这一时期被构造出来[1],乃是1800年前后德意志哲人试图通过艺术客观化恢复传统宗教通过艺术语言构建统一性、整体性和意义根基之功能[2]。

(二) 神话的复归

1800年前后"艺术—宗教"的计划很大程度上可以看作面向启蒙之后分裂危机的一种应对。启蒙哲人视希腊时代宗教借艺术确立世俗生活根据的普遍现象为上古的蒙昧和幻想泛滥的表现,"宗教和理性使我们与希腊神话渐行渐远,然而这些神话却依然通过诗与画而被保留在我们心中,仿佛他们在那里有着使其自身存在成为必要的秘密"[3]。神话被普遍视为非理性的产物、幻想的虚构,但另一些启蒙思想家却洞见到理性对神话的排斥暴露了自身的悖论:理性并非无往而不利,它对神话的驱逐恰好意味着虚构来源于一种理性本身无法掌握的力量,它充其量就是以有用性为旨归的工具理性。霍克海默认为这种狭隘的工具理性无法涵盖理性本身的客观性和丰沛性,"理性作为一种力量不仅存在于个体的心智中,而且存在于客观的世界中——在人与人之间、社会各个阶层之间的关系中,在社会的制度中,在自然和它的表现中。伟大的哲学体系,诸如柏拉图和亚里士多德、经院哲学和德国观念论,都建立在一种客观的理性理论的基础上。其旨在发展一种关于所有存在者(包括人及其各种目的)的综合性的体系或层级系统。一个人的生活的合理化程度可以根据他与这个整体的和谐关系被规定。理性的客观结构,不仅仅是

---

[1] Vgl. Karl Ulmer,》Kunst und Philosophie《, in: *Zeitschrift für Ästhetik und allgemeine Kunstwissenschaft* XVUI (1973), S. 9.

[2] Vgl. Cornelia Klinger, Ästhetik als Philosophie-Ästhetik als Kunsttheorie, in *Der Streit um die Grundlagen der Ästhetik* (1795–1805), hrsg von Walter Jaeschke, Hamburg: Felix Meiner, 1999, S. 31.

[3] 胡继华:《浪漫的灵知》,北京大学出版社2016年版,第138—139页。

人和人的目的，才能成为衡量个体的思想与行动的标杆。这种理性概念从不排斥主观理性，而是认为后者只是普遍合理性的一种片面的、有限的表达（万物存在的标准是从这种普遍合理性中获得的）。客观理性强调目的（ends），而不是手段（means）"[1]。在后启蒙的思想语境中，神话的复归以及想象力的优先性成为理性批判的重要途径，它在某种程度上也被视为一种审美理性起作用的方式，这一途径表现出与由康德所赋予艺术对心灵能力分裂之救援功能的呼应。德国古典哲学进程中出现的"转向美学"倾向本身亦代表了试图借助艺术重建客观统一性的阶段性共识，诸如魏玛古典主义的"艺术宗教"、早期浪漫派的"新神话"（die neue Mythologie）计划、荷尔德林的"美学柏拉图主义"、黑格尔早期"感性宗教"思想和谢林的"哲学神话学"中对"自然神话"的推崇均可被视为早期观念论者和早期浪漫派在联合艺术—宗教、纠偏工具理性这一总方案中的差异化策略。在这一互文性语境中，黑格尔《精神现象学》中所讨论的"艺术宗教"环节具有鲜明的论辩意义，它既是对上述计划的一个总结性回应，也是对自己早年理想的批判性反思。

三 对古典希腊的幻想

古典希腊时代万物一体的世界观恰好成为阐发霍克海默所言的客观理性的绝佳图景，这种和谐一致的理想正代表了对现代世界种种分裂进行根本修正的渴望。黑格尔在讲授希腊哲学时满含深情地感叹，"一提到希腊这个名字，在有教养的欧洲人心中，尤其在我们德国人心中，自然会引起一种家园之感"，"我们所以对希腊人有家园之感，乃是因为我们感到希腊人把他们的世界化作家园；这种化外在世界为家园的共同精神把希腊人和我们结合在一起"[2]；歌德也

---

[1] Max Horkheimer, *Means and Ends in Eclipse of Reason*, London & New York: Continuum, 1974, p. 4.

[2] [德]黑格尔:《哲学史讲演录》（第一卷），贺麟、王太庆译，商务印书馆1983年版，第157—158页。

曾感叹，"如果需要模范，我们就要经常到古希腊人那里去找，他们的作品所描绘的总是美好的人"①。工具理性批判、神话的复归和对古典希腊超历史的崇拜就在1800年前后的德意志土地上汇聚到了一起，共同构成了艺术—宗教联合的核心要素。"否认希腊或德国文化在形成西方自己的身份的过程中所具有的普遍影响，无疑是有勇无谋的蛮干"②，"德国人利用与希腊人的源初亲缘性的神话，来支持他们自己在西方历史上的历史—形而上学性 Sonderweg（特殊道路）"③，由于包含众多现实政治诉求，对当时的德意志人而言古希腊并不是历史现象，而成为一种理念，斯宾格勒准确地描绘出1800年前后这批德意志思想家借希腊之杯酒浇心中块垒的实质，"当'古典的古代'以全部力量和歌德面对面地相遇时，他并不认识它，其他的人也一样。他们有意不去多看古典的东西，这样他们就保全了自己关于古典的内心影像——其实，古典是一种背景，是用来衬托他们自己所创造的、用自己的心血培育起来的生活理想的，它是一件装着自己的世界感情的容器，是一个幻景"④。

将古典希腊树立为典范，脱胎于德意志知识分子对于民族身份建构的迫切政治诉求。欧洲所谓的古典传统实则包含着古希腊和古罗马的双元结构，事实上在歌德时代（Goethezeit）之前，所谓的古典多指向拉丁文化。但丁在《论世界帝国》中就将罗马人称为最高贵的民族，"上帝运用奇迹创立了罗马帝国"，"它应该高踞其他民族之上"⑤，而按意大利史家莫米利亚诺（Arnaldo Momigliano）的看

---

① ［德］爱克曼辑录：《歌德谈话录》，朱光潜译，人民文学出版社1991年版，第114页。

② ［美］巴姆巴赫：《海德格尔的根——尼采，国家社会主义和希腊人》，张志和译，上海书店出版社2007年版，第299页。

③ ［美］巴姆巴赫：《海德格尔的根——尼采，国家社会主义和希腊人》，张志和译，上海书店出版社2007年版，第303页。

④ ［德］斯宾格勒：《西方的没落》（上），齐世荣、田农、林传鼎、戚国淦、傅任敢、郝德元译，商务印书馆1953年版，第52页。

⑤ ［意］但丁：《论世界帝国》，朱虹译，商务印书馆1986年版，第29、31页。

法,"希腊从来没有能够为自己建立起民族的政治历史的传统,简单的理由是他们从来没有在政治上统一过。对于他们来说,埃及比希腊更容易被描述成为一个政治主体。罗马人——而不是希腊人——把民族的历史观念流传给了文艺复兴"[①],意大利作为罗马人的直系后裔,从文艺复兴时期以来就占据了拉丁文化的中心,但随着路易十四建立起强大的中央集权民族国家,17世纪拉丁文化的领导权就此转移到了法国,无论是意大利还是法国,其所尊奉的古典文化均是以罗马为核心,而将希腊置于从属地位。18世纪德意志上层风尚仍然笼罩在法兰西宫廷所主导的审美趣味下,而在启蒙运动德法文化竞争的大历史背景下,德意志古典人文主义的思想家试图越过拉丁文化直追欧洲文明的源头,直接建立起与希腊的亲缘性,包含着在地缘政治层面摆脱法国诸方面的侵袭影响,从而树立起自身民族文化乃至民族国家独特身份的政治意图,"从一开始,德意志古典主义就一直是在一种德意志民族重生的希望下产生的。返回古希腊,轻视法国传统,这总是被解释为一种民族身份的发现"[②]。

二 浪漫派的审美革命与世界的诗意化

(一) 审美革命作为政治革命的深化

从历史的走向来看,法国大革命作为按照启蒙的理念重塑现实世界的尝试,一方面中断了世界历史走向的连续性、打破了社会阶层的旧秩序;另一方面又并未兑现启蒙按照理性掌握世界、占据世界的承诺。相反,大革命之后秩序崩溃的种种乱象带来了新的社会危机,危机就意味着失常。如果说大革命之后的拿破仑战争意味着

---

① [意] 莫米利亚诺:《现代史学的古典基础》,冯洁音译,华东师范大学出版社2009年版,第109页。
② [德] 施莱希塔:《尼采著作中的德国"古典主义者"歌德》,载[美] 奥弗洛赫蒂等编《尼采与古典传统》,田立年译,华东师范大学出版社2007年版,第244页。

剧烈的失常，那么国家和市民社会的分裂就是持续的失常，马克思称其为国家与社会之间的异化，滕尼斯（Ferdinand Tönnies）称其为共同体与社会之间的分裂，哈贝马斯称其为现代国家的正当性危机。哈贝马斯认为正当性危机的根源就在于国家中社会工作领域和互动性领域的分离，前者是工具化行为的目的与手段关系的子体系（比如国家机器和经济体系），而后者则是关于最终目的和该社会标准人类形象的实践性、政治性沟通（即价值体系），简言之，如果工具化领域与价值体系脱节，那么国家就会陷入前革命或者后专制的状态。①

德意志情况则更为特殊，大批思想家和诗人原本期待，经过启蒙的人们能自然地用同一种声音自主且公正地谈论共同的人性、自然法权和公共利益，但在大革命之后，他们无不失望地发现，哲学家的启蒙立场根本不能代表全人类，所谓的普遍人性、自然法权或公共利益实质上不过取决于每个人各自立场和观点及由之产生的不同意见。因此在18世纪末的德意志，政治问题首先取代了启蒙理性对宗教的批判，成为社会生活分裂和紧张的主要根源。按拜塞尔的看法，1790年之后德意志思想迅速政治化，虽然政治问题在大革命前同样是德意志启蒙运动所关注的焦点，但思想家们从未如此公开地、极端地以及党派化地对政治展开讨论。进入1790年之后，那些以前并不热衷评述政治的哲学家们几乎都沉迷于探讨和谈论法国大革命，康德、费希特、席勒、威廉·洪堡、雅各比、赫尔德、施莱格尔兄弟、诺瓦利斯甚至维兰德（Christoph Martin Wieland）在18世纪90年代初期的作品或多或少都直接或间接地受到革命的启发。但同时，这种政治化并不代表着思想家们抛弃了抽象理论领域，转而关注日常生活中的琐事。哲学家们持续活跃于推进认识论、伦理学和美学的经典问题，即使这些看似抽象的、远离政治的领域在1790—

---

① 参见［德］曼弗雷德·弗兰克《浪漫派的将来之神：新神话学讲稿》，李双志译，华东师范大学出版社2011年版，第185页。

1800年的十年间被迅速政治化，成为证明或实现政治意图的武器。①

出生于1770年前后的一批德意志青年哲人和诗人成长于历史风云变化的激荡年代，他们自青年时期便目睹了大革命的全历程，不仅视自己为哲学家，而且更自视为民众的教育者，因此哲学思辨和艺术创造均指向了对民众的现实教化。正如洪堡《论国家的作用》中提到的个体教化"必须总是任何政治的基础"②，出于个体教化的优先性，席勒在《审美教育书简》中强调"在经验中要解决的政治问题必须假道美学问题"③，而哲学问题也是同样道理。在这个意义上无论是哲学革命，还是审美革命都可视作法国大革命政治—社会革命的延伸，同时也超越了政治革命。因为"审美革命"（包括哲学革命）的实质与这一称谓所暗示的独特领域的自治原则完全相反，它试图彻底终止自身得以成立的条件——将整体分割为不同领域，如政治、科学、诗、宗教等，并使这些被分割的自治领域重新建立起它们原本应当具有、现在却失去了的统一性。④

审美革命的出现实质上意味着哲学和艺术对于原先宗教主导权的重新谈判，但启蒙之后二者的谈判却不同于传统的"诗与哲学之争"，根本原因在于艺术的本质不再是模仿，现代艺术以创造为规定性，创造的本质就在于从规则的束缚中解放出来，因而想象力而非观察力成为艺术创作中的主导能力，传统模仿论中的真理等级不再构成艺术所要遵循的规则，艺术无须再认识和掌握规则。鲍伊（Andrew Bowie）极其准确地点出，新的艺术观念的出现意味着一种新的

---

① Frderick Beiser, *Enlightenment, Revolution, and Romanticism*: The Genesis of German Political Thought 1790 – 1800, Cambridge: Harvard University Press, 1992, p. 1.

② ［德］洪堡：《论国家的作用》，林荣远、冯兴元译，中国社会科学出版社2016年版，第35页。

③ ［德］席勒：《审美教育书简》，冯至、范大灿译，北京大学出版社1985年版，第14页。

④ Walter Jaeschke, Ästhetische Revolution. Stichworte zur Einführung, in *Der Streit um die Grundlagen der Ästhetik (1795 – 1805)*, hrsg von Walter Jaeschke, Hamburg: Felix Meiner, 1999, S. 2.

语言观,哈曼、赫尔德、威廉·洪堡和施莱尔马赫的著作中都指出世界的可理解性不再是对业已存在之事物的复制或模仿,而在于语言的建构和表现。① 因而,现代艺术观念的应运而生,其最直接的原因就是宗教原先所维系的社会功能的崩溃,创造和语言不再被视为神圣的和实体性的,传统中一切被给予和接受的现在都必须经过理性和主体的检验,现在个体有资格以主观的方式占有原先属神的。在这一架构下,艺术正如青年谢林在《体系》中所推崇的,能够做成哲学所不能成之事,科学或哲学只能去认识现成的真理,而艺术创造则不然,能够通过生成和毁灭的交替展现出真理形成的过程。早期浪漫派、荷尔德林甚至青年谢林极其推崇这种艺术的优越性,早期观念论者和早期浪漫派等一批激进思想家将克服世界异化和社会异化的出路转化为构建一个超越于俗世之上的艺术世界。马夸德将这一方案概括为,"在政治失败的情况下,革命性的历史之完成的神话原型应当以审美作品的方式幸免于难,这就是新神话"②。

(二) 现实的审美化和自然的精神化

席勒已经洞见到将艺术理解为创造是现代世界独特的现象,正是因为艺术作品是自由创造的产物,它才有资格成为理性目的的表达,使善的理念转化为直观形象,由此艺术也被提升为理论和实践背后真正的统一源泉;同时,在艺术鉴赏中感性形象被视为表达无限理念的,因此艺术作品的各个部分是朝向于一个目的的,艺术就是有机存在的典范和综合精神的体现。但这种对艺术的现代理解依旧延续了启蒙的自主性,换言之,作为理论领域和实践领域衔接点的艺术领域必须按照自治原则,安于自己的领域,而无权直接作用于社会,它所能体现出的综合精神还没有转变为现实。早期观念论

---

① Cf. Andrew Bowie, German Idealism and the arts, in *The Cambridge Companion to German Idealism*, Edited by Karl Ameriks, Cambridge: Cambridge University Press, 2000, p. 241.

② Odo Marquard, *Aesthetica und Anaesthetica*, *Philosophische überlegungen*, München: Fink, 2003, S. 17.

者和早期浪漫派对席勒的突破之处在于,他们发现在古典世界中(他们也称这一时期为"诗歌在开端时")艺术"并不起源于孤立的个人,也不仅仅向私底下的某一个人,而是作为'感性宗教'向'人群'叙说"①。施莱尔马赫将这种"古代诗歌与现代诗歌之间差别的核心"界定为私人性与公共性,在希腊城邦,诗歌是与露天剧场和公共生活紧密相连的,"在罗马诗歌中占主导地位的已经是那些延续亚历山大时代希腊文学的模仿之作了。而那些拟作是在希腊人公共生活崩溃之后才出现的。而现代在宫廷生活中所表现的,我们早已在亚历山大时代的后继者那里看到了:贵族和民众之间的分离。诗歌本身是不会没落的,因为它对人类精神而言是根本性的,它一旦以语言表达自己,就别无他法,只能继续以语言来表达自己。但诗歌现在却和整个公共生活的形式彻底隔绝了"②。这意味着从传统来看,艺术非但不是私人的和主观的,还是一种民众能接受的普遍语言,这也是艺术在古典希腊作为伦理生活正当性的根源,"如果文学不是出自公共生活,那么它就必须始终是出自当前世界的普遍意识"③。成为1800年前后诗歌神话化又一强援的乃是18世纪90年代之后出现在德意志思想界对柏拉图的接受,柏拉图被理解为一位隐藏得很深的诗人,他的哲学要被理解为诗歌,而神话则成为解开他对话和思想体系的钥匙。弗·施莱格尔提出,"希腊人所有教化以及所有学说和科学的源头都是神话(Mythus)。诗歌是最古老的,在雄辩兴起之前,乃是民族唯一的女教师。神话式的思维方式,即真正意义上的诗歌乃是神的礼物和启示,诗人是神圣的牧师和代言人,

---

① [德]曼弗雷德·弗兰克:《浪漫派的将来之神——新神话学讲稿》,李双志译,华东师范大学出版社2011年版,第214页。

② Friedrich Schleiermacher, *Vorlesungen über die Aesthetik*: *Aus Schleiermacher's handschriftlichem Nachlasse und aus nachgeschriebenen Heften*, hrsg von Carl Lommatzsch, Berlin: Reimer, 1842, S. 677.

③ Friedrich Schleiermacher, *Vorlesungen über die Aesthetik*:*Aus Schleiermacher's handschriftlichem Nachlasse und aus nachgeschriebenen Heften*, hrsg von Carl Lommatzsch, Berlin: Reimer, 1842, S. 687.

这是希腊人始终的信仰。紧随其后的便是柏拉图的学说"①。而后，弗·施莱格尔在《关于诗歌的对话》（1799）中实现了浪漫派的"柏拉图复兴"（Platon-Renaissance），这更是主导了1800年前后新神话建构的整个方向。②简言之，新神话的本质是在启蒙之后，按照创造规定和自主原则构建的新的属人的、既是诗歌又是哲学的神圣普遍语言。

这种新的公共语言或普遍意识不再是源于神，不再直接被给予，而是通过普遍创造形成的，因而新神话极大地超出了艺术审美的范围，而走向了现实的审美化（Ästhetisierung der Wirklichkeit）③，即将人类的全部生活重塑为一件艺术作品，在这一目标的驱使之下，不仅历史必须被汇聚为"唯一历史"（Alleingeschichte），而且艺术品也应当被聚合为"唯一艺术品"（Alleinkunstwerk）④，而这种"唯一艺术品"就是作为一切根源的绝对艺术，也只有"新神话"才能担此重任，审美革命被期望能够建立一个新的，甚至是黄金时代，带来一个美的世界，甚至是神之王国的再临，在其中，当前世界中的种种分裂均被克服，而每个人乃至所有人的平等并不建立在抽象的人格概念上，而建立在审美意义上的完全一致，他们都平等地通过欣赏这唯一的艺术品而得到审美教化。弗·施莱格尔将歌德的《威廉·迈斯特》与法国大革命和费希特的知识学并列⑤道出了这一点，

---

① Friedrich Schlegel, *Die Griechen und Römer. Historische und kritische Versuche über das klassische Alterthum*, Bd. 1, Neustrelitz: Beim hofbuchhaändler Michaelis, 1797, S. 225f.

② Christoph Jamme, Platon, Hegel und der Mythos, *Hegel Studien* Bd. 15, hrsg von Friedhelm Nicolin und Otto Pöggeler, Bonn: Bouvier, 1980, S. 155.

③ Odo Marquard, *Aesthetica und Anaesthetica*, *Philosophische überlegungen*, München: Fink, 2003, S. 17.

④ Odo Marquard, *Aesthetica und Anaesthetica*, *Philosophische überlegungen*, München: Fink, 2003, S. 17.

⑤ Vgl. Friedrich Schlegel, *Charakteristiken und Kritiken I. 1796 – 1801*, Kritische Friedrich-Schlegel-Ausgabe, Erste Abteilung, Bd. 2, hrsg von Hans Eichner, München & Paderborn & Wien & Zürich: Schöningh, 1967, S. 198.

他在《关于诗的对话》（1800）中直言不讳地指出，"现代诗比古代诗逊色的所有本质都可以用一句话来概括：我们没有神话。但是我补充一句话，我们将很快就有一个新的神话，或者更确切地说，现在已经是需要我们严肃地共同努力以创造一个新神话的时候了"[1]。而谢林在《全部哲学之体系，特别是自然哲学体系》（维尔茨堡讲座1804）中的评论与小施莱格尔的论断可谓相互呼应，"当一切公共生活都分解成了私人生活的平凡和琐屑时，诗也就或多或少地沉浸到了这一漠不相干（gleichgültig）的领域"[2]，甚至于"从时代的材料中，比如在但丁、莎士比亚、塞万提斯、歌德笔下只可能创造出局部的（partiell）神话，而不会是全然普遍的（allgemein）神话"[3]，因此"史诗首先需要神话，缺少了神话将毫无意义。但是神话却恰好无法存在于个别之中，而只能诞生自一个民族的整体性，这一整体性同时也是个别的"[4]，"一种普适性诗歌材料是否可能，这一问题就如同追问思辨哲学和宗教是否有客观存在一样，会把我们引向更高的存在。只有从一个民族的精神统一性，从一种真正公共的生活中才能树立起真正普遍的诗歌——正如只有在一个民族的精神统一性和政治统一性中思辨哲学和宗教才具有客观存在一样"[5]。

然而，现代缺乏神话而只有艺术的根本原因就在于启蒙对传统宗教实体性因素的摧毁（质料 Material），宗教领域日渐萎缩为一些常识性的健全知性或是被转化为内在虔敬的情感。由此，异教的艺

---

[1] Friedrich Schlegel, *Gespräch über die Poesie*, mit einem Nachwort von Hans Eichner, Stuttgart: Metzler, 1968, S. 312.

[2] F. W. J. Schelling, *Sämmtliche Werke*, Abt. 1, Bd. 6, hrsg von K. F. A. Schelling, Stuttgart: Cotta, 1860, S. 572.

[3] F. W. J. Schelling, *Sämmtliche Werke*, Abt. 1, Bd. 6, hrsg von K. F. A. Schelling, Stuttgart: Cotta, 1860, S. 572.

[4] F. W. J. Schelling, *Sämmtliche Werke*, Abt. 1, Bd. 6, hrsg von K. F. A. Schelling, Stuttgart: Cotta, 1860, S. 572.

[5] F. W. J. Schelling, *Sämmtliche Werke*, Abt. 1, Bd. 6, hrsg von K. F. A. Schelling, Stuttgart: Cotta, 1860, S. 573.

术作品（古典希腊艺术）获得了一种无与伦比的典范性，希腊宗教首先是一种美的宗教，因而与人性完全和谐，其实体性因素与每个个体是直接统一的；其次希腊宗教是一种健康的宗教，它促进人各种能力的发展，使人"拥有对自然和艺术美的伟大的敏感性，拥有优美的行为举止和正确的审美观"①。从赫尔德开始，德意志诗人和思想家就倡导学习希腊人，"要从他们那里学会寓意的艺术，向富于哲思的荷马学习，向富有文采的柏拉图学习"②。但这种学习的关键不是在德意志的土地上移植希腊神话，而是要效法希腊人通过艺术塑造伦理生活的内核，因而建构新神话的方案中包含了一种过去与未来的错位，正如谢林所概括的，复兴神话的本质是"在自身内部召回'过去'，以便发现，什么东西是万物的源头，什么东西最先做出了开端"③，概言之，首先按照启蒙之后的普遍原则理解过去，再按照幻想的过去之基本结构迎接未来。

由于质料的缺乏，建构新神话的前提就在于自然的精神化，在早期浪漫派和青年谢林那里，自然哲学的建构与美学成为哲学的基础是同步的，自然的精神化和世界的审美化正是"新神话"两个面向，自然的精神化使物理世界被塑造为一个有机整体，而世界的审美化则使文化世界被塑造为绝对的艺术作品。这一方案源于《判断力批判》中艺术与自然之间的类比关系，早期观念论和早期浪漫派认为，以歌德和席勒为代表的魏玛古典主义就已开始按照自然与共同体之间的类比关系来构思如何使人类的政治共同体成为一个按照有机原则组织起来的理想国家，例如席勒的审美教育构成了形塑有

---

① ［德］洪堡：《论古代文化，特别是古希腊文化的研究》（1793），载安德烈亚斯·弗利特纳《洪堡人类学和教育理论论文集》，胡嘉荔、崔延强译，重庆大学出版社2013年版，第15页。

② ［德］曼弗雷德·弗兰克：《浪漫派的将来之神——新神话学讲稿》，李双志译，华东师范大学出版社2011年版，第148页。

③ ［德］谢林：《世界时代（原稿）》（1811），载《世界时代》，先刚译，北京大学出版社2018年版，第12页。

机国家的前提，但早期浪漫派不仅将有机国家视为对自然精神化或自然作为有机整体这一隐喻的发挥——有机国家意味着重新建立起价值体系、目的体系对于工具化行为的正当性，而且还将其视为建构新神话的最坚实的基础，唯有自然整体从机械化中摆脱出来重新成为有机的，新神话才获得了其质料。弗·施莱格尔的《论神话》（1800）在此意义上认为自然哲学乃是新神话的前提，同时，通过构建起新神话，自然对人而言又变得亲密无间，成为一种坚定的支持、一种母亲般的土壤，一片天空，一股充满活力的空气。①

（三）悖谬

综观以上，早期浪漫派新神话的构想处处透露着矛盾。首先，皮普迈尔（Rainer Piepmeier）直截了当地指出，艺术对一种创造之为真理的要求，是建立在启蒙哲学对现实实体性因素的瓦解之上，因而这种真理性建立在哲学对现实的把握之上②，这意味着创造的真理性并非艺术本身通过创造活动获取的，而是直接接受的。其次，由于现代艺术观念的形成乃是启蒙运动的产物，按照自治原则，它是市民文学，所涉及的主题和范围是日常生活和个体的内心世界，而不再是它自己所向往的希腊艺术中所呈现的神与英雄的世界，其表现的也是主观性和内心情感，而不再是和谐统一与对美的沉思，这意味着形成新神话的土壤还未成熟。再次，艺术不仅要求在真理维度取代哲学，而且要求在没有宗教作为实体性基础的条件下直接教化民众，但这会沦为艺术的负担，因为艺术根本对这一工作力不从心。艺术家现在必须将自己视为神的启示者，并且有意识地生产神性——尽管他自己心知肚明，这其实归功于古希腊这一特殊历史

---

① Friedrich Schlegel, *Charakteristiken und Kritiken I. 1796 – 1801*, Kritische Friedrich-Schlegel-Ausgabe, Erste Abteilung, Bd. 2, hrsg von Hans Eichner, München & Paderborn & Wien & Zürich: Schöningh, 1967, S. 312.

② Vgl. Rainer Piepmeier, Zu einer nachästhetischen Philosophie der Kunst, in *Kolloquium Kunst und Philosophie*, Bd. 1, Ästhetische Erfahrung, hrsg von Willi Oelmüller, Paderborn: Schöningh, 1981, S. 111.

时刻的青睐，归功于神话和宗教。在古今转换的语境下，艺术家首先必须转变为宗教的创始人（Religionsstifter），才能寄希望于历史时代之趋势的帮助。① 最后，早期浪漫派试图借助新神话完成对启蒙理性的批判，实现绝对统一性和一体化的诉求；殊不知其批判启蒙的原则和预设，实质上正是对启蒙原则和预设的颠倒，浪漫派的新神话学方案同样带有启蒙理性本身的矛盾性：一方面将艺术视为天才创造的产物和划时代的审美对象，强调历史的断裂性；另一方面又将这种理解反向投射到古希腊世界中，以此为通过艺术确立伦理生活正当性的方案找到历史依据。概言之，艺术对自己的期许和要求其实远远超越了现代世界艺术领域所能负载的范围。这些悖谬无不暗示出"审美革命"只是政治革命的替代品这一略显无奈的事实。

三 黑格尔论宗教的历史性

按照第一部分的梳理，青年时期的黑格尔非但不是新神话方案的批判者，还是积极的参与者（伯尔尼和法兰克福时期），但是，从耶拿时期起，黑格尔就逐渐形成了历史哲学的视野，"近代的更高的原则，这是古代人、柏拉图所不知道的"②。概言之，艺术这种超历史的功能被否弃，这种否弃在现象学上的体现与其说是将艺术与宗教的联合限定在古希腊，毋宁说是初步建构出一幅历史原则缓缓展开的图景。在黑格尔看来，宗教作为普遍意识最高级的形态，不仅将原先各种直接的、未经反思的与世界、对象的关联方式加以重新思考，而且还将这种关联方式具体地呈现出来，因而是普遍意识对自己透彻的认知。这些被呈现的关联方式就是此前各种意识形态被预设的原则，被揭示的预设就转化为根据，"整个精神之所以存在，

---

① Vgl. Gunter Scholtz, Der Weg zum Kunstsystem des Deutschen Idealismus, in *Der Streit um die Grundlagen der Ästhetik（1795 – 1805）*, hrsg von Walter Jaeschke, Hamburg: Felix Meiner, 1999, S. 29.

② G. W. F. Hegel, *Jenaer Systementwürfe III*, Gesammelte Werke, Bd. 8, hrsg von Johann Heinrich Trede und Rolf-Peter Horstmann, Hamburg: Felix Meiner, 1976, S. 263.

第二章 审美革命、原型世界与真理之象征:现象学"艺术宗教"的批判与建构

只由于它是它的这些方面从它自身区别开并回归到它自身的运动。宗教一般的发展过程就包含在这些普遍环节的运动里。但是由于这些属性中的每一个属性之被表述出来，并不仅是像它一般被理解那样，而是像它是自在自为的那样，这就是说，像它在它自身中作为整体经历的进程那样，所以这里所产生的也不仅是一般宗教的发展，而且是精神的上述个别方面所经历的那些完整的过程同时就包含着宗教自身的种种规定性"①。这意味着意识经验运动中的前述形态——意识、自我意识、（理性）精神全都内化为宗教本身的规定性，同时整个宗教历史的展开便是以再思（Nachdenken）的方式将这些形态中的预设纳入了一个整体序列，在这个呈现历史原则的画卷之上，世俗世界的行进总是与神圣世界的行进保持一致，与其将宗教视为一个超越于世俗世界之上的彼岸世界，倒不如说是普遍意识对自己身处的世俗世界的颠倒性认识，它保留了一切世俗生活的经验并将之浓缩为特殊的表现形态（光明、动植物、工匠、艺术品、三位一体等）。因此，"精神的整体、宗教中的精神，重新又经历从它的直接性进而达到对于它的自在状态或直接状态的知识的过程，并且通过这一过程达到这样一种形态，在这种形态里，它表现为它自己的意识的对象，它完全与它的本质相等同，并且直观到它自己的本来面目"②，在现象学的脉络中，意识的认识和认识对象到了宗教阶段绝不会相互矛盾了，只是普遍意识依然会迷失，即出现"现实的精神和自己知道自己是精神的精神之间，或者作为意识的精神和作为自我意识的精神之间前此的差别"③，前者是普遍意识和世界关联的方式，即人类在整个世界中的功业，而后者则是对这种关联

---

① ［德］黑格尔:《精神现象学》（下），贺麟、王玖兴译，商务印书馆1981年版，第183页。
② ［德］黑格尔:《精神现象学》（下），贺麟、王玖兴译，商务印书馆1981年版，第183页。
③ ［德］黑格尔:《精神现象学》（下），贺麟、王玖兴译，商务印书馆1981年版，第184页。

方式的反映，是宗教的特定形态，人类的行动和原本作为普遍意识的本质却被误认为是上帝的各种形态和外衣，在宗教阶段，这两个环节由于意识本身结构的限制，尚无法扬弃作为活动的认识和作为结果的认识的区分。

黑格尔认为宗教意识并没有反思前述所有意识形态的一切预设，而是与特定意识形态构成对应关系，这一点也符合历史，并不是一切民族都形成了自己的宗教，"宗教的特定形态，从它的每一个环节的诸形态中，采取一个适合于它的形态，当作它的现实的精神。宗教的这种单一的规定性贯穿到它的现实存在的一切方面，并且加给它们以这个共同的烙印"①。这种"贯穿"（hindurch）也就是"反映"（Reflexion）②，反映出的就是意识与整个世界打交道的各种预设，因而这种自我认识揭示了普遍意识"自己的表象的形态和外衣"③，如同对镜自照般映现出自己的形态。那么，宗教意识与特定意识形态之间构成对应关系的依据是什么，为什么并非世界上所有的民族都有自己的宗教呢？黑格尔认为关键就在于"全体性"：

在我们考察过的系列里，每一环节自己不断深入到自身中，依据自己特有的原则发挥成为一个全体；而认识就是［整个过程的］深邃本质或者精神，那些单独就自身来说没有持续存在的环节便把它当作它们的实体。但是这个实体现在是表现出来了；它就是自身确信的精神的深邃本质（das Tiefe）；它不容许个别原则把自身加以孤立并把自身当成全体，反之它把所有这

---

① ［德］黑格尔：《精神现象学》（下），贺麟、王玖兴译，商务印书馆1981年版，第184页。
② Hans Friedrich Fulda, Hegels "Wissenschaft der Phänomenologie des Geistes", Programm und Ausführung, in *Hegel und die Phänomenologie des Geistes*, hrsg von Michael Gerten, Würzburg: Königshausen & Neumann, 2012, S. 65.
③ ［德］黑格尔：《精神现象学》（下），贺麟、王玖兴译，商务印书馆1981年版，第190页。

些环节集中并保持在自身内，它在它的这个现实精神的全部丰富内容里迈步前进，而且所有它的特殊环节也共同地采取和吸纳全体的同一个规定性于自身之内。——这个自身确信的精神和它的运动就是属于每个个别环节的真正的现实性和自在自为的存在。①

简单说来，如果在现象学之前所经历的意识形态中，意识对其对象的认识采取了彻思的态度，即追根究底，试图找到无条件的普遍性或真实者，那么普遍意识就会对这些意识形态的预设进一步反映，从而对自身绝对普遍的本质产生更深刻的认知。按照这一标准，意识在理性阶段将自身视为一切对象中被建构起的普遍本质，显然不符合宗教的规定，此外，执着于自身存在的个别确定性或普遍确定性的各种意识形态也不符合宗教意识的需求，因为"这个自我，由于它是空虚的，便失掉了内容；这种意识仅仅在自身内是本质"②。简言之，在宗教阶段，普遍意识不是反映或反思之前任意的意识形态，而是一个基于全体性双向选择的过程：被反思的意识形态所预设的意识与对象的关系肯定了对象的整体性和认知的普遍性；这些意识形态包含的预设基本按照现象学的序列，在宗教阶段被再次组织，其预设性呈现出从直接性到建构性的特点。

最后，这种预设性从直接性到建构性的提升在宗教阶段被反映为历史原则逐渐从实体性发展为主体性：

> 从整个论述看来这里所提示的这些普遍方向的排列应如何理解，是不言而喻的。不用多说即可理解到，这些不同的形态本质上必须只认作是发展过程的环节，而非孤立的部分。这些

---

① ［德］黑格尔：《精神现象学》（下），贺麟、王玖兴译，商务印书馆1981年版，第184页。
② ［德］黑格尔：《精神现象学》（下），贺麟、王玖兴译，商务印书馆1981年版，第230页。

环节在现实精神那里是它的实体的各种属性，而在宗教那里却只是主体的各个谓语。①

严格看来，宗教的三种历史性形态——自然宗教、艺术宗教、启示宗教并非直线式的前进，伴随各自所包含的历史原则的深化和具体化，也会对之前环节的预设进行纠正，这就构成"螺旋式上升"或"圆圈式运动"。黑格尔将之规定为："同样一切形式或形态一般讲来，无论就它们本身说或者就我们说，诚然都包含在精神内并且包含在每一个精神内。但是就精神的现实性来说，最重要的只在于精神在它的意识里具有什么样的规定性，在什么样的规定性里精神表现了它自己本身，或者在什么形态下精神认识到它的本质。"②

首先，在自然宗教中，宗教反思的前述意识形态的特征就是"最初直接认识自己的精神对它自己说来就是在直接性的形式下的精神，而精神在其中表现其自身的形态的规定性就是存在的规定性"③，这就是在意识阶段人们在看待世界时所作的那些预设，光明之神（Das Lichtwesen）所反映出来的意识最初将感性确定性作为自己的预设，光就是最直接、最纯粹的存在者，而对光的直观也是最直接和最纯粹的知识，而波斯宗教在《精神现象学》写作的时期被黑格尔视为东方宗教的开端④。对植物和动物的崇拜则反映出意识将知觉作为预设，只需要将直接存在的自然物接受为自己的本质即可，那么这种宗教意识就将自然物当作各种神明敬拜，这大致对应了巴

---

① ［德］黑格尔：《精神现象学》（下），贺麟、王玖兴译，商务印书馆1981年版，第184页，译文有改动。
② ［德］黑格尔：《精神现象学》（下），贺麟、王玖兴译，商务印书馆1981年版，第184页。
③ ［德］黑格尔：《精神现象学》（下），贺麟、王玖兴译，商务印书馆1981年版，第185页。
④ 黑格尔直到柏林时期才对印度和中国有了一定的了解，参见［德］克劳斯·费维克《论黑格尔所钟爱的艺术作品——在复旦大学中系的讲演》，徐贤樑译，《美学与艺术评论》2020年第1期。

第二章 审美革命、原型世界与真理之象征：现象学"艺术宗教"的批判与建构　269

比伦和近东地区其他的历史宗教。而工匠（Werkmeister）宗教则体现了个体的自我意识有意识地通过自己的劳动赋予了自然物以持存，其反映的是奴隶在劳动中改造世界、改造自己，并将之表象为自己的现实形态①。因而这个环节代表的是从直接性向建构性的过渡，因为在工匠宗教中出现了一定的中介性环节，但奴隶依然认为自己是为主人工作，并没有意识到自己创造的意义，所以仍未达到艺术宗教的程度，但这已经是在地理位置上离希腊最切近的埃及宗教。

其次，艺术宗教则反映出希腊人与世界打交道的方式，即希腊人对自己伦理生活的反思，它体现了个体与共同体的直接统一，"它是伦理的或者真实的精神。它不仅只是一切个体的普遍实体，而且由于这实体对那现实意识来说具有意识的形态，这就无异于说，这实体是个体化了的，它被那些个体认识到作为它们固有的本质和自己的成就"②。在个体与共同体相互统一的伦理实体中，个体意识恰好获得了黑格尔青年时期所设想的感性宗教中的自由感，"这精神乃是一个自由的民族，在这个民族生活中，伦理构成一切人的实体，这伦理实体的实现和体现，每个人和一切人都知道是他们自己的意志和行为"③。但是，黑格尔现在认为这种自由感并不是普遍的自我意识，相反"因为伦理精神的真理只有当自我不知道它自身是自由的个体性时，它才仍然是这种实体性的本质和信赖"④，尽管黑格尔在现象学中表达了对以古希腊世界为代表的伦理世界极高的敬意，但他已然放弃了将个体在共同体中的自由感确立为公共生活中的理想，因为希腊人的生活是建立在一种未经反思的、对共同体直接的

---

① Vgl. Josef Schmidt,„ *Geist* ",„ *Religion* " und „ *absolutes Wissen* ", Stuttgart：Kohlhammer, 1997, S. 333f.
② ［德］黑格尔：《精神现象学》（下），贺麟、王玖兴译，商务印书馆1981年版，第196页。
③ ［德］黑格尔：《精神现象学》（下），贺麟、王玖兴译，商务印书馆1981年版，第196页。
④ ［德］黑格尔：《精神现象学》（下），贺麟、王玖兴译，商务印书馆1981年版，第197页。

信赖之上，"即个人对于他的特定存在的局限性感到满意，并且还没有理解到他的自由的自我之无限制的思想"①，黑格尔用索福克勒斯《安提戈涅》中歌队的合唱来凸显这种被预设的直接等同性，"可以说，它不是今天和昨天，而是从来和永远生活在那里，没有人知道，它是从何时开始出现"②。但无论如何，艺术作品体现了普遍的自我意识对现实和客观伦理世界的塑造，虽然在行动中包含着个体和共同体的各种矛盾，这反映在希腊伟大艺术中就是史诗、悲剧对命运的描述、是城邦（现实）中所发生的诸神各种行动（普遍自我意识对现实的塑造）③，它形象化地体现了个体在行动中与共同体的一致和分裂，个体意识（主体）及其生活根基（实体）之间保有一种微妙的和谐与平衡，而普遍的自我意识则将自己颠倒为创造艺术作品的精神之工人（geistiger Arbeiter）④。这也是历史中希腊的"美"的宗教。

最后，在天启宗教中，普遍意识被认为超出了特定民族的局限，"这世界最后被总结成为普遍性，这普遍性同样是对自身的纯粹确信"⑤，在这种认识和对象的关系中，直接性和间接性、真理性和确定性都已经在活动中统一，只是这种统一性被反映为上帝三位一体的形象，实际上普遍意识完成了对传统宗教以及本体论中实体性因素的扬弃，这就是历史中的基督宗教。在基督教中，三位一体的局限只在于这种对自身本质的理解还保留了表象的形式，在这个意义

---

① ［德］黑格尔：《精神现象学》（下），贺麟、王玖兴译，商务印书馆1981年版，第196页。
② ［德］黑格尔：《精神现象学》（上），贺麟、王玖兴译，商务印书馆1981年版，第289页。
③ Vgl. Josef Schmidt,„ Geist ",„ Religion " und „ absolutes Wissen ", Stuttgart: Kohlhammer, 1997, S. 340.
④ ［德］黑格尔：《精神现象学》（下），贺麟、王玖兴译，商务印书馆1981年版，第196页。
⑤ ［德］黑格尔：《精神现象学》（下），贺麟、王玖兴译，商务印书馆1981年版，第232页。

上，绝对知识扬弃了天启宗教仍保留的最后一点活动和产物间被预设的分离，最终获得概念自身的形态。

诚如法尔克（Gustav-H. H. Falke）所言，宗教是一个时代的基本规定，在这种形态中普遍意识知晓了它的本质①，但黑格尔在现象学的框架中并不认为时代之间在历史原则上是平起平坐的，相反，宗教意识对自身本质的反映模式越彻底、越接近概念本身的无预设性，其形态也就越完备：

> 按照精神借以认识自己宗教的形态之不同的规定性，一个宗教便与另一个宗教可以区别开。不过必须指出，于按照个别的规定性以表述精神对其自身的知识时，事实上并没有穷尽现实宗教的全体。那些将要被陈述的一系列的不同的宗教同样也只不过重新表现一个唯一的宗教，甚或每一个个别的宗教之不同的方面罢了。而且那些似乎足以标志出一个现实宗教不同于另一个现实宗教的种种观念也出现在每一个宗教里面。②

也是因为这一点，黑格尔将基督教之前出现在世界历史中的宗教形态都称为被规定的宗教，在《宗教哲学讲演录》中他将"被规定了的宗教"视为尚未经历它规定性的全部领域，因而是有限的宗教，也是宗教本身的特殊形态。③ 故此，自然宗教和艺术宗教实质上只是反映了某一特定的普遍意识对自己生活方式和行为方式的反思，因而具有历史性。通过将宗教规定为对整个前述一切意识经验的反思史，黑格尔成功地阐明了早期浪漫派新神话方案的虚浮性和超历史性，在个体意识的教化层面剥夺了早期浪漫派所赋予的诗歌唯一的

---

① Gustav-H. H. Falke, *Begriffne Geschichte*, Berlin: Lukas, 1996, S. 333.
② ［德］黑格尔：《精神现象学》（下），贺麟、王玖兴译，商务印书馆1981年版，第187页。
③ G. W. F. Hegel, *Vorlesungen über die Philosophie der Religion I*, Werke in zwanzig Bänden, TWA, Bd. 16, Frankfurt. a. M.: Suhrkamp, 1986, S. 80.

和最高的导师地位；在对绝对真理认识的层面将纯粹的概念式思维确立为艺术创造的根据。

第二节　艺术的历史性：古典希腊、美与自然神话

黑格尔与魏玛古典主义者、谢林、施莱尔马赫的共识在于，在艺术宗教这种形态或者"在幻想中的"古希腊的世界图景中，艺术作品所描绘的神与英雄的事迹乃至命运就是城邦生活正当性的根基；黑格尔和其他人的差别则在于，艺术被确立为普遍意识对自身本质认知的具体化、形象化，是特定历史时期独一无二的现象，而不是被设定起来的直接的统一性，用以批判现代世界分裂。艺术作品作为中介就意味着它要被扬弃，原本在精神阶段，普遍意识只是直接沉浸在个体和共同体的直接统一中，还无法发现这种直接统一实际上是自己的本质，即看待世界的方式，在艺术宗教环节，普遍意识通过对这种方式的反思，将之反映为艺术作品，由此获得了真正的自我意识和主体性、伦理实体或外在现实如今被视为普遍意识自己的成就，这就构成普遍意识自身的提升，兼容了谢林《体系》中理智直观、幂次提升的优越性。普遍的自我意识就是呈现出对自身活动的认识，通过艺术作品这一中介将自己理解为艺术家（民族的先知）。在宗教阶段，出现了概念运动的直接性，如果将普遍自我意识的自我知识称为"概念"的直接性，那么原本作为普遍意识的存在形态或现实就可以被称为"概念规定性"的直接性，普遍的自我意识通过将自己的本质反映为特定的形象，从而在更高的层次上回归了自身的规定性，经由这种回归，规定性就不再是现实存在，而是以"思维内的定在"和"存在在那里的思想内容"命名[1]，这就是

---

[1] ［德］黑格尔：《精神现象学》（下），贺麟、王玖兴译，商务印书馆1981年版，第187页。

高阶的自我认识,在这种认识中,普遍意识的存在形态被赋予了"具有自我意识的活动的形式"①,"因为当精神处在它的意识和它的自我意识有差别(Unterschied)的境地时,则它的运动的目的就在于扬弃这种主要差别,并赋予意识对象的任何形态以自我意识的形式"②。在自然宗教这种历史形态中,概念的直接规定性就是各种直接被接受的自然物,而概念直接的自我知识就以光明之神、对动植物崇拜的具体形象体现出来,这意味着普遍的自我意识还没有摆脱外在环境对自己的直接限制,"自然宗教"也极其具象化地反映了自然意识对自己预设的反思,现在来看,这其中包含了当时黑格尔(及其同时代人)对东方世界普遍意识的误解。黑格尔与同时代人的争论焦点主要集中在希腊世界和(从基督教开始的)现代世界之间的矛盾上,某种意义上,这个问题也可视为黑格尔与同时代人对德意志人(乃至整个现代公民)身份的不同看待方式,其中最具代表性的是黑格尔与荷尔德林以及谢林对希腊在人类文明世界和精神领域中各自不同的看法。

一 美学柏拉图主义——荷尔德林与黑格尔法兰克福时期的共同工作

黑格尔与荷尔德林、谢林对待古典希腊的看法,在大方向上不同于早期浪漫派。早期浪漫派新神话的构想以自然的精神化(包括有机国家)为前提,克鲁克霍恩(Paul Kluckhohn)将浪漫派自然哲学的关键概括为动力性要素和极性理念(Polaritätsidee),这种自然观并非横空出世,而是延续了古代和文艺复兴时期的"能动的自然"(natura naturans)观念,自然被视为一个持续的创造性生成,根据其内在法则有机地展开,是一个为自身持存的全体(für sich beste-

---

① [德]黑格尔:《精神现象学》(下),贺麟、王玖兴译,商务印书馆1981年版,第187页。
② [德]黑格尔:《精神现象学》(下),贺麟、王玖兴译,商务印书馆1981年版,第187页。

hendes Ganzes），它虽然不是为人类创造的，却是属人的。① 以此自然观为框架，早期浪漫派将整个人类历史视为各种历史意识的有机统一，全部人类历史就是绝对的艺术品，这种历史观并不致力于呈现世界历史的统一性，而是守护人类整体生活的多样性，古典希腊的研究从属于呈现多样性的目的，弗·施莱格尔将人类历史（Geschichte der Menschheit）规定为，"生命的全体多样性、教化"，这显然很接近当前对文化史的理解。② 这种历史观显然能够被纳入由赫尔德所开启的历史主义脉络之中，而非真正统一的历史哲学，更与图宾根三友荷尔德林、谢林和黑格尔基于古典希腊伦理生活直接的统一性讨论古典艺术的意义不同。

　　古典希腊在荷尔德林、谢林和黑格尔的整个思想中处在一个极关键的地位，他们都接受了 18 世纪末期德意志新古典人文主义强有力的影响。尽管黑格尔与荷尔德林都是施瓦本人，但他们成长时期所接受的教育却截然不同，黑格尔出身于斯图加特的市民阶层，从小受到启蒙思想的影响；荷尔德林则是符腾堡的名门之后，家庭氛围是典型的虔敬宗（Pietismus）式的，这点与谢林很类似，很可能因为家庭环境的影响，荷尔德林终其一生都没有接受启蒙的全部理念，而保有不少神秘主义的色彩。在图宾根神学院时期，出于对索福克勒斯的共同热爱③，黑格尔和荷尔德林都将卢梭在《社会契约论》中提出的"公民宗教"代换为希腊城邦的历史影像，黑格尔的启蒙乐观主义（Aufklärungsoptimismus）和荷尔德林那出于虔敬宗的千禧年思想（Chiliasmus-Denken）与康德的道德自律学说结合成一种民众教育的计划（Nationalerziehungskonzept），教育民众无疑是在

---

　　① Vgl. Paul Kluckhohn, *Das Ideengut der deutschen Romantik*, Tübingen: Max Niemeyer, 1961, S. 24.

　　② Paul Kluckhohn, *Das Ideengut der deutschen Romantik*, Tübingen: Max Niemeyer, 1961, S. 107.

　　③ 参见［德］克劳斯·费维克《论黑格尔所钟爱的艺术作品——在复旦大学中文系的讲演》，徐贤樑译，《美学与艺术评论》2020 年第 1 期。

精神—意识形态（geistig-ideologisch）方面为现实的政治革命在德意志顺利发生作准备（以法国为榜样）；通过新神话创立一种新的民众宗教，从而在大地上建立"神的王国"（Reich Gottes），消灭基督教正统派和政治专制的不幸结合。[1] 荷尔德林的超前之处在于，他很可能是康德的后学中，首次质疑康德将自由视为理性之事实的人——哲学的最高出发点是以"我"作为思维之主体的意识统一性[2]。荷尔德林在瓦尔特斯豪森（Waltershausen）和耶拿时就在酝酿越过康德先验哲学的界限，从1795年开始，康德式的理性就不再被荷尔德林视为哲学的最高原则了，取而代之的是万物的"统一"（Vereinigung）。黑格尔来到法兰克福后旋即接受了荷尔德林的"统一哲学"，并且将之运用于宗教批判中，提出了"爱和生命"的学说，尤其是将"生命"视为主体和客体、有限和无限的统一，是真正的存在，但当时黑格尔的"生命"尚不是"概念"，而是被信仰的超越者。黑格尔在《基督教的精神及其命运》中提出，基督教的神秘之处（其实就是思辨）在于，圣子是神之子和人之子的同一，这种同一暗示着神与人的统一。格兰德认为黑格尔在法兰克福早期已经通过"爱和生命"比较直接地表达了"辩证"之思想[3]。

杜辛认为黑格尔和荷尔德林在法兰克福时期的相互启发、共同工作可以被视为二人思想中的"美学柏拉图主义"。二人的兴趣点不在于晚期古代新柏拉图主义体大思深的"哲学—神学"和"太一论"（Henologie），而如饥似渴地从《会饮》（Symposion）和《斐德若》（Phaidros）这两篇堪称古典世界艺术典范的对话中汲取力量。对话中所提到的在爱与迷狂之中直观神圣之美的可能性给二人带来

---

[1] Christoph Jamme, *Ein ungelehrtes Buch: Die philosophische Gemeinschaft zwischen Hölderlin und Hegel in Frankfurt 1797–1800*, Hegel Studien, Beiheft 23, Bonn: Bouvier, 1983, S. 71.

[2] Dieter Henrich, *Hegel im Kontext*, Frankfurt. a. M.: Suhrkamp, 1971, S. 12.

[3] Ingtraud Görland, *Die Kantkritik des jungen Hegel*, Frankfurt. a. M.: Vittorio Klostermann, 1999, S. 7.

了巨大震撼，而神圣之美也显然不同于作为对理念认识能力的理性，尽管柏拉图也在《斐德若》"灵魂马车"的比喻中强调了理性对激情和欲望的主导，但荷尔德林与青年黑格尔显然更在意的是那个与启蒙理性的冰冷僵化截然不同的优美的古代世界。[1] 杜辛将美与柏拉图主义的结合回溯到了文艺复兴时期的柏拉图主义，15世纪佛罗伦萨学院哲学的代表、新柏拉图主义者费奇诺（Marsilius Ficinus）虽然坚持新柏拉图主义的解释传统，但更强调美乃是神——太一的光辉，一切存在者的美均由之流溢。同样是通过对《会饮篇》的阐释，费奇诺认为纯粹的精神之美和精神之爱对发展出一种太一对于诸存在者之多样性具有体系性意义。葡萄牙诗人、哲学家莱昂·赫布里阿（Leone Ebreo，又被称为阿布拉瓦内尔，著有《爱的对话》一文）和布鲁诺（Bruno）都认为上帝作为原初之美反映在多样性的存在者之美中，这也构成了一种泛神论的倾向，尽管这些学说存在细微差别，但却足以证明这类柏拉图主义在部分或者整体都属于一种关于美的形而上学学说，由此纯粹之美也成了神学——宇宙论的基本概念。[2] 当然，荷尔德林和黑格尔的美学柏拉图主义并不能直接回溯到文艺复兴的柏拉图主义，最初两人对柏拉图的求助发生在对近代主观性反思哲学的批判中，对斯宾诺莎主义的接受塑造了他们对柏拉图哲学的前理解（Vorverständnis），简单说来，二人在思考如何超越康德道德哲学包含的二元论的倾向，并重塑现代世界欠缺的统一性时，所借助的正是经由斯宾诺莎主义中介的美学柏拉图主义[3]。黑格尔在法兰克福时期致力于克服的是实定性和主观性的二律背反，而荷尔德林则要超越费希特哲学未能克服的存在和判断的对立，两人

---

[1] Vgl. Klaus Düsing, Ästhetischer Platonismus bei Hölderlin und Hegel, in Ders, *Aufhebung der Tradition im dialektischen Denken*, München：Fink, 2012, S. 281.

[2] Vgl. Klaus Düsing, Ästhetischer Platonismus bei Hölderlin und Hegel, in Ders, *Aufhebung der Tradition im dialektischen Denken*, München：Fink, 2012, S. 281f.

[3] Vgl. Klaus Düsing, Ästhetischer Platonismus bei Hölderlin und Hegel, in Ders, *Aufhebung der Tradition im dialektischen Denken*, München：Fink, 2012, S. 282.

自觉地采纳了以美、以生命抽象地否定丑的东西和死的东西,而至高者和纯粹者超越于不洁的尘世。这种美学柏拉图主义的特征是,将美视为对统一性之经验的本体论的保证。①

黑格尔在法兰克福时期依然与荷尔德林(包括青年谢林以及浪漫派中一部分成员)都认同古典世界并不是一个冰冷的、分裂的知性世界,而是一个和谐的、统一的、美的家园,在这个黄金时代中,被现代视为艺术作品的事物并不是被创造出来的,而是神的馈赠,因而美的事物是对神的赞颂。谢林在中后期将之讽刺为"无力地赞颂'过去',较弱地责骂'现在'"②,而这也是黑格尔在《精神现象学》构思"艺术宗教"中着力批判的。此外,二人"美学柏拉图主义"时期主要的两部作品——荷尔德林的《恩培多克勒》的最初两稿和黑格尔《基督教的精神及其命运》的第一稿,实际上都没能达到对矛盾客观的克服,更没有实现一种经由中介达到的统一;而是将这种统一锁闭在实体性的希腊的美之王国中,其思想也沉浸在美学柏拉图主义的直接性之中。《体系纲领》最为完整地体现了黑格尔、荷尔德林以及辛克莱尔和茨维林共同组成的"精神同盟"(Bund der Geister)③的共同旨趣,美学(它被理解为认识和实践理性的柏拉图式的统一)构成了整个体系的最高点。这不仅对应于茨维林说过的"总括一切真理"(Zusammenfassung aller Wahrheiten),而且也和黑格尔法兰克福时期一系列残篇所表达的思想相呼应。④ 荷尔德林甚至在其思想的开端处,就在卢梭的启发下意识到分裂的根源并不在于外在的压迫,而是内在的疏离,内在的不自由才使得革

---

① Vgl. Christoph Jamme, *Ein ungelehrtes Buch: Die philosophische Gemeinschaft zwischen Hölderlin und Hegel in Frankfurt 1797–1800*, Hegel Studien, Beiheft 23, Bonn: Bouvier, 1983, S. 317.

② [德]谢林:《世界时代》,先刚译,北京大学出版社2018年版,第13页。

③ Klaus Vieweg, *Hegel. Der Philosoph der Freiheit*, München: Beck, 2019, S. 148.

④ Christoph Jamme, *Ein ungelehrtes Buch: Die philosophische Gemeinschaft zwischen Hölderlin und Hegel in Frankfurt 1797–1800*, Hegel Studien, Beiheft 23, Bonn: Bouvier, 1983, S. 183.

命的愿景落空，而他写作《许佩里翁》的目的也就是"结束那种在我们自身和世界之间的永恒斗争，一切和平之和平，它高于一切理性，重新带来这一和平，让我们和自然结成为一无限的大全（unendlichen Ganzen），这是我们所有努力的目标，无论我们理解或不理解"[1]，美作为理想会使一切分裂结合。"精神联盟"不仅在思想上反对二元论的世界架构和启蒙造成的分裂，在行动上则期盼建立个全新的施瓦本共和国：茨维林为了这一政治理念参加了军队，荷尔德林期望通过自己的诗歌创作完成对整个德意志民族的第二次启蒙，这时的黑格尔还高密度地研究起了英国国民经济学，四人都密切关注着拿破仑战争的进展。荷尔德林在法兰克福时期全部的现实诉求就是通过促进"人道"使所有人都有同一精神，这些图宾根神学院友人的革命暗号将新的统一称为未来之神。[2] 而"神之王国"即将来临的紧迫性，似乎暗示着历史的终结和新的开端。这一"神之王国"的本质就是经过启蒙的希腊世界，或经由康德—费希特自由哲学中介的古典希腊的美的世界。

珀格勒认为，不仅黑格尔，荷尔德林的思想也在发展，并很快超越了"统一哲学"（或美学柏拉图主义），这体现在荷尔德林试图将希腊悲剧主导现象——"美"思考为悲剧事件的一个环节，黑格尔在法兰克福晚期也以荷尔德林的恩培多克勒的形象为榜样，试图将基督的命运视为一个悲剧事件来把握。[3] 二人没有在审美—宗教—超历史的乌托邦的图景中持续停留，因为希腊世界实体性的统一崩溃了，辛克莱尔根本不认为以美与和谐所代表的一体性（Einigkeit）

---

[1] Friedrich Hölderlin, Hyperion, *Sämtliche Werke*, Große Stuttgarter Ausgabe, Bd. 3, hrsg von Friedrich Beißner, Stuttgart: Kohlhammer, 1957, S. 236；中译见［德］荷尔德林《荷尔德林文集》，戴晖译，商务印书馆2003年版，第4页，译文有改动，下同。

[2] 参见［德］曼弗雷德·弗兰克《浪漫派的将来之神——新神话学讲稿》，李双志译，华东师范大学出版社2011年版，第313—317页。

[3] Otto Pöggeler, Sinclair-Hölderlin-Hegel, Ein Brief von Karl Rosenkranz an Christoph Th. Schwab, in *Hegel Studien* Bd. 8, hrsg von Friedhelm Nicolin und Otto Pöggeler, Bonn: Bouvier, 1973, S. 16.

本身是现实的（wirklich），相反，它只能在无限中被期待，仅仅是被设定为纯粹理想而存在。① 可以说如何实现美、如何将美从理想转化为现实是促使"精神联盟"的几位成员转向了希腊悲剧研究的主因，荷尔德林和黑格尔都致力于对索福克勒斯悲剧中的命运做深入的阐释，他们感受到不仅美（代表和谐）属于自然和生命，而且美的陨落（矛盾和冲突）也属于自然和生命。荷尔德林在《许佩里翁》的第二卷中隐约提到了这一点，而在《恩培多克勒之死》和《论诗歌创作的不同类型》中，荷尔德林专门讨论了"太一"出离自身进入世界的过程。与荷尔德林从对美和理想的推崇走向对悲剧事件的隐喻性解释同时发生的是，黑格尔从法兰克福初期强调爱对道德自律克服（即犹太精神）走向了对命运的顺服，他在《基督教的精神及其命运》的第二稿中，用希腊的命运概念取代了《耶稣传》中爱的耶稣形象。原先耶稣在爱中同时是神之子和人之子；现在通过命运的和解，黑格尔畅想，上帝可以与人真正现实地同在。荷尔德林和黑格尔都期待迎回一种神性的自由，恩培多克勒和基督出于爱而死所促成的乃是一个新时代的开始，这是"所有人类社会的理想"，是"新的""无形的"或"审美的教会"，在神与人共在的世界中，没有外在的统治，荷尔德林将之称为"祖国的庆典"，《恩培多克勒之死》这一悲剧本身甚至被理解为庆典，理解为符腾堡议会胜利之后施瓦本共和国最初几次作为节庆的庆祝活动。② 但是荷尔德林与黑格尔，这两位青年时期的挚友在思想上各自超越"美学柏拉图主义"后却渐行渐远，荷尔德林走向了彻底超越形而上学的返回开端之路，而黑格尔则在命运中发现了事情本身辩证运动的痕

---

① Isaak von Sinclair, Philosophische Raisonnements, B 15, in *Isaac von Sinclair zwischen Fichte, Hölderlin und Hegel. Ein Beitrag zur Entstehungsgeschichte der idealistischen Philosophie*, hrsg von Hannelore Hegel, Frankfurt. a. M.：Vittorio Klostermann, 1971, S. 4ff.

② Vgl. Christoph Jamme, *Ein ungelehrtes Buch*：*Die philosophische Gemeinschaft zwischen Hölderlin und Hegel in Frankfurt 1797 – 1800*, Hegel Studien, Beiheft 23, Bonn：Bouvier, 1983, S. 185.

迹，从而真正走向了体系哲学的建构。

二 哲学神话学中的自然神话——谢林论希腊世界的原型性

如果说荷尔德林出于诗人的敏锐，有意识地踏上了一条海德格尔式的回返之路，拒斥了一种目的论式的历史哲学，那么谢林和黑格尔则各自完成了观念论历史哲学的体系建构。康德、赫尔德及费希特虽然已经开始反思历史本身，但在维尔纳·马克思看来，是谢林第一次将历史问题作为整个体系的基础引入德国观念论，谢林的历史概念需严格按照古希腊对目的（telos）思考才能被把握。[①] 在从1801年步入同一哲学体系建构之后，谢林通盘放弃了通过艺术客观呈现绝对者同一性和实在性的先验哲学进路，取而代之诸种方案则更接近黑格尔意义上的概念的自我规定与规定性之间有差异的同一，例如《布鲁诺》（1802）中，观念性与实在性的同一被等同于思维与直观的同一[②]。理智直观模式不再是建构同一性的主导模式，绝对同一性也被谢林替换为上帝对自身直接的肯定（Selbstaffirmation），在这种自身肯定的行动中出现了能肯定者、被肯定者和二者之间无差别的三一结构，这一模式构成了谢林建构艺术哲学以及哲学神话学的内核和架构。其中，"被肯定者"被称为"实在的万有"，即整个现实世界；而"能肯定者"则被称为"观念的万有"，是建立在现实世界之上而又与之对立的观念世界；现实世界和观念世界的对立只是从个体意识或观念性角度做出的判断（潜在的对立），而在上帝之中现实世界抑或观念世界都是绝对无差别的。

尤为重要的是，能肯定者通过观念的方式将自身内化为实在性，这就构成了被肯定的存在者之总体，"实在万有"也被称为"永恒

[①] Vgl. Werner Marx, *Schelling. Geschichte, System, Freiheit*, Freiburg: Aber, 1977, S. 13, 19.

[②] Vgl. F. W. J. Schelling, *Sämmtliche Werke*, Abt. 1, Bd. 4, hrsg von K. F. A. Schelling, Stuttgart: Cotta, 1859, S. 241f.

的自然"①，而按照这种观念和实在结合的方式，永恒的自然在整个现实世界的范围内又包含下述三个环节：在自然中被肯定者为物质、能肯定者是光，二者的无差别是有机体。谢林将被肯定者和能肯定者的结合方式称为内化塑造（Einbildung）或者建构（Konstruktion），它的意思是两个东西彼此进入对方，合为一体，塑造出一个整全的形象②。而艺术在观念世界的地位与有机体在永恒的自然相当，正如知识是观念世界中的被肯定者、实践是观念世界中的能肯定者，艺术构成了二者的无差别点。这一对艺术的新规定和《体系》中"艺术作为哲学的官能"之区别在于：谢林在知识论角度认为艺术能够以其向外反映的能力揭示出绝对同一乃是知识活动的客观根据，艺术乃是哲学认识可能性的开启者；而在同一哲学中，艺术作为观念世界的无差别点，被确立为对绝对同一的诗意呈现和象征，但艺术这种功能是依赖于哲学所做的观念性区分。绝对同一在艺术中被表现为上帝或诸神的诗意生存，从这个角度看，构建一门神话学乃是艺术哲学的重中之重，"诸神（Götter）自身不可能有独立的、真正客观的实存，除非完美地形成一个属于自己的世界和一个诗歌的整体，这就是神话"③。谢林将神话置于历史之开端，是一切的"最初的源泉"，即"诗、历史和哲学的共同根源"④，一切支流都孕育其中并和谐一致。谢林指出，虽然哲学、历史和诗歌（艺术）都发源于神话，但是诗歌却具有绝对优先性，因为唯有在诗歌中，诸神存在于一个完整的世界之中，诗歌由此体现了上帝（或诸神）对自身的完整直观，例如在古希腊人那里神话与艺术（荷马史诗）具有绝

---

① F. W. J. Schelling, *Sämmtliche Werke*, Abt. 1, Bd. 5, hrsg von K. F. A. Schelling, Stuttgart：Cotta, 1859, S. 377.

② F. W. J. Schelling, *Sämmtliche Werke*, Abt. 1, Bd. 5, hrsg von K. F. A. Schelling, Stuttgart：Cotta, 1859, S. 386.

③ F. W. J. Schelling, *Sämmtliche Werke*, Abt. 1, Bd. 5, hrsg von K. F. A. Schelling, Stuttgart：Cotta, 1859, S. 405.

④ F. W. J. Schelling, *Sämmtliche Werke*, Abt. 1, Bd. 5, hrsg von K. F. A. Schelling, Stuttgart：Cotta, 1859, S. 416.

对一致性。

　　谢林（包括黑格尔）对神话的洞见已然超出魏玛古典主义者（歌德、席勒）对希腊神话的看法——神话作为古代的诗歌是因为呈现了美与和谐才具有神圣性，谢林不再单纯地将神话视为古典希腊世界观的形象化，而是将之视为绝对同一（或概念）直接的存在或太一与大全直接的同一。神话作为一切艺术形式的质料，在谢林看来是永恒性和原型的，因而绝对同一在神话中并不限定在某一特定的民族或时期，而是普遍有效的，它是"一个生成出来的原型世界"①。在哲学神话学中居于首位和开端的就是希腊神话，因而希腊神话是原型中的原型，是"绝对的诗，一部恢宏的诗"②，但希腊神话却不是个人天才创作的产物，而是通过一个民族完成创作的精神③。这也是谢林和黑格尔的共识，在希腊世界中，普遍者就是特殊者（用黑格尔话说共同体就是个体），基于这种独特的存在方式，谢林认为，希腊神话的表现形式是无限者进入有限者，并以有限者的面貌出现，但二者已经结合得天衣无缝以至于它们在有限者中直接等同起来，因此有限者不是代表着无限者（黑格尔和谢林都认为这是东方神话或自然宗教的特点，特定的有限物反映着概念无限的自我认识），而就是与有限者合一的那个无限者，"无论在什么地方，无限者都不会作为无限的东西而出现，毋宁说，它虽然无处不在，但仅仅存在于对象里——与材料结合在一起——而不是存在于诗人的反思（比如荷马的吟唱）里。无限者和有限者仍然安息在一个共同的躯壳之下"④，"希腊诗歌是绝对的诗歌，并且作为无差别之点

---

① F. W. J. Schelling, *Sämmtliche Werke*, Abt. 1, Bd. 5, hrsg von K. F. A. Schelling, Stuttgart: Cotta, 1859, S. 414.

② F. W. J. Schelling, *Sämmtliche Werke*, Abt. 1, Bd. 5, hrsg von K. F. A. Schelling, Stuttgart: Cotta, 1859, S. 406.

③ F. W. J. Schelling, *Sämmtliche Werke*, Abt. 1, Bd. 5, hrsg von K. F. A. Schelling, Stuttgart: Cotta, 1859, S. 414.

④ F. W. J. Schelling, *Sämmtliche Werke*, Abt. 1, Bd. 5, hrsg von K. F. A. Schelling, Stuttgart: Cotta, 1859, S. 420.

在自身之外没有对立面"①。

由于希腊神话的这种完满性，谢林称之为"实在神话"，其出发点就是普遍和个别、无限和有限直接的同一。而基督教神话或其后以基督教神话为原则的现代艺术的特点则是坚持普遍者和个别者之间、无限者和有限者之间的对立，并在二者的内化合一中通过有限者自我毁灭，而使无限者直接进入有限者（即道成肉身）。因而基督教的出现就意味着希腊世界无时间性和实在性的终结，"实在神话在希腊文明里达到了自己的巅峰，而观念神话则是在时间的长河中完全注入基督教。古代历史的进程绝不可能以中断的方式开启一个现实的新世界，除非基督教已经现实地开启了这样一个新世界，而这又是伴随着一个仿佛紧抓着整个人类的堕落"②，由基督教开启的"现代世界的问题恰恰在于，其中的一切有限者都是转瞬即逝的，至于绝对者则位于无限的远方"③。希腊世界的直接的同一性和基督教世界的分裂性由此构成了一组对立，但在谢林的艺术哲学体系中这种对立又被视为非本质的对立，就像"时间本身一样，必然是一些非本质的、纯粹形式上的对立，亦即完全不同于那些实在的、建基于艺术的本质或理念的对立"④。因为这种对立基于艺术对时间的依赖，而时间在谢林的哲学体系乃是必须被消灭的环节，故此，这种对立是观念性的对立而非实在的对立，这意味着不仅各种艺术类型之间本质上并无高下之分，是在绝对同一性之下将一切差异平等地呈现出来，而且希腊神话和基督教神话也并不存在孰优孰劣之分，二者的对立仅仅是现代观念世界的一个过渡，最终必然会复归于无

---

① F. W. J. Schelling, *Sämmtliche Werke*, Abt. 1, Bd. 5, hrsg von K. F. A. Schelling, Stuttgart: Cotta, 1859, S. 422.
② F. W. J. Schelling, *Sämmtliche Werke*, Abt. 1, Bd. 5, hrsg von K. F. A. Schelling, Stuttgart: Cotta, 1859, S. 424.
③ F. W. J. Schelling, *Sämmtliche Werke*, Abt. 1, Bd. 5, hrsg von K. F. A. Schelling, Stuttgart: Cotta, 1859, S. 440.
④ F. W. J. Schelling, *Sämmtliche Werke*, Abt. 1, Bd. 5, hrsg von K. F. A. Schelling, Stuttgart: Cotta, 1859, S. 372.

差别的实在之中。这种复归表现为有限者和无限者相互的内化塑造（而非让其中的一方内化到另一方中），这样一来，基督教神话就向希腊神话回归，"要做到这一点，只有通过把对立的统一体整合进来才是可能的。历史里前后相继的东西，在自然界里是同时性的。——自然界和历史的绝对同一性"①。概言之，通过对基督教世界时间性的扬弃，以及向着希腊世界的回归，希腊神话作为原型世界重新证明了自己的无时间性。

　　黑格尔认为出现古代和现代非本质的对立的原因，是谢林"建构"方法在艺术领域的运用。黑格尔在《精神现象学》中曾不点名地批评谢林的建构方法为"外在的、空洞的公式运用"或"单调的形式主义"等。谢林认为时间是非本质的，与绝对同一的永恒相矛盾；因而作为绝对同一无差别呈现的艺术，其开端和终点必须闭合，这种古代与现代的循环性是对时间的克服，由此才构成绝对同一永恒性真正的象征。谢林与黑格尔关于艺术之历史哲学基础的争辩主要就集中在对希腊世界的不同看法上。黑格尔在耶拿早期（1803—1804年）对绝对者或理念本身的看法与谢林类似，将绝对者或理念仅仅视为个别与普遍相同一的静态结构，那么至少从1804年开始（主体形而上学时期）就出现了一个明显的转变，即绝对同一还需要统一结果和生成的过程，这意味着静态的个别与普遍的同一结构还应在动态生成中保持为有差异的同一。进入同一哲学时期的谢林虽然放弃了理智直观的方法，而强调以"肯定—内化"作为无差别点的新模式同时达到同一性和实在性，但却未能真正解决绝对同一的超越性和世界的全体性之间的矛盾，因此，世界历史的差异化只能被设定为非本质的，即"过去与未来的一体存在"，作为原型世界的希腊神话在自身之内只能是无时间性的，它具有"为一切时代"②

---

① F. W. J. Schelling, *Sämmtliche Werke*, Abt. 1, Bd. 5, hrsg von K. F. A. Schelling, Stuttgart: Cotta, 1859, S. 457.

② F. W. J. Schelling, *Sämmtliche Werke*, Abt. 1, Bd. 5, hrsg von K. F. A. Schelling, Stuttgart: Cotta, 1859, S. 412.

的普遍性。谢林艺术哲学的新方案已经非常接近黑格尔的艺术体系，但是他对绝对同一的理解依然带有实体性的因素，他将绝对者视为柏拉图意义上超时间的永恒性（超越性）的理念，因而谢林的哲学神话学并不是一种非历史性的艺术哲学，而是一种否定时间性的历史哲学，神话或艺术本质必须将自己揭示为无时间者（das Zeitlose）。在这个无时间的结构中，希腊神话作为神话一般和神话的开端，就其开端性而言就应当是绝对完满的；基督教神话作为神话的发展，代表了大全一体结构中分裂的面相，因而虽然有其存在的必然性，但却必须被克服；作为分裂之克服的"全体艺术"则是向着希腊神话的复归，是神话的完成，由此神话整体重新成为柏拉图意义上的"理念"，开端和终点实现了永恒的闭合，分裂和时间性得到了完全的克服。在《耶拿体系草稿（1805—1806）》之中，黑格尔已经洞见到这种否定历史性的无时间性结构的缺陷，尽管希腊神话是普遍意识对自身本质反思的一种较高级的方式，甚至在古希腊世界是唯一的和最普遍的方式，但并不能视为普遍意识对自身最纯粹的自我知识。因为，这种知识只是特定的民族或有局限的普遍意识对自己世俗生活的反思，神话表达的就是这种有局限的认识，而不能直接等同于绝对肯定性的认识。黑格尔会认同，古代诗人的确能教导民族（伦理共同体）认识到什么是"神的本质和活动"，在希腊时代或在艺术宗教这种宗教形态之中，诗人（荷马或赫西俄德）是真正的"人类的导师"。黑格尔进一步指出，唯有在古希腊诗人才是神的巧匠（Meister），在古今之争的张力中，希腊神话因为其已成为过去而被提升为不可企及的理想，永恒性是因其历史性而被确立的。而谢林《艺术哲学》中将这种开端的历史性绝对化了，从而消解了古今之争的张力，谢林在《维尔茨堡私人讲座》里论述"新神话"（die neue Mythologie）的理念却是以超历史化的方式维护了希腊神话的原型性：

> 一种直观自然的象征化视角的复活将是走向重建新神话的

第一步。但是，如果事先没有一种伦理的全体性，没有一个民族将自己重新作为个体来构造，那么这种复活该如何得以实现？因为神话不是属于个人的或者某一民族的，而是属于被某一种艺术本能所支配并赋予灵魂的民族所特有的。所以神话的可能性本身将我们引向某种更高的存在，存在，引导人重新统一，不论是在整体上还是在个体中。①

三　历史的神话性阐释与神话的辩证性

在黑格尔以惊人的勇毅建构体系以呈现概念的真理和自由的同时，荷尔德林和谢林也在各自领域深化自己的思考。荷尔德林在《许佩里翁》的残篇中就已开始对美学柏拉图主义所呼求的直接的统一有所警惕，《许佩里翁》第二卷中包含了阐释"悲剧事件"的雏形，"悲剧性"不同于"美作为理想或和谐统一"，其本质在于命运对美的统摄，希腊的自然诸神也必须服从于命运、服从于历史，"如果美也面临命运之劫，如果神圣之物也必须谦卑地与所有凡人分担可朽，谁还能说，他的脚下坚实"②。这一悲剧性命运的最初开端和黑格尔对于耶稣"优美灵魂"（schöne Seelen）的认识是一致的：在命运面前退缩成为耶稣的命运，这也是其苦恼的根源，在反对不洁者的斗争中，纯粹者也无法保持自己的纯粹。③ 不严肃地对待现实，不与现实发生着的分裂打交道，就谈不上真正的行动，如果急于越过分裂径直走向不可思的超越的"太一"，那么只能说明这种统一经受不住分裂，黑格尔在《精神现象学》中将尚未经历分裂的统一称为"柔弱无力的美"（kraftlose Schönheit），而"柔弱无力的美之所

---

① F. W. J. Schelling, *Sämmtliche Werke*, Abt. 1, Bd. 6, hrsg von K. F. A. Schelling, Stuttgart: Cotta, 1860, S. 572.

② ［德］荷尔德林：《荷尔德林文集》，戴晖译，商务印书馆 2003 年版，第 88 页，译文有改动。

③ Vgl. G. W. F. Hegel, *Frühe Schriften*, Werke in zwanzig Bänden, TWA, Bd. 1, Frankfurt. a. M.: Suhrkamp, 1986, S. 302.

以憎恨知性，就因为知性硬要它做它所不能做的事情。但精神的生活不是害怕死亡而幸免于蹂躏的生活，而是敢于承当死亡并在死亡中得以自存的生活，精神只当它在绝对的支离破碎中能保全自身时才赢得了它的真实性"①。分裂必须被理解为统一性的一种显示，而不能被把握为从原初状态的堕落（卢梭的自然状态）。在《恩培多克勒之死》和后期的诗歌创作中，荷尔德林进一步摆脱了"美与统一"，转而围绕着"悲剧性"构思一种对历史性的神话解释。在1798年11月12日致诺伊弗尔（Neuffer）的信中荷尔德林学理性地批判了抽象的美与直接的理想，"纯粹者（Das Reine）只能在非纯粹中显示自身，如果你试图抛开庸常而表现高贵，那么高贵将作为最不自然的、最不协调的东西伫立于此，这是因为，正如高贵在外化自身，高贵本身带有命运的色彩，它产生于这样的命运之中，正如美在现实中显示自身，美是由周围情境而出，必然从中接受一种对它而言并非自然的形式，只有同时接受必然给予它的这种形式的情景，非自然的形式能转变为自然的形式"②，这封信足可视作荷尔德林霍姆堡时期的思想转变的纲领，太一之分裂被认为是必然的，换言之，有限者现在要被视为无限者的必要环节，而上帝也应进入时间。荷尔德林和黑格尔不同，他并不是转而从亚里士多德那里汲取资源来解决"太一"从自身中产生的问题，雅默认为，荷尔德林再次转向了新柏拉图主义的传统，他用神话将历史转变为一种神学解释（Theologumenon）③。

经历了霍姆堡初期的酝酿，荷尔德林走向了一种诗意的新柏拉

---

① ［德］黑格尔：《精神现象学》（上），贺麟、王玖兴译，商务印书馆1981年版，第21页。

② ［德］荷尔德林：《荷尔德林文集》，戴晖译，商务印书馆2003年版，第403页，译文有改动。

③ Christoph Jamme, *Ein ungelehrtes Buch: Die philosophische Gemeinschaft zwischen Hölderlin und Hegel in Frankfurt 1797–1800*, Hegel Studien, Beiheft 23, Bonn: Bouvier, 1983, S. 337.

图主义，在他 1798 年 11 月 28 日写给自己兄弟卡尔的信中，神性不再被理解为美和统一，而是"神性之物一旦以启示的方式显示自身就必须承受一种痛苦"①，这让人联想起保罗书信中耶稣的形象，"反倒虚己，取了奴仆的形象，成为人的样式"（《腓立比书》2∶7），荷尔德林现在不再将诗人的使命标榜为德意志民族的教化者，而是更为谦逊地视为使真理得以自我展现的空间，万物之主（原初统一或太一）展现自己，然而祂的符号同时具备表白（revelatus）与隐藏（absconditus）②，这种在启示的同时又自我隐蔽的悖论不仅被荷尔德林用以解决形而上学问题，而且还成为其中后期艺术论的基础。如果绝对者要自我启示、获得某种特定的形式，那么祂就必须进入分裂出离自身，这样一来人以及一切存在就是太一的外化，或者也可以称诸神的"语言"和"象征"。在《恩培多克勒之死》中，荷尔德林以神话阐释了一种与直接的统一性迥然有异的方式：（1）存在不仅仅是某物，它变成某物，它的本质是"预知"（Ahnung）和"渴望"（Sehnsucht），预知它未来的展开；（2）存在着一种"内在性的过度"（übermaas der Innigkeit），即"精神在一体性中的过度"（übermaaß des Geistes in der Einigkeit），因而统一性必然超出自身，否则它就不能意识到自己。而这种统一的破坏在历史上发生在宙斯的弑父行动中（他推翻了克洛诺斯/萨图恩），荷尔德林称之为"宙斯的任意"（Willkür des Zeus）③。这种神话式阐释实际上表达的就是绝对者自我展开过程的基本理路（甚至可以视为对黑格尔之思辨—辩证运动的象征性说明）：万有之全体不可能从一个不包含分裂悖论的

---

① Briefe Nr. 169 in *Hölderlin's Sämtliche Werke*, Große Stuttgarter Ausgabe, Bd. 6. 1, hrsg. von Friedrich Beißner, Stuttgart: Kohlhammer, 1987, S. 294.

② ［德］沃尔夫冈·宾德尔：《论荷尔德林》，林笳译，华夏出版社 2019 年版，第 17 页。

③ Christoph Jamme, *Ein ungelehrtes Buch: Die philosophische Gemeinschaft zwischen Hölderlin und Hegel in Frankfurt 1797 – 1800*, Hegel Studien, Beiheft 23, Bonn: Bouvier, 1983, S. 337.

原初同一者中推导出来。荷尔德林在思考绝对物为何出离自身的问题时，也在考察老同学谢林思想，他和黑格尔都强调真正的绝对不能被规定为同一，而只能定义为差异，因为无规定的同一实际上就是空洞。在《恩培多克勒之死》的神话性阐释中，绝对（太一）和世界的关系首先被描述为神和历史。一方面神出离自身具有历史性，历史由此被理解神展开自身的活动；另一方面这种启示或说启示—隐藏的双重性也意味着神通过历史藏匿自身。

荷尔德林在后期创作和理论运思都倾向于一种新柏拉图主义式的神学进路，将太一和世界的关系问题转化为神的创世或太一的流溢。与之类似，谢林晚期对黑格尔的猛烈批判的依据也在于上帝不仅在历史中显现同时超越历史。在谢林看来，黑格尔概念自我认识与概念之规定性同一的本真形而上学模式实际上是将上帝的自我实现过程与世界历程完全等同起来，这无疑是一种"历史主义的泛神论"，没有一个超越者可以担保历史进程的意义。[1] 谢林在《世界时代》中借助神学中上帝"三位一体"的形象，构想了"三个世界时代"，在这三个世界时代中，永恒与时间不再是本质和非本质，而是永恒实现在时间当中——"第一个世界时代是圣父的分离之力的时代，第二个是现实地创世的时代，第三个是那个唯一性的时代，在其中不再有时间，它自身将成为永恒"[2]。既然上帝"实存"于三个位格中，那么原初永恒的神性也就"实存"在这三个世界时代中。谢林并没有采取奥古斯丁以来的传统神学的主张——世界与时间是一同开始的，而是将时间的三个维度区分为"前世界的过去""世界的现在"和"后世界的未来"。[3] 因而世界或历史不只是三位一体

---

[1] Vgl. Manfred Frank, *Der unendliche Mangel an Sein*, München: Fink, 1992, S. 235ff.

[2] F. W. J. Schelling, *Urfassung der Philosophie der Offenbarung*, hrsg, von Walter E. Ehrhardt, Hamburg: Felix Meiner, 1992, S. 208.

[3] F. W. J. Schelling, *Urfassung der Philosophie der Offenbarung*, hrsg, von Walter E. Ehrhardt, Hamburg: Felix Meiner, 1992, S. 137f.

的"神性时间"中的一个环节,谢林将"过去"和"未来"思考为"超越世界"的,由此世界历史就不能设想为上帝在现实之中的自我实现,世界历史的意义必须系于"超世界"的"未来"。上帝并不实现在世界历史中,对世界而言祂永远是"将来之神"。因而现实的整全性只有在一种朝向未来中才能实现。谢林后期的"世界时代"计划和启示哲学都基于上帝的不可预思性,在某种意义上重新接近了其同一哲学时期完全放弃的早期浪漫派新神话的方案,如果说旧神话是朝向自然世界的复现,而新神话则与之相反,世界或整个世界历史作为上帝的创造并不表现上帝的必然性,而表现自由。

早期浪漫派的新神话的方案推崇绝对主体无穷的创造力,将自然和历史视为上帝的艺术作品,以此用审美自由代替了现实的政治自由;谢林在《艺术哲学》中确立的哲学神话学则是通过艺术这个无差别点实现实在世界和观念世界的绝对同一(基督教世界向着希腊世界复归),历史作为一个全体在开端和结局的循环中成为永恒的象征,因此整个神话作为历史的根据构成了一个历史的乌托邦、伦理生活的乌托邦、全新的教会和整个人类的重新统一的象征;荷尔德林在中后期诗歌实践中建构了一部神圣历史,神性和未来诸神在颂歌中再临,在这种全新的诗歌语言中,人与神之间的关系既不再通过美与统一完成结合,也不是在悲剧的命运中相互和解,相反,诸神不再臣服于人的视角,人与神的关系被永远放置于一个敞开的过程中。荷尔德林后期诗歌的语言是一种召唤和倾听,诗人让神与人彼此接近,呈现他们在变化中生动的关系。诗创建存在的语言,如同神用语言创建世界。如果说中后期的荷尔德林和谢林是通过一种对历史本身神话性阐释以反对黑格尔的历史的辩证性,那么黑格尔恰好是在对神话谱系的分析中发现了神话本身的辩证性。黑格尔在法兰克福时期因为尝试为感性宗教寻找理想,由此求助于美学柏拉图主义,将美作为普遍和个别的直接统一、作为支撑万有的实在性根据。而在耶拿时期,黑格尔基于体系建构的要求,尤其是在谢林《体系》的启发下,认为艺术作为创造性活动足以取代美(或理想）成为绝对同一的实在显现，艺术作为活动既不同于美或古典理想的直接性，也不至于倒退回本体论传统。黑格尔甚至遵从了谢林在《艺术哲学》中的历史哲学设想，区分了三个历史时代：希腊的自然—艺术宗教，基督宗教，一种指向未来的新宗教①，这种新宗教是在神从世界之中逃逸之后，为这个无神的时代和世界所开启的新启示，确立并展开一种神圣化历史性，是在"去神化"（Entgötterung）中重建神性。而这种朝向未来的"新宗教"以完满政治之实现为前提，并且还以哲学知识作为中介：首先，它要求民众将自己提升为"自由的民族"，他们"在自己的土地上，从自己的威严中"获得其"纯粹的形态"；其次，它还要求在经历了思辨的耶稣受难节（spekulativer Karfreitag）之后，以哲学思辨的方式给予大全一种"最生机勃勃的自由"（heiterste Freiheit）。② 黑格尔为新时代或者向新时代过渡阶段立下了哲学誓言，基督教的十字架神学（即思辨的受难日）和希腊诗歌（关于绝对者的悲剧）都仅仅是一种哲学阐释的符号，真正的新宗教是哲学性的。③ 但黑格尔也并未全盘接受谢林的哲学神话学，因为他敏锐地意识到了作为原型神话的希腊神话的两面性，一方面，神话是约束伦理实体的强力和规定性；另一方面它也是削弱和瓦解这种规定性和伦理强力的内在力量，艺术通过滋养特定民族而潜移默化地改造着特定民族，就像它使民族意识到伦理共同体的约束性的同时也暗示了伦理共同体的正当性需要依赖于特定的诸神，这又削弱了伦理本身的约束性，从而革新伦理。从某种程度上

---

① Vgl. G. W. F. Hegel, Glauben und Wissen, in Ders, *Jenaer kritischen Schriften*, Gesammelte Werke, Band 4, hrsg von Hartmut Buchner und Otto Pöggeler, Hamburg: Felix Meiner, 1968, S. 414.

② Vgl. G. W. F. Hegel, Glauben und Wissen, in Ders, *Jenaer kritischen Schriften*, Gesammelte Werke, Band 4, hrsg von Hartmut Buchner und Otto Pöggeler, Hamburg: Felix Meiner, 1968, S. 414.

③ G. W. F. Hegel, Glauben und Wissen, in Ders, *Jenaer kritischen Schriften*, Gesammelte Werke, Band 4, hrsg von Hartmut Buchner und Otto Pöggeler, Hamburg: Felix Meiner, 1968, S. 414.

看，希腊伦理共同体的崩溃就来源于新神（狄俄尼索斯）对旧神（奥林匹斯诸神）的挑战。黑格尔意识到神话是一个谱系，这种谱系性预示着希腊神话的历史性结构：从作为基本的自然强力的旧神（泰坦巨神）到史诗和悲剧之中显示为伦理强力的新神（奥林匹斯神系），再到扬弃这些冲突着的伦理力量之直接约束性而涌现的神秘之神（酒神）。

黑格尔在总论宗教时一方面肯定，"精神在宗教里并不作为一般自然界的创造者而存在；而它在这种运动里所产生出来的乃是精神性的东西即它自己的形态"①；另一方面却一针见血地点明，如果普遍意识所塑造的现实还保持在一种"自然神话"之中，那么这个民族就是不自由的，因为这个民族还没有获得自我意识，这个共同体只是营造了"一个完整的全体的假象，但却缺乏个人应享有的普遍的自由"②。在这个意义上，黑格尔与同时代人，尤其是两位大学时代的挚友的真正分歧就在于如何理解自由。谢林与早期浪漫派认为自由的实现需要以理念直接成为感性为保障，弗·施莱格尔和谢林虽然一个试图建构审美乌托邦，一个试图建构历史乌托邦，并构想在这个乌托邦中全人类会用同一个声音言说，但在黑格尔看来，直接的统一性或理念的感性化只是停留在自由的可能性。黑格尔同样承认希腊世界出现了自由，希腊世界中的美与自由早就为温克尔曼所意识到，"从希腊的国家体制和管理这个意义上，艺术之所以优越的最重要的原因是有自由"③，但真正的自由的民族要求伦理共同体和每个个体都获得自我意识。这种获得不仅是实体性的统一带来的自由感，更应是对自由的认识和对现实自由的争取。因为普遍意识

---

① ［德］黑格尔:《精神现象学》（下），贺麟、王玖兴译，商务印书馆1981年版，第185页。

② ［德］黑格尔:《精神现象学》（下），贺麟、王玖兴译，商务印书馆1981年版，第196页。

③ ［德］温克尔曼:《论古代艺术》，邵大箴译，中国人民大学出版社1989年版，第135页。

真正的现实自由需要通过其塑造的现实才能真正完成，而非反之，概言之，政治自由虽然以自由的宗教为根据，但却同时构成宗教自由的前提。两相比较之下，谢林、弗·施莱格尔甚至后期荷尔德林设想的创造自由、神性自由等方案的弊端正如德国史家梅尼克（Friedrich Meinecke）所戏谑的，"把政治自由赞颂为所有崇高思想、真实的卓越非凡和伟大意识的源泉的观点，反映了一个极为非政治化人物的态度"[①]。黑格尔将世界历史的整个发展过程视为不断趋向自由的历程，自由的可能性必须通过艺术、宗教和哲学的教化落实到个体对待现实具体作为和行动之中。在这个意义上，古希腊固然被确立为理想，但并非现实的自由王国。正如马克思所言："一个成年人不能再变成儿童，否则他就变得稚气了。但是儿童的天真会使他感到愉快吗？他自己不该努力在更高的阶梯上把自己的真实再现出来吗？每一个时代，他的固有的性格，不是在儿童的天性中纯真地复活着吗？为什么人类历史的童年时代在他发展得最完美的地方，不该作为永不复返的阶段显示出永久的魅力呢？"[②]

自由的宗教和普遍意识对自由的承认并不建基于自然的精神化或希腊的伦理实体之上，黑格尔从耶拿后期开始，尤其是在《耶拿体系草稿（1805—1806）》中尝试从精神的客观化和精神本身间差异的角度将艺术、宗教和思辨哲学与宪法（Constitution）联系起来[③]，其关注的焦点转向了现实精神或概念的规定性，政治—社会的现实作为一种新的伦理实体至少必须被把握为"精神"的一种定在形式，或者用黑格尔历史考证版编者特雷德（Johann Heinrich Trede）的话说："从一个伦理实体的视角来看，精神的完全客观化的表达就是国

---

① ［德］弗里德里希·梅尼克：《历史主义的兴起》，陆月宏译，译林出版社2009年版，第263页。

② ［德］马克思：《〈政治经济学批判〉导言》，徐坚译，载《马克思恩格斯选集》（第二卷），人民出版社1972年版，第115页。

③ Vgl. Ludwig Siep, *Praktische Philosophie im deutschen Idealismus*, Frankfurt. a. M.: Suhrkamp, 1992, S. 151.

家之神，它在一个民族眼中不仅美化为其民族的纯粹精神，同时也成为该精神的经验性存在。"① 这意味着黑格尔已经意识到客观精神与绝对精神之间的复杂关系：普遍意识对自身和现实之间关系的体会需要通过艺术、宗教和哲学来塑造，但民族或伦理共同体作为精神的定在构成了普遍意识自我认识的前提，普遍知识的自身知识不能超越于民族和伦理现实。绝对精神的维度尽管对客观精神具有优先性，却并不超越历史本身的发展。换言之，精神的发展并非均质，而是不同阶段有不同的对应原则。古典希腊既被确立为典范，又构成了近代世界的前提。神话被视为典范和圭臬只有在特定的土壤上才会出现，因此近代只有艺术，难以再出现神话了。马克思在《〈政治经济学批判〉导言》中鞭辟入里地点出了关于希腊神话何以对早期观念论和浪漫派具有永恒魅力，"困难不在于理解希腊艺术和史诗同一定社会发展形式结合在一起。困难的是，它们何以仍然能够给我们以艺术享受，而且就某方面说还是一种规范和高不可及的范本"②。黑格尔在《精神现象学》中已经基于宗教本身的历史性阐明美的世界也有自己的局限，其未经历分裂，因而基督教世界乃至现代世界既构成了古典希腊的对立面，也是希腊世界的历史结果。黑格尔在《精神现象学》中赋予"艺术宗教"之历史性维度，这个当时德意志思想界的常用术语经由重塑后便成为"希腊宗教"的同义词。③

神话本身的确是精神在艺术中壮丽的形象，黑格尔在纽伦堡时期再次肯定了艺术在古典希腊的神圣性，因为伦理实体的直接性只

---

① Vgl. Johann Heinrich Trede, Mythologie und Idee, in *Das älteste Systemprogramm, Studien zur Frühgeschichte des deutschen Idealismus*, hrsg von Rüdiger Bubner, Hegel Studien, Beiheft 9, Bonn：Bouvier, 1982, S. 170 – 200.

② [德] 马克思：《〈政治经济学批判〉导言》，徐坚译，见《马克思恩格斯选集》（第二卷），人民出版社1972年版，第114页。

③ Vgl. Otto Pöggeler, Die Entstehung von Hegels Ästhetik in Jena, in *Hegel in Jena*, Hegel Studien, Beiheft 20, hrsg von Dieter Henrich und Klaus Düsing, Bonn：Bouvier, 1980, S. 261.

能体现为艺术作品（神话），艺术作品就是希腊世界中的伦理之神：

> 2. 艺术宗教为表象塑造神圣本质并且包含这样的过渡，即神圣本质不仅仅是作为自然本质，而且作为民族精神和特殊的伦理约束力乃是一种现实的定在，但神圣本质的单纯威力作为一个不可捉摸的命运漂浮在这种民族精神和特殊的伦理约束力之上。
> 旁注：
> 但个别还没有与普遍绝对地统一。
> 美的宗教。
> 希腊宗教将神圣本质切近地带给了人。
> "当诸神还更具有人性时，
> 人也更具有神性。"①

然而，这种神圣性并不意味着精神或普遍意识纯粹的自我知识本身就是感性的，希腊宗教作为艺术宗教或美的宗教，是基于希腊人对自身的普遍理解—诸神与人同在，普遍与个体直接统一。和黑格尔一样，马克思同样承认神话在古典世界中的绝对正当性，但指出希腊艺术只有在"希腊神话"的"土壤"才能繁荣，"希腊艺术的前提是希腊神话，也就是通过人民的幻想用一种不自觉的艺术方式加工过的自然和社会形态的本身"②。这也同样是黑格尔对谢林以及早期浪漫派历史哲学批判的依据，黑格尔不仅批判了同时代新神话方案缺乏真正历史哲学维度，而且需要进一步阐明艺术本身并非反映普遍意识纯粹自我知识最恰当的媒介，在完成了批判后，黑格尔还

---

① G. W. F. Hegel, *Nürnberger und Heidelberger Schriften（1808－1817）*, Werke in zwanzig Bänden, TWA, Bd. 4, Frankfurt. a. M.：Suhrkamp, 1986, S. 283f；旁注的诗歌即为席勒的《希腊诸神》。

② ［德］马克思：《〈政治经济学批判〉导言》，徐坚译，见《马克思恩格斯选集》（第二卷），人民出版社 1972 年版，第 115 页。

要解释为何艺术在实体性的统一已然瓦解的现代，仍能在审美方面给予人启迪和教化。

第三节　艺术的真理性：神话、象征与语言

谢林和黑格尔都认为艺术和宗教在希腊的联合乃是神话，希腊神话就是伦理实体的民族之神；同时，二人也都将象征视为神话的表现形式，象征作为普遍者（普遍本质）和特殊者（现实形态）之间的结合（反映模式），其真理性决定了神话本身的真理性。黑格尔在宗教意识从"艺术宗教"向"天启宗教"的提升中，不指名道姓地批判了谢林对古代艺术与现代艺术之间永恒复归的无时间性架构，而在完成历史哲学批判的同时，他也着手分析了神话与精神的关系，试图厘定象征作为表现形式界限与有效性，以阐明象征有着向启示提升的内在趋势，并以此详细地讨论了艺术之真理性。不仅在历史性维度，希腊宗教必然会发展为基督教，而且在表现形式的真理性维度，艺术的象征也必然会提升为基督教的启示。

一　谢林与黑格尔论神话与象征

（一）谢林论神话与象征

谢林在哲学神话学建构中坚持"希腊神话"是一种普遍、无时间性的、原型的神话，而非"有局限的"或"具有历史性的"神话。在谢林看来，"普遍的"和"有局限的"之区别主要体现在表现方式上，唯有"象征式"能使普遍者与特殊者内在结合为一。在《艺术哲学》中，他开宗明义地指出，异质的双方内化塑造和建构的方式分为三种，"图示（schematismus）：普遍者在其中意指着（bedeutet）特殊者，通过普遍者而直观特殊者；隐喻性（allegorisch）：在其中特殊者意指着普遍者，通过特殊者而直观普遍者；象征性（symbolisch）：二者综合为一体（Synthesis），普遍者本身就是特殊

者，特殊者本身就是普遍者，于是直观普遍者时就直观到特殊者，在直观特殊者时就直观到普遍者"①。对同一哲学体系而言，这三种内化塑造的方式不仅取代了理智直观、成为主导性方法，而且也贯穿艺术哲学体系的始末，例如在观念世界中，也即人类三种精神性活动中，知识是图示性的，实践是隐喻性的，而艺术是象征性的；在艺术内部即整个艺术自身也可以继续区分②。谢林对象征的总结是，"唯有象征能通过普遍和特殊之间绝对的无差别来表达绝对者"③，为了着重突出象征作为表现形式的优越性，谢林有意识地将哲学和艺术做了一番对比，"在普遍者里面借助普遍者和特殊者的绝对无差别来呈现绝对者，这就是哲学——理念，而在特殊者里面借助普遍者和特殊者的绝对无差别来呈现绝对者，则是艺术。这个呈现的普遍材料是神话"④。在象征所完成的综合之中，既不是普遍意谓特殊，也不是特殊意谓普遍，而是相互内化、绝对地合一。象征以特殊者为载体，但这种特殊性本身就是普遍与特殊的同一，一言以蔽之，在象征中，特殊者是以普遍和特殊合一的面貌出现，因而克服了特殊者和普遍者在隐喻中的非同一性。在同一哲学内部，哲学与艺术构成了对绝对同一（或上帝）的两种不同考察方式，哲学中的理念就是普遍者在普遍中与特殊者合一，而艺术中的神话则是普遍者在特殊中与特殊者合一，因而，象征作为神话的表现形式本身就具有绝对的真理性。

实际上，谢林在回顾自己内化塑造和建构方法的时候赞誉了康德"第一个以哲学的方式深刻而真切地理解把握到'建构'概念

---

① F. W. J. Schelling, *Sämmtliche Werke*, Abt. 1, Bd. 5, hrsg von K. F. A. Schelling, Stuttgart: Cotta, 1859, S. 407–408.

② Vgl. F. W. J. Schelling, *Sämmtliche Werke*, Abt. 1, Bd. 5, hrsg von K. F. A. Schelling, Stuttgart: Cotta, 1859, S. 410–411.

③ F. W. J. Schelling, *Sämmtliche Werke*, Abt. 1, Bd. 5, hrsg von K. F. A. Schelling, Stuttgart: Cotta, 1859, S. 406.

④ F. W. J. Schelling, *Sämmtliche Werke*, Abt. 1, Bd. 5, hrsg von K. F. A. Schelling, Stuttgart: Cotta, 1859, S. 407.

的人"①，因为建构的精髓就在于"把与概念相应的直观先验地展现出来"（A713/B741）②。而在康德鉴赏判断理论中，象征同样构成了理论理性和实践理性之间最重要的中介点，康德将之称为"美作为德性的象征"③。在康德那里，象征意味着对概念（或理念）的间接演示（exhibitiones），即借助想象力所形成的感性理念与理论理性所形成的理性理念之间的相似性，间接地表现真正的自由。这种相似性在于通过一种意义上的不完备来展现另一种不完备——自由（理性理念）无法以感性形象加以呈现，而感性理念不能以概念和范畴加以解释和建构，美从概念上不可领悟和理解的特性也就成为自由不可以直观形象感性化的象征。④ 相比于康德，谢林大大地拓展了象征的应用范围，而且也借助象征使得异质的双方在一方中真正地合体。

（二）时代语境中的神话与象征

从文本角度来看，《精神现象学》中黑格尔只在一处提到了"神话"（Mythen）⑤，更没有提到"普遍神话"（Mythologie，谢林和浪漫派意义上的"神话学"）。那么这是否意味着黑格尔并没有将希腊宗教或艺术视为神话呢？显然不是，希福特在考察黑格尔青年时期的艺术规定时就指出，黑格尔在法兰克福时期与荷尔德林以及整个"精神联盟"构思"理性神话学"（美学柏拉图主义）时，就通过希腊接受大致确定了希腊艺术的历史功能，神话代表了艺术在历史上

---

① ［德］谢林：《学术研究方法论》，先刚译，北京大学出版社2019年版，第32页。

② ［德］康德：《纯粹理性批判》，邓晓芒译，杨祖陶校，人民出版社2004年版，第553页。

③ Immanuel Kant, *Kritik der Urteilskraft*, Herausgegeben, eingeleitet und mit einem personen-und sachregister Versehen von Karl Vorländer, Leipzig: Felix Meiner, 1922, S. 211; 中译见［德］康德《判断力批判》，邓晓芒译，杨祖陶校，人民出版社2002年版，第199页。

④ 参见［德］康德《判断力批判》，邓晓芒译，杨祖陶校，人民出版社2002年版，第202页。

⑤ ［德］黑格尔：《精神现象学》（上），贺麟、王玖兴译，商务印书馆1981年版，第49页。

和社会功能上的典范。① 除了荷尔德林，席勒对古典希腊的看法也持续影响着黑格尔，席勒将艺术和宗教的关系理解为神话和城邦的关系，而黑格尔则是以历史的方式验证了席勒所设想的希腊人的世界观，由此黑格尔不仅避免了掉入纯粹概念建构（没有规定性的概念就是处在一个被表象的神之国中）的陷阱中，而且成功地结合了"审美教育"和艺术的历史功能。这种审美教育和艺术历史功能的结合决定了黑格尔与浪漫派新神话方案以及法兰克福时期"理性神话学"建构的分道扬镳：新神话要求艺术在未来重新成为大众的教导者，而在希腊世界中，审美教育则成为艺术的历史功能。② 相比于黑格尔经由席勒所中介的希腊世界观而确立起的神话作为艺术的历史功能，象征和神话的关系在黑格尔思想发展中不那么清晰，从文本上看，大约是到了纽伦堡时期，黑格尔提及了神话与民族的关系，"一个民族活泼泼的神话构成其艺术的根据和形态"③，而且明确地与谢林一样将象征视为神话的表现方式，"普遍的神的活动，诸神的诞生；主要事件，泰坦巨神的倒台，旧神和新神——象征体系"④。众所周知，象征被黑格尔视为东方宗教和东方艺术的表现方式，那么何以在这里黑格尔将希腊神话视为一个象征体系呢？实际上，黑格尔在《耶拿体系草稿》（1805—1806）中就有意识地将直观的认识方式和象征的表象方式对应起来，艺术所塑造的世界对于直观形式而言是精神性的——艺术是来自印度的巴克斯（indische Bacchus），尚不是能够清晰认识自身的精神，而只是狂喜迷醉的精神（der begeisterte Geist）——它将自身笼罩在感受和图像之中，在

---

① A. Gethmann-Siefert, *Die Funktion der Kunst in der Geschichte*, Hegel Studien, Beiheft 25, Bonn: Bouvier, 1984, S. 125 – 126.

② Vgl. A. Gethmann-Siefert, *Die Funktion der Kunst in der Geschichte*, Hegel Studien, Beiheft 25, Bonn: Bouvier, 1984, S. 127.

③ G. W. F. Hegel, *Nürnberger und Heidelberger Schriften (1808 – 1817)*, Werke in zwanzig Bänden, TWA, Bd. 4, Frankfurt. a. M.: Suhrkamp, 1986, S. 65.

④ G. W. F. Hegel, *Nürnberger und Heidelberger Schriften (1808 – 1817)*, Werke in zwanzig Bänden, TWA, Bd. 4, Frankfurt. a. M.: Suhrkamp, 1986, S. 286.

这之下则隐藏着可怕之物。① 在这个意义上，神话（包括整个艺术）在表现形式和反映关系上与象征的对应关系，大约可以回溯到黑格尔耶拿时期初次建构艺术哲学的尝试中。同样地，将自然视为活泼泼的，将希腊的自然之神视为一个个活生生的个体，都是诗意直观的产物，希福特认为黑格尔同样是在反思和吸纳了克罗伊茨大量有关希腊神话的研究（《象征与神话》，1810）之后，才独立出了有关"象征型艺术"的构思②，因为这本就是黑格尔一以贯之的想法，象征型艺术和古典型艺术细微区别只在于：表现神的媒介究竟是自然物还是人体，而人体正是最富有生命力的自然有机体。

从 1800 年前后的思想语境来看，莫里茨在《诸神学》(*Die Götterlehre*, 1790) 和《阿修莎或罗马文物：人性之书》(*Anthusa oder Roms. Alterthümer: Ein Buch für die Menschheit*, 1791) 中直截了当地提出，古典神话（希腊—罗马神话）并非如启蒙主义者所认为的那样乃是非理性幻想的产物，而是民众的想象通过天才艺术家的创造力而得到整体形塑的共同产物，因此神话必须被理解为原始的诗歌③，这一论断不仅回应了启蒙运动对神话的贬低和敌视，而且重新规定了神话的虚构本质，即"神话诗则应被视理解为一种幻想的语言"④。在莫里茨看来，艺术品应该被视为有机体，一件真正的艺术作品应是为着自身而存在着的完满事物，它的意义和价值在其自身，在于各个内在部分恰当的秩序⑤；因而如果用启蒙或知性的

---

① G. W. F. Hegel, *Jenaer Systementwürfe Ⅲ*, Gesammelte Werke, Bd. 8, hrsg von Rolf-Peter Horstmann und Johann Heinrich Trede, Hamburg: Felix Meiner, 1976, S. 279.

② Vgl. A. Gethmann-Siefert, *Die Funktion der Kunst in der Geschichte*, Hegel Studien, Beiheft 25, Bonn: Bouvier, 1984, S. 195.

③ Vgl. Karl Philipp Moritz, *Werke in Zwei Bänden*, Bd. 2, hrsg von Heide Hollmer und Albert Meier, Frankfurt. a. M.: Deutscher Klassiker Verlag, 1997, S. 1049 – 1055.

④ Karl Philipp Moritz, *Werke in Zwei Bänden*, Bd. 2, hrsg von Heide Hollmer und Albert Meier, Frankfurt. a. M.: Deutscher Klassiker Verlag, 1997, S. 1049.

⑤ Karl Philipp Moritz, *Werke in Zwei Bänden*, Bd. 2, hrsg von Heide Hollmer und Albert Meier, Frankfurt. a. M.: Deutscher Klassiker Verlag, 1997, S. 1049.

方式去强行为神话蒙上诗意的面纱，那剩下的只有矛盾和荒谬，而其中无穷的韵味则荡然无存。莫里茨神话学说的主要理论对手是他的同时代人古典学家海讷（Ch. G. Heyne），海讷认为神话只是对思想的隐喻，是对自然现象的无知而附会的拟人化，而莫里茨则充分开掘出神话内容和表达方式的矛盾性，一方面是表达的有限性，另一方面则是本质的无限性，这种象征模式包含的差异化结构让早期浪漫派和观念论者都为之陶醉。谢林在《艺术哲学》的开篇就盛赞莫里茨对神话的重新规定，"无论是在德意志人中还是在别的普通人之中，莫里茨以其特有的诗意绝对性的特征来代表神话，乃是当之无愧的第一人"[1]；而早期浪漫派的代表人物奥古斯特·施莱格尔（August Wilhelm Schlegel）同样在美学讲座中赞扬莫里茨比康德更深刻地理解艺术的本质[2]；奥古斯特的胞弟弗·施莱格尔在《关于诗的对话》中更是进一步阐发了莫里茨对神话的理解，将神话描述为一种有意识地追求绝对的创造性习语，并进一步扩展了莫里茨的论点，将哲学和艺术纳入神话这一创造性习语之下，阐明神话不是静态的，而是不断演变和展开的，具有原初、不可模仿和绝对不可解的特性。[3] 可以说经由莫里茨神话解释的巨大影响力，将神话的表现形式视为象征可以说是黑格尔与同时代人的共识。

（三）黑格尔论象征的局限

尽管黑格尔没有在《精神现象学》中对象征作专门规定，但在论及自然宗教时他还是非常隐晦地提到一种"意思双关的、自身带

---

[1] F. W. J. Schelling, *Sämmtliche Werke*, Abt. 1, Bd. 5, hrsg von K. F. A. Schelling, Stuttgart: Cotta, 1859, S. 412.

[2] A. W. Schlegel, "Vorlesungen über schöne Literature und Kunst", in *Kritische Ausgabe der Vorlesungen*, Bd. 1, hrsg von Ernst Behler, Paternborn: Schönigh, 1989, S. 258–259.

[3] Friedrich Schlegel, Athenäum, in *Kritische Friedrich-Schlegel-Ausgabe*, Erste Abteilung, Bd. 2, hrsg von Hans Eichner, München & Paderborn & Wien & Zürich: Schöningh, 1967, S. 86.

有神秘性的本质：有意识的一面与无意识的一面相挣扎、简单的内在本质与多种形态外在表现相伴随、思想的暗昧性与表现的明晰性相并行"①。不管是光、动植物还是工匠都是对普遍意识本质（在现象学中也被称为"神圣本质"）某一方面的反映，这些不同的自然物都被视为神圣本质本身，这使得整个自然充满了神灵，而且在象征中反映物和神圣本质的直接合一，使得无限的内在意义和外部表现之间没有区别，故而也谈不上很高明，象征物和被象征物混为一谈②。在艺术宗教阶段，这些自然物仍然会出现在艺术作品之中，黑格尔指出，这些自然物"只是伴随着神的真形态而出现，并且已不复有本身的价值，而乃被降低到［仅仅］对他物有意义、降低到单纯的符号的地位"③，艺术包含的创造性使自然物和神圣本质在活动中结合为一，这种自然宗教向艺术宗教的提升甚至可以被视作黑格尔美学中象征型艺术向古典型艺术过渡的预演④。博德直接判断，"艺术宗教的语言本质上是神话"⑤。黑格尔与谢林之间关于神话的主要分歧并不在于是否能将象征规定为神话的特质，而在于能否视象征这种表现形式为呈现真理的本真方式。在黑格尔看来，在自然宗教中，象征对神圣本质和现实形态之间的中介模式是一种混合，所以会出现有意识和无意识的杂糅，而在艺术宗教阶段，象征表达的是一种为他存在的关系，即现实形态的独立性被取消了，它只是为着神圣本质的存在。根据象征起作用的不同方式，前者被规定为自然神话（Natur-

---

① ［德］黑格尔：《精神现象学》（下），贺麟、王玖兴译，商务印书馆1981年版，第195页。

② Vgl. Jeong-Im Kwon, *Hegels Bestimmung der Kunst*, München: Fink, 2001, S. 57.

③ ［德］黑格尔：《精神现象学》（下），贺麟、王玖兴译，商务印书馆1981年版，第199页。

④ Vgl. A. Gethmann-Siefert, *Die Funktion der Kunst in der Geschichte*, Hegel Studien, Beiheft 25, Bonn: Bouvier, 1984, S. 195, vgl. Jeong-Im Kwon, *Hegels Bestimmung der Kunst*, München: Fink, 2001, S. 58.

⑤ ［德］贺伯特·博德：《黑格尔〈精神现象学〉讲座：穿越意识哲学的自然和历史》，戴晖译，商务印书馆2016年版，第327页。

mythologie），而后者是精神性神话（geistige Mythologie）①。

　　黑格尔认为，唯有精神性神话才是艺术宗教的内容，而精神性神话的特点就在于作为象征形式的自然物和被象征的神圣本质之间直接的联系被剥离了，它们之间的等同性依赖于特定的伦理实体。以鹰为例，只有在希腊神话中，它作为宙斯的象征才被视为神圣的，而在其他民族的眼中，鹰并无附加的神圣含义。因此，在精神性神话中象征物已经转化为黑格尔意义上的"符号"，不过这种作为神话象征形式的符号尚未达到语言学意义上的符号的程度。在语言中的符号只具备单一功能，它在自己所属的语言系统中通过与其他符号的区别而成为一个独一无二的存在，但鹰并不是单义或者独一无二的，它对宙斯的指涉并不建立在鸟类的外在形象和神话体系之间的规范性关系上，而是来源于偶然和任意。换言之，在希腊神话的体系之中，我们可以从鹰联想到宙斯，但却无法从宙斯联想到鹰。语言符号和象征符号之间的差别就在于，前者在一个语言系统中的意义是固定的，而后者则需要特定伦理实体保证信赖关系，因而保留了较多实体性维度。神话的原意是神圣的叙述（μῦθος—Erzählung），是神的本质和神的活动在特定民众内心中的复现；因此，语言和神话虽然都是结构性的，但神话总是既和神秘相关又和公共相关，它关涉到一种原初的立法和民族秩序。神话之为艺术作品绝非艺术家个体的产物——诗人只是承担了缪斯之口的任务，而神话则是"民族普遍言说的意识"（das allgemeine sprechende Bewußtsein des Volkess），即全部希腊人的作品，因而神话所显现的本质对整个民族而言具有内在规定性的东西，即神。② 黑格尔在此基础上意识到希腊

---

① Vgl. Otto Pöggeler, Die Entstehung von Hegels Ästhetik in Jena, in *Hegel in Jena*, Hegel Studien, Beiheft 20, hrsg von Dieter Henrich und Klaus Düsing, Bonn: Bouvier, 1980, S. 261.

② Vgl. G. W. F. Hegel, Fragment zum Ende des Systems, in *Jenaer Systementwürfe I*, Gesammelte Werke, Band 6, hrsg von Klaus Düsing und Heinz Kimmerle, Hamburg: Felix Meiner, 1975, S. 330 – 331.

艺术或神话中既包含着普遍性又包含着神秘性。这种神秘性恰好是为实体性因素所遮蔽的概念之运动，希腊神话尽管摆脱了自然神话中精神和自然的混合状态，但还是只有特定的民族（优美的阿开奥斯人）才能领会神圣本质，艺术宗教并不具备普遍的基础，而是建立在伦理实体的特殊性之上，因而成为一种有局限的宗教。

  黑格尔通过对象征形式的分析恰好得出了和谢林完全相反的看法，谢林推崇象征形式的一体性，建立起神话对基督教启示的优越性；黑格尔则发现了由于象征中反映物和被反映者之间的不同一，需要进一步剥离反映物中笼罩的各种特殊性的局限，因此神话这一象征模式必须进展为更具有普遍性、反映物更为内在和清晰的基督教的启示模式。黑格尔从真理性层面阐明了启示对象征的优越性，由此在朝向概念之真的道路上，艺术宗教必须进一步将反映物从自然物纯化为精神产物，即语言，而语言恰好表现了"由于伦理实体既然从它的外在体现里退回到它的纯自我意识，所以自我意识就属于概念主动性这一面，而精神就凭借这种主动性以使其自身成为对象"[1]；普遍自我意识的运动通过语言而赋予艺术作品本身以自我的形式，即"这样概念和创造出来的艺术品就可以相互认识到彼此是同一的东西"[2]。这意味着，以语言形式出现的艺术作品会进一步克服象征形式包含的实体性残余，使得普遍意识的主体性进一步凸显，这样一来，在艺术宗教中"所包含的却不仅仅以神话"，而且须得"以概念的形式表达出思辨的最高理念"[3]。因此语言问题（诗歌）在"艺术宗教"中，乃至在整个现象学的真理脉络之中不仅是绝对必要的，而且是至关重要的。

---

  [1]　［德］黑格尔：《精神现象学》（下），贺麟、王玖兴译，商务印书馆1981年版，第198页。
  [2]　［德］黑格尔：《精神现象学》（下），贺麟、王玖兴译，商务印书馆1981年版，第198页。
  [3]　Karl Rosenkranz, *G. W. F. Hegels Leben*, Darmstadt: Wissenschaftliche Buchgesellschaft, 1963, S. 139.

语言问题在艺术宗教中又自有其复杂性，正如沃尔法特（Günter Wohlfart）指出，"艺术宗教"（除了喜剧语言是一种表象式的语言）主要是一种"诗歌式"的语言①，诗歌式的语言的特点在于它"包含有普遍的内容，至少是以世界的完全性；但还不是以思想的普遍性作为它所表象的内容"②。神话作为质料使得诗歌语言一方面获得了概念的普遍性，但同时还为伦理实体的特殊性所局限，然而诗歌语言本身却具有朝向纯粹概念的潜能：

> 首先需要知道的是，什么是神的本质和活动；在这方面给予教导先前是有智慧者的职责，而艺术，尤其是诗艺原初的绝对的规定。这种教导一方面是解释自然和历史，另一方面则是为知觉和表象构造神及其活动的思想。③

诗歌的特殊性，被沃尔法特称为"摩涅莫辛涅"（记忆女神 Mnemosyne），即在诗歌中所呈现的是现实的精神及其活动，是对民族过往生活的复现④。通过这种在内在之中复现，神话首先摆脱了时空对直接存在的限制（作为自然物的反映媒介），从而转变成了一种普遍的内在经验，"《圣经》是富有韵律的，是诗歌，而非散文。荷马（史诗）囊括了一个世界、宇宙——它来源于其民族的内心生活，就仿佛是这个民族自己歌唱出来的。荷马不是一个个体"⑤。因而，在

---

① Vgl. Günter Wohlfart, *Der spekulative Satz*, Berlin & New York：De Gruyter, 1981, S. 158.

② ［德］黑格尔：《精神现象学》（下），贺麟、王玖兴译，商务印书馆1981年版，第214页。

③ G. W. F. Hegel, *Nürnberger und Heidelberger Schriften（1808–1817）*, Werke in zwanzig Bänden, TWA, Bd. 4, Frankfurt. a. M.：Suhrkamp, 1986, S. 285.

④ Vgl. Günter Wohlfart, *Der spekulative Satz*, Berlin & New York：De Gruyter, 1981, S. 158.

⑤ G. W. F. Hegel, *Nürnberger und Heidelberger Schriften（1808–1817）*, Werke in zwanzig Bänden, TWA, Bd. 4, Frankfurt. a. M.：Suhrkamp, 1986, S. 285.

"艺术宗教"中，黑格尔最为重视"精神的艺术作品"这一小环节，其中包含了黑格尔诗学的大体轮廓和主要洞见。

二 作为形象语言的造型艺术向诗歌语言的过渡——扬弃直接性和形象性

（一）造型艺术对自然物直接性的扬弃

自然宗教中工匠宗教的环节实际上体现出了赋予现实生活以自我意识的形式的主体性，但由于普遍意识对自己的劳动和对自然的改造仍然是无意识的，黑格尔将这种无意识的内在本质戏称为"单纯的黑暗，无运动的、黑色的无形式的石头"①。因此，尽管奴隶被动的工作或行动产生了希腊艺术家充满自我意识的活动类似的结果，但却不能因此将二者等同起来。在这个意义上，在埃及的工匠宗教中，普遍意识虽然因为奴隶的身份并未摆脱主人的外在强制，但却以无意识的方式逐渐消除了自然物的外在性和消极性，从而使创造活动转变为"一种从自身出发并在自身内表现着自己的内在本质"②。自然宗教与艺术宗教尽管都是普遍意识对自身功业和业绩的反映和夸耀，但艺术宗教较之自然宗教扬弃了本体论层面更多的实体性和行动方式上的预设性，普遍意识在艺术作品和艺术创作这种特定的形态中能更准确地把握住这种真理性本质。

博德认为艺术宗教的特性在于，"它在自由的道德教化中具备实体。但是这里它知道自己在对象中是行动着的意识。没有对立于它的世界，既没有现实的世界，也没有信仰的世界，而它自身在其作品中是现实的，并且只因此现实性才作为精神自身的现实性而成为对象。现实性也是艺术宗教的发展的逻辑位置。这种现实性的精神

---

① ［德］黑格尔：《精神现象学》（下），贺麟、王玖兴译，商务印书馆1981年版，第194页。
② ［德］黑格尔：《精神现象学》（下），贺麟、王玖兴译，商务印书馆1981年版，第195页。

第二章　审美革命、原型世界与真理之象征:现象学"艺术宗教"的批判与建构　307

性已经表现在:它和实存相区别,在与可能性和必然性的诸模态的统一之中得到把握"①。尽管这种按照逻辑规定的完备性来看待现象学意识形态演进可能有一定的机械性,但普遍的自我意识的确在艺术宗教这一阶段体现出对现实的改造和渗透。如果说在自然宗教这一阶段中,普遍的自我意识还在寻找符合对自己本质理解的自然物,这也使得普遍意识的能动性被沉默、混沌、惰性的自然吞没,那么在艺术宗教中,普遍的自我意识颠倒了在自然宗教中的作为,不再被动地在自然世界中寻找自然物,而是通过行动改造和重塑伦理生活的根基,这种改造和重塑重新体现了希腊人或人类在这一历史阶段的行动方式,民族以个体的方式活动并创作艺术品。自我意识的创造性与对象的惰性之间的不相符合,成为整个艺术宗教阶段发展的线索,可以将这条线索概述为主体性原则对实体性因素的贯穿和支配,普遍的自我意识通过创造活动不断按照对自身本质的认识改造现实,而这种认识就被反映为具体的艺术作品。谢林认为,"荷马"(Homeros)从字面上来看就是"合一者"之意——即普遍者本身,然后显现为特殊东西或个体。② 黑格尔将之概括为神圣本质在现实形态中的呈现,两种看法都体现了概念式的思维不仅要穿透异己者,而且要使异己者成为自己的财富。

从艺术的表现媒介来看,不同的媒介所体现的普遍的自我意识的能动性或创造性也不同,因而在不同艺术形式中所反映的人类自身的世界经验也有所不同,例如,艺术宗教中出现的最初的艺术作品——建筑最为依赖自然材料,创造性施展的机会也较少,黑格尔将其称为"直接性的、就是抽象的、个别的艺术品"③,艺术家的主

---

① [德]贺伯特·博德:《黑格尔〈精神现象学〉讲座:穿越意识哲学的自然和历史》,戴晖译,商务印书馆2016年版,第311页。

② Vgl. F. W. J. Schelling, *Sämmtliche Werke*, Abt. 1. Bd. 5, hrsg von K. F. A Schelling, Stuttgart: Cotta, 1859, S. 409.

③ [德]黑格尔:《精神现象学》(下),贺麟、王玖兴译,商务印书馆1981年版,第198页。

要工作是更多地改造自然物，黑格尔将之称为，"对象性形态和它的能动的意识彼此间有最远的距离""个别性与普遍性两方面的差别，个别性一面具有自我的形态，普遍性一面表现为与自我的形态相联系的无机存在，作为自我的环境和住所"①。因为有了自我意识，就产生了真正意义上的创造活动，尽管艺术家创作的还是"抽象的艺术作品"，但比之在"自然宗教"的形态中对自然物五体投地的崇拜却大不相同，自然物的神圣性让渡于创造物的神圣性。在这一转变中，自然物在艺术家眼中丧失了神圣光环，而只保留了质料性，艺术家仅仅是根据花岗岩的坚实性而将其作为神庙的廊柱，在创造活动中，自然物仅仅充当了神性的一个符号，无论是黑石头②，或是鹰，神性现在并不体现在质料之中，而是呈现在艺术家所创造出的个别形象中。但在诸如神庙（建筑）和神像（雕塑）等造型艺术中，被艺术家创造出的个别形象并非完全依据创造力和技巧，而是自然质料和技巧的结合，这就产生了特定的矛盾：虽然自然物是无本质的环节，但艺术家要创造作品还得依赖自然物，艺术家的创造力和自然质料之间既结合，又对抗：虽然自然物是无本质的环节，但因为材料的自然属性适宜呈现艺术家心中的神圣性，反倒使得材料不可或缺，艺术家要创造作品高度依赖自然物。我们在欣赏希腊神像或雕塑而赞叹其细腻写实的风格时，同样会留意到花岗岩的稳定和雄奇。因而艺术家的创造性因为神像材料的惰性而大打折扣，被反映为静止的个别形象。故外在形象并不体现内在本质，而内在本质却被外在形象束缚。建筑与雕塑诚然体现了艺术家的自我意识，但却不是自我意识本身，希腊人顶礼膜拜的是在宏伟的神庙抑或坚实的神像，而不是艺术家的创造行动。"艺术家因而就体会到，在他的作品里，他并没有产生出一个和他等同的东西。诚然从他的作品

---

① ［德］黑格尔：《精神现象学》（下），贺麟、王玖兴译，商务印书馆1981年版，第199页。
② ［德］黑格尔：《精神现象学》（下），贺麟、王玖兴译，商务印书馆1981年版，第199页。

所引起的反应里,他会感到这样一种意识,即一批赞赏的群众把他的作品尊崇为能够体现他们本质的一种精神"①。因此艺术家希望表现媒介能够摆脱自然材料外在性的干扰,从而在艺术品中直接体现自己的自我意识,这类艺术品就是赞美诗。

(二) 对声音直接性的扬弃

在造型艺术中,艺术家通过对自然物有意识的加工与改造使自然物降低为一个非本质的环节,逐渐消除了其中的实体性因素,也提升了自己看待世界的眼界。但造型艺术(神庙—神像)中却包含了创作的主体性和自然材料实体性的纠缠,创作活动被反映为不动的雕塑。那么艺术家需要放弃自然物的惰性,以新的素材创作更能体系自己本质的艺术品,取而代之的新素材乃是声音。声音与自然物不同,它是"一种特定存在、一种具有直接自我意识的实际存在"②。不假任何中介,使神性直接呈现在声音中的艺术品就是赞美诗,普遍的自我意识自己就转化为艺术品,表达了自己,这种内在和外在直接等同的表现就是赞美诗中的默祷。在赞美诗中,每个希腊人都是艺术家,因为自己的个别自我意识和普遍的自我意识是直接等同的,黑格尔将这种赞美诗中二者的统一描述为"赞美歌内保持着自我意识的个别性,而同时这种个别性又在那里作为普遍的东西被感知,在群众中燃烧起来的默祷崇拜之忱是一条精神的洪流,这洪流在众多不同的自我意识里被意识到作为所有的人的共同行动和单一存在。精神作为所有的人的普遍的自我意识既保有它的纯粹内在性,又保有个别意识的为他存在和自为存在在一个统一体里"③。赞美诗克服了普遍意识创造性与个别形象静止性之间的矛盾,实现了活动

---

① [德] 黑格尔:《精神现象学》(下),贺麟、王玖兴译,商务印书馆1981年版,第201页。

② [德] 黑格尔:《精神现象学》(下),贺麟、王玖兴译,商务印书馆1981年版,第202页。

③ [德] 黑格尔:《精神现象学》(下),贺麟、王玖兴译,商务印书馆1981年版,第202页。

与产物直接的同一,但也随即出现了新的问题:默祷和神谕的对立,前者是私人的声音,而后者则是神普遍的语言。声音作为语言的外在形态虽然是普遍的媒介,自我意识的直接定在,但希腊人仍然预设了解神的真理需要依赖神谕,因而私人的声音始终不能通达普遍意识的语言(神谕)。普通人对神的赞美诗固然能揭示普遍意识本身的一些规定性,但却无法表达出普遍意识的全部规定性。那是不是作为普遍意识的直接表达,神谕就能恰如其分地传达出神的本质,完全契合普遍意识的自我知识呢?神谕从其普遍性来看自然克服了赞美诗中所包含的个别性和偶然性。黑格尔却看出了语言本身的神妙之处:首先,语言作为意谓的颠倒,只能以普遍的方式来意指个别者,因此语言的表达本身总是个别的;其次,语言依赖于声音,而声音这种载体因为存在于时间中,则不可避免地会自我消逝,这样一来神本身无法在声音中以一个稳定的形象持存。① 正如导论中所指出的,语言局限于自己的本性和传统同一命题的形式,不可避免地要反思自己的界限。黑格尔认为神像和赞美诗两种抽象的艺术作品都有问题,"雕像是静止的存在,前一种艺术品则是消逝着的存在。在雕像里对象性得到表现,没有表露出自己的直接自我,反之在语言的艺术品里则对象性过多地和自我或主体相联结,过少地得到形象化的表现"②。这两种形式各有优劣,而两者的结合就是一种新的中介和新的反映方式——崇拜(Kultus)。

(三)人体艺术作为形象语言

崇拜作为自我意识活动性(赞美诗的优势)和表现媒介的稳定性(神像的优势)在更完善层面的相互结合,"在崇拜中自我使得它自身意识到神圣本质从其彼岸性下降到它自身,这样一来,神圣

---

① 参见[德]黑格尔《精神现象学》(下),贺麟、王玖兴译,商务印书馆1981年版,第204页。

② [德]黑格尔:《精神现象学》(下),贺麟、王玖兴译,商务印书馆1981年版,第204页。

本质从前是非现实性的并且只是对象性的，就获得了自我意识所特有的现实性"①。约瑟夫·施密特认为在希腊宗教中崇拜也有三个层次：抽象的、内在的崇拜，崇拜的具体化——牺牲，纳入神圣形象的崇拜活动。②崇拜的实质是信徒通过放弃自己的对象性形态（自己的肉身）让神圣本质（普遍的自我意识）进入自己肉身，并最终通过扬弃消灭这个肉身的有限性，将自己的意识提高到与神性同样无限的层次。崇拜代表一种与希腊艺术完全不同的内在的神化潜在趋向，黑格尔在赞美诗中就看出了崇拜的雏形，因为信徒唱赞美诗的目的并不单纯是赞美神，更重要的是净化自己的灵魂以接纳神。但赞美诗的不足之处在于，赞美诗只是一个姿态，还没有投入实际行动中，而崇拜是将这种冲动转化为现实，这个环节的重要性在于，现在普遍意识已经从改造自然物进展到改造自己的身体，崇拜恰好就是这样一种现实的行动。③谢林将崇拜代表的希腊宗教中的潜流称为"神秘学"（Mysterien），"早先的希腊文明里不曾有一些以更直接的方式与无限者相关联的习俗和宗教行为，它们作为神秘学，从一开始就拒斥普遍有效的东西和神话"④。在崇拜中展现出的反映模式比起艺术作品显然更接近于基督教的内在启示。崇拜中的现实行动包含了两个环节——形象化（肉身）和对形象的扬弃（牺牲）：牺牲是赋予神圣本质（纯粹自我意识）以自身形象的过程，牺牲的前提是神性本质普遍性和信徒肉身个别性两个环节对立，但牺牲结合二者方式却不同于神像。在崇拜活动中，神圣本质是普遍的，而信徒的肉身是个别的，对信徒而言这个肉身是要舍弃的，因而是个别性是非本质，

---

① ［德］黑格尔：《精神现象学》（下），贺麟、王玖兴译，商务印书馆1981年版，第205页。

② Vgl. Josef Schmidt,„ *Geist* ", „ *Religion* " und „ *absolutes Wissen* ", Stuttgart: Kohlhammer, 1997, S. 352.

③ 参见［德］黑格尔《精神现象学》（下），贺麟、王玖兴译，商务印书馆1981年版，第205页。

④ F. W. J. Schelling, *Sämmtliche Werke*, Abt. 1, Bd. 5, hrsg von K. F. A. Schelling, Stuttgart: Cotta, 1859, S. 421.

而牺牲的行动却是包含自我意识的，因而个别性和自我意识的活动在牺牲中得到了统一。在崇拜的献祭活动中，被牺牲的所有物对信徒越重要，意味着这个行动本身越具有统一性，从所有物到人格，献祭物越来越具有普遍性，黑格尔指出，这种奉献的实质是"以祂自身的现实性去代替本质的那种直接的现实性。因为由扬弃两方面的个别性和分离状态的结果而产生的统一并不仅只是消极的［被毁弃掉的］命运，而且是具有积极的意义的"①。这种牺牲不仅是对直接性的扬弃，也是对个别性的扬弃，从而将普遍自我意识本身的普遍性和活动性彰显了出来，在这种崇拜的两个环节中，自我意识和形象化得到了真正的统一，因而代表了抽象的艺术品的最高点。在希腊宗教的历史发展中，大规模的崇拜要以建造神像、神庙和唱赞美诗为前提，因为神庙和神像构成了崇拜的外在场所，而齐唱赞美诗则是崇拜准备活动，而崇拜本身由此成为整个城邦共同的大事，这样一来雕塑和赞美诗的特殊性就消融在共同活动的普遍性之中。

崇拜自有特殊的意义，一方面，就其存在形态方面而言，崇拜行动体现的是各个城邦希腊人的共同事业，希腊人在对自己的城邦之神的崇拜中获得认祖归宗的感受——自己受到了城邦神的庇护；另一方面，就概念潜在的支配而言，普遍自我意识在崇拜活动的两个环节中把握到自我意识的无限活动对自身特殊性的扬弃，这个有中介的活动克服了抽象艺术作品最初包含的直接性和个别性。因而艺术宗教也就进一步发展，成为"有生命的艺术作品"，即秘仪（Mysterium）。秘仪产生了新的不一致，即神和人之间的对立。秘仪被谢林视为神秘学冲动的进一步发展，在希腊世界中，无限之神会在秘仪中临在有限的信徒之中，因而秘仪可以被视为神圣的奥秘在仪式中的降临。希普认为，在古希腊宗教崇拜中，通过伦理生活而统一在一起的民族认识到了自己的精神，但这个民族还必须凸

---

① ［德］黑格尔：《精神现象学》（下），贺麟、王玖兴译，商务印书馆1981年版，第207页。

第二章 审美革命、原型世界与真理之象征:现象学"艺术宗教"的批判与建构 313

显出在神的表象中精神性的特性,这种特性正是出现在对自然的自我反思和自我认识之中。黑格尔将厄琉息斯秘仪(Eleusinischen Mysterien)和奥林匹斯盛大节日阐发为自然与精神的结合或迎神(Apotheose)①。法尔克视秘仪为希腊宗教中道成肉身(Menschwerdung Gottes)的预演②。秘仪可被视为广义上的崇拜,而这种崇拜的特殊之处在于,"在崇拜仪式中意识不仅获得它的持久存在的一般保证,而且在本质内又获得它自身的自觉的存在"③。概言之,在这种崇拜中,普遍的自我意识直接以人的身体作为自己的反映,因此神获得了人的形象,既体现了自我意识的普遍活动,又具有形象的稳固性。这个迎神的过程从语言发展的角度加以审视即将外在的、固化的语言(造型艺术)与持续活动又不断消逝的声音结合成一种活的形象语言——人体。而人体这一中介的重要性就在于它是自然有机体的顶峰,也是精神性活动的开端,它构成了自然世界向精神世界最后的过渡点,因而自然质料直接被转化为这个中介本身的环节,"从它自己的纯本质性里堕落为对象性的自然力量和自然力量的表现,它就成为为他物、为自我而存在的东西,并且被他物或自我所消灭或扬弃。那无自我性的自然之沉静的本质就赢得这样的阶段作为它的成果,在这阶段里,自然自身给有自我性的生命提供准备的条件和被消化的材料"④。自然的实体性因素彻底被扬弃了,转化为供养人体成长的养料,因此面包与酒的祭祀仪式是神赐予信徒的馈赠(自然的神化),是人与神结合的媒介。从思想史语境来看,这种形象语言和历史中存在的希腊神秘

---

① Ludwig Siep, *Der Weg der »Phänomenologie des Geistes«*, Frankfurt. a. M.: Suhrkamp, 2000, S. 231.
② Gustav-H. H. Falke, *Begriffne Geschichte*, Berlin: Lukas Verlag, 1996, S. 344.
③ [德]黑格尔:《精神现象学》(下),贺麟、王玖兴译,商务印书馆1981年版,第209页。
④ [德]黑格尔:《精神现象学》(下),贺麟、王玖兴译,商务印书馆1981年版,第209页。

崇拜实际上就是黑格尔对早期浪漫派新神话方案中自然之精神化的扬弃。

伊利亚德（Mircea Eliade）在《宗教思想史》中对古希腊厄琉息斯秘仪的神圣含义作了一种解释：佩尔塞福涅的神显以及她与母亲的重聚构成了最终体验（epopteia）的核心内容，而这一重要的宗教体验则正是由女神的降临所激发出来的。但是无疑的，得到最终体验者（epoptes）感受到了一个神圣的秘密，这使他"接近"于女神，他也以同样的方式被厄琉息斯的神祇们"收养"。入会礼揭示了其与神灵世界的亲近关系，以及生死之间的连续性。① 弗兰克以诺瓦利斯的《赛斯女神的学徒》和黑格尔 1796 年写给荷尔德林的长诗《厄琉息斯》为例，认为现象学中艺术宗教的实质是将崇拜活动确立为艺术作品的典范，因为秘仪同时又与"天启宗教"中"基督再临"有着密切关系②。秘仪阶段将普遍自我意识对自身知识的理解反映为个别具有自我意识的人，最具代表性的便是酒神的狂欢节。希普认为，其中体现了精神与自然的直接统一，但这种统一性还未被把握为神圣本质的自我意识，而是神圣本质在自然形态中显现的自我意识（葡萄酒与面包）③，酒神狂欢节以面包和葡萄酒为中介和载体，揭示出了自然的奥秘：自然整体在更高层次上被内化为神的符号，这应和了早期浪漫派文学创作中最常见的意象——"蒙着面纱的赛斯女神"，在揭下面纱后，勇毅者会发现女神的面容竟是自己。因此自然的秘密是普遍的自我意识，是自我启示，"所启示出来的东西只是在自我的直接确定性里"④，但这也揭示了酒神狂欢节的

---

① ［罗马尼亚］伊利亚德：《宗教思想史》，晏可佳、吴晓群、姚蓓琴译，上海社会科学院出版社 2004 年版，第 255 页。

② 参见［德］弗兰克《浪漫派的将来之神——新神话学讲稿》，李双志译，华东师范大学出版社 2011 年版，第 290—316 页。

③ Vgl. Ludwig Siep, *Der Weg der » Phänomenologie des Geistes «*, Frankfurt. a. M.：Suhrkamp, 2000, S. 231.

④ ［德］黑格尔：《精神现象学》（下），贺麟、王玖兴译，商务印书馆 1981 年版，第 210 页。

局限：所揭示出的秘密只有内在本质，但却没有固定的对象形式①，换言之，这种普遍自我的活动会被分解为参与秘仪的众多信徒个别的自我意识，所有信徒唯有结为一体才能表象（普遍的自我意识本身），正如黑格尔所说：

> 因为首先启示给人的只是本质，还不是精神——还不是一种本质上采取人的形式的存在。不过这种崇拜仪式为这种精神启示奠立基础，并且把精神启示的各个环节彼此一个一个地展现开。所以在这里我们获得本质［神］活生生的有形体的体现之抽象的环节，正如在前一阶段里我们在无意识的狂热信仰中获得两个环节的统一那样。②

除了酒神狂欢节，祭神仪式中的持火炬者则以更高的形态——活生生的人体，凸现了神圣本质在自然中的自我意识，人体成为普遍自我意识的载体，它是"整个民族的本质之最高的肉体的表现"。③ 人体诚然是包含着普遍意识自我知识之内容的明晰形象，然而，这一形象对自我知识的普遍性而言仍是被外在给予的。简言之，酒神狂欢节能反映出普遍自我意识、自我知识的普遍性，却因缺乏具体的形象而会破碎，而人体虽然具有稳固而生动的形象，却因为个别形象的外在性而丧失了知识的普遍性。

从语言哲学的角度看，人体这种最形象的语言依然有局限性，而称不上最恰当的表达媒介，但是在这种形象性的语言中，已然储备了诗歌语言所需的两个最关键的因素——语言的活动性和形象的

---

① 参见［德］黑格尔《精神现象学》（下），贺麟、王玖兴译，商务印书馆1981年版，第210—211页。
② ［德］黑格尔：《精神现象学》（下），贺麟、王玖兴译，商务印书馆1981年版，第211页。
③ ［德］黑格尔：《精神现象学》（下），贺麟、王玖兴译，商务印书馆1981年版，第212页。

具体性。二者会在"精神的艺术作品"中发展成为最具有创造力的诗歌语言，这种诗歌语言代表了古希腊宗教和文化的顶峰，即在希腊古典世界中发展为史诗、戏剧和哲学[1]。

三　从诗歌语言到散文语言——向着概念的提升

"精神的艺术作品"就是纯粹的诗歌语言的作品，也是艺术宗教最高阶的反映媒介，诗歌作为最纯粹的语言艺术既以造型艺术和人体艺术为前提，复又在精神性的层面囊括了二者。普遍自我意识通过将自己的本质反映为人体的外在形象，从自然世界真正迈入了精神世界，从生命提升为精神，因此"精神的艺术作品"描述的乃是普遍自我意识在世界中的现实行动。耶施克充分肯定了伟大的诗歌艺术在宗教发展史中的贡献：艺术融入宗教历史中，宗教史的关键节点已经到来，即实体（作为对象的神）被把握为主体（行动着的神）：神，按照黑格尔的说法，东方世界只知道抽象的实体，而在希腊宗教中，神成了人，在抽象艺术作品中，体现为神的雕像，在精神的艺术作品中，就表现为悲剧；而在"有生命的艺术作品"则是神秘宗教（秘仪）。艺术宗教在这个问题上远比其他前基督教的宗教形态更重要。[2] 在这个意义上，"精神的艺术作品"作为"抽象的艺术作品"和"有生命的艺术作品"的统一，不仅是希腊宗教发展的顶峰和艺术发展的顶峰，而且代表了希腊人认知自身世界经验最完备的模式：

> 那些意识到它们的本质体现在一个特殊动物形象里的民族神灵就汇合到一起。于是那些特殊的美丽的民族神灵联合成一

---

[1] Ludwig Siep, *Der Weg der »Phänomenologie des Geistes«*, Frankfurt. a. M.：Suhrkamp, 2000, S. 232.

[2] Walter Jaeschke, Kunst und Religion, in *Die Flucht in den Begriff*, hrsg von Friedrich Wilhelm Graf und Falk Wagner, Stuttgart：Klett-Cotta, 1982, S. 170.

个万神殿，而构成万神殿的要素和寄托之所的便是语言。对民族精神自身加以纯粹直观，所看见的就是普遍人性。这种纯粹直观所看见的普遍人性，当民族精神得到实现时，就取得了这样的形式，即：一个民族精神由于自然或自然条件而同其他民族精神联合起来，从事于一个共同的事业，并且为了这个工作或事业，形成一整个民族，亦即形成一整个天地。①

现在伦理生活或现实是希腊人通过自己的行动造就的城邦世界，而不再是对自然的改造或对人体的形塑，反映这种世界经验的媒介——诗歌则是在语言中结合了对象性（形象）和自我意识（活动），因而也更适宜表达丰富具体的内在意义。史诗经由悲剧向着喜剧的提升本质上所反映的乃是希腊人对诸神的看法的深化，人类对自身本质的认识越发能摆脱特定风俗伦常的坚实基础的束缚，而变得更具有普遍性。希腊艺术日渐衰落与希腊哲学日益兴盛乃是这个过程的一体两面，诗歌语言让位给散文语言动摇了城邦的正当性，而阿里斯托芬的喜剧和苏格拉底之死既预示了美的世界的崩溃，又标志着普遍的主体性原则的开端。

（一）史诗——诸神之争

海因里希斯（Johannes Heinrichs）认为，《逻辑学》中概念论的推论逻辑对《精神现象学》"宗教章"中意识样态的结构具有支配性，宗教意识包含了推论的三个环节：（1）作为整体的精神（现实世界或世俗历史）；（2）贯彻其中的主要构筑性要素（人类与世界打交道的基本预设）；（3）将这些构筑性要素进一步规定为特殊的形态。② 环节

---

① ［德］黑格尔：《精神现象学》（下），贺麟、王玖兴译，商务印书馆1981年版，第213页。

② Vgl. Johannes Heinrichs, *Die Logik der Phänomenologie des Geistes*, Bonn: Bouvier, 1974, S. 420.

3 正是环节 2 作用于环节 1 的形象化表达。史诗是"精神的艺术品"的第一种艺术形式,诗歌语言作为中介同样在推论中结合两个极端诸神(希腊人的普遍本质)和人的城邦生活(现实世界),具体说来游吟诗人代表的是一种旁观的描述性视角,其不代表神与人的任何一方,而是呈现一类特殊的人——英雄的行动,"内容所具有的普遍性也必然为这个内容所赖以显现的意识形式所同样具有"[①],按黑格尔在柏林时期美学讲座中的说法,史诗(Epos,原义就是故事)是语言艺术中的造型艺术,"把外在现实事物的形式当作把在精神世界已发展成的整体展现给内在观念去领会""把观念中这种雕塑成的形像展现为由人和神的行动所决定的"[②]。因而游吟诗人退到了幕后,史诗客观地呈现了人和神之间完整的世界空间,即整个民族原初的世界经验,"民族中的英雄,这些英雄也同歌唱者一样都是个别的人,不过只是被表象出来的〔作为代表或典型〕,因而就同时是普遍的人,象普遍性的自由那一极端——神灵那样"[③]。英雄成为这种世界经验的代言人,他是代表着各种普遍原则的诸神与一般希腊民众之间的特殊者。诸神作为希腊自然世界和城邦生活的共同原则是绝对普遍的,普通希腊人(甚至是游吟诗人)对于诸神而言是最无足轻重,甚至英雄行动的客观呈现并不会受到游吟诗人陈述角度的干扰,更不会被希腊民众所左右,但诸神代表普遍原则又是最直接和最抽象的,因为诸神需要通过英雄对城邦政教施加影响。普遍原则由于缺乏任何具体的规定,使得诸神看似直接参与人事,但又无法对之产生实际影响,"在混合过程中,具有统一性的行动被不合理地分割开,并且这一方的行为不必要地被归给另一方。各种普遍的

---

① [德]黑格尔:《精神现象学》(下),贺麟、王玖兴译,商务印书馆 1981 年版,第 214 页。

② [德]黑格尔:《美学》(第三卷下),朱光潜译,商务印书馆 1996 年版,第 98—99 页。

③ [德]黑格尔:《精神现象学》(下),贺麟、王玖兴译,商务印书馆 1981 年版,第 215 页。

力量采取个体性［个人］的形式，从而这些力量就具有行动的原则；因此当它们要完成任何事情的时候，它们似乎像一般人一样，完全由它们自己去做，而且是自由地做出来的。因此神灵和人们所做的乃是同样的事情。那些神圣的力量像煞有介事地进行活动的严肃态度，实际上是可笑而无必要的……因为神圣的力量在支配主宰一切"①。与之相反，作为中项的每一位英雄都现实地彰显了神的一种原则，英雄强大的力量源自诸神的血脉，因而"史诗式英雄人物对它（伦理实体）的破坏"②在实质上是"神圣的力量是行动着的个人的推动力量"③。诸神是通过英雄实际参与到对伦理世界的形塑中，而整个现实生活实际上是英雄一展身手的大舞台。

从英雄自身的行动来看，每一个特定行动都包含了两个环节，行动的自主性（作为人的自我意识）和神圣原则（某位神明的旨意）的推动，但这两个方面又相互矛盾的，甚至每个方面自身也包含着矛盾。矛盾的复杂层次在《伊利亚特》中得到了充分的描绘：首先，战争看似是斯巴达与特洛伊因海伦所起的烽烟，但实际上是诸神之争——希腊联军和特洛伊联军是奥林匹斯神系内部的冲突的代理人，这一点被戏剧化地描述了女神对金苹果的争夺，雅典娜、赫拉、波塞冬和赫淮斯托斯的团体对抗阿波罗、阿尔忒弥斯、阿瑞斯和阿芙洛狄忒的团体。而宙斯作为最抽象的普遍原则，并未统一甚至无法统一两类对立的普遍原则和冲突双方。其次，战争的本质虽是诸神之争，对胜负起到决定作用的却并不是神灵，诸神与英雄一起投入战斗，在战场上展开厮杀，却不会死亡和真正受到影响，比如阿瑞斯直接参与到战争中被狄奥墨德斯击伤，而真正主导战争走向的却是双方

---

① ［德］黑格尔：《精神现象学》（下），贺麟、王玖兴译，商务印书馆1981年版，第215—216页。

② ［德］黑格尔：《精神现象学》（下），贺麟、王玖兴译，商务印书馆1981年版，第215页。

③ ［德］黑格尔：《精神现象学》（下），贺麟、王玖兴译，商务印书馆1981年版，第215页。

的英雄。最后，英雄的行动更是混乱的，因为他的行动同时包含了自主性和神明的引导，比如阿喀琉斯归还赫克托尔的遗体既听从了母亲海洋女神忒提斯的规劝，也是为特洛伊老国王普里阿摩斯的丧子之痛所感动。诸神"一方面和对立着的个别的自我性陷入矛盾的关系，另一方面它们的普遍性也同样与它们自己特有的规定以及这种规定与他物的关系发生冲突"①，这使得英雄的行动成为一切矛盾的交会点：首先，英雄的行动体现了两种普遍原则的冲突；其次，英雄所代表个别性也与诸神本身的普遍性存在着冲突；最后，甚至在英雄自身的行动之中，还包含着自主性和神明指示间的冲突。

"这些神灵活动的目的和它们的活动本身，既然是针对着他物而发，从而亦即针对着一个不可战胜的神圣力量而发，便只是一个偶然的虚假的耀武扬威，这种虚假的威武夸耀也随即化为乌有，而且行为上伪装的严肃性立即转化为毫无危险的、自身确信的游戏，既无结果，也无成效。"②诸神与世界间的关系成为一个谜：神明在现实中的活动似乎既没有对现实施加直接的影响，也没有改变祂自身。发生在史诗中的种种事件既可以看成诸神的引导的结果也可以认作英雄自己行动的结果，特洛伊战争中希腊联军的胜利离不开是雅典娜、赫拉的帮助（赫拉派出海蛇杀死了拉奥孔和他的幼子，阻止他向普里阿摩斯道出希腊联军的木马计），但也毫无疑问是奥德修斯妙计的战果。因此神的行动本身就变得可笑和无必要，成了一场"毫无危险的、自身确信的游戏"。这种无效性也否定了普遍原则的抽象性，"那否定的因素的纯粹力量就会走出来反对它们的自然本质和本性，并且这否定力量，是否定它们［诸神灵］的神圣性的最后力量，是它们所无法超过的。它们对那些注定要死的人的个别自我来说是普遍的和肯定的东西，它们的力量是个别的注定要死的人所无法反

---

① ［德］黑格尔：《精神现象学》（下），贺麟、王玖兴译，商务印书馆 1981 年版，第 217 页。
② ［德］黑格尔：《精神现象学》（下），贺麟、王玖兴译，商务印书馆 1981 年版，第 216 页。

抗的"①。真正有规定的普遍原则对于有死的凡人而言是肯定和必然的，诸神空洞的支配性转变为不可抗拒的命运，命运"因此就作为空虚的、非概念的必然性，浮游于它们［诸神灵］上面，并且浮游于全部内容所属的整个表象世界上面"②。这意味着，现在诸神也服从命运，忒提斯无法改变爱子阿喀琉斯战死于特洛伊。史诗完整地呈现了英雄行动及其相关的整个世界情境（神的原则和个体意志），即整个民族精神的客观存在，但史诗语言以造型艺术对象的客观性为原则，以描述为叙事方式，只是将行动当作一个事件或事迹，而无法表现行动的目的和结果，因而命运作为漂浮于诸神和城邦之上的阴影王国，还不为英雄人物所知，英雄无法主宰自己意味着希腊民族还处在盲目之中，而对这种盲目和不自主的克服就是"悲剧"。黑格尔认为，游吟诗人的袖手旁观和命运的必然性"都向内容靠近；那一方面、必然性方面必须用［表象］内容来充实自身，那另一方面、歌唱者的语言方面必须参加在表象内容里面；而那前此一直独立自存的内容则必须在其自身中保持着否定的东西的确定和固定的特性"③。约瑟夫·施密特将这一过渡称为"无概念的空洞性发展为一种联合的力量，概念的统一"④。概言之，英雄的自我主宰是参与到现实的各个城邦之间的冲突，而不再是诸神之争的工具。

（二）悲剧——伦理实体的分裂

游吟诗人作为史诗的吟诵者，却与史诗本身相互外在、内容上漠不相关⑤，这也构成了史诗语言的局限，它只是一种直接和外在的

---

① ［德］黑格尔：《精神现象学》（下），贺麟、王玖兴译，商务印书馆1981年版，第217页。

② ［德］黑格尔：《精神现象学》（下），贺麟、王玖兴译，商务印书馆1981年版，第217页。

③ ［德］黑格尔：《精神现象学》（下），贺麟、王玖兴译，商务印书馆1981年版，第217—218页。

④ Josef Schmidt, „Geist", „Religion" und „absolutes Wissen", Stuttgart: Kohlhammer, 1997, S. 372.

⑤ Vgl. Gustav-H. H. Falke, *Begriffne Geschichte*, Berlin: Lukas Verlag, 1996, S. 347.

叙述，而缺乏统一性，因而需要一种较高的语言——悲剧，"把本质的、行动的世界中分裂了或分散了的环节更密切地结合起来。神圣的东西的实体按照概念的本性分化成它的各个形态，而这些形态的运动也同样是依照概念进行的。就形式来看，悲剧的语言不复是[史诗式的]叙说故事，这由于它已进入了内容，正如悲剧的内容已不复是一种表象出来的东西了"①。悲剧通过合唱队的语言和演员的行动使英雄的自我意识从内在变得清晰可见，原先在史诗的客观叙述中"直接的（原始自然的）个性中纯粹的偶然性都已消失"②，如果说史诗在语言艺术中以造型艺术为原则，那么悲剧在语言艺术中则以人体艺术为原则，由此，客观叙述带有的局限性被表演赋予的英雄行动的内在统一性克服。

叙述向着表演的变化发生在悲剧形式中，作为叙述者的游吟诗人分裂为两个环节：演员和合唱队。前者是英雄本人（代表民族精神中的自我意识），后者是与英雄的自我意识相对立的现实本身（代表民族精神的无意识）。换言之，悲剧要表现的是英雄在现实中的直接行动，不再假道诸神。演员在悲剧中不再是英雄的传声筒，而就是英雄本身，在行动中，英雄将自我意识完整地呈现在观众面前，"他们不是不自觉地、自然地、朴素地说出他们开始在做和决定要做的东西的外表方面，反之他们乃是要表达出支配着他们的'思想感情'（Pathos），摆脱偶然的情况和关涉个人的特殊小节，而突出地表达出这些思想感情的普遍的个体性。最后，具体体现在这些悲剧里的英雄人物的乃是现实的人"③，在悲剧中，演员的表演展现了行动目的与结果间的关联，代表了主体性的因素，而合唱队代表的就是

---

① [德]黑格尔：《精神现象学》（下），贺麟、王玖兴译，商务印书馆1981年版，第218页。

② [德]黑格尔：《美学》（第三卷下），朱光潜译，商务印书馆1996年版，第285页。

③ [德]黑格尔：《精神现象学》（下），贺麟、王玖兴译，商务印书馆1981年版，第218页。

伦理实体、伦理生活的普遍的地基（allgemeine Boden）。他们恰好是自我意识的反面，由于缺乏否定统一，因而普遍实体沉浸在质料的杂多性中，这种特质被黑格尔称为"对多神教的幻想"（Vielgötterei der Phantasie）①，因此他不无嘲讽地将这种悲剧中诸神的冲突描绘为"在代表普通人民态度的合唱的颂诗里，时而赞美这个环节，时而又赞美那个环节，把每一个环节当作一个独立的神"②。而这些独立的神、多神之争的本质乃是概念诸环节的内在运动，而一旦缺乏否定的统一，概念的环节就将会崩溃为散漫无归的一个个的普遍实体，因此一旦悲剧中上演一个实体摧毁另一个实体，或者实体之间的对抗摧毁自我意识的个体之时，合唱队感到恐惧，同时也对被摧毁的一方感到同情，因而这种无自我意识的、无生气的普遍实体的集合，在面对悲剧发生之时，只是"首先是目瞪口呆的震惊，然后是无可奈何的怜悯，最后是空虚的平静，即听命于必然性摆布的平静"③。在悲剧语言中，合唱队既是观众眼中的参与者，但也是舞台上的旁观者。因此在悲剧中，首先是普遍自我意识的一分为二（Entzweiung），一方是直接性（普遍实体—合唱队），一方是有自我意识的个体性（演员—英雄），但同时英雄本身代表了普遍实体中的一个方面，即"这些英雄把他们的意识投进这两个力量中的一个，就在这个力量中找到他们的性格的规定性［或局限性］，并且使得他们发挥作用和得到实现"④，进而伦理实体或合唱队会出现进一步分裂，将"自身分裂为两个力量，这两个力量被称为神的法则和人的法则或者下界法则和上界法则，前者是支配家族，后者是支配国家权力的法

---

① G. W. F. Hegel, *Enzyklopädie der philosophischen Wissenschaften im Grundrisse* Ⅲ, Werke in zwanzig Bänden, TWA, Bd. 10, Frankfurt. a. M.: Suhrkamp, 1986, S. 362.

② ［德］黑格尔：《精神现象学》（下），贺麟、王玖兴译，商务印书馆1981年版，第219页。

③ ［德］黑格尔：《精神现象学》（下），贺麟、王玖兴译，商务印书馆1981年版，第219页。

④ ［德］黑格尔：《精神现象学》（下），贺麟、王玖兴译，商务印书馆1981年版，第219页。

则——两者中前者带有女性的性格，后者带有男性的性格，那么前此且有多种形式并具有游移不定的特性的各派神灵也就同样归属到这两种力量之内，而这两种力量通过这种规定也就更接近真正的个体性了"①。黑格尔将这双重分裂称为"主体的解体"（Auflösung des Subjekts），因为只有真正的否定性的统一才是主体性，主体之为能动性就在于它能在绝对对立之中将对立的双方把握为自身分化的环节，从而在否定中维持自身统一，而非将自身瓦解为对立双方中的一方。因此悲剧中代表个体—自我意识一面的英雄尽管从形式上看代表了主体性的一面，但在实际上，他只是两种对立的普遍原则之中的个体。

英雄的本质是有局限的、个体化的伦理实体，而这种被局限的普遍性就是冲突爆发的根源，英雄总是代表了伦理实体分裂出两个原则中的一方，是这一方的力量的现实化，因此，在行动中，他"就发现他自身陷于知道和不知道的对立。他由他的性格决定他自己的目的，并且知道这目的是符合于伦理本质的。但是由于性格的规定性［局限性］，他知道伦理实体的一个力量，而另一个力量对他是潜藏着的。因此那客观的当前的现实，一方面是自在的东西。另一方面是对意识而存在的东西；那上界的法则和下界的法则，在这个关系里，就意味着那知道的、启示给意识的力量与那自身潜藏着的、在后面隐伏待发的力量"②。在悲剧中，模棱两可的神谕总是产生冲突的根源，有自我意识的英雄总是以为自己是有知识的，对普遍实体本身有所认识（对自己的命运有知识），但在现实行动中，他却"会发现它的知识是片面的，它的法则只是它的性格的法则，并且它只是抓住了［伦理］实体的一个力量。行为自身就是一种转化的过程，把它主观知道的东西转变为它的对方，转化为客观的存在，把

---

① ［德］黑格尔：《精神现象学》（下），贺麟、王玖兴译，商务印书馆1981年版，第220页。

② ［德］黑格尔：《精神现象学》（下），贺麟、王玖兴译，商务印书馆1981年版，第220页。

性格和知识上的正义转化为相反的客观的正义，即转化到与伦理实体的本质相联系的正义，——转化成另外一个激动的满怀故意的力量和性格——复仇女神"①。

例如，在索福克勒斯的《俄狄浦斯》中，首先分裂出合唱队代表的是忒拜的民众，和俄狄浦斯代表的英雄的自我意识，而俄狄浦斯之内又分裂出了家庭法则和城邦法则的对立。悲剧肇始于拉伊俄斯对神谕的恐惧，因而拉伊俄斯的行动是基于对自己命运的认知，但这种行动又体现出自己的无知，任何神谕都需要解释才能揭示出人的命运，而行动中的英雄只会基于自己的规定性（普遍实体的局限性）而选择一种解释，因此无论是拉伊俄斯遗弃俄狄浦斯，还是俄狄浦斯离开养父母都又是因无知而做出的行动，他们的命运最后落实在自己的行动中，基于此认识，他们的行动原本是出于将自己带离悲惨的命运的意图，但在现实中却是完成了神谕对自己命运的规定。黑格尔指出，合唱队代表的普遍实体包含了三个层面：（1）未分化的全体，与否定的统一性相对的杂多性，在这个整体中两种对立的普遍原则并置；（2）在现实的个体（英雄）身上体现出知与无知的区别，英雄将自己当作普遍的自我意识，但实际上是有局限的；（3）知和无知的具体表现，被启示出来的字面意思（奥林匹斯神系），通过行动揭示出的隐藏意思（阴间诸神）。

这三个层面是不断深化的，本质1落实在英雄身上，本质2则转化为英雄的行动。因此在行动中，普遍实体本身包含的内在对立就被揭示出来了，"意识通过行动揭开了这一对立；按照由启示得来的知识而行动的意识认识到这种知识的欺骗性，并且就内容看来，它对实体的一个属性尽忠，却损害了实体的另一个属性，从而使得后者有权利来反对它自身。当它听从那给予它知识和启示的神时，它所抓住的，并不是启示给它的知识，它因错信了对它说来也具有

---

① ［德］黑格尔：《精神现象学》（下），贺麟、王玖兴译，商务印书馆1981年版，第222页。

双关意义的知识（由于双关意义乃是这种知识的本性）而受到了惩罚，而它必须对这种知识保持警惕"①。费维克认为，参照现代视野下的行动理论，动机与行为（Tat），内在的主体规定性与实施过程（Vollzug），必须被一起思考。行动充当的是内在的意志规定性在行为上的（tätliche）外化。自由意志只承认自己在自身中所意识到的和所意欲的东西。按照法的观点来看，俄狄浦斯的行为是杀人，而不是谋杀，从现代的视角来看，他不能是一个弑父者和乱伦者，因为这样的行为"既不是其所知亦不是其所欲的"。他的行为是因为"不知道"，是因为他对受害者是他父亲毫不知情。但英雄的自我意识固执于对其所有行为的归咎中，把行为的完整性归于自己。诚如黑格尔所言，因为英雄的自我意识还没有从它的天真中走出，达到反思以区分行为与行动，外在事件与故意及认识。在此基础上，英雄们出于个性的自主性和任性采取了把所有行动归咎于自己。② 参照实践哲学中的行动理论，在英雄身上发生的并不是主体与实体的冲突，而是片面的普遍性与普遍性整体之间的冲突，换言之，无论英雄采取哪一种合乎认识的行动，他的行动都既是正当的，又是错误的，因此，片面的自我意识一定会成为普遍原则冲突之下被摧毁的个体。因此，在悲剧这种形式中，神圣本质与现实形态仍无法妥善结合，它只能将神圣本质的规定性打散并分配给对立的双方，从而将普遍性降格为有局限的普遍性，而对立的双方都将自身当作异己的东西，从而充满了恐惧③。而悲剧所反映的无非就是普遍意识在现实行动中逐渐意识到的个体与共同体本身不同一，这逐渐揭示出伦理实体作为共同体本身对个体而言也并非至上和神圣，它代表的可

---

① ［德］黑格尔：《精神现象学》（下），贺麟、王玖兴译，商务印书馆1981年版，第223页。

② 参见［德］克劳斯·费维克《黑格尔的艺术哲学》，徐贤樑等译，商务印书馆2018年版，第63—69页。

③ 参见［德］黑格尔《精神现象学》（下），贺麟、王玖兴译，商务印书馆1981年版，第225页。

能只是某一方特殊的利益，在共同体中个体自由意识呼之欲出，而诗歌语言也日趋衰落。

（三）喜剧——散文语言的出现和古典希腊的瓦解

在史诗和悲剧中，推论两端的结合都可被视为主体性和实体性旗鼓相当的对抗，这种个体自我意识与伦理共同体之间的矛盾也暗示了诗歌语言的局限，诗的特性是将外在的表现方式降低为诗歌的内容，从而使精神性的媒介代替了自然的或感性的媒介，但诗歌语言实际上还保留在内容和形式未经分割的实体性之中，英雄、行动、事迹以及整个世界情景这些广泛复杂的要素都紧密而不可分的联系在一起，哪怕是普遍的原则也被刻画为诸神形象性的引导或伦理实体中代表性的个体，是制作内在的形象。而散文语言则是诗歌语言的对立面，它切断了诸如行动的目的和结果，人物与世界情境之间实体性的联系，再重建这种虽然密切却仍是偶然的联系，喜剧通过散文语言体现出了战胜实体性的主体性，即"把现实的自我意识表述为神灵的命运"[1]。在散文语言中，命运不再是不可测的神意，神谕的模棱两可性已经被剥离，在现实的自我意识之中只有思维的普遍活动，歌队、演员和观众都是能思维的独立的主体性，一切区别都被取消了。沃尔法特指出，喜剧语言的独特之处在于，它是艺术宗教这种形态中传达精神自由最具体、最丰富的语言，它将神圣本质（神）颠倒为自由的自我意识（人），它是艺术宗教中最高级、最深刻的语言[2]，也因为喜剧的语言剥离了形象之间的联系，在丧失诗意的同时却获得了思想的普遍性。这种语言呈现诸神虚假地投身现实世界之中，却不是将伦理共同体一分为二地表现有意识的一方与无意识的一方的冲突，而是充分表现出普遍意识对自身本质的颠

---

[1] ［德］黑格尔：《精神现象学》（下），贺麟、王玖兴译，商务印书馆1981年版，第225页。

[2] Günter Wohlfart, *Der spekulative Satz*, Berlin & New York: De Gruyter, 1981, S. 166 – 167.

倒认识在现实世界中显得滑稽可笑，从而让一切神性瓦解在自我意识无情的反思中，而"摘下英雄、诸神那受命运摆布的面具"①。

现实的自我意识是确知神圣本质在现实相互矛盾的愉快的意识，因此喜剧的主要特点是反讽（Ironie）。在喜剧中，世俗世界就是国家和家庭的集合，但这个集合不再是悲剧中合唱队所代表的那种多神教的幻想，或伦理实体与个体直接的同一性，而是个体与伦理实体之间的疏离，从而尝试摆脱局限性的束缚，黑格尔称之为"普遍体之自觉的纯粹知识或理性思维"②。因此，伦理实体的普遍性让位于个别意识的普遍性，"人民，即一般群众，知道自己是[国家]的主人和统治者，同时也知道自己的理智和见解应该受到尊重，于是他们就忘其所以，对国家施加压力，看不见自己的现实的特殊性所包含的局限：因而表现出他们自己对自己的看法与他们的直接存在，他们的必然性与偶然性、他们的普遍性与卑鄙性之间的可笑的对照或矛盾"③。因此这个普遍性本身虽然是一个统一体，但仍然不是否定的统一，而是有局限的普遍性，一旦个体意识发现了这个奥秘，那么"理性的思维取消了神圣本质的偶然形态，与合唱队的无概念性的智慧（这种智慧提出了各式各样的伦理格言并且认为一大堆道德规则、特定义务和正义概念有权威性）相反，它把这些东西提高为美和善的简单理念"④。现实的自我意识不会再像英雄那样陷入两种对立的普遍原则中，他就是喜剧中的主角，是最普通的希腊人，现在他对城邦本身有局限的普遍性心知肚明，因而对城邦之神的本质也了然于胸，城邦之神无非是将伦理实体的种种风俗

---

① Luis Mariano de la Maza, *Knoten und Bund*, Bonn: Bouvier, 1998, S. 182.
② [德]黑格尔：《精神现象学》（下），贺麟、王玖兴译，商务印书馆1981年版，第226页。
③ [德]黑格尔：《精神现象学》（下），贺麟、王玖兴译，商务印书馆1981年版，第226页。
④ [德]黑格尔：《精神现象学》（下），贺麟、王玖兴译，商务印书馆1981年版，第226—227页。

颠倒为神圣的形象而已，现在神明中的那些实体性的内容——崇高、不可侵犯全都瓦解。现实的意识通过思维瓦解了这些实体性因素，重建其规定，可以自由地用任意的内容去填补，将之抽象为纯粹的表象形式。所以现实的自我意识就是喜剧中反讽，是主观辩证法。

而阿里斯托芬和苏格拉底就是这种反讽和辩证法的代表人物。阿里斯托芬在《云》这部喜剧中生动地呈现了神圣本质如何在世俗世界中瓦解，主体性如何取得了对实体性的全面胜利的。斐狄庇得斯（Φειδιππίδης，这个名字的希腊文意义是勤俭的马，而此人因为热衷于赛马而欠了大笔的债务，可见阿里斯托芬在名字的设计上的反讽意味）在苏格拉底那里学到了对话的技艺（辩证法），先后瓦解了"欠债还钱"和"父为子纲"这两条原先被视为天经地义的简单思想，在阿里斯托芬看来，苏格拉底辩证法的实质是怀疑，首先辩证法颠覆传统那些未经反思而被接受的神圣本质，辩证法作为一种思维的力量，使得辩证法的运用者轻易地发现了认识和存在、必然性和偶然性、普遍性和个别性之间的矛盾，从而成功瓦解了先前那些看似坚实可靠的普遍实体；其次在这个瓦解的过程中，思维本身的力量被视为新的绝对力量，然而思维虽然是自足的，但思维者却受到自己的意图和情欲的支配，因此"辩证知识的力量使得行为的特定格言和规则成为情欲和为情欲所引入迷途的青年的轻浮性格所任意歪曲利用"[1]，这种运用既可以让斐狄庇得斯成功赖掉赌债，也可以让他暴打父亲斯瑞西阿得斯，在父亲这个老年人看来，学会辩证法，则无异于把欺骗的武器放在他们手里。[2] 因为像"欠债还钱""父为子纲"这些绝对的东西，城邦的原则、家庭的原则这些原本充满实体性的内容在主观辩证法面前不堪一击，成为"空

---

① [德] 黑格尔:《精神现象学》（下），贺麟、王玖兴译，商务印书馆 1981 年版，第 227 页。

② [德] 黑格尔:《精神现象学》（下），贺麟、王玖兴译，商务印书馆 1981 年版，第 227 页。

虚的东西，而且正因为这样它们就变成偶然的个人意见和任性的玩物"①。思维的力量在主观的自我意识手中只是工具而已，它其实是为思想者的偶然性所左右的，还达不到纯粹思维。因此在黑格尔看来，喜剧揭示出双重滑稽、双重反讽，首先是神圣原则在世俗世界中的消逝，其次则是新的普遍力量——思维本身还只是一种任意的东西，实质就是个人意见和任性。

《云》的名字来源于喜剧中唯一出现的神祇，祂的特点是并无固定的形状，不为任何事物所规定和束缚。这是对现实的自我意识的一种隐喻性表达，命运（概念）不再是自我意识无法抗拒的必然性，而是"和自我意识相结合了"②。这种结合达到了真正的否定的统一，原先保持为对立双方的"诸神灵以及它们的各环节——特定存在着的自然和关于自然的诸规定的思想——都消失了"③，因此唯一现实的就是诸环节不断循环往复的运动本身，这就是现实的自我意识的运动，这也是喜剧为艺术宗教最高点的根本原因。

> 艺术的宗教在个别的自我里完成其自身并且完善地返回到自身。由于具有自身确信的个别意识就是这种绝对力量，因而这绝对力量便失掉其为一个与一般意识相分离、相疏远的想象的东西的形式了。④

在喜剧中，神圣本质终于被还原为现实的自我意识绝对自由的行动，即现实世界的一切都是人自己的活动的结果，由此，原本被

---

① ［德］黑格尔：《精神现象学》（下），贺麟、王玖兴译，商务印书馆1981年版，第227页。
② ［德］黑格尔：《精神现象学》（下），贺麟、王玖兴译，商务印书馆1981年版，第227页。
③ ［德］黑格尔：《精神现象学》（下），贺麟、王玖兴译，商务印书馆1981年版，第228页。
④ ［德］黑格尔：《精神现象学》（下），贺麟、王玖兴译，商务印书馆1981年版，第228页。

视为直接的、神圣的、不可撼动的伦理实体本身成为活动的产物，普遍自我意识及与其打交道的现实全都被揭示为主体性，这使得普遍的自我意识的知识和现实造物之间的矛盾被克服。因此，在喜剧中，意识不再是因为分裂而苦恼的意识，而是因彻底合一而成为欢乐的意识（glückliches Bewusstsein）。而从表现形态方面来看，喜剧那用以传达神圣本质作为普遍自我意识现实的颠倒的那种语言已经不复是艺术宗教前此诸阶段造型艺术、人体艺术的语记乃至诗歌性的语言，而过渡为哲学和启示宗教都采用的散文语言，由此艺术宗教在历史中被扬弃为基督教，而诗歌语言也转变为对道成肉身的表象式的认知，将自身启示为逻各斯的语词（das Wort der Logos）[1]。

---

[1] Vgl. Günter Wohlfart, *Der spekulative Satz*, Berlin & New York: De Gruyter, 1981, S. 168 – 169.

第 三 章

朝向概念之真：黑格尔对"艺术"的规定与现象学的结构

  Die Kunst vermittelt dies Bewußtsein, indem sie dem flüchtigen Scheine, mit dem die Objektivität in der Empfindung vorübergeht, Haltung und Befestigung gibt. Der formlose, heilige Stein, der bloße Ort oder was es ist, woran das Bedürfnis der Objektivität sich zunächst anknüpft, erhält von der Kunst Gestalt, Züge, Bestimmtheit und bestimmteren Inhalt, der gewußt werden kann, nun als Gegenstand für das Bewußtsein vorhanden ist. Die Kunst ist so Lehrerin der Völker geworden.

G. W. F. Hegel

  艺术是表现这种意识的媒介，由于它能将这内容之客观化在感觉里的飘忽即逝的假象把捉住，并予以固定永久的形式。那没有形式的圣石，那单纯的地点，或任何与客观性的需要有密切联系的东西，都从艺术那里得到了形式、色彩、性格和确定的内容，这内容是可被意识到的，而且现在是作为对象呈现在意识前面。这样，艺术就成为人民的教师。①

黑格尔

---

① G. W. F. Hegel, *Vorlesungen über die Geschichte der Philosophie I*, Werke in zwanzig Bänden, TWA, Bd. 18, Frankfurt. a. M.：Suhrkamp, 1986, S. 89；中译见［德］黑格尔《哲学史讲演录》（第一卷），贺麟、王太庆译，商务印书馆1983年版，第69页。

第三章　朝向概念之真:黑格尔对"艺术"的规定与现象学的结构　333

　　上一章结合现象学的具体文本与1800年前后关于艺术与宗教联合诸种方案之间的竞争,呈现了黑格尔通过对早期浪漫派新神话、荷尔德林和自己青年时期"美学柏拉图主义"和谢林"哲学神话学"所包含的直接性和超越性的批评逐步形成自己对艺术之历史性和真理性的思考和建构。在黑格尔看来,艺术宗教在意识经验的运动中既在现实精神这一环节呈现了希腊人通过行动塑造自己伦理生活的历史进程,又在普遍意识的自我知识这一环节揭示出希腊人通过对自己行动的反思逐渐意识到了自己从改造自然、强身健体到形塑自己的世俗生活的划时代意义,这种认识就被具体投射为各种神圣崇高的艺术作品,并最终在史诗悲剧的英雄和喜剧中的反讽者那里达到了顶峰。喜剧的创作标志着个体和共同体、自然与社会、生存和行动之间直接统一,圆融无碍的古典希腊的历史性崩溃,阿卡迪亚式的田园牧歌与人类的儿童时代已不复存在。魏玛古典主义者和荷尔德林为之悲叹;谢林则试图以基督教——现代世界为过道,在未来重新回到希腊世界的永恒福祉之中;早期浪漫派乞灵于自然从现代机械原则的宰制中再次有机化,从而使整个人类的全部历史再次附魅成为绝对的艺术品。而黑格尔却在希腊世界崩溃和个体意识的觉醒中见出了自由和真理进一步前进的曙光,个体意识在喜剧中瓦解了伦理生活的给定性,认识到现实不仅能为自身所理解,更是自身活动的结果,由此个体自我意识的普遍性成为古罗马世界中的法权人格。这种个体意识之自由的觉醒构成了基督教和现代世界的开端,古代世界中的诸神(各个民族的神)现在因为个体意识本身的普遍性而汇集到万神殿中成为绝对的神,即上帝——圣父;个体意识在存在样态上的个别性则成为基督教中人与神对立的根本原因,虽然现在自我就是真正的、普遍的神圣本质,但意识本身尚无法扬弃活动方式和存在样态彼此矛盾的预设,这种个体意识的个别性被投射为圣子——基督;最后二者通过每个信徒基于自我意识,而自发地重新集结为一个真正的普遍教会,结合了圣父和圣子之间的不同一,构成了人类对自身本质非概念性认识的顶峰,即"三位一体",

而达到了通向纯粹思维最后的临界点。从历史哲学的角度看，希腊艺术宗教尽管与基督启示宗教呈现出统一方式上的不同，但却构成了基督启示宗教的前提和准备；从认识理论的层面看，神话—象征同样包含了朝向教义—启示提升的潜能。这也构成了概念在意识经验运动中深层的统一性，但不可忽视的是，艺术同样在朝向概念之真的道路上发挥了双重功能，由此与基督教一道成为精神的回忆方式之一，即普遍的自我意识对整个世界历史哲学式的思考。

本章将集中讨论黑格尔在现象学中对艺术双重功能的规定：第一节将围绕着谢林、施莱尔马赫和黑格尔对艺术和宗教关系的探讨，阐明艺术和宗教的联合对于个体意识之教化的重要意义。第二节将基于黑格尔对艺术宗教向天启宗教提升的详细分析，初步呈现了艺术在本体论维度扬弃实体性因素、在认识论维度扬弃知性思维预设的双重功能。第三节在第二节工作的基础上进一步讨论黑格尔在现象学中对"艺术"的规定，并围绕着黑格尔整个体系（现象学—逻辑学—实在哲学）的圆圈式结构探讨黑格尔现象学与其美学的关系。

第一节 艺术与宗教的永恒同盟：神秘学、"无艺术作品的艺术"与"精神的回忆"

伴随着新古典人文主义运动而出现的"希腊狂热"（Graeconmania）浸透着德意志民族身份和文化认同的建构的迫切诉求，但在此之外，仍包含着为数众多的异质性因素：最为关键的无疑是对现代世界分裂的敏锐洞察，但洛苏尔多（Domenico Losurdo）一针见血地指出，"在德意志大地上，对现代世界的谴责不仅来源于对古典时代的缅怀，而且也出自对德意志中世纪本身的眷恋"[1]。海涅（Hein-

---

[1] Domenico Losurdo, *Hegel and Freedom of Moderns*, translated by Marella and Jon Morris, Durham: Duke University Press, 2004, p. 246.

rich Heine）将这种眷恋戏称为基督教"用一个充满魔鬼的自然代替了那个充满神灵的自然。然而人们不容易把与罗马文明共同统治南欧的那种明朗的、被艺术美化了的希腊神话里的形象，有如把日耳曼诸神那样，改变成可厌的、令人战栗的魔鬼面貌"①，进而揶揄早期浪漫派，"德国浪漫派不是别的，就是中世纪诗情的复活，如其在中世纪诗歌、造型作品和建筑物中，在艺术和生活中曾表现的那样。但是，中世纪的这种诗情是从基督教产生的，它是基督的血液滋养而成的一朵西番莲花"②。狄尔泰则认为相比于对希腊世界的狂热，这种由马丁·路德开启、青岑多夫伯爵引领至高峰的对宗教的内在虔敬构成了德意志民族本身的"内在性"特质，并进一步扩展与道德的内在性、审美的内在性相互结合并加以渗透，"德意志特殊的社会和政治环境使我们的思想家和作家的道德素质具有独特的性质。自路德的宗教热忱以来，德意志人思考方式特有的基本特色是道德意识的内在性，仿佛宗教运动回归到自身之中——确信生命的最高价值不在外部的事业而在思想品质中。民族的四分五裂、有教养的市民阶层对政府毫无影响，都加重了这一特色。作为市民生活坚定基础的新教国家的纪律，曾维持正直诚实、履行义务、主体对良知负责的拘谨意识的有效性，而启蒙运动则仅仅使道德意识摆脱了曾经使其与超验世界发生关系的基督教教义，由此更加强了那种拘谨的坚定性"③。这种1800年前后德意志思想界对希腊世界和基督教世界复杂关系的讨论以及对基督教—新教内在虔敬一并渗透到了黑格尔对"艺术宗教"和"天启宗教"在意识经验运动中演进秩序的思考之中。

---

① ［德］亨利希·海涅：《论德国宗教和哲学的历史》，海安译，商务印书馆2017年版，第23—24页。
② ［德］亨利希·海涅：《浪漫派》，薛华译，商务印书馆2016年版，第5页。
③ ［德］狄尔泰：《体验与诗》，胡其鼎译，生活·读书·新知三联书店2003年版，第55—56页。

一　希腊世界与基督教世界在德意志思想界的纠葛

（一）希腊崇拜的内在特性

黑格尔在1823夏季学期的美学讲座中盛赞温克尔曼唤醒了德意志对古典艺术沉睡已久的兴趣，"我们将区分理想（美）与自然的标准归功于温克尔曼"[1]。德意志新古典人文主义运动和古典希腊崇拜均肇始于温克尔曼，歌德将这种对"古典希腊"的崇拜概括为"这种异教意识从温克尔曼的行为和著作里流露出来，尤其体现在他的早期书信中，当时他还在与新的宗教观念发生摩擦并因此殚精竭虑。他的这种思维方式，他对所有基督教意识方式的远离"[2]，似乎自此德意志精神就决定性地偏离新教而朝向希腊异教返回，但梅尼克敏锐意识到这两种宗教冲突之下深层的一致性，"在温克尔曼对希腊美的标准的经典化中，我们同样见证了古代思想方式的一场胜利。然而，甚至在温克尔曼看来完全是古典世界的异教徒的地方，他还是一个德意志人……保存了一些德意志新教的遗产。即使在罗马，在他为自己的感悟而欢呼唱歌时，也是在唱一首来自新教的赞美诗集的晨赞歌"[3]。按照梅尼克这一判断，温克尔曼实际上依然植根于基督教—新教的"内在性"原则将古典希腊从客观的艺术世界转变为内心的审美世界，"内在的感觉必须启导心灵的活动……这种感觉与其说是炽烈的，不如说是柔和的，因为优美在这个部分的和谐中形成，而各部分的完美在逐渐的高涨中显示出来，自然也平稳地渗透和作用于我们的感觉，柔和地把我们的感觉吸引在身旁，而没有

---

[1] G. W. F. Hegel, *Vorlesungen über die Philosophie der Kunst Berlin 1823*, Nachgeschrieben von Heinrich Gustav Hotho, hrsg von Annemarie Gethmann-Siefert, Hamburg: Felix Meiner, 1998, S. 238.

[2] ［德］歌德：《论文学艺术》（歌德文集卷10），范大灿、安书祉、黄燎宇等译，人民文学出版社1999年版，第416页。

[3] ［德］弗里德里希·梅尼克：《历史主义的兴起》，陆月宏译，译林出版社2009年版，第269页。

突然的情感爆发"①。温克尔曼所开启的独特的接受模式在很大程度上潜在决定着黑格尔、谢林、荷尔德林和早期浪漫派看待希腊和基督教的方式。

概言之，得益于温克尔曼的影响，魏玛古典主义看待希腊的方式在歌德的意大利之行（1786—1788年）后基本定型，而萨弗兰斯基却在其中发现了席勒的洞见，"在基督教的一神论与现象抽象的理性统治之间，可能存在一种关联，这是席勒独创的想法"，"对他（席勒）来说，希腊古典文化具有一种审美的世界关系的烙印……它可以色彩鲜明的反衬现代"②，由于掺杂了对基督教—现代世界的批判，魏玛古典主义"完全转向古希腊文化……把基督教看作是一种被克服的前现代事件而与之疏远"③。而早期浪漫派则反其道而行之，诺瓦利斯的《基督世界与欧罗巴》与瓦肯罗德的《一个热爱艺术的修士的内心倾诉》都透露了从新教重新回归天主教的强烈冲动，从而克服希腊异教精神对德意志传统文化之根的侵扰，"重新认识到古希腊和基督教之间的对立，并试图通过基督最终战胜希腊的诸神世界"④。而荷尔德林与古典希腊的关系最为复杂，青年时期（包括青年黑格尔）与魏玛古典主义接近，倾向于彻底转向希腊而疏离基督教，并将之一直保持到"美学柏拉图主义"之中。但从写作《许佩里翁》第二卷，尤其是创作《恩培多克勒之死》开始，荷尔德林则又开始寻古典希腊与基督教的和解，最为显著的是在颂歌《面包与酒》中有意识地将狄俄尼

---

① ［德］温克尔曼：《论古代艺术》，邵大箴译，中国人民大学出版社1989年版，第113—114页。

② ［德］吕迪格尔·萨弗兰斯基：《席勒传》，卫茂平译，人民文学出版社2010年版，第260、256页。

③ ［德］汉斯·昆、瓦尔特·延斯：《诗与宗教》，李永平译，生活·读书·新知三联书店2005年版，第167页。

④ ［德］汉斯·昆、瓦尔特·延斯：《诗与宗教》，李永平译，生活·读书·新知三联书店2005年版，第167页。

索斯与基督的合一作为欢庆"来临中的神"①。不过这种综合在汉斯·昆（Hans Kung）看来"不再是古希腊文化被容纳进基督教，而是基督教从属于古希腊文化"②。

（二）谢林论神秘学

按照宗教学大师伊利亚德的研究，希腊宗教包含了两支来源不同、形态不同的神系，以宙斯为核心的奥林匹斯神系（希腊宗教的正统）和以德墨忒尔—狄俄尼索斯为代表的秘教，这两种相对的宗教形态，前者属于希腊人的公开宗教，而后者则属于特定人群的秘教。③ 弗兰克认为，秘教的神秘性和随后出现的基督教的启示性息息相关，因而秘教对早期浪漫派和早期观念论都产生了持续和隐蔽的影响，除诺瓦利斯的《赛斯的学徒》和黑格尔青年时题献给荷尔德林的长诗《厄琉息斯》直接涉及了自然的奥秘和诸神的复活这两大秘教的重要主题，秘教最核心之秘就是自然中的神性（或有限中无限的启示），谢林在《一种自然哲学的理念》中将之概括为，"在自然中包含的神秘本身无法实在地客观化，无法成为公开的自然秘教。那制造理念世界的、那尚且不为人知的神圣性在未从自然获得内容之前无法显现自身"④；而弗·施莱格尔在《关于神话的对话》中进一步将自然中的神性称为观念论的核心，"使你们确信最神圣的秘教的确定性。如同精神的本质就是自我规定，永远交替地走出自身又回到自身；如同每一个思想不过是这样一个行动的结果一样：这个进程在形形色色的观念论中大体也是明显的；观念论本身也不外乎是那个自我法则的承认，并且就是那个新的、通过这个承认而二重

---

① 参见［德］曼弗雷德·弗兰克《浪漫派的将来之神》，李双志译，华东师范大学出版社2011年版，第296页。

② ［德］汉斯·昆、瓦尔特·延斯：《诗与宗教》，李永平译，生活·读书·新知三联书店2005年版，第134页。

③ 参见［罗马尼亚］伊利亚德《宗教思想史》，晏可佳、吴晓群、姚蓓琴译，上海社会科学院出版社2004年版，第305—314页。

④ F. W. J. Schelling, *Sämmtliche Werke*, Abt. 1, Bd. 2, hrsg von K. F. A. Schelling, Stuttgart: Cotta, 1857, S. 73.

化了的生活。这个生活借助于无限丰富的新的想象，通过普遍的中介性，通过活生生的效用最庄严地展示了自己神秘的力量"①。早期浪漫派和青年谢林都将秘教之秘（esoterisch）界定为整个自然的有机化，而在黑格尔看来秘教的核心就是自然和精神在人体中的统一，因而秘教不复是东方式的自然宗教——在自然中发现神性，而是将自然物甚至作为自然中有机体顶峰的人体视为需要被扬弃的，神圣性实存于自然物甚至人体之中，就在于对它们的消耗，唯有成为神性的养料甚至是容器，自然物或人体才能在神圣本质中提升到更高的完满性，"他们最好是回到那最低级学派的智慧，回到古代关于谷神克瑞斯和酒神巴克斯的厄琉息斯秘教去，他们必须先去了解吃面包、喝葡萄酒的秘密所在"②。

而黑格尔对"有生命的艺术作品"的分析恰好和谢林对希腊"原始神话"中"神秘学"的界定——以有限表现无限是东方宗教的冲动——保持一致，正如布克哈特（Jacob Christoph Burckhardt）在《希腊文化史》中将狄俄尼索斯描绘为东方之神，"他与希腊所有的神不同之处不仅仅在于他是作为来临者，作为异乡人登场的，而且还在于，他以奇特的方式要求尊重和认可"③。在谢林看来，虽然希腊"自然神话"的主流是无限者和有限者在有限者中的直接同一，但这种实体性的合一并没有彻底压制无限者试图直接显现的躁动，这种特性虽然"原本对希腊文明而言是陌生的，而且希腊文明后来只能在哲学里吸收这些要素。无论什么地方，哲学的开端都是无限者的概念，而哲学最初的躁动首先表现在一些神秘学诗歌里面，比如柏拉图和亚里士多德提到的俄尔弗斯歌集（or-

---

① Friedrich Schlegel, Rede über die Mythologie, in *Kritische Friedrich-Schlegel-Ausgabe*, Erste Abteilung, Bd. 2, hrsg von Hans Eichner, München & Paderborn & Wien & Zürich: Schöningh, 1967, S. 314 – 315.

② ［德］黑格尔:《精神现象学》（上），贺麟、王玖兴译，商务印书馆 1981 年版，第 71 页，译文有改动。

③ Jacob Burckhardt, *Griechische Kulturgeschichte*, Leipzig: Kröner, 1929, S. 380.

phischen Lieder）、穆索斯（Musäos）的诗、视灵者和哲学家埃庇米尼得斯（Epimenides）的大量诗作"①。谢林见出了这种潜伏在"神秘学"中的强有力的冲动，虽然并非"原始神话"或"原型世界"中的主流，但也在希腊哲学（尤其是毕达哥拉斯和柏拉图）中有所应和，最终真正在基督教中完全显现，因为基督教的启示和道成肉身的本质就是有限者通过毁弃自身迎候无限者。谢林甚至在《论自然哲学与一般意义上的哲学》中承认希腊世界和基督教世界潜在的连续性，"基督教的全部象征都展示出它的使命，即以形象的方式呈现出上帝和世界的同一性。基督教的独特做法就是在有限者那里直观到上帝，这个直观起源于基督教的最内在的本质，而且只有在基督教里面才是可能的。诚然，这个做法也曾零星地出现在基督教之前和之外，但这只不过是证明了基督教的普遍性和必然性，同时也证明了，历史中的各种对立就和所有别的对立一样，都仅仅是一种暂时占据统治地位的东西"②，而"基督教神秘学（Mystik）与异教处于一种最为对立的关系之中；在基督教内部，隐秘教本身就是显白宗教，反之亦然，但在异教徒的神秘学那里，绝大部分表象本身就具有一种神秘的性质。如果不考虑异教徒神秘学的那些更为晦涩的对象，那么可以说，希腊人的整个宗教和诗都和一切神秘主义无关。在基督教内部，或许恰恰是为了让它的最初路线达到一种更为完满的塑造，必然会出现这种情况，即那种愈来愈趋近于诗、变得晶莹透明的天主教神秘学必须让位给抗议宗的散文，惟其如此，抗议宗内部才会诞生出一种具有最为饱满的形式的神秘主义"③。

由此，基督教世界在文明论和历史哲学的意义上都比希腊世界

---

① F. W. J. Schelling, *Sämmtliche Werke*, Abt. 1, Bd. 5, hrsg von K. F. A. Schelling, Stuttgart: Cotta, 1859, S. 421.

② F. W. J. Schelling, *Sämmtliche Werke*, Abt. 1, Bd. 5, hrsg von K. F. A. Schelling, Stuttgart: Cotta, 1859, S. 117.

③ F. W. J. Schelling, *Sämmtliche Werke*, Abt. 1, Bd. 5, hrsg von K. F. A. Schelling, Stuttgart: Cotta, 1859, S. 117.

具有更高的意义，谢林在《学术研究方法论》（1803）中直言不讳地强调，"我们必定会通过这个方式认识到基督教和异教的全部对立，并且认识到，那些在基督教里面占据支配地位的理念，还有理念的那些主观象征，全都是必然的。但是在这里一般地指出这个可能性，我已经感到满足了。基督教总的说来是历史性的，不仅如此，基督教在它那些最高贵的形式里面也必然是历史性的，而这意味着，我们应当具有一个更高层次的历史观，把历史本身看作是永恒必然性的一个流溢物。既然如此，以历史学的方式把基督教理解为一个神性的、绝对的现象，这是可能的；相应地，一种以宗教为对象的真正的历史科学，亦即神学，也是可能的"①。

（三）黑格尔论秘教和奥林匹斯诸神的和解

黑格尔在现象学"艺术宗教"部分对希腊美的世界的分析涵盖了秘教与希腊宗教的正统——奥林匹斯神系，"一个通过艺术宗教的崇拜去接近神的民族是一个伦理的民族，它知道它的国家和国家的行动都是它自己本身的意志和成就"②。黑格尔在对神话及象征形式的分析中已经发现神话作为一种有局限的普遍性的根本原因就在于兼具了显白和隐秘两个方面：显白主要体现在"精神的艺术作品"在（史诗—悲剧—喜剧）之中，是能为所有希腊人所理解的诸神和英雄的事迹；而隐秘则成为神话超越伦理实体局限性之内在潜能，在一定程度上，神话的显白所要维系的正是这种隐秘，因为隐秘就是神话真理性的本质，显白虽然是经由希腊民族共同回忆而构建起的有局限的普遍形式，缺乏显白会使隐秘成为希腊人无法接受的真理，但如果缺失隐秘，那么神话就会沦为毫无效力的日常语言而丧失其作为伦理实体根基的价值。现代世界缺乏神话重生的土壤，其

---

① F. W. J. Schelling, *Sämmtliche Werke*, Abt. 1, Bd. 5, hrsg von K. F. A. Schelling, Stuttgart: Cotta, 1859, S. 295.

② ［德］黑格尔：《精神现象学》（下），贺麟、王玖兴译，商务印书馆 1981 年版，第 208 页。

根本原因就在于，神话中显白与隐秘彻底分离了，显白与隐秘分离而蜕化为语言，谢林曾指出，"语言本身只是褪色了的神话学，在语言中只是在抽象的、形式化的差异中保存了那些在神话中仍然是富有生命力和具体的东西"①；隐秘与显白分离则沦为一种对启示残缺不全和理性无法理解的幻想。

因此，在秘仪中，神圣本质是以间接的方式存在的，"事实上它还是秘密的，因为它还缺乏直接特定存在的实际确定性；它既缺乏对象方面的确定性，又缺乏享受方面的确定性，而这种确定性在宗教里不仅是无思想性的直接的东西的，而且同时是自我的纯粹认知着的确定性"②。这意味着，在秘仪中神之本质不再通过具体的艺术作品以象征的方式为人所理解，而是直接启示给秘教信徒内心，但被启示出的神之本质还是信徒们自己无法理解之外在事物，启示与象征不同，前者是神直接进入信徒的内心，而后者是间接的、需要以感性物传达出来。黑格尔认为秘教所启示的旧神死亡，新神来临的命运，"这种启示过程一方面是从它的黑夜的隐晦处向上进入到意识里作为静默地培育着意识的实体，但另一方面同样又沉陷在阴间的黑夜里、在自我里，并且只是以静默地切望回到母亲怀里的心情期待看到上界来"③。这种命运曾经在"精神"章出现，黑格尔将其描述为"一种阴间的宗教（Religion der Unterwelt）。这种宗教是一种相信命运之恐怖的、不熟悉的黑夜和相信死去的精神能够复仇的信仰"④ 与奥林匹斯神系不同，这种阴间宗教代表的是一种更古老的传统，但是在希腊世界中，它却退出了公共生活转

---

① F. W. J. Schelling, *Sämmtliche Werke*, Abt. 1, Bd. 2, hrsg von K. F. A. Schelling, Stuttgart: Cotta, 1857, S. 52.
② ［德］黑格尔：《精神现象学》（下），贺麟、王玖兴译，商务印书馆1981年版，第210页。
③ ［德］黑格尔：《精神现象学》（下），贺麟、王玖兴译，商务印书馆1981年版，第210页。
④ ［德］黑格尔：《精神现象学》（下），贺麟、王玖兴译，商务印书馆1981年版，第179页。

而司掌家庭，因此这种"阴间宗教"总是公共生活中"一个非现实的无实体的阴影"①，它构成了对伦理生活否定性的力量——代表旧神的死亡。阴间宗教与秘教有着奇特的对应性，前者是以复仇女神厄里倪厄斯为核心的旧的泰坦神系，而后者则可能是来源于色雷斯的新神系，二者的共同特点就是在夜间活动，通过特定的仪式直接让信徒经历死亡与复活。"阴间宗教"与奥林匹斯神系的和解在"精神性的艺术作品"中得到了进一步的探讨，黑格尔以悲剧的为例子，分析了"死亡"这一主题作为阴间宗教的隐秘是如何渗透到光明世界之中，这也构成了秘教和奥林匹斯神系两相和解的先声。

在悲剧中，阴间宗教隐秘被刻画为命运（Schicksal）本身的歧义性，命运具有三个环节：神谕，对意识的双重含义，真知识。在神谕中，黑格尔认为已经包含着两种对立的力量，"那知道的、启示给意识的力量与那自身潜藏着的、在后面隐伏待发的力量"②，前者是光明的、福波斯（阿波罗），而后者阴间的力量，是复仇女神厄里倪厄斯（Erinnyes），而"这种下界的正义同宙斯并列一起坐在宝座上，并且同启示的和全知的神享受同等的尊敬和威望"③。神谕本身就隐藏着双重力量和对立，因而光明的启示本身就具有欺骗性。对悲剧中英雄的自我意识而言，无论是通过理智的认知还是无意识遵从神谕的字面含义而犯下错误，都是片面的。神谕中双重力量使得一方遮蔽另一方，而由于奥林匹斯神系是希腊的显白宗教，因此德尔斐的神谕只能通过光明的启示使英雄认识其字面含义，这就导致了只有神谕中的显白被理解，而在其中潜伏着的复仇女神会在英雄的行动中才逐渐转化为现实。在英雄的行动中，奥林匹斯神系和阴

---

① ［德］黑格尔：《精神现象学》（下），贺麟、王玖兴译，商务印书馆1981年版，第10页。
② ［德］黑格尔：《精神现象学》（下），贺麟、王玖兴译，商务印书馆1981年版，第221页。
③ ［德］黑格尔：《精神现象学》（下），贺麟、王玖兴译，商务印书馆1981年版，第222页。

间宗教的潜在对立逐渐转化为现实的对立。英雄在悲剧中走向自我毁灭正是这两种伦理实体中对立的原则相互冲突的结果，即两种有局限的普遍性在对冲中揭示了其自身的特殊性。然而，新神和旧神的冲突并不只有以英雄的毁灭而告终这一结局，在《美学讲演录》中，黑格尔以埃斯库罗斯的三联剧《俄瑞斯忒亚》为例，提供了另一个两种有局限的普遍性在冲突被扬弃的模板，即提升到了一种更高的普遍性，从而超越索福克勒斯的《安提戈涅》或《俄狄浦斯王》。俄瑞斯忒亚（Oresteia）为了给父亲阿伽门农（Agamemmon）报仇，杀死了他的母亲克吕泰涅斯特拉（Klytemnästra），所以为复仇女神所追逐，而这来自塔耳塔罗斯的令人不寒而栗的厄运女神和俄瑞斯忒亚最终在雅典通过最高法院上的公民投票得到了和解，平息了纠纷。"这在大体上是一个由凡人组成的法庭，雅典娜作为民族精神的体现，当了首席法官，她应该解决这场冲突。"① 在埃斯库罗斯这部悲剧中，最高法院判决阿波罗和复仇女神们受到雅典人敬拜，这意味着复仇女神们作为阴间的旧神被接纳进入奥林匹斯的神系之中了。② 古典学家瓦尔特·索科尔（Walter H. Sokel）认为，最后厄里倪厄斯，这凶恶的复仇女神，成为欧墨尼得斯——善心神，这淡化了悲剧的和解，出于有害的、盲目的愤怒之物成了有益的、乐于提供帮助的。厄里倪厄斯成了欧墨尼得斯从根本上说这种和解乃是理性的胜利。因为说服——理性的武器带来了和解，理性取代了命运的位置、斩断了厄运的锁链。③

发生在三联剧《俄瑞斯忒亚》中旧神与新神的和解可以视为秘教与奥林匹斯神系相融合的一个前奏，而这种融合就是天启宗教出

---

① ［德］黑格尔：《美学》（第二卷），朱光潜译，商务印书馆1996年版，第212页。
② Vgl. G. W. F. Hegel, *Vorlesungen über die Ästhetik* II, Werke in zwanzig Bänden, TWA, Bd. 14, Frankfurt. a. M.：Suhrkamp Verlag, 1986, S. 58f.
③ Vgl. Walter H. Sokel, Vorwort zu Orest, in *Herakles*：*Euripides, Sophokles, Seneca, Wieland, Klinger, Wedekind, Pound, Dürrenmatt*, hrsg von Joachim Schondorff und Walter H. Sokel, München & Wien：Langen & Müller, 1964, S. 13–16.

现的先声：

> 但是这里透露给意识的还只是作为这种简单本质的绝对精神，还不是作为精神本身的绝对精神，这就是说，只是直接的精神、自然的精神。因此这简单本质的具有自我意识的生命，只是表现在面包和酒的神秘崇拜仪式中、表现在谷神和酒神的神秘崇拜中，而不表现在其他的、真正较高的神灵的神秘之中，这些较高神灵的个体性已包含着自我意识本身作为主要环节。所以精神作为具有自我意识的精神还没有把自身献给那简单本质，而且那面包和酒的神秘崇拜还不是血和肉的神秘崇拜。[1]

秘教所启示的还只是概念普遍环节的直接性，即天启宗教中的圣父的先声，在秘教和显白宗教的和解中面包与酒的崇拜就逐渐过渡到了血和肉的崇拜之中，即狄俄尼索斯向着耶稣的提升。而基督教的本质即隐秘已经能为普遍意识所把握，因此基督教并不是希腊世界崩溃的秘教，而奥林匹斯神系与狄俄尼索斯真正的综合，即一种全新的原则的诞生，被启示的隐秘个别自我意识的普遍活动。

二 施莱尔马赫论艺术作为朝向宗教的教化

1800 年前后的德意志思想家除了围绕着希腊世界和基督教世界的关系展开激烈讨论，另一个关于艺术和宗教关系的核心问题无疑就是内心虔敬和审美情感的关系。这也代表了启蒙以来德意志思想界和神学界始终致力的宗教主观化以及将直观、信仰作为宗教新本质的道路，神学家施莱尔马赫的《论宗教》是这一尝试的代表性成就。施莱尔马赫在《论宗教》写作之时与弗·施莱格尔高密度地集

---

[1] [德] 黑格尔：《精神现象学》（下），贺麟、王玖兴译，商务印书馆 1981 年版，第 211 页。

中讨论了宗教的本质，以及艺术和宗教之间关系等问题，《论宗教》于1799年匿名出版后，立刻引动了当时思想文化界第一流人物的讨论，并主导了后世整个神学的发展，诺瓦利斯受其影响迅速写下《基督教或欧罗巴》作为回应。

施莱尔马赫尝试奠定宗教的独立性，指出宗教的本质既不是思维亦不是行动，而是直观和情感，是直接的自我意识，也即对绝对者"绝对的依赖感"。《论宗教》的副标题为"对蔑视宗教的有教养者的讲话"（Reden an die Gebildeten unter ihren Verächtern），从这个副标题来看，《论宗教》具有较强的劝谕性质。施莱尔马赫正是先从教化概念入手，划定了整个预期听众的范围，并进而在这个范围中区分出可被劝谕的一小部分人。这批"有教养者""比无神论更加反宗教"，因为在他们看来"神在宗教中也无非只是作为行动者出现"①，他们实际上只是启蒙知性教化的拥趸，施莱尔马赫甚至暗示，以康德和费希特为代表的"道德神学"将道德提升为宗教的根据，看似虔敬实则最为渎神②。因而施莱尔马赫并没有期待向这批"理性神学"观念的持有者申辩（Apologie），以期能成为真正宗教的友人和同道。相反，他心目中真正的"有教养者"乃是另一特殊群体，他们试图寻找"最高的哲学"（höchsten Philosophie）③，试图"把非常粗糙的事物视为某种质朴的东西"，并将"展现这样的原始素材"作为"艺术的无限目标：在灵性事物中，本源的东西也并没有给你们创造出来，除非你们通过一种本源的创造在你们内心产生出来，所以关键也只在你们生产它的地方"④。而这就是将艺术作为时代之教化奉为最高目标的早期浪漫派，他们本身并不热心于宗教，

---

① ［德］施莱尔马赫：《论宗教》，邓安庆译，人民出版社2011年版，第75页。
② 参见［德］施莱尔马赫《论宗教》，邓安庆译，人民出版社2011年版，第71页。
③ ［德］施莱尔马赫：《论宗教》，邓安庆译，人民出版社2011年版，第28页。
④ 参见［德］施莱尔马赫《论宗教》，邓安庆译，人民出版社2011年版，第29页。

但施莱尔马赫却希望他们转变为宗教虔信的同路人，并意味深长地指出，他们会为"宗教的再生"（Palingenesie der Religion）① 做出贡献，"你们目前最高努力的目标同时就是宗教的复活！是你们的辛劳才促成了这一必做之事，我祝贺你们，哪怕是你们无意地成了宗教的救济者和培养者"②。施莱尔马赫尝试对早期浪漫派布道，使之真正了解宗教的本质——直观与艺术创作的内在亲和性，从而促成其与宗教的相遇，乃至最终和解。

因而施莱尔马赫在《论宗教》的第三篇谈话"朝向宗教的教化"（über die Bildung zur Religion）中开宗明义地指出艺术就是朝向宗教意识的教化。首先，现实世界中知性的教化模式被施莱尔马赫称为"聪慧"（Verständig），聪慧之人体现了时代的特征——富于理智，善于处理俗世之事，却对"超出感性和直接功利之外的所有其余的事情"③漠不关心，在这种教化模式下的行动者根本无法向宇宙敞开心扉、"倾心于静观"（hingegebene Beschauung）④，因而无法产生"绝对依赖感"，也完全敌视宗教。而施莱尔马赫认为真正与宗教相一致的教化便是，"宗教就是从这里取得对世界的直观的。宇宙是在内在生命中形成的，只有通过内在的生命，外在的生命才获得理解。但情感，如果它必定创造和滋养宗教的话，也必须在一个世界中被直观到。让我给你们来揭示一个秘密，这是在诗歌艺术和宗教的最古老的原始文献中隐藏的秘密"⑤。显然这一强调内在生命，强调整个宇宙的有机性乃是早期浪漫派自然精神化式的世界图景，这种浪漫式的教化观最坚定地排斥和全然否定知性的教化，也完全放弃了为日常经验或"聪慧"所主导的日常领域，对早期浪漫派而

---

① ［德］施莱尔马赫：《论宗教》，邓安庆译，人民出版社2011年版，第95页。
② ［德］施莱尔马赫：《论宗教》，邓安庆译，人民出版社2011年版，第100页。
③ ［德］施莱尔马赫：《论宗教》，邓安庆译，人民出版社2011年版，第10页。
④ ［德］施莱尔马赫：《论宗教》，邓安庆译，人民出版社2011年版，第87页。
⑤ ［德］施莱尔马赫：《论宗教》，邓安庆译，人民出版社2011年版，第50—51页。

言，整个日常世界的毁灭构成了"新神话"诞生的前提；而对施莱尔马赫而言，整个日常世界的毁灭构成了"情感宗教"诞生的前提。针对这一相同的目标，无论是世界的审美化还是宗教的复归都需要"培植一种特有的冲动，好让其他的一切活动偶尔也安静片刻，而且只有让所有的器官都开放，才便于自身被一切印象所浸润"①，这不免让人联想到了温克尔曼所描绘的宁静的"内心的审美世界"，而施莱尔马赫在柏林时期所做的美学讲座中也将这种内心的情状规定为审美意识的基本形式，并将之标识为"自由的外化和传达"（freie Äußerung und Mitteilung）②。因此，审美情感构成了培养宗教意识的第一步，真正的教化要从真实体验和浸润在事物之中开始，"每个人从他自身的意识中得知，感官有三个不同的方向，一个是向内追求自我本身，另一个是向外探求世界观的不确定性，第三个方向是这两者的联合，当感官一直处在两者之间来回漂浮时，只有无条件地假定它们有最内在的统一，才能找到它的安定，这就是朝着自身中完善者，朝着艺术及其作品的方向"③，由此才能"通过自身的自然表现"，真正激发出类似的生命体验，达到宗教意识。

其次，艺术与宗教不仅在反对时代的知性的教化上有着一致的目标，而且在施莱尔马赫看来，二者的主导性官能也是类似的。艺术和宗教所涉及的都是"属于人的真正生命的东西"，而知性所倡导的聪慧对于"判断力、观察精神、艺术感和伦理道德"④却无甚帮助。施莱尔马赫将宗教规定为思辨（Spekulation）、实践（Praxis）之外"不可缺少的第三者"（unentbehrliche Dritte）⑤，这在后康德哲

---

① ［德］施莱尔马赫：《论宗教》，邓安庆译，人民出版社2011年版，第87页。
② Vgl. Thomas Lehnerer, Kunst und Bildung-Zu Schleiermachers Reden über die Religion, in *Der Streit um die Grundlagen der Ästhetik（1795–1805）*, hrsg von Walter Jaeschke, Hamburg: Felix Meiner, 1999, S. 195.
③ ［德］施莱尔马赫：《论宗教》，邓安庆译，人民出版社2011年版，第97页。
④ ［德］施莱尔马赫：《论宗教》，邓安庆译，人民出版社2011年版，第83页。
⑤ ［德］施莱尔马赫：《论宗教》，邓安庆译，人民出版社2011年版，第31页。

学的语境下很容易让人联想到康德对审美的功能性界定,从某种意义上看,施莱尔马赫在《论宗教》中较少提及艺术很可能是他尝试以宗教重构康德批判哲学架构中艺术—审美的功能,这一点在他对宗教的著名定义——"对无限者的感觉和鉴赏"（Sinn und Geschmack für's Unendliche）[1]——中体现无疑,众所周知,诸如感觉、鉴赏、直观（Anschauung）、情感（Gefühl）都是康德赋予审美和艺术的。除开这种语境上的相似性,施莱尔马赫更是将"个体性原则"（Individualität）视为直观的首要规定,施莱尔马赫始终强调每个人要按照自己的性格（Charakter）来发展和统一自己的能力,完满性在于两种力量之间可能的关联,存在于两个对立的极端之间,而每个个体都有一种将它们统一起来的独特方式,他们都是"人性的个别呈现"（einzelne Darstellungen der Menschheit）[2]。个体的形塑无疑是通过人格之间的自由交互形成一个美好的整体[3],因此经由自由的教化"每一种个别的直观因一种充满神秘的特征总是一再地驱使人回复到自身,发现整体的基本轮廓和钥匙"[4];"一切个别的东西都是整体的一个部分,把所有有限的东西都视为无限的一种表现,这就是宗教"[5]。施莱尔马赫沿用了自然精神化的浪漫派的世界图景,而且同时强调个体性的至高无上,他更认为只有这类能依据个性达到完满状态的少数天才方能代表整个人类,这种对天才所标识的个体与普遍的有机交互正脱胎于早期浪漫派对艺术家的看法。

再次,施莱尔马赫认为艺术与宗教通向绝对者的方式有着内在的亲和性,二者在直观绝对者具有方法论意义上的类似性。施莱尔

---

[1] [德] 施莱尔马赫:《论宗教》,邓安庆译,人民出版社 2011 年版,第 31 页。

[2] 参见 [德] 施莱尔马赫《论宗教》,邓安庆译,人民出版社 2011 年版,第 169 页。

[3] 参见 [美] 弗雷德里克·拜泽尔《浪漫的律令——早期德国浪漫主义观念》,黄江译,韩潮校,华夏出版社 2019 年版,第 143 页。

[4] [德] 施莱尔马赫:《论宗教》,邓安庆译,人民出版社 2011 年版,第 93 页。

[5] [德] 施莱尔马赫:《论宗教》,邓安庆译,人民出版社 2011 年版,第 33 页。

马赫认为理解艺术本质的方法是内在的，在更晚近的著作中他将之称为"伦理的"或"思辨的"方法①，这种内在方法的要点在于对反思的克服。施莱尔马赫认为，"一种对行动的本质加以反思的内容再次被反思，这是一个如此习以为常的错误"②，但这种局限又是不可避免的，它是思想表达的前提，"除非通过一种本源的创造在你们内心产生出来"③，对反思的克服就是将被反思（反映）所限定的本源存在于自身中重新创造出来，而这种创造是绝对当下的，它在下一刻就会成为反思的产物，在此意义上创造也是反思得以可能的前提。这种创造先于反思的内在方法正是洞察艺术和宗教本质的共同法门，因而主导着艺术的自由教化和主导着宗教的自由教化均是以天才充满个性的创造活动为内在运作的机制，也唯有通过这种天才创造性的过程，才有可能将宗教和艺术这类"出于自身"之物理解为"属于人的真正生命的东西"。这种由内在方法而直观到的艺术本质，就与宗教一样都源自内在精神的驱力（inneren geistigen Trieb），施莱尔马赫认为"整个世界就是宗教景观的画廊，而每个人无一不是徜徉在其中，而你们则必须要将其比喻成这样的艺术品……在宗教和艺术这些事物中进行教育的目标"④，这些比喻性的说法表明艺术和宗教在结构上具有同等意义，且直观（Anschaung）和情感（Gefühl）是宗教和艺术共同的认识论根据。

最后，施莱尔马赫诗意地称赞艺术和宗教，"相互并列，如同两颗有爱的心，内在的血缘相亲，感觉上心心相印"⑤。而宗教和艺术的差异仅仅在于：艺术能使"无物不各具有一种固有的实存……想

---

① Vgl. Thomas Lehnerer, Kunst und Bildung-Zu Schleiermachers Reden über die Religion, in *Der Streit um die Grundlagen der Ästhetik* (1795 – 1805), hrsg von Walter Jaeschke, Hamburg: Felix Meiner, 1999, S. 197.
② ［德］施莱尔马赫：《论宗教》，邓安庆译，人民出版社2011年版，第67页。
③ ［德］施莱尔马赫：《论宗教》，邓安庆译，人民出版社2011年版，第29页。
④ ［德］施莱尔马赫：《论宗教》，邓安庆译，人民出版社2011年版，第83页。
⑤ ［德］施莱尔马赫：《论宗教》，邓安庆译，人民出版社2011年版，第99页。

象和形成无数的形相"①;而宗教的情感和表达则是限定的,即对宇宙和无限者的直观和情感(绝对依赖感),简言之,艺术侧重于一切可能情感的表达,而宗教所表达的则是对宇宙或绝对者的情感。宗教和艺术之间结构上的同源性是源于相同基础,对个体自由的教化(Bildung)则构成了通约艺术和宗教之间的桥梁;二者之间的差异也仅仅在于宗教意识主导的教化是通向超越根据和绝对者的,而艺术意识主导的教化则涉及更为普遍的情感。施莱尔马赫通过对教化和艺术关联的分析将有教养的艺术家对宗教的蔑视转化为尊重,并建立起艺术和宗教之间的亲密友谊。

狄尔泰在《青年黑格尔》中指出,黑格尔于1800年9月所作的笔记显示其"宗教概念"乃是在施莱尔马赫影响下逐渐深化的②,即"人的这种(自我)提高,不是从有限提高到无限(因为这些规定只是单纯反思的产物,由于这样,两者的分离是绝对的),而是从有限的生命提高到无限的生命,这就是宗教"③。而库诺·菲舍尔也认为,黑格尔在法兰克福时期扭转对基督教的看法,以及对上帝本质的理解都受到了施莱尔马赫《论宗教》的影响④,黑格尔明显地从由希腊世界所代表的宗教之理想性回到了德意志中世纪的神秘主义传统,"宗教的本质而仅仅在于实际的信仰,信仰宗教的人的道路就是以达到神、与神为一或拟神为目标:这个目标不是尊奉神(die Vergötterung),而是'神化'(die Vergottung),神秘主义者对这种完全化为神的状态就是这样称呼的。如果接近神不是一句空话,那么,所谓达到神和化为神就是神的观念所预定的一种可能性,这种可能

---

① [德]施莱尔马赫:《论宗教》,邓安庆译,人民出版社2011年版,第52—53页。
② Wilhelm Dilthey, *Die Jugendgeschichte Hegels und andere Abhandlungen zur Geschichte des deutschen Idealismus*, Gesammelte Schriften. Band IV, 6, unveränd. Aufl., Stuttgart: Teubner, 1990, S. 149.
③ [德]黑格尔:《黑格尔早期神学著作》,贺麟译,商务印书馆1988年版,第402页。
④ 参见[德]库诺·菲舍尔《青年黑格尔的哲学思想》,张世英译,吉林人民出版社1983年版,第54页。

性决不坚持和拘泥于把上帝和世界分割开来的二元论,而是包括世界于自身之内,当然这里的意义比普通泛神论所能许可的更要深刻,泛神论认为一切活动和状态都在上帝之内"①。黑格尔在法兰克福—耶拿时期深受施莱尔马赫"把所有有限的东西都是无限的一种表现"的宗教规定影响的同时,却决定性地偏离了其将直观、感觉和宗教意识关联的方案,并且将这种宗教的情感基础把握为一种有限主体的绝对化,最终将之归入《精神现象学》中所刻画的早期浪漫派的"良心"概念之中②。黑格尔意识到,施莱尔马赫在《论宗教》中将艺术确立为通向宗教仪式之教化的关键一环,并将内在性特质提升到了无以复加的地步,但这却意味着施莱尔马赫的艺术理解在早期浪漫派的架构中仅仅保留了天才的创造力,而逐渐放弃了艺术作品的客观性。黑格尔讽刺施莱尔马赫和浪漫派的艺术观是"艺术"必须"在无艺术品的情况下持存"(ohne Kunstwerk perennieren)③,甚至在柏林时期的哲学史讲座和美学讲座中逐渐将施莱尔马赫视为费希特主观观念论的变体。

三 艺术作为精神的回忆

与施莱尔马赫将宗教视为"无艺术作品的艺术"、谢林将宗教视为潜伏在希腊艺术中神秘学和秘教的爆发不同,黑格尔认为艺术和宗教真正的一致性在于,二者都是精神的回忆,"同样,命运把那些古代的艺术品给予我们,但却没有把它们的周围世界,没有把那些艺术品在其中开花结果的当时伦理生活的春天和夏天一并给予我们,

---

① [德]库诺·菲舍尔:《青年黑格尔的哲学思想》,张世英译,吉林人民出版社1983年版,第54页。

② Vgl. Emanuele Cafagna, Positivität und Polemik. Hegel als Leser der "Reden über die Religion" von Schleiermacher, in *Hegel Studien* Bd. 48, hrsg von Michael Quante und Birgit Sandkaulen, Hamburg: Felix Meiner, 2015, S. 155 – 185.

③ G. W. F. Hegel, Glauben und Wissen, in Ders, *Jenaer kritischen Schriften*, Gesammelte Werke, Bd. 4, hrsg von Hartmut Buchner und Otto Pöggeler, Hamburg: Felix Meiner, 1968, S. 386.

第三章　朝向概念之真:黑格尔对"艺术"的规定与现象学的结构　　353

而给予我们的只是对这种现实性的朦胧的回忆。……因为她是在一个较高方式下通过自我意识的眼光和她呈献水果的姿态把这一切予以集中的表现;所以同样提供我们那些艺术品的命运的精神超过那个民族的伦理生活和现实;因为这精神乃是在它们那里还以外在的方式表现出来的精神在我们内心中的回忆"①,由此也解释了艺术在现代世界仍具有魅力的根本原因。回忆是黑格尔《精神现象学》中最重要的概念之一,也是个体教化得以最终完成的根据所在。

　　整个《精神现象学》的主题是"意识自身向科学发展的一篇详细成长史"(Geschichte der Bildung)②,而这一成长—教化史并不只是包含了意识看待外在世界方式的提升以及自身存在形态的纯粹化,还囊括了"简单的思想规定"③——概念形式所中介的、被扬弃了的现实性。对 Bildung 概念在整个《精神现象学》中的功能,学界颇有争议,黑格尔档案馆馆长珊德考伦(Birgit Sandkaulen)的观点有一定代表性,她认为,Bildung 在《精神现象学》序言部分被多次提及,在导论中却只出现一次,虽然《精神现象学》"序言"在文本序列上先于"导论",但从写作的时间来看,却晚于导论及正文的写作,据此珊德考伦主张黑格尔乃是在写作过程中才逐渐重视起 Bildung 概念,不能依据序言中的论断,就预先将《精神现象学》视为"意识的教化史"④。仅以写作的时间顺序就推断"意识之详细的成长史"是黑格尔写作序言中临时产生的想法,缺乏足够说服力,而

---

　　① [德]黑格尔:《精神现象学》(下),贺麟、王玖兴译,商务印书馆1981年版,第232页。
　　② [德]黑格尔:《精神现象学》(上),贺麟、王玖兴译,商务印书馆1981年版,第55页。
　　③ [德]黑格尔:《精神现象学》(上),贺麟、王玖兴译,商务印书馆1981年版,第19页。
　　④ Vgl. Birgit Sandkaulen, Wissenschaft und Bildung. Zur konzeptionellen Problematik von Hegels Phänomenologie des Geistes, in *Gestalten des Bewußtseins*, Hegel Studien, Beiheft 52, hrsg von Birgit Sandkaulen und Walter Jaeschke, Hamburg: Felix Meiner, 2009, S. 186–207.

本研究则根据对现象学与逻辑学及实在哲学的关系得出了不同的结论，而个体教化所包含的多个层次也衔接起了现象学与逻辑学—实在哲学的循环关系，并确证了艺术—宗教—哲学作为绝对精神历史对培养个体意识之自由的意义。

Bildung 的多重含义体现在如下三个方面：（1）引导未受教养的个别性上升到能够认识事情本身的普遍性（求知）；（2）通过求知，"每个［特殊的］环节都以其所取得的具体形式和独有的形态在普遍的个体里显现出来"[1]，普遍性存在于个体教化之中，因而个体意识的教化就是重新走过精神的发展阶段（Bildungsstufen）（教育）；（3）这个重复的发展过程（Bildung）不是别的，"只是实体赋予自己以自我意识，实体使它自己发展并在自身中反映"[2]，这构成精神的回忆，回忆将重复的内容提升为思维规定。Bildung 概念的三个层次在内容上相互交织，但不能因而彼此混同。第一层含义涉及求知：作为不完全精神的"特殊的个体"，意识在现象学开端处尚处于直接性中、为自然所局限（为生活环境、自然属性甚至是时代文化现状所决定），他需要掌握知识以逐渐摆脱各种直接性的局限，而在穿透各种环境乃至文化状况的直接性之时，意识也认识到自己认识世界、理解世界的方式包含了众多预设。而 Bildung 的后两层含义则是意识教化史在个体意识之前进和纯粹概念之回溯的不同规定，内容虽完全一致，但形式却截然不同。从意识视角看，个体教化史涉及 Bildung 的第二层含义：教育。在意识发现概念之为自身本质的旅程中，概念之现实性（精神）作为实体虽然还只是意识的对象，但同时也是意识自我区分的前提，概念之现实性（精神）潜在地构成了意识的本质，意识和对象合一既是意识通过求知不断扬弃认识方式的预设和存在方式的实体性因素以完成对自身局限的克服，也是概念之

---

[1] ［德］黑格尔：《精神现象学》（上），贺麟、王玖兴译，商务印书馆1981年版，第18页。

[2] ［德］黑格尔：《精神现象学》（上），贺麟、王玖兴译，商务印书馆1981年版，第18页。

第三章 朝向概念之真：黑格尔对"艺术"的规定与现象学的结构

现实性逐渐成为意识纯粹规定性的过程，遮蔽在概念之上的种种实体性因素和预设性因素逐渐被清除。这也是意识在概念之现实性引导下完成的自我教育，从而"消化他的无机自然而据为己有"①，并通过占有普遍实体而使得其可被理解，这也完全呼应了启蒙以来的"Bildung"理念。

从概念之现实的角度，个体教化史则需深入 Bildung 的第三层含义：回忆。维尔纳·马克思认为个体通过教化走向科学就是对世界精神形成史的回忆性重复（die erinnernde Wiederholung）②。回忆既是个体通向科学必须满足的前提，又是精神重新认识自己本质的过程。"精神的完成在于充分知道它是什么，知道它的实体，所以这种知识就是它深入自身过程（Insichgehen），在这一过程里它抛弃了它的定在并把它的形态（Gestalt）交付给回忆"③，意识经验的运动在精神回忆层面就是精神由实体转化为主体的过程，是精神自我意识的获得④。黑格尔将其描述为"把已经呈现于回忆中的自在存在……转化为自为存在的形式"⑤。精神回忆的开端就是意识教化史在教育层面的完成，这说明回忆必须以全体性的实现为前提。教育完成之后，作为全体的精神重新审视未受教养的个体完成自我教化的整个过程，也就将诸形态的全体序列内在化（Er-innerung）为简单的思想规定。回忆就其德语本义（Er-innern）而言，是"使内在化"，普遍精神将个体意识经历的每一个形态转化为普遍的内在环节，从而将意识之经

---

① ［德］黑格尔：《精神现象学》（上），贺麟、王玖兴译，商务印书馆1981年版，第18页。
② 参见［德］维尔纳·马克思《黑格尔的〈精神现象学〉——"序言"和"导论"中对其理念的规定》，谢永康译，人民出版社2014年版，第42页。
③ ［德］黑格尔：《精神现象学》（下），贺麟、王玖兴译，商务印书馆1981年版，第274页。
④ 参见［德］黑格尔《精神现象学》（上），贺麟、王玖兴译，商务印书馆1981年版，第18页。
⑤ ［德］黑格尔：《精神现象学》（上），贺麟、王玖兴译，商务印书馆1981年版，第18页。

验保存和提升为概念的诸环节。回忆作为内在本质，是实体的更高形式①，是真正意义上的主体。精神的外化映现在意识中成为个体的教化史，而回忆作为精神的内化，是从他物中显现返回自身，因此统摄了教育。在精神的回忆中，个体教化史被提升为真正意义上概念的环节，体现了逻辑进程的必然性。未被教养的个体此前为无机自然（自然世界和文化世界）所束缚，无法摆脱其对自身的规定，因而普遍对个别总呈现为一个模糊不清的阴影。通过教养获得知识，个体不断尝试深入自己存在的预设，在这个"深入内核"②过程中，精神不复在他物中映现自己，而是在自身中反映自己，实体成为主体。由此"精神已获得它的特定存在的纯粹要素，即概念"③，通过回忆这一关键环节，概念将意识的教化提升为对自身的概念式把握，意识的发现之旅也从发现精神真正提纯为发现概念。

艺术作为精神之回忆的一种形式，以形象化的方式，即通过艺术作品象征性地呈现了普遍自我意识自身认识及其创造的现实性之间的绝对统一关系，这预示了概念的自我认识及其规定性之间绝对的同一，黑格尔将这种"这个形态由于意识的创造活动而提高到自我的形式，于是意识就可以在它的对象找那个直观到它自己的活动或者自我"④。在"艺术宗教"中，已经存在着两个自我（概念本身的直接性），前一个"自我"是意识创造活动的产物（概念规定性），即个别的艺术品，而后一个自我则是在艺术作品中真正创造着的自我意识的活动性（概念的自我认识），这种同一也正是概念之"是"的直接性，也是前一个"自我"与后一个"自我"相互贯穿

---

① ［德］黑格尔：《精神现象学》（下），贺麟、王玖兴译，商务印书馆 1981 年版，第 274 页。
② 参见先刚《"回忆"和黑格尔精神现象学的开端》，《江苏社会科学》2019 年第 1 期。
③ ［德］黑格尔：《精神现象学》（下），贺麟、王玖兴译，商务印书馆 1981 年版，第 274 页。
④ ［德］黑格尔：《精神现象学》（下），贺麟、王玖兴译，商务印书馆 1981 年版，第 186 页。

的活动。因而艺术在希腊伦理实体已经全然崩溃的现代世界依然能够担负起审美教育的功能，既引导个体在认识能力的层面上向着纯粹的概念思维提升，又使个体意识充分意识到整个现实是普遍自我意识在世界历史中不断劳作的结果，由此成为自由的自我意识。

第二节　诸神与上帝：从艺术宗教到天启宗教

在艺术宗教这一形态中，普遍意识在各阶段中不断加深了对自身与伦理现实之关系的认识，表现在以下方面。第一，有意识地利用自然质料，这表现为神像和神庙的建造；第二，直接运用语言，这表现为赞美诗和神谕；第三，消耗自然物乃至自己肉体，这表现为献祭和崇拜；第四，形塑自己的身体，这也构成从塑造自然到塑造伦理世界的过渡点，表现为酒神狂欢节和人体崇拜；第五，投身于城邦原则的塑造，这是史诗中诸神与英雄的世界；第六，在各种城邦原则的冲突中反复拉扯，感受到了城邦原则的有限性，这是悲剧中英雄对命运的抗争；第七，个体充分意识到城邦原则不具备真正的普适性，彻底瓦解了实体性原则，并确证了个别自我意识的行动才是普遍的，这就是喜剧中的反讽者和历史中的苏格拉底。概言之，艺术宗教以各种丰富多彩的希腊艺术作品反映了主体性原则不断净化实体性因素，从而不断证明自我为自身与整个对象领域关系中的本质，"通过艺术的宗教，精神便从实体的形式进展到主体的形式了；因为艺术的宗教产生出精神自己的形态并且赋予它的行动或自我意识，而自我意识只是消失在令人恐怖的实体里，在对神的简单信赖里又不能理解其自身。这种神圣本质之变成肉身从雕像开始，在雕像里只具有自我的外在形态，但自我的内在本质、它的能动性却落在它的外面。但是在崇拜的仪式里两方面就合而为一，在艺术宗教的结果里这种统一性达到了完成，同时又过渡到自我这一方面（占优势）；在个别意识完全回到自身确信的精神里，一切（外在的）本质性（或实体性）都沉没不见了。这个命题最足以表达这种轻松之感：自我是绝对的本质。那曾经把自我当作它的偶性的本质或实体，现在被降低为谓语了，而精神，在这种自我意识里，没有任何具有本质形式的东西与它相对立，它包含着这种对立的意识也就消失了"[1]。前述种种的发展都为基督教的"三位一体"和纯粹概念本身的登场做好了一切准备。

一 个体自由意识的发展与"神之死"

艺术宗教向着天启宗教过渡的临界点乃是"自我是绝对的本质"这一命题。如果说在艺术宗教阶段，普遍意识不断努力地将中项（中介）纯化为更为普遍、更具有活动性的媒介：从雕塑、赞美诗到崇拜、优美的人体再到诗歌最后发展为散文语言。作为思辨命题谓语的中项在这个纯化过程中愈加符合概念的本质规定；整个推论的两个极端——普遍自我意识的知识和现实（世界或历史）的关系越来越接近概念纯粹的自我规定，即"是"。天启宗教的任务无疑是个别意识用更普遍、更纯粹的内心世界来反映普遍自我意识和现实的统一方式。这种统一方式在整个世界历史进程中的特定形态就是基督教，而对这种统一方式的认识就是信仰和启示。如果说通过上一节的阐释基本可以廓清象征提升到启示的内在理据，那么希腊宗教如何在世界历史的发展进程中前进到基督宗教仍颇为晦暗不明，不少研究者对二者之间是否存在着真正意义上的历史连续性莫衷一是、争论不休。希普认为，黑格尔没有在二者之间勾勒犹太人对罗马宗教的态度，而犹太宗教的严肃性和崇高性或许能同时解释怀疑主义向苦恼意识的过渡以及艺术宗教向天启宗教的过渡。[2] 黑格尔在柏林时期的宗教哲学讲座中将犹太教划为东方的崇高宗教（Die Religion

---

[1] [德] 黑格尔：《精神现象学》（下），贺麟、王玖兴译，商务印书馆 1981 年版，第 228—229 页。

[2] Vgl. Ludwig Siep, *Der Weg der »Phänomenologie des Geistes«*, Frankfurt. a. M.：Suhrkamp，2000，S. 234-235.

der Erhabenheit），崇高宗教在宗教史的发展序列中位于希腊宗教之前，意味着有限的、感性的自然在展现上帝方面的"不适合性"，耶和华对有限世界、自然，甚至以色列人都具有绝对的力量，且是异己的，而有限世界、自然和民族在耶和华面前不具有任何的独立性，在犹太教中，由于这种绝对的对立，以色列人"自我意识的纯粹自由变成了绝对的不自由，（以色列人）的自我意识就是认识到自己是主人的奴隶"①，因而对个体而言只有最知性和最抽象的自由，相应地，如果唯有在这种无差别、无区别、不包含分割中保有了自由，那么我们也只拥有了一个无主体性的实体性，一种无内在否定性的实定性，一个没有原初分裂的神圣性，一个不运动的、无意志和不活动的绝对②。这意味着黑格尔认为犹太教或以色列民族对伦理生活和自身行动的反思还未超越苦恼意识，因而在个体意识的自由和普遍的自由行动方面都没有达到希腊世界的高度。正如薛华先生所指出的，"对历史的理解将导致真理的认识。因此'自由'的历史与真正的认识有一种辩证的关联"③，如果说在宗教之前的诸阶段，意识在摆脱自然形态的束缚时逐渐确立起了个体自由的前提，那么当普遍意识进入宗教阶段开始真正反思自身与世界打交道的预设时，才真正出现了消极自由，这种消极自由就体现在普遍意识对自身和世界关系的认识深度之中。按照这一辩证关联，黑格尔认为普遍意识之自由在东方尚沉浸在直接的自然存在的静默之海中，而以色列民族在对耶和华的敬畏中则发现了绝对否定性的自由，阿尔戈斯人则在个体与伦理实体的直接统一中达到了一种直接的自由感，唯有在基督教中，人类本身才感受到一种纯粹的内在自由。

艺术宗教的两个环节——现实性（普遍意识对整个现实的行动和塑造）和神圣本质（普遍意识对自身本质的认识）在喜剧中达到

---

① G. W. F. Hegel, *Vorlesungen über die Philosophie der Religion* II, Werke in zwanzig Bänden, TWA, Bd. 17, Frankfurt. a. M.：Suhrkamp, 1986, S. 80.
② Vgl. Klaus Vieweg, *Das Denken der Freiheit*, München：Fink, 2012, S. 61.
③ 薛华：《黑格尔、哈贝马斯与自由意识》，中国法制出版社2008年版，第190页。

了前所未有的深度，后者终于剥离了前者所蒙的一切实体性的面纱，普遍意识也由此达到了真正纯粹的自为存在。喜剧尽管依然属于艺术作品的范畴，但其语言已经变得简单、直接、不再具备任何韵味和诗意，不再能以有限的形式传递普遍意识本质的无限知识，而成为现代世界中的散文语言。艺术宗教中代表现实的环节伦理实体就被颠倒为罗马帝国的法权状态——一方面代表了个体自我意识的绝对普遍性，即"自我本身、抽象的个人就是绝对的本质。在伦理生活里自我沉浸在民族精神之中，自我是充满了内容的普遍性。但是简单的个别性从这个内容里脱离出来，它的轻率意识把这种个别性纯化为个人、为抽象的普遍性的权利"[①]；另一方面丧失了希腊民族坚实的生活内容，而沦为绝对的抽象性，"由于它是空虚的，便失掉了内容；这种意识仅仅在自身内是本质。它自己特有的定在，法律上对个人的承认，是一个没有内容的抽象物"[②]。在"精神章"中，黑格尔将罗马帝国的法权人格称为"我＝我"的同语反复，毫无内容的抽象本质，它对自身有着绝对的确定性，但却没有对象性的形态，因而法权状态与斯多葛主义和怀疑主义一样，都面临着同样的问题：无对象的自我确定性是无法独立持存，故而这三种形态都将在苦恼意识的分裂之中走向自己的末路。因此黑格尔将苦恼意识视为悲剧意识在罗马帝国晚期的重演，"苦恼意识知道抽象的［法律上的］个人的现实价值是怎样一回事，也同样知道在纯粹思想里的抽象个人的价值是怎样一回事。它知道要求那样一种价值毋宁意味着完全丧失掉真正的价值"[③]。苦恼意识是丧失了对自身确定性，渴望彼岸本质的对象性知识，而法权人格则是漠视对象性知识，维持着

---

① ［德］黑格尔：《精神现象学》（下），贺麟、王玖兴译，商务印书馆1981年版，第230页。

② ［德］黑格尔：《精神现象学》（下），贺麟、王玖兴译，商务印书馆1981年版，第230页。

③ ［德］黑格尔：《精神现象学》（下），贺麟、王玖兴译，商务印书馆1981年版，第231页。

自身的空洞确定性。因而,当喜剧意识,欢乐的、无所畏惧的个体意识之自由摧毁了一切原先被设定为本质的对象性知识时,苦恼意识沦为真正的不幸(unglücklich)意识,因为一切实体性根基丧失了,喜剧意识用极为冷酷的"dass Gott gestorben ist"[(异教的)神已经死了]宣告了整个希腊—罗马古典世界的终结。而这一经典名言为尼采所沿用,成为基督教在20世纪思想舞台彻底退场的墓志铭,颇为吊诡的是,黑格尔在现象学中引用这句话恰好是提前为基督教的兴起唱了赞歌,正如施佩勒特(Jörg Splett)所正确指出的,用充满痛苦的冷酷言辞说出"(异教的)神已经死了"固然是对悲剧意识或苦恼意识根本困境的表达,但从另一个角度来看,它却揭示出了精神的不同形态已经贯穿了与之对应的自我意识;由此分裂的双方呼吁一种哲学,而黑格尔在此描绘了一种崭新的形态诞生分娩之时的阵痛,在这种形态中分裂已经被克服:(神圣本质)实体的外化成为自我意识,而(人性)的自我意识则外化成为普遍实体,在喜剧这种形态中,主体性已经绝对化并且这种神圣的自我确定性直接颠倒过来,神就是人的自我意识。①

在这种崭新的意识形态中,人与神和解无须再通过各种艺术作品,"神灵的雕像现在变成了死尸,因为它们已经没有了有生气的灵魂,而颂神诗的歌词里已经没有了真诚的信仰。敬神的餐桌上已经没有陈设精神性的食品和饮料了,从节日和舞蹈里,人们的意识已经不能回复与神圣本质为一体的快愉的心情了。艺术的作品缺乏当初由于神灵与英雄的毁灭的悲剧而产生出自身确信来的那股精神力量了"②。在艺术宗教中,残存的实体性因素就在于普遍的自我意识将自身知识投射为个别的艺术作品,艺术作品仍需要各种质料方能持存,哪怕是散文语言也保留了声音或文字的外在性。格洛克纳

---

① Vgl. Jörg Splett, *Die Trinitätslehre G. W. F. Hegels*, Freiburg: Karl Alber, 1984, S. 57 – 58.

② [德]黑格尔:《精神现象学》(下),贺麟、王玖兴译,商务印书馆1981年版,第231页。

(Hermann Glockner)认为，黑格尔只是试图使思想内容在艺术作品中呈现，揭示出在艺术中所呈现的微观世界的同时引出背后的宏观世界之生成和存在，他对艺术的理解就像在宗教哲学对宗教的理解一样，二者都是精神已然被锁闭的阶段，它们向着绝对的自我认识进发，即充分逼近了哲学的本质，但却仍然处在哲学的从属地位。[1]这段分析至少在现象学所呈现的意识经验的运动中具有一定的合理性，艺术品尽管被反映为概念本身的具体形象，但这种特定的反映模式仍被局限在特定的民族生活方式和思维方式之中，因此，一旦作为实体性因素的伦理实体土崩瓦解，希腊人对诸神的看法也随即在历史上转变为见闻记述，不再具有任何鲜活性。黑格尔始终对古代世界的瓦解给予了无限的同情，"它们现在就是它们为我们所看见的那样，——是已经从树上摘下来的美丽的果实：一个友好的命运把这些艺术品传递给我们就像一个少女把那些果实呈献给我们那样。这里没有它们具体存在的真实生命，没有长有这些果实的果树，没有构成它们的实体的土壤和要素，也没有决定它们的特性的气候，更没有支配它们成长过程的一年四季的变换。同样，命运把那些古代的艺术品给予我们，但却没有把它们的周围世界，没有把那些艺术品在其中开花结果的当时伦理生活的春天和夏天一并给予我们，而给予我们的只是对这种现实性的朦胧的回忆"[2]。后人只能从这些已经脱离自己生长土壤的艺术作品之中去回忆希腊人看待自身本质的方式，在这个意义上艺术不仅是精神的回忆，而且就是特定的民族的精神（Das Kunstwerk als "Geist eines Volks"）[3]，但后人从中得到的只是审美教育，而不再重新对之顶礼膜拜。

---

[1] Vgl. Hermann Glockner, *Beiträge zum Verständnis und zur Kritik Hegels sowie zur Umgestaltung seiner Geisteswelt*, Hegel Studien, Beiheft 2, Bonn: Bouvier Verlag, 1984, S. 41.

[2] ［德］黑格尔：《精神现象学》（下），贺麟、王玖兴译，商务印书馆1981年版，第231页。

[3] Vgl. Annemarie Gethmann-Siefert, *Einführung in Hegels Ästhetik*, München: Fink, 2005, S. 76.

艺术宗教代表普遍意识自身知识的环节从古代宗教的诸神被集结成为基督教的上帝，古罗马的万神殿过渡为了基督教的社团。虽然"它是悲剧命运的精神，这命运把所有那些个体的神灵和实体属性集合成一个万神殿，集合成自己意识到自己作为精神的精神"①，但是这些其他民族诸神的实体性因素却在精神的回忆中被保留为一个简单的规定性，或上帝的一种属性，"一个包含那些形态作为它的各个环节的简单、纯粹的概念"②。在"自我是绝对本质"这一命题中，谓语经历了一种彻底的去实体化，从最具有对象性的、最直接的、最个别的感性存在物，被提纯为一种最自我的、最内在的、最普遍的对自身的确信，"绝对实体体现在个体性的形式中是作为一件物品，作为感性意识的存在着的对象、作为纯粹的语言或者作为一种形态的变化过程，这种形态的特定存在并不越出自我之外，而只是一个纯粹消逝着的对象，——作为同在热情鼓舞中的普遍的自我意识的直接统一，并且作为在崇拜的行动里被中介了的统一，作为具有自我形象的美的形体，并且最后作为提高到了表象的实际存在，以及由这种存在扩大而成的一个世界，这世界最后被总结成为普遍性，这普遍性同样是对自身的纯粹确信"③。这一转化过程也是普遍意识对自己行动和作为更清晰、更透彻的认识，同时将自己在世界历史进程中的一切功业和建制都转化为自身之中的宝贵财富，"自我意识是有意识地放弃其自身，所以它就将会在它的外在化中保持其自身，并且仍然是实体的主体，但是正因为它是外在化了的东西，所以它同时具有这个实体的意识。换言之，既然自我意识由于牺牲了自己，才产生了作为主体的实体，所以这个主体仍然保持它原有

---

① [德] 黑格尔：《精神现象学》（下），贺麟、王玖兴译，商务印书馆1981年版，第232页。

② [德] 黑格尔：《精神现象学》（下），贺麟、王玖兴译，商务印书馆1981年版，第233页。

③ [德] 黑格尔：《精神现象学》（下），贺麟、王玖兴译，商务印书馆1981年版，第232页。

的自我"①。因而在天启宗教中，思辨命题出现了双向运动，一方面是主语重新塑造出自身的规定性，另一方面是谓语扬弃自身的实体性因素，在双向运动中相互融合。

二 从直观—象征到表象—启示

自然宗教、艺术宗教和天启宗教作为宗教形态的三种表现方式，前两种或被束缚在无意识的自然之中，或被局限在特定的伦理生活之中，因而都未达到真正的普遍性，而天启宗教所表达的正是普遍的自我意识及其普遍的活动。天启宗教，是实体获得自我意识的现实运动和普遍的自我意识彻底将实体改造为个体内心的纯粹确定性，二者相互结合，因此实体和自我意识不断过渡到了对方，就构成基督教的真理。普遍的自我意识在天启宗教中实际上已经开始执行概念的自我规定，一方面是概念自在的存在、规定性；另一方面则是概念对自身的认识和规定，但由于在宗教阶段中，意识依然保持着二分的结构，因此自在自为的概念本身还只是在个体的内心中被反映为神人和解的表象。但无论如何，基督教代表了人类对自身本质认识的新阶段和新深度，超越于自然宗教和艺术宗教，这种神人之间的和解从自然物、神话和艺术转变发生在历史中的现实，这种普遍现实的鲜活形态就是宗教社团②，人类的真正本质虽然被启示为人神和解的真理，但这一真理生成的过程却被反映为与过程分离的结果，"作为提高到了表象的实际存在，以及由这种存在扩大而成的一个世界，这世界最后被总结成为普遍性，这普遍性同样是对自身的纯粹确信"③，这种确信被视为神置于人内心的神秘知识，即"天启"（offenbar）。关于信仰和知识的矛盾，黑格尔在《哲学史讲演

---

① ［德］黑格尔：《精神现象学》（下），贺麟、王玖兴译，商务印书馆1981年版，第229页。

② Jörg Splett, *Die Trinitätslehre G. W. F. Hegels*, Freiburg: Karl Alber, 1984, S. 58.

③ ［德］黑格尔：《精神现象学》（下），贺麟、王玖兴译，商务印书馆1981年版，第232页。

录》论及雅各比的篇章中有着精彩的发挥,"首先是由于当信仰认识到它自身作为自我意识和绝对意识的直接的统一性时,信仰没有意识到它即是一种思维;它在内心中直接地知道了绝对本质。信仰只是表达了这种简单的统一性"①。埃里克·施密特(Erik Schmidt)认为,黑格尔将宗教信仰规定为确定性,但是这种确定性绝非被证实的认识。对知识而言,信仰并没有与之对立,相反,信仰也只是一种知识。知识只有一种意思,即对象既被实际地把握,同时这种把握又被认识到。信仰同样也是为思维着的精神而存在的,它与关于神与人之间关系的普遍的内容有关,它是对神之真理的主观确定性。这一真理以表象的形式映现到人的精神之中,因而神圣本质能被把握。② 信仰同样是一种认识,它的特点是将过程和结果视为有差异的两个对象,因而概念的自我规定和规定性在人的内心中被投射为"三位一体"的形象,表象的局限在于固执于认知过程与结果的不同,这构成了意识经验的最高真理,是绝对普遍的自我意识,也是全人类对自身本质非概念认知的最高形态。

意识发展到天启宗教阶段在内容上扬弃了知识和对象的区分,意识将普遍意识的行动和作为设定为对象,从而在自己的作为和行动中认识到自身的普遍性和活动性,因为行动和作为乃是普遍意识的规定性。因而基督教被黑格尔视为对整个历史的全面反思,"当作为精神的绝对本质成为意识的对象时,这种秘密就停止其为秘密的或神秘的东西了。因为这个对象在其和意识的关系中,是作为自我而存在的;这就是说,意识在对象中直接认识到自己,或者意识在对象里启示给它自己。意识启示给它自己,只有在它自己对自身的确信里。意识的那种对象就是自我,但自我不是异己的东西而是和自身不可分离的统一,而是直接的普遍体。自我是纯概念、纯思维

---

① 参见[德]黑格尔《哲学史讲演录》(第四卷),贺麟、王太庆译,商务印书馆1983年版,第249—250页。
② Erik Schmidt, *Hegel System der Theologie*, Berlin & New York: De Gruyter, 1974, S. 45.

或自为存在"①，推论的实质乃是概念在自身流动性中扬弃预设，赋予自身规定的活的过程，"在推论中，只要推论显示为思维行动，即思维者的活动性，那么思维者、绝对主体性自身就成为了所思者。思维者、所思者和思维合而为一"②，然而纯概念在意识有局限的结构中却向内投射为内心的启示，因而，在推论中，概念自我规定的三个端项——思维者、所思者和思维被表象形式分离为三个独立的环节：在自身中的概念——圣父（普遍的自我意识—能思者）、概念的现实化——圣子（普遍自我意识的实际存在—所思者）和二者的统一——圣灵（普遍自我意识在活动中的自我规定—思维），"这个形态本身就是一个自我意识，因而它同时就是一个存在着的对象，而这个存在同样直接具有纯粹思想、绝对本质的意义"③。

在表象形式中，尽管思维行动与所思者间分离没有在思维中合一，而是在圣灵中得到了外在的和解，但思维仍统摄了存在，"思维的统一性同时具有存在的统一性这种形态。因此神在这里正像祂存在着那样被启示了；神存在那里正像祂自在存在着那样。神作为精神存在在那里。神只有在纯粹思辨的知识里才可以达到，并且神只是在思辨知识里、只是思辨知识本身，因为神是精神；而这种思辨知识就是天启宗教的知识"④，这意味着外在的实体性因素已经全部转化为人类意识之内的普遍形象，黑格尔认为基督教在这个意义上摆脱了自然宗教和艺术宗教的局限，表象也由此可被视为一种认知形式，即认知的主观性，"在理智使对象从一个外在东西成为一个内

---

① ［德］黑格尔：《精神现象学》（下），贺麟、王玖兴译，商务印书馆1981年版，第236页。
② Rainer Schäfer, *Die Dialektik und ihre besonderen Formen in Hegels Logik: Entwicklungsgeschichtliche und systematische Untersuchungen*, Hegel Studien, Beiheft 45, Hamburg: Meiner, 2001, S. 291.
③ ［德］黑格尔：《精神现象学》（下），贺麟、王玖兴译，商务印书馆1981年版，第237页。
④ ［德］黑格尔：《精神现象学》（下），贺麟、王玖兴译，商务印书馆1981年版，第238页。

第三章　朝向概念之真：黑格尔对"艺术"的规定与现象学的结构　367

在东西时，它内在化着自己本身。……理智因而去掉对象的偶然性的形式，把握住对象的理性的本性，从而把这种本性建立为主观的，并且倒过来由此而同时把主观性提高到客观的合理性的形式"①。表象将认识活动建立为内心的主观形象，这个形象对人类意识而言当然是熟知的事物，但这种熟知仍是偶然的和抽象的，而真正的认识则是"具体的、用真实的内容充实起来的"②。概念式的认识是绝对普遍的，这种普遍性在内心中被启示为圣父，对于人类意识而言，被直接给予的圣父形象与其真实含义不同，故这种普遍性与内心形象存在着矛盾，而天启宗教作为一种普遍的宗教，反映的是一切人、一切民族的普遍的本质，因而普遍和个别间对立的和解就被投射为个别的自我意识按照被启示的概念之普遍性，重新结合为一个新的统一体，这个统一体不再是与个体直接合一的伦理实体，而是个别自我意识的普遍性或普遍自我的个别形态，这就是宗教社团（"教会"Gemeinde）。赛特（Herbert Scheit）将圣子向着宗教社团的过渡归纳为"耶稣的复活"（Aufstehung Jesu）③，宗教社团乃是自我意识重建着的概念之普遍性和个别存在之间的中介，是概念中"思维"环节的直接性。黑格尔高度评价了社团作用，"这就是精神在它的宗教社团中所实现的运动，或者说，这就是精神的生活"④。三位一体的神学教义在表象形式中呈现为一种综合性的连结，但这一教义在宗教叙述中还只是一个事件和故事，在对这些内心启示的信仰中，这些内容缺乏的是"被确证"的合法性，因而任何被意识到的内容都可以被宣布为真理，通向任意性的方便之门就被打开了，在这个意义上，三位一体的神学教义向着绝对知识或概念的自我认识之提升，就是扬弃意识对三位一体教义的建构性，赋予这一教义真正的

---

① ［德］黑格尔：《精神哲学》，杨祖陶译，人民出版社2006年版，第252页。
② ［德］黑格尔：《精神哲学》，杨祖陶译，人民出版社2006年版，第252页。
③ Herbert Scheit, *Geist und Gemeinde*, München: Anton Pustet, 1973, S. 166.
④ ［德］黑格尔：《精神现象学》（下），贺麟、王玖兴译，商务印书馆1981年版，第240页。

可理解性。

三 三位一体与绝对知识

天启宗教的真理就是基督教核心教义，即三位一体。① 温特（Martin Wendte）具体揭示了这种三位一体与表象形式的对应关系，在黑格尔那里，三位一体的内心表象与基督教在历史上的宗教社团组织结构在逻辑上相对应，一方面是行表象的意识选择横向的投射；另一方面则是纯粹的"实在的自在的"上帝的概念。因此，内在的三位一体也被理解为有信仰的宗教社团的表象，宗教社团的产生是为了将耶稣之死和复活解释为和解的历史，即神圣历史。② 首先，内在的三位一体是人类本质在意识的横向投射中所表象的上帝的三个位格，而作为人类本质，上帝又被纵向投射为超越的对象；其次，与三位一体的内在投射相对，宗教社团则是人类本质在意识的向外投射中被叙述的神圣历史。相比于信徒在前基督教神话或者独断的教条中被强迫接受的上帝抽象概念③，三位一体所包含的横向、纵向、内在、外在四个维度则完整地预示了具体的、有着真实内容的、活动着的上帝概念，黑格尔这样描述这一和解过程：

> 精神是它的意识的内容，首先，是在纯粹实体的形式内，换言之，精神最初是它的纯粹意识的内容。［其次，］思维这个要素是它［由普遍性］下降到特定存在或个别性的运动。它们两者之间的中项就是它们的综合的联结，即转化到他物的意识，或者表象过程本身。——第三个环节是从表象和他物的回归，

---

① Vgl. Jörg Splett, *Die Trinitätslehre G. W. F. Hegels*, Freiburg: Karl Alber, 1984, S. 59.

② Martin Wendte, *Gottmenschliche Einheit bei Hegel*, Berlin & New York: De Gruyter, 2007, S. 233.

③ Erik Schmidt, *Hegel System der Theologie*, Berlin & New York: De Gruyter, 1974, S. 133.

亦即自我意识自身这个要素。——这三个环节构成精神；精神在表象中分离开来，即由于它存在于它以一个特定的方式而存在，但这种特定性不是别的东西只是它的一个环节。因此它的实现运动就在于在它的每一个环节中亦即每一个要素中展开它自己本性的运动。由于每一个这种运动的圆圈都是自身完整的，则它的这种返回自己同时又是向另一个圆圈的过渡。表象构成纯思维和自我意识本身之间的中项，并且只是诸规定性中的一个；但同时，如已经指出的那样，表象的这种作为综合的联结的特性，散布在所有这些环节里，并且是它们的共同的规定性。①

被剥离了种种实体性因素的概念在投射为意识之内的对象时，活动性层面即思维者被表象为普遍性，因此圣父作为三位一体的第一个位格在推论活动中对应了概念直接的普遍性；概念的存在形态或整个概念系统是唯一的，故代表个体意识的圣子对应了概念的个别性；而二者之中项就是双方各自过渡为自身的他物，个体意识组织教团成为普遍的个体或个体化的普遍者，由此，圣灵作为三位一体的第三个形态是神人之间现实的和解，是概念在自我规定中能思者和所思者的合一。

(一) 圣父——自在的概念

"精神最初被表象为在纯粹思维要素中的实体，因而它就直接是简单的、自身同一的永恒本质，但这永恒本质并没有本质的这种抽象意义，而是具有绝对精神的意义。"② 这是黑格尔对三位一体中圣父环节的简单定义，所谓"简单的、自身同一"，指的是概念和它的

---

① [德] 黑格尔:《精神现象学》（下），贺麟、王玖兴译，商务印书馆1981年版，第241页。
② [德] 黑格尔:《精神现象学》（下），贺麟、王玖兴译，商务印书馆1981年版，第242页。

内容就处在同一性中，是一种与"自身等同的"规定性，这种固定的和持续存在的，也就是实体①。概念在保持为纯粹思维要素的实体时就沉默在意识的深海之中，是渊深静默的自在之物。但也正因为概念的普遍性是一种抽象的自身等同，因此抽象既然是对自身等同的保持，就同时是一个否定的行动，是自身转化，"一个实际存在物的持续存在或者说，实际存在物的实体，乃是一种自身同一性；因为如果它与自身不同一，它就会陷于瓦解。不过自身同一就是纯粹的抽象，而纯粹的抽象就是思维。……实际存在为它自己而存在着，换句话说，它存在着乃是由于它跟它自身有这种单纯性。但是，这样一来，实际存在从本质上说就是思想了"②。在此意义上，概念的自身同一并非锁闭于自身的抽象性，而是对抽象的等同性的否定，这样一来，"精神并不是内在的［本质］，而是现实的东西……换言之，它是自己与自己的绝对区别或自己纯粹转化为他物"③。自身等同性或本质现在被证明是否定性，否定性的含义为概念在活动中、在向着他物转化中反映自身，这也被称为自为存在和自我，概念的现实化就是以对象性为自我规定的环节，建立对象性。而概念自我对象化，建立其自己规定性的过程在表象形式中被呈现为一个事变（Geschehen），一个历史性叙述，即永恒本质为自己产生了一个他物④，但概念又通过这个他物反映自己，这种反映或返回就是概念自己建立其自己的规定性，活动和规定性乃是真正意义上的自身的区别。而概念和意识的区别亦可作如是观，概念既在意识中显现为对象，又通过反映在意识中发现自己的本性，因而意识经验的运动——

---

① 参见［德］黑格尔《精神现象学》（上），贺麟、王玖兴译，商务印书馆1981年版，第38页。

② ［德］黑格尔：《精神现象学》（上），贺麟、王玖兴译，商务印书馆1981年版，第37页。

③ ［德］黑格尔：《精神现象学》（下），贺麟、王玖兴译，商务印书馆1981年版，第242页。

④ 参见［德］黑格尔《精神现象学》（下），贺麟、王玖兴译，商务印书馆1981年版，第242页。

方面能视为意识向着概念思维的提升,另一方面也是概念思维回溯自己形成的根据。

黑格尔三位一体学说是概念思维回忆自身根据的最后阶段,因而现象学中三位一体的学说并非传统神学的翻版,而是揭示神学思维的预设。黑格尔认为在意识对真理的呈现仍具有建构性时,"概念的必然性理解并表达为一个事变"①,这一事变是圣父和父子的戏剧性关系,"当它这样进行表象式的认识时,诚然本质也还是启示给它了,不过本质的各个环节,由于这种[外在的]综合的表象认识的缘故,一方面分离开来,彼此各不相干,以致它们不能够通过它们固有的概念彼此相互联系,另一方面,表象活动总是从它的这种纯粹对象往后退[以致不能深入对象],只是外在地与对象相联系。对象是由一个异己的东西启示给表象意识的,并且在精神的这种思想里,表象不能认识到它自身、认识不到纯粹自我意识的本性"②。诚然概念在推论活动中的环节都被启示为具体的形象,但这却彼此分离,分别被投射为圣父、圣子、圣灵的内心图景和教会的历史叙事。在表象中,或基督教的叙事中,首先出现的是本质环节,即圣父,绝对的普遍性和不变的永恒存在,但随即在概念的否定性中被降低为"精神的一个组成因素"③,并转化为自己的对象——圣子。

(二) 圣子——自为的概念,创造—堕落—拯救

如果说概念的直接性作为在自身之内的持续存在,必然会过渡到自己的反面,转换为自身的他物,即外在性或实际存在,那么这种过渡本身就构成了对直接性的反映,在历史中的反映。由此,直接的普

---

① [德]黑格尔:《精神现象学》(下),贺麟、王玖兴译,商务印书馆1981年版,第242页。

② [德]黑格尔:《精神现象学》(下),贺麟、王玖兴译,商务印书馆1981年版,第243页。

③ [德]黑格尔:《精神现象学》(下),贺麟、王玖兴译,商务印书馆1981年版,第244页。

遍性和被反映的个别性构成了实际的对立，在思维中二者的无差别转变为现实的差别，这就是三位一体的第二个位格——圣子。

在圣经的神学—历史叙事之中，上帝投身于现实世界的途径有三条，即创世、知善恶与神—人的和解。首先上帝之概念是在其永恒的、理念的存在中，被视为与世界区分的逻各斯（Logos），作为永恒存在，上帝是理念，圣三位一体、永恒的自我展开、绝对的人性和爱。而世界处在作为理念的上帝的近旁，这是事实（Tatsache）。上帝是世界的创造者。① 在黑格尔看来，"这种创造就是用表象的语言按照概念的绝对运动去表达概念本身；或者表达这样的事实：那被表述为绝对抽象的简单的东西亦即纯思维，因为它是抽象的东西，就可以说是否定的东西，并因而是与自己相对立的东西，或者他物"②。因此，概念建立自身规定性的活动在表象中以"创造"类比，但上帝与世界的关系又不同于创造的字面义，在创造活动中，造物主与被造物之间有着现实的差别，被造物既依赖于造物主，又不等同于造物主；但纯概念乃是在推论中重建同一性的运动，自为存在和纯思维的自身等同则是活动的内在差别，这种不是差别的差别在《圣经》中的表述就是"神说：'要有光'"（Wort）（创世记：1：3），即逻各斯的自我运动③。作为不是差别的差别，上帝直接过渡为自然，自然被建立为上帝的最初规定性——外在性。在这个意义上，自然还没有获得自我意识，黑格尔也将自然比喻为沉睡中的精神，这一状态也是绝对的天真和无辜（unschuldig），在《圣经》中被称为"伊甸园"。黑格尔指出，天真不等同于善，天真只是一种无规定的抽象状态，这一单纯的直接性无法持续保持，

---

① Erik Schmidt, *Hegel System der Theologie*, Berlin & New York: De Gruyter, 1974, S. 135.

② ［德］黑格尔：《精神现象学》（下），贺麟、王玖兴译，商务印书馆 1981 年版，第 246 页。

③ Vgl. Jörg Splett, *Die Trinitätslehre G. W. F. Hegels*, Freiburg: Karl Alber, 1984, S. 62.

第三章　朝向概念之真:黑格尔对"艺术"的规定与现象学的结构

相反,它通过活动或分化,深入自己的本性,而这种"由特定存在着的意识的这种自身深入直接在自身内引起自己的不同一"① 就被表象为"失乐园"的神圣叙事。创造过渡为知善恶,即亚当的堕落。

亚当既是上帝的造物,处在自然之中,又具有上帝的形象,能区别于其他自然物。黑格尔确信,人是自然的君王、世界的中心,这不是想象,也不是人类的傲慢,相反这描绘了人的本质。人达到了生物有机体最完美的形式,还是一种有意识的和自我意识的精神。在自然发展历程中,植物只具有感觉,动物虽然有意识,但缺乏自我意识,只有人能认识他自己,掌握他的自我,可以思考普遍性,并有意识地从世界中抽离。人作为能思维的精神与自然有着本质的区别。②。而人作为自然物并与自然区别以深入认识自身的冲动首先呈现为一种自我矛盾,这种自身之内的不同一就被称为"恶",在神圣历史中这被描述为,"那光明之神的第一个儿子当他深入于自身时,便堕落了"③。固执于人本身的自我意识便是堕落,而恶也是一种分离的意志,是人的私己(Selbstsucht)④。在双重意义上,概念在推论活动中的两个环节——自身等同普遍性和个别性(自为存在—恶)就产生了分裂,独立存在就意味着脱离神性,黑格尔不指名道姓地沿用了神学家雅各布·波默(Jakob Böhme)的说法,"把神圣本质中的恶理解为神的愤怒(Zorn)"⑤,这与谢林《自由论文》的

---

① [德]黑格尔:《精神现象学》(下),贺麟、王玖兴译,商务印书馆1981年版,第246页。
② Erik Schmidt, *Hegel System der Theologie*, Berlin & New York: De Gruyter, 1974, S. 151.
③ [德]黑格尔:《精神现象学》(下),贺麟、王玖兴译,商务印书馆1981年版,第246页。
④ Erik Schmidt, *Hegel System der Theologie*, Berlin & New York: De Gruyter, 1974, S. 158.
⑤ Vgl. Jörg Splett, *Die Trinitätslehre G. W. F. Hegels*, Freiburg: Karl Alber, 1984, S. 62.

看法如出一辙。在《旧约》的神圣—历史叙事中，上帝选民的堕落和被重新引导不断交替、持续上演，构成了一种恶的无限，二者相互和解的努力"由于缺乏概念，仍然是无成果的"①，而"这种对立的解除并不是通过这被表象为彼此分离的、各自独立的双方的斗争即可做到"②，面对与上帝之间的对立，人的自然本性会唤醒内心的无限痛苦，随之产生与上帝和解的需求，和解乃是人类精神的解放，真实的自由，堕落过渡为和解，在基督教中这种现实的和解就是圣子王国的完满——基督论（Christologie）③。

神学中基督论主要包含两个主题即"道成肉身"（Menschwerdung Gottes，字面义为人之神化）和"神之死"（Tode Gottes）④，上帝（自身等同的普遍性）和人的自我意识（自为存在）都在与对方的对立中建立起自身的规定性，即向着对方过渡，"双方的运动之所以都是自在的运动，这是因为这运动可以就双方和本身来加以考察，因此这种运动是从两者中被规定为自在存在着而与对方相反那一方开始"⑤。而向着对方的运动对自身而言不啻自我消亡，这一双向运动的具体形象就是耶稣基督，祂同时包含了"神之死"和"道成肉身"。"因此那没有自为存在，而以简单的东西当作本质的东西，它就必定外在化自身，走向死亡，并且通过死亡使得自己和绝对本质异化其自身，它具有自然的定在和个别自我的现实性。它的这种异在或它的感性的当前存在，就由于这第二次变为异在

---

① ［德］黑格尔：《精神现象学》（下），贺麟、王玖兴译，商务印书馆1981年版，第248页。

② ［德］黑格尔：《精神现象学》（下），贺麟、王玖兴译，商务印书馆1981年版，第248页。

③ Vgl. Erik Schmidt, *Hegel System der Theologie*, Berlin & New York: De Gruyter, 1974, S. 167ff.

④ Vgl. Walter Jaeschke, *Die Religionsphilosophie Hegels*, Darmstadt: Wissenschaftliche Buchgesellschaft, 1983, S. 64.

⑤ ［德］黑格尔：《精神现象学》（下），贺麟、王玖兴译，商务印书馆1981年版，第248页。

[或第二个否定]而返回到自身,并且被设定为扬弃了的、普遍的东西"①,但黑格尔反对世俗化的理解,将耶稣个人作为人类的命运,这种仅仅从历史角度的考察在历史学科的框架下当然是必要的,但却并非宗教信仰和精神性的立足点②。

耶稣基督首先意指着"神之死",弗雷(Christofer Frey)罗列了"神之死"在《精神现象学》中至少以下四种含义:(1)艺术宗教中古代世界的诸神之死;(2)神人(Gottmenschen)之死;(3)抽象的绝对本质的理念意义上的神之死以及同样抽象意义上的人之死,黑格尔在《耶拿精神哲学》(1805/1806)中也谈及了这点③;(4)自然精神之死④。首先,从世俗层面,"神之死"是对耶稣基督(神人)受难的历史叙事,作为人子的耶稣基于自我意识而行动,像苏格拉底这样的英雄也能以这种方式行动,但"神人之死"还包含着神圣的含义,对私己的消除意味着从无限的分裂和内在的痛苦中克服了与圣父的对立,"这样一来,本质在它的感性的当前定在里就成为它自身;现实性的直接定在对本质已不复是异己的、外在的了,由于它是被扬弃了的、有普遍性的东西。因此这种死亡正是它作为精神的诞生"⑤,在否定与神性(普遍性)分裂的抽象的个别性中人之死也就转化为"道成肉身"。其次,对圣父而言,堕落的人(恶)也不再是异己的和敌对的,以"神人之死"为中介,普遍的圣父在人的自我意识中反映自身,作为抽象的绝对本质之理念转化为了建

---

① [德]黑格尔:《精神现象学》(下),贺麟、王玖兴译,商务印书馆1981年版,第249页。

② Erik Schmidt, *Hegel System der Theologie*, Berlin & New York: De Gruyter, 1974, S. 169.

③ Vgl. G. W. F. Hegel, *Jenaer Systementwürfe III*, Gesammelte Werk, Bd. 8, hrsg von Rolf-Peter Horstmann, Hamburg: Felix Meiner, 1976, S. 282f.

④ Vgl. Christofer Frey, *Reflexion und Zeit. Ein Beitrag zum Selbstverständnis der Theologie in der Auseinandersetzung vor allem mit Hegel*, Gütersloh: Mohn, 1973, S. 152.

⑤ [德]黑格尔:《精神现象学》(下),贺麟、王玖兴译,商务印书馆1981年版,第249页。

立自身规定的活动。耶稣的受难与复活虽然对人的表象认识而言是奇迹，是"一种不可理解的、非概念所能把握的事变"①，但作为推论的概念而言，"这种精神的统一性，或者说，其中差别只作为扬弃了的环节的这种统一性，对表象意识说来，就是上面所提到过的[神与人的]和解了，而且由于这种统一性是自我意识的普遍性，所以自我意识也就停止其为表象的意识了；思维的运动已通过表象而返回到自我意识了"②。对表象意识而言，上帝与人之间通过耶稣的受难与复活而达成的和解需要扩展为一种现实的普遍性，而这就是个体在教会中的新生，宗教社团由此成为了重建普遍性与个体性的一致。

（三）圣灵——概念的自我规定

宗教社团产生和发展的整个过程就是概念自我规定的隐喻和图像，是在意识的结构中所能把握的最高真理形态，但是表象作为信仰的认识方式，只能将真理生成的过程投射为孤立和分离的形象，出现在表象之中的每一个内容尽管以对方为规定性，但双方的和解复又被投射为一个新的形象，其根本缺陷在于：仍然将真理当作一个被给予的结果接受，而无法把握其生成的过程。对尚未提升到科学立场、尚未掌握概念思维的个体而言，表象或三位一体的教义具有双重意义：表象将概念的自我规定以内在图像的方式呈现给了人类意识，形象化地表达了真理，意识逐渐从知性提升到了理性和科学的立场；而概念则通过反映在意识之中而认出自身，三位一体预先揭示出了认识与所知或思维与所思之间的统一性③，意识所固守的

---

① [德]黑格尔：《精神现象学》（下），贺麟、王玖兴译，商务印书馆1981年版，第249页。

② [德]黑格尔：《精神现象学》（下），贺麟、王玖兴译，商务印书馆1981年版，第251页。

③ Vgl. Falk Wagner, Religiöser Inhalt und logische Form. Zum Verhältnis von Religionsphilosophie und, Wissenschaft der Logik' am Beispiel der Trinitätslehre, in *Die Flucht in den Begriff. Materialien zu Hegels Religionsphilosophie*, hrsg von Friedrich Wilhelm Graf und Falk Wagner, Stuttgart: Klett-Cotta, 1982, S. 203.

预设——认识与对象之间的差异——在神人之间现实的和解中已经被扬弃。在这个意义上,三位一体学说构成了人类意识与概念自我规定之间的中介,这种中介性意味着意识的结构对于三位一体的教义而言是建构性的,神圣叙述中的众多单一环节间的关联以及叙述里(历史里)个别事件间的关联仍然是外在的、偶然的和任意的。①作为思维者的普遍性和作为所思者的个别性能在推论中达到真正的内在合一,但表象却无法把握这种统一,只能将概念的自我规定叙述为不可理解的奇迹。宗教社团所表象的是概念的两个环节之间的和解及其结果,上帝就在信徒们的内心生活之中,而由信徒重建的普遍的个别或个别的普遍也成了上帝的肉身。在这一转化过程中,自身等同的普遍性自我瓦解了,这被表象为圣父摆脱了自己的抽象存在而成为信徒活生生的信仰;片面的自为和私己得到了克服,这被表象为信徒团结在宗教社团中成为圣灵,"天天死去,也天天复活"②。在黑格尔看来,圣灵就是精神③,是对立环节的"一致"(ja),是自己认识自己的活动,即概念的自我规定。

在天启宗教中,概念的自我规定已经出现,但意识本身预设未被扬弃,因此精神在宗教意识看来只是一种"外来的、异己的善良的恩赐行为"④,概念的运动反映了基督教的神秘主义是基于信仰这一意识最后的预设,将自身的本质投射为内心的表象。基督教的教义或宗教神秘主义从知性的角度来看诚然是一种对日常生活的敌视,似乎是指向超感性的、幻想性的,甚至是不存在的事物。⑤ 然而,与

---

① [德]克劳斯·费维克:《黑格尔的艺术哲学》,徐贤樑等译,商务印书馆2018年版,第172—173页。

② [德]黑格尔:《精神现象学》(下),贺麟、王玖兴译,商务印书馆1981年版,第254页。

③ 德语都是 Geist。

④ [德]黑格尔:《精神现象学》(下),贺麟、王玖兴译,商务印书馆1981年版,第256页。

⑤ Vgl. Nathan Rotenstreich, Mysticism and Speculation, in *Hegel Studien*, Bd. 25, hrsg von Friedhelm Nicolin und Otto Pöggeler, Bonn: Bouvier, 1980, S. 86 – 87.

对待艺术的态度相似,黑格尔高度肯定了宗教教义及基督教神秘主义,一方面,宗教和绝对知识的区别就在于前者保留了最后内心表象的直接性,这种认定需要被概念式的思维扬弃在概念的自我规定之中,但宗教在历史中就代表着人类自我意识朝向纯粹思维的发展,预示了哲学的立场[1];另一方面,天启宗教作为概念在意识中的显现向着在自身之中运动的过渡点,为科学提供了一种内在图像——文学叙述的形式,从而使得思辨科学的真理能以想象或叙述的方式得到澄清,这也为概念向着表象的反向过渡提供了可能。当精神的运动之环节不再是意识形态或者表象形式,而是概念的自我规定,那么表象的局限也就被克服了。[2]

第三节　创造与概念的和解:现象学中艺术的双重功能

在《精神现象学》中,黑格尔笔下的宗教既不是启蒙运动抽象的自然神论,也不是康德甚至费希特的道德神学——席勒和施莱尔马赫分别从审美和情感两个领域批判了该方案的不足,但仍是当时德意志思想界对宗教观念的主流看法[3],而黑格尔对宗教的思考与其前辈和同时代人都相去甚远,因为在宗教中黑格尔见出了一种更高形式的精神,即精神的自我意识,不过精神的自我意识尚未达到绝对知识层面,因为人类或特定民族对精神(民族)的理解还停留在对中介(表现物)本身的理解上,自然—艺术—天启就是每一种宗

---

[1] Vgl. Nathan Rotenstreich, Mysticism and Speculation, in *Hegel Studien*, Bd. 25, hrsg von Friedhelm Nicolin und Otto Pöggeler, Bonn: Bouvier, 1980, S. 96.

[2] Klaus Vieweg, Religion und absolutes Wissen, in *Hegels Phänomenologie des Geistes*, hrsg von K. Vieweg und W. Welsch, Frankfurt. a. M.: Suhrkamp, 2008, S. 599.

[3] Cf. Jean Hyppolite, *Genesis and Structure of Hegel's Phenomenology of Spirit*, translated by John Heckman, Evanston: Northwestern University Press, 1974, p. 529.

第三章　朝向概念之真：黑格尔对"艺术"的规定与现象学的结构　　379

教的特定表现中介（环节），尽管自然宗教—艺术宗教—天启宗教（基督教）的序列或许来源于施莱尔马赫的灵感，但黑格尔致力于在宗教中（就像在艺术中一样）见出纯粹哲学思维的预先呈现（prefigurative representation）。绝对知识高于宗教，宗教的确呈现了绝对知识真正的内容，却限制在再现或内在图像的形式之中。哲学是宗教真理的解释者，由此将信仰提升为知识，将表象纯化为概念。[①] 宗教阶段的特殊之处在于，意识经验的前进和概念对自身形成的回溯同时呈现，在前进序列中，艺术宗教呈现出普遍意识对自身创造性本质的认识，通过这种认识，现实本身的被给予性逐渐在本体论层面被清除了实体性因素的遮蔽，而在回溯序列中，概念的自我规定进一步揭示出这种创造性必须依赖于纯粹思维，依赖于概念式的认识与概念的规定性之间的同一性。在这个意义上，黑格尔在更高层次上兼容了对艺术（技艺）的传统理解和启蒙运动以来对艺术的新观念，并实现了艺术创作和概念思维之间的和解，而这也构成了艺术在现象学中的功能。

一　意识的前进——本体论和认识论的双重净化

艺术宗教在现象学包含的本体论层面所具有的功能与艺术之历史性密切相关。在这一视域下，艺术在现象学意识发展序列中的定位与在柏林时期《哲学科学全书纲要》和《美学讲演录》中的详细安排和规划如此不同就变得易于理解了。从整个现代世界的发展进程来看，1800年前后德意志思想界的整体期待是通过艺术与宗教、美学与神学之间的携手合作将现代文化从纯粹的主观性中解放出来，在黑格尔及其同时代人看来艺术提供了一种克服二元论独特的模式，这种模式被温克尔曼塑造为一种对历史中希腊的想象——希腊世界代表的原初同一性虽然已经在基督教和现代世界的异化中沦为破碎

[①]　Jean Hyppolite, *Genesis and Structure of Hegel's Phenomenology of Spirit*, translated by John Heckman, Evanston: Northwestern University Press, 1974, p. 532.

的牺牲品，但是它却为未来的哲学提供了一个历史中的模型，以克服现代世界普遍存在的分裂以及康德哲学潜在指向的个体心灵的分裂。①

然而，按照主观的念头，不依赖既定的陈规甚至任何特定的知识进行创作，是启蒙之后出现的对艺术的全新理解。因而与其说艺术提供了一个克服二分的历史模型，不如说是依照启蒙以来全新的艺术观念对希腊世界观所做的概念式理解。受到温克尔曼深刻影响的德意志思想家和诗人们都将这种对艺术的现代理解代入古典希腊的想象中：魏玛古典主义强调美的理想作为直接的统一性，以决绝地拒斥现代世界的异化，却没有意识到美的理想的直接的统一性乃是无限的主观创造性的结果；早期浪漫派凸显艺术作品本身包含的整体和部分之间的有机性，将之视为天才无穷创造力和个性的体现，通过否定整个现实世界，开启一个超越于分裂的现代世界之上的审美乌托邦，却无视了艺术品和创作之间的非等同性，最终发展为一种无实体性的纯粹主观性——反讽；荷尔德林和谢林中后期都致力于完成一种对人类历史的超历史性—神话性的解释，荷尔德林试图将基督教纳入古典希腊通过艺术迎候"将来之神"，谢林则在艺术的象征形式中洞见到绝对同一本身的不可预思性，仅仅将被呈现的现实作为概念思维把握的对象。

尽管黑格尔同样将艺术宗教视为由希腊人发明的、独特的、看待世界的方式，但他却真正地把握了希腊世界的历史性维度。艺术代表了希腊人对自身本质的理解——一个能够将自身从自然环境的束缚中解放出来，并且能为自身建构起符合个体与共同体之间统一之客观现实的创造性民族。希腊世界一方面超越了东方世界，因为其在本体论层面扬弃了外在现实的直接性，以自我创造、自我建构的方式塑造出适合自身本质的现实环境，最典型地代表了主体性对

---

① Cf. Rüdiger Bubner, The "Religion of Art", in *Hegel and the Arts*, edited by Stephen Houlgate, Evanston: Northwestern University Press, 2007, p. 301.

实体性的扬弃，并重建起能为自身所理解的普遍实体；另一方面，希腊世界尚未达到基督教世界内在启示的深刻性，因为希腊人仍然停留在主体性和实体性之间的统一之中，这具体表现为其所塑造的外在现实仅仅达到了个体与共同体的直接统一，而没有达至个体的真正自由。因而黑格尔认为艺术不仅仅代表了古典希腊的世界观，而且是现代自由意识的真正开端，只有基于现代个体自由的原则才能真正洞见到希腊世界以及艺术创作的真正意义，尽管黑格尔仍然羡慕希腊人"美的幸运的自由"，在其中个体和民族完满地融为一体，"在其中不存在任何抗议；每个人直接地认识自身为普遍物，也就是说，他放弃他的特殊性，而没有把特殊性本身作为自主体、作为本质来认识"[①]，但他意识到"一种更深刻的精神"就在于深入"一种更高的抽象"之中，这就是基督教世界以及现代世界所包含的"一种更大的对立和教化"，"在古代，美的公共生活是一切人的伦常、美作为普遍者与个别者直接的统一、一件艺术品，在其中没有任何部分可以脱离整体，而是自我认识的自身与其显示的天才般统一。但是个体性自身绝对的知识，这种绝对的内化存在并不存在。……它是在自身中的北方的本质，而在所有人的自主体中有其定在"[②]，黑格尔在来到耶拿之后逐渐告别了对古典希腊无条件的热爱，同时也放弃了将直接的统一性视为理想的实体形而上学的残余，他深刻意识到精神必须走出这种浑然的统一，进入最剧烈的分裂才能重新见到自身的统一性，因为分裂、重建着自身的统一性乃是实现现实自由的前提，在这个意义上，黑格尔在希腊的伦理悲剧中发现了基督教在整个世界历史发展中的更高意义，即自由的无限人格的普遍性。而这种真正宏阔、深湛和彻底的历史视野乃是黑格尔与后康德

[①] G. W. F. Hegel, *Jenaer Systementwürfe* III, Gesammelte Werke, Bd. 8, hrsg von Rolf-Peter Horstmann, Hamburg: Felix Meiner, 1976, S. 262.

[②] G. W. F. Hegel, *Jenaer Systementwürfe* III, Gesammelte Werke, Bd. 8, hrsg von Rolf-Peter Horstmann, Hamburg: Felix Meiner, 1976, S. 263 – 264.

大部分重要思想家之间最为关键的区别①,因此,希腊世界作为实体性和主体性之间直接的同一,甚至是最完善的同一,只是整个自由历史的开端,其理想性并非绝对,而是在整个历史性的展开中被相对化了:

>总括希腊精神的元素来说,我们发现它的基本特性是这样的,"精神"的自由受"自然"刺激的限制,并且和这种刺激结有本质的关系。希腊的思想自由是一种外来的东西所激起的;但是它是自由的,因为它从自身变化,并且产生了这种刺激。这个决定是中间物,介乎人类方面个性的丧失(如像我们在亚细亚的原则中所看见的,那里"精神的东西"和"神圣的东西"只存在在一个"自然的"形式之下)以及自身为纯粹确实的"无限的主体性"——就是以自我为一切可以取得实体生存的根据的思想。希腊"精神"是介乎以上两者间的中间物,从"自然"出发,再把它变化为它自己生存的一种单纯客观的形式。……这个表明希腊的性格是"美"的个性,它是靠"精神"产生的,它把"自然的东西"改变成为自己的表现。②

如果说从意识经验运动的前进序列来看,艺术引导个体意识逐渐认识到外在的现实并不是直接给定的或属神的,而是整个民族在历史进程中自身劳动和创造的产物,由此逐渐剥离了蒙在文化世界之上的种种实体性的因素,实现了本体论层面的纯化,那么从概念对自身回忆的回溯序列来看,"面对'美'的艺术作品精神进入一种自由的关系,艺术作品所造就的显现虽然由于启示而成为多余的,但却是这样一种'盈余',它是对作品的积极承认和赞同。这种承认

---

① Cf. Rüdiger Bubner, The "Religion of Art", in *Hegel and the Arts*, edited by Stephen Houlgate, Evanston: Northwestern University Press, 2007, p. 302.

② G. W. F. Hegel, *Vorlesungen über die Philosophie der Geschichte*, Werke in zwanzig Bänden, TWA, Bd. 12, Frankfurt. a. M.: Suhrkamp, 1986, S. 294.

和赞同注意到，在启示过程内的'现象'的创生完全不同于从前神在艺术作品中的显现。当艺术作品奠基于启示宗教的怀念时，这里，艺术本身不再于绝对意义上亮相，而是自由地对待这种知并且就此而保持为'美'的艺术"①，古希腊的艺术品之所以能从对希腊民族之神的反映而成为现实世界中被欣赏、被品味的美之艺术品，正是在于基督教将在更高的层面上显现出概念或神性的表象，因此附着在对艺术本质理解之上的实体性因素再次被扬弃了，伽达默尔将之称为"自从基督教出现之后，艺术就再也不是真理的最高方式，再也不是神性的启示，并从而变成了反思艺术"②，唯有在希腊特定的伦理世界中，艺术作为神性的反映才会被视为对诸神的模仿，在这种依赖于特定现实性而产生的对自身与自身本质之关系在更高层次得到了扬弃之后，艺术之为创造的本质规定才真正显现出来，概言之，将艺术的本质视为创造的现代理解的真正前提在于人类对自身与自身本质关系之理解进入了一种更高、更深刻的普遍性，即基督教教义中的"三位一体"。黑格尔通过意识的前进和概念的回溯阐明了古今两种对艺术理解内在的一致性，如果说亚里士多德在《尼各马可伦理学》中从制作（poiesis）和技艺的角度来理解艺术，既没有克服制作目的和产品的分离（NE 1140b5）③，又没有扬弃摹本对于制作具有决定性这一预设，那么黑格尔通过将技艺中的目的（概念的自我认识）和技艺的作品（概念的现实性）合二为一，超越了制作活动中目的和产物的分离，或可概括为：factio perfectio facientis est（制作是制作者的完善），在扬弃了古典艺术理解所包含的预设

---

① ［德］贺伯特·博德：《黑格尔〈精神现象学〉讲座：穿越意识哲学的自然和历史》，戴晖译，商务印书馆2016年版，第99—100页。

② ［德］伽达默尔：《诠释学Ⅱ：真理与方法》，洪汉鼎译，商务印书馆2007年版，第574页。

③ Vgl. Aristoteles, *Nikomachische Ethik* Ⅵ, herausgegeben und übersetzt von Hans-Georg Gadamer, Frankfurt. a. M.：Vittorio Klostermann, 1998, S. 35；中译参见［古希腊］亚里士多德《尼各马可伦理学》，廖申白译注，商务印书馆2003年版，第173页，注释2。

的同时，克服了浪漫派艺术理解缺乏实体性的绝对主观化，从而实现了艺术创作和概念思维在本体论层面的和解，艺术在意识视角所展现的普遍历史的发展进程中充分证明了实体（现实）即主体（普遍意识的塑造和劳动）。

二 概念的回溯——本体论和认识论的双重奠基

正如第一小节所提到的，借助概念的回溯人们方能见出艺术的创造本性。希腊人将艺术—技艺视为模仿、将诗歌视为神谕，从本体论角度上看，是源于伦理实体有局限的普遍性作为实体性的因素掩盖了创造的普遍性；当崭新的基督教原则出现在整个世界历史的发展之中，艺术尽管依然与宗教保持着密切的关系，但艺术本身却不再是对普遍意识的自我知识的反映，由此艺术在基督教世界中成为引导信徒掌握三位一体教义的中介，在这个意义上的确如伽达默尔所指出的，"对于希腊文化来说，神和神性（Gott und Das Göttliche）在它的土生土长的形象性和造型性的传说的形式（bildnerischern und gestalterischen Sagens）中，原原本本地显现出来。而基督教和它对神的彼岸性的新的深刻洞见，已使得艺术的造型语言（Bildersprache）和诗的言说的形象语言（dichterischer Rede）无法表达自己的真理（Wahrheit）。艺术作品不再是我们膜拜的神性的东西本身（Das Werk der Kunst ist nicht mehr das Göttliche selbst, das wir verehren）"[①]。当艺术不再是反映"我们对真理本身的认识（Erkennen der Wahrheit）"[②]唯一的媒介时，对其束缚的各种实体性因素和认识上的预设都被解除了，艺术的创造本性和潜能得以充分激发，因而，并非哲学或基督教"以一种更高的方式在自身中把握

[①] Hans-Georg Gadamer, Die Aktualität des Schönen, Stuttgart: Reclam, 2000, S. 6 – 7; 中译见［德］伽达默尔《美的现实性》，张志扬等译，生活·读书·新知三联书店1991年版，第7页，译文有改动。

[②] ［德］伽达默尔：《美的现实性》，张志扬等译，生活·读书·新知三联书店1991年版，第5页。

第三章 朝向概念之真：黑格尔对"艺术"的规定与现象学的结构　385

了艺术的真理"①，而是在从绝对知识（哲学）、天启宗教（基督教）到艺术宗教（艺术）的回溯中，艺术才证明自身是精神的回忆，"因为精神的完成在于充满地知道它是什么，知道它的实体，所以这种知识就是它的深入自身过程，在这一过程里它抛弃了它的定在（Dasein）并把它的形态交付给回忆。……而这个被扬弃了的定在——先前有过的然而又是从知识中新产生出来的定在——是新的定在，是一个新的世界和一个新的精神的形态"②。

艺术（宗教）对于个体教化之提升的意义在于，在意识经验运动的发展序列中，一方面使普遍意识认识到自身与共同体，与世界之间的直接统一或被给定的统一性之实质乃是劳动、塑造和创造的结果，由此扬弃了认识论上被给予的同一性之预设；另一方面通过证实整个现实与历史乃是普遍意识劳动、塑造和创造的结果，使得世界、现实和历史在本体论层面对于普遍意识的直接性和不透明性逐渐被穿透，世界、现实和历史逐渐成为完全透明的和属我的。而艺术之为个体教化重要媒介的根据却在于艺术、宗教都是精神的回忆，通过概念的自我规定，艺术才被确证为一种概念自身的象征形态，而这也清晰地阐明了艺术宗教的精神完全彻底就是近代原则的精神③；黑格尔（包括荷尔德林）并非出于对希腊文化的偏爱，而将艺术宗教归于希腊世界，而是因为近代原则的映现直射"诸源泉"，所以艺术宗教被移交给了希腊世界④。这构成了艺术在现象学结构中历史性和真理性的根据，意识在宗教之前的阶段（及其各种具体形态）仍然是以真实者的各种呈现为对象，尝试掌握真理之具

---

① ［德］伽达默尔：《诠释学Ⅰ：真理与方法》，洪汉鼎译，商务印书馆 2007 年版，第 236 页。
② ［德］黑格尔：《精神现象学》（下），贺麟、王玖兴译，商务印书馆 1981 年版，第 274 页。
③ 参见［德］贺伯特·博德《黑格尔〈精神现象学〉讲座：穿越意识哲学的自然和历史》，戴晖译，商务印书馆 2016 年版，第 302 页。
④ 参见［德］贺伯特·博德《黑格尔〈精神现象学〉讲座：穿越意识哲学的自然和历史》，戴晖译，商务印书馆 2016 年版，第 373 页。

体的规定性，唯独进入宗教阶段之后，尤其是在艺术宗教和天启宗教两种形态之中，普遍意识才真正将自身对真实者整体的认识作为我们认识的对象（Gegenstand unseres Erkennens zu machen），懂得我们对真实本身的知识（wissen）①。在黑格尔看来，所谓的真理本身，即概念的认识与之规定性在概念的自我规定中的合一，只有在具有"具体内容"亦即真实者本身被把握的情况下——这意味着"通过哲学而制造出来"——才是可能的。

因而，艺术和宗教乃是个体达到科学立场和掌握了概念式的思维的最后阶段，也是概念自我规定的直接前提。而绝对知识对艺术和宗教的统摄和扬弃的本质就是克服真实者和真理之间的区分，黑格尔对真理的看法看似与饱受诟病的真理符合论是一致的——真理在于认识与对象的一致；从根本上来看，黑格尔却发现了符合论真理观本身就构成了意识本身的预设，康德将自身意识视为意识之本质实际上克服了意识长期停留的天真朴素的自然立场：对象是外在于自身的实体性事物，而认识又是不同于对象的另一对象；认识依赖于对象，真理就在于认识者能否全面地反映对象的各个方面。康德充分肯定了意识本身的主体性和建构性，将认识关于对象性之建构的普遍有效性视为真理。从康德开始的自我意识和自为的意识可以称得上有教养的意识：能意识到自然意识和对象之间的同一性，因此有教养的意识本身就是科学的"一般知识"和概念的"要素"。借助有教养的意识，现象学积累起了绝对知识一切的内容，也通过有教养意识对自然意识经历的充分反映（表现为自然、艺术和启示），体现了有教养的意识将自然意识在不同阶段掌握的真理吸纳为反映结构中的一个环节，这种反映同样是自然意识向有教养意识的趋近，也是有教养的意识对自然意识的言说，有教养的意识由此阐明自身能够达到一种形式上的同一性，即完全有能力将自然意识自

---

① ［德］伽达默尔：《美的现实性》，张志扬等译，生活·读书·新知三联书店1991年版，第5页，译文有改动。

身作为对象加以引导和修正，而这就是整个近代哲学在宗教章的思想史呈现。在这个意义上，博德的判断不无道理，"艺术宗教应该在整体上鉴于康德的位置而透明起来——更准确地说，鉴于近代哲学的自我意识，是康德首次将自我意识在其独具的意义上加以发展。近代宗教的第一个阶段，或者说宗教意识发展的第一个阶段在本质上紧紧盯住自然，按照反思或者其观念表象方面，这显示在理性行动的观察特性上。自我意识发展的第二个阶段按照这同一个方面在本质上指向艺术家的自由行动"①。众所周知，康德的真理只涉及显象，亦即对象与认识主体相关联之时向着主体的呈现，至于"自在之物"（Ding an sich），却采取存在不论的立场，因此黑格尔认为自我意识或有教养的意识仍然只是概念的直接性，或者用亚里士多德的话说这仅仅是有限努斯，而非神圣努斯。在黑格尔看来，这是自康德以来德意志思想的共同问题，其根源在于自我意识能洞见到认识的本质是对象性之建构，但却未能发现这同样是建构自身，因此认识的对象和认识自身就被预设为分离的双方，二者被看作两个根本不同的东西，在这一预设下，通过"认识活动"——以把握真实者乃是自我矛盾的。

黑格尔在《精神现象学》中借助精神之回忆和概念回溯的隐蔽序列，证明了一切认识在本质上都是自我认识，在《哲学科学全书纲要》的附释中，这种自我认识被进一步解释为："精神的一切行动只是对于它自身的一种把握，而最真实的科学的目的只是，精神在一切天上和地下的事物中认识到它自身。"② 意识以真实者为认识对象，但意识本身就是真实者，更确切地说，意识与作为对象的真实者一样，都是真实者本身的一个环节。由此，概念本身作为真实者不仅是认识的对象，也是通过意识而成为认识主体，即认识活动本

---

① ［德］贺伯特·博德：《黑格尔〈精神现象学〉讲座：穿越意识哲学的自然和历史》，戴晖译，商务印书馆2016年版，第371页。

② ［德］黑格尔：《精神哲学》，杨祖陶译，人民出版社2006年版，第2页。

身。就此而言，自我意识作为有教养的意识或宗教意识的局限在于，"既然我自为地只是作为形式性的同一性，那么概念的辩证的运动，意识的继续规定，对于它就不是作为它的活动，反之，这一运动是自在的，并对于意识来说是客体的变化"①。因此，正如布尔乔亚所指出的，在宗教阶段，"黑格尔向之言说的意识，乃是有教养的意识，这种意识实际上很少会从感性确定性出发，来上升到精神的更具体、更真实的形象，因为这种意识已经在其存在本身抵达了现象学历程的终点。在其存在本身，因为这个终点，意识本身即是这个终点，而非拥有这个终点，也没有通过对自身的某种知识（绝对知识）来将其同一化从而把握之"②。如果说在宗教章之前，意识经验运动中的前进回溯主要是自然意识和有教养的意识之间的相互对话、共同趋近；那么在宗教章和绝对知识章中，意识经验运动中的前进回溯则是有教养的意识（宗教意识）和概念自身的对话，可以说在黑格尔之前，活跃于1800年前后的任何一位思想家，哪怕是谢林也没有真正提出从精神的回忆和概念的回溯来看待艺术、宗教和哲学的关系，在个体意识的教化中艺术和宗教都能引领意识朝向概念之真不断提升，而在概念的回溯中，艺术和宗教呈现出真理和自由的内在关联，"黑格尔的时代是一个争取自由的时代，人们为争取自由进行几百年的斗争，与社会发展相适应，自由成了人们的内心要求，成了精神世界的主导趋向，哲学和文学艺术一样，以不同方式表现这一主题"③。个体意识的提升和朝向概念之真构成了概念之自由的前提，朝向概念之真乃是消极意义上的自由，通过艺术和宗教，真实者从实体被理解为主体；而概念之自由又是概念之真的根据，通

---

① ［德］黑格尔：《哲学科学全书纲要》（1830），薛华译，商务印书馆2021年版，第322页。

② ［法］贝尔纳·布尔乔亚：《德国古典哲学》，邓刚译，高宣扬校，人民出版社2013年版，第142页。

③ 薛华：《黑格尔、哈贝马斯与自由意识》，中国法制出版社2008年版，第269页。

过艺术和宗教，真实者作为主体又经由全人类的努力重新被塑造为实体，也正因此，在实在哲学中，艺术、宗教和哲学在现象学中的真理性和历史性层级被瓦解，三者作为绝对精神历史之三种呈现方式在现代世界中都充分发挥了引导个体意识朝向现实自由的作用。

三 现象学与黑格尔的美学

（一）现象学中的真理与自由

富尔达在20世纪60年代回顾黑格尔现象学研究时评论道，"对黑格尔现象学的研究近十年主要是涉及这部著作形而上学的、人本主义的、社会和历史的观念。供我们时代的意识作自我理解的，是丰富的具体的内容。现象学的形式，它的内容和方法相对来说显得未曾给予注意"[1]；而薛华先生在20世纪80年代则展望："人们对《精神现象学》的形式、它的结构等等已做了许多专业研究，似乎可以重新去探讨它的内容和思想了，以促进我们时代的意识作自我理解。"[2] 而在经历了近40年的更高水准、更丰富、更深入的内容和思想的研究之后，我们似乎可以重新关注现象学的形式和方法对于内容的意义，由此在更高的层面上思考我们时代的自我理解与整个人类发展的关系。

在现象学中，黑格尔一方面描述了个体意识如何达到对真理认识的过程，而这种对真理的认识瓦解了我们对于对象世界、现实世界的恐惧，世界对意识而言不再是一个陌生的、异己的自然空间，而是人类通过自己的努力、劳动、构建而不断塑造的家园，因此，这一认识真理的过程应被视为通向现实自由的前提；另一方面，黑

---

[1] Hans Friedrich Fulda, Zur Logik der Phänomenologie, in *Materialien zu Hegels Phänomenlogie des Geistes*, hrsg von Hans Friedrich Fulda und Dieter Henrich, Frankfurt. a. M.：Suhrkamp, 1973, S. 391.

[2] 薛华：《黑格尔、哈贝马斯与自由意识》，中国法制出版社2008年版，第194页。

格尔通过现象学中个体意识教化的过程呈现纯粹理性认识或概念思维形成的过程，纯粹思维或概念的自我规定决定了历史发展的深度和个体教化的高度，"精神在这里必须无拘束地从这种新的精神形态的直接性重新开始，并再次从直接性开始成长壮大起来，仿佛一切过去的东西对于它来说都已经丧失净尽，而且似乎它从以前各个精神的经验中什么也都没有学习到。但是，回忆把经验保存下来，并且回忆是内在本质，而且事实上是实体的更高的形式。因此，虽然这个精神看起来仿佛只是从自己出发，再次从头开始它的教养，可是它同时也是从一个更高的阶段开始"①，黑格尔的确是在柏拉图灵魂转向的意义上讨论精神的回忆或概念回溯，然而这种回溯本身却绝非为了塑造一个超越世界的太一，而是重新发现思维之中概念纯粹的自我认识与世界历史之中概念的规定性之间的一致性，"理性在掌握可思维的东西中思维它自己本身。因为在接触和思维对象时，它本身就变成可思维的，以致理性和被思维的东西是同个东西"②。这种一致性的发现不仅是个体通过艺术、宗教和哲学掌握绝对真理，即在思维中概念的认识及其范畴之间的绝对一致性，还是个体通过艺术、宗教和哲学争取绝对自由，即在现实中按照概念自身的规定通过自己的劳动、创造和建构，使得世界、历史本身变得与绝对真理相一致，而这种概念通过个体的行动就转化为绝对自由，由此民族的教养总是伴随着世界历史不断朝向自由，而不断从更高的层面重新开始。

（二）艺术宗教和艺术哲学

根据之前的分析，基本可以将艺术宗教在现象学中的功能规定为在个体意识的发展中引导其扬弃世界或万有本身在本体论层面的

---

① ［德］黑格尔：《精神现象学》（下），贺麟、王玖兴译，商务印书馆1981年版，第274页。
② ［德］黑格尔：《哲学科学全书纲要》（1830年版），薛华译，商务印书馆2021年版，第433页。

直接性和被给予性，个体意识逐渐认识到自身与外部世界的直接对立或直接同一都是一种未经反思的预设，而世界或现实本是普遍意识不断劳动、塑造和建构的产物，因而艺术在现象学的结构中具有真理性，其在本体论和认识论两个层面都扬弃了诸种预设，成为通向概念之真的重要过渡环节。因此，希福特认为，现象学对艺术规定的关键就是现象学本身的结构，"现象学的结构是意识经验构成的方法，这作为内在根据被保留到了艺术规定之中，而在《哲学科学全书纲要》中，'美的理念'则是艺术规定的根据"[1]。这一判断准确区分了艺术宗教和艺术哲学在黑格尔艺术论中的不同功能。前者被限定在现象学的结构中，因而服务于概念的真理功能，在真理性和历史性的两个层面都对天启宗教和绝对知识有所依赖；后者却建基于概念的回溯或绝对精神的历史，在概念的回溯和绝对精神的历史中，艺术和宗教本身在本体论和认识论方面的实体性因素和预设都已经被彻底扬弃和净化，因而二者的根据都在于概念在现实中的形态，即概念的自我认识及其规定性的统一方式，这意味着在现代世界中，艺术、宗教和哲学均为引导个体意识通向自由的最重要的方式和媒介，三者不存在高下之分，但对世界历史的反思模式以及对个体教化的作用方式却并不相同。揆诸以上，尽管艺术宗教和艺术哲学在讨论范围以及具体内容上多有重合：比如在"艺术宗教"部分，黑格尔其实讨论了雕塑、神庙（建筑）赞美诗、史诗、悲剧和喜剧种种具体的艺术门类，甚至还搭建起了自然宗教（东方象征型艺术的雏形）、艺术宗教（古典型艺术）和喜剧（浪漫型艺术的某些原则）这一初步的艺术类型的叙述框架，其对某些艺术品、艺术门类、艺术类型甚至艺术与概念知识之间的具体分析已经包含之后艺术哲学中某些讨论的基本线索，但依据现象学结构来看，却并不能视之为艺术理论，而只能规定为艺术在个体教化中的真理功能。

---

[1] Annemarie Gethmann-Siefert, *Einführung in Hegels Ästhetik*, München: Fink, 2005, S. 204.

此外，艺术在现代世界中对个体教化的自由功能同样是以现象学中概念回溯的序列为根据。首先，通过绝对知识和天启宗教这一具有更高真理性的认识形态的映照，艺术在希腊世界中作为绝对真理或概念自我规定唯一媒介的历史性功能才得以揭示。其次，艺术的这种历史性功能在意识行进到基督教世界以及整个现代世界的历史阶段后，就交托给了基督教的三位一体，因为在宗教阶段，或者说在通过概念之回溯而构建起的宗教史或"精神王国"之中，"一个精神为另一个精神所代替，并且每一个精神都从先行的精神那里接管［精神］世界的王国。这种代替和接管过程的目标是'秘奥'（die Tiefe）的启示，而这种'秘奥'就是绝对概念；因此，这种启示就是绝对概念的'秘奥'的扬弃"①。基督教对艺术在历史中功能的接管并未宣告艺术在历史上的终结，而是剥离了附着在对艺术之为模仿的传统理解之上种种认识论上的预设和本体论上的实体性因素，从而恢复了艺术之为创造的巨大潜能。

最后，还需我们考察的是，如果说之前的分析初步展现了现象学在何种意义上体现了概念在意识中的自身显现以及在意识中自我规定的方式，那么这种概念在意识中的显现与我们最耳熟能详的、对黑格尔美学最具常识性的理解，"美就是理念的感性显现"② 是否一致？20世纪初黑格尔的重要研究者之一格洛克纳甚至认为，黑格尔观察世界的方式和方法首先表现为一种审美式，这种审美式的方式意味着将一切都返回到一种最终的觉知（Fühlen），即思考所有事件和情况之间最终的精神性关联。③ 而这种围绕着一个原初理念或原初理念不断展开为各个环节生成的架构不仅适用于现象学，还适用

---

① ［德］黑格尔：《精神现象学》（下），贺麟、王玖兴译，商务印书馆1981年版，第275页。

② ［德］黑格尔：《美学》（第一卷），朱光潜译，商务印书馆1996年版，第142页。

③ Vgl. Hermann Glockner, *Beiträge zum Verständnis und zur Kritik Hegels sowie zur Umgestaltung seiner Geisteswelt*, Hegel Studien, Beiheft 2, Bonn: Bouvier, 1984, S. 35.

于黑格尔的美学讲座。① 格洛克纳显然混淆了黑格尔现象学和歌德的植物学研究方法之间的差异，仅仅关注到各个意识形态之间关系的有机性而忽略了更为关键的概念回溯对之统一性。相反，黑格尔的现象学与艺术哲学最大的区别在于：现象学所呈现的概念在意识中的显现并不是直接的，而是通过意识的经验运动被间接发现的，被发现的概念还谈不上是在自身中进行认知的理念，只是绝对真理的直接性；艺术哲学所讨论的美或理想则是概念与其现实规定性的直接统一，这种概念自身与其现实规定性的统一所涉及的是概念之自由，与现象学中被发现的直接的概念和逻辑学中在自身中认知的概念均不在一个层面，在现象学中涉及的是概念与被规定的他物之间的关系，逻辑学涉及的是概念在自身中与自身规定性的关系，实在哲学（包括美学）涉及的则是概念与经由个体按照概念之真所形塑和创造的自身现实规定性的关系。这意味着美的理念或艺术在世界历史中的功能不仅涵盖了概念的真理，而且朝向了概念的本真自由。

（三）艺术宗教的效果历史

在黑格尔去世后，艺术、宗教和哲学之间的关系成为具有高度政治意义的问题，也成为整个黑格尔学派内在分裂的根源。大卫·弗里德里希·施特劳斯（David Friedrich Strauß，1808—1874）从宗教哲学的角度出发，在1837年提出区分黑格尔学派内部右、中、左三派之关窍——信仰和理性是否被视为相容的：黑格尔右派亦步亦趋地遵照黑格尔的《哲学科学全书纲要》的论点，以哲学为基础为新教辩护；黑格尔左派以黑格尔的逻辑学为基础重新表述了基督教教义；黑格尔中派则在这两种立场之间摇摆不定。黑格尔右派把握到了黑格尔的宗教哲学的肯定面向——黑格尔以概念的方式维护了新教的基本教义；而黑格尔左派则试图将黑格尔的宗教哲学转化为历史主义和人本主义的宗教批判。

---

① Vgl. Hermann Glockner, *Beiträge zum Verständnis und zur Kritik Hegels sowie zur Umgestaltung seiner Geisteswelt*, Hegel Studien, Beiheft 2, Bonn: Bouvier, 1984, S. 40.

从外部环境来看，与宗教复辟结伴而来的首先是政治复辟，威廉四世（Friedrich Wilhelm Ⅳ）的即位标志着一种保守政治格局——君主专制重新统治普鲁士，其否定了人民主权的一切要求，这构成了对启蒙运动的反动。为了应对来自保守派各个方面的攻击，黑格尔右派极力强调思想上的正统，试图通过这种思想上的正统，来保证与之一致的民主的政治和新教信仰的正统性，以此维持自由派立宪和继续改革的政治要求；左派则采取了更为激进的方案，在左派看来，以威廉四世为代表的由容克贵族（土地利益集团）、传统基督教神学家（反理性主义思潮）和浪漫主义哲学家（老年谢林）所结成的联盟不仅破坏了现存的政治秩序和宗教秩序，并试图从大学中清除黑格尔思想上的影响，还否定了普鲁士自18世纪开启的自上而下的改革传统，最终从国家层面清除改革传统的社会层面的影响，而保守联盟的真正目的在于否定欧洲启蒙运动成就的。在这个意义上，黑格尔学派以批判宗教来革新政治理念的做法构成了1848年三月革命（Vormärz）的序曲。

从黑格尔学派重构黑格尔思想的内在脉络来看，宗教领域是左、中、右三派争夺话语权的重要场域。按左派、中派和右派的共同看法，黑格尔体系中最重要的，也最基本的内核无疑是其精神概念，其中客观精神构成了共同生活以及体验自由的历史发展形式，并表现为具体的社会和政治制度；绝对精神则是将这些对共同生活和自由历史的理解全部上升为艺术、宗教和哲学特定的对世界历史的反思方式。黑格尔学派对黑格尔的精神概念做了改头换面的重解，将其理解为一种人类学和历史哲学意义上的解放过程，或一项人类学和历史学的计划[1]，借此赋予其现实意义，并试图以此将19世纪30年代后期出现的宗教和政治两方面的大规模复辟纳入解释范围，即

---

[1] Cf. Douglas Moggach, Reconfiguring Spirit, in *Politics, Religion, and Art: Hegelian Debates*, edited by Douglas Moggach, Evanston & Illinois: Northwestern University Press, 2011, p. 7.

理性的实现和自由的实现虽然是一个在矛盾和斗争中不断前进的过程，但这一过程中并非没有任何倒退、彷徨和失败。在黑格尔学派的人本主义和历史主义的解读中，黑格尔的绝对精神学说，即艺术、宗教和哲学之间的相互关系，必须经历去形而上学化的过程才能得到重述，最终与三月革命前夕的风起云涌的形势应和。在这种去形而上学的重述中，黑格尔的精神概念不再被视为超越性和内在性的统一，或者被理解为神通过我们而在世界中的活动，而是被现实化为个人和社会内在形成的结构性过程。在黑格尔左派看来，黑格尔基于表象对直观在认识论上的优势而确立起了宗教对艺术的优先性，但这种精神提升秩序是否正确有待考察。在瓦解了艺术与宗教关联的认识论基础之后，艺术和客观精神之间的关系取代了宗教对公共生活的奠基成为三月革命前夕思想语境中被关注的焦点，艺术被视为理性在重塑客观秩序方面富于效用的绝佳证明。正是艺术所具有的这种有效性使黑格尔学派有理由认为宗教乃是一种普遍异化的精神形式，左派则进一步质疑黑格尔关于宗教与哲学具有同一内容和对象的主张。由此一来，宗教和政治的关系、宗教和艺术的关系从外部和内部两个方面构成了时代精神中宗教批判的主题。

第三部分

《哲学科学全书纲要》和《美学讲演录》中的"艺术"规定

——绝对精神的历史,朝向自由的世界历史与自由之教化

Die Menschheit hat ihre Würde verloren, aber die Kunst hat sie gerettet und aufbewahrt in bedeutenden Steinen; die Wahrheit lebt in der Täuschung fort, und aus dem Nachbilde wird das Urbild wiederhergestellt werden. So wie die edle Kunst die edle Natur überlebte, so schreitet sie derselben auch in der Begeisterung, bildend und erweckend, voran. Ehe noch die Wahrheit ihr siegendes Licht in die Tiefen der Herzen sendet, fängt die Dichtungskraft ihre Strahlen auf, und die Gipfel der Menschheit werden glänzen, wenn noch feuchte Nacht in den Tälern liegt.

Friedrich Schiller

人丧失了他的尊严，艺术把它拯救，并保存在伟大的石刻中；真理在幻觉中继续存在，原型从仿制品中又恢复原状。正如高贵的艺术比高贵的自然有更长的生命一样，在振奋精神方面它也走在自然的前边，起着创造和唤醒的作用。在真理尚未把它的胜利之光送到人的心底深处之前，文学创作力已经捉住它的光芒；虽然潮湿的黑夜尚存在于山谷之中，但人类的顶峰即将大放光辉。[①]

弗里德里希·席勒

相比"艺术宗教"在现象学文本中的含糊指向，及整个术语所牵涉的复杂争辩语境，本书第三部分所要讨论的柏林时期《哲学科学全书纲要》和《美学讲演录》对艺术在实在哲学中功能的规定则清晰许多，在内容上它大致相当于研究界习常观念里的黑格尔美学及其基础。在第二部分中，本书主要基于黑格尔现象学与逻辑科学的关系，大致呈现艺术在现象学的特殊结构中承担的主要功能。

[①] Friedrich Schiller, Über die ästhetische Erziehung des Menschen in einer Reihe von Briefen, in *Sämtliche Werke*, Bd. 5, München: Hanser, 1962, S. 593；中译见［德］席勒《审美教育书简》，冯至、范大灿译，北京大学出版社1985年版，第46页。

艺术乃是引导个体意识通向科学立场的重要媒介，代表了普遍意识对自身知识最高的反映方式之一：现实通过普遍意识的劳动和塑造从直接被给予的而成为属我的；普遍意识对自身和现实之间关系的认识扬弃了直接的同一性而深化为活动中的同一性；同时，艺术教化个体意识的根据在于其乃是精神回忆的方式之一，基于概念的自我规定以及天启宗教中"三位一体"的教义，艺术在现象学的序列中被规定为代表着古典希腊个体与共同体、主体和实体之间直接统一的历史性原则和认知模式，其真理性被界定为对概念本身象征性的呈现，而历史性则被界定为近代自由历史的开端，在概念回溯的序列中，附着在艺术的历史功能之上的实体性残余和认识论预设被彻底剥离，其创造性的潜能被充分激发。黑格尔在《精神现象学》的"艺术宗教"中充分评估以及审慎回应了同时代人关于艺术的各种看法，他既有保留地接受了浪漫派的"新神话"中艺术的现代功能和谢林"自然神话"、荷尔德林"美学柏拉图主义"中希腊的历史功能，却又坚决地拒斥了这些方案包含的非历史性和超历史性。同时，黑格尔也在《精神现象学》的整个结构中极为慎重地考察了同时代人将艺术或美学作为哲学基础的激进路径，他既与同时代人一样拒绝了康德、费希特代表的有限的观念论或主体性反思哲学，但又不主张回到一种前批判的新实体形而上学或一种后批判的浪漫的审美形而上学。从这个角度看，与其说艺术在现象学中的诸种功能构成了黑格尔艺术哲学中各种元素的储备和预先讨论，倒不如认为黑格尔在与同时代人相互吸纳、彼此争辩中充分彻底地思考了艺术在体系建构中所发挥的作用及限度，因此艺术在现象学中具有极其独特且不可代替的价值，并不与之后柏林时期艺术哲学的体系相重复。

本书第三部分主要讨论黑格尔艺术论的另一个重要组成部分——实在哲学架构中的艺术功能。这一部分主要围绕着逻辑科学和实在哲学关系讨论黑格尔艺术哲学的基础，《美学讲演录》并不是黑格尔公开出版的著作，而是由他的学生根据他在柏林开设的四次讲座编辑而成的合集，它或许提供了整个西方美学史上最为完备的艺术体系，对于具体艺术杰作亦做出了极富有洞见的阐发，因此这部著作始终保持着强大的吸引力，围绕它学界做出了相当丰富而有成效的研究，对黑格尔美学的理解已颇为深入。但第三部分并不致力于详尽讨论黑格尔艺术哲学体系中具体而丰富的细节，而是更多地结合《哲学科学全书纲要》及实在哲学的整体架构以分析黑格尔对艺术的体系规定。如果说第二部分主要处理的问题是艺术在黑格尔体系建构中的作用及其限度，那么第三部分处理的问题则是艺术在黑格尔体系中的位置和特定功能，具体说来，首先将讨论黑格尔在整个体系架构中讨论艺术功能和定位的诸前提，涉及以下方面：艺术哲学质料性因素的储备，黑格尔实在哲学的基础性架构，黑格尔在柏林时期的艺术生活和艺术接受；其次将讨论黑格尔艺术规定的体系基础，涉及以下方面：艺术哲学和历史哲学的关系，艺术哲学和逻辑学的关系，艺术哲学和绝对精神历史的关系；最后将讨论艺术哲学体系大纲，涉及以下方面：理想、艺术史和艺术门类，并在此基础上总结和反思黑格尔赋予艺术在现代世界中教化自由意识的功能。

第 一 章

艺术进入体系的诸条件

> Die Gestaltung des Göttlichen für die Anschauung und Vorstellung ist das Werk der schönen Kunst.
>
> G. W. F. Hegel
>
> 为直观与表象构建神的形象是美的艺术的工作。①
>
> 黑格尔

首先，要勾勒黑格尔艺术体系建构的起点绝非易事，很大程度上，似乎只能依赖其柏林时期完整的艺术哲学体系为"休止符"才能反向度量出其中各种基本要素的形成情况。反向重构黑格尔艺术哲学建构之起点必须结合其体系的发展进行回溯性考察，根据当前的最新研究，珀格勒与孔迪利斯（Kondylis）将耶拿后期视为黑格尔系统思考艺术在体系之中定位和功能的起点。② 其次，与探究艺术在现象学中复杂的功能性不同，黑格尔对艺术的规定主要基于其成熟的实在哲学架构，特别是依据精神哲学，而弄清艺术哲学与精神哲学的关系实质上就是确定《哲学科学全书纲要》和《美学讲演录》在文本优先性上的主次。最后，黑格尔在海德堡和柏林时期更多投

---

① G. W. F. Hegel, *Nürnberger Gymnasialkurse und Gymnasialreden (1808 – 1816)*, Gesammelte Werke, Bd. 10.1, hrsg von Klaus Grotsch, Hamburg: Felix Meiner, 2006, S. 214.

② Vgl. Panajotis Kondylis, *Die Entstehung der Dialektik*, Stuttgart: Kletta Cotta, 1979, S. 259ff.

入和参与到了艺术活动中，不仅对艺术的公共性有了更清晰的认识，而且伴随着对新的艺术作品与艺术风格的持续接受，黑格尔对艺术的思考在整体上得到了充实。

第一节　黑格尔艺术哲学的形成史

一　耶拿时期艺术哲学的形成

在20世纪60年代之前，黑格尔艺术哲学之开端原本被研究界认为是一个不言自明的问题，黑格尔在海德堡时期第一次开设的美学讲座就是最强有力的实证证据，格洛克纳认为，"美学乃是黑格尔在海德堡时期真正富有创造性的成就"[1]；伽达默尔则在《黑格尔与海德堡浪漫派》一文中指出，黑格尔是通过海德堡浪漫派，尤其是其挚友神话学家克罗伊茨才超越了自己青年时期从席勒和小施莱格尔那里所接受的古典型艺术和浪漫型艺术的抽象对立，而真正将象征型、古典型和浪漫型作为艺术发展的三段论（Triadik）。三段论乃是一种"伟大的悖论"，而作为"古代思想之学究风格的晚期代表"的普罗克洛斯最终激发了黑格尔三段论思想的形成。克罗伊茨的神话研究、博伊塞雷（Boisserée）的绘画展览和蒂博特（A. F. J. Thibaut）的音乐会、让·保尔对海德堡的造访以及歌德的《西东合集》，以上种种都对黑格尔产生了确凿无疑的影响。[2] 尽管黑格尔海德堡时期美学讲座的手稿和学生笔记都已经散佚，但上述研究都将黑格尔美学的形成定位至海德堡时期，伽达默尔的判断依据就在于这一阶段黑格尔艺术类型中"象征型—古典型—浪漫型"三段模式的形成。

---

[1] Vgl. Hermann Glockner, *Hegel*. Bd. 1. *Die Voraussetzungen der Hegelschen Philosophie*, Stuttgart: Frommann Holzboog, 1929, S. 414.

[2] Vgl. Hans-Georg Gadamer, *Hegels Dialektik. Fünf hermeneutische Studien*, Tübingen: Mohr (Siebeck), 1971, S. 72, 76, 80.

珀格勒通过细致地梳理黑格尔耶拿时期的手稿和笔记，具体重构了这一三段论形成的关键时期，认为黑格尔与克罗伊茨共同研究新柏拉图主义哲学的经历，及他对克罗伊茨的神话研究的吸纳，仅仅成为黑格尔艺术类型学说中象征型—古典型—浪漫型模式的一个补充，早在耶拿时期的第二阶段这个三段论结构就形成了。[1] 珀格勒的判断将艺术哲学建构计划的形成时间在黑格尔思想发展史中大大提前，对黑格尔而言，建构艺术哲学体系并非从哲学的角度安顿艺术，以外在满足囊括万有的需求，而是在现代世界、现代历史进程中不断促成人的普遍自由。在《哲学科学百科全书》"精神哲学"部分的笔记（Notizen zum dritten Teil der Encyklopädie）中，黑格尔从朝向历史之自由发展的角度解释了将艺术纳入体系的需求，并将这种需求隐喻性地表达为"一切出自于锁闭的神"（Alles heraus aus dem Verschlossenen Gotte）[2]：在普遍世界历史或世界城邦之中，人首先是人本身，然后才是市民社会中有特殊需求的人——新教教徒、天主教教徒或犹太人，德意志人、法兰西人或美利坚人，而这一普遍人性的塑造者就是艺术—宗教—哲学，艺术哲学作为绝对精神学说的第一个环节所承担的任务就是将"普遍人性"（Humanus）提升为现代世界中新的神圣者，提升为人对自身本质的绝对认识。无论是让·保尔和劳伦斯·斯特恩（Laurence Sterne）的幽默小说，以反讽—幽默（ironisch-humoristisch）的方式与一切形象和内容做游戏，还是歌德在《西东合集》中以罕见的世界性视野考察各个不同文明之中人类的自由活动，艺术都通过塑造美的世界使人类认识到人性和人道成为普遍历史中的本质，从而实现自由的教化的目标。珀格

---

[1] Otto Pöggeler, Die Entstehung von Hegels Ästhetik in Jena, in *Hegel in Jena*, Hegel Studien, Beiheft 20, hrsg von Dieter Henrich und Klaus Düsing, Bonn: Bouvier, 1980, S. 250.

[2] G. W. F. Hegel, *Enzyklopädie der philosophischen Wissenschaften im Grundrisse* (*1817*), Gesammelte Werke, Bd. 13, hrsg von Wolfgang Bonsiepen und Klaus Grotsch, Hamburg: Felix Meiner, 2000, S. 517.

勒认为，在古典希腊，艺术通过为人类创造神话——为所有人（民族）的丰功伟绩创建最终的神话式图景（abschließenden "mythologischen" Hintergrund）——从而将生活导向美的天堂。①

（一）将艺术确立为研究范围

黑格尔在法兰克福时期与荷尔德林共同建构了"美学柏拉图主义"，越过了康德的鉴赏力批判和席勒的审美教育观念，追随了神圣的柏拉图，在美中达到至福和极乐，提出了一套实体性的"美"之学说。而到了耶拿，由于受到谢林的影响，黑格尔开始更多关注艺术，艺术以美为目的，这意味着艺术现在取代美或理想（出现在个别形象之中的美之理念）而被规定为绝对统一性的实在面相，与美的直接性不同，艺术包含了创造活动的中介和精神活动性的踪迹。由此，艺术被纳入整个复杂的精神活动领域。这种转变具体体现为黑格尔遵循谢林《体系》的洞见，将自己整个艺术哲学建构的方案自觉纳入由《判断力批判》到席勒再到早期浪漫派和谢林的发展线索之中，在这一进路中，审美活动通过艺术创造的特点而构成自然到自由的过渡；由此，艺术成为足以与理论与实践，或自然与自由并列的第三个领域，它作为天才的创造活动为自然与自由或无意识与有意识带来了一种绝对无差别的自我直观；黑格尔在谢林的启发下，认为艺术具有广、狭两义，艺术在狭义上是具体的艺术作品，是绝对无差别的客观呈现；在广义上，艺术则构成自由的主体性之呈现。同时，黑格尔原本在耶拿早期曾十分熟悉弗·施莱格尔关于艺术和天才关系的界定，弗·施莱格尔在《关于诗歌的对话》（*Gespräch über die Poesie*）中认为艺术之天才性体现为"创造出的有序的混乱"（künstlich geordneter Verwirrung），是"矛盾令人心醉神迷的对称性"（reizenden Symmetrie von Widersprüchen），是"热情与反讽美妙的永

---

① Otto Pöggeler, Die Entstehung von Hegels Ästhetik in Jena, in *Hegel in Jena*, Hegel Studien, Beiheft 20, hrsg von Dieter Henrich und Klaus Düsing, Bonn: Bouvier, 1980, S. 250.

恒的交互"（wunderbaren ewigen Wechsel von Enthusiasmus und Ironie）。①黑格尔在《精神的本质及其形式》这一残篇中大量使用了弗·施莱格尔的术语，但却赋予这些术语以历史性特征：一个特定民族在他们的神中呈现自己的本质，这样一来出现了一系列个别的神，"祂们同样在自身中为着自身而运动，在绝对自由中完成和表现自己特定的作品，但同时又与其自身规定性的形态产生了多种多样的混乱，即与神本身在自身之中的绝对完满性相矛盾，就如同其他对自身之反讽的状态一样"②。通过历史性力量的中介，反讽作为绝对创造性与纯粹否定性呈现出积极的一面，即对自身主观性的超越。

黑格尔在《论自然法》中将古典城邦伦理的解体称为"伦理中的悲剧"③，不妨将之视为这一时期黑格尔对艺术与伦理关联看法的总注脚。古典城邦伦理之解体之所以能被视为悲剧，不外乎摧毁古典城邦的两大主导原则——罗马法权人格和个人的私利的兴起——均是一个历史过程，因而它们在现代市民社会中被视作天经地义的，古典和现代的两种冲突原则都具有历史的合理性，这就产生了人类理智无法判断的两难境地，即"悲剧性"④。黑格尔认为古典城邦的伦理实体呈现为"美的形态"，这种"美的形态"不同于现代以法

---

① Vgl. Friedrich Schlegel, Über das Studium der griechischen Poesie, in *Kritische Friedrich-Schlegel-Ausgabe*, Erste Abteilung, Bd. 2, hrsg von Hans Eichner, München & Paderborn & Wien & Zürich: Schöningh, 1967, S. 317–318.

② G. W. F. Hegel, Fragmente aus Vorlesungsmanuskripten (1803), Das Wesen des Geistes, in *Schriften und Entwürfe (1799–1808)*, Gesammelte Werke, Bd. 5, hrsg von Manfred Baum und Kurt Rainer Meist, Hamburg: Felix Meiner, 1998, S. 375.

③ Vgl. G. W. F. Hegel, über die wissenschaftlichen Behandlungsarten des Naturrechts, in *Jenaer kritischen Schriften*, Gesammelte Werke, Bd. 4, hrsg von Hartmut Buchner und Otto Pöggeler, Hamburg: Felix Meiner, 1968, S. 146f.

④ Elisabeth Weisser-Lohmann, "Tragödie" und "Sittlichkeit"-Zur Identifikation ästhetischer und praktischer Formen bei Hegel, in *Die geschichtliche Bedeutung der Kunst und die Bestimmung der Künste*, hrsg von Annemarie Gethmann-Siefert, Lu de Vos, Bernadette Collenberg-Plotnikov, München: Fink, 2005, S. 109.

权和经济为主导的市民社会，实际上，黑格尔已经见出法权和经济在现代社会中的本质就是一种异己和分裂的原理。从个人喜好上看，黑格尔在耶拿时期依然延续着法兰克福时期对古典希腊的偏爱，他认为个体性要么是抽象的身体属性，要么是抽象的道德理想，假使普遍性和个体性陷入对立，二者就都会转化为个人的特殊性，而这一时期他更倾心于在个体性中见出民族精神。[1] 除了艺术和伦理的关系，黑格尔还着力思考了艺术和宗教的关系，在施莱尔马赫《论宗教》的影响下，黑格尔试图突出二者的差异，并不认可艺术只关乎普遍情感表达的看法，而针锋相对地要求艺术作品的客观性和普世性（Katholizität）。

（二）三段论结构

希腊世界始终是黑格尔偏爱的世界观，因而象征型—古典型—浪漫型这一艺术史叙事的三段论结构的重心就是象征型艺术和浪漫型艺术这两种模式的出现。黑格尔在图宾根神学院学习时，对哥特式建筑印象很差，认为它们让人感受无比的压抑，街道狭窄且臭气熏天，而那些所谓的著名画作则阴气森森、充满了可笑的讽刺[2]；黑格尔同时十分钦佩真正的朝圣者和虔敬的信徒，并且在那些"神圣的音乐"和"民谣"中感到温暖。在耶拿时期，黑格尔给学生和听众开设讲座时曾大量引用中世纪和近代文学的典故，例如他曾援引但丁《神曲》，"抛弃一切希望吧，你们这些由此进入的人！（地狱第三歌）"[3] 作为讲座课的开场白，还频频提及阿里奥斯托（Ludovico Ariosto）、塔索（Torquato Tasso）和卡尔德隆（Caldern de la Bar-

---

[1] Vgl. Otto Pöggeler, Hegel und die Anfänge der Nihilismus-diskussion, in *Man and World 3*, 1970, S. 163 – 199.

[2] Vgl. G. W. F. Hegel, *Frühe Schriften I*, Gesammelte Werke, Bd. 1, hrsg von Friedhelm Nicolin und Gisela Schüler, Hamburg: Felix Meiner, 1989, S. 625.

[3] G. W. F. Hegel, Fragment zum Ende des Systems, in *Jenaer Systementwürfe I*, Gesammelte Werke, Bd. 6, hrsg von Klaus Düsing und Heinz Kimmerle, Hamburg: Felix Meiner, 1975, S. 330f.

ca)。而在《体系终结》（*Fragment zum Ende des Systems*）这一残篇中，黑格尔讨论了中世纪精神，他将"浪漫型"①（romantisch）这个术语和骑士冒险联系起来，按照珀格勒的考证，弗·施莱格尔曾转述席勒在1801/1802年将其剧作《奥尔良少女》称为一部"浪漫主义悲剧"，赫尔德也在同样的关联情境下使用了这一术语。② 这些实证都表明当时思想界已经开始流传"浪漫型"这一术语，而黑格尔也开始初步形成其"浪漫型"艺术的设想。

除却规定了希腊世界和基督教世界作为古典型和浪漫型在艺术领域的对立，黑格尔更多地将目光投向了东方。今天看来，黑格尔整个思想发展的阶段对东方艺术与东方文化的了解并不深入，尤其表现在他青年时期始终将犹太教置于自然宗教，尚未追随歌德的《抒情诗西东合集》而被引向波斯的神秘主义和抒情诗之中。③ 1800年前后，象形文字尚未被商博良（Jean François Champollion）破译，对于西方人而言，埃及乃至整个东方世界如同一片被迷雾笼罩的大地，因此黑格尔认为只有希腊的艺术作品可以用清晰的语言加以解释。实际上，黑格尔基本是以希腊化的模式将东方纳摄其中的，以《俄狄浦斯王》为例，黑格尔以解谜的模式重构了斯芬克斯的形象——俄狄浦斯用"人"的谜底将斯芬克斯投入了深渊，这样一来埃及的狮身人面像——结合了国王的智慧和狮子的力量的形象，最终成为希腊的女妖。尽管黑格尔忽视了东方原本的世界观，但却以一种典型的希腊化的方法逆向开辟了一条通往东方的道路，这在距

---

① G. W. F. Hegel, Fragment zum Ende des Systems, in *Jenaer Systementwürfe I*, Gesammelte Werke, Bd. 6, hrsg von Klaus Düsing und Heinz Kimmerle, Hamburg: Felix Meiner, 1975, S. 331.

② Vgl. Otto Pöggeler, Die neue Mythologie Grenzen der Brauchbarkeit des deutschen Romantik-Begriffs, in *Romantik in Deutschland. Germanistische Symposien Berichtsbände*, hrsg von Richard Brinkmann, Stuttgart: Metzler, 1978, S. 341–354.

③ 参见［德］克劳斯·费维克《论黑格尔所钟爱的艺术作品——在复旦大学中文系的讲演》，徐贤樑译，《美学与艺术评论》2020年第1期，其中介绍了黑格尔柏林时期对东方文化和东方文学的吸收。

离希腊最邻近的埃及达到了顶峰：无论是艺术还是宗教都起源于对光的经验，而神或最纯粹的精神在开端正是在直接性和感性确定性之中被把握为光，光作为质料中最具有精神性之物乃是被精神充满的质料。在《精神现象学》中，"开端的光明之神"作为"无形象的形象"，而从美学的角度，对光明之神最为恰当的解释就是一个前象征的象征。按照18、19世纪之交德意志人类学研究的一些固有成见，这种对光的经验在历史上被归功于波斯人，波斯人被视为最古老的民族（尼采的《查拉图斯特拉如是说》延续了这一看法）。[1] 光的经验同时辐射到东方和西方，向东传到印度、往西传到了近东和埃及，而对犹太人而言，光就成了主。在黑格尔的时代，琐罗亚斯德的生平被翻译成了德语，而赫尔德就曾对《创世记》做了很多令人咋舌的解读，其基本思路就是参照波斯的琐罗亚斯德教对光的崇拜重构犹太教（实质上是基督教），赫尔德据此在《创世记》中发现了曙光最古老的启示，并将创造的时日和自然界的密码联系起来，构造了一个光明崇拜的谱系：光、高天、大地、天体之光、天堂的造物、地上的造物和安息日。[2] 黑格尔早期深受这些思想的影响，到柏林之后他还积极为琐罗亚斯德生平及其著作的真实性辩护，认为光明宗教就是古代波斯人的宗教。而柏林时期的黑格尔同样扩展了乃至加深了对古印度和中国的了解，这种扩展和深入也导致东方历史的开端一再被黑格尔改写，最终呈现为现在通行的亦广为人知的从中国到印度、再到近东最后到达埃及的叙述线索。

（三）雏形

在1805/1806年的《耶拿实在哲学》中，黑格尔第一次依据历史性原则规划了艺术哲学体系的初步面貌，艺术虽然是"绝对自由

---

[1] Vgl. Reinhard Leuze, *Die außerchristlichen Religionen bei Hegel*, Göttingen: Vandenhöck & Ruprecht, 1975.

[2] Vgl. Otto Pöggeler, Die Entstehung von Hegels Ästhetik in Jena, in *Hegel in Jena*, Hegel Studien, Beiheft 20, hrsg von Dieter Henrich und Klaus Düsing, Bonn: Bouvier, 1980, S. 267.

精神"的环节，但仍然局限于直观的元素之中。在希腊人那里出现了绝对艺术，因为在古典希腊，个体化的直观对于守护着民族精神的有局限诸神而言是恰如其分的形式。① 因此，与宗教的表象以及科学（即哲学）的概念不同，艺术在体系之中与直观联系，这既决定了艺术所给出的是沉浸在幻想和显象中的精神，也构成了对艺术的体系性定位。但这种历史性中包含着历史进程和各种历史产物之间的分裂，后者曾是长期（从青年时期到耶拿初期）困扰黑格尔的实定性（Positivität）问题②，一开始黑格尔只是将历史的真实视为一个被给定的结果，而非概念在现实中的自我规定的过程。例如在法兰克福时期，黑格尔将赫拉克勒斯的成神与基督的复活相提并论，认为耶稣复活的理想一旦实现，这个结果就脱离了生命过程成为异己之物。③ 而在耶拿时期的第一个阶段，黑格尔从"伦理悲剧"的角度出发，要求个体化的有限者的自我牺牲，这里遵循的依然是谢林《艺术哲学》中基督教观念神话的思路——在分裂之中，只能以有限性的自我毁灭实现有限者与无限者的统一，而这也构成了绝对者的悲剧。直到耶拿时期的第二阶段，即黑格尔开启主体形而上学的转向后，他才真正将基督教的神性视为一个由希腊宗教发展而出的历史性的结果，并且真正从哲学的角度阐释了基督作为神人之间和解的奥秘。这样一来耶稣基督不再是一个实定性的理想，而成为一个活生生的历史过程。与之相对应的，黑格尔现在将宪法视为客观的普遍者或现实，因此艺术、宗教和哲学需要以宪法这种客观的普遍性为前提，这三者又是这种客观精神的自我意识，因而具有真

---

① G. W. F. Hegel, *Jenaer Systementwürfe III*, Gesammelte Werke, Bd. 8, hrsg von Rolf-Peter Horstmann und Johann Heinrich Trede, Hamburg: Felix Meiner, 1976, S. 279.

② 关于这个词的译法及其在黑格尔思想中的丰富含义，参见薛华《黑格尔、哈贝马斯与自由意识》，中国法制出版社2008年版，第1页。

③ Vgl. Otto Pöggeler, Die Entstehung von Hegels Ästhetik in Jena, in *Hegel in Jena*, Hegel Studien, Beiheft 20, hrsg von Dieter Henrich und Klaus Düsing, Bonn: Bouvier, 1980, S. 264.

正的绝对性。

与历史性原则同时被引入的是概念自我认识和规定性在现实中的结合方式,这一点对于黑格尔艺术哲学的最终形成具有决定性意义。在1805/1806年的《耶拿实在哲学》中,黑格尔直接给定了三者之间的对应关系,而不是按照概念在现实中的自我规定中内在地发展出这些区别的。这意味着黑格尔在这一时期还没有厘清逻辑科学和实在哲学的关系,亦即逻辑理念如何在世界之中的实现。总之,黑格尔的艺术哲学体系在耶拿后期并未完成,而是停留为一个计划。

二 纽伦堡时期的过渡方案

耶拿时期黑格尔基本搭建出艺术哲学体系的雏形,这时期的黑格尔虽然已经储备起成熟时期艺术哲学体系的关键要素,但由于并未解决概念在自身中的自我规定及其现实性的关系,因此精神与直观之间的关系仍是相互外在的,这就导致了历史性原则和作为逻辑理念的概念相互脱节,主要表现在以下几方面:(1)艺术类型与各个门类艺术之间缺乏内在联系;(2)东方艺术即整个象征型艺术基本是缺位的。在《耶拿实在哲学》中,黑格尔将雕塑和音乐规定为艺术门类系统的两极,包含了将古代—雕塑和现代—音乐之间的区分纳入历史性的意图[1],但还过于简单,仅仅勾勒了从雕塑发展到绘画和诗歌,最后成为音乐的线索,其中没有建筑的地位,音乐而不是文学构成了门类艺术的顶峰。[2] 但问题的关键在于,艺术门类的产生并不是依据历史性原则的,而是沿袭谢林艺术哲学采用的观念的事物和现实的事物的一体化塑造(Ineinsbildung)之模式。与艺术门类缺乏一以贯之的规定相比,东方艺术或象征型艺术在耶拿美学体

---

[1] Vgl. G. W. F. Hegel, *Jenaer Systementwürfe III*, Gesammelte Werke, Bd. 8, hrsg von Rolf-Peter Horstmann und Johann Heinrich Trede, Hamburg: Felix Meiner, 1976, S. 278.

[2] G. W. F. Hegel, *Jenaer Systementwürfe III*, Gesammelte Werke, Bd. 8, hrsg von Rolf-Peter Horstmann und Johann Heinrich Trede, Hamburg: Felix Meiner, 1976, S. 278.

系雏形中的缺失显然更为遗憾,这使得作为逻辑形式的三段论结构缺乏了根本的合理性。这一缺位的产生无疑有多方面因素,但根本原因就在于黑格尔始终认为东方世界在世界历史中仅仅是一种前历史的阶段。这一点最鲜明地体现在《精神现象学》之中,在宗教章中黑格尔只是将东方世界观归入自然宗教的名下,并将之处理为艺术宗教的前史。

在纽伦堡时期,黑格尔曾考虑借助生命理念给予美或理想一种概念自身之内的规定[①]以解决逻辑性(概念在自身中的运动)和历史性(概念在现实中的运动)之间一致的问题,从而克服精神的不同领域和理念各个基本形态之间的区分。经历了现象学写作过程中对同时代人各种艺术规定和功能的考察,黑格尔现在既不再将美或理想作为哲学的最高点和万有存在的实体性根据,又不再依赖艺术作为概念客观显现的功能,而是将艺术和审美转化为人文主义教育的理想,黑格尔担任纽伦堡高级中学校长期间,人文主义教育和美的理念的关系得到了清晰的呈现:青年以理想为定向,而且必须以实体性的方式呈现这一理想,因此首先要在高中教育中引入古希腊史诗和悲剧的学习,[②] 在此基础上才能接受现代世界对个性自由的教育。

按照罗森克朗茨的说法,黑格尔在纽伦堡高级中学的演讲并不肤浅,"在高级班里,各个以前单独加以研讨的思辨思维对象最后则要在一部哲学全书中加以概括"[③],在这一时期,黑格尔就开始以"哲学全书"之名系统地陈述概念在现实中自我规定(精神的自我

---

① 有关生命理念和美的理想之间的关系的详细研究可参见徐贤樑《论黑格尔美学体系的形成——〈美学讲演录(1820/1821)〉的文献意义与体系价值》,《西南大学学报》(社会科学版) 2019 年第 5 期。

② 参见[德]克劳斯·费维克《席勒、黑格尔论通向自由的审美教育》,徐贤樑译,《复旦学报》(社会科学版) 2019 年第 1 期。

③ Vgl. G. W. F. Hegel, *Nürnberger Gymnasialkurse und Gymnasialreden (1808 – 1816)*, Gesammelte Werke, Bd. 10.2, hrsg. von Klaus Grotsch, Hamburg: Felix Meiner, 2006, S. 867.

认识）的全部历程，代表了黑格尔在实在哲学架构下规定艺术的更为精细的方案。从对"绝对精神"的规定来看，《纽伦堡文集》与《耶拿体系草稿》有所不同，在《纽伦堡文集》所包含的一系列有关"特殊科学体系"的讲稿中，黑格尔更为集中地讨论了绝对精神及其自我显示的问题，其中在《高级班哲学全书：特殊科学体系（1810/1811）》中，黑格尔已经将"绝对精神"称为"在纯粹显示中的精神"（Geist in seiner reinen Darstellung），并进一步规定了三种绝对精神自我显示的方式：艺术客观地为直观和表象呈现精神①，这种精神在个别性（Individualität）之中②；在此基础上，黑格尔更精细地界定了艺术与宗教之差别，宗教不仅为直观和表象，而且为思想和认识提供了绝对精神的显示，宗教的主要规定是将个别（Individuum）提升为这样一种情形：既产生这种统一（指绝对精神与个别性），又证明了这种统一③。在《纽伦堡文集》中，艺术在总体上被规定为现实中展开的概念（精神）的个别的感性形象，宗教被规定为精神内在普遍的表象，这与现象学构想的不同之处在于，黑格尔逐渐理顺了概念在自身中自我规定和在现实中自我规定之间的关系，即直观—表象—思维这三种模式与逻辑理念的关系，"在绝对精神在概念中被把握，一切异己的存在都在绝对知识中被扬弃，并且这种对自己的知识和自身达到了完满的自相等同，这就是以自身作为内容并对自身行把握的概念"④。黑格尔在实在哲学的意义上讨论了概念之自我认识和其规定性之间的同一性，逻辑理念既是精神自我认识的最初前提，也是其最终根据。

---

① G. W. F. Hegel, *Nürnberger Gymnasialkurse und Gymnasialreden (1808 – 1816)*, Gesammelte Werke, Bd. 10.1, hrsg von Klaus Grotsch, Hamburg: Felix Meiner, 2006, S. 363.

② G. W. F. Hegel, *Nürnberger Gymnasialkurse und Gymnasialreden (1808 – 1816)*, Gesammelte Werke, Bd. 10.1, hrsg von Klaus Grotsch, Hamburg: Felix Meiner, 2006, S. 363.

③ G. W. F. Hegel, *Nürnberger Gymnasialkurse und Gymnasialreden (1808 – 1816)*, Gesammelte Werke, Bd. 10.1, hrsg von Klaus Grotsch, Hamburg: Felix Meiner, 2006, S. 365.

④ G. W. F. Hegel, *Nürnberger Gymnasialkurse und Gymnasialreden (1808 – 1816)*, Gesammelte Werke, Bd. 10.1, hrsg von Klaus Grotsch, Hamburg: Felix Meiner, 2006, S. 365.

同时，黑格尔初步讨论了艺术、宗教和哲学对个体意识之教化起作用的方式。在《宗教·关于上帝概念·精神宗教（1811/1812）》这一讲座笔记中，黑格尔第一次明确地将意识通过艺术来认识绝对精神称为"教导"（Belehrung）①。"教导"不仅是将个体意识提升到科学立场，还涉及公共生活中的普遍权利和个体自由，黑格尔在《法哲学原理》中进一步分析了艺术与公众教育的关系，黑格尔认为艺术在教育中的应用对现代教育保持着决定性意义。② 艺术和自由的关系则是黑格尔所强调的，即艺术在现实世界中所承担的"审美教育"的功能的关键所在。在《高级班哲学全书：特殊科学体系（1810/1811）》中，黑格尔以推论的方式来规定艺术和绝对精神的关系，与宗教、哲学并无二致。艺术与绝对精神之间的中项是个体性或精神的个别形象，而这种现实化了的精神又可以被称为"美"。"艺术表现的是具有个体性的，同时清除了偶然定在及其变化和各种外在条件的精神。"③ 这意味着美排除了自然的偶然性，因而它是精神的自我构型与自我解放，从美的形象中能感受到概念在现实中的自我规定乃是塑造符合自身本性的历史，而这就是历史的目标。这一看法虽然远不及日后《哲学科学全书纲要》中的论述丰富和深刻，但却揭示出艺术与概念的现实自由和自由历史之间的复杂关系。一方面，美的世界表明了历史朝向自由的第一步，它还没有揭示出个体意识的普遍自由，但这种直接的统一却包含了深化和前进的可能性。另一方面，艺术作为绝对精神历史的感性形态，意味着它还依赖外在性和对象性的因素，这些因素使得普遍意识能通过具体的艺术作品反思和认识自身的普遍本质，由此，在现代世界中，艺术能以感性

---

① G. W. F. Hegel, *Nürnberger Gymnasialkurse und Gymnasialreden（1808 – 1816）*, Gesammelte Werke, Bd. 10. 1, hrsg von Klaus Grotsch, Hamburg: Felix Meiner, 2006, S. 212.

② 参见 ［德］克劳斯·费维克《席勒、黑格尔论通向自由的审美教育》，徐贤樑译，《复旦学报》（社会科学版）2019 年第 1 期。

③ G. W. F. Hegel, *Nürnberger Gymnasialkurse und Gymnasialreden（1808 – 1816）*, Gesammelte Werke, Bd. 10. 1, hrsg von Klaus Grotsch, Hamburg: Felix Meiner, 2006, S. 362.

方式帮助个体意识了解历史的目标和自身的自由本质。在此意义上，现代艺术同样担负起教化普遍意识的使命，所不同之处在于，艺术不再呈现美或主体与实体之间的统一，而呈现自由或主体对实体的重新塑造，由此这种教化不再是"在预言和神话中将自然解释为神的活动"①，而是在绘画—音乐—文学中将历史解释为普遍人性的提升。因此，就艺术与意识间的关系而言，艺术就是以最直接的方式将绝对精神之历史统一带入意识，构建出神、英雄的故事及普遍人性的本质和历史之自由目标。

第二节　实在哲学的结构与艺术哲学的定位

本书在导论中已经指出，在黑格尔原本的体系规划中，自然哲学和精神哲学的总体可以被规定为"实在哲学"或"应用逻辑学"，但是我们却不宜将《哲学科学全书纲要》②中的"自然哲学"和"精神哲学"的部分视为黑格尔实在哲学的全部规划。根本原因有二，一是之前提到的《哲学科学全书纲要》教学课本的性质；二是黑格尔从海德堡到柏林时期通过不断积累的教学授课经验，加深了他对实在哲学细部的规划，这些细部现在不停留在纲要阶段，而成为整个应用逻辑学中具体鲜活的部门哲学。黑格尔在海德堡和柏林时期比较重视的部门哲学有："自然法和国家学说""自然哲学"（有时候也以"实用物理学和自然哲学"为名）、"人类学和心理学"（属于"精神哲学"范围内的"主观精神"阶段）、"历史哲学"（属于"客观精神"的最高阶段）、"美学或艺术哲学""宗教哲学或宗教史""哲学史"等，在开课中他积累了大量的材料和成果，应

---

① G. W. F. Hegel, *Nürnberger Gymnasialkurse und Gymnasialreden*（1808–1816），Gesammelte Werke, Bd. 10.1, hrsg von Klaus Grotsch, Hamburg: Felix Meiner, 2006, S. 362.

② 以下简称纲要。

当将这些具体的部门哲学全部纳入黑格尔的实在哲学架构中去。这就意味着，要真正弄清楚黑格尔实在哲学架构中对艺术的定位以及艺术在整个体系中的功能，必须结合《哲学科学全书纲要》和《美学讲演录》，并考察二者之间的联系。基于此，第二节首先在《哲学科学全书纲要》整体框架下考察"艺术哲学"和纲要本身的关系；其次简单介绍《哲学科学全书纲要》的基本情况，及其对艺术规定的核心要旨；最后则是深入黑格尔的《美学讲演录》，对各个版本的编纂情况、讲座稿和黑格尔思想的关联、每版讲座稿对艺术规定的侧重做一初步的说明。

一 《纲要》的性质

（一）课本

三版《哲学科学全书纲要》（1817、1827、1830）应视为一个在行进中不断丰富和具体化的整体，是黑格尔建构体系的基本框架，为逻辑学以及逻辑学在各个现实领域的具体运用"提供了一个系统性的轮廓、蓝图、方案、索引和底本，接着就在长达 14 年的著述活动，特别是哲学讲演活动中系统地发挥了自然哲学和精神哲学的各个特殊部门，从而完成了黑格尔包罗万象的庞大体系"[①]。从出版的情况来看，黑格尔生前写作完成并付梓出版的著作不过寥寥四部：第一部是在耶拿时期草就的最为引人入胜的《精神现象学》；第二部是在班贝格和纽伦堡时期酝酿和写作的《逻辑学》，这是黑格尔最具奠基性的作品；第三部是海德堡和柏林时期三次出版的《纲要》，这是黑格尔整个体系的核心乐章，为整体架构勾勒出了清晰概貌；第四部则是柏林时期的《法哲学原理》，它也是黑格尔最有影响力和最富争议的作品。[②] 尽管《纲要》是黑格尔海德堡和柏林两个时期讲座课的教本和指南，但其中包含了他郑重的承诺：不冒进到新神话，也不倒退回旧形而上学，而是提出全新的哲学体系的纲要，以便深

[①] 杨祖陶：《康德黑格尔哲学研究》，人民出版社 2015 年版，第 225 页。
[②] Klaus Vieweg, *Hegel. Der Philosoph der Freiheit*, München：Beck, 2019, S. 21.

入哲学的最深处,唯有如此方能赋予人类理性认识以尊严。①《纲要》一方面是一个带有实用目的的讲课教本;另一方面却也是黑格尔致力于将学生和听众带入思辨认识最精微处的尝试,因而他不断修改、反复打磨。从18—19世纪德意志境内(或欧洲德语区)各个大学哲学系课程的设置来看,五分之四的课程都集中在以下九大专题之上,"百科全书、逻辑、心理学或者人类学、伦理学或者法哲学、哲学史、教育学、美学、宗教哲学、哲学家其人及其著作。其中前五个专题又是重中之重,每个大学每学期都由不同的教师提供与这五大专题有关的课程,只要学生们选修哲学,就不能绕过它们"②。其中,"百科全书"这门课类似于目前国内的哲学导论,属于基础中的基础,当时有"导论""百科全书和逻辑""序言和逻辑"之类五花八门的名称,设置这门课的目标是给大学新生提供学院学习的入门和指南,而在19世纪初期,教师们则在讲课中把这门课的性质从各种学术入门转向了哲学的入门,它成为关于哲学问题和立场的初步定向的百科全书。③ 黑格尔对"百科全书"的讲授方式与众不同,他将自己发表的著作作为教本④,实际上是阐发自己对整个哲学之为大全一体的看法,从这个角度,黑格尔对这个教本的不断修改实际上就是他在授课中不断深化整个体系理念的过程。

(二)三版的形成史

黑格尔在海德堡大学任教期间第一次正式付印《纲要》(1817),这个稿本比较简单,篇幅也不大,与其说是一个体系的轮廓,不如说是最初步的大纲,例如最后的"绝对精神"部分仅仅25节(§453—§477)。不过考虑到海德堡时期对黑格尔而言,《纲要》(1817)的重要意义在于第一次践行了以逻辑学为新形而上学,对整个一元论

---

① Klaus Vieweg, *Hegel. Der Philosoph der Freiheit*, München: Beck, 2019, S. 424.
② 张慎主编:《德国古典哲学》,江苏人民出版社2011年版,第99页。
③ 参见张慎主编《德国古典哲学》,江苏人民出版社2011年版,第99页。
④ 参见张慎主编《德国古典哲学》,江苏人民出版社2011年版,第102页。

的观念论之基本规划做了系统的奠基和呈现，而且《纲要》中关于哲学心理学的重要篇章（主要是对表象和概念间关系的精确表述）和这一时期作为其扩展和精细化的讲座为黑格尔全新的认识论、符号—语言理论提供了基石，尤为关键的是黑格尔对表象—想象力、幻想和想象作为艺术与宗教形式性基础的深思，这主要是在与克罗伊茨和让·保尔的讨论中确立的，构成了黑格尔艺术和宗教观念彻底告别雅各比和浪漫派的基础。此外，黑格尔在《纲要》及相应的自然法讲座中提出了自由意志和行动理论的哲学纲要，这涉及法权理性规定，这是黑格尔最为珍视的自由领域。最后，黑格尔关于艺术哲学的建构实际上纳入了他对艺术和整个艺术史发展的新理解，他将现代艺术视为自由的"浪漫型"艺术，以此弥补当时魏玛古典主义艺术理论和早期浪漫派艺术理论之间巨大的裂隙。黑格尔在海德堡时期促成了大学授予让·保尔荣誉博士学位，这也为当时的审美潮流和整个学生社团树立了一个标尺，因为文学和自由的关系可以再次将诗人视为英雄。黑格尔在艺术哲学建构中亮明了自己的态度——海德堡浪漫派的反对者和批评者，他反对改宗天主教的弗·施莱格尔，因为在他看来，弗·施莱格尔和歌德原来的秘书根茨（Gentz）都成了奥地利首相梅特涅（Metternich）的仆人，成了天主教复辟的开路先锋。[①] 黑格尔在整个概念自由的基础上使艺术哲学发挥了自由意识之教化。

　　来到柏林后，黑格尔主要考虑到如何使为数众多的学生和听众了解自己的思想规划，又将《纲要》反复修订并于 1827 年和 1830 年先后出版两次。第二版（纲要）（1827）由于这个缘故篇幅扩充了将近一倍，从原先的 477 节扩充到了 577 节，而且在不少细节之处做了详细的调整，这一版问世后广受欢迎，迅速宣告脱销，因此在 1830 年黑格尔亲自修订了第三版，第三版在内容上和第二版出入

---

① Vgl. Klaus Vieweg, *Hegel. Der Philosoph der Freiheit*, München: Beck, 2019, S. 426–427.

不大，但修改的地方却接近千处，颇有千锤百炼的意味，这一方面是黑格尔本人对这部著作的高度重视，另一方面也是他在1830年前后思想达到一种极致饱和，因为黑格尔对《纲要》的修订是与其每个学期轮番讲授其他部门哲学同时展开的。《纲要》在当时普遍改变了学界的面貌甚至人们的思想方式，仅举一例，比黑格尔更为年长，而且当时就已声望素著的新教理性神学家道布（Daub）成为黑格尔的狂热信徒，据说除了日历，他的书桌上始终摆放着的唯有《新约》、黑格尔的《精神现象学》和《哲学科学全书纲要》。道布和黑格尔一直详细地讨论宗教和宗教哲学的各种论题，比如恶和谎言，康德的《单纯理性限度内的宗教》以及莱辛的《智者纳旦》等。道布亲自编订了黑格尔《纲要》的第二版，还题献给了黑格尔一部专著。[1] 从三版的对照情况来看，1827年版、1830年版与1817年版在基本结构上保持着一致，却包含众多新见解：例如第一版中自然哲学和精神哲学不够成熟的段落都完成了修正和补充；客观精神部分进一步阐明了市民社会和国家之间实质性的区别；绝对精神部分对艺术的具体分析中，诸如"理想"以及直观和表象这些概念都得到了更详细的界定，但1817年"艺术宗教"（Religion der Kunst）的提法不再沿用，同时增补了有关象征型—古典型—浪漫型历史序列的规定。[2]

（三）编订史和影响史

黑格尔去世之后，《纲要》[3]的地位得到进一步提升，根本原因在于他的主要学生和朋友们将此书奉为圭臬，认为此书的第三版就

---

[1] Vgl. Klaus Vieweg, *Hegel. Der Philosoph der Freiheit*, München: Beck, 2019, S. 427–428.

[2] Vgl. Klaus Vieweg, *Hegel. Der Philosoph der Freiheit*, München: Beck, 2019, S. 445.

[3] 关于《纲要》详细的编纂史及各个版本之间的不同，可参见薛华先生《哲学科学全书纲要》三版的译后记，[德]黑格尔《哲学科学全书纲要》（1817），薛华译，商务印书馆2021年版，第226—245页。

代表黑格尔思想的完成。因此，黑格尔的一大批亲炙弟子（当然主要是老年黑格尔派的成员）在着手编辑第一版黑格尔的全集时（即俗称的"友人版"全集），以 1830 年出版的《纲要》为底本：黑格尔亲自审定的《纲要》其实只有正文和少量说明（Anmerkung），而这批学生们在编辑时在正文和说明之后增加了大量的附释（Zusatz），所谓"附释"基本是学生们听课笔记的汇总。这样一来《纲要》的篇幅急剧扩大，不得不扩充为三大本单独出版，也就是我们现在看到的《逻辑学》（俗称"小逻辑"）、《自然哲学》和《精神哲学》。友人版的编纂者大部分都与黑格尔关系亲近——主要包括了黑格尔的学生和朋友们：宗教哲学的编者马尔海内克（Philipp Marheineke），逻辑学的编者舒尔兹（Johannes Schulz），法哲学的编者爱德华·甘斯（Eduard Gans），黑格尔最喜爱的弟子和马克思的老师，老年黑格尔派和青年黑格尔派之间的重要人物，逻辑学的编者亨宁（Leopold Henning），美学的编者荷托（Heinrich Gustav Hotho）和哲学史的编者米希勒（Karl Michelet）等人。这批学生大都强调应严格将柏林时期著作视为黑格尔思想核心的总原则，与青年黑格尔重视黑格尔的《精神现象学》和较为早期著作的趋向迥异。在友人版中，《纲要》被划分为《逻辑学》和《实在哲学》两个部分，编入第 6 卷和第 7 卷之中，其中第 7 卷又被划分为《自然哲学》和《精神哲学》。对《纲要》的扩充，既非出自黑格尔的本意，也未经黑格尔本人的审订；而且这个《纲要》并没有综合 1817 年和 1827 年两三版，因而它的全面性仍有待商榷。除了版本的选择，附释的编入也带来了一些困扰。附释的好处在于能够解释正文和说明中的晦涩之处，但过度依赖附释体现了老年黑格尔派试图用成熟、规范的模式来"整理"甚至"僵化"黑格尔，这就掩盖了黑格尔思想的发展。

目前在德国通行的、格洛克纳编辑的百年纪念版（Sämtliche Werke, Jübiläumsausgabe）和流传最广的理论版（Theorie Werkausgabe）都以友人版为底本，事实上，对于黑格尔的研究者或者有一定基本素养的读者而言，版本问题并不会构成理解上的困难，《纲要》的三个版本间的差异为研究者呈现了黑格尔思想不断深化的过程，而第三版又的确能帮助普通读者理解和进入黑格尔，但这种编纂者外在的划分无疑会对读者产生各种误导。施耐德巴赫就在他为《纲要》撰写的导论中批评格洛克纳版以《逻辑学》《自然哲学》和《精神哲学》来指称黑格尔的"哲学体系"，他认为这一称呼会使普通读者将这一命名误认为黑格尔的原意，并把"附释"也认作黑格尔本人的想法。[1] 从这个角度来看，"历史考证版"就具有不可替代的优势。珀格勒和尼科林（Friedhelm Nicolin）共同担负起了编纂一个更适合研究的黑格尔全集，试图修正一些友人版的缺陷：比如反对将黑格尔一本完整的著作扩展为几个部分，同时按照时间顺序将《纲要》以完整的一卷本出版（分为1817年版、1827年版和1830年版），最后删除"附释"只留下黑格尔的论述。实际上，历史考订版的做法亦有惯例，并非偶然，从罗森克兰茨开始，就已经不再保留亨宁所加入的附释，而拉松（Lasson）在编纂黑格尔新全集《哲学科学全书纲要》时沿用了这一做法，霍夫迈斯特的新考订版也是如此。

尼科林和珀格勒认为，由于《纲要》原本是授课的教本，"附释"的混入会使全书失去一个纲要和教本的性质，而友人版全集中不只收入了这一纲要，还收入了那些按照这一纲要发挥而成的诸讲演录，这一尝试当然比较完整地呈现了黑格尔实在哲学的全部面貌，但黑格尔的学生们试图把讲演录建筑在全书之内却不甚妥当。因此，如果不将诸讲座扩展成独立的作品，而是将相关讲座按照年份编纂出版，无疑更有意义。[2] 富尔达认为，《纲要》依然以一种令人信服

---

[1] Vgl. Hegels, *Enzyklopädie der philosophischen Wissenschaften* (1830), Frankfurt. a. M.: Suhrkamp, 2000, S. 12.

[2] G. W. F. Hegel, *Enzyklopädie der philosophischen Wissenschaften im Grundrisse* (*1830*), hrsg von Otto Pöggeler und Friedhelm Nicolin, zur Einführung, Hamburg: Felix Meiner, 1969, S. XLV.

的方式使黑格尔的整个体系得以被思考，它使特定的哲学学科进一步扩展得以可能，因而在黑格尔整个系统完全呈现之前需要特别关注哲学科学全书的总原则。① 这意味着，首先，三版《纲要》呈现了黑格尔构思不断完善、深化和前进的过程，因而无须将1830年版视为黑格尔思想的结论，这样未必全面、客观；其次，关于《纲要》和柏林时期讲座的关系则应该视为一个共同发展深化的关联历程，以美学或艺术哲学的讲座为例，讲座内容包含了黑格尔研究的进展、对全新的艺术品、美学理论和有关艺术科学（Kunstwissenschaft）的新著作以及艺术领域发生的重要事件（wichtige Ereignisse）的掌握，而这些也全部在《纲要》的相关段落中得到落实，得以延续、深化、证实和更生动具体的说明。②

（四）三版"艺术"规定的差别

三版之间呈现的具体差异，乃是黑格尔思想的推进和深化，而非推倒重来。黑格尔对1827年版《纲要》做了为数众多的修改和扩展，改动并不局限于细节，还包含了众多重要的变化，尽管如此，黑格尔也并没有真正实现他的构想。③ 以下就简单罗列与本研究密切相关的变化：

1817年版：绝对精神分为25节（§453—§477），其中总论3节（§453—§455），艺术宗教9节（§456—§464），启示宗教7节（§465—§471），哲学6节（§472—§477）。

1827年版：绝对精神部分更为简短，才为22节（§553—§574），其中总论3节（§553—§555），艺术宗教8节（§556—§563），启

---

① Vgl. Hans Friedrich Fulda, Methode und System bei Hegel, in *Systemphilosophie als Selbsterkenntnis*, hrsg von Hans Friedrich Fulda, Würzburg: Königshausen & Neumann, 2006, S. 42–49.

② Klaus Vieweg, *Hegel. Der Philosoph der Freiheit*, München: Beck, 2019, S. 631.

③ G. W. F. Hegel, *Enzyklopädie der philosophischen Wissenschaften im Grundrisse* (*1830*), hrsg von Otto Pöggeler und Friedhelm Nicolin, zur Einführung, Hamburg: Felix Meiner, 1969, S. XLVIII.

示宗教 8 节（§564—§571），哲学 3 节（§572—§574）。

1830 年版：绝对精神部分恢复到了 25 节（§553—§577），其中总论 3 节（§553—§555），艺术宗教 8 节（§556—§563），启示宗教 8 节（§564—§571），哲学 6 节（§572—§577）。

主要的差异表现为：

关于总论部分，1827 年版和 1830 年版，与 1817 年版差异较大。1817 年版描述了主观精神如何经由客观精神发展至绝对精神，并将自然和有限精神的统一作为精神的本质意义，侧重概念在现实中自我规定的逻辑秩序；1827 年版和 1830 年版论证绝对实体与绝对知识如何在运动中成为绝对同一，黑格尔将"绝对精神"的领域笼统地称为"宗教"，并将精神对知识和实体之间直接的同一性的确信称为"信仰"，更为重视概念在现实中自我规定的具体方式。

1817 年版论述"艺术宗教"的篇幅占据了 9 节，而后两版则少了一节，均只有 8 节，这三版的内容之间也存在着不小的差异。后两版的差异较小，1827 年版和 1830 年版之间的差异集中在：§556，1830 年版同时论述了绝对精神直接的自我认识和绝对精神直接的自我显示，黑格尔不仅分别论述了直观与美，而且阐明了二者的联系，而 1827 年版则较少论述二者之间的关联；§558、559，1827 年版并未系统论述艺术和自然之间的关系，而这一不足被 1830 年版克服；§561、562，1827 年版以艺术和宗教之关联为考察点，但缺乏对三种艺术形态的论述，而 1830 年版则兼顾了艺术和宗教的关系及艺术史的发展线索。

1817 年版与后两版有着极为明显的区别，从结构、术语的运用等方面来看，与其说 1817 年版是后两版的雏形，不如说它更接近《精神现象学》的"艺术宗教"[1]。"艺术宗教"和"启示宗教"

---

[1] Vgl. Helmut Schneider, Die Kunst in Hegels Enzyklopädie, in *Hegels enzyklopädisches System der Philosophie*, hrsg von Hans-Christian Lucas und Burkhard Tuschling und Ulrich Vogel, Stuttgart：Frommann-Holzboog，2004，S. 382.

的对举提示了艺术和宗教的密切关系，但黑格尔在《耶拿实在哲学》（1805/1806）中早已将艺术和宗教相区分，施耐德还以黑格尔写给福斯（Johann Heinrich Voss，《荷马史诗》德文版译者）的信——自告奋勇来海德堡大学教"文学课"（Cours de littérature），作为例证①。艺术和宗教之间的明确区分在《精神现象学》中合一主要基于现象学特殊的结构，而在纽伦堡文理高中的教学实践中，黑格尔一方面强调美学的应用性，甚至纽伦堡高级班哲学全书的"特殊科学体系"中关于"艺术"的规定被保留到了1817年版的"艺术宗教"规定中；另一方面，却在高级班与中级班的"宗教学说"中将艺术宗教作为宗教的一种特殊形态。②需要特别注意的是，在1817年版《纲要》中，"艺术宗教"涵盖了东方宗教（包括现象学中未被提及的犹太教）和希腊宗教，而现象学中"艺术宗教"专指希腊艺术，同时黑格尔避免了在1817年版的正文中使用"艺术"或"宗教"，而仅仅是称之为"美的形态"（§459）或"美"（§460）③。1817年版着重强调了美的形态或美之局限就是直观形式的局限，这种直接的统一性还局限在特殊的民族精神之中，因而只能呈现为绝对精神中实体性的因素。总体来看，这一版主要讨论的是绝对精神和理想或美的形态之间关系。施耐德认为，由于海德堡美学讲座手稿的散佚，以及黑格尔在1820年5月5日致柏林大学校长的信中仍然提到美学"与宗教哲学的相关性"，因而将黑格尔有意识地彻底分离艺术和宗教、在美学讲座中只讲授艺术哲学的确切时限界定在1820年夏

---

① Vgl. Helmut Schneider, Die Kunst in Hegels Enzyklopädie, in *Hegels enzyklopädisches System der Philosophie*, hrsg von Hans-Christian Lucas und Burkhard Tuschling und Ulrich Vogel, Stuttgart: Frommann-Holzboog, 2004, S. 383.

② Vgl. Helmut Schneider, Die Kunst in Hegels Enzyklopädie, in *Hegels enzyklopädisches System der Philosophie*, hrsg von Hans-Christian Lucas und Burkhard Tuschling und Ulrich Vogel, Stuttgart: Frommann-Holzboog, 2004, S. 385.

③ [德]黑格尔：《哲学科学全书纲要》（1817年版），薛华译，商务印书馆2021年版，第219页。

天较为合理。①

通过对三版《纲要》的比较和分析，我们可以清晰地见出黑格尔思想的重大变化和日渐深入，而且这种变化必须结合柏林时期的美学讲座才能得到较为充分的解释。

二 《美学讲演录》的性质

（一）荷托版的情况及争议

相比于《纲要》中对艺术的简单规定，黑格尔柏林时期美学讲座无疑呈现出对艺术功能和定位更为丰富而具体的思考。美学讲座和《纲要》之间的关联正如之前提到的，是一个相互影响、互相促进的过程，一方面美学讲座主要是依据《纲要》的规划，而详细、鲜活地呈现了黑格尔对艺术日趋深入的思考；另一方面这种思考本身反过来促进黑格尔进一步规定艺术。在此，本书先对荷托编辑的友人版《美学讲演录》引起的争议进行讨论，接着简单呈现黑格尔柏林时期美学讲座的授课的资料底本，即各个学期美学讲座版本的编辑情况。

目前市面上通行的《美学讲演录》版本均以荷托编辑的友人版为底本，百年纪念版和理论版将之收入。除了以上三个全集版，20世纪60年代，东德柏林建设出版社（Berlin Aufbau-Verlag）重印了荷托版《美学》，目前国内影响最大、流传最广的朱光潜先生所翻译的黑格尔三卷四本的《美学》便是以此版本为底本，这一版本也有比较大的影响，卢卡奇为此版本撰写了将近40页的长篇导论。在20世纪60年代历史考证版编辑工作开始之前，荷托版《美学讲演录》在总体上认可度较高，这一版本所引起的争议主要植根于友人版的编辑原则：从事实层面来看，黑格尔生前并没有公开出版《美学》

---

① Vgl. Helmut Schneider, Die Kunst in Hegels Enzyklopädie, in *Hegels enzyklopädisches System der Philosophie*, hrsg von Hans-Christian Lucas und Burkhard Tuschling und Ulrich Vogel, Stuttgart: Frommann-Holzboog, 2004, S. 386.

的计划，而且任何一个讲座稿都没有经过他本人的审阅和编订，荷托所编辑的《美学讲演录》是根据黑格尔19世纪20年代（1820/21年、1823年、1826年、1828/1829年）四次有关美学的上课讲稿（以后三次为主）和学生的听写速记整理而成，其中他自己进行听写速记的1823年夏季学期的版本是底本。而荷托版《美学讲演录》引发争议之处并非全部是因为这些笔记并未得到黑格尔的审订或授权，而是在编订过程中，荷托把自己关于艺术的思考，甚至自己对于某些艺术作品的评价和判断掺杂其中，这让人难以分辨到底那些是黑格尔的看法，哪些是荷托的观点。[1] 希福特作为目前德国学界黑格尔美学研究的权威，对荷托版《美学讲演录》的另一个批评在于：荷托出于系统化的考虑，将四份讲座稿做了统一化的处理，即合并类似的论述，将这些论述中有差别的部分归并到一个论题之下，这样做的好处是使各个不同年份的讲座稿从松散的状态变成结构严谨的出版物，却也导致了更大的弊端，即在目前通行的《美学讲演录》中无法窥见每一份讲座稿的独特性。[2]

在拉松和霍夫迈斯特着手编纂黑格尔全集新考订版之际，学界就已公认：荷托确实在编辑过程中加入了一些自己的想法和评论，而争议的焦点就在于如何看待荷托的这些增补。大部分当代学者的批评意见与希福特类似，例如卢卡奇对此表达不满，认为"荷托并不关心黑格尔美学的发展史，他眼里只有怎么在一本书里把黑格尔所有的美学讲座都囊括进来这一件事。这件事他无疑做成了，但黑格尔美学发展的线索也湮没无闻了"[3]。以珀格勒和希福特为代表的

---

[1] Vgl. A. Gethmann-Siefert, Ästhetik oder Philosophie der Kunst, in *Hegel Studien* Bd. 26, hrsg von Otto Pöggeler und Friedhelm Nicolin, Bonn: Bouvier, 1991, S. 102.

[2] Vgl. G. W. F. Hegel, *Vorlesungen zur Ästhetik*, *Vorlesungsmitschrift Adolf Heimann (1828/1829)*, hrsg. v. Annemarie Gethmann-Siefert und Alain Patrick Olivier, München: Fink, 2017, S. XIV.

[3] G. Lukacs, "Hegels Ästhetik", in G. W. F. Hegel, *Ästhetik. Bd. 2*, Mit einer Einführung von Georg Lukacs, Frankfurt. a. M.: Europäische Verlagsanstalt, 1951, S. 597.

黑格尔新一代的编纂者坚持认为这些"增补"是不符合黑格尔原意的，因此他们主张在编纂中应当保持黑格尔自己的写作方式，不能用现代人的写作习惯去"规范"它，更不能用自己的想法去"补充"它，这也是历史考证版全集的编辑原则。不过辈分较长的一批学者相对更为认可荷托的功绩，甚至霍夫迈斯特自己都表示荷托版本具有可靠性，尽管荷托版《美学讲演录》确实没有那么亦步亦趋遵循黑格尔，但这一版本却从"精神"的角度完全体现出了黑格尔本人的思想①，他主张荷托自己的评述与补充未必与黑格尔思想发展的线索相违背，而拉松在自己编辑新的《美学讲演录》也在一定程度上沿用了荷托的这些增补，正是因为这个原因，伽达默尔甚至担心拉松版的《美学讲演录》同样是不成功的（gescheitert）②。布普纳则委婉地指出，柏林时期黑格尔各类讲座以"永恒之友协会"（即黑格尔友人版的编委会）工作，以文本汇编加学生的笔记混杂的方式呈现给我们，但却不应过分夸大黑格尔自己授权出版的正式著作和柏林时期讲座之间差异。《纲要》提供了柏林时期各类讲座的基本结构，美学或历史哲学都有助于继续我们广泛地研究黑格尔哲学，《纲要》的基本结构和黑格尔的思路实质上起着主要作用，相反，友人版的编辑情况以及特定的编辑知识对此的影响会更弱。③

随着研究者认为荷托版《美学讲演录》无法满足研究者对黑格

---

① J. Hoffmeister, "Vorwort des Herausgebers", in *System und Geschichte der Philosophie* (G. W. F. Hegel, Sämtliche Werke. Kritische Ausgabe. Bd. XVa, Vorlesungen über die Geschichte der Philosophie), Leipzig: Felix Meiner, 1944.

② Hans-Georg Gadamer, "Die Stellung der Poesie im System der Hegelschen Ästhetik und die Frage nach dem Vergangenheitscharakter der Kunst", in *Welt und Wirkung von Hegels Ästhetik*, Hegel Studien, Beiheft 27, hrsg von A. Gethmann-Siefert und O. Pöggeler, Bonn: Bouvier, 1986, S. 213.

③ Vgl. Rüdiger Bubner, Überlegungen zur Situation der Hegel-Forschung, in *Hegel Studien* Bd. 36, hrsg von Walter Jaeschke und Ludwig Siep, Hamburg: Felix Meiner, 2001, S. 53.

尔可靠文本日益增长的需求，重新编辑柏林时期黑格尔美学讲座的工作随着黑格尔历史考证版的深入开展一同进行。从20世纪90年代起，柏林时期黑格尔四次美学讲座稿逐渐出版，历史考证版致力于按照编年史的顺序逐步还原黑格尔思想的本来面貌，而柏林及其他时期的讲座稿的出版同样期待达到这一效果。

（二）柏林时期《美学讲演录》的新版本

施耐德考证，黑格尔在海德堡大学任教时，在1818年前后开设了"美学"的讲座，但令人遗憾的是，第一个《美学讲演录》（1818年海德堡版）的基本面貌不得而知，除了荷托在记录中所做的一些评注，所有文本都已经散佚，荷托的记录仍然提示人们存在着这样一份《美学讲演录》的手稿。[1] 仍存世的文献材料均是黑格尔柏林时期美学讲座的学生记录稿。

黑格尔分别在1820年冬季学期（持续至1821年）、1823年夏季学期、1826年夏季学期以及1828年冬季学期（持续至1829年）四次开设"美学"讲座。目前出版的《美学讲演录》的手稿情况如下：《美学讲演录》（1820/1821）[2] 有两个版本，一个是赫宾（Niklas Hebing）所编辑，收入历史考证版全集的第28卷第一分册中；另一个是赫尔穆特·施耐德所编辑，由法兰克福的 Peter Lang 出版，收入他自己主编的 Hegeliana 系列中。此次讲座的文稿主要整理自黑格尔的两个学生——威廉·冯·阿申贝格（Wilhelm von Ascheberg）和萨克斯·范·泰尔伯格（Sax van Terborg）做的讲座实录，部分来源于米顿朵夫（Middendorf）的笔记[3]，因为这份讲稿的整理是以阿

---

[1] A. Gethmann-Siefert, *Die Funktion der Kunst in der Geschichte*, Hegel Studien, Beiheft 25, Bonn: Bouvier, 1984, S. 235.

[2] 关于这份讲座稿的初步介绍参见徐贤樑《论黑格尔美学体系的形成——〈美学讲演录（1820/1821）〉的文献意义与体系价值》，《西南大学学报》（社会科学版）2019年第5期。

[3] Vgl. G. W. F., Hegel, *Vorlesung über Ästhetik*, *Berlin 1820/21*, Eine Nachschrift. I. Textband, Einleitung, hrsg. von Helmut Schneider. Frankfurt. a. M.: Peter Lang, 1995.

申贝格的速记稿为基础，因此在德国学界这份文稿也被称为阿申贝格笔记。施耐德认为，这份讲座稿是之后所有美学讲座的基础，因为之后几次关于美学的讲座均以这次记录着黑格尔艰深思想发展的讲座稿为基础，并从中发展起来的。[1]

《美学讲演录》（1823）同样有两个版本，第一个版本依然是赫宾所编辑，收入历史考证版全集的第 28 卷第二分册之中；第二个版本则是希福特编辑，收入与历史考证版同步出版的黑格尔讲座集（G. W. F. Hegel Vorlesungen）[2] 系列中，均为汉堡的 Meiner 出版，同时还有单行本发行。这次讲座的文稿全是由荷托所记录的。

《美学讲演录》（1826）目前只有一个版本，由希福特和普洛特尼科夫（Bernadette Collenberg-Plotnikov）共同编辑，由慕尼黑的 Fink 出版，收入雅默（Christoph Jamme）和费维克（Klaus Vieweg）主编的耶拿智慧（jena-sophia）系列中。讲座文稿整理自黑格尔另两个学生——弗里德里希·卡尔·海尔曼（Friedrich Carl Hermann）和维克托·冯·科勒（Victor von Kehler）做的讲座实录，值得一提的是，这份讲座稿直到 1906 年才在图林根州立图书馆（即耶拿大学图书馆）被重新发现。[3]

《美学讲演录》的最后一个版本，即《美学讲演录》（1828/1829）[4] 目前也仅有一个版本，由希福特和欧利维拉（Alain Patrick Olivier）共同编辑，由慕尼黑 Fink 出版，收入于希福特和米歇尔·

---

[1] Vgl. G. W. F. Hegel, *Vorlesung über Ästhetik*, Berlin 1820/21, Eine Nachschrift. I. Textband, Einleitung, hrsg. von Helmut Schneider. Frankfurt. a. M.：Peter Lang, 1995.

[2] Vgl. G. W. F. Hegel, *Vorlesungen über die Philosophie der Kunst*, Berlin 1823 Nachgeschrieben von Heinrich Gustav Hotho, hrsg von Annemarie Gethmann-Siefert, Hamburg：Felix Meiner, 1998.

[3] Vgl. G. W. F. Hegel, *Philosophie der Kunst oder Ästhetik*, nach Hegel. Im Sommer 1826 Mitschrift Friedrich Carl Hermann Victor von Kehler, Einleitung, hrsg von Annemarie Gethmann-Siefert und Bernadette Collenberg-Plotnikov, München：Fink, 2004, S. XI.

[4] Vgl. G. W. F. Hegel, *Vorlesungen zur Ästhetik*, Vorlesungs mit Schrift Adolf Heimann (1828/1829), hrsg von Annemarie Gethmann-Siefert und Alain Patrick Olivier, München：Fink, 2017.

匡特（Micheal Quante）主编的黑格尔论坛（Hegel Forum）系列中。此次讲座文稿主要整理自黑格尔的学生阿道夫·海曼（Adolf Heimann）的笔记。

这几个版本的区别在于：

（1）《美学讲演录》（1820/1821）：黑格尔在这次讲座中关注的核心问题乃是艺术在其体系中的地位和独立性，因此这一讲座围绕着这一问题着力呈现了以下两个要点：对"美"的概念规定、对艺术所包含的自由之品格的强调。同时，这一讲座简略处理了具体的门类艺术，并未具体分析每一门类艺术的逻辑；对三大艺术类型的说明也非常简略，只勾勒了这三大艺术类型分别包含的要素，而没有揭示出象征型、古典型和浪漫型艺术之间的过渡关系；在对艺术普遍要素的分析中并未涉及诸如情节、艺术家这些要素。这一讲座紧接着《宗教哲学》的讲座，施耐德根据黑格尔授课的顺序做出推断，黑格尔当时全部的关注点都放在两种表现"绝对精神"的方式的差异上，即区分艺术和宗教[1]。

（2）《美学讲演录》（1823）：此版本篇幅最庞大，论述也最精详。这个版本呈现出事无巨细的特点，尤其值得关注的是，在正文之前，荷托记录了一个极为冗长的导论，在这个导论中，黑格尔详细讨论了一些对艺术常见的误解，诸如艺术和情感、艺术与技术、艺术与自然之间的区别等；更可贵的是，黑格尔还提纲挈领地道明了各个门类艺术与艺术类型之间的联系，诸如建筑如何在象征型艺术中发挥效用，雕塑在古典型艺术中的功能，等等，荷托认为这是黑格尔美学完全成熟的标志[2]。正文部分详细讨论了艺术的普遍方面

---

[1] Vgl. G. W. F. Hegel, *Vorlesung über Ästhetik*, Berlin 1820/21, Eine Nachschrift. I. Textband, Einleitung, hrsg von Helmut Schneider, Frankfurt. a. M.：Peter Lang, 1995, S. 14.

[2] Vgl. G. W. F. Hegel, *Vorlesungen über die Philosophie der Kunst*, Berlin 1823 Nachgeschrieben von Heinrich Gustav Hotho, hrsg von Annemarie Gethmann-Siefert, Hamburg：Felix Meiner, 1998, S. XXXIII.

和特殊方面，不再像 1820/1821 年第一次在柏林讲授美学时偏重于艺术与绝对精神的关系，而是更全面地阐明了艺术哲学体系自身如何构成的线索。

（3）《美学讲演录》（1826）：黑格尔在这次讲座中关注的核心问题是艺术与宗教、哲学间的联系与区别，因此他在讨论艺术的部分之前，首先讨论了艺术哲学的难点和重点，即美与概念之真的区别，艺术本身的目的，等等。在此基础上，这一版本在论述浪漫型艺术时花费的笔墨尤多，重点是讨论浪漫型艺术和基督教的关系。希福特认为，黑格尔在这一版本的《美学讲演录》中更深入地分析了艺术在现代的价值和意义，这一工作是与《纲要》（1827）艺术和宗教完全分离密切相关的。[①]

（4）《美学讲演录》（1828/1829）：这个版本从篇幅上看最短小精悍，甚至在某些问题的处理上较《美学讲演录》（1820/1821）更为简略。按编者奥利维拉的看法，黑格尔在这次讲座中更为重视同时代其他艺术家的艺术理论和艺术创作活动，因此多次提到他的朋友吕克特（Friedrich Rückert）、索尔格（Karl Wilhelm Ferdinand Solger）和浪漫派作家蒂克（Ludwig Tieck），这一讲座中包含了大量黑格尔对康德和浪漫派的评述[②]，他不仅论及艺术发展的哲学根据，还加入了不少自己对当时艺术创作的批评和见解。

根据上述简单的版本比对，不难看出：荷托所编订的三卷本《美学讲演录》在结构和内容上至少在艺术与概念之关系以及艺术的三种类型两个主要部分中，荷托版与学生笔记的所述并无实质差别，

[①] Vgl. G. W. F. Hegel, *Philosophie der Kunst oder Ästhetik*, Nach Hegel. Im Sommer 1826 Mitschrift Friedrich Carl Hermann Victor von Kehler, hrsg von Annemarie Gethmann-Siefert und Bernadette Collenberg-Plotnikov, München: Fink, 2004, S. XIX.

[②] G. W. F. Hegel, *Vorlesungen zur Ästhetik*, Vorlesungsmitschrift Adolf Heimann（1828/1829），hrsg von Annemarie Gethmann-Siefert und Alain Patrick Olivier München: Fink, 2017, S. XXIV.

是符合黑格尔构想的。① 而黑格尔的每一次美学讲座则各有侧重，如果进行笼统化的处理，或将每一次讲座涉及的主题都无区别地陈列在一起，就会造成无法见出每一次讲座稿的重点和黑格尔独特的运思风格。当然，对更严肃、更精细、更具体的黑格尔艺术哲学研究而言，认真甄别其中的出入和细节上的差异仍是不可回避的工作，亦是本书之后有待拓展的方向。

第三节　黑格尔柏林时期的艺术生活和接受

根据费维克最新出版的《黑格尔传》所提供的种种材料来看，黑格尔可以称得上一位艺术趣味广泛、审美品味高尚的哲学家。黑格尔的另一位传记作家阿尔特豪斯（Horst Althaus）甚至半开玩笑地评价，"黑格尔的美学是享受到特殊青睐的，在他之前没有哲学家获得过这样的机会，在他之后也不会有哲学家还能有这类享受，黑格尔美学的出现——有且只有以这样的方式才成为可能——和来自艺术家中最杰出的代表，歌德大量的个人交往"②。因此，黑格尔对艺术在现代世界中价值和功能的思考不仅在于其整个思想体系博大精深的基础，而且得益于1800年后德意志精神史黄金时代的滋养，称得上得天独厚。

一　在柏林时期之前③

青年时期的黑格尔基本称得上一个希腊迷，这也是他在图宾根

---

① 参见贾红雨《黑格尔艺术哲学重述》，《哲学研究》2020年第2期。
② Horst Althaus, *Hegel und die heroischen Jahre der Philosophie*, *Eine Biographie*, München: Carl Hanser, 1992, S. 409.
③ 黑格尔更为详细的艺术接受可参见［德］克劳斯·费维克《论黑格尔所钟爱的艺术作品——在复旦大学中文系的讲演》，徐贤樑译，《美学与艺术评论》2020年第1期。

大学与荷尔德林迅速成为好友的关键原因。在斯图加特文理中学（人文主义高中）学习期间，他就掌握了相当扎实的希腊语和拉丁语知识，除了翻译了亚里士多德的《尼各马可伦理学》以及斯多葛学派的爱比克泰德（Epiktet）的《语录》（*Encheiridion*）这类哲学著作，还翻译了索福克勒斯（Sophokles）的《安提戈涅》和《俄底浦斯王在克罗诺斯》以及朗吉努斯（Longinus）的《论崇高》等。① 在古希腊、希腊化时期哲学、悲剧之研习和翻译上投入了大量精力之外，黑格尔还倾心于斯图加特的乡贤席勒的戏剧，《斐耶斯科的谋叛》和《强盗》都是他反复阅读的剧本，这种对自由的吁求无疑对青年一代产生了极大的冲击力，甚至在《精神现象学》结尾处，黑格尔还引用了席勒的长诗《友谊》中的"从这个精神王国的圣餐杯里，他的无限性给他翻涌起泡沫"②。而按照董特（Jacques d'Hondt）的看法，黑格尔（以及荷尔德林）对古代英雄人物，如哈尔摩狄奥斯（Harmodius）与阿里斯托革顿（Aristogiton）的青睐，很可能是对专制主义批判的隐微表达。③

黑格尔在伯尔尼当家庭教师的岁月无疑是非常幸运的，在雇主瑞士贵族斯泰格尔家族（Steiger）的家庭图书馆中，黑格尔享受了许多自由而闲暇的时光，他的案头摆满了笛卡尔、霍布斯、斯宾诺莎、洛克、休谟、孟德斯鸠、本杰明·康斯坦（Benjamin Constant）等人的哲学著作，同时莎士比亚、歌德以及卢梭的文学名著也是他的常备读物。黑格尔甚至密切关注着耶拿的各种报刊，如《文学汇报》、席勒主办的《季节女神》、尼特哈默尔与费希特合办《哲学杂志》④，同时

---

① Vgl. Klaus Vieweg, *Hegel, Der Philosoph der Freiheit*, München：Beck, 2019, S. 44.

② ［德］黑格尔：《精神现象学》（下），贺麟、王玖兴译，商务印书馆1981年版，第275页。

③ 参见［法］雅克·董特《黑格尔传》，李成季、邓刚译，上海人民出版社2015年版，第409—415页。

④ Vgl. Klaus Vieweg, *Hegel, Der Philosoph der Freiheit*, München：Beck, 2019, S. 107 – 108.

盛赞席勒的《审美教育书简》是当世杰作。而来到法兰克福后，黑格尔则从伯尔尼平静的田园生活一头扎进了各种眼花缭乱的文娱活动之中，他迷上了莫扎特（Mozart）和安东尼奥·萨列里（Antonio Salieri）的歌剧，黑格尔几乎欣赏了莫扎特的全部歌剧——《魔笛》（*Die Zauberflöte*）、《唐·乔万尼》（*Don Giovanni*）、《女人心》（*Cosi van tutte*）等。同时，黑格尔还是剧院的常客，法兰克福的剧院经常上演席勒改编的莎士比亚及席勒的戏剧，每周至少一次的剧院演出给黑格尔带来了别样的乐趣。①

而到了耶拿以后，由于临近当时的文化中心魏玛，黑格尔真正和席勒与歌德建立起了亲密的联系。离开耶拿，前往南德为黑格尔打开了新的艺术宝库，值得一提的是纽伦堡。当时的纽伦堡不但是著名的文化名城，还是个巨大的艺术的珍宝箱，纽伦堡时期的各种艺术体验为黑格尔在美学讲座中深入浅出地阐释具体艺术作品积累了宝贵的财富②，首先黑格尔结识了一批画家朋友，如丹内克尔（Dannecker）、科赫（Koch）和席克（Schick），逐渐了解到尼德兰和意大利绘画的各种技巧。③ 这一时期，黑格尔对浪漫型艺术即基督教艺术的态度大为改观，纽伦堡包含了大量神圣罗马帝国的直辖市中的哥特式教堂，例如在美学讲座中经常提到的美泉（Schöne Brunnen）和鹅人喷泉里的青铜像，这个鹅喷泉中的青铜像同样得到了歌德和当时著名的艺术史家迈尔（Johann Heinrich Meyer）的高度赞赏。④ 纽伦堡及周围很多城堡中，包含着异常丰厚的艺术藏品，不仅有丰富多彩的绘画，而且这些城堡和教堂本身就足以给人震撼。黑

---

① Vgl, Klaus Vieweg, *Hegel, Der Philosoph der Freiheit*, München：Beck, 2019, S. 147.

② Vgl. Helmut Schneider, Hegel und Hotho bei den Dürer-Feiern 1828 in Berlin, in *Jahrbuch für Hegelforschung 4/5（1998/99）*, S. 28.

③ Vgl, Klaus Vieweg, *Hegel, Der Philosoph der Freiheit*, München：Beck, 2019, S. 356.

④ Vgl, Klaus Vieweg, *Hegel, Der Philosoph der Freiheit*, München：Beck, 2019, S. 356.

格尔也非常钟爱德意志大画家丢勒的作品，认为丢勒的画作集中凸显了自由和精神性，这是对具有自我意识的市民性的早期呈现，"精神性之物按照它的意愿出现在世界之中"[1]。同样，黑格尔也在意大利威尼斯画派和尼德兰画派的作品中见出了"精神的欢娱"，这种生机勃勃轻快活泼的精神性的自由和生命力是现代艺术理想的一种表达。[2] 黑格尔在柏林时期的美学讲座中专门讨论了尼德兰画派的绘画和他们对色彩的运用，黑格尔不再像浪漫派那样将关注点聚焦在中世纪绘画之上，而认为这是近代市民阶层主观自由的典范性呈现。海德堡时期对于黑格尔而言同样极其重要，尽管他似乎在政治方面投入了过多的热情，但毫无疑问，这一时期黑格尔完成了一切在柏林时期会转变为现实的思维要素的积累，如对克罗伊茨神话学说的彻底吸收等，黑格尔对自己在海德堡的生活评价颇高，其戏称其为"南内卡河畔的天堂"（südlichen neckarländischen Eldorado）[3]。富尔达亦非常重视黑格尔海德堡时期工作的意义，认为在此阶段黑格尔不仅完成了体系各个环节间思维上的关联，而且通过活动、思想确信的力量证成了这些关联。[4]

二 柏林时期的生活

罗森克兰茨根据自己的亲身经历指出，在 1820 年代，审美兴趣

---

[1] G. W. F. Hegel, *Grundlinen der Philosophie des Rechts*, Gesammelte Werke, Bd. 14.1, hrsg von Klaus Grotsch und Elisabethe Weisser-Lohmann, Hamburg: Felix Meiner, 2009, S. 116.

[2] G. W. F. Hegel, *Enzyklopädie der philosophischen Wissenschaften im Grundrisse* (1817), Gesammelte Werke, Bd. 13, hrsg von Wolfgang Bonsiepen und Klaus Grotsch, Hamburg: Felix Meiner, 2000, S. 223f.

[3] Briefe von und an Hegel, hrsg von J. Hoffmeister. Bd. II, Hamburg, Felix Meiner, 1969, S. 42.

[4] Hans Friedrich Fulda, Hegels Heidelberger Intermezzo. Enzyklopädie, Ästhetik und kulturpolitische Grundsätze. in *Heidelberg im säkularen Umbruch. Traditionsbewußtsein und Kulturpolitik um 1800*, hrsg von Friedrich Strack, Stuttgart: Kletta Cotta, 1987, S. 529.

是柏林唯一的公共利益，他注意到黑格尔的很多理论在课堂之外，尤其是在艺术批评领域产生了广泛的影响。① 从 1806 年开始的普鲁士改革运动（Preußische Reformen/Stein-Hardenbergsche Reformen，即施泰因—哈登贝格改革）不仅将按照人文主义精神新建的大学置于城市中心，紧邻宫殿和大教堂，而且围绕大学重新分配了图书馆、科学院、剧院和博物馆，便于通过教育的方式引导德意志公民以一种自由的方式进入国家和社会。通过改革，宫廷剧院成为市民阶层的国家剧院，异教的和宫廷的音乐要成为开放的市民音乐会，宫殿和教堂中的艺术要成为展览会和博物馆，这意味着需要重新规定艺术在文化生活中的意义，而重新划定艺术的空间就成为文化政策方面的新任务。② 因而，黑格尔在自然法和国家学说的讲座中指出国家需要宗教（信仰）、艺术和科学（哲学），国家知道它希求什么，知道在它的普遍性中作为被思考的东西的自己希求的对象；因此，国家是依照那已被意识到的目的和认识了的基本原理，并且是根据那不只是自在的，而且是被意识到的规律而行动的。③ 在黑格尔看来，首先主观自由的法最初形态是爱、浪漫的东西、个人永久得救的目的等，其次是道德和良心，再次是其他各种形式，另一部分则出现于历史中，特别是艺术、科学和哲学的历史。④ 在这一架构下，黑格尔在艺术哲学建构中主要基于公共性考察艺术的教育功能，建筑、雕塑、绘画、音乐和诗歌中，诗歌是最后的，也是最总括性的艺术，

---

① Vgl. Otto Pöggeler, *Preußische Kulturpolitik im Spiegel von Hegels Ästhetik*, Opladen: Westdeutscher, 1987, S. 23.

② Otto Pöggeler, *Preußische Kulturpolitik im Spiegel von Hegels Ästhetik*, Opladen: Westdeutscher, 1987, S. 23.

③ Vgl. G. W. F. Hegel. Grundlinien der Philosophie des Rechts oder Naturrecht und Staatswissenschaft im Grundrisse, TWA, Bd. 7, Frankfurt. a. M.: Suhrkamp, 1986, S. 415, 中译见［德］黑格尔《法哲学原理》，范扬、张企泰译，商务印书馆 1979 年版，第 269 页。

④ 参见［德］黑格尔《法哲学原理》，范扬、张企泰译，商务印书馆 1979 年版，第 127 页。

因而是最高的艺术,而在诗歌这一具体门类中,戏剧又处在最高的阶段。① 阿尔特豪斯甚至认为,歌德那代表着近代自由文学最高成就的长诗和长篇小说深刻影响了黑格尔,让黑格尔在《纲要》中明确提出艺术、宗教和哲学三者不可相互替代。② 因而,在现代体现自由的艺术中,诗歌与艺术就一般状况而言达到了界限:它们虽然不再像在希腊世界中作为神圣剧院那样引导整个民族,但却具有重要的社会功能,当然,柏林时期的艺术建制和文化生活还不能满足黑格尔对艺术在现代世界中的功能的需求③,尤其是在威廉四世(Friedrich Wilhelm Ⅳ)即位后,这种通过文化艺术生活促进个体自由的态势戛然而止。

黑格尔在柏林丰富多彩的文化环境中颇有如鱼得水之感,他和夫人最常谈论的话题是歌剧④,黑格尔认为多种不同的艺术形式交会于歌剧之中,甚至可以认为黑格尔和谢林都在歌剧中见出了日后瓦格纳(Richard Wagner)所期待的整体艺术(Gesamtkunst)即"乐剧"(das musikalische Drama)。除了莫扎特,格鲁克(Gluck)和罗西尼(Rossini)也是黑格尔极为喜爱的,这在很大程度上源于他对人声的偏爱⑤,亦如他钟爱声线辉煌壮丽的歌剧女伶,柏林歌剧界的红伶波琳·安娜·米尔达尔(Pauline Anna Milder)和亨瑞特·桑塔格(Henriette Sontag)都是黑格尔的座上宾。⑥ 在推重古典主义均衡

---

① Vgl. Otto Pöggeler, *Preußische Kulturpolitik im Spiegel von Hegels Ästhetik*, Opladen: Westdeutscher, 1987, S. 28.

② Vgl. Horst Althaus, *Hegel und die heroischen Jahre der Philosophie, Eine Biographie*, München: Carl Hanser, 1992, S. 298.

③ Vgl. Otto Pöggeler, *Preußische Kulturpolitik im Spiegel von Hegels Ästhetik*, Opladen: Westdeutscher, 1987, S. 34.

④ Vgl. Horst Althaus, *Hegel und die heroischen Jahre der Philosophie, Eine Biographie*, München: Carl Hanser, 1992, S. 347.

⑤ 参见[德]沃尔夫冈·韦尔施《为什么黑格尔如此推崇罗西尼,却从未提及贝多芬?》,戴晖译,《马克思主义美学研究》2018年第1期。

⑥ Vgl. Horst Althaus, *Hegel und die heroischen Jahre der Philosophie, Eine Biographie*, München: Carl Hanser, 1992, S. 347.

理智和色彩明朗的音乐风格的同时，黑格尔反倒是对当时已经开始逐渐盛行的浪漫主义乐风颇有微词，他并不认可浪漫主义的代表人物霍夫曼（Hoffmann）的《翁迪妮》（*Undine*，又译为《水妖》）以及杰出的音乐家韦伯的《自由射手》（*Freischütz*，即《魔弹射手》），并批评了这些作品包含了种种内在分裂、矫揉造作和反复逡巡。① 黑格尔认为罗西尼的歌剧代表了人声运用的典范，声音逐渐减弱并被扬弃为内在性的精神性存在形式——在音响的感性要素和它多样性的表现形象之中，精神性之物用一种合适的方式表达了自己。在罗西尼的音乐里旋律和人声具有重大的意义，歌唱被视为内在性最直接的发声——按照黑格尔的音乐美学，罗西尼是他最意气相投、心意相通的作曲家。②

对东方世界的接受，尤其是拓展了对印度和中国的了解，不仅对黑格尔艺术哲学建构至关重要，还影响了其历史哲学、宗教哲学和哲学史讲演录的相关思考。当时德意志的东方学之父弗里德里希·吕克特是黑格尔的至交好友，吕克特翻译了波斯诗人贾拉勒丁·鲁米（Rumi）诗歌和哈利利（Hariri）的《麦加人》（*Makamen*）、来自《摩诃婆罗多》（*Mahabharata*）的插曲，以及《古兰经》（*Korans*）等，并且还着手对《诗经》（*Schi-King*）进行了文学性编译。他在柏林大学的同事梵文教授弗朗茨·葆朴（Franz Bopp）被认为是（印欧）比较语言学新的科学原则的奠基人，弗·施莱格尔和威廉·洪堡追随他学过梵语，而葆朴更是大大激起了黑格尔对印度的兴趣。③ 黑格尔同时对威廉·洪堡印度学研究的代表作《论〈摩诃婆罗多〉中名为〈薄伽梵歌〉的著名插曲》（*Über die unter dem Namen*

---

① Vgl. Klaus Vieweg, *Hegel*, *Der Philosoph der Freiheit*, München：Beck, 2019, S. 553.

② 参见［德］沃尔夫冈·韦尔施《为什么黑格尔如此推崇罗西尼，却从未提及贝多芬?》，戴晖译，《马克思主义美学研究》2018 年第 1 期。

③ Vgl. Klaus Vieweg, *Hegel*, *Der Philosoph der Freiheit*, München：Beck, 2019, S. 566.

Bhagavad-Gita bekannte Episode des Mahabharata）做出了高度赞扬，称它"本质上充实了我们对印度如何呈现精神的最高兴趣方式的知识"，具有以下特点："罕见地结合了对第一手语言的认识，结合了对哲学的娴熟掌握和审慎的节制"[①]。正是这些不断丰富的艺术生活和文化空间的不断拓宽极大地满足了黑格尔对文学艺术领域旺盛的热情和不断增多的兴趣，而对这些不同艺术领域的深入了解和艺术眼界的开拓不仅赋予了黑格尔无与伦比的历史视野之深度，也造就了其同时代人罕能匹敌的广博的鉴赏知识，这也造就了黑格尔美学研究的巨大空间。

[①] Vgl. G. W. F. Hegel, *Berliner Schriften（1818–1831）*, Werke in zwanzig Bänden, TWA, Bd. 11, Frankfurt. a. M.：Suhrkamp, 1986, S. 133.

第 二 章

实在哲学架构中的艺术

　　Die Menschen ehren das Göttliche an und für sich, aber zugleich als ihre Tat, ihr Erzeugnis und ihr Dasein: so erhält das Göttliche seine Ehre vermittels der Ehre des Menschlichen und das Menschliche vermittels der Ehre des Göttlichen.

G. W. F. Hegel

　　人自在且自为地尊敬神圣之物，但同时又将之视为他们的事业、他们的作品和他们的定在：所以神圣之物借助于尊敬人的事业、作品和定在得到尊重，而人的事业、作品和定在也通过尊敬神圣之物而得到了尊敬。[1]

黑格尔

　　自柏拉图以来，形而上学不曾满足于证明自然与人类精神、存在与思维处在一种彼此具有同一性的关系中（im Verhaltnis der Identität zueinander），构成一种特定的统一性，而是要求同一性就其自身而言是有根据的，即奠基于一个在其自身之中无根据的（grundlose）、最高存在者。[2] 柏拉图对形而上学的期许被黑格尔以大无畏的

---

[1]　G. W. F. Hegel, *Vorlesungen über die Philosophie der Geschichte*, Werke in zwanzig Bänden, TWA, Bd. 12, Frankfurt. a. M.: Suhrkamp, 1986, S. 294.

[2]　Werner Marx, *Schelling: Geschichte, System, Freiheit*, Freiburg & München: Karl Alber, 1977, S. 103.

勇气彻底贯彻到了其逻辑科学和实在哲学的关联总体之中，具体表现为概念之真向着概念自由的转化。富尔达概括为，当逻辑被一个哲学化的主体理解为主观认知之时，这一预设也能使哲学的内容有条件地（bedingterweise）合法化。唯有如此——伴随着对实在哲学之内容的展示（Exposition）——对实在哲学展开程序和认知方式的描述才是可能的，在这些描述中，这一预设无须掩饰，即哲学就是一种主体性的认知，它活跃于由个别的部门科学通过思维而准备的经验材料之中。① 由此作为哲学体系的科学本身就以自身为目的，"科学的概念必须由科学本身来加以把握，从而最先的概念也必须如此，这正是因为它是最先的概念，它就包含一种的分离：思维对于一个（似乎外在的）进行哲学思考的主体是对象。达到自己概念的概念，并以此而达到自己的回归和满足，这甚至就是这门科学的唯一的目的、作为和目标"②，概念随后在现实中的展开将用事实证明，"即这种逻辑的东西是在具体的内容内作为在它的实现性内被证实的普遍性。科学以这种方式便回到了它的开端，而逻辑的东西作为精神性东西是它的结果，以致这一精神性东西便从预设的判断、从而从自己在其中于自己曾具有的现象，同时作为提高到自己的元素而把自己提高到了自己的纯粹原则。在预设的判断活动内概念曾仅仅是自在的，而开端曾是一种直接的东西"③。概言之，逻辑学作为概念在自身中的自我规定（逻辑理念）以绝对真为最终目的，而这一最终目的同时就是实在哲学的主观预设，这一预设将在概念在现实中的自我规定中得到自我证实，而被证实的预设就不再是绝对

---

① Hans Friedrich Fulda, Vorbegriff und Begriff von Philosophie bei Hegel, in *Hegels Logik der Philosophie. Religion und Philosophie in der Theorie des absoluten Geistes*, hrsg von Dieter Henrich, Stuttgart: Klett-Cotta, 1984, S. 25.

② ［德］黑格尔：《哲学科学全书纲要》（1830年版），薛华译，商务印书馆2021年版，第42页。

③ ［德］黑格尔：《哲学科学全书纲要》（1830年版），薛华译，商务印书馆2021年版，第431页。

真，而是转化为结果即绝对自由，绝对真就实现为概念将现实本身改造为符合真之规定的自由行动，因而绝对自由是向着绝对真的返回。由此思维与存在不仅在概念之真，即诸是（Sein）中成为同一，而且这一同一性通过概念自身的前进回溯扬弃了直接性，真正转变为自由的思维和自由的存在在概念的自由规定中的同一。

因此，自由作为实在哲学的目标非但不与逻辑学中的概念之真矛盾，还是概念之真的实现和向着自身的回归。根据《纲要》对于艺术的总体规定，要了解艺术在黑格尔体系中的定位和功能必须将其置于实在哲学，特别是精神哲学的内在架构之中进行总体考察，这构成理解黑格尔整个艺术哲学的基础性根据。本章主要从三个方面考察艺术在实在哲学中的总体规定：首先，第一节围绕着艺术在何种意义上作为对世界历史的反思，讨论自由历史和自由艺术的关系；其次，第二节围绕着艺术如何作为理念（自身完善着的概念）在现实中显现的问题，讨论艺术自身所能提供的统一概念及现实的基本模式；最后，在前两节的基础上，重点分析作为绝对精神之历史的艺术，分疏艺术与绝对精神历史其他两种形式——宗教和哲学之间的共同任务与差异，由此初步呈现艺术在体系之中的定位和功能。

第一节　朝向自由的历史：历史哲学与艺术哲学

实际上，在《精神现象学》中，黑格尔通过对宗教意识与前述其他意识形态的分析暗示了艺术（甚至基督教）实际上是对整个世界历史的彻底反思，而特定民族的历史或伦理实体构成了艺术—宗教—哲学的前提。这个特点可被概括为："黑格尔的历史观和艺术观，他对自己时代的理解，有一个演化过程，然而他始终把艺术和历史联系起来，从历史的发展来看待那个时代的艺术问题。这样做是基于一种逻辑：只有历史哲学提供对近代历史现实的理解，从而提供对近代艺术状况的理解。对于黑格尔来说，席勒的说法是真理：世界历史是法庭。只有站在历史哲学的领地，才可以避免失却方向。"①

一 逻辑性与历史性

黑格尔的体系实际上揭示出纯概念自身有逻辑的和现实的两种不同的展开方式，分别对应的是概念在自身中的自我规定和在现实中的自我规定，前者是按照概念自我规定之方法而展开的逻辑科学，而后者则是逻辑科学在整个自然和精神世界中的应用。概念在现实中的自我规定本身就包含了众多误解，不应将"现实"（Wirklichkeit）等同于直接被给定的任何存在形式，因为现实本身在一定程度上扬弃了存在的直接性，它虽然包含了一定的实体性因素，但却绝不是直接的实体。正如科维纲（Jean-François Kervégan）所准确指出的，黑格尔在《逻辑学》中明确区分了现实与定在（Dasein）、实存（Existenz）等其他规定，无论是定在、实存还是实在（Realität）都是直接的，它们缺乏任何否定性，均处在存在论阶段。而现实是本质论阶段极为重要的范畴，是"与其现象相统一的本质"，"本质与实存，或内在与外在之间的统一，此统一已成为直接性的统一"。因而现实并不是定在、实存抑或实在意义上直接性的存在，而是经由中介构建的存在，在肯定中包含了否定性。② 按照逻辑学中范畴的演进，现实本身就构成了概念之直接性向着自身返回的过渡阶段，它包含了概念的自我认识及其规定性之间的否定之统一，这种否定性表现在，规定性是概念自我行动的产物，因而它足以将自身反映于这一外在的产物中（区别于自然是概念自身的直接过渡），在这个意义上的确可以将现实本身称为概念，概念"是"现实。现

---

① 薛华：《黑格尔与艺术难题》，中国社会科学出版社 1986 年版，第 5 页。
② 参见 [法] 科维纲《现实与理性——黑格尔与客观精神》，张大卫译，华夏出版社 2018 年版，第 17—24 页。

实的发展过程确保必然向自由的转变。但是，现实仍蕴含为它所扬弃的诸种二元性的痕迹，就此而言，它仍然还只是站"在概念的门口"。①"现实"这一范畴还未扬弃或剥离概念对这一反映的依赖。概念作为现实本身就展开为整个精神王国，尤其是客观精神领域。

在客观精神领域中历史无疑受到了异乎寻常的关注，因为历史或世界历史构成了客观精神领域之总体。马尔库塞（Herbert Marcuse）认为《逻辑学》阐明的是理性的结构，《历史哲学》则揭示了理性的历史内容，理性的内容在现实中就等同于历史的内容，不能将内容视为历史事实的堆砌，而要把其归因于那些使历史成为理性的整体的规律和趋势。② 理性就是在世界中活动着的概念，而历史本身就是概念在现实中的自我规定，因此，黑格尔信心满满地宣告：

> 哲学用以观察历史的唯一的思想便是理性这个简单的思想，"理性"是世界的主宰，世界历史因此是一种合乎理性的过程。这一种信念和洞见（Einsicht），在历史的领域中是一个预设（Voraussetzung），但它在哲学中，便不复一个预设。通过思辨性的认识，其在哲学中证明：理性……就是实体，也是无限的力量；它自身就是所有自然的和精神生活的无限材料，正如无限的形式推动着这些内容。理性是实体，就是说所有的现实（Wirklichkeit）都要通过理性以及在它之中才有其存在（Sein）和持存（Bestehen）；——理性是无限的力量，就是说理性并非无力（ohnmächtig），并不仅仅带来一个理想（Ideal），一种应当（Sollen），它不是现实之外的事物，也不是某些个别人头脑

---

① 参见［法］科维纲《现实与理性——黑格尔与客观精神》，张大卫译，华夏出版社 2018 年版，第 23 页。

② 参见［美］马尔库塞《理性和革命——黑格尔和社会理论的兴起》，程志民等译，重庆出版社 1993 年版，第 203 页。

中特殊的想法；理性是无限的内容，是所有的本质和真理，因为它有着自己的材料，而且是通过行动去加工这些材料，它与有限的行为不同，它不需要以外在的质料为条件，去获得滋养和活动的对象，它自己就是自身活动的对象；而理性不只自己是唯一的预设，它的目的是绝对的最终目的，而且它自己就是能够通过推动和产生将内在带入到显现（Erscheinung）之中，不单在自然世界中如是，在精神世界也是如此，尤其是在世界历史里。唯有如此，理念才是真理、是永恒、是决然的强力，它在世界中启示自身，因而所启示出的自身不是别的，就是自己的荣耀和庄严。①

换言之，逻辑性和历史性的一致就体现在概念本身将自身反映在自己引导自己塑造的历史之中，由此历史就是概念本身的现实性。

历史作为实现着的现实性既是客观精神环节的统一者和组织者，又是自由概念的基础和前提；正如在整个意识经验的运动中，时间既是一切意识形态的统一者和组织者，又是精神回忆的基础和前提，"只有整个精神才是在时间中，而且那些作为整个精神本身的诸形态才表现出一个接一个的次序"②，"时间是在那里存在着的并作为空洞的直现而呈现在意识面前的概念自身；所以精神必然地表现在时间中，而且只要它没有把握到它的纯粹概念，这就是说，没有把时间消灭［扬弃］，它就会一直表现在时间中"③。因而历史处在实在哲学架构中的险要关隘，正如时间在现象学中所处的位置、现实性在逻辑科学中所处的范畴序列。首先，历史是自由的概念或绝对精

---

① G. W. F. Hegel, *Vorlesungen über die Philosophie der Geschichte*, Werke in zwanzig Bänden, TWA, Bd. 12, Frankfurt. a. M. : Suhrkamp, 1986, S. 20 – 21.
② ［德］黑格尔：《精神现象学》（下），贺麟、王玖兴译，商务印书馆1981年版，第182页。
③ ［德］黑格尔：《精神现象学》（下），贺麟、王玖兴译，商务印书馆1981年版，第268页。

神概念本身内在于世界；其次，自由规定的概念又是历史的根据，对世界历史的整体性反思。这种关系正如自身规定的概念与时间，"时间不是支配概念的力量，概念也不存在于时间中，不是某种时间性的东西；相反地，概念是支配时间的力量，时间只不过是这种作为外在性的否定性"[1]，历史并不是支配自由概念的力量，相反自由乃是历史最终的目的，历史就是自由的概念通过活动使其在现实中的规定性日益符合其自身的进展。

二 历史性和超历史性

那么作为概念之自由的绝对精神本身是否具有历史性呢？绝对精神是否扮演了世界历史之上的超越者的角色，就像海德格尔对黑格尔所批评的，将目标和真理展开的过程对立起来？[2] 克朗纳认为黑格尔的绝对精神阶段（艺术、宗教和哲学）极具特殊性，"绝对精神克服了同时既是历史性又是超历史性这一矛盾，因为它作为历史性的，通过活动使自身成为超历史性的，并且在其超历史性中直观、表象与概念式把握自身。艺术作品、各种宗教和哲学体系与国家一样，都有一个历史性的定在，但艺术、宗教和哲学同时对其自己而言又是超历史性的：精神在这三者中将自身启示为超时间的、永恒的"[3]。托因尼森则将历史性和超历史性两个维度概括为历史哲学和宗教哲学，黑格尔的绝对精神哲学建基于一个连贯的历史哲学的体系之上，同时这个体系也一以贯之地被构想为宗教哲学。"历史哲学"并非特殊的部门哲学，而是黑格尔体系一般（überhaupt）及其全体，以同样的方式，黑格尔体系一般和总体也是具有同样普泛性的宗教哲学，唯有在这种历史思维和宗教思维相符（Koinzi-

---

[1] [德] 黑格尔：《自然哲学》，梁志学、薛华、钱广华、沈真译，商务印书馆1986年版，第48页。

[2] 参见 [德] 海德格尔《路标》，孙周兴译，商务印书馆2001年版，第517页。

[3] Richard Kroner, *Von Kant bis Hegel*, Bd. 2, Tübingen：Mohr（Siebeck），1977, S. 521.

denz）的基础上，绝对精神论成了一种"神学—政治论"（theologisch-politischer Traktat）。① 这些卓越的研究者都注意到黑格尔历史哲学本身包含的多个层次，尤其是绝对精神并非对客观精神的超越，而是深入世界历史之根据，托因尼森将这种关系称为历史哲学与宗教哲学的"相符"，而本书称之为"绝对精神之历史"或"精神的回忆"。

黑格尔在《法哲学原理》的"世界历史"环节中讨论了艺术、宗教和哲学与世界历史的关联，"普遍精神的定在的要素，在艺术中是直观和形象，在宗教中是感情和表象，在哲学中是纯自由思想，而在世界历史中是内在性和外在性全部范围的精神现实性。世界历史是一个法院，因为在它的绝对普遍性中，特殊的东西——即在现实中形形色色的家神、市民社会和民族精神——只是作为理想性的东西而存在，在这个要素中，精神的运动就在于把这一事实展示出来"②。简单来说，世界历史乃是绝对精神之历史的反思素材，是精神的现实形态或概念直接的现实性，黑格尔将之描述为"历史是精神的形态，它采取事件（Geschehen）的形式，即自然的直接现实性的形式。因此，它的发展阶段作为直接的自然原则而存在的。由于这些原则是自然的，所以它们是相互外在的多元性；因而它们又是这样地存在着，即其中每个归属于一个民族，成为这个民族的地理学上和人类学上的实存（Existenz）"③。如果说自然意识在现象学中局限在自然环境中，那么黑格尔在历史哲学中从概念之现实性的角度分析了这种自然环境的形成，即各个民族在世界历史中的行动和作为构成了个体思考最直接的预设和生存最直接的实体性因素。世界中的

---

① Michael Theunissen, *Heges Lehre vom absolute Geist als theologisch-politischer Traktat*, Berlin: De Gruyter, 1970, S. 60–61.
② [德] 黑格尔：《法哲学原理》，范扬、张企泰译，商务印书馆1979年版，第351页。
③ [德] 黑格尔：《法哲学原理》，范扬、张企泰译，商务印书馆1979年版，第353页。

特定民族（甚至是家庭、游牧部落、群体等）则已经是普遍意识，他们的行动和发展贯彻着自己的原则，因而能塑造出属于自身的现实性，但这些特定的民族有其局限，"它自在地存在着——就缺乏客观性来为自己和别人在法律——即被思考的规定——中获得一种普遍物或普遍的定在，因而这个民族就不会被承认"①，黑格尔以比喻的方式将这些有局限的民族精神称为"侍立在世界精神王座的周围，作为它的现实化的执行者，和它的庄严的见证和饰物而出现"②，概言之，这些特定民族构成了概念之现实性整体的特定环节，他们虽然都是客观精神本身的定在，但却是客观精神的直接意识，而无法意识到自身和客观精神整体的关系。在直接性层面，对特定的民族精神而言，无所谓是否存在世界历史，他们虽然不像自然意识沉浸在实存的实体性因素或思维的直接预设之中，而是能意识到伦理生活是自己的行动的产物、自身与环境的关系是自己的行为所造就的，但仍无法摆脱这种与现实的直接关系。因而，绝对精神的历史，或超历史性本身乃是对世界历史本身的透彻反映，既是自由的概念经由自己所塑造的外在现实返回自身，又是世界历史或世界精神深入自身的根据。

值得留意的是，黑格尔常常交替使用"Historie"和"Geschichte"这两个在德语中义为历史的词③，Historie 在词源上更古老，其希腊语 Ιστορίαι 原义为考察，伊奥尼亚学派的自然哲学家用之意指"对自然的观看"；在希罗多德和修昔底德那里，这个词依然保持着考察、查看的本义，但范围拓展至人事领域；直至亚里士多德开创性地将其与诗艺对举，历史才被正式确立为一种特定的书写类型。在拉丁语中，历史（historia）原先仅限于文学领域，塔西佗以此称

---

① ［德］黑格尔：《法哲学原理》，范扬、张企泰译，商务印书馆1979年版，第355页。
② ［德］黑格尔：《法哲学原理》，范扬、张企泰译，商务印书馆1979年版，第356页。
③ 参见庄振华《黑格尔的历史观》，上海人民出版社2013年版，第19—20页。

呼自己的编年史著作，表明对过去事件的考察。[1] 而 Geschichte 则源于古高德 giskehen，大致和拉丁语 casus（偶然之事）对应，后来词逐渐丰富，不仅指一次性事件，还表示事件之间的总体关联，即事件链（Ereigniskette），这就和 Historie 忠实于真相报道的含义区分开来了[2]。毛勒尔（Reinhart Klemens Maurer）指出，在黑格尔那里，作为纯粹考察和叙述的 Historie 与科学相对[3]。Historie 和 Geschichte 两个词在层次上有所区分，因而它们在黑格尔那里实际上代表了考察整个世界历史的不同方式。黑格尔将论述或考察历史的方法分为三种：（1）原始的历史学；（2）反思的历史学；（3）哲学的历史学。所谓原始的历史指的是记述所经历的事件；反思的历史则包含了各种不同类型的叙述，首先是对整个民族或世界史的概览，其次是实用的历史编纂学，再次是批判的历史学，最后则是普遍视角的专门史学。而哲学的历史学则是基于具体的普遍性，是各个民族的一种精神原则和这种原则的历史。[4] 为了便于理解，这三个层次大致可以类比为《精神现象学》中自然意识、自我意识（有教养的意识—宗教意识）和精神的回忆三个层次。

相应地，从整个历史观念的演变来看，在古希腊—罗马传统中，历史接近单纯的叙述，其内容也限于诸神与英雄的事迹；到了中世纪，古典世界中神与人之间统一的世界架构已经分裂为彼岸之间的对立，但上帝作为世界的中心和人事的主宰乃是历史意义的来源，因而综观整个古代世界和中世纪，并不具备产生近代所谓历史意识

---

[1] Vgl. G. Scholtz, Geschichte/Historie, in *Historisches Wörterbuch der Philosophie*, Bd. 3, hrsg von Joachim Ritter, Basel & Stuttgart: Schwabe, 1974, S. 344.

[2] G. Scholtz, Geschichte/Historie, in *Historisches Wörterbuch der Philosophie*, Bd. 3, hrsg von Joachim Ritter, Basel & Stuttgart: Schwabe, 1974, S. 344.

[3] Reinhart Klemens Maurer, *Hegel und das Ende der Geschichte*, Freiburg: Karl Alber, 1980, S. 15.

[4] 参见［德］黑格尔《世界史哲学讲演录》（《黑格尔全集》第27卷第1分册），刘立群、沈真、张东辉、姚燕译，张慎、梁志学校，商务印书馆2014年版，第11—29页。

的条件。历史意识形成和成熟于启蒙时代，一方面启蒙时代的人们积累了足够的史料，使得放眼全球、总括世界历史得以可能；另一方面，历史意识同样是启蒙理性自我塑造、自我理解的主要方式，具体说来，从自启蒙开始人成为世界的中心，世界从诸神的世界转变为人的世界，离开了人，世界就不成其为世界，故此在历史意识萌发的情形下，历史哲学就转向了对存在整体之意义的探求，对一切客观存在之意义的研究都无法脱离历史。但这一转向的过程并非一帆风顺，意大利哲学维科以"真理即创造"（Verum esse ipsum factum）原则①开启了近代意义上的历史哲学，"我确定了一种能够与创造相互转化的真理……那唯一的真理存在于神之内，因为一切创造均包含在神之内……因为我们相信世界是在世界中产生的，我们就必须做出这个区别，即在神之中，真理内在地与生成相互转化，外在地与创造相互转化"②，在这一新的视野下，真理或上帝不再通过奇迹外在地干预历史，而是在世界之内、在造物之中通过创造来引导世界、规范造物。《新科学》代表了"真理—创造"原则的机制，世界本身被历史化了、古典世界中人与神的关系被改写为人与历史的关系，维科也因此被尊为近代历史哲学之父。启蒙时期法国的历史哲学（以孟德斯鸠、伏尔泰和卢梭为代表）进一步推进了历史意识，它彻底以人为尺度衡量历史，并将历史的起源与目的都系于人；与同时期的德意志历史哲学相比，法国的历史哲学更坚持理性本身对历史的变迁的超越性，而并未将历史性原则贯彻到底。康德和赫尔德的历史哲学构成了启蒙的历史意识向着德国观念论和黑格尔历史哲学的过渡。康德的历史哲学乃是在道德哲学体系内部对永久和平的规划，虽然永久和平这一理想需经由历史的发展方能达到，但这一终点本身却不具备历史性，而

---

① ［意］维科：《论意大利最古老的智慧——从拉丁语源发掘而来》，张小勇译，上海三联书店2006年版，第92页。

② ［意］维科：《论意大利最古老的智慧——从拉丁语源发掘而来》，张小勇译，上海三联书店2006年版，第108页。

是由主体所设定的目的。① 康德意义上的先验主体作为经验得以可能的前提，本身是非时间性的，因而历史的实施者和最终归宿都脱离了历史，历史的意义由非历史所决定。康德的历史哲学一方面开启了观念论历史哲学的运思模式②，另一方面则受限于启蒙历史意识所有的内在预设，使历史沦为非历史的工具。赫尔德与康德完全相反，他强调了历史过程的优先性，而被视为历史主义的源头③。赫尔德通过对各民族风俗的考察，开创性地提出，理性自身就有历史性，他对比了历史主义和形而上学两种不同的态度，"形而上学家在此处理起来很轻松。他确立了一个灵魂概念，并从中发展出允许发展之物，无论何处，无论在何种状态都可以找到。历史哲学家不能以任何抽象物，而是只以历史为基础"④。虽然赫尔德批判形而上学（康德）预设历史的目的，但他自己却始终并未阐明理性作为目的本身是如何从其历史性中发展出来的。

黑格尔在区分反思的历史学和哲学的历史学时也承认，二者有着共通之处，即以普遍者为考察对象⑤，但反思的历史学只是以一种抽象的思维考察一些抽象的普遍领域，而哲学的历史学则是以思维的方式考察整个概念在现实中的行进。反思的历史学和哲学的历史学的区分非常类似于启蒙的历史意识和黑格尔的历史观之间的差别，黑格尔曾在柏林时期《世界史讲演录》中概括，"自然之物和精神

---

① Vgl. Michael Pauen, Geschichte, in *Kant-Lexikon. Bd. 1*, hrsg von Marcus Willaschek, Jürgen Stolzenberg, Georg Mohr, Stefano Bacin, Berlin: De Gruyter, 2015, S. 777 – 778.

② Vgl. Otfried Höffe, Geschichtsphilosophie nach Kant: Schiller, Hegel, Nietzsche, in *Immanuel Kant Schriften zur Geschichtsphilosophie*, hrsg von Otfried Höffe, Berlin: Akademie Verlag, 2011, S. 229.

③ Manfred Riedel, Historizismus und Kritizismus: Kants Streit mit G. Forster und J. G. Herder, in *Kant-Studien 72* (Jan 1, 1981) S. 41.

④ Johann Gottfried Herder, *Ideen zur Philosophie der Geschichte der Menschheit*, 2 Bände, Bd. 1, Berlin & Weimar: Aufbau, 1965, S. 282.

⑤ 参见[德]黑格尔《世界史哲学讲演录》(《黑格尔全集》第27卷第1分册)，刘立群、沈真、张东辉、姚燕译，张慎、梁志学校，商务印书馆2014年版，第21页。

第二章 实在哲学架构中的艺术　　451

之物构成的形态，这就是历史"①，这也意味着，概念在现实中的特定形态均可被视为广义历史，即自然具备着潜在的历史性。然而，正如托因尼森指出的，在黑格尔那里，历史还具有精神（概念在现实中的诸形态）从他者中返回自身的面相，从神学上看，这就是"三位一体"的教义，尤其是圣父与圣子遵循自身的辩证性而相互和解。② 因而，托因尼森按照一种圣·奥古斯丁（Aurelius Augustinus）的模式将世界历史视为由主观精神（人）所执行的世俗历史，而将主观精神执行世俗历史的根据被称为绝对精神的永恒历史（ewige Geschichte）。③ 人类历史的主体唯有通过剥离附着在这民族精神之上的特殊性才能上升到世界历史，而世界精神也唯有在绝对精神中才有其真理，二者之间的区别并不涉及领域方面，黑格尔并不认为历史性和永恒性乃是不可调和的矛盾，尽管在其基本架构中不允许无历史性的时间（geschichtslose Zeit），但他依然假定了一个无时间的历史（zeitlose Geschichte），因为他将历史和精神相等同。黑格尔将自我意识概念式地理解为永恒历史，因而自我意识就是精神的概念，即在保持区分和回返自身的过程中的同一性（Identität verharrenden der Prozeß des Sich-unterscheidens und Sich-zurücknehmens）。④ 托因尼森的神学性解释揭示了概念在现实性中自我规定与概念从现实中返回自身之间的关系，前者是托因尼森解释中的世俗历史，而后者则是神圣历史，概念之从现实中返回自身就是普遍的、纯粹的自我意

---

① G. W. F. Hegel, *Vorlesung der Weltgeschichte*, Berlin 1822/1823 Nachschriften von Karl Gustav Julius von Griesheim, Heinrich Gustav Hotho und Friedrich Carl Hermann Victor von Kehler, hrsg von Karl Heinz Ilting, Karl Brehmer und Hoo Nam Seelmann, Vorlesungen. Ausgewählte Nachschriften und Manuskripte, B. 12, Hamburg: Felix Meiner, 1996, S. 101.

② Vgl. Michael Theunissen, *Heges Lehre vom absolute Geist als theologisch-politischer Traktat*, Berlin: De Gruyter, 1970, S. 65.

③ Vgl. Michael Theunissen, *Heges Lehre vom absolute Geist als theologisch-politischer Traktat*, Berlin: De Gruyter, 1970, S. 69.

④ Vgl. Michael Theunissen, *Heges Lehre vom absolute Geist als theologisch-politischer Traktat*, Berlin: De Gruyter, 1970, S. 72–73.

识对整个世界历史的彻底反思，但是，这是这种概念的返回并非相对于历史性的超历史性，而是对外在性的扬弃和概念的纯粹自由。这一概念之自由和返回自身的维度正是黑格尔的哲学之历史学超越于反思之历史学以及启蒙历史意识之处。

三 历史与艺术

黑格尔根据概念自身与其现实的规定性统一的不同方式将世界历史划分为四个阶段，也称为四个王国（Reich），如下。（1）以实体性精神的形态为原则，这种形态是同一性的形态，在这种形态中，个别性依然沉没在它的本质中，而且没有得到独立存在的权利。——对应东方世界。（2）实体性精神的知识，因此这种精神既是积极的内容和充实，又是作为精神的活的形式、自为的存在。这一原则就是美的伦理性的个体性。——对应希腊世界。（3）能认识的自为存在在自身中的深入，以达到抽象的普遍性，从而成为同一过程中被精神所委弃的、客观世界的无限对立面。——对应罗马世界。（4）精神的上述那种对立的转化，它接受它的真理和具体本质在它的内心生活中，并同客观性融成一片。回复到最初实体性的这种精神，就是从无限对立那里返回的精神，它产生和认识它的这种真理，即思想和合乎规律的现实世界。——日耳曼世界。[①] 这一划分大致对应了现象学"宗教章"中"自然宗教"—"艺术宗教"—"天启宗教"三阶段，只是增加一个代表着抽象法权人格的罗马世界，其特征已经在"苦恼意识"中展露无遗，即自身确定性和外部世界间不可调和的对立。黑格尔用拟人化的方式将希腊精神称为"人的青年时代"，青年阿喀琉斯和亚历山大大帝是整个希腊世界的理想形象[②]，与这种青年

---

① 参见［德］黑格尔《法哲学原理》，范扬、张企泰译，商务印书馆1979年版，第356—357页。

② 参见［德］黑格尔《世界史哲学讲演录》（《黑格尔全集》第27卷第1分册），刘立群、沈真、张东辉、姚燕译，张慎、梁志学校，商务印书馆2014年版，第269页。

形象对应的希腊世界的原则被概括为"只有具体的、依然感性的生命力，它出自精神的东西，却只有感性的当下在场，——这种统一性是精神的东西与感性的东西的相互渗透，融为一体……希腊人的世界以东方世界为基垫，发端于神的自然性，但又重建了这种神的自然性，赋予这种自然性以精神的东西作为其内在灵魂"①。这也正是希腊人自身对自己与伦理实体之关联的普遍反思，与之相对应的是希腊人的教化方式，这也是最杰出和最宝贵的遗产，"优美的艺术"，其特点在于对自己古老的文化充满敬重和感激，对自身文化的认可不仅是通过历史而且是通过神话实现的。② 神话本身就是希腊人对自身本质认识的内核，在希腊人那里出现了主体性和个体的精神性，但其具体的展开方式仍是希腊人对自身行动和产物的自我满足，通过在各种优美的艺术作品中得到满足使得实体和主体，共同体和个体之间达到了完美的合一。这就造成了精神或现实的概念对希腊人而言还不是纯粹的思想，而是与其感性形态或有限自然元素完全结合在一起的思想或概念，黑格尔将此界定为"优美，是一种具有感性环节的精神东西"③。

在世界史的讲座中，黑格尔明确将划分四个阶段的依据确定为"我们必须在人的精神因素中考察理念，或更确切地说，考察人的自由理念"④，这种自由理念并非概念在自身中的自我规定之完成，而是概念在现实中形塑的规定性符合自身本质的程度，黑格尔认为如何看待这种符合，关键因素或特别突出的形式就是"如何在人的自

---

① [德]黑格尔:《世界史哲学讲演录》(《黑格尔全集》第27卷第1分册)，刘立群、沈真、张东辉、姚燕译，张慎、梁志学校，商务印书馆2014年版，第269—270页。
② 参见[德]黑格尔《世界史哲学讲演录》(《黑格尔全集》第27卷第1分册)，刘立群、沈真、张东辉、姚燕译，张慎、梁志学校，商务印书馆2014年版，第284页。
③ [德]黑格尔:《世界史哲学讲演录》(《黑格尔全集》第27卷第1分册)，刘立群、沈真、张东辉、姚燕译，张慎、梁志学校，商务印书馆2014年版，第324页。
④ [德]黑格尔:《世界史哲学讲演录》(《黑格尔全集》第27卷第1分册)，刘立群、沈真、张东辉、姚燕译，张慎、梁志学校，商务印书馆2014年版，第29页。

由因素和人的意志因素中表现自己"①，因为个体的自由意识或人类现实自由的深度展现出"伦理世界怎样产生自己所是的东西，从而才使自己成为自己依照概念所是的东西"②。根据本书第一部分的分析，个体的自由意识乃是绝对精神之历史与世界历史相统一的中枢，绝对精神之历史的三种方式艺术—宗教—哲学对个体意识的教化既成为个体意识通过自身的劳动、努力使得概念在现实中的规定性越来越符合概念本质的直接前提，又成为世界历史不断朝向自由发展的最终根据。按照这一自由之概念的前进回溯，在前进序列中，东方世界尚缺乏自身否定的主体性，因而看似在实体中没有冲突，却潜伏着对立；希腊世界以"优美"为标识的独特统一方式标志着主体之光的升起，个体在这种直接同一中具有真正的自由感，但这种自由感却还没有达到真正的个体的自由意识；罗马和日耳曼世界都出现了个体的自由意识，在罗马世界中，个体的自我意识表现在对自身确定性的固执之中，而与世界的普遍性相对立；在现代世界中，这种个体的自由意识深入自身之中扬弃了确定性和普遍性之间预设的对立性，逐渐重建起主体性和普遍性之间的同一，由此产生了个体普遍自由的实现。从表面上看，一方面希腊世界在世界历史中的定位与艺术在绝对精神历史中的定位具有一致性，二者都代表了对自然和有限精神的统一，通过对实体性的认知或者行动成就了现代意义上自由原则的开端等；另一方面，从艺术自身的发展史来看，最辉煌的时代无疑也是古典希腊，这种辉煌体现在，古典希腊艺术以神话为素材反映出希腊人对自身普遍本质的认识和理解，同时艺术品赋予了自由概念以美的感性形态。似乎上述种种无不建立起了艺术与希腊世界的对应性，介于自然与自由之间，按逻辑性与历史性之间的一致，艺术属于古典希腊，反倒在现代世界中还无法成为

---

① ［德］黑格尔：《世界史哲学讲演录》（《黑格尔全集》第27卷第1分册），刘立群、沈真、张东辉、姚燕译，张慎、梁志学校，商务印书馆2014年版，第29页。

② ［德］黑格尔：《世界史哲学讲演录》（《黑格尔全集》第27卷第1分册），刘立群、沈真、张东辉、姚燕译，张慎、梁志学校，商务印书馆2014年版，第29页。

普遍人性以及普遍自由本身的表达，不免降格为宗教和哲学的工具，而失去了自主性。但是，正如戴斯蒙德所提示的那样，黑格尔不仅将艺术视为历史中的特定现象，而且强调其绝对性[①]，这种绝对性就体现在艺术不仅表现了某些特定历史时期普遍意识对自身、历史以及世界之本质的彻底反思，而且其本身就是一种具有普遍性的反思模式。前者体现了艺术在历史中的特定功能[②]，后者则代表了绝对精神对自身现实形态概念式的重新组织的具体模式。

托因尼森指出，当世界精神，即"世界历史的思维着的精神"（denkende Geist der Weltgeschichte）不仅摆脱了特定民族精神之局限性，而且剥离了自身的世俗性（Weltlichkeit）之时，永恒历史就开始了，这意味着世界历史提升到绝对精神之历史乃是自我超越，黑格尔将这个转换的时间点（Zeitpunkt）界定为艺术—宗教—哲学。[③] 富尔达将这种世界历史向着绝对精神历史的提升称为"绝对精神通过将自身展开为艺术、宗教与哲学一般的自主形态中，使自身成为了总体性，而这种总体性又是具体的单一性（Einzelheit），它自由释放了伦理世界的束缚"[④]。这实际上阐明了绝对精神历史作为自由概念对世界历史之反思的普遍性，因而艺术这一形式并不局限于希腊世界，而是要为现代世界和整个朝向自由发展的世界历史做出自己独特的贡献，黑格尔以如下话语作为美学讲座的结束语：

> 这样我们现在就已达到了我们的终点，我们用哲学的方法

[①] Cf. William Desmond, *Art and the Absolute: a Study of Hegel's Aesthetics*, New York: State University of New York Press, 1986, p. 60.

[②] Vgl. A. Gethmann-Siefert, *Die Funktion der Kunst in der Geschichte*, Hegel Studien, Beiheft 25, Bonn: Bouvier Verlag, 1984, S. 287.

[③] Michael Theunissen, *Heges Lehre vom absolute Geist als theologisch-politischer Traktat*, Berlin: De Gruyter, 1970, S. 75.

[④] Hans Friedrich Fulda, *Das Problem einer Einleitung in Hegels Wissenschaft der Logik*, Frankfurt. a. M.: Vittorio Klostermann, 1975, S. 245.

把艺术的美和形象的每一个本质性的特征编成了一种花环。编织这种花环是一个最有价值的事，它使美学成为一门完整的科学。艺术并不是一种单纯的娱乐、效用或游戏的勾当，而是要把精神从有限世界的内容和形式的束缚中解放出来，要使绝对真理显现和寄托于感性现象，总之，要展现真理。这种真理不是自然史（自然科学）所能穷其意蕴的，是只有在世界史里才能展现出来的。这种真理的展现可以形成世界史的最美好的方面，也可以提供最珍贵的报酬，来酬劳追求真理的辛勤劳动。因为这个缘故，我们的研究不能只限于对某些艺术作品的批评或是替艺术创作方法开出方单。它的唯一目的就是追溯艺术和美的一切历史发展阶段，从而在思想上掌握和证实艺术和美的基本概念。①

这再次强调了艺术所反映的并非特定历史时期的原则，特定历史时期的原则在世界历史进程中足以呈现，而是反映了普遍意识、全人类对所有历史原则的总认识，也正是在这个意义上，艺术并不以"美"为自身的规定。在希腊世界、艺术诚然是希腊人对自身历史原则最高、最完善的认识方式，但希腊世界的崩溃却只是剥离了艺术本身的实体性因素，而不使之成为"过去"，从世界历史发展的角度来看，这当然是艺术的厄运，因为艺术的黄金时代过去了，之后的人们不会对着艺术作品顶礼膜拜，但从绝对精神之历史的角度来看，这无疑又是艺术的幸运，艺术不再附着于本体论层面的实体性因素和特定历史阶段的认知预设，而是解放为一种对整个世界历史普遍的反思形式，其审美性质和创造潜能得以充分激发，也唯有如此，艺术在现代世界中才承担起了审美教

---

① G. W. F. Hegel, *Vorlesungen über die Ästhetik* Ⅲ, Werke in zwanzig Bänden, TWA, Bd. 15, Frankfurt. a. M.：Suhrkamp, 1986, S. 573 – 574, 中译见［德］黑格尔《美学》（第三卷下册），朱光潜译，商务印书馆 1996 年版，第 335 页。

育功能。在写给沃斯的信中，黑格尔表达了这样的希冀：推动艺术和科学的活动进入普通教育。① 黑格尔将希腊人认识自身、看待世界的方式规定为普遍对个别的渗透与直接统一，"古代人的研究方式跟近代的研究很不相同，古代人的研究是真正的自然意识的教养和形成。古代的研究者通过对他的生活的每一细节都作详尽的考察，对呈现于其面前的一切事物都作哲学的思考，才给自己创造出了一种渗透于事物之中的普遍性"②。美，或古代人看待世界的方式是实体性向着主体性的提升，而非抽象的主体性对实体性任意地宰制，在这个意义上，艺术的教化功能是永不过时的，对现代世界而言更是无可替代和必不可少的，因为主体对实体充分的掌握和改造的前提是充分接受实体对自身的渗透，唯有如此，才可能形成普遍的自由意识之教化。

第二节 概念之真与概念之自由：艺术哲学的逻辑学基础

希福特曾感叹在黑格尔美学研究中最为苛刻（anspruchsvollst）的阐释模式就是寻求美学之中的"逻辑"（Logik），这种对美学的解释和批判不仅背负着黑格尔整个逻辑科学巨大的复杂性，也承受着黑格尔所要求的逻辑学与形而上学相统一的要求。逻辑科学的有效性及整个概念系统建构性的要求即同时证明思维形式和内容的合法性，而落实到美学就是，在"美"之形而上学中、在艺术的特殊领域和艺术哲学中证明思维形式和内容是如何共同发挥

---

① *Briefe von und an Hegel*, Bd. 1, hrsg von Johannes Hoffmeister, Hamburg: Felix Meiner, 1969, S. 100；中译见［黑］黑格尔《黑格尔通信百封》，苗力田译，上海人民出版社1983年版，第43页。

② ［德］黑格尔：《精神现象学》（上），贺麟、王玖兴译，商务印书馆1981年版，第21—22页。

作用的。① 虽然，本书主要是基于黑格尔体系的大圆环侧重于讨论艺术在黑格尔实在哲学中发挥的历史—文化功能，但这并不与考察艺术本身的逻辑规定相悖，正如希尔梅和佩措德（Heinz Paetzold）所指出的，黑格尔对美之定义为"理念之感性显现"，那么我们没有理由不借助逻辑科学加以解释。②

一　定向

虽然根据上一节的分析，逻辑性和历史性在黑格尔的体系中的确存在着对应性，但是这种对应性并不意味着逻辑科学中特定的范畴能直接与实在哲学中某一特定的概念之现实形态绑定，相反其更为准确的理解应该是，逻辑科学中的特定范畴在概念之现实形态的演进中起到了功能之统一性，构成了概念本质与其现实的规定性之"是"，即相互统一的模式。基于此，这一节将主要考察艺术作为绝对精神之历史的独特模式如何统一自由概念之本质与其现实规定性之间的关系，而这一考察将借重逻辑科学中特定的范畴。虽然三版《纲要》对"艺术"或"艺术宗教"的规定有所差异，但有一点是清晰明确的，即黑格尔并未建立起艺术或美与任何一个特定的逻辑范畴的对应关系，认为艺术或美与某一特定的逻辑学范畴对应恰好是一种黑格尔所反对的直接性思维：逻辑学的范畴外化为艺术。与此相反，黑格尔在美学讲座中不止一次强调，"正是在艺术中，人们想逃离概念、抽象之物；如果把思想、概念引回艺术之中，那便会破坏艺术自身独有的构造（eigenthümlich Gebild）"③。不过这也并不

---

① A. Gethmann-Siefert, *Die Funktion der Kunst in der Geschichte*, Hegel Studien, Beiheft 25, Bonn: Bouvier Verlag, 1984, S. 8.

② Vgl. Brigitte Hilmer, *Scheinen des Begriffs. Hegels Logik der Kunst*, Hamburg: Meiner, 2014, S. 10; vgl. Heinz Paetzold, *Ästhetik des Deutschen Idealismus: Zur Idee Ästhetischer Rationalität bei Baumgarten, Kant, Schelling, Hegel und Schopenhauer*, Wiesbaden: F. Steiner, 1983, S. 201.

③ G. W. F. Hegel, *Philosophie der Kunst oder Ästhetik. nach Hegel, im Sommer 1826*, hrsg von Gethmann-Siefert Annemarie, München: Fink, 2004, S. 7.

意味着艺术哲学排斥任何概念自我规定的效力，只是这种效力绝不是直接等同的，而是深层的，黑格尔在美学讲座中将概念与艺术的关系界定为艺术是概念与实在的统一，由于与概念相关的范畴乃是在历史的其他媒介中发展起来的，在艺术上也附着了无穷之多的经验、思虑以及种种未经反思但却无比牢固的信念，这些都需要与纯粹的概念思维相剥离，由于这些因素的干扰，概念对艺术作品的支撑或统一功能并不那么一目了然。[1]

从上述分析来看，一旦剥离了附着于概念之现实形态之上的种种经验、个体主观认知的预设和信念之后，美无疑就是概念与其现实的直接统一。现实并不是概念直接的外化，而是将自身反映于概念自己塑造的外在形态之中。从这个角度看，首先，与艺术作品处在对立之中的并非概念本身，而是直接的、抽象的概念，因为缺乏任何中介的概念对于艺术作品而言的确是一种陌生的规定。其次，艺术作品本身并不追求概念式思维的那种普遍的、理智性的兴趣，理智性的兴趣主要发挥的作用是掌握事物之共相、本质，而艺术作品总是具体的，或以特殊的方式与事物之共相和本质打交道，因而强调概念对艺术作品的潜在统一性有其限度。因而，黑格尔看待艺术和概念的态度绝不像一些20世纪的批评家所误解的那样，是将思维的逻辑强加于艺术作品之上，以至于湮灭了艺术作品本身的特质，"黑格尔可以从体系那里将艺术当成精神显示的一个阶段推导出来，并且尽管如此，在每一个艺术门类、每一件艺术作品中精神都潜在起着作用，但只能通过放弃审美属性的多样化来实现这一点"[2]，恰好相反，正是通过概念在现实中自由的自我规定，通过透彻的概念思维，掩盖在艺术之上的重重遮蔽才得以清除，这也构成了艺术本身的审美特质得以充分释放的

---

[1] Vgl. Brigitte Hilmer, *Scheinen des Begriffs. Hegels Logik der Kunst*, Hamburg: Meiner, 2014, S. 23.

[2] Theodor Adorno, *Aesthetic Theory*, Newly Translated, Edited, and with a Translator's Introduction by Robert Hullot-Kentor, London & New York: Continuum, 2002, p. 91.

前提。黑格尔并未陷入18世纪德意志学院哲学因为严格分离感性和理性所引发的理性主义美学与经验主义美学相互敌对的困境之中，因为黑格尔将艺术创作所运用的材料描述为"精神化了的感性之物"，这意味着自然世界在艺术创作中被降低为一种间接性、为主体性所中介的元素，它构成了艺术作品之意义的组成环节，由此艺术所代表的统一模式早已超出了理性主义美学和经验主义美学之间的二元论。

概念并非对艺术本身的外在规定，反倒是通过回溯活动，使艺术清晰地掌握自身的本质和特性，从这个角度固然可以说绝对观念论的艺术哲学体系依赖于概念语言[1]，然而这种依赖并不意味着艺术由于为概念所中介而被边缘化了[2]，而是赋予了艺术以事情自身的规定，由此艺术作为理念自身的感性显现才必然地展开为普遍性（理想）—特殊性（艺术类型）—个别性（艺术门类）的统一体。因此，分析"艺术"和"美"与逻辑学中的概念规定，实际上要阐明艺术自身展开为一个有生命的自足系统的内在原则，唯有基于这一内在原则，艺术才成为对世界历史的完整反思。以下将分别按照逻辑科学和实在哲学的架构，分析艺术与绝对精神的关系；尤其着重讨论，何以"美"没有作为一个独立的范畴出现于逻辑科学之中。

二 生命与美

柏拉图在《斐德若篇》中将真、善、美（246E）确立为人类生活追求的最高价值，这深刻影响了整个西方文明的后续发展，甚至毫不夸张地说，真、善、美（verum, bonum, pulchrum）到了中世纪几乎成了欧洲文明的基石。尽管相比于真与善，美的命运可能略

---

[1] Vgl. Manfred Frank, *Einführung in die frühromantische Ästhetik*, Frankfurt. a. M. : Suhrkamp, 1989, S. 223.

[2] 参见翟灿《艺术与神话：谢林的两大艺术哲学切入点》，上海人民出版社2013年版，第14页。

有坎坷，但自启蒙运动将艺术与审美关联之后，其再次被视为西方文化中最高的价值之一。甚至，在康德对人类心灵能力进行严格的分析与划界之时，认知—欲求—情感也潜在地应和了真、善、美。因此，在这一大背景下，《逻辑学》的"认识的理念"中区分了"真之理念"与"善之理念"，却并未给"美之理念"保留一特定位置不免令人疑惑，为何在《逻辑学》范畴发展的脉络之中，"美"是明显缺位的。很多研究者都试图从《逻辑学》的范畴表来论证艺术和宗教、哲学一样，都是绝对精神自我显示的独立环节，但在《逻辑学》中，"真"与"善"都在"绝对理念"部分有其明确的定位，而唯独缺少了"美"。在海德堡时期就已经成为黑格尔的拥趸和朋友的道布专门致信黑格尔，询问："何以在逻辑学中，美的理念被忽略了？因为从反映和真实者的运动的角度来看，美会在善中产生，就像善也会在真中产生。"① 黑格尔在海德堡时期首次开设关于美学的讲座与《逻辑学》出版仅仅相差两年，他理应在这一时期潜心思考了整个体系建构的方方面面，因而，逻辑学中没有"美之理念"绝不是黑格尔的疏忽，比如施耐德就认为美与《逻辑学》有着更为隐蔽的关系，即美与生命（Leben）之理念有关。② 需要加以特别关注的是，"美"和"生命"既有关联又不完全等同。

黑格尔对"生命"理念的规定如下：

> 所以这样的生命，对于精神说来，一方面是手段，这样，精神便使自己和生命对立起来；一方面精神又是有生命的个体，而生命本身便是他的躯体；一方面精神与其有生命的躯体之统

---

① Vgl. Carlo Ascheri, Ein unbekannter Brief von Ludwig Feuerbach an Karl Daub, in *Natur und Geschichte. Karl Löwith zum 70. Geburtstag*, hrsg von Hermann Braun, Manfred Riedel, Stuttgart: Kohlhammer, 1967, S. 441–453.

② Vgl. Helmut Schneider, Eine Nachschriftder Vorlesung Hegels über Ästhetik im Wintersemester 1820/21, in *Hegel Studien Bd. 26*, hrsg von Otto Pöggeler und Friedhelm Nicolin, Bonn: Bouvier, 1991, S. 90ff.

一，是由精神本身出来而产生了理想（Ideal）。这些与精神的关系，全都不管逻辑的生命的事，逻辑的生命这里既不是作为一个精神的手段，又不是作为精神的有生命的身体，也不是作为理想和美的环节来考察的。——生命在这两种情况下，如它是自然的，又如它与精神有了关系，它都具有其外在性的一种规定性，前者就是通过它的前提，即自然的其他形态，在后者则是通过精神的目的和活动。生命的理念却是自为的，既从那个事先建立并进行制约的客观性得以自由，又从对这种主观性的关系得以自由。①

黑格尔首先区分了自然生命和逻辑生命，在他看来，生命理念或逻辑生命本身是绝对自为的，因为它是一种与自身在关系中的"是"。在现象学中这种结构性之"是"被黑格尔以更显白的语言表述为："生命在这种普遍的流动的媒介中静默地展开着形成着它的各个环节，它正是通过这一过程成为这诸多环节或形态的运动或者过渡到作为过程的生命。这种单纯的普遍的流动性是自在之物，而那有差别的诸多形态则是他在之物。但是这个流动性本身将会通过这种差别成为他在之物，因为它现在是为那差别而存在着，而这差别本身却是自在自为的东西，因而是无限的运动（那个静止的媒介是为这无限的运动所消耗着），——亦即是作为活生生的过程的生命。——但是这种颠倒过程因而也就是〔事物的〕颠倒性本身；那被消耗了的是这样一种本质，即个体性，这个个体性牺牲普遍性来保持它自身，并获得一种与它自身相统一的感情，正由于这样，它取消了它同它的对方的对立，而唯有通过它的对方它才是它自己。个体性所获得的与它自身的统一恰好是诸差别的流动性或者诸差别的普遍的解体。"② 生命

---

① 〔德〕黑格尔：《逻辑学》（下），杨一之译，商务印书馆1996年版，第457—458页。

② 〔德〕黑格尔：《精神现象学》（上），贺麟、王玖兴译，商务印书馆1981年版，第119页。

本身包含了两个环节，首先是将作为他者的无机自然转换为自己的养分，这样一来自我和他者的关系也就是整体和部分的关系，在这一环节中自然本身的直接性被扬弃了；其次是个别的有机生命体在生命整体中的消解，消解了的个别生命体会转化为无机自然，生命中的部分会自身他者化，由此生命就是在与自身的关系中他者化，在与他者的关系中自身化，而成为一个真正的流动过程。逻辑生命在这个意义上，收摄之前客观性中的外在环节，使自身成为绝对自为的理念。

虽然生命之理念统一了自我与他者、主观性与客观性，甚至是整体与部分，但是它既不能等同于理想也不能等同于自然生命。概言之，所谓自然生命指的是生命体基于逻辑生命的方式将外在自然现实地转化为自身的环节，由此成为自然中的有机体，而理想则是基于逻辑生命的方式将概念本身直接的外化或其现实形态转化为自身之内的环节。因而逻辑生命最为纯粹，自然生命乃是逻辑生命的外在性及直接的呈现，而理念则是逻辑生命与自然生命的统一，其按照逻辑生命的本性将自然生命甚至概念本身的现实性收摄于自身之中，因而是逻辑生命的自由形态。无论是在《纲要》还是《美学讲演录》中，黑格尔并非在直接统一的意义上将"美"等同于生命理念，二者的重要区别就在于，在美中，逻辑生命本身所包含的概念自我认识与其客观性本身的统一经历了外在性和偶然性的考验，因而在美或理想中，概念与其现实的统一摆脱了逻辑生命的直接性和自然生命的偶然性，而是真正意义上的概念返回了自身，成为自由概念的直接形态。简单来说，生命理念是概念在自身之中与其客体性的思维之统一，统一所包含的两个环节（客体性也是概念本身具有的客观性，而非外化出来的实在）是没有发展出现实区别的区别；而在美中，概念却是在现实中与已经按照概念规定所塑造的现实性相统一。这一点黑格尔在为纽伦堡中级班所讲的逻辑学课程中解释得更为透彻，"就概念直接与其实在性相统一，同时不与它相区别，不由它彰显自身而言，理念就是生命；在生命被描述为摆脱偶然定在的制约和限定时，就是美"①。罗森克兰茨认为，黑格尔在关于教育学的讲座稿中非常重视"美"这一问题的逻辑，人们有权要求在逻辑学中为"美"空出一个位置，而在客观逻辑里，黑格尔将美和生命概念联系起来了，因此对黑格尔《逻辑学》中缺乏"美"的逻辑规定的批评通过黑格尔思想的发展被克服了，即有生命之物之所以是美的，正因为它不是单纯的逻辑理念，而有其肉身（即概念的现实性）。② 因而"美"无法和"生命"概念混为一谈，"生命"概念只是逻辑理念之主观性与客观性的直接统一，而"美"则是概念与其现实性的直接统一，前者是《逻辑学》发展到"绝对理念"形式上的直接形态，而后者才是完全发展了的"绝对精神"的直接形态。

三 显现与自由

《纲要》提纲挈领地呈现了概念如何从在自身中的自我规定过渡到外在性，并实现向着自身的返回，即在现实中的自我规定。概念向着自身本质的回归、完成在现实中的自我规定在整个发展历程中属于层次最复杂的阶段，这一阶段就是我们常常提到的"精神哲学"部分，黑格尔将朝向自身的返回的概念称为"精神"，因为这种层次上的复杂性，所以对精神的认识是最高和最难的。精神又分三个环节，首先是有限精神在自身中的自我规定，也就是我们通常说的人本身如何实际形成与世界或现实打交道的各种能力；其次是有限精神在世界之中的自我规定，大致相当于人投身于世界并按照自己的各种念头试图将世界改造得与自己的认知相符，现实本身的概念化塑造恰好是借着人的实际行动完成的；最后便是有限精神通过现实性的概念化，而真正复归自身，成为不受现实性约束的无限精神。

---

① G. W. F. Hegel, *Nürnberger Gymnasialkurse und Gymnasialreden* (1808 – 1816), Gesammelte Werke, Bd. 10.1, hrsg von Klaus Grotsch, Hamburg: Felix Meiner, 2006, S. 298.

② K. Rosenkranz, *Georg Wilhelm Friedrich Hegels Leben*, Darmstadt: Wissenschaft Buchgesellschaft, 1963, S. 469.

在改造外部世界和现实王国中目的和手段之间的分离在无限精神中被扬弃了，在纯粹思维中，在意志与其目的（它所预设的，与世界和现实之间）的外在关系必然进展为无限精神的一种内在目的性（inneren Zweckmäßigkeit）和认识着的自我关联（wissenden Selbstbeziehung），从外在的目的论再次回转自身意味着自然与历史中的一切不自由对于无限精神及其绝对知识而言都是必要的。[1] 真正的绝对精神通过概念思维将纯概念在世界中的实现—功用（εντργεια）展示为内在目的，由此保持在完全实现（εντελεχεια）之中。而绝对精神将客观精神转化为自身对象的三种模式，实际上以艺术、宗教和哲学完成对人类全部本质的透彻反思（反映），这种反映得以实施的前提无疑是现实性已经逐渐符合概念的自由形态，主观和客观之间的隔阂通过人类自己的认识和行动被消除了。因此，黑格尔认为绝对精神便是概念的自由规定，艺术、宗教和哲学是世界历史之根据的揭示，自由的概念既不同于人局限在自身中，也不同于人局限于与世界的相待关系中，而是亚里士多德意义上的"隐德莱希"（εντελεχεια），"精神的概念在精神中有它的实在性，这个实在性作为绝对理念的知识之所以能够是处于精神概念的同一性之内，其中有一个必然性的方面：自在地自由的理智在它的现实性内能够是被解放为自己的概念，以成为这一概念的尊严的形态。主观精神和客观精神可以被看作是实在性或实存的这个方面在其上完善发展自己的道路"[2]。

在《纲要》的"绝对精神"部分，黑格尔将"艺术"界定为绝对精神自我认识的最高阶段的第一种形式，这一形式被称为直观，在直观中绝对精神的存在形态作为自我认识的投射同样是直接的。这种认识与被反映的结果之间直接的同一即为"美"。艺术作品表达

---

[1] Vgl. Hans Friedrich Fulda, *Georg Wilhelm Friedrich Hegel*, München: C. H. Beck, 2003, S. 244–245.

[2] ［德］黑格尔：《哲学科学全书纲要》（1830年版），薛华译，商务印书馆2021年版，第411页。

"美",以表现这种直接的同一性为唯一的目的。而认知着的精神与被认知的精神的同一就是概念与实在的同一,这种实在(die Realität)的本质尽管被黑格尔称为"实存"(die Existenz),但实际上却是在"显现"(das Scheinen),即被概念的认识所规定的"客体性"(die Objektivität),因而在"显示"(die Manifestation)或"启示"(die Offenbarung)中的概念就是"现实性"。按照历史哲学的角度来看,不同的现实乃是人类在历史中不断通过劳动塑造世界、不断纯化本体论中实体性因素之具体形态。在不同的世界历史阶段,这种现实性本身的呈现的确有所不同,比如在东方世界,所呈现的世界无疑还是直接的、肯定性的存在,即实在;在希腊世界则已经通过主体性的活动而提升为带有自我意识形式的现实性;在罗马世界则是被罗马人预设的、与自身对立的法权王国;在日耳曼和基督教世界则是完全透明化和内在化的与自身一致的内心王国。在绝对精神阶段,这种经由劳动所改造的世界,已经转化为被反映的纯粹自我本质中的环节,现实性不再与主观精神(人)相对立,也不再沉陷于各种实体性因素或认知预设之中,而是纯化为按照概念本性的自由形态,只有前进到了绝对精神之历史中,人类对自身和整个现实的认识才达到了真正意义上的全体性和纯粹性,在这种认识中被反映出的、被启示出的就是自由本质。

而在《美学讲演录》之中,黑格尔则以另一种方式阐述了实在和概念的关系,"概念与实在这种统一就是理念的抽象定义","只有这样,理念才是真理,而且是全部的真理"[1];他又用了一个例子来进一步说明概念和实在的关系,"概念与实在之统一是真,实在对概念并不十分重要,因而其只是概念之表现,它与概念相比就如肉体之于灵魂"[2]。在这个类比中,概念(纯粹的认识)和实在(纯粹

---

[1] G. W. F. Hegel, *Vorlesung über Ästhetik I*, Werke in zwanzig Bänden, TWA, Frankfurt am Main: Suhrkamp, 1986, S. 145, 150.

[2] G. W. F. Hegel, *Vorlesung über Ästhetik*, Berlin 1820/21, Eine Nachschrift. I. Textband, hrsg von Helmut Schneider, Frankfurt, 1995, S. 29.

的表现）的关系被类比为灵魂与肉体的关系，在灵魂与肉体的关系中，灵魂以肉体为现实形态，肉体之于灵魂看似是容器，但实质上，肉体和灵魂是合一的，这种合一就意味着灵魂就是肉体，同时肉体之所以是活生生的，也得益于灵魂在肉体中，因而肉体就是灵魂，二者在这个意义上既是直接同一的，又是不可分裂的。参照这个类比，概念与现实的合一，或说反映在现实中的概念或与现实结合在一起的"概念"就是"美"，这种和谐圆融的合一就是理想。另外，"我们将美理解为灵魂、通过身体、外在性来表达自己、显示自己的概念，因而，外在性也只是其中的一个环节"①，"实在只是灵魂之身体，并且灵魂和肉体归根到底只是一个概念。总体而言，这只是理念的本性；理念只是作为真理和美实存，真理和美归根到底是一。而美就是真之外在存在，以感性表象方式存在"②。所谓的概念之真，即概念在自身中与规定性的同一，这种真不同于概念在现实中的显现，因而美作为概念之真的一种显现，二者自然是同一的，没有美的形态，真无法现实地被表达，通过美，概念之真得到了理解，真即美；二者又是有区别的，因为美处在概念返回自身的阶段，美是概念之真从外在性中的返回自身的高阶统一，是概念之观念性，因而在这个意义上，可以说美不仅是概念之真的显现，还是概念之自由的显现。

"美"是概念与现实性的直接统一，是"真"的一种显现（erscheinen）。这个界定回归到了学界所熟知的，"美是理念的感性显现"。不少黑格尔美学的研究者，如施耐德指出，将美规定为理念的感性显现，是一个很常见的说法，这能在荷托编纂的《美学》中轻易地找到，然而这个说法在黑格尔的讲座稿中却并未被发现，因此

---

① G. W. F. Hegel, *Vorlesung über Ästhetik*, *Berlin 1820/21*, Eine Nachschrift. I. Textband, hrsg von Helmut Schneider, Frankfurt, 1995, S. 49.

② G. W. F. Hegel, *Vorlesung über Ästhetik*, *Berlin 1820/21*, Eine Nachschrift. I. Textband, hrsg von Helmut Schneider, Frankfurt, 1995, S. 49.

这个说法虽然不错，但却难免有含混不清之处。[①] 显现或映现乃是概念与现实性的高阶统一关系，"美"来自"映现"，它本身只是纯粹的显现，这意味着它自己不是什么，只是被反映了的概念自身。"erscheinen"（显现）、"scheinen"（闪耀）和"das Schein"（闪光—假象）在词源上有密切的关系，scheinen 作为动词的首要含义便是发光、闪现，进而衍生出"看起来""似乎是"这层含义。因此它的名词 das Schein 的第一个意思便是闪光，进而发展出假象之义，假象的意思便是与本质分离的纯粹外观，而与本质相结合的外观就是映现，即本质存在于外观中，本质的向外显现和自内显现相同一，本质就是存在着的映现。而 erscheinen 显现，即已经完成的闪现，即本质所表现出来的，而表现出来的就是本质。概念之真必然通过显现获得具体的形态，这意味着"美"作为映象，是"真"映现于其中，即"美"是发展了的"真"，包含着现实环节的概念之真，充分实现出来的"概念之真"，从自在进展到了自为。概念之真作为概念在自身中的自我规定还只是完成了实体即主体，即穿透了本体论和认识论层面的双重直接性，但是概念之真还需要完成主体即实体的进一步工作，即将被穿透了的和被粉碎了的现实和认识重建起来，使之符合自身的规定，因此映现乃是一个比存在更为高级的阶段，是通过理性的行动重建了现实性和认识的环节，在这个意义上美是概念之真的发展和深化，但却还只是站在了概念之自由的门口。因为概念的本质或概念之真映现在美中，与美天衣无缝地结合在一起，一方面美本身成为概念之真的象征，其存在就是概念之真的意义；另一方面"美"这种直接的统一方式包含着局限：尽管美已经将现实性改造为符合概念之真本性的形态，但是概念的本性并不等同于其现实形态，这就将概念局限在特定的符合自身规定的形态之中，因而美也应当扬弃自身的局限性，上升为概念之自由。

[①] G. W. F. Hegel, *Vorlesung über Ästhetik*, *Berlin 1820/21*, Eine Nachschrift. I. Textband, hrsg von Helmut Schneider, Frankfurt, 1995, S. 8.

第三节 绝对精神的历史：艺术、宗教与哲学

尽管绝对精神乃是概念真正自由的形态，但黑格尔这一整体的专题论述却过于简短，哪怕是最为完备的1830年版《纲要》涉及绝对精神的相关文本也只有仅仅25节。富尔达甚至有些夸张地抱怨，《纲要》的最后一部分过于简洁，以至于对持续至今的黑格尔绝对精神理论的接受来说是灾难性的（verhängnisvoll），而更易于引发误解的则是"绝对精神"部分第二节（即§554），认为绝对精神的领域可以"如同这一最高的领域一般地可以描绘成的那样，宗教"。黑格尔对"绝对精神"这一全新的领域中包含的个别学科做了详细的阐发，包括宗教、艺术和哲学，这带来了一种双重误解：一部分人认为整个绝对精神学说就是普遍的宗教哲学，其目的就是阐明基督教乃是真正（wahrhaft）的宗教，而艺术和哲学两个部分都依据黑格尔宗教哲学的讲座或者基督论（Christologie）来加以解释。这一解释模式将艺术和哲学本身的独立性全部压缩到了基督教的信仰的实定性之中。另一种误解则干脆将绝对精神划分为三个独立的学科，瓦解了绝对精神部分的内在一致性，这也导致了艺术、宗教、哲学三者都无法合理地承担起自己的工作。[1] 后一种解读模式显然更缺乏黑格尔文本的支持，但前一种误解却有着极大的影响力，包括托因尼森这样最出色的黑格尔阐释者也是基于黑格尔将绝对精神领域总体称为"宗教"而区分了世俗历史和神圣历史两个层次[2]，托因尼森的前辈洛维特同样基于绝对精神整体乃是普遍宗教这一预设，认为在历史——世界历史和哲学史——中存在着作为最高原理的理

---

[1] Vgl. Hans Friedrich Fulda, *G. W. F. Hegel*, München: C. H. Beck, 2003, S. 242 – 243.

[2] Vgl. Michael Theunissen, *Heges Lehre vom Absolute Geist als Theologisch-politischer Traktat*, Berlin: De Gruyter, 1970.

性、一个普遍的世界精神,它也是人的本质(das Wesen des Menschen)。黑格尔试图在具体科学中尤其是在历史哲学和哲学史中证明关于统治万物的世界精神的信仰,即"基督教对天命(Vorsehung)的信仰",而绝对的、超乎人的世界精神变成对上帝的天命或世界统治这个宗教表象的概念性翻译(begrifflichen Übersetzung)。① 托因尼森和洛维特神学性的阐释固然有足够的文本依据,有其合理性,但着眼点专注于宗教和哲学内容上的同一性以及表象和概念两种认知方式各自的独立意义,却一方面忽略了概念之回溯本身包含了对表象的扬弃,因而概念之自由绝非对宗教表象的翻译而是这一表象本身的根据;另一方面避谈了直观对于表象和概念两种认知方式的独立性,因而艺术在绝对精神领域不应被简单还原为宗教的阶段。因此,本节在阐明艺术、宗教和哲学之间的区分和共同任务之前还需要借助哲学史和逻辑学之间的一致关系预先说明应该如何理解绝对精神的历史的整体性。

一 世界史与哲学史

如果说概念之真在逻辑科学中清晰地呈现为概念系统,那么概念之自由与此相对应,就是哲学史,即人类认识绝对理念的全部历史,尤其表现为各个时期不同的哲学家们通过纯粹的概念式思维掌握绝对理念的一个又一个哲学体系。一般意义上的,人们常识性理解的黑格尔逻辑与历史的统一的原则,专指逻辑科学和哲学史的严格对应性。虽然概念之自由在历史中的展开和呈现不可避免地会掺杂着各种直接性、偶然性,由于这些实体性因素和思维预设的影响,纯概念在自身中的自我规定与哲学史并不构成严格的一一对应,但哲学史的本质在黑格尔看来却只是唯一的哲学体系发展的不同阶段和环节,而不同的甚至对立的哲学体系各自的特殊原则则是那唯一

---

① Karl Löwith, Philosophische Weltgeschichte? in *Stuttgarter Hegel-Tage 1970*, Hegel Studien, Beiheft 11, hrsg von Hans-Georg Gadamer, Bonn: Bovier, 1983, S. 7 – 9.

的哲学体系的整体原则的各个分支，因而归根结底是以作为绝对整体的纯概念（绝对理念）的某一个规定为基础。① 黑格尔的洞见在于，附着于哲学史之上的种种外在性和偶然性乃至哲学家思想体系包含的种种思维的预设都会通过概念回转自身而被彻底纯化，这种纯化既是概念通过人的思维呈现自身的本质，又是人类的自由本质最为清晰、透彻、在究竟意义上的完整呈现。在这个意义上，黑格尔的哲学史所展示的是发生在历史中的各个哲学体系关于绝对理念自身的不同理解以及理解之间的概念式关系，这种展示不是描述性的，而是诠释性的。②

正是通过逻辑科学与哲学史的严格对应关系，我们更好地理解了概念之真与概念之自由的关系：二者不仅是同一的，而且就是同一东西，"逻辑学中的进程和哲学史中的进程必须自在且自为地是一个和是一个东西（ein und derselbe）。如果我们正确地掌握自身发展中的思维进展、正确区分什么是历史性的和什么是科学性的，在这一方面二者的确是不同的，但是在主要环节（Hauptmomenten）、关键点（Knotenpunkten）上，在逻辑之物中的进展与在历史中的进展必须是同一个（Einer），逻辑学的进展因而就是哲学史进展的例证（Beleg），反之亦然"③。逻辑学与哲学史的不同仅仅在于前者属于哲学家对概念在自身中展开活动的旁观，而后者则是哲学家自身构成了概念自我规定的一个环节，由于哲学家的思想体系本身就以概念式的思维反映了概念自我规定的一个规定性，而整个哲学史则是对这些规定性的概念式反映，绝非对出现在历史中每一个哲学体系的线性描述，因此哲学史真正达到了对

---

① 参见杨祖陶《康德黑格尔哲学研究》，人民出版社2015年版，第279页。
② 相关研究可参见杨宝富《理性的历史性与历史的合理性——论黑格尔哲学史观的基础问题》，《云南大学学报》（社会科学版）2021年第4期。
③ G. W. F. Hegel, *Vorlesungen über die Geschichte der Philosophie. Teil 1. Einleitung in die Geschichte der Philosophie orientalische Philosophie*, hrsg von Pierre Garniron und Walter Jaeschke, Hamburg: Felix Meiner, 1994, S. 323.

纯概念在历史中的具体规定性的概念式的组织。要言之,哲学史就是能思维的理性本身对自身的彻底反映,在现实被彻底概念化和概念的自我认识成为能思维的理性之时,概念之真就是概念之自由。

富尔达认为,黑格尔阐明逻辑学与哲学史是"同一个"主要是为了找出有别于理性主义与历史主义的第三条道路,前者要求排斥与以往哲学发展的关系而另起炉灶,而后者则瓦解哲学与必然的、真实的和永恒的思想之间必然的联系[①]。诚然,这的确构成了黑格尔的外在动机,但其关于哲学史和逻辑学之间对应性的深刻分析为本书提供了一个解释绝对精神历史和世界历史之间关系内在包含和超越的切入点。按照常识性的理解,世界历史和哲学史的并列就像两个不同种类的事物那样外在的分立,然而二者却具有真正的思辨关系。一方面世界历史相对于哲学史而言乃是普遍者,而哲学史只呈现了世界历史的特殊面相,哲学和宗教、科学与艺术一样,都属于世界历史的材料。哲学仅仅构成了世界历史最内在的方面,因而在形式上与世界历史有所区别,哲学本身的活动方式不再包含活动与手段的区别,即克服了客观精神领域目的和手段之间的分离。另一方面,正是在这外在目的论向着内在目的论转化的关键点上,哲学史显示出了与世界历史截然不同的一面,哲学无疑更为普遍也更具规定性。黑格尔并不是武断地把哲学、宗教和艺术置于世界历史之后,由此强行将三者在秩序上提升,总括为自己体系的最后一部分。相反,哲学史和世界历史之间的思辨关联提示出,艺术、宗教和哲学向来都内在于世界历史之中,它们被预设为一种朝向外在现实的纯粹主观领域,所以都被划归到世界历史中专门史外部处理的对象;艺术、宗教与哲学却与世界历史中的其他对象有着显豁的不同,它

---

① Vgl. Hans Friedrich Fulda, Hegels These, dass die Aufeinanderfolge von philosophischen Systemen dieselbe sei wie die von Stufen logischer Gedankenentwicklung, in *Hegel und die Geschichte der Philosophie*, hrsg von D. H. Heidemann und Ch. Krijnen, Darmstadt: Wissenschaftliche Buchgesellschaft, 2007, S. 10 – 11.

们在世界历史中将自身实现为意志的诸种形态，这种意志有能力将世界历史本身作为自身的对象，因而它们并不是亲身投入世界历史之中，而仅仅是客观精神的教化者。① 我们不妨将世界历史中的世界精神视为现象学中的有教养的意识（宗教精神），而绝对精神也就被类比为精神的回忆，也是在这个意义上，艺术、宗教和哲学既内在于世界历史具有自身的历史性，又超越于世界历史具有绝对精神本身的超历史性，它们是绝对精神历史的三种反映方式，也是重新返回逻辑理念的三种方式。

二　绝对精神自身之内的三重区分——认识论根据

绝对精神之历史在自身之内分化为艺术、宗教和哲学的依据在于反映世界历史的方式不同。黑格尔在《纲要》中将艺术、宗教与哲学分别对应于绝对精神自我认识和自我显示的三种方式，即直观、表象和思维。因此，对主观精神（人）自身的认识能力之规定成为艺术、宗教和哲学相互区分的直接前提。富尔达认为，对黑格尔而言，艺术哲学或美学理应在主观精神中找到其认知性原理，自然虽然在传统意义上被视为审美的对象，却根本不具备理想所包含的直接统一性。因此认识论构成了美学之为感性的自我知识的对应物②。在"主观精神"的"心理学"（Psychologie）部分，黑格尔详细地讨论了诸种认识能力，这部分可以被视为严格意义上的"认识论"。首先，无论是直观、表象还是思维都是认识世界最普遍的方式，也是客观精神阶段行动、改造、建构的前提。在心理学阶段，人已经能意识到自身和一切外物之间不是区分的区分，因而直观、表象和思维都是精神在自身（人）中的自我规定，各种认识能力的形成和发

---

① Vgl. Hans Friedrich Fulda, *Das Problem einer Einleitung in Hegels Wissenschaft der Logik*, Frankfurt. a. M.: Vittorio Klostermann, 1975, S. 208 – 209.

② Hans Friedrich Fulda, Hegels Heidelberger Intermezzo. Enzyklopädie, Ästhetik und kulturpolitische Grundsätze, in *Heidelberg im säkularen Umbruch. Traditionsbewußtsein und Kulturpolitik um 1800*, hrsg von Friedrich Strack, Stuttgart: Kletta Cotta, 1987, S. 541.

展无疑是人自我解放的可能性。因此，认识活动并不能被单纯视为被动地接受或收集对象，它也不是那些被发现、被分析，然后被带入相互关系的诸能力的总体[①]，而是一种主动的提升，人的各种认识能力的形成和发展实际上是自己逐渐从抽象的规定性进展到具体规定性，由此加深了对自身本性的认知。这一切都按照逻辑理念的必然性规定，同样呈现为一种圆圈式的运动，向前发展便是向着根据的回归，"精神的进步是发展。因为精神的实存是知识活动，在自身内是自在而自为的被规定存在，亦即理性的东西，且具有精神的内蕴和目的，并且这一迻译活动也纯粹只是向显示的形式性的转化，和在其中向自己内回归。由于知识活动是作为绝对形式，所以在概念中的这种迻译是一般的创造。由于知识活动仅仅才是抽象的或形式的知识活动，所以精神在其中是不符合于它的概念的，而它的目标就在于，同时地产生出它的知识的绝对客观充实内容与绝对的自由"[②]。

（一）直观

直观、表象与思维均属于理论精神的领域，理论精神或理智（Intelligenz）就是认知着自身的人或认知着的理性。理智向着自己本性发展的道路就是通过认知使被给予的规定性或直接性逐渐转变为概念的自我规定，因而是有限精神的自我构形（Selbst-Formierung），创造出与自己内容相同一的形式，创造出与自己形式相同一的内容。理智的发展过程依次经历了主观的理智内在性、在自身之内的抽象的自我规定，以及将这种抽象的、在自身之内的规定性表达为普遍性的三个阶段，这便是直观、表象与思维。其中表象最为含混，也处在最中间的位置，是感性（aisthēsis）与理性（noēsis）的

[①] Vgl. Klaus Düsing, Hegels Theorie der Einbildungskraft, in *Psychologie und Anthropologie oder Philosophie des Geistes*, hrsg von Franz Hespe und Burkhard Tuschling, Stuttgart: Frommann-Holzboog, 1991, S. 298–307.

[②] ［德］黑格尔：《哲学科学全书纲要》（1827年版），薛华译，商务印书馆2021年版，第309页。

接合点①。表象实际上构成了从单纯的确定性向真正的知识的过渡，在这一过渡中，原先只是自在的合乎理性的内容逐渐被提升为知识，它的形式从外在特殊性、一般的主观普遍性发展为个别性与普遍性的真正统一，符合内容的形式被真正塑造了出来。认知的内容最初被局限在与认知并不相符合的形式中，但这一理智发展的历程则表明，它从上述不完善的形式转化为概念的形式具有必然性。在有限的主体性的自我建立中，表象阶段或者说想象力是不可或缺的过渡与中介。②

自进入理智之后，理论精神就摆脱了意识阶段的局限——对象转化为自身认识的内容，而不再与自身相对，因而认知就自身与自身的规定性相联系，而这种逻辑结构亦渗透到了直观形式之中。在直观中，一个被给予的内在或外在的感觉（或刺激 Affektion）以主客直接统一的方式得到了规定。被给予的内容既是带有独立性的客体，又是自我的材料，或为个别的主体所内在设定起来的，"因为现在那个内容具有自在地既是主观的又是客观的这种规定；而精神的活动现在仅仅指向于把精神确立为主观东西和客观东西的统一"。③起初，内容被视为由外物刺激而产生的被动接受，但在理智的发展过程中，内容却证明了被给予性和主体所设定的存在是同一的，这种被动性的预设被扬弃了。在认识论的三分中，直观是最直接的形式，在这一形式中，主体像关联自身规定性那样关联被预设为给予的内容，直观既是主体和客体直接的关联方式又是对这种关联方式的反映，被反映的概念就是直接的存在者、"这一个"、个别的"自

---

① Hans Friedrich Fulda, Vom Gedächtnis zum Denken, in *Psychologie und Anthropologie oder Philosophie des Geistes*, hrsg von Franz Hespe und Burkhard Tuschling, Stuttgart: Frommann-Holzboog, 1991, S. 326.

② Vgl. Klaus Düsing, Hegels Theorie der Einbildungskraft, in *Psychologie und Anthropologie oder Philosophie des Geistes*, hrsg von Franz Hespe und Burkhard Tuschling, Stuttgart: Frommann-Holzboog, 1991, S. 311–312.

③ [德]黑格尔:《精神哲学》，杨祖陶译，人民出版社 2006 年版，第 254—255 页。

我"在此时—此地的当下呈现,用亚里士多德所说的——在直观中,即感受性与活动性直接的一致。① 所谓纯粹直观(还有所谓纯粹表象)只是被预设为纯粹的;实际上,从一开始,直观和表象就被思维所规定,这就是前进回溯中概念的双重规定,直观既是感受性,又是理智性,或者用谢林的话说就是"自我的创造活动与自我的存在是一个东西"②。

感觉的内容是直接的、缺乏主体性的,因而,感觉需要注意(Aufmerksamkeit)。注意一方面是"精神东西的环节",另一方面则是"理智与它的这一内在性对立,把感觉规定设定为一种存在着的东西"③,它同时包含了自外向内的规定和自内向外的规定,自外向内的规定是指,关注是理智将某物聚焦为抽象的同一,转化为自己的内容,形成了感觉;自内向外的规定则是指,理智同时将感觉投射出去,将这种感觉设定为一个与自己内在性相对立的、客观且独立的存在,从而产生了被注意的对象。因此,内在感觉是直接的、抽象的,被注意的对象也是直接的、抽象的。感觉既是分离又是内化,它的前提必须建立在概念和普遍性的基础之上;被把握为内容的感觉,实际上已经是概念的内容,而不是被设定的感觉了;感觉的向外规定亦是如此,当感觉被自我意识到之时,自我同时关涉到自身,而自我又把自己的来源——感觉对象化,投射为直观,这就形成了内容。在直观这一阶段,理智一开始感觉到自己是被从自身之外规定的,因而感觉无疑是对事物的最初的知识,但因为是最初的知识,所以还只能被规定为认识事物的一种冲动,因此,就感觉内容的被给予性方面而论,首先被预设为直接接受的,而感觉的内容也被预设为外在于主体的对象。所

---

① G. W. F. Hegel, *Vorlesungen über die Geschichte der Philosophie* II, TWA, Bd. 19, Frankfurt. a. M.: Suhrkamp, 1986, S. 205.

② [德]谢林:《先验唯心论体系》,梁志学、石泉译,商务印书馆1983年版,第56页。

③ [德]黑格尔:《哲学科学全书纲要》(1830年版),薛华译,商务印书馆2021年版,第339页。

以，直观将这些内容向外投射入时空之中①，以便成为能够被直观到的定在。被自我规定的感觉是在时空之中的，但感觉一开始则无所谓时空，只有借助注意，感觉才被建立起了规定性，同样，内在的感觉也必须依赖外在的对象才能建立起来，二者互为前提。

由此，对黑格尔而言，时空既是直观的主观的形式也是对象客观的形式，并非如康德《纯粹理性批判》中将二者视为纯粹的内直观。注意不仅是理智将感觉投射于外，而且让主体沉浸在对象之内，这意味着，主体不仅要放弃对其他对象的关注，也要放弃对自身的关注，为了使直观的对象成为内在的，必须建立起这种朝着对象的内在趋向，对事物的关注是观察中的主体在未经反思的情况下向对象献身，全神贯注的内容是"我"的内容，但又不单纯是"我"的内容，主体性转化为客体性，而客体性又借主体性构成，内在性的形式可以转化为外在性的形式，反之亦然。在这样的往复变换之中，理智达到了自我规定的第一个阶段，即形式上的自我规定。它只能体现出一种共同的主观普遍性（即直观的共通性）以及直观本身的有限性。② 通过回想的作用，直观的时空规定性便发生了转化，其自身也就被直接提升为表象，直观中的感觉作为被中介的元素保留到了表象之中，"理智在各个表象内的道路既是使直接性成为内在的，把自己在自己本身内设定成进行直观的，同样又是扬弃内在性的主观性，并在它本身内自己外化自己，而在它自己的外在性内也是成在自己之内。"③

（二）表象

理智的第二个阶段是表象，而表象领域又分为三阶段：回忆、

---

① 参见［德］黑格尔《哲学科学全书纲要》（1830年版），薛华译，商务印书馆2021年版，第339页。

② Vgl. Jens Rometsch, *Hegels Theorie des erkennenden Subjekts*, Würzburg: Königshausen & Neumann, 2007, S. 173ff.

③ ［德］黑格尔：《哲学科学全书纲要》（1830年版），薛华译，商务印书馆2021年版，第340页。

想象力和记忆。表象可能是最主要、最常见的认识方式,其中第二阶段——想象力也与艺术有着直接关联。表象的第一阶段是回忆,即内在化,回忆将直观的内容转变为内在的图像,对直观而言对象的直接存在转变为认知中的元素,而不复为对象,对象丧失了存在的当下性而变成认知的内在环节,理智也把直观保存为无意识的内在当下性的东西。"理智把感觉的内容设定在自己的内在性之内,设定在它固有的空间和它固有的时间之内"①,内容就如黑格尔所言转变为意象,它摆脱了直接性与抽象的个别性的束缚,获得了理智的"我"的普遍性。弗·施莱格尔将意象称为一种从对象的强权下被解放出来的内在对应物,康德认为这是一种在不经直观的情况下复现一个对象的能力。与之相比,直观的时空仅是特殊的,它依赖于对象的当下存在。而"我"的意象可以随时随意地改变内容的这一原初规定性,当此原初的规定性被消解后,外在的时空也就被消解了。通过回忆,意象被"无意识"地永久保存在理智之中。黑格尔沿用亚里士多德的隐喻,将其比作"黑夜的矿井",这个矿井只是储存着无限多的意象,它们还未进入意识,只作为不活跃的元素而沉睡着。这些意象诚然是理智的财产,但它们还不能算是概念或自我的实际所有物;这里尚缺少随意唤醒沉睡的意象的能力,缺少使用这座传奇宝库的自由力量。全部规定性都还仅仅是可能性,它们被包蕴在种子之中,播种在无意识的阴暗的春天里。② 这个春天就是自在的普遍存在,但其中有区别的东西还没被设置为现实的分别。③ 意象只要还是回忆的产物,那么它就仍与直观的个别性联系在一起,因而它的内在性仅仅是形式上的,虽然意象在名义上属于普遍之

---

① [德]黑格尔:《哲学科学全书纲要》(1830年版),薛华译,商务印书馆2021年版,第340页。

② 参见[德]黑格尔《哲学科学全书纲要》(1830年版),薛华译,商务印书馆2021年版,第341页。

③ 参见[德]黑格尔《哲学科学全书纲要》(1830年版),薛华译,商务印书馆2021年版,第341页。

"我"或理智，但它们只是作为"无意识"而保存，唯有通过区别，唯有把每一个回忆间的差别置于当下性的光照之下，认识才有其现实性。理智既是"概念""普遍性"，因此在直观阶段，理智与直观的个别性和特殊性对立，又可以用普遍来表达个别的"意谓"，这意味着当理智和直观对象相对立时，理智的普遍性又不是真正的普遍性，只有当它将直观纳入回忆，这才达到了普遍性的第一步。普遍性意味着统一特殊的力量，普遍需要分离，也需要特殊；理智既产生对立，又扬弃对立，唯有如此它才是真正的简单的同一性。

理智通过回忆进展到了想象力，想象力通过内在的图像化与复现，使得图像能够内在地、当下地呈现，以此来克服外在对象的消逝。想象力是理智令沉睡的意象苏醒的力量，理智也从形式上的自由逐渐拥有了可以根据内容的相似性而将意象与直观联系起来的能力。康德也曾谈到想象力对杂多进行综合的能力——"也就是说，想象力应当把直观杂多纳入一个表象；所以它必须预先将诸印象接收到它的活动中将来，亦即领会它们"（A120）[1]。在领会（Apprehension）把杂多归并到一个表象之下——的基础上，理智便可以内在地占有它的财产，占有诸意象，并且外化它们，给本属内在的它们打上外在的印章，即将内在的意象表达出来，使它们获得实存的形态。表象的领会（或综合）是一种普遍性的力量，凭借这种力量，表象表明自己是联结以下两者的中介：一方是对自身最直接的发现——直观；另一方则是作为理智最完满形式的思维。想象力又分为三个阶段：再生的想象力、联想的想象力和符号。在再生的想象力这一阶段，意象被内在地再呈现出来，理智使得众意象摆脱了原初的具体时空，并将它们置于新的时空之中。在这种抽象和普遍表象化的基础上，理智完成了对内容的偶然任意的再生产，从而摆脱

---

[1] ［德］康德：《纯粹理性批判》，邓晓芒译，杨祖陶校，人民出版社2004年版，第127—128页。

了意象在经验上的相续，不再依赖于相似表象间的相互吸引。这其实依旧是理智自身的活动，它令单个直观从属于被内在地构建起来的意象，并因此使自己获得普遍性，将普遍性凸显出来。但这一共同之物却还不是真正的普遍性，而只是在普遍形式中的特殊，因为理智要么赋予事物的某个特定方面以普遍性地位，比如突出玫瑰的红；要么赋予具体的普遍性以固定的形式，比如以植物界定玫瑰，而这就是再创造的想象力。通过意象间的联想，即把一个意象与另一个意象相连，理智就达到了更高的阶段——构思的想象力。这一阶段的活动包括对图像和表象的自由联结、综合与组合，包括对已被构造出的表象创造性地内在呈现，即对新意象的自由生产。这一创造性的想象力已然是一种想象的综合，它是理智的自由创作，将外在的物与物之间的关联提升为具有创造性的主观联系，从而使内在的、想象性的存在获得了由理智自己创建出来的内容，理智在活动中见到了自我作为纯粹的能动性，这就是理智的自我直观——为自己形成内在图像的力量，理智得到了更普遍更内在的表达。构思的想象力达到了一种为理智有意识塑造的当下呈现，表现为任意的自由，是普遍与个别呈现出更高层面上的统一。它借此为自己寻找正当性与客观性，在自己的创造物中显示并保存自己。黑格尔看到了理智中个别性与普遍性在更高阶段中的统一，他认识到，通过对普遍性的直观和对直观的普遍化，这个统一体被建立为具有具体的主体性形式的个别性，"它的行动从现在一点起就是把在它之内完成到具体的自我直观的东西，规定成存在东西，亦即使自己成为存在，成为事情"[①]。

理智创造出了一个新奇的内在世界，它是一个囊括了众多即将形成和已然逝去的可能性、包容了无数内在意象的世界。因此，构思的想象力可以在自己的产物中充分地呈现自身，在自己内被发觉

[①] ［德］黑格尔:《哲学科学全书纲要》（1830年版），薛华译，商务印书馆2021年版，第343—344页。

的直接的东西，亦即将之规定成普遍性的东西。① 但是，这种自由游戏也具有两面性：在表象的这种形式中，各式各样的意象或杂多只是漠不相关地被外在聚拢起来。因为想象力虽然以思维活动为根据，但却不得不以直观材料为前提，那些被动的、安静的、以无意识的方式沉浸在黑夜矿井之中的意象是想象力的材料。想象力可以创造天堂，也可以创造地狱——这既是其优势，也是缺陷所在，充满可能性，但却缺乏必然性。与知性类似，这样的游戏一旦脱离了概念，变得自行其事，那么艺术将不复教化之功。在想象力的这种综合中，理智所达到的还只是形式上的理性，由于思维还没有获得与内容相称的恰当形式，所以内容本身对想象而言还是漠不相干的。只有在概念式的思维那里，普遍性与个别性才完全得到统一，内容与概念的形式才完全相符。想象或表象总是两面性：一面是自由的，另一面是非自由的；一面是主体性的，另一面是实体性的；一面是否定性的，另一面是带有预设的。这都是因为表象本身就是意象与概念的混合。② 艺术之创作本质在想象力中获得其形式上的源泉，席勒将想象力的工作方式描述为"理想化"（Idealisieren），威廉·洪堡认为生产艺术品的技术乃是一种创造理想之物的能力。因此艺术的功用就在于使现象的真实内涵从这种虚幻世界的外观和幻象中解放出来，而具有由更高的精神所产生的现实性。③

（三）朝着思维的转化

理智通过想象力的活动使个别的意象之间发生了联系，从而将意象变成"我"的，在这一阶段，理智作为分离—统一的力量，并不是普遍的，而就是直接的"普遍性"本身，它不再需要经过对象

---

① 参见［德］黑格尔《哲学科学全书纲要》（1830年版），薛华译，商务印书馆2021年版，第343页。

② Vgl. Klaus Vieweg, *Skepsis und Freiheit-Hegel über den Skeptizismus zwischen Philosophie und Literatur*, München: Fink, 2007, S. 165.

③ G. W. F. Hegel, *Vorlesungen über die Ästhetik I*, TWA, Bd. 13, Frankfurt. a. M.: Suhrkamp, 1986, S. 22.

的映现，或说与外在对象的对待来确证自身的独立性，而本身就是一种纯粹的自我直观、自我创造。然而，理智虽然在想象力阶段达到了任性的自由，但它还是无法将自己转变为现实的，换言之，它缺乏定在（Dasein），即一种塑造出的客观性。因为想象力的创造物作为表象的内容最初只保持为内在的和主观的创造性质，其产物还只是特殊性的，且仅能被主观地直观到，这也成为宗教的片面性所在，即尚不具备的是重新被主体化的实体。由此，表象需要想象力将被创造的东西呈现于外，使之成为新的直观对象，从而更加接近于客观化。在内在的自我直观中，概念与直观的纯粹综合、纯粹的内在性与主观性已趋于完备，为了进一步发展，它们还必须被规定为存在，成为外在的对象。理智在外在化的活动中产生出新的直观，从而在更高的水平上回到其出发点——"直观"之上，而这就是符号—标志（Zeichen）。符号赋予了自我构成的表象以现实的可直观性（Anschaulichkeit）。如黑格尔所言，通过符号，理智将自己变成了物，变成了自身所塑造的对象，从而超越了个别的主观性。在其中，理智既与带有创造力的、自由的想象力有关，同时重新返回到直接性，一种将自身创造出的意象和表象外显为存在物的被中介的直接性。这一回返凸显出理智更高的存在：在创造符号的想象中，自我创造的、独立的诸表象与直观在更高的层面上得到了统一，从而将主观性和客观性的同一性提升到了更高的层面。理智将陌生的意义赋予一个任意的、被随意选定的外在的对象，由于对象被理智径直选为意义的表达，因此在其直观中所包含的直接的、预设的内容消逝了，而一种新的、全然不同于其直观的内容被给予了对象，而这一新的内容就成了自身的内在意义。而这就是语言，具体表现为语音、语调所持续的时间和字母文字所占据的空间。在这种建构中，在符号世界的创造中，理智证明自己是符号的统治者，是意义的主宰者，是自由统治符号体系的力量，能够守护我们的知识。黑格尔给出了一个对符号的著名隐喻，"标志（符号）是随一直接性的直观，这种直观是表现完全另一内容，与它自为地具有的内容不同。如金字塔，金字塔中移入和保存着一种异己的灵魂"[1]。主观精神再次将自己提升到了更高阶段，尤其是上升到与精神有着内在关联的语言层面，语言自身包含着向着思维转化的内在逻辑，这表现在思维能在语言中得到自身合适的形式。

语言的自我形成是为了使精神获得更具体的、更适宜表达自身的外在形态，它是符号的系统。首先，符号是金字塔，金字塔意味着图像的直观存在和其内在含义的差异，它所表达的并不是自己的直观形象，它的内在意义才是其真正的存在。而符号向记忆的过渡就在于符号自我否定的特质，一方面符号的存在就是其意，另一方面它却需要通过语音占据时间、通过书写占据空间。符号就存在于自己的消逝之中，"这是方当定在存在时，就是定在的一种消逝活动"[2]。声音作为语言或符号的载体，它的存在就是消逝。语言的特殊性在于它具有存在的双重性，而这就是表象本身的局限：它的第一重存在乃是其声音，即被理智任意选取的外观，而其第二重存在才是理智所赋予的意义，但这两种存在之间却不是模仿关系，与此相反，无论是第一重存在还是第二重存在都是理智的自我表达，是理智自身的现实化，二者所不同之处在于前者对理智而言是不适合内容的形式，而后者才是适合内容的形式。理智必须外化自身，即获得自身的现实形态，因此它首先需要以被给定的直观作为自身的载体，但被规定之物总是外在的、直接性的、异己的，黑格尔称之为"感性的"，因此，理智在语言中首先是以"感性的"方式呈现的，即声音或一个文字符号。但是感性对于精神性或内在性而言是直接的，它不可避免地存在于时空结构中，因此语言的直接存在并不是理智或精神的表达。也因此，黑格尔要求语言必须去除感性的因素，"在语言的元素性质料方面，一方面对单纯偶然性的表象已经

---

[1] ［德］黑格尔：《哲学科学全书纲要》（1830年版），薛华译，商务印书馆2021年版，第344页。

[2] ［德］黑格尔：《哲学科学全书纲要》（1830年版），薛华译，商务印书馆2021年版，第345页。

消失，另一方面模仿的原则已限定在自己微小的范围，限于一些发声的对象。……主要地是通过它们作为感性的直观本身被减弱成标志，而这样一来它们固有的原初的意义就被萎缩和被抹去"①。于是，语言这种特殊的符号"作为一种存在单独并不使人想到什么，而只是具有一种规定：指谓单纯的表象本身，和感性地介绍这种表象"②。语言无疑是一种更高的理智的自我关系，它几乎排除了所有感性因素的影响，虽然它依然保留着与声音外在的联系，但是这种外在联系同样可以进一步被内在化，通过这层内在化，即外在性的内在化，语言就转化为记忆（Gedächtnis）。

黑格尔认为，记忆才是语言的最终完成，唯有借助记忆，理智才能从"外化"重新回到内在。首先，记忆使理智和声音性的名称（符号）合一，这是保持名称的记忆，"在这一联结内名称和意义是从客体方面对它连在一起；它并使名称最初所是的那种直观成为一种表象"③。保持名称的记忆指的是将符号和意义的联系固定下来的记忆，它是两者的合一；再生的记忆是能够自如地使用那种联系的记忆，借此，名称成为"实事"，它独立运用，"而无须直观和图像"。其次，用名称来进行思维，这是再现的记忆，"作为理智内的内容的实存，名称是理智本身在自己内的外在性，而名称作为从理智产生的直观，它的记忆［内化］同时是外化，在这种外化中，理智在自己本身之内设定自己"④。最后，这种完成了的外在化就是机械的记忆，这也是记忆的本质，因为记忆虽然是内在的外在化和外在的内在化，但究其根本，它就是被回忆的符号或名称的直接

---

① ［德］黑格尔：《哲学科学全书纲要》（1830年版），薛华译，商务印书馆2021年版，第346页。
② ［德］黑格尔：《哲学科学全书纲要》（1830年版），薛华译，商务印书馆2021年版，第348页。
③ ［德］黑格尔：《哲学科学全书纲要》（1830年版），薛华译，商务印书馆2021年版，第349页。
④ ［德］黑格尔：《哲学科学全书纲要》（1830年版），薛华译，商务印书馆2021年版，第350页。

出现。因此一切表象其实是在记忆中存在的，诸表象之间的秩序同样是记忆赋予的，这种秩序就是"整个的外在性"，表象与表象之间感性的关联已经完全消逝，所剩下的只有名称之间空虚的纽带。机械记忆也就相应的是完全的内在，"理智作为机械记忆一体地就是那一外在的客观性本身与含义。这样它就被设定为这一同一性的实存，这就是说，它作为自己作为理性自在地所是的那样的一种同一性，自为地是能动的"①。因为名称和意义之间偶然的联系，或二者之间实体性的基础和残存的预设已经在理智的活动中被扬弃，现在理智只是将自己设定为符号（语言）系统的外在秩序或媒介②，正如黑格尔自己说的，"精神的本质是自由，是在其自身中依凭自己的存在，在其内在性中以机械的方式对待外在"，而这就已然是思维了。③

三 艺术、宗教和哲学的通性

黑格尔指出思维的本质，即"普遍性的东西是在它本身，它的产物，思想，是实事，是主观东西与客观东西的单纯的同一性。它知道，被思维的，是存在的，而是存在的之是存在的，只因其是思想，是自为的；理智的思维是来具有思想，它们是作为它的内容与对象"④。思维是概念化的主体，能活动的理性，思维通过反映表象创造符号的活动，扬弃了机械记忆所带有的习惯这一直接性残余，

---

① [德]黑格尔：《哲学科学全书纲要》（1830年版），薛华译，商务印书馆2021年版，第352页。

② Hans Friedrich Fulda, Vom Gedächtnis zum Denken, in *Psychologie und Anthropologie oder Philosophie des Geistes*, hrsg von Franz Hespe und Burkhard Tuschling, Stuttgart: Frommann-Holzboog, 1991, S. 346.

③ G. W. F. Hegel, *Vorlesungen über die Philosophie des Geistes*, Berlin 1827/28, nachgeschrieben von Johann Eduard Erdmann und Ferdinand Walter, hrsg von Franz Hespe und Burkhard Tuschling, Hamburg: Felix Meiner, 1994, S. 221.

④ [德]黑格尔：《哲学科学全书纲要》（1830年版），薛华译，商务印书馆2021年版，第353页。

从而将经由符号中介的存在提升为思想。在经历了直观的实体主体化、表象的主体实体化，思维在更高层次上回归了实体即主体和主体即实体。富尔达认为，直观的理智与表象的理智返回了自己的根据，重新回到了思维的统一体中，由此理智发现，无论自身作为表象还是直观，均为一种特殊的自身规定。返回思维则消除假象（Schein），因而，思维着的统一性必然属于理性自身所包含的诸规定之统一，缺乏思维，无论是直观还是表象都无法认知。① 从理智发展的前进序列来看，尽管直观、表象和思维是主观精神先后形成的特定的认识能力和方式，但是在回溯序列中，前二者在思维中有其根据，如果缺乏思维，直观与表象都会沉陷于一系列认知预设，无法真正发挥自己的功能。从回溯序列来看，思维并非对直观和表象的强制，反倒是使前二者能自由挥洒自己的才华。根据主观精神认识论上的区分，绝对精神在直观与表象中同样会因为这些预设，而将自身反映为带有特定实体性因素的形态——艺术作品中的诸神或教义中的三位一体，这也是为何艺术与宗教虽然都属于绝对精神的历史，二者复又统一于哲学之中，哲学需要艺术和宗教的前行引导，而艺术与宗教同样需要哲学净化自身反映中所包含的那些直接性元素。

　　薛华先生在《黑格尔对历史终点的理解》中以卓越的见识，重塑了我们对黑格尔历史观的理解，"黑格尔在历史哲学中的一个伟大贡献，恰恰在于反对绝对完善的社会的幻想。在他看来，只有理念、精神，只有上帝，才是绝对完善的，表现理念、精神和上帝的任何历史阶段，任何社会历史形态，都不可能绝对完善。而且，即使是理念和精神，也只能通过相对不完善的历史形态表现自己的绝对完善性。因此，黑格尔反对把精神看作完成的东西，要求人们看到精

---

① Vgl. Hans Friedrich Fulda, Vom Gedächtnis zum Denken, in *Psychologie und Anthropologie oder Philosophie des Geistes*, hrsg von Franz Hespe und Burkhard Tuschling, Stuttgart: Frommann-Holzboog, 1991, S. 356.

神是活动的东西，认为'活动是精神的本质；它是它的产物，而因此它就是它的开端，也是它的终点。它的自由不在于一种静止的存在，而在于不断否定又危险取消自由的东西'。这样，黑格尔就赋予了精神以无限性，把精神的本质界说为不断活动，界说为具有否定性的东西，只要某一社会历史形态对自由造成威胁，精神就将发挥其否定作用，消除这种社会历史形态"①。本书认为，精神对这些遮蔽自由因素的消除主要是通过绝对精神之历史间接完成的，这种消除和清淤就体现为艺术、宗教与哲学都以各自独特的方式（直观、表象与思维）不断提升每个历史中的个体意识对自己自由本质的认识深度，由此通过个体自身自由意识的觉醒而将世界历史导向自由，艺术、宗教和哲学以这种独特的方式为整个人类文明、整个世界历史做出了最强有力的贡献。富尔达按照主观概念中概念—判断—推论的展开形式集中分析了艺术—宗教—哲学如何协同运作以在绝对精神这一整体中发挥功能：

绝对精神之判断

定在判断：艺术。普遍者对个体而言是内在固有的质，这一从质到质的进展是一种过渡（übergehen）。

反映判断：宗教。普遍者是反思规定；这一进展更正了概念。

必然判断：哲学。普遍者是属（Gattung），这一进展是发展（Entwicklung）。

概念判断：教化历史（Bildungsgeschichte）。普遍者是概念，自身的偶然情况已经被扬弃。这一进展是使自身与外在实存处在相应中。②

---

① 薛华：《黑格尔、哈贝马斯与自由意识》，中国法制出版社 2008 年版，第 167 页。

② Hans Friedrich Fulda, *Das Problem einer Einleitung in Hegels Wissenschaft der Logik*, Frankfurt. a. M.：Vittorio Klostermann, 1975, S. 259 – 260.

富尔达虽然对艺术、宗教和哲学各自发挥作用的方式颇有些语焉不详,但在概念判断这一环节却揭示出艺术—宗教—哲学的整体性和共同作用,即三者完整呈现出概念的自由规定,使个体充分认识概念的自由规定就在更高层面上构成了自由的教化历史。如果说在《精神现象学》中,宗教意识和精神的回忆构成了对个体求真意识的教化,引导个体意识朝向概念之真,逐渐上升到科学立场,那么在世界历史之中,艺术、宗教与哲学构成了对个体自由意识的教化,三者都是概念之自由的呈现,引导个体意识真正成为自由的行动者。只有个体对自由本质的加深才使得按照自身的认知不断消除和净化现实形态中非自由的因素。在这个意义上,个体的自由意识,自由历史和绝对精神本身作为自由之教化史之间始终处在相互作用中,不断地推进实体即主体和主体即实体的过程,"整个世界历史运动于必然性和自然这两个环节之中,黑格尔把世界历史比作一块大壁毯,把理念的必然性比作经线,把人的主观活动比作纬线,这个中肯的譬喻肯定了自由和必然性在历史中都不可缺少,肯定了两者的交织关系"[1],才使得历史不会终结、个体的自由教化不会终结,哲学、宗教和艺术作为理念的必然性的发展同样不会终结,"历史的终极目的是人的自由,人的自由可以实现于历史过程之中,整个历史发展实际上就是在实现人的自由。……历史发展的每一阶段都体现了历史的本质,都在实现它的目的。这又显示出历史实现自己目的的绝对性。因此就某一历史阶段来说,历史是在实现人的自由,同时又不是完全实现了人的自由,达到尽善尽美的境地,以致过程就此停止,使历史成为一个单纯有限的过程"[2],绝对精神之历史作为历史的主体,也可以被称为历史之内在目的,"世界历史的最终目的,是贯穿于整个历史过程的本质,整个历史过程就是这一终极目

---

[1] 薛华:《黑格尔、哈贝马斯与自由意识》,中国法制出版社2008年版,第157页。

[2] 薛华:《黑格尔、哈贝马斯与自由意识》,中国法制出版社2008年版,第155页。

的或一般本质的展现和发展"①，尽管与整个世界历史保持着同一性，但这种同一性并不是直接的同一，而是通过个体意识中介的思辨的同一性，因而不完全等同于世界历史的实际发展，自由作为历史的目的必须通过教化历史、经由自由行动的劳动、塑造和建构才能真正实现，"这一终极目的支配着人的认识和历史实践，通过人的认识和活动把自己对象化，创造出一个符合自己本质的现实历史世界来，在自己创造的客观历史世界中又达到对自己本质的意识"②。这种在认识和行动加深对自身本质的意识同样意味着在个体意识之自由行动和世界历史的发展中，绝对精神的历史亦会不断向前发展，不断纯化人类对自身本质的认识深度。如果说在特定历史阶段，相应的绝对精神历史塑造了个体对于自由本质特定的认识，那么这种认识既是这一历史阶段的终点，也构成了世界历史开始的新起点，它将在这种新的自由意识的行动中按照自己的发展和模式以朝着更本真的自由发展，"在实际存在中，这样形成起来的精神王国，构成一个前后相继的系列，在这里一个精神为另一个精神所代替，并且每一个精神都从先行的精神那里接管［精神］世界的王国"③。既然能思维的理性仍贯彻在历史中，"既然人类仍会生存下去，以往历史的圆圈、那个封闭的整体，就不能不变成一串螺旋"④，同样，黑格尔整个体系也没有理由不是真理与自由的统一、必然与开放的统一。

---

① 薛华：《黑格尔、哈贝马斯与自由意识》，中国法制出版社 2008 年版，第 165 页。
② 薛华：《黑格尔、哈贝马斯与自由意识》，中国法制出版社 2008 年版，第 165 页。
③ ［德］黑格尔：《精神现象学》（下），贺麟、王玖兴译，商务印书馆 1981 年版，第 274—275 页。
④ 薛华：《黑格尔、哈贝马斯与自由意识》，中国法制出版社 2008 年版，第 180 页。

第 三 章

艺术哲学体系纲要

Er erzeugt aus sich selbst die Werke der schönen Kunst als das erste versöhnende Mittelglied zwischen dem bloß Äußerlichen, Sinnlichen und Vergänglichen und dem reinen Gedanken, zwischen der Natur und endlichen Wirklichkeit und der unendlichen Freiheit des begreifenden Denkens.

G. W. F. Hegel

艺术作品就是第一个弥补分裂的媒介，使单纯外在的、感性的、消逝着的东西与纯粹思想归于和解，即使自然和有限现实与概念式的思维所具有的无限自由归于和解。①

黑格尔

上一章在实在哲学的架构下呈现了黑格尔艺术规定的几大主要方面，尤为重要的是，在绝对精神历史、世界历史和个体教化史所共同构成的永不停歇、不断相互推进的大圆圈中，艺术与宗教、哲学共同担负起了引导人类历史、人类精神螺旋式上升的崇高使命。在初步厘清艺术在实在哲学甚至在黑格尔体系中的定位和应当发挥

---

① G. W. F. Hegel, *Vorlesungen über die Ästhetik I*, TWA, Bd. 13, Frankfurt. a. M.: Suhrkamp, 1986, S. 21；中译见 [德] 黑格尔《美学》（第一卷），朱光潜译，商务印书馆1996年版，第11页，译文有改动。

的具体功能之后，本章则具体呈现黑格尔如何落实和贯彻艺术自由教化的功能，所依据的主要文本以三版《纲要》为主、柏林时期的四次美学讲座为辅，借此初步勾勒出黑格尔艺术体系的大致轮廓。本章分三节，第一节分析艺术和绝对精神的关系，澄清艺术之普遍规定；第二节探讨艺术的三种历史类型，即在艺术中被反映的整个世界历史，展现艺术之特殊规定；第三节简要概述艺术门类的发展，即艺术的个别性。而在正式阐明黑格尔艺术哲学的体系建构之前，本章则将再次强调现象学中的"艺术宗教"与实在哲学架构中"艺术"的关系。

引入　从艺术宗教到作为自由教化的艺术

维尔纳·马克思在分析现象学的"艺术宗教"时，曾指出"众所周知，黑格尔在关于宗教的一节，将后来在百科全书体系中绝对精神的两个分裂形式，即艺术和宗教合并起来。其原因在于，在黑格尔看来，希腊艺术就其征服了主体的陈述活动的神性而言，陈述了在神性'主体化'的方向上的决定性一步，这种神性在东方的自然宗教里仍然以完全实体性的方式被理解。但这个过程要到基督教的'启示宗教'中才能完成，这种启示宗教如黑格尔在'序言'中明确表述出的，本身即'属于''精神'的概念。这首先是人化（Menschwerdung）的观念，在其中'神……直接地被直观为自我，为一个现实的个别的人'。在这个观念中，'本质意识到自己是精神'，不仅是因为神性的本质直接被表象为'存在于自身中的个别性'，而且也因为人化——当然还是采取图像性的方式——展示了精神的运动：'因为精神就是在自己的外在化中对自身的认识，也是在它的异在（Anderssein）中保持与自身相等同的运动的神圣：本质'。黑格尔在'序言'中将精神的概念规定为'自身转化与其自己之间的中介'运动，也就是规定为'在它的他在性中仍然停留于其自身的东西'。但这个在宗教中被表象的运动,还是外在于这个表象自身的。为了能达到绝对知识本身,绝对精神必须从'表象的形式'过渡到概念的形式。只有这个概念把握才与精神的运动完全同一,才是它的自我认识,在这个自我认识中,它发展为一个思想规定性的体系:'经过这样发展而知道其自己是精神的这种精神,乃是科学'"[1]。维尔纳·马克思对现象学宗教章和绝对知识章之间的联系和精微差别做出了精当的总括性阐释,这一阐释从根本上解释了何以《纲要》和现象学在艺术和宗教的关系上采取了两种内在关联但又截然不同的方式。在本书看来,反倒是黑格尔在现象学中对艺术和宗教关联的处理方式在很大程度上可以作为托因尼森"世俗历史"和"神圣历史"统一的文本依据,在现象学中黑格尔的确是将希腊艺术作为宗教历史中反思世俗历史的一种模式,因而所涉及艺术的全部范围都集中在整个希腊世界;甚至以往学界对黑格尔美学一系列几成定论的误解,也都可以在现象学所标识的真理序列中找到一些片面的文本根据。关于对黑格尔美学的一系列误解主要包括所谓的"艺术终结论"、克罗齐(Benedetto Croce)的判断"黑格尔美学是艺术死亡的悼词"[2]、布普纳的看法"哲学取代了艺术并使之成为精神发展史(Entwicklungsgeschichte des Geistes)的一个过去阶段(eine vergangene Phase)"[3]等,如果我们仅仅关注现象学中意识的前进序列而回避概念的回溯序列,甚至完全无视宗教意识对自然意识的反映关系、精神的回忆(概念)对宗教意识的反映关系之时,上述种种看法或许不无道理,然而,一方面这些看法合理性的范围仅仅局限于现象学,另一方面其合理性完全建基于意识到概念的单线进程,而不能涵盖黑格尔前进回溯模式的全部洞见。总之,这些

---

[1] [德]维尔纳·马克思:《黑格尔的〈精神现象学〉——"序言"和"导论"中对其理念的规定》,谢永康译,人民出版社2014年版,第61页。

[2] [意]贝尼季托·克罗齐:《作为表现的科学和一般语言学的美学的历史》,王天清译,袁华清校,中国社会科学出版社1984年版,第144页。

[3] Rüdiger Bubner, *Ästhetische Erfahrung*, Frankfurt. a. M.: Suhrkamp, 1989, S. 18.

判断并不适用于黑格尔的艺术哲学。①

虽然在耶拿时期，黑格尔整个实在哲学架构及其功能的构想基本成熟，但这并不意味着其间毫无反复，思想的成熟很多时候就如同精神的发展并非坦途，而是在曲折徘徊中艰难地前进，本书也与施耐德持类似的看法，1817年版《纲要》的"艺术"规定带有较多现象学的痕迹②，这至少透露出黑格尔的确曾经有在世界历史和绝对精神历史交互关联中延续现象学中精神章和宗教章中自然意识与有教养的意识对话的模式，这种构想的残余一方面可以在饱受富尔达诟病的1830年版《纲要》的§554"如同这一最高的领域一般地可以描绘成的那样，宗教既可以看作是从主体出发的和处在主体内的，同样也可以看作是客观地从绝对精神出发的，绝对精神作为精神是在它的社团内"③ 中发现，另一方面黑格尔在1817年版《纲要》中依然认为艺术在一定程度上还是特定性的民族精神有局限的自我意识，"这部分是就存在是一种直接的东西，因而是一种外在的材料而言，部分是因为内容因此而也只是一种特殊性的民族精神"④，维埃拉德-巴隆（Jean-Louis Vieillard-Baron）对这一点有着清晰的认识，黑格尔在1817年版的《纲要》中依然将艺术限定在伦理和宗教的领域⑤，

---

① 关于对学界有关黑格尔"艺术终结"命题的一系列误读的澄清，可以参见朱立元《内在提升·辩证综合·自由艺术——对黑格尔"艺术终结"论的再思考之二（上）》，《当代文坛》2020年第1期；朱立元《内在提升·辩证综合·自由艺术——对黑格尔"艺术终结"论的再思考之二（下）》，《当代文坛》2020年第2期。

② Vgl. Helmut Schneider, Die Kunst in Hegels Enzyklopädie, in *Hegels enzyklopädisches System der Philosophie*, hrsg von Hans-Christian Lucas und Burkhard Tuschling und Ulrich Vogel, Stuttgart: Frommann-Holzboog, 2004, S. 382.

③ ［德］黑格尔:《哲学科学全书纲要》（1830年版），薛华译，商务印书馆2021年版，第411页。

④ ［德］黑格尔:《哲学科学全书纲要》（1817年版），薛华译，商务印书馆2021年版，第220页。

⑤ Vgl. Jena-Louis Vieillard-Baron, Kunstreligion und Geschichte zwischen der Phänomenologie des Geistes und der Enzyklopädie von 1817, in *Zwischen Philosophie und Kunstgeschichte. Beiträge zur Begründung der Kunstgeschichtsfofschung bei Hegel und im Hegelianismus*, hrsg von Annemarie Gethmann-Siefert, Bernadette Collenberg-Plotnikov, München: Fink, 2008, S. 62.

施耐德甚至认为1817年版《纲要》§458中提到的"连上帝的确定的形态对于这一知识来说起初也是一种直接定在的抽象的形态，一种元素性的或具体自然存在的这种形态或者对立的纯粹思维的这种形态"[1]是对现象学中东方自然宗教的改写，这些东方宗教同样在柏林时期较早的美学讲座中被提到，并逐渐被归入"象征型艺术"中[2]，与之相应的是黑格尔的确是到了柏林之后才对艺术与公众的关系有了比较自觉的意识，并在此基础上重新完善了自己的艺术史观念。从这个角度看，黑格尔关于绝对精神概念的思考同样是伴随着对艺术、宗教和哲学三种特殊方式具体功能的规定而日趋成熟的。

第一节 普遍性："艺术"与"绝对精神"

与托因尼森的神学性诠释类似，佩珀扎克将"绝对精神"概念还原为对"上帝存在的本体论证明"（ontologischen "Beweis vom Dasein Gottes"）的抽象的表达[3]，其依据在黑格尔的宗教哲学讲座之中，"精神向上帝的提升是一回事"[4]。与各种神学性诠释所要求的实体性统一不同，富尔达采用了一种更为折中的进路，但绝对精神之整体性并非宗教的种种变体，而是艺术、宗教和哲学作为人类文明的结晶本身共同构成了一个具有相对自足性的整体，三者之间的连续性就在于提供了一种统一自然与有限精神的一元论的

---

[1] [德]黑格尔：《哲学科学全书纲要》（1817年版），薛华译，商务印书馆2021年版，第219页。

[2] Vgl. Helmut Schneider, Die Kunst in Hegels Enzyklopädie, in *Hegels enzyklopädisches System der Philosophie*, hrsg von Hans-Christian Lucas und Burkhard Tuschling und Ulrich Vogel, Stuttgart: Frommann-Holzboog, 2004, S. 393–397.

[3] Adriaan Peperzak, *Selbsterkenntnis des Absoluten*, Stuttgart: Frommann-Holzboog, 1987, S. 83.

[4] G. W. F. Hegel, *Vorlesungen über die Philosophie der Religion* II, TWA, Bd. 17, Frankfurt. a. M.: Suhrkamp, 1986, S. 394.

方式①，这种统一已经不再是直接的实体和直接的主体的统一，相反，被统一的双方都发生了交互性渗透，即自然经由有限精神的认知或改造，成为主体重构的实体；有限精神本身也掌握了自己的行动和知识，是包含着实体的主体，而绝对精神更高层次的统一就是反映出二者相互运动的自由本质。而绝对精神本身就是艺术、宗教和哲学得以区分和复归的概念之自由的运动。

§.553 精神的概念在精神中具有它的实在性。这种实在性作为绝对理念的知识之所以能够是处于与精神概念的同一性之内，其中有一个必然性的方面：自在地自由的理智在它的现实性内能够是被解放为自己的概念，以成为这一概念的尊严的形态。主观精神和客观精神可以被看作是实在性或实存的这个方面在其上完善发展自己的道路。②

§.554 绝对精神是永恒地在自己内存在着的同一性，同样也是向自己内回归着的和回归到自己内的同一性。整一的和普遍性的实体作为精神的实体，是判断为它自己和一种知识，对于这种知识而言，这一实体是作为实体存在的。如同这一最高的领域一般地可以描绘成的那样，宗教既可以看作是从主体出发的和处在主体内的，同样也可以看作是客观地从绝对精神出发的，绝对精神作为精神是在它的社团内。③

§.555 绝对精神的主观意识本质上在自身内是一种过程，这一过程的直接的和实体的统一性，在精神的证物内作为对客观真理的确信，是信仰。信仰当同时包含着这一直接的同一性，且是把它作为那些不同的规定的关系包含着，就已在敬祷

---

① Hans Friedrich Fulda, *G. W. F. Hegel*, München: C. H. Beck, 2003, S. 263.
② ［德］黑格尔:《哲学科学全书纲要》(1830年版)，薛华译，商务印书馆2021年版，第411页。
③ ［德］黑格尔:《哲学科学全书纲要》(1830年版)，薛华译，商务印书馆2021年版，第411页。

内、在潜在的和明白的崇拜内过渡到一个过程内去,来扬弃对立而达于精神解放,通过这一中介而确证那种最初的确信,并获致对这一确信的具体的规定,即获致和解,获致精神的现实性。①

黑格尔用三节澄清了"绝对精神"的定义,作为一个整体,这三节讨论了:(1)概念的自由本性;(2)客观精神向绝对精神的过渡;(3)自由表现为人类对自身本质的透彻认识,自身与现实间对立的扬弃一旦被人类自身所认识,那么自由就真正成了人类的本质和本性。

从逻辑科学的角度看,概念之自由还是潜在的和直接的,因为它仅仅在自身中达到了与自身所有规定性的一致,"理念是自在自为的真理,是概念和客观性的绝对统一。理念的实际的内容只是概念自己的表述"②,但概念自身的这种自在自为,仅仅是自由规定着的纯思维,既没有将这种自由的规定性转化为能思维的理性,又没有通过个体的行动重新穿透被自身建构出的现实性而返回自身。绝对精神则达到了概念真正的自由,既在主观精神层面达到了认知的自由(即人类有能力认识世界、探究世界,外在对象对人类而言不再是陌生的和异己的),又在客观精神层面达到了行动的自由(即人类有能力按照自己的认识重塑整个自然,建构自己的文明),故而世界历史或客观精神整体构成了绝对精神的直接前提,但主观精神确是绝对精神之自由的根据,这种认知能力的形成、发展和完善使得人类能在更高层次上再次思考自身的自由本质,主体是已经概念化的、能思维的理性,而实体则是概念化的、为主体所建构的现实,黑格尔在《精神现象学》中以极具诗意和略带夸张的笔触将之描绘为

---

① [德]黑格尔:《哲学科学全书纲要》(1830年版),薛华译,商务印书馆2021年版,第412页。

② [德]黑格尔:《小逻辑》,贺麟译,商务印书馆1996年版,第397页。

"二者汇合在一起，被概念式地理解了的历史，就构成绝对精神的回忆和目的，也构成它的王座的现实性、真理性和确定性"①，这段话的意思并不难懂，唯有反映出重新实体化的主体（已经认识到自身和世界一切关系的人）和重新主体化的实体（已经被建构为符合概念之规定性的现实）的一致性，才真正称得上"绝对知识"。在主观精神领域，人发展出了与世界打交道的各种不同能力，世界在理论上变得清晰透明；在客观精神领域，人通过自己的劳动和作为，使得直接被给予的种种实在逐渐被改造为渗透着概念规定的现实，由此世界与认识之间的对立被扬弃。按照佩珀扎克的说法，主观精神的特征乃是自由的理智，而客观精神则是伦理的现实性，是自由理智的现实化，因此，它是自由理智获得自身存在的中介，是与概念相适合的内容。② 而这就是"概念的解放"（Begriff befreit），精神的现实性与精神的知之间的矛盾在绝对精神阶段得到了克服。因而，概念之真和概念之自由是一个、是同一个。真是对"自由"的规定，而自由则是完全实现着的"真"。黑格尔将绝对精神的本质规定为和解，无疑是再次强调艺术、宗教和哲学并不反映任何外在于人在客观精神领域行动的新规定，而只是反映出这一规定的总体、这一规定的概念化，逐渐清除和剥离附着在这些规定之上的偶然的实体性因素和片面的思维预设，因而和解过程同样是深入概念自身，是从象征—符号到信仰—启示，再到思辨本身的过程。

在阐明绝对精神的概念后，还需整体性地分析三版《纲要》"艺术"规定的相关章节，在1827年版和1830年版《纲要》中，艺术均占据了8个小节，而1817年海德堡版《纲要》则占据了9个小节。本研究对黑格尔艺术哲学主要轮廓的呈现主要以1830年版《纲

---

① ［德］黑格尔：《精神现象学》（下），贺麟、王玖兴译，商务印书馆1981年版，第275页。

② Vgl. Adriaan Peperzak, *Selbsterkenntnis des Absoluten*, Stuttgart：Frommann-Holzboog, 1987, S. 83.

要》为主，同时参考柏林时期的《美学讲演录》。这8小节大致关涉到以下问题：（1）艺术也是对真理的认识的方式：相比于宗教和哲学，艺术的独立性在于，通过美在更高的层面上显现真，但由于显现结构包含的预设，因而绝对精神的自由被限定在知与实在性的直接同一，这构成了艺术的局限；（2）绝对精神在艺术中所反映的人之自由本质表现为艺术作品中神的拟人化或"神人同形"（anthropomorphistisch），这种统一的确被局限在特定的伦理实体中，因而缺乏真正意义上的普遍性；（3）艺术作为绝对精神的反映模式并不限定在希腊世界或这一特定的历史时期，艺术同样有完整的发展史，在浪漫型艺术中，所反映的人类对自身本质的理解就不再是古典型艺术中的美，而是"内在的自我意识"，而美的艺术同样会前进至自由的艺术；（4）艺术与宗教的区别既在于反映方式，也在于所反映之物，但是二者依然会相互交错。这8小节可大致划分为三个不同层次：§§556—560，美的艺术代表了主体与实体之间一种和解的方式，但这种和解还只是开端（§556），实体性因素是艺术作品客观的外在的定在，在艺术作品中作为理念的符号（§§556—559），而主体性原则中也包含着艺术家在创作中的局限（§557、§560）；§§561—562，以古希腊艺术为代表的古典型艺术与另两种并不表达"美"的艺术的比较，呈现"崇高"的象征型艺术（§561）和表达"普遍自我意识"的浪漫型艺术（§560），但三种艺术类型都是有限的和解；艺术向着启示宗教的过渡（§563）。

一 理想

§556：作为直接的（这是艺术的有限性环节），这一知识的形态一方面是一种离解活动，离解成具有外在普通定在的一个作品，离解成创作这一作品的和进行直观与从事尊崇的主体，另一方面它是对作为理想的自在绝对精神的直观与表象，即那从主观精神中诞生的具体形态的直观与表象；在这一形态内自然直接性只是理念的标志,是通过进行着想象的精神而被荣升为理念的表达的,以致形态在本身除此之外并不显示其他任何东西。这即美的形态。①

富尔达强调,在实在哲学阶段,概念自己的活动方式就是解放自己的方式②,而到了绝对精神阶段,黑格尔更是毫不吝惜地将三种反映人类本质的最高方式称为"知识"(Wissen),在柏林时期的美学讲座中,艺术被称为"对绝对精神的感性知识"(sinnliche Wissen)③,概念也由此达到现实自由的初阶形态,承担起了对个体自由意识之教化的重任。在这种特殊的知识中,这种自由被反映为审美自由和创作自由,黑格尔有意识地采用了康德、谢林和早期浪漫派诸多介入1800年前后德意志思想语境中艺术哲学建构的术语。虽然黑格尔用极其严密体系性的话语将自己所要表达的意思包裹得十分晦涩,但其要强调的意思无非两个方面,首先是人类能在审美活动中获得自由的根本原因就在于直观到了自身的自由本质;其次是由于这种自由本质被反映为艺术作品,所以自由直接以美的形态出现。黑格尔认为绝对精神之自由在艺术这一反映媒介中的呈现乃是理想(Ideal)。黑格尔在《美学讲演录》中对"理想"作了进一步的阐明,理想不仅仅是理念,同时包含了现实性④,并用身体和灵魂的关系形象化地解释了理想和概念之自由的关系。理想是概念本身及其现实性的直接合一,所以灵魂的内容是自在自为的存在,显现对于其本质

---

① [德]黑格尔:《哲学科学全书纲要》(1830年版),薛华译,商务印书馆2021年版,第412页。

② Hans Friedrich Fulda, *Georg Wilhelm Friedrich Hegel*, München: C. H. Beck, 2003, S. 252.

③ G. W. F. Hegel, *Philosophie der Kunst oder Ästhetik. nach Hegel*, im Sommer 1826, hrsg von Gethmann-Siefert Annemarie, München: Fink, 2004, S. 33.

④ G. W. F. Hegel, *Vorlesungen über die Philosophie der Kunst*, Berlin 1823 Nachgeschrieben von Heinrich Gustav Hotho, hrsg von Annemarie Gethmann-Siefert, Hamburg: Felix Meiner, 1998, S. 82.

而言是真实且合适的。① 理想的规定便是，"作为艺术美的理念一方面具有明确的规定性，在本质上获得个别的现实性，另一方面它也是现实性的一种个别表现，具有一种规定性，使它本身在本质上正好显现理念。即理念和它的表现，或它的具体的现实性是完全合适的"②。一方面理想作为理念，能在精神的自我直观和想象中超越有限的现实性；另一方面，有限的现实性约束绝对理念必须呈现为个体（individuo）。③

"理想"一词在整个德国古典美学的语境中首先指向康德，但奇怪的是黑格尔在法兰克福时期对"理想"的运用完全遵照荷尔德林"统一哲学"的模式，理想代表的乃是异质性因素结合的模式，"当在自然中存在着永恒分离之时，当无法统一之物统一在一起时，就出现了实定性。因此，这个被统一者、这一理想乃是一个客体，其中有一些非主体之物"（《爱与宗教》残篇）④；"在理想中，已然分离的完全统一，希腊人在民族之神（Nationalgöttern）中，基督徒在基督中"⑤，而进入耶拿时期，黑格尔不再在宗教以及哲学领域使用"理想"一词。直到纽伦堡时期，黑格尔才重新将理想和生命理念结合在一起，将之引入美学领域。在《纲要》的多处说明中，黑格尔大力赞扬了康德《判断力批判》所包含的真正思辨性，认为《判断力批判》提供了一种对普遍和特殊结合的全新模式，但却在美学讲

---

① G. W. F. Hegel, *Vorlesungen über die Philosophie der Kunst*, Berlin 1823 Nachgeschrieben von Heinrich Gustav Hotho, hrsg von Annemarie Gethmann-Siefert, Hamburg: Felix Meiner, 1998, S. 81.

② Vgl. G. W. F. Hegel, *Vorlesungen über die Philosophie der Kunst*, Berlin 1823 Nachgeschrieben von Heinrich Gustav Hotho, hrsg von Annemarie Gethmann-Siefert, Hamburg: Felix Meiner, 1998, S. 83 – 84.

③ Vgl. Hans Friedrich Fulda, *Georg Wilhelm Friedrich Hegel*, München: C. H. Beck, 2003, S. 252.

④ G. W. F. Hegel, *Frühe Schriften*, TWA, Bd. 1, Frankfurt. a. M.: Suhrkamp, 1986, S. 244.

⑤ G. W. F. Hegel, *Frühe Schriften*, TWA, Bd. 1, Frankfurt. a. M.: Suhrkamp, 1986, S. 302.

座中很少提到康德对"理想"的规定。相反，黑格尔在美学讲座中不止一次提到了席勒的见解，"席勒把这种普遍性与特殊性、自由与必然、精神与自然的统一科学地了解成为艺术的原则与本质，并且孜孜不倦地通过艺术和美育把这种统一体现于现实生活。他又进一步把这种统一看作理念本身，认为它是认识的原则，也是存在的原则，并且承认这个意义的理念是唯一的真实"①。席勒对种种二元性统一于理念的一元论构想深刻影响了黑格尔和谢林，黑格尔理想概念的另一大来源与其说来自康德，不如说是受到温克尔曼的古典希腊以及整个德意志新古典人文主义的影响，"温克尔曼就已从观察古代艺术理想得到启发，因而替艺术欣赏养成了一种新的敏感"②，在温克尔曼、歌德、席勒和威廉·洪堡那里，理想标识的是希腊艺术的典范性，黑格尔在柏林时期的美学讲座中不再像康德那样将理想称为"德性的象征"，也不再将人的形象（menschliche Gestalt）称为象征，而是称为"理念"最完美的表达③。

黑格尔对理想的规定无疑与谢林对希腊作为"自然神话"的规定是完全一致的，即认识的无限普遍性和个别形态的有限性就直接结合在这一个别的有限形态之中，这一个别的有限形态（艺术作品）实际上并不构成对绝对精神的表现，而是与之完全合一。艺术作品和绝对精神没有哪一方是另一方的象征，而就是被直接规定为同一者，这个同一者就是理想。因而理想本身包含着理念的无限性，但还是以艺术作品的有限形态为主导原则。因此，艺术虽然将绝对精神反映为个别的艺术作品，但艺术作品的内蕴本身却超越了伦理实体或民族精神的有限性，由是，不同时代的欣赏者都能在艺术鉴赏中感受到自由。同时这种直接的合一摆脱了宗教祭拜牺牲的自然形

---

① ［德］黑格尔：《美学》（第一卷），朱光潜译，商务印书馆1996年版，第78页，译文有改动。
② ［德］黑格尔：《美学》（第一卷），朱光潜译，商务印书馆1996年版，第78页。
③ Vgl. Helmut Schneider, Neue Quellen zu Hegels Ästhetik, in *Hegel Studien* Bd. 19, hrsg von Friedhelm Nicolin und Otto Pöggeler, Bonn: Bouvier, 1984, S. 14–21.

式，实现了更高层面上精神性和自然性的统一，这使得艺术作品摆脱了形式和质料在自身中的对立，实现了个体意识的鉴赏自由，在这一层面，黑格尔无疑认同早期浪漫派所倡导的审美革命的部分原则。理想本身包含温克尔曼式的审美内在性——一种对满足、安宁与和谐的深刻感受，虽然古典理想还只是自由的开端，但却充满了精神的高贵和对和谐统一坚实的信仰，这无疑包含了黑格尔对现实世界种种分裂的深切忧虑。

　　理想是绝对精神以直观和想象力的方式把握自身的本质，直观的反映方式规定了被反映的产物乃是个别形象，即"这一知识的形态一方面是一种离解活动，离解成具有外在普通定在的一个作品，离解成创作这一作品的和进行直观与从事尊崇的主体，另一方面它是对作为理想的自在绝对精神的直观与表象，即那从主观精神中诞生的具体形态的直观与表象"①。在 1817 年版《纲要》中，黑格尔将理想称为艺术宗教的根基，是上帝的显现和自然与精神实体性的统一②，在之后的两版《纲要》中，黑格尔将之修正为"自在的绝对精神"，"自在"即绝对精神作为理想可能性的条件，理想只是绝对理念按照概念本身所要求的，而艺术将理想作为内容，就是为理想构建了外在的现实性，而美学的基本主题就是从内容来把握形式，所以需要基于内容的绝对性来阐释古典型艺术中概念与现实性之间的完美和解，艺术的工作就是将这种内在的、主观的观念的统一变成外在的现实。③ 而自然与精神在艺术中统一的方式便是，"在这一形态内自然直接性只是理念的标志（符号），是通过进行着想象的精

---

①　[德] 黑格尔:《哲学科学全书纲要》（1830 年版），薛华译，商务印书馆 2021 年版，第 412 页。

②　Vgl. G. W. F. Hegel, *Enzyklopädie der philosophischen Wissenschaften im Grundrisse* (*1817*), hrsg von Wolfgang Bonsiepen und Klaus Grotsch, Hamburg: Felix Meiner, 2000, S. 241.

③　Vgl. Michael Theunissen, *Hegels Lehre vom absoluten Geist als theologisch-politischer Traktat*, Berlin: Walter de Gruyter, 1970, S. 154f.

神而被荣升为理念的表达的，以致形态在本身除此之外并不显示其他任何东西。这即美的形态"①。作为精神第一现实性的自然在艺术作品中只构成了其外观或形态，换言之，自然要素的直接性通过转变为符号降低为一种间接环节，因而是为主体所自由支配的，自然能够通过这种中介化的方式来反映绝对精神本身的无限意蕴。然而自然的符号化同样成为艺术作品本身的局限之一，作为表达形式的自然虽然通过主体活动而降低为符号，这一符号并非主体纯然塑造，因而符号与其要表达的内蕴仍是偶然的，这也是艺术中保留着的直接性，即"形式的缺陷总是起自于内容的缺陷"②，自然作为精神的符号，意味着，在艺术中概念被反映在自然元素之中，虽然结合得天衣无缝，显现即为概念之自由，但这却不能逆向推导出概念之自由就是被重塑的自然元素。唯有当作为符号的自然完全摆脱了自然因素或自然形态，彻底为精神性的意蕴或思维所支配时，才会出现美的形象。

§557：美的东西上感性的外在性，直接性本身的形式，同时是内容规定性，而上帝尽管其精神的规定，也还是具有一种直接元素或者定在所具有的规定。上帝包含着自然和精神的所谓的统一性，亦即直接的同一性，包含着直观的形式；以此而也就不是精神的统一性，在其内自然的东西只应是被设定为观念的东西，为被扬弃的东西，而精神内容只是在自身关联之内。出现在这一意识之内的，在此不是绝对精神。按照主观方面，社团诚然是一种伦理的社团，因为它把它的本质认知为精神性本质，它的自我意识和现实性在其内是被提高到实体自由的。但是，染有直接性时主体的自由就只是伦常，没有无限的己内

---

① ［德］黑格尔：《哲学科学全书纲要》（1830年版），薛华译，商务印书馆2021年版，第412页。

② G. W. F. Hegel, *Vorlesung über Ästhetik I*, TWA, Bd. 13, Frankfurt. a. M. : Suhrkamp, 1986, S. 106.

反映，而缺少良心的主体内在性。美的艺术的宗教敬祷与礼拜在进一步的发展中也是依此而得到规定的。①

黑格尔在§556揭示出美的艺术通过三个不同方面充实自己：呈现美的艺术品，其中包含着作为内容的理想和欣赏主体，但这三个方面都包含着直接性。理想本身是普遍的，作为艺术作品的内容本身也不会受到任何艺术家的主观方面的特殊性的干扰，但按照内容与形式相互的反映关系，直观形式的局限会被反映到内容之中，成为内容本身的局限。艺术被规定为绝对精神自我认识和自我显示最直接的方式。精神作为概念之观念性，不显示他物而是显示自己，因此，绝对精神的自我认识和自我显示是绝对同一的，但艺术"这种知识的形态作为直接的——（艺术的有限性的环节）"②。因而艺术的普遍规定包含了两个层面，一方面既是绝对精神自我认识又是其自我显示，这意味着艺术的内容就是绝对精神本身；另一方面这种自我认识和自我显示又是最直接的，这种直接性使得艺术这种认识方式和显示方式对于绝对精神而言是有局限的，艺术作为绝对精神对自己的感性直观，同时又将这种感性直观反映为一种直接的感性存在，认识的直接性同时就是存在的直接性；艺术虽然揭示了绝对精神自我认识和自我显示间的同一性，但这种被揭示的同一性却表现为实体性而非主体性。黑格尔在《美学讲演录》中将之视为艺术之独立性所在，"感性直观的形式独属于艺术，因为艺术将真理以感性形态的方式呈现于意识"③。

黑格尔基于艺术与绝对精神的关联推演出了艺术的存在形式，

---

① ［德］黑格尔：《哲学科学全书纲要》（1830年版），薛华译，商务印书馆2021年版，第412—413页。

② ［德］黑格尔：《精神哲学》，杨祖陶译，人民出版社2006年版，第372页，译文略有改动。

③ ［德］黑格尔：《美学》（第一卷），朱光潜译，商务印书馆1996年版，第129页，译文有改动。

即内容的感性外在性或直观形式必须表现为形式的直接性。这也是在艺术中表现的上帝——"上帝包含着自然和精神的所谓的统一性，亦即直接的同一性，包含着直观的形式；以此而也就不是精神的统一性，在其内自然的东西只应是被设定为观念的东西，为被扬弃的东西，而精神内容只是在自身关联之内"①的根本原因。这种统一因为包含着直接性，所以是有局限的，因而希腊神话中所呈现的是诸神，黑格尔在《美学讲演录》中进一步阐明了这一问题，艺术中所表现的上帝固然是绝对精神，但与之关联的却还是精神性的自然（作为表现绝对精神的材料），因而在古典艺术中描绘的希腊诸神是自然与精神个体化的统一，艺术作为绝对精神的自我表达就已经意味着在统一活动中占据主导的是精神，而非自然。②虽然自然元素和材料浸透了主体性，但自然仍然对精神构成了限制，在希腊古典艺术中，诸神是自然的支配者却还不是自然本身的创造者，这一点在基督教中发生了变化，因为上帝不仅是自然的主宰者，还是自然本身的创造者。希腊世界观所表现的实体性的统一同样表现在诸神与自然在整个世界中和谐地共属一体，因此，虽然在古典型艺术中，精神的原则占据了主导地位，但依然无法呈现概念的绝对自由，尽管精神要高于自然，但自然仍然对精神起着限制作用。而正是内容方面的局限使得艺术的存在形式本身无法超越感性的外在性深入更具有精神性的素材之中，因为如果古典型艺术以呈现精神与自然之间的和谐一致，或共属一体为最高旨趣，那么它就无法展现出精神本身的无限性或者说概念之自由，希腊艺术表现为一种多神教的幻想，这也是诸如道成肉身或基督的事迹无法进入古典型艺术的原因。

由此，黑格尔指出，只有在宗教社团中，在信徒自发集结、重建的统一体中，精神才能显示出自身的无限自由，"精神性的统一"便

---

① ［德］黑格尔：《哲学科学全书纲要》（1830年版），薛华译，商务印书馆2021年版，第412页。

② Michael Theunissen, *Hegels Lehre vom absoluten Geist als theologisch-politischer Traktat*, Berlin: Walter de Gruyter, 1970, S. 161.

是自我意识的主体性和现实性，这意味着在观念性中，自然仅仅是被设定为"精神"的他者，或外在于精神之物，是精神回归自身的过渡，因此精神就在这种预设中关联自身，这种对精神的呈现就超越了"作为风俗习惯的直接性的主体的自由"，而进入了"无限的自内映现"。

二 自然与伦理——实体性因素

> §558：艺术对于须得由它创造的直观，并非仅仅是需要一种外在的、给定的材料，即使是主观的图像与表象也属于这种材料，反之，艺术必须推量和掌握各种自然形式的意义，为了表现精神性的内蕴，也需要依照这些被给定的形式所具有的意义而有这些形式。在各种的形态下，人的形态是最高的和真正的，因为只有在它之内精神才能够具有自己的肉体性，因而也才能够具有可直观的表现。[1]

§§556—557是"艺术"规定的总纲，而§§558—560是对艺术与精神关系中艺术与客观精神关系的进一步阐明，其中§§558—559侧重的是艺术与特定民族精神的纠葛，即实体性的因素。§558节与1817年版《纲要》§460关系密切，都涉及艺术的质料问题：

> §460：就美一般乃是渗透着思想的直观或图像，并且是模范式的思想来说，它是某种形式性的东西，而思想的内容同它用于自己想象的材料一样，首先也可能是具有极为相异的性质。[2]

§558（1830年版《纲要》）和§460（1817年版《纲要》）关注的

---

[1] ［德］黑格尔：《哲学科学全书纲要》（1830年版），薛华译，商务印书馆2021年版，第413页。

[2] ［德］黑格尔：《哲学科学全书纲要》（1817年版），薛华译，商务印书馆2021年版，第220页。

焦点是艺术作品的形式和内容，这两节揭示出最重要的一点就是显现方式本身构成了显现的材料。黑格尔耐人寻味地提出，"就美一般乃是渗透着思想的直观或图像、并且是模范式的思想来说，它是某种形式性的东西"，黑格尔对艺术中形式和内容的区分有其独到之处，充分揭示出二者如何相互转化，故不落于流俗。直观和表象原本是特定的认知形式，可一旦绝对精神将之确立为反映自身的模式后，认知形式就塑造为内容，这就是黑格尔在《逻辑学》中所强调的"方法与内容彼此一致，方法是内容的灵魂"，同时也是区分"Inhalt"和"Gehalt"的关键所在。按照黑格尔行文的习惯，在《逻辑学》和《纲要》的语境下，Inhalt（内容）基本是与Form（形式）联袂出现的概念，而后者是概念的自我规定；而在《美学讲演录》的语境下，Inhalt被Gehalt取代，这个词多被翻译为"意蕴"，其真实含义就是在精神的感性呈现或者在艺术中所表达的概念自由的直接性，Gehalt构成了艺术本身的内容，即各种艺术类型（象征—古典—浪漫）和各种艺术门类（如建筑—雕塑—诗歌等）所呈现之物。而艺术的形式则指向表达意蕴的具体手段，如具体的艺术门类。反之，表达方式也会影响艺术的意蕴。例如在建筑和诗歌中所呈现的意蕴是有差异的，实体性因素或精神的自然元素在建筑艺术中依然占据着主导性，所以建筑对自然的依赖性较高，不得不以自然来影射精神本身；在诗歌中这种实体性因素就完全为主体性原则所贯穿，更多通过声音、语言这些内在性的因素来表达精神本身的意蕴，进而转入纯粹的内心世界之中。对艺术品而言，它虽然是对艺术"意蕴"的具体表达，但它的存在本身无法摆脱直观或想象的烙印，此二者都构成了其形式方面的规定，即"是某种形式性之物"或"给予的自然形式"。这既是艺术本身的规定，又暴露了其局限。具体的艺术作品虽然多样性地呈现了艺术的"意蕴"，但它终究无法摆脱直观或想象这种与精神的内在性相异己的存在方式。

施耐德认为，在1817年版《纲要》§460中，黑格尔有意识地回应了康德的"理想"概念，美首先是为思想所渗透的，尽管它以图像或直观的方式存在。在《纲要》（1827/1830）的§55中，黑格尔高度评价了"目的论判断力"所具有的思辨性，认为其能具体地统一普遍与特殊，从而产生出具体的理念。康德认为这种具体的理念或"理想"只能体现在生机勃勃的有机体和艺术作品之中，而黑格尔则认为这种和解是普遍的，艺术绝不是体现这种和解的唯一途径，虽然这种和解在艺术中更能为人所直观、最易于领会。其中§460所提到的"可图像化的思想"在康德那里就是"规格理念"（§17），其实质是"原图像"（Urbild）或"典范图像"（Musterbild），这种"规格理念"并不是该种类中全部美的原型，而只是那构成一切美之不可忽视的条件的形式，因而只是在表现类属时的正确性。[①] 换言之，对于艺术作品而言，思想或者精神性之物是必要条件，但还不是充分必要条件。对康德而言，唯一能充当美的理想只有人的形体而已，这一点黑格尔也在1817年版《纲要》§460的旁注中做了回应，"人的形象是精神最自由最美的象征"[②]。这也就是1830年版《纲要》§558中讨论的"人的形象"的问题。

"人的形象"或有生命的人体实际上与现象学"艺术宗教"部分所涉及的"有生命的艺术作品"密切相关，但在1817年版《纲要》中，黑格尔严格从艺术论的角度规避了将"人的形象"和基督教"道成肉身"的传统混为一谈，"出现在东方宗教里的道成肉身的信仰，就是没有真理性的，因为东方宗教中的现实的精神是没有上帝变成肉身这种观念所包含的神人和解的原则的"[③]，这一点同样适用于希腊宗教（艺术宗教）。这一方面意味着古典艺术中作为典范

[①] Immanuel Kant, *Kritik der Urteilskraft*, hrsg von Karl Vorländer, Leipzig: Felix Meiner, 1922, S. 76.

[②] Helmut Schneider, Die Kunst in Hegels Enzyklopädie, in *Hegels enzyklopädisches System der Philosophie*, hrsg von Hans-Christian Lucas und Burkhard Tuschling und Ulrich Vogel, Stuttgart: Frommann-Holzboog, 2004, S. 391.

[③] ［德］黑格尔：《精神现象学》（下），贺麟、王玖兴译，商务印书馆1981年版，第188页。

的"人的形象"尚未达到基督宗教中"道成肉身"的思辨性；另一方面昭示了艺术本身的标准并不是纯粹的思辨性或者思想，而是意蕴及其表现形式之间完美的契合。换言之，一方面"真"构成了"美"真正的内蕴，是其根据；另一方面，内蕴和表达之间的关联却是构成"美"之为"美"的条件。故此，"人的形象"虽然尽美，却还不够尽真。

> §559：绝对精神不可能在形态过程的此种的个别性内被展示出来；美的艺术的精神因此是一种有局限的民族精神，这一精神的自在地存在着的普遍性当其成为进展到对自己的丰富性进行更广泛规定时，就会离解成一种不确定的多神教。随同内容的本质上的局限性，美一般地只是变成渗透着精神东西的直观或图像，变成某种形式性的东西，以致思想的内容，或者说表象，如同内容用于它的想象的材料[一样]，能够是具有极为相异、甚至也极细微性质的，而作品终究还是某种美的东西和一个艺术作品。[①]

§559是对§558的进一步深入阐释和推进，分两个层面：艺术与客观精神的相互限制；判断艺术的标准。首先，对艺术构成限制关系的乃是自然，因为自然是艺术作品的质料，自然要素是艺术作品的基石，也是隐藏在艺术作品中最深的"实体性因素"。其次，对艺术构成限制关系的不再是物理意义上的第一自然，而是文明意义上的社会风俗，即第二自然，"民族精神包含着自然—必然性，并处在外在定在之内（§483）；那在自己内无限的伦理实体自为地是一种特殊性的和局限性的实体（§549和§550），而它的主体方面是染有偶然性的，是无意识的伦常，并且对于它的内容的意识是作为对于

---

① [德]黑格尔：《哲学科学全书纲要》（1830），薛华译，商务印书馆2021年版，第413页。

一种时间上现存的东西的意识，并且是处在与一个外在的自然及世界的对立关系之内的。但是在伦理内思维着的精神，恰恰会在自己内扬弃自己作为民族精神在其国家内及其时间性的意趣内、在法律和伦理体系内所具有的有限性，并会把自己提高到自己在自己本质性内的知识；这是这样一种知识，它本身终究具有民族精神所具有的内寓的局限性"[1]。艺术在以自然为素材的同时，在更直接的层面上被局限在民族精神的范围中，它表现的是对特定伦理生活的透彻反思，而不是对全部人类生活的反思，因而无法表达人类的自由本质。前者主导了艺术作品中自然与精神结合的模式，后者则误导了读者和研究者的判断，古希腊艺术代表了黑格尔全部的艺术观。

然而，艺术之所以是绝对精神的反映方式，因为它是一种普遍的精神性创造活动，因此古典型艺术的模式决不能涵盖艺术的全部。一方面，艺术作品将人类对自身自由本质的理解局限在个别形态；另一方面，由于客观精神乃至世界历史是一个不断深化前行的过程，而艺术对它的反思只能与这一过程保持一致，因而特定的艺术阶段（黑格尔称为"艺术类型"）则以特定的世界历史时期为对象，这就不可避免地局限于客观精神这一基础之中。艺术与客观精神的关联就具体表现为艺术这一反映模式中艺术家以及特定艺术风格在整个世界历史中的偶然性，例如希腊艺术与希腊神话的关联，基督教艺术与《圣经》的关联，等等。特定时期的艺术家的创作活动更无法超越特定历史发展阶段的局限，特定的民族精神和伦理实体不仅不是对艺术家的限制，反而是他创作的前提，艺术家必须将这种规定表现出来，这恰恰呈现出他对这一历史时期原则以及民族本质的反思。此外，除了客观精神对艺术构成的反向限制，艺术作品的个别形态也使得艺术只能表现出绝对精神的某一规定性，那么在艺术作品中整全的神性就会被分裂为诸神的共在，例如希腊神话中奥林匹

---

[1] ［德］黑格尔：《哲学科学全书纲要》（1830），薛华译，商务印书馆 2021 年版，第 402 页。

斯神系和作为新神的狄俄尼索斯,黑格尔在这个意义上将艺术称为一种"对多神教的幻想"①。托因尼森也认为黑格尔对艺术的规定仍然承担了一部分"宗教哲学"的功能,古典型艺术与基督宗教的差异就在于多神教和一神教。②

这里进一步分析黑格尔对"艺术模仿自然"问题的讨论,在1830年版《纲要》中,这一问题只是在§558的附释中被一笔带过,而在柏林时期的历次美学讲座中,黑格尔却对之做了详细的阐释,精神对自然的主导或主体性原则对实体性因素的贯穿使得艺术构成了自然的外在性向着精神纯粹的内在性过渡的中介,它是精神性活动对自然元素的支配和创造,在艺术作品中,自然元素不仅有符号的地位,也宣告了艺术模仿自然原则的终结,在艺术作品中呈现的自然元素,其存在的方式不再是自然的,而是精神性的:

> 艺术通过感性材料表现感性直观(即为了感性直观)的绝对概念;关于这样呈现出来的概念,自然形态是必要的;但这个要求是和模仿自然决然不同的(要区别开来)。③

黑格尔首先区分了对自然材料的支配和模仿自然间的区别,这意味着从质料方面来看,"自然当然是艺术必要的根本规定,但它绝不是唯一的"④。以感性的、图像化的方式表达思辨的真理或精神的内在性本身就是不合适的,因而艺术的内蕴和其存在乃是悖谬性的,只要艺

---

① G. W. F. Hegel, *Enzyklopädie der philosophischen Wissenschaften im Grundrisse* Ⅲ, TWA, Bd. 10, Frankfurt. a. M.: Suhrkamp, 1986, S. 362.

② Vgl. Michael Theunissen, *Hegels Lehre vom absoluten Geist als theologisch-politischer Traktat*, Berlin: De Gruyter, 1970, S. 176–178.

③ G. W. F. Hegel, *Vorlesung über Ästhetik*, Berlin 1820/21. Eine Nachschrift. I. Textband, hrsg von Helmut Schneider, Frankfurt. a. M.: Peter Lang, 1995, S. 35.

④ G. W. F. Hegel, *Vorlesung über Ästhetik*, Berlin 1820/21. Eine Nachschrift. I. Textband, hrsg von Helmut Schneider, Frankfurt. a. M.: Peter Lang, 1995, S. 23.

术试图去表现精神的内在性，那么它就不得不承受精神与自然、内在与外在之间的分裂。因此，艺术既对自然（外在自然和伦理实体）有所依赖，但作为一种精神性的活动本身超越了对材料的复现，任何一个真正的艺术家都能在艺术作品中重新构建一个完整的世界，象征性地或隐喻性地传达出精神的本质；其局限在于，它所运用的元素是外在于精神本身的，尚不是纯粹思维。而黑格尔对艺术类型的划分完全可以作为其反对"艺术模仿自然"原则的佐证，确立象征型、古典型和浪漫型这三种艺术类型的内在逻辑绝非以模仿自然的相似程度为标准，而是着眼于艺术如何呈现绝对精神。以浪漫型艺术为例，黑格尔在评论歌德的《抒情诗西东合集》时指出，浪漫型艺术在更高的层面上吸纳了东方象征型艺术的成分；或者说，东方的象征型艺术已经被浪漫型艺术扬弃，浪漫型艺术也更娴熟地运用起象征和隐喻。① 这意味着，黑格尔认为浪漫型艺术较象征型艺术更充分地表现出精神的内在性并非着眼于模仿程度，而是表现精神的方式更为自由、更为内在、更多地摆脱了自然属性的束缚，与谢林和早期浪漫派一样，完全是基于启蒙以来艺术之为创造的全新原则。

"因此，我们看到，起初艺术的目的就是表现神，而非模仿自然。我们必须将本能、欲求理解为目的，是一种自我呈现，是内在的贯彻，是其客观化。因而我们得摆脱这种肤浅的念头，仿佛概念、艺术作品的内容已然被设想出来了；仿佛其已经以一种散文式的样态实际存在着。内容成了内在的，并且它在更大程度上成了一种欲求，一种冲动，要把内容表达出来，要使之被意识到。我们只清楚这一点，对我们而言，这是对象，艺术的目的是将没有被认知的概念带入意识。"② 黑格尔对希腊诸神的界定与希腊艺术对诸神的表现完全一致，"出于你的狂热，哦，人啊，制造出你的诸

---

① 参见［德］黑格尔《美学》（第二卷），朱光潜译，商务印书馆1996年版，第384—385页。

② G. W. F. Hegel, *Vorlesung über Ästhetik*, Berlin 1820/21. Eine Nachschrift. I. Textband, hrsg von Helmut Schneider, Frankfurt. a. M.：Peter Lang, 1995, S. 36.

神吧"①。黑格尔将艺术确立为绝对精神的一种表现形式，这意味着艺术首先得摆脱对自然的依赖，进而支配起作为表现材料的自然，在这个意义上，我们不难看出黑格尔对艺术规定所包含的最深层的预设无疑是——创造即为艺术的本质。

就表现绝对精神的完满性方面而言，艺术无疑有其局限性，但这却并不妨碍一件艺术品成为完美的艺术作品，黑格尔做了如下总结，"带着这种内容的本质上的局限性，美一般地就仅仅成为精神东西对直观或意象的渗透，即成为某种形式的东西；以至于思想的内容或表象就像它在想象时所使用的材料那样，只能是极其各种各样的甚至极其非本质性质的，而作品却可能是某种美的东西和一个艺术品"②。这涉及评判艺术作品本身的标准，艺术与绝对精神的关系固然是艺术存在的根据，但艺术存在的条件却植根于艺术的意蕴和形式之间的和谐一致。艺术的意蕴是理想、自在的绝对精神、呈现在外在性中的内在性，直观形式是艺术作品无法摆脱的存在样态，被反映的绝对精神本身的限定。但这种外在性并不会构成艺术作品的缺陷，反倒是其本质规定，当外在的感性形式和绝对精神的直接形态达到了和谐一致，完成了真正的统一，这就是美的艺术。

三 艺术与艺术家——主体性因素

§560：理想上的直接性所具有的片面性，包含着相反的片面性（§556）：那是一种被艺术家做出的东西。主体是活动的纯粹形式性的东西，而艺术作品之是上帝的表现，也只有当作品中没有任何主观的特殊性的标志，而是内寓的精神的内蕴不带掺杂，不为其偶然性所污损使自己得到孕育并诞生出来。但

---

① G. W. F. Hegel, *Vorlesung über Ästhetik*, Berlin 1820/21. Eine Nachschrift. I. Textband, hrsg von Helmut Schneider, Frankfurt. a. M.：Peter Lang, 1995, S. 36.

② ［德］黑格尔：《精神哲学》，杨祖陶译，人民出版社2006年版，第374页。

> 由于自由在此只是一直进展到思维之前，以这一内寓的内蕴所充满的活动，艺术家的激情，如同他内心里一种异己强力一样是作为一种非自由的热忱，创作在他那里本身就具有自然直接性的形式，是加给作为这个特殊性的主体的天才的，并同时又是一种以技术理知及各种的机械外在性从事的劳动活动。所以艺术作品同样是自由随意的一种作品，而艺术家是上帝的巧匠。①

黑格尔认为，希腊艺术中的艺术家乃是上帝的"巧匠"（Meister，大师），艺术家一方面是反映人类自由本质的重要中介；另一方面自身就通过对自然物和一切艺术塑造的陶冶和改造体现了主体性原则。②正是通过艺术家，艺术的形式与内蕴被结合到了艺术作品中，而且是否定性的合一。但艺术作品中的主体性并不同于个人的主观性，黑格尔认为，"艺术作品之是上帝的表现，也只有当作品中没有任何主观的特殊性的标志，而是内寓的精神的内蕴不带掺杂，不为其偶然性所污损使自己得到孕育并诞生出来"③，在艺术家的创作中，作为材料的自然和特殊的个体在绝对精神绝对活动性的层面实现了真正的同一性，即艺术作品是"第一个弥补分裂的媒介，使感性和精神、使自然和把握事物的思想所具有的无限自由重归和解"④。这种和解表现在精神通过将自身的意蕴完全托付于一个被塑造而成的外在对象，而这一对象本身的感性存在只是传达精神内蕴或精神意义的表达，因此对艺术作品而言，材料的自然属性或感性存在消逝了，通过艺术家的创造活动，一种全新的、全然不同于其自然材料的精

---

① ［德］黑格尔：《哲学科学全书纲要》（1830年版），薛华译，商务印书馆2021年版，第413—414页。

② Vgl. Michael Theunissen, *Hegels Lehre vom absoluten Geist als theologisch-politischer Traktat*, Berlin: De Gruyter, 1970, S. 183.

③ ［德］黑格尔：《哲学科学全书纲要》（1830年版），薛华译，商务印书馆2021年版，第413—414页。

④ G. W. F. Hegel, *Vorlesungen über die Ästhetik I*, TWA, Bd. 13, Frankfurt. a. M.: Suhrkamp, 1986, S. 89.

神的内蕴被灌注到了对象之中，而这一新的内容就成了对象自身的内在意义。由是艺术作品中任何具有直接性形式的自然存在都彻底地由艺术家来支配，它们成了精神内在性或纯粹活动性的替代物，并且在艺术活动中被重塑为新的在时间—空间中的存在。

在黑格尔看来，既然艺术作为绝对精神的符号，那么它所要表达的就不是艺术家本身的"自由的任意"（freien Willkür），艺术家作为上帝的巧匠所要完成的工作就是将自然物外在的感性形式改造为精神内在活动性的作品。从这个角度来看，艺术家在艺术创作的活动中确实充当了绝对精神的工具，他是天才因为他能够领会神谕，能够体会到那种随着精神运动裹挟而来的强制力。黑格尔用了"兴奋鼓舞"（Begeisterung，赋予精神）和"不自由的激昂振奋"（unfreies Pathos）来描绘这种艺术家在创作活动中的状态，在《美学讲演录》中，黑格尔曾详细讨论了"Pathos"一词，这是一种能从艺术性的尤其是戏剧性表达中所能发现的普遍强力。[1] 朱光潜先生将之译为"情致"[2]，是一种本身合情合理的内心力量，是合理性（Vernünftigkeit）与自由意志的本质内容[3]。从渊源上说这个词来自柏拉图《理想国》中提到的"πάθος"，它是与理智、欲望鼎足而三的另一种灵魂组成，在一个高贵且正义的灵魂结构中，πάθος司掌愤怒，它既不是理性更不是非理性，但它却可以服从理智管理欲望，反之在一个低劣且失序的灵魂之中，πάθος却与欲望结盟，在欲望无法得到满足时会激发其暴烈的情绪，使人听从欲望的摆布（439D—440A）。[4] 从这层意义上看，Pathos本身是不自由的，它只有在理智

---

[1] Michael Theunissen, *Hegels Lehre vom absoluten Geist als theologisch-politischer Traktat*, Berlin: De Gruyter, 1970, S. 185.

[2] ［德］黑格尔：《美学》（第一卷），朱光潜译，商务印书馆1996年版，第295页。

[3] G. W. F. Hegel, *Vorlesungen über die Ästhetik I*, TWA, Bd. 13, Frankfurt. a. M.: Suhrkamp, 1986, S. 301.

[4] 参见［古希腊］柏拉图《理想国》，郭斌和、张竹明译，商务印书馆2002年版，第165页。

或精神的支配下才是正当合理的，因而黑格尔用"不自由"来界定 Pathos，而与柏拉图达成了潜在的一致。只有明白了 Pathos 的意涵才能真正了解什么是"Begeisterung"（赋予灵感），黑格尔在《美学讲演录》中将之界定为"通过想象所把握的并且要用艺术方式去表现的内容"，而艺术家则是"自觉有一种要求，要把这种材料表现出来"①。因而"Begeisterung"和"Pathos"乃是一回事，二者都关涉到自由而非不自由，或者用黑格尔的话说，"Begeisterung"不是别的，而是为事物完全占据，完全沉浸到事物之中，这似乎又呼应了直观到核心规定——关注，主体不仅要放弃对其他对象的关注，也要放弃对自身的关注。这意味着，无论是艺术反映的概念之自由，还是艺术创作中包含的自由，仍然是一种直接的自由状态和自由感，远未达到最本真的自由，因而自由的进程还会不断发展、不断提升，只有真正进展到了思维的纯粹内在性中，思想的内在客观性才会真正扬弃艺术作品仍然残留的外在直接性形式的客观存在而达到充分的自身清晰化。

第二节　特殊性：艺术类型

第一节分析艺术的普遍规定，黑格尔深刻地揭示出了内容和形式之间的转化，对绝对精神而言，艺术本身是表现形式，自己是内容；对艺术而言，理想是内容，而艺术类型则是形式。内容选择了表现形式，但表现形式通过限定内容塑造了内容，赋予了内容以可理解性。绝对精神与感性形式构成了艺术的体系规定，这决定了艺术形式的普遍性；感性形式与绝对精神的矛盾则会使得艺术形式从普遍进入特殊。基于这个区分，艺术的普遍性构成了艺术的体系规

---

① G. W. F. Hegel, *Vorlesungen über die Ästhetik I*, TWA, Bd. 13, Frankfurt. a. M.: Suhrkamp, 1986, S. 371–372.

定，而艺术的特殊性则实现为艺术史。体系规定和艺术史并不是相互外在的，艺术的体系规定需要展开为艺术史才能彰显出其合理性，前者乃是后者的根据，后者则是前者的实现。由于这种实现，艺术通过三种具体的艺术类型呈现了对人类本质以及全部历史原则的整体性反思，这一节主要分析的便是黑格尔艺术哲学体系中历来争议最多的艺术类型学说。

黑格尔艺术哲学的历史性基础是否具有合法性，始终是个学界争论不休的话题。自 20 世纪 80 年代丹托（Arthur C. Danto）及其德国追随者贝尔廷（Hans Belting）重提"艺术终结"问题之后，黑格尔艺术美学中艺术类型与世界历史合一的逻辑结构再次成为学界关注的焦点。研究者们一方面认为黑格尔应被视为"艺术史的创始人"[1]，即三种艺术类型构成了一套完整的艺术史，将艺术从整体上划分为三种历史类型：象征型、古典型和浪漫型[2]；另一方面批评黑格尔以逻辑统摄历史，混淆历史和艺术，进而指出艺术的历史类型划分只对其美学体系有效，而对当下的艺术经验并无任何现实意义[3]。无论支持抑或反对，大部分研究者都指出，黑格尔美学的核心就在于给予艺术以历史的规定。[4] 这一关联艺术与历史、将艺术确立为对历史反思的方案包含了一种循环论证：黑格尔艺术哲学通过规定艺术来反思人类的本质，这首先就将艺术确立为一种特定的历史现象，

---

[1] ［英］贡贝里希：《黑格尔与艺术史》，郑涌译，杨一之校，载中国社会科学院哲学研究所西方哲学史研究室编《国外黑格尔哲学新论》，中国社会科学出版社 1982 年版，第 405 页。

[2] Cf. John Steinfort Kedney, *Hegel's Aesthetics：A Critical Exposition*, Chicago：S. C. Griggs and Company, 1885, pp. 122 – 126.

[3] Vgl. Annemarie Gethmann-Siefert & Ursula Franke, Einleitung：über »Kunst nach dem Ende der Kunst«, Zur Aktualität von Hegels Berliner Vorlesungen über Philosophie der Kunst oder Ästhetik, in: *Kulturpolitik und Kunstgeschichte*, hrsg von Gethmann-Siefert und Ursula Franke, Hamburg：Felix Meiner, 2005, S. V.

[4] 如邦盖伊指出，黑格尔的世界历史中的艺术类型学说本质上是各种世界观，人们借此统一起了纷繁复杂的艺术经验。Cf. Stephen Bungay, *Beauty and Truth*, New York：Oxford University Press, 1984, pp. 58 – 59.

但从内在目的论的角度，艺术又以独特的方式统摄了整个世界历史的进程；因此规定艺术这一特殊历史现象的根据反而在于将世界历史发展的进程视作一个封闭的内在整体，由此才能达到整体规定，宗教和哲学作为历史现象亦如是。希福特公允地指出，这种预设和目标之间的循环乃是黑格尔特有的哲学美学的根基（philosophische Ästhetik）①。这种独创性的哲学式美学建构为考察黑格尔关联艺术和历史的洞见带来语境和体系建构两方面的难题：（1）梳理这一思想形成的历史渊源；（2）考察这一思想在黑格尔体系中的形成过程和恰切位置。

从思想史、美学史脉络来看，黑格尔关联艺术和历史的洞见从根本上解决了在传统艺术理论中纷争不休、标准不明的艺术风格问题。伴随着启蒙运动的兴起和深入，产生了从普遍性出发把握艺术风格的要求；文学艺术实践的新方向和历史意识的出现都构成了关联艺术与历史的推动力。黑格尔完成了以往艺术理论没能完成的任务——从整体上把握艺术，并开创性地将艺术划分为三种类型：象征型、古典型和浪漫型，在这个层面上黑格尔虽然走在温克尔曼开创的道路上，但其深度和广度却都远远超越了温克尔曼。黑格尔更深入地阐明了艺术史和世界历史之间的反映关系，并以一以贯之的逻辑线索打通了启蒙以来所产生的古典与现代的对立。本节将黑格尔置入古典与现代之争的思想现场之中，首先，在思想史语境中澄清德意志思想界关于古今之争的讨论；其次，按照黑格尔体系演变过程梳理出其关联艺术类型问题体系规划；最后，总结黑格尔艺术类型建构究竟在什么程度上解决了古今之争。

一　古今之争的历史语境

古希腊传统中并无明确的艺术类型（或艺术形式）思想，由于亚里士多德只是将艺术视为一类特殊的技艺，所以他们并不是按技

---

① Vgl. Annemarie Gethmann-Siefert, *Die Funktion der Kunst in der Geschichte*, Hegel Studien, Beiheft 25, Bonn: Bouvier, 1984, S. 1.

艺的总体特征来界定艺术，而是重点考察艺术的特殊性，故难免将艺术类型（形式）混同于艺术门类。亚里士多德以艺术表现方式间的差异为原则，将艺术划分为雕塑—绘画、音乐，和史诗—悲、喜剧—抒情诗等大类（Po 1447a8—1447b30）。随着对艺术的考察从整体转向了个别的艺术品，亚里士多德划分艺术品的总原则被精细化为修辞风格或经验的审美范畴，如古罗马人朗吉努斯从风格的角度将艺术分为崇高的与优美的，这些基于具体艺术作品的经验而产生的分类原则在中世纪和近代早期起着主导性作用。黑格尔在柏林时期第一次所做的美学讲座中指出"这种规则只是为艺术作品的制作和评价所提供的，这类较早的著作是亚里士多德的《诗学》、贺拉斯的《诗艺》。这种类型的规则和条文可被视为非本质的"[1]。这些划分原则的出发点是个别艺术作品，而缺乏对作为整体的艺术的洞察。在古典时期，对艺术的反思尚局限在对具体艺术作品经验性的分析，而尚未从艺术本身的普遍性出发推演出划分原则。

伴随着启蒙运动，艺术分类的原则发生了翻天覆地的改变。这一转变的根源在于，人们开始尝试重新从定义出发规定艺术作品。启蒙运动要求将人的自我理解从传统和习俗所构成的种种秩序中解放出来，进而希求人不仅将现存的一切理解为人主观塑造的产物，还应当对这些主观塑造的产物具有绝对的统治权。历史意识从整体上探究事物之理的尝试，使得启蒙时期任何一门学科都需要从普遍性方面估量其研究对象的合法性根据。随着康德《判断力批判》的出版，美学真正赢得了自身的根据，普莱纳斯（Jürgen-Eckardt Pleines）认为康德美学给启蒙晚期德国美学带来的影响就在于，"如果缺乏美或艺术这些概念，我们到最后都不知道在谈论什么，也不知道如何合理地处理所谈到的特殊的对象"[2]。

---

[1] G. W. F. Hegel, *Vorlesung über Ästhetik*, Berlin 1820/21, Eine Nachschrift. I. Textband, hrsg von Helmut Schneider, Frankfurt. a. M.：Peter Lang, 1995, S. 21 – 22.

[2] Jürgen-Eckardt Pleines, *Ästhetik und Vernunftkritik*, Hildesheim & Zürich & New York：Georg Olms Verlag, 1989, S. 42.

而与美学之兴起相伴的是启蒙时期文学艺术实践的变迁。自启蒙时期中叶之后,启蒙运动代表的主体性原则同样渗透到了德国文学和艺术的发展中,文学和艺术之创作体现出鲜明的市民阶层的文化自觉,市民阶层个体趣味和内心体验成为文学艺术描摹的主要对象。近代艺术的关注点不再是模仿神和英雄的世界和生活,而是创造性地表达普通人的世俗生活和内心世界。以莱辛、赫尔德为代表的德国启蒙作家—思想家的关注点不局限于市民阶层倡导的个体的内心世界和个人解放,而是同时注重文学艺术对民族整体的塑造,他们已经意识到启蒙代表的主体性原则在带来个体解放、内心自由的同时,也会颠覆共同生活的基础。启蒙带来的必然结果就是随着个体的解放和转向内在,市民社会中人与人的关系会逐渐成为彼此毫不相干的原子式的关系,无论是莱辛、赫尔德还是歌德、席勒都对此洞若观火,赫尔德强调民歌、民族神话对加强民族认同的作用,莱辛则突出神话包含的启示功能,试图恢复传统的史诗神话以重建艺术对共同生活正当性的基础;歌德锻造出教养小说这一新的文学体裁,席勒则将叙事歌谣(Ballade)和颂歌(Ode)这两种古希腊诗体提升为德语诗歌的主流体裁,既体现了恢复古典艺术的雄心壮志,又希望借此在市民社会实现个体与共同体的和解。艺术领域内部出现了古典艺术和近代艺术间的对立,成了启蒙时期文艺界关注的核心,例如席勒就将诗划分为"朴素的"与"感伤的"两大类型,"老诗人通过自然、通过感性的真理、通过活生生的现实感动我们;现代诗人通过思想感动我们"。而产生这一差别的根本原因就在于"自然把人与它自己融为一体,艺术则割裂他,把他一分为二,通过理想他又回归统一……文明人在他的本质上永远无法达到完美的境地,而自然人在其本质上却能做到这一点"[1]。弗·施莱格尔更是在《论希腊诗研究》中,对现代艺术口诛笔伐,认为人们基本上

---

[1] [德]席勒:《论天真的诗与感伤的诗》,张佳珏译,见《席勒文集》(第6卷),人民文学出版社2005年版,第103页。

对所有形式漠不关心，只有对"物质永不满足的渴求"，一味要求艺术家提供"有趣的个性"。① 1800 年前后德意志思想界的共识是，艺术领域的古今之争成为历史原则演变的征候。而如何看待文学艺术本身的转向，尤其是如何看待近代艺术中已经隐伏着的种种追求新奇、个性的趋向，更是构成了艺术讨论的主要焦点。

影响更为深远的是，早期浪漫派和谢林试图将美学提升到哲学之基础地位，或赋予了艺术真理本源的地位。但是他们普遍青睐的艺术，乃是希腊艺术，并判定近代艺术早已沾染了近代世界主观性和制造分裂之病症。早期浪漫派包括荷尔德林和青年谢林，他们虽然认为近代以来出现的种种分裂主要是反思哲学这一模式造成的，反思哲学所依赖的逻各斯并不是本源性的，相反，在希腊人那里，逻各斯首先意味着创造性和诗艺，艺术才展现了一个真正和谐完美的世界，反思哲学只是在后设意义上使思维与这个被创造的世界或存在整体相符合，这只是将逻各斯限定在论证和理性维度②，但是展现和谐完美世界的艺术仅仅限定在古希腊艺术，而近代庸俗的市民文学则不被归入其中。而谢林在《艺术哲学》中早于黑格尔完成了艺术史的建构，并阐明了古典艺术和近代艺术的对立的非本质性，这种对立只是基于艺术对时间的依赖，而时间相对于永恒乃是一个过渡性阶段，近代艺术相对于未来的整全艺术也只是个过渡阶段。在黑格尔看来，谢林并未彻底解决古今之争，更没有挖掘出艺术在现代世界中具有的教化潜能，而仅仅是将古今和解推至遥远的外来。

二 艺术类型学说在体系中的形成

黑格尔在《精神现象学》中尝试通过宗教意识的发展概念化地

---

① Vgl. Friedrich Schlegel, Gespräch über die Poesie, in *Kritische Friedrich-Schlegel-Ausgabe*, Erste Abteilung, Bd. 1, hrsg von Ernst Behler, München & Paderborn & Wien & Zürich: Schöningh, 1979, S. 221.

② Vgl. Manfred Frank, *Einführung in die frühromantische Ästhetik*, Frankfurt. a. M.: Suhrkamp, 1989, S. 16.

把握世界历史的全部进程，实现综合古今，但在《精神现象学》中，他尚未明确提出具体的艺术类型；在纽伦堡时期他逐渐有了初步的艺术类型构想；直到《纲要》（1817）中艺术分类问题才具有了完备的历史哲学基础。

尽管黑格尔艺术哲学真正获得体系的形式是在海德堡时期，但其对艺术哲学的初步建构则是始于耶拿时期。可以说，在耶拿后期，黑格尔储备起了建构美学体系所有的基本元素，虽然他与谢林一样，将艺术视为揭示理念、表达真理的方式；另外他已经认识到艺术的现实价值在于其在历史中的功能，因而超出了早期浪漫派将古典艺术和现代艺术严格对立的做法。但是黑格尔尚未达到体系历史化的高度，因而认识论原则和历史性原则依然相互外在。这一点主要体现在《耶拿实在哲学》（1805—1806）中，黑格尔一方面将艺术、宗教和哲学确立为绝对精神自我显示的三种形式，三者的差异源自绝对精神自我认识方式的不同。在耶拿后期，黑格尔基本是遵循谢林《艺术哲学》的模式，他规定艺术类型的依据与谢林建构的方法并无二致，认为艺术类型划分的依据就是艺术表现绝对精神的方式——直观：艺术作品包含的形式—质料的二分会分别与直观结合，产生三种艺术类型（质料直接性构型——雕塑，形式直接性构型——诗歌，两者的中项构型——绘画）。[①] 另一方面，黑格尔沿袭了谢林将艺术领域的古今之争视为艺术非本质区别的洞见，而这一点构成了其之后艺术哲学体系建构的根本动力。

《精神现象学》在黑格尔体系的形成中无疑具有转折性意义，历史性作为发展线索第一次贯彻始终，而实现了哲学和历史的合一，即"每一次的结果，都包含着以前的知识里包含着的真理"[②]。《精

[①] Vgl. G. W. F. Hegel, *Jenaer Systementwürfe III*, Gesammelte Werke, Bd. 8, hrsg. von Rolf-Peter Horstmann, Hamburg: Felix Meiner, 1976, S. 278.

[②] ［德］黑格尔：《精神现象学》（上），贺麟、王玖兴译，商务印书馆1981年版，第61页。

神现象学》前五章主要描述了个体意识的发展，从"精神"章开始，意识逐渐从个体形态发展为整体，经由"伦理—教化—道德"，意识发展的历程完整构成了历史整体，故进入"宗教"阶段，宗教意识使得历史性对意识的发展的支配得以完全呈现。因而在"宗教"阶段，意识能够把握到精神的活动和精神的产物是一致的，"概念和创造出来的艺术品就可以相互认识到彼此是同一的东西"①。诚如希普所概括的，艺术对黑格尔而言也是对古希腊的伦理和政治生活的反思，而"绝对艺术"所表达的无非艺术是城邦伦理之自由的精神性的行动的最高真理。② 黑格尔第一次将艺术作为精神发展的特定形态（代表了古代世界最高真理）纳入意识发展和精神回忆自身的运动之中，但由于《精神现象学》本身所具有的特定功能，他并未讨论任何具体的艺术类型。

在《纽伦堡哲学入门》的《特殊科学体系》(System der besondern Wissenschaften) 课程讲义中，黑格尔对艺术类型的设想有了明确的规划，艺术的"主要类型"（Hauptformen）分为：古代（Antike）——雕塑性的、客体的（plastisch objetiv）；现代（Moderne）——浪漫的、主体的（romantisch, subjektiv）。③ 吊诡的是，此阶段黑格尔并未将在《精神现象学》中出现的"历史性"作为划分艺术类型的依据，而是将艺术作品本身的个性（Charakter)④作为标准，历史性逻辑并未内在串联起艺术类型和个别艺术作品，这造成了《特殊科学体系》和《纲要》(1817) 相关段落安排上的巨大差异：《纽伦堡哲学入门》的《特殊科学体系》是从精神存在的角度将艺术界

---

① ［德］黑格尔：《精神现象学》（下），贺麟、王玖兴译，商务印书馆1981年版，第198页。

② Ludwig Siep, *Der Weg der »Phänomenologie des Geistes«*, Frankfurt. a. M.：Suhrkamp, 2000, S. 228.

③ G. W. F. Hegel, *Nürnberger Gymnasialkurse und Gymnasialreden（1808 - 1816）*, Gesammelte Werke, Bd. 10. 1, hrsg. von Klaus Grotsch, Hamburg：Felix Meiner, 2006, S. 363.

④ G. W. F. Hegel, *Nürnberger Gymnasialkurse und Gymnasialreden（1808 - 1816）*, Gesammelte Werke, Bd. 10. 1, hrsg. von Klaus Grotsch, Hamburg：Felix Meiner, 2006, S. 363.

定为绝对精神对象化的直接形式①,而《纲要》(1817)则反其道行之,将艺术界定为精神自我认识的直接形式②。借此,黑格尔在体系建构中,成功地将古典视域纳入启蒙开启的主体性转向之中,完成了主体性对实体性的综合。在黑格尔体系内,这种严格按照精神历史性模式所作的体系规划使得艺术哲学体系真正成型,在柏林时期两版《纲要》和四次美学讲座中,体系的结构演进保持不变。

三 具体建构

艺术的体系规定会产生自我分化,而分化的根本动力就是内容和形式之间的矛盾,黑格尔将这个过程称为,"理念既然是在这样具体的统一之中,这个统一首先就通过理念的各特殊方面的散开(Auseinanderbreitung)与聚拢(Wiedervermittlung)……就是由于这种发展,艺术美才有一整套的特殊的阶段(Stufen)和类型(Formen)"③。艺术的体系规定首先需要散开为诸艺术类型(或历史阶段)从而才能穷尽自身的可能性,其次诸艺术类型作为特殊性又是普遍的特殊性,这意味着无论是象征型、古典型还是浪漫型都是艺术的类型和阶段,正如特殊总是普遍的特殊。按《逻辑学》概念通论,普遍和特殊不是对立关系,而是概念内在的环节,是精神自我实现的模式,"(特殊性)倒是普遍的东西自己特有的内在环节;因此,普遍的东西在特殊性中,并不是在一个他物那里,而是完全在自己本身那里。特殊的东西包含普遍性,普遍性构成特殊的东西的实体,所以特殊的东西不仅包含普遍的东西,而且也通过它的规定性展示了普遍的

---

① Vgl. G. W. F. Hegel, *Nürnberger Gymnasialkurse und Gymnasialreden (1808 – 1816)*, Gesammelte Werke, Bd. 10.1, hrsg. von Klaus Grotsch, Hamburg: Felix Meiner, 2006, S. 362.

② Vgl. G. W. F. Hegel, *Enzyklopädie der philosophischen Wissenschaften im Grundrisse (1817)*, hrsg von Wolfgang Bonsiepen und Klaus Grotsch, Hamburg: Felix Meiner, 2000, S. 241.

③ [德]黑格尔:《美学》(第一卷),朱光潜译,商务印书馆1979年版,第94页,译文有改动。

东西"①。艺术、宗教和哲学都是绝对精神这一普遍性的特殊环节,而三种历史类型又是艺术这一形式的特殊环节,黑格尔用精神的历史性来解释艺术与精神之间的关系,绝对精神作为艺术的内容决定了艺术的普遍本质,而感性形式作为艺术的现实性则限定了艺术作品的特殊存在。因此,艺术类型和体系规定之间的关系应作如是观,理想乃是艺术类型产生的根据,艺术类型则是理想的实现及其实在,"关于艺术类型的学说,这些类型之所以产生,是由于把理念作为艺术内容来把握的方式不同,因而理念所借以显现的形象也就有分别"②。感性形式和理念之间关联方式(把握方式)的差异会产生理想三种具体的形态,每一种形态都是普遍性和特殊性的结合方式,而实现艺术的普遍性和艺术的特殊性之间的和解则是艺术类型学说的任务所在。

黑格尔按照普遍性与特殊性结合的方式区分了三种具体艺术类型:象征型艺术、古典型艺术和浪漫型艺术。古典型艺术素来被高度推崇,不少学者洞见到,赋予古典艺术或古典理想以典范性和不可消逝性,是黑格尔美学的一个基准点。③ 古典型艺术被确立为艺术类型中的完美典范,"美在古典的艺术内于这样的和解内发生完成"④,"妥帖地将内表现于外,理想及其显象均被达到"⑤,因而是实现了的艺术理想和美本身。邦盖伊认为古典型艺术包含了整个古希腊世

---

① [德]黑格尔:《逻辑学》(下),杨一之译,商务印书馆1996年版,第273页。
② [德]黑格尔:《美学》(第一卷),朱光潜译,商务印书馆1979年版,第95页,译文有改动。
③ Cf. Rüdiger Bubner, Hegel's Aesthetics: Yesterday and Today, in Art and Logic in *Hegel's Philosophy*, edited by Warren E. Steinkraus & Kenneth L. Schmitz, Harvester Press, 1980, p.16;另参见薛华《黑格尔与艺术难题》,中国社会科学出版社1986年版,第35页。
④ [德]黑格尔:《哲学科学全书纲要》(1830年版),薛华译,商务印书馆2021年版,第414页。
⑤ G. W. F. Hegel, *Vorlesungen zur Ästhetik*, Vorlesungsmitschrift Adolf Heimann (1828/1829), hrsg von Alain Patrick Olivier und Annemarie Gethmann-Siefert, München: Fink, 2017, S.30.

界观（Weltanschauung），并整合了古代艺术和文化的意图[1]，这代表了艺术类型的历史功能。古典型艺术成为艺术现象之典范的原因不在于深刻地呈现了内容，而在于内容和形式之间的和谐一致，即直接合一。因此形式与内容的关系成为艺术类型得以展现的条件，除了在古典型艺术中理想能够在个别的形象中得到完美的表达，在其他两种艺术类型——象征型艺术与浪漫型艺术之中，均存在着理想与外在形象之间的矛盾，形式不适于内容，即象征型艺术；抑或内容不适于形式，即浪漫型艺术。

象征型艺术的缺陷在于形象掩盖了理念，或理念尚未找到合适的表达，"这倒不是形象还未成熟，反倒是内容还未受到规定"[2]。理念虽然已经尝试在艺术中认识自身，但还是抽象的：由于被理念所选定的形象只是现成的自然存在，而非被塑造出来的，因而理念的普遍性尚未被充分表现，只是一种"崇高、泛神论"[3]风格，被局限在形象的自然属性之中。以"象征型"来指称东方艺术（或东方宗教）这一特定的艺术类型乃是为了突出外在形象方面的特征，具体说来，在东方艺术（或东方宗教）中，概念之自由由于其特定的历史原则表现为绝对统一的实体性原则，因而尚无法清晰地认识自身，因而只将自己的存在还原为一个判断，即"精神存在"，换言之，因为精神对自身的直观式把握尚且处在朦胧状态，那么它向外投射的感性存在只能是完全直接的，即缺乏主体性创作的自然物。因为这些自然物还缺乏理智的加工和雕琢，它们只是被理智选择为精神的象征，却没有摆脱自身存在的自然属性对自己的束缚，这意

---

[1] Cf. Stephen Bungay, *Beauty and Truth*, New York: Oxford University Press, 1984, p. 58.

[2] G. W. F. Hegel, *Vorlesungen zur Ästhetik*, Vorlesungsmitschrift Adolf Heimann (1828/1829), hrsg von Alain Patrick Olivier und Annemarie Gethmann-Siefert, München: Wilhelm Fink, 2017, S. 77.

[3] G. W. F. Hegel, *Vorlesungen zur Ästhetik*, Vorlesungsmitschrift Adolf Heimann (1828/1829), hrsg von Alain Patrick Olivier und Annemarie Gethmann-Siefert, München: Wilhelm Fink, 2017, S. 79.

味着对这些被选择的自然物而言，它的感性存在和内在意义之间相互纠葛、剪不断理还乱。黑格尔指出，"这种关系的抽象性也使人意识到理念对自然现象是自外附加上去的，理念既然没有别的现实来表现它，于是就在许多自然事物的外观中徘徊不定，在它们的骚动和紊乱中寻找自己，但是发现他们对自己都不合适"①。正是因为自然物无法摆脱自身感性存在的束缚，因此它不能彻底成为理念或精神内蕴的外观，所以内容对形式的关系就成了一种否定的联系，内容不得不摆脱这种不适合的形式，努力将自己塑造为那些扭曲、奇谲的形象，"提升到远远高出人世一切内容之上的"②。从艺术类型具体发展的线索而言，象征型艺术标志着艺术这一反思模式的开端，因为开端总是直接的、自在的，它构成了精神与自然的直接统一，这种统一究其实质而言，是自然形态和精神内蕴在自然物中的混合，因此内蕴和外形之间互不符合终究无法克服，这就不得不过渡向古典型艺术了。

　　黑格尔艺术类型划分的功绩在于揭示出艺术作品中形式的内在历史性并不依赖于现实历史，相反每一种类型包含的内在历史性其实是一种逻辑上的作用物。③ 三种艺术类型所代表的内在的历史性并不是对艺术史经验性的归纳，而是形式与内容逻辑的结合。④ 在这个意义上，古典型艺术无疑克服了象征型艺术的"双重缺陷"，即精神缺乏形式的混沌和形式缺乏精神的奇诡所产生的理想和表达之间的相互不协调，"它把理念自由地妥当地体现在本质上就特别适合这一理念的个别形象，因此理念就可以和形象形成自由而完满的协调"⑤。既然古典型艺术是艺术领域表达绝对精神最完美的方式——在这种

---

　　① G. W. F. Hegel, *Vorlesungen über die Ästhetik I*, TWA, Bd. 13, Frankfurt. a. M.: Suhrkamp, 1986, S. 108.
　　② G. W. F. Hegel, *Vorlesungen über die Ästhetik I*, TWA, Bd. 13, Frankfurt. a. M.: Suhrkamp, 1986, S. 108.
　　③ Vgl. Brigitte Hilmer, *Scheinen des Begriffs*, Hamburg: Felix Meiner, 1997, S. 126.
　　④ Vgl. Brigitte Hilmer, *Scheinen des Begriffs*, Hamburg: Felix Meiner, 1997, S. 127.
　　⑤ [德] 黑格尔：《美学》（第一卷），朱光潜译，商务印书馆1996年版，第97页，译文有改动。

艺术类型中，内容和形式达到了真正的和谐一致，艺术本身又何以经由古典型艺术进展到浪漫型艺术，即重新返回到内容与形式的不一致呢？何以带有缺陷的、不那么完满的浪漫型艺术比完满无缺的古典型艺术更高？黑格尔将古典艺术中的完美符合称为"神人同形"或神的拟人化，它构成了古典型艺术完美无缺的根本原因，但这种完美符合或直接合一意味着理念对形象的依赖，人的形象虽美，虽然富有生气，但精神之自由、概念的本真自由并不完全体现在鲜活的人体之中，主体之自由势必要摆脱对偶然、任意的人的形象的依赖，以展现自身的自由，这导致了古典型艺术向浪漫型艺术的必然过渡。

浪漫型艺术超越了古典型艺术重新回到与象征型艺术类似的形式与内蕴之间的不和谐，但是这并不是完美性的瓦解，而是自由程度的提升。浪漫型艺术乃是对近代世界（基督教—日耳曼王国）原则的彻底反思，虽然从艺术自身的角度而言，浪漫型艺术绝不是一种美的艺术，而从希腊世界原初统一的世界观中堕入种种分裂和二分的悲惨境地，甚至和象征型艺术类似，都承受着内容与形式之间的不和谐。黑格尔与谢林持同样的看法，基督教世界乃是分裂的开端，有限和无限被置于此岸和彼岸两个王国，基督教艺术家们不再追求古典希腊式的和谐一致，更不会将内容与形式直接的相适合视为艺术的标准，对他们来说，绝对精神已经不需要在外在的感性形象中得到满足，而是能以更为内在的方式呈现出来。[1] 黑格尔更为积极地看待这种分裂，因为这种分裂本身就是返回重建了的统一性的必要前提，作为对近代历史原则的反映，浪漫型艺术与启示宗教分享同一原则，因而在浪漫型艺术中不再以"人的形象"表达绝对精神本身的活动性，在任何感性形象中，上帝或绝对精神只能表现为普遍（内蕴）与个别（感性形态）直接或自在的统一，这种统一尚

---

[1] Michael Theunissen, *Hegels Lehre vom absoluten Geist als theologisch-politischer Traktat*, Berlin: De Gruyter, 1970, S. 206.

未被认识到,而仅仅被直观到,浪漫型艺术的殊胜之处就在于它对"这种自在的统一有了知识,这种由自在状态提升到自我意识的知识就产生了一个重大的区别"①。从这一角度来看,浪漫型艺术虽然保留着艺术的形式,即将对人类普遍自由的理解个别化为特殊的艺术作品,但却超越了艺术原则本身,在浪漫型艺术中,绝对精神不再将自身把握为直观到的个别形象,而是普遍的理智内在活动的产物,而这几乎是表象式认识的基本模式。

在浪漫型艺术中,绝对精神依然"是只在自身里找到自己,因而只给予自己以精神世界中的恰当的形象。所以,浪漫的艺术就放弃在外在的形象中和通过美去显示神本身"②,托因尼森甚至认为,浪漫型艺术才是以感性形式完全表达了绝对精神的绝对性,它虽然偏离了完美的艺术,却因而充分呈现了真理,并以此将古典型艺术完美表达形式中的一切感性因素剥离出去。③ 与古典型艺术相比,绝对精神在浪漫型艺术中找到了更高的自由,并且逐渐将自身的定在纯化为单一的元素,因为浪漫型艺术是人类将自身本质塑造为绝对内在性的过程,由此,从表现形态的层面来看,其重新返回到理念和外在表现不一致之中。这种不一致并不单是精神的内在性与感性形态之间的不一致,而是人类自身普遍自由本质与反映形式之间的不完全一致,这种不一致恰好是积极的,揭示出人类的普遍自由向着自己的本性提升。浪漫主义艺术既扬弃了象征型艺术中理念和感性外观间的不合适,也扬弃了古典型艺术中精神内蕴与个别形象间的完美匹配。浪漫型艺术"以更高的方式重构了这两个方面之间的区别和对立",同时它"超越"了古典型艺术的理想,超越了古典艺术形式及其表现方式。在古典型艺术中,由于精神内蕴和个别形

---

① [德]黑格尔:《美学》(第一卷),朱光潜译,商务印书馆 1996 年版,第 100 页。

② [德]黑格尔:《精神哲学》,杨祖陶译,人民出版社 2006 年版,第 375 页。

③ Michael Theunissen, *Hegels Lehre vom absoluten Geist als theologisch-politischer Traktat*, Berlin: De Gruyter, 1970, S. 206.

象在艺术作品中直接合一，难免会令人误以为这种结合是必然的，是基于精神内在性的，而浪漫型艺术打破了这层牢固的同盟，使得外在形象对于精神的内在意蕴的偶然性和不适合性重新凸显出来。外在的感性因素成为纯粹的显现，它提醒人们精神的"根基在其自身之中"①。在这一意义上，可以说浪漫型艺术超越了艺术这一表现形式本身的局限，即它扬弃了被和解了的精神的感性化因素，精神的内在活动性在个别的定在中的显现提升到了更内在、更纯粹的阶段，表达了"另一种关系"，在这种关系中，不仅美，而且不美都在显现中得以呈现，"艺术超越自身，然而它又在自己的领域之内，在艺术形式本身之中"②。

象征型—古典型—浪漫型的艺术类型过渡乃是概念之自由程度在艺术领域自我提升的过程，在这个过程中，外在形象的不合适性越发明显，精神在认识到自身的无限活动性和自由的同时，就发现了外在形象并不能体现其真理性。"在浪漫型艺术里，理念须显现为自身已完善的思想情感，并且由于这种较高度的完善，理念就从它和它的外在因素的协调统一中退出来，因为理念只有从它本身中才能找到它的真正的实在和显现。"③

历史原则的展开构成了艺术类型的演变前提，艺术内容及其形象结合的方式的改变就是对世界历史反思程度的深入。近代历史作为自由历史的展开，而浪漫型艺术正是反映这一原则的自由艺术，二者保持着一种辩证的同一性，从艺术领域来看，黑格尔的艺术哲学正确地指明了，在近代世界中创造个体生活和内心情感的浪漫型艺术或浪漫主义艺术代表了艺术本身的发展：个性、幽默、反讽这

---

① G. W. F. Hegel, *Vorlesung über Ästhetik*, Berlin 1820/21. Eine Nachschrift. I. Textband, Einleitung, hrsg von Helmut Schneider, Frankfurt. a. M.：Peter Lang, 1995, S. 182.

② G. W. F. Hegel, *Vorlesungen über die Ästhetik I*, TWA, Bd. 13, Frankfurt. a. M.：Suhrkamp, 1986, S. 112.

③ [德]黑格尔：《美学》（第一卷），朱光潜译，商务印书馆1996年版，第102—103页。

些现代性元素开始成为艺术的创作手法。如果说浪漫型艺术本身始于基督教艺术，发展于中世纪晚期的骑士文学和罗曼司，最终在近代完全世俗化，剥离一切遮蔽于其上的预设，以超越艺术在宗教、哲学中功能化的方式真正返回了自身，艺术在近代宗教和哲学的完全成熟后，摆脱了前述历史时期的众多限制，以超出自身功能的方式真正回到了自身，也由此真正展现了人格的自由本性，正如薛华先生所指出的，"艺术通过浪漫形式超越自身，包含着更多的内容，包含着艺术的更深刻的功能和作用，在表明艺术这时同样是人返回自身"，"艺术就摆脱一切固定的、使内容和它的自我理解局限于特定一种范围的限制，并且使人道成为它的新的神圣物，这即是人的内心本身的深沉广大，人的悲欢哀乐和人的意向、业绩和命运所见出的普遍人性的东西。从此艺术家在他本身获得内容，他是现实地决定自己的人类精神，是观察、思考和表现他的情感与处境的无限性的人类精神，对于这种精神，没有什么人心中会变为有生命力的东西还再是异己的"[1]。如果说古典型艺术是人类通过艺术家（上帝的巧匠）创造了一个诸神的永福世界和神圣王国，表达了有局限的特定民族精神对自身自由感鲜活的认识，这种反映由于种种局限和预设而直接投射为人神同形，只有美的和谐却还缺乏概念的深度，那么近代艺术则将这个过程颠倒过来，经历了基督教的道成肉身、新教的内在性和启蒙运动的洗礼，人类将自身普遍自由的本质理解为新的神圣之物，即人道（Humanus），黑格尔不但洞见到浪漫型艺术和基督教世界之间的一致性，还意识到基督教世界对浪漫型艺术的深层解放，艺术自由的本质就在于将人类本身提升为"新的神圣之物"（neuen Heiligen），黑格尔由此暗示了超越艺术之可视化、图像化的可能性，这种超越就起源于人类意识的无限内容。[2]

---

[1] 薛华：《黑格尔与艺术难题》，中国社会科学出版社1986年版，第42、43页。
[2] Ursula Franke, Der neue Heilige. Hegel über die Darstellung Gottes, in *Kulturpolitik und Kunstgeschichte*, hrsg von Gethmann-Siefert und Ursula Franke, Hamburg: Felix Meiner, 2005, S. 118.

除了人道取代诸神成为艺术表现的新神圣，近代艺术乃至广义的现代艺术也因其自身创作的自由本质而承担了对个体自由之教化。因为任何优秀的、有价值的艺术首先就是自由而纯粹的"建基于自身"（Beruhen auf sich），唯有这种自由而纯粹方能激发个体的审美自由，使人不断沉思并意会到普遍的自由本质，在这个意义上黑格尔认为艺术发挥的教化作用首先是否定性的，使人不断地从实用的、带有各种预设的、外在目的的教育模式中纯化。在整个艺术哲学的建构中，黑格尔继承并真正发扬了德国古典美学始终贯彻着的"和谐"与"自由"两大信纲，一方面，自由而纯粹的审美经验有力地批判和修补了启蒙时期以来世界产生的种种分裂，使人不断从知性的抽象中解放出来，重新获得具体性和生命性，在这一层面，黑格尔始终与他的前辈康德、席勒、歌德以及他的同时代人荷尔德林、谢林、施莱尔马赫和早期浪漫派坚定地站在同一阵线中；另一方面，他也没有将这种审美至上和艺术创作至上的倾向如早期浪漫派那般推向极端，因为艺术本身的自由潜能唯有在绝对精神的整体运动中，通过宗教和哲学对之实体性因素以及思维预设的剥离才得以可能，从这个角度看，现代艺术固然能表达不同于哲学思辨的真理与自由，但却不能摆脱哲学与宗教。霍尔盖特正确地指出，艺术"被用来使不同的文明意识到它们各自的基础性价值和信念，使人性作为一个整体更加接近于对人的自由、完整性及开放性的意识，黑格尔相信，这种意识在基督教和思辨哲学中得到了完全的阐明。在现代社会，我们或许忽视了审美自由的独特价值，只是把艺术用于物质的、道德的或政治的目的。如果是这样，那么我们应该意识到，遭受磨难的决不仅仅是我们的审美经验，我们也忽视了我们全面的社会和历史教育的一个非常重要的维度"[①]。

---

① ［英］霍尔盖特：《黑格尔导论：自由、真理与历史》，丁三东译，商务印书馆2013年版，第348页。

第三节　艺术门类及其他

　　第二节以艺术作品所包含内蕴与形式之间的统一关系为线索，具体阐发了三种艺术类型的特征和过渡，"这三种类型对于理想，即真正的美的概念，始而追求，继而到达，终于超越"①。在这种作为过渡的提升中，艺术作为绝对精神之历史在自身展开和实现的进程中不断深化与推进人类对自身自由本质的理解，由此成为绝对精神之历史中不可替代的一环。本节则首先简单介绍黑格尔艺术哲学中各个艺术门类的大致情况，之后分析在黑格尔的实在哲学架构之中，艺术何以必然会向着启示宗教（基督教）过渡。

一　个别性——五种主要的艺术门类

　　三版《纲要》涉及艺术的规定的章节均未讨论具体的艺术门类问题，而在柏林时期的四次美学讲座中，黑格尔花费了更多精力详细地讨论了门类问题，如果说艺术类型是绝对精神在艺术领域现实化的三种不同方式，那么艺术门类则是类型的分化或个别化，因为每一种类型都是"通过感性的材料，也就是特殊的材料，所得到的外在的客观存在，使得这些类型分化为一些独立的特殊的表现方式，即各门艺术，因为每种类型之所以有它的确定的性格，是由于它所用的是某一种确定的外在材料，以及这种特殊材料所决定的使它得到充分实现的表现方式"②。本章作为黑格尔艺术哲学的一个简要大纲只能大致勾勒出其发展的逻辑根据和内在线索。按舒托夫（Konrad Schüttauf）的看法，需要结合艺术类型来分析艺术门类，因为艺

---

　　① ［德］黑格尔：《美学》（第一卷），朱光潜译，商务印书馆1996年版，第103页，译文有改动。
　　② ［德］黑格尔：《美学》（第一卷），朱光潜译，商务印书馆1996年版，第104页。

术门类乃是艺术类型的实现,更为连贯地呈现不同艺术类型之间的有机联系①,理念与外在形象间的关联只有在具体的艺术门类中才能见出,艺术类型的局限同样反映在特殊的艺术门类中,从这方面看,每门艺术都各自属于一种艺术类型,作为适合这种类型的表现②;从另一方面看,以外在个别的形象表现绝对精神无疑是每一艺术类型和艺术门类的基本原则和存在根据,因此对艺术类型而言,既可以以适合表现自身规定性的方式呈现自身,也可以采用并不那么适合自身特征的方式实现自身,故"每门艺术也可以以它的那种表现方式去表现上述三种类型中的任何一种"③。

艺术门类的展开或发展并非毫无章法,从建筑向着诗歌的提升同样是人类对自身普遍自由认识逐渐深化,以及在艺术创作过程中逐渐摆脱外在感性定在任意性、偶然性的过程。黑格尔将这一历程勾勒为,"首先把尘世的自然的生命看作是有限的,单独站在一边的;其次一步,意识就把神变成它的对象,在这对象里客体性与主体性的分别被消除了;最后到了第三步,我们从神本身进到信士群众的虔诚膜拜,这就是说,进到在主体意识中活着和显现着的神"④,这三个过程的关节点分别对应了象征型艺术、古典型艺术和浪漫型艺术,而它们分别具体实现为建筑、雕塑和绘画—音乐—诗歌。

象征型艺术的主要矛盾是基于尽管绝对精神已经将自然设定为自己的符号,但由于自然物的感性存在依然占据了主导地位,故有限与无限的对立或外在与内在的抵牾仍然被保留在了具体的艺术门类中,这里最典型的呈现方式就是建筑。古典型艺术作为绝对精神

---

① Konrad Schüttauf, *Die Kunst und die bildenden Künste*, Bonn: Bouvier, 1984, S. 83.

② 参见[德]黑格尔《美学》(第一卷),朱光潜译,商务印书馆1996年版,第104页,译文有改动。

③ [德]黑格尔:《美学》(第一卷),朱光潜译,商务印书馆1996年版,第104页。

④ [德]黑格尔:《美学》(第一卷),朱光潜译,商务印书馆1996年版,第105页,译文有改动。

在艺术领域中最优美的类型,在这一类型中,感性的外在形式已经完全为精神内蕴所支配,如灵魂与肉体般水乳交融,在人的形象中有限与无限、外在与内在、客体与主体已经圆融无碍地相互结合,自身即是对象化、对象化即是自身,而这就是希腊的雕塑作品。在黑格尔看来,希腊的雕塑呈现了最为纯粹的理想,雕像不仅体现了概念之自由与感性表达直接的合一,而且通过材料的坚实性被牢固地竖立起来。从这个角度看,艺术门类中的雕塑作品实际上是现象学中雕像和有生命的艺术作品的结合,它保持了完美人体、神人合一的持存性,内在的自由通过理想化了的身体姿态或面部表象得到了充分的表达,在宁静沉着的表面之下蕴藏着汹涌的波澜和无限的意蕴。在这个意义上,黑格尔坚持认为,理想美从来都不是也不可能是乏味的。在希腊人的诸神雕像中有着性格和生命,在拉斐尔的圣母像中有着深深的内心温暖和爱,而不只是肤浅的甜蜜。[1] 希腊雕塑最鲜明地体现了古典理想的消逝性与永恒性之间的统一,古典型艺术向着浪漫型艺术的提升,诚然意味着这些雕塑和希腊美的艺术成了过去,但却在这种成为过去和永恒性的消逝中,通过概念的回溯、基督教教义对艺术附带功能的剥离,而将古希腊艺术特别是雕塑作用中直接存在的自然性、直接性的要素转换为思维中的定在,即为主体所占据的实体,"从古典和艺术的最高地位、职能和使命来说,是解体了,成了过去,从它的实体和存在来说,依然保存着,具有不可消逝性和未消逝性。把两方面统一起来,就可以说:古典、古典艺术的解体和过去性意味着本身开始在有限活动范围内存在,本身过去的最高地位和作用受到了否定,受到了限定,其本身发生了变化,在变化中保持其有限的存在,在有限存在中保持其实体的含义"[2],这同样解释了为何局限于特定伦理实体的希腊艺术会成为全人类共同欣

---

[1] 参见[英]霍尔盖特《黑格尔导论:自由、真理与历史》,丁三东译,商务印书馆2013年版,第350页。

[2] 薛华:《黑格尔与艺术难题》,中国社会科学出版社1986年版,第37页。

赏推崇的审美对象，当宗教和哲学以表象和思维的方式更为清晰地揭示了艺术所要传达的人类的自由本质，就对古典型艺术构成了一种回望或概念的回溯，通过这种回溯，原本受限于民族精神的实体性因素和种种预设性的功能的艺术获得了一种真正的普遍性，因为每个民族对自身本质的反思、对自身与现实关系的思考总是包含着指向"永恒"维度的普遍关切，这种普遍关切使得其他文化、其他客观精神不再是全然异己的，而可以在绝对精神之历史中被概念式重新组织的，"不同的文明以不同的方式构想生命中的统一性：根据超验的原则来构想它（在犹太教那里），把它构想为个体化形式的统一性（在希腊人那里），把它构想为上帝的和解之爱与自由的人类主体的内在统一性（在基督教那里）。然而，许多文化都把某种形式的统一性视为生命及人类实存的显而易见的原则，并且都在它们的艺术中表现了这个原则，就此而言，我们可以说，这个原则在很大程度上是'普遍的'。尽管各民族之间以及许多世纪的历史发展过程的各阶段之间有这些复杂的差别，但是作为共同因素而贯穿在这些差别之中的，毕竟一方面有共同的人性（das Allgemeinmenschliche），另一方面有艺术的东西（das Künstlerische），所以这个民族和这一时代的诗对于其他民族和其他时代还是同样可理解、可欣赏的"①。在古典型艺术向着浪漫型艺术的前进与哲学、宗教向着艺术的回溯中，古典型艺术和浪漫型艺术在艺术的自由本性中达到了普遍和解。

希腊艺术，尤其是雕塑以一种理想化的、完全和谐的方式讴歌人性，而基督教包括浪漫型艺术则是力图改变人类自身，使人的有限生命提升到无限的内在自由，因而浪漫型艺术尽管承受着更为剧烈的分裂之痛，却也更贴合人类的自由本身，尤其是在新教倡导的内在性中，有限的人类通过自己内心或外在的行动使得自己而不是外部世界变得更为符合普遍的自由本质。在艺术领域中，这种具有

---

① ［英］霍尔盖特：《黑格尔导论：自由、真理与历史》，丁三东译，商务印书馆2013年版，第363页。

无限内在深度的精神之自由就结合为最为内在、最抽象的艺术作品，这些作品不是别的，就是信徒们的虔诚敬拜、是最深邃的内在情感，就内容来看，浪漫型艺术与启示宗教表现的都是普遍的神性、绝对的内在活动，而浪漫型艺术仍然保留着艺术的形态，这些形态就是绘画、音乐与诗歌。这些艺术门类其实已经是散文时代的产物，尤其是在基督教逐渐世俗化之后，艺术极大地扩展了自己的表现范围，人类生活的全部多样性与丰富性都被纳入其中。实际上，在现象学中，黑格尔在"艺术宗教"中初步勾勒了希腊宗教的发展与具体艺术表现形式间初步的对应关系，分别是雕像（神庙）、赞美诗、崇拜、秘仪、史诗—悲剧—喜剧，而这些表现形式在艺术哲学架构中被进一步扩大，几乎涉及人类历史中的各种艺术门类，特别是按照启蒙以来对艺术门类的普遍观念，进一步加入了绘画和音乐这两类最重要的浪漫型艺术门类。

而艺术这一表现形式的局限与个别艺术作品的完美无缺又构成了两个同样富有成效，但又互为悖反的标准[1]，在艺术领域，绝对精神不得不依赖直观，被投射为个别的感性形象中，尽管在这些个别的艺术作品中，概念的自由已经与其符合直接合一，艺术作品并不构成对概念自由的表现，而是概念自由统一于被其所中介的符号之中。以形式和内容结合的完美度而言，古典型艺术尤其是雕塑无疑达到了尽美；就概念自由自身的深入而言，雕塑所塑造的人之优美形体虽然能最大限度地揭示出概念与现实、精神与自然、内在与外在直接的合一，但符号作为一个被中介的实体性，而非被建构的实体性终究无法完全适合概念的纯粹活动性，因而古典型艺术所构建的完美无缺的形体和雕塑必须被打碎，艺术自身要重新进入内在与外在的不和谐，进而完全克服外在性的束缚，彻底扬弃艺术所构造的外在客观性，进入宗教的纯粹内在性之中，在这个意义上我们固然对古典型艺术中巧夺天工的杰作顶礼膜拜、无限赞叹，但这仍只

---

[1] Konrad Schüttauf, *Die Kunst und die bildenden Künste*, Bonn: Bouvier, 1984, S. 83.

是基于艺术的标准——形式与内容的和谐一致；倘若从概念向着自身的返回和自由的规定来看，这种和谐势必又要被扬弃，从直接性经由反映最后扬弃概念的直接性与实在性之间的对立，最终回复到内在的无限运动中，浪漫型艺术，尤其是绘画、音乐和文学构成了对人类自由本性的普遍表达。艺术自身的衡量标准和概念之自由的根据，二者之间的紧张关系构成了古典型艺术向着浪漫型艺术过渡的内在驱力，也成了贯穿艺术门类发展的线索。

要完全澄清艺术标准与精神标准之间的张力，以及精神标准如何左右艺术标准，还得详细解释五种具体的艺术门类之间的关系：对建筑而言，它的素材还是直接的外在自然物质，它对自然的依赖程度是最高的，这种材料决定了精神尚无法以此来实现具体的理想，因为理念或者受到精神鼓舞的艺术家（begeisterte Künstler）得按照材料考虑如何最大限度地将精神表现出来，而不是自由地塑造材料使之完全符合理想。"建筑能用这种内容意蕴灌注到它的素材和形式里，其多寡程度就取决于它在上面加工的那种确定的内容有无意义，是抽象的还是具体的，是深刻的还是肤浅的。"[1] 当这种外在越来越符合内在之时，建筑整体能够将内在意蕴充分表现出来之时，它就超出了自己的范围而过渡到雕塑。在建筑中，自然素材的外在性或感性存在依然与内在的精神性相抵牾，当这层障碍被扫除，或者用黑格尔的话说，"神走进这座庙宇，以个性的闪电式的光芒照耀并且渗透到那无生气的物质队里，不再只是用对称的形式，而是用精神本身的无限形式，把相应的身体性集中起来而且表现出来"[2]，而这就是雕刻的任务。建筑是选择外在素材尽力表达精神的内在性，因而属于象征型艺术类型中的典范门类，而雕塑则越出了内外不一致的局限，将二者结合为个别的形象，因此黑格尔将之归入古典型艺

---

[1] ［德］黑格尔：《美学》（第一卷），朱光潜译，商务印书馆1996年版，第106页，译文有改动。

[2] ［德］黑格尔：《美学》（第一卷），朱光潜译，商务印书馆1996年版，第106页。

术的基本门类，温克尔曼所谓的"高贵的单纯、静穆的伟大"恰好就是描述希腊雕塑艺术的。雕塑形式的坚实稳定对绝对精神而言具有双重含义，一方面它能最恰如其分地传达出精神返回自身运动的永恒性和自己与自己相统一，这就是"永恒的静穆和独立自足"；另一方面，雕塑不得不将精神投射为个别形象，这就意味着精神反倒被局限在时空之中，它内在无限的返回活动无法在这一个别形象中得到呈现。因而精神必须将自己的外化或感性形象提升为更符合内在活动性的形象，这样一来，不是人体，而是内心的情感、虔诚敬拜成为艺术所要表现的新的主题，这就过渡到了浪漫型艺术三种具体的门类之中，即绘画、音乐与诗歌。这种凝聚在雕塑中的坚实性和稳定性分解为丰富多彩的内心活动，感性的多彩形式转化为表象式的抽象普遍性，绘画、音乐和诗歌作为浪漫型艺术的基本门类，差别就在于感性材料的进一步淡化和趋向于抽象，它们的素材从色彩、声音最终发展到了语言，变得日趋符号化和观念化。这是因为外在素材或存在形式逐渐接近表象，因而艺术的题材和艺术的主题进一步扩大，世间百态和内心情感活动都可以进入艺术领域，艺术更日益摆脱了对时间、空间的依赖，这一主体的活动性至诗歌艺术方面发展到了顶峰，按照本研究之前对"符号"的分析，诗歌艺术事实上进入了表象这种新的表现形式，在诗歌艺术中，"任何可听闻的东西像可见的东西那般，都降低为精神的一种单纯标记，因此诗歌的适当的表现因素，就是想象和精神性的自我图像式的显示本身，而且由于这一因素是一切类型艺术所共有的，所以诗歌贯穿于一切艺术之中，在每门艺术中独立发展。诗歌艺术是精神的普遍艺术，精神是自身已然充分自由的，无需为用以表现自身的外在感性材料所束缚，只在表象和情感的内在空间与内在时间里逍遥游荡"[①]。在诗歌这一浪漫型艺术的顶峰中，感性因素已经不再对内在性构成束缚，因此反思推论过渡到了必然推论，是精神克服对

[①] [德] 黑格尔：《美学》（第一卷），朱光潜译，商务印书馆1996年版，第113页，译文有改动。

立向着自身的返回①，这就意味着艺术摆脱了感性形式的局限，进入表象这种新的认知方式（显现方式）之中，这就是启示宗教。

二 "艺术的未来在宗教"——艺术向宗教的过渡

§563：但美的艺术（适如其特有的宗教那样）在真正宗教内拥有它的未来；理念的有局限的内蕴自在而自为地过渡到与无限的形式相同一的普遍性，过渡到直观，直接的、维系于感性的知识活动，过渡到在自己内中介自己的知识，过渡到一种其本身是知识的定在，过渡到启示活动，以致理念的内容就把自由理智的规定作为它的原则，并且作为绝对精神是为精神存在的。②

黑格尔在1830年版《纲要》§563中详细讨论了艺术本身的活动方式。"美的艺术（适如其特有的宗教那样）在真正宗教内拥有它的未来"这一论断指向的并非某一特定的艺术类型，而是基于启示宗教的角度分析艺术的活动，换言之，这涉及一种根本性的转变，意味着绝对精神与自身现实从直接的统一进展到了内在的统一，即那些原先不可想象的、无法企及的、被启示出的神迹现在作为基督教传统中被叙述的历史借助艺术理想被凸显出来了。③ 这一点可以在§562的附释中得到进一步佐证，"一个民族的所有这些环节构成一个系统的总体，而且是一个精神创造它们和使它们生动起来的，这个见解就是宗教史和世界史是重合的这个进一步的见解的根据"④。

---

① Vgl. Brigitte Hilmer, *Scheinen des Begriffs*, Hamburg：Felix Meiner, 1997, S. 247 – 248.

② ［德］黑格尔：《哲学科学全书纲要》（1830年版），薛华译，商务印书馆2021年版，第416页。

③ Michael Theunissen, *Hegels Lehre vom absoluten Geist als theologisch-politischer Traktat*, Berlin：De Gruyter, 1970, S. 211.

④ ［德］黑格尔：《精神哲学》，杨祖陶译，人民出版社2006年版，第376页。

黑格尔在1823年的美学讲座中,将这种"美的艺术"的未来称为"神圣之爱"(göttliche Liebe),神圣之爱这一主题通过浪漫型艺术以一种感性的方式充分体现①,这种神圣之爱乃是一种独特的和解方式,指向了耶稣基督所代表的神性与人性之间现实的和解,相比于希腊艺术中那些表现为一个个个别形象的诸神的理想性和幻想色彩,和解不再是一个理想,不再是被树立起来的永恒形象,而是一个活生生的历史过程,概言之,启示宗教中的个体不是按照理想塑造出来的,而是活生生的、实际存在的个体。对希腊艺术而言,神圣尚未与世俗合二为一,因而希腊诸神都是特殊的,而不是普遍的神性;基督宗教则截然不同,它囊括了一切与之联系的现实的方方面面,是真正意义上的神圣与世俗的结合,因此,黑格尔将启示宗教称为"美的艺术"的未来。这种"美的艺术"的未来一方面指的是基督教标志着人类对自身更深入的认识,通过上帝与人之间现实的和解而肯定了人自身的价值和尊严;另一方面基督教到新教再到虔敬宗的发展路线代表了一种世俗进程,教会的外在权威进一步深入内在性和情感领域,在这种情形下,艺术在启蒙时期获得了更大的自由性,现代艺术由此更多表达世俗世界中的自由意识,黑格尔左派正是抓住了这一点,将艺术的进展解释为源于人要求成为一种文化存在的普遍需求——通过思考现实性从而占有现实性,在文化中,人类将外在现实单纯的被给予性和外在性转化为为它存在的进步意识。②

在1817年版《纲要》中,黑格尔认为,"但是绝对精神在世界

---

① Vgl. Claudia Melica, Der Begriff der Liebe. in Hegels Bestimmung der romantischen Kunst, in *Zwischen Philosophie und Kunstgeschichte. Beiträge zur Begründung der Kunstgeschichtsfofschung bei Hegel und im Hegelianismus*, hrsg von Annemarie Gethmann-Siefert, Bernadette Collenberg-Plotnikov, München: Fink, 2008, S. 270.

② Cf. Douglas Moggach, *Reconfiguring Spirit*, in *Politics, Religion, and Art: Hegelian Debates*, Edited by Douglas Moggach, Evanston & Illinois: Northwestern University Press, 2011, p. 205.

史中扬弃了它的认知现实性的这种有限性,扬弃了它的理念的有限制的定在,这种定在同直观形式、直接知识和定在形式一样,自在而自为地转化为普遍性,转化为自身中介的知识,转化为一种其本身是知识的存在,转化为启示活动"①。从这个角度看,艺术向着宗教的过渡并不仅仅是古希腊艺术瓦解在启示宗教之中,而是艺术形式普遍向着宗教形式的转化,不仅这种转化是反映方式从直接向内在的变更,而且被反映的普遍自由的本质也更具有普遍性。黑格尔指出,艺术具有一般意义上的局限,"因为它所具有的是一种有缺陷的内蕴,形式也就是有缺陷的;内蕴之是有缺陷的,盖因其不是在自己本身内寓地具有形式"②,这实际上在象征型艺术和浪漫型艺术中具有相当典型的表现。这种内容的缺陷并不是绝对精神本身的不自由,而是源于感性认识反映模式与概念真正自由的活动性格格不入,感性物和单纯的自然物"它只是完全使这种物成为精神的表达"③,因而以感性物为元素的艺术作品中,概念之自由只能表现出自在的一面,显得"缺乏趣味性和缺乏精神性,因为内在东西本身尚还染有缺乏精神性"④,在艺术这种直接的反映模式中,概念之自由"没有力量贯通外在东西,使之达于意义和成就形态"⑤。希腊艺术似乎平衡了内蕴和形式,通过主体性的自由支配了感性材料,"美的艺术则以自由精神的自我意识为条件,从而以对感性物和单纯自然物同精神对立而具有非独立性的意识为条件,它只是完全使这种物成为精

---

① [德]黑格尔:《哲学科学全书纲要》(1817年版),薛华译,商务印书馆2021年版,第221页。

② [德]黑格尔:《哲学科学全书纲要》(1830年版),薛华译,商务印书馆2021年版,第416页。

③ [德]黑格尔:《哲学科学全书纲要》(1830年版),薛华译,商务印书馆2021年版,第415页。

④ [德]黑格尔:《哲学科学全书纲要》(1830年版),薛华译,商务印书馆2021年版,第415页。

⑤ [德]黑格尔:《哲学科学全书纲要》(1830年版),薛华译,商务印书馆2021年版,第415页。

神的表达，内在的形式在此只是表现自己本身"①，尽管主体性在美的艺术中已经成为艺术的支配性原则，但这一原则由于艺术这一表现形式的直接性还停留在抽象的外在性中，并未真正地转变为现实，故而"理念的有局限的内蕴自在而自为地过渡到与无限的形式相同一的普遍性"② 还有没被充分地反映出来、没有被充分地意识到，因而黑格尔认为"美的艺术仅仅是自由解脱的一个阶段而已，并非最高的自由解脱本身"③，而浪漫型艺术则代表了真正自由精神的直观活动，"艺术家和欣赏者们的天才以自己的志意和感受在这一神性内安身，满足而自由解脱"④。

因此，浪漫型艺术实际上与启示宗教都达到了"理念的内容就把自由理智的规定作为它的原则，并且作为绝对精神是为精神存在的"⑤，"过渡到在自己内中介自己的知识，过渡到一种其本身是知识的定在"⑥。艺术向着启示宗教的过渡可以被标识为"合法的拟人化"（legitime Anthropomorphismus）⑦ 的完成。启示宗教（基督教）彻底推广了拟人化，使得拟人化不再表现为艺术中的神人一体，而成为一个实际存在的个体。在这个意义上，的确是启示宗教完全实现了"自由理智的规定"这一原则。浪漫型艺术则是在这一原则彻

---

① ［德］黑格尔：《哲学科学全书纲要》（1830年版），薛华译，商务印书馆2021年版，第415页。
② ［德］黑格尔：《哲学科学全书纲要》（1830年版），薛华译，商务印书馆2021年版，第415页。
③ ［德］黑格尔：《哲学科学全书纲要》（1830年版），薛华译，商务印书馆2021年版，第416页。
④ ［德］黑格尔：《哲学科学全书纲要》（1830年版），薛华译，商务印书馆2021年版，第415页。
⑤ ［德］黑格尔：《哲学科学全书纲要》（1830年版），薛华译，商务印书馆2021年版，第416页。
⑥ ［德］黑格尔：《哲学科学全书纲要》（1830年版），薛华译，商务印书馆2021年版，第416页。
⑦ Michael Theunissen, *Hegels Lehre vom absoluten Geist als theologisch-politischer Traktat*, Berlin: De Gruyter, 1970, S. 212.

底达到之后，从古典型艺术的种种功能性预设中解放出来，正是通过基督教，内在的精神生活或"人性"成为现代艺术的唯一主题，并在其中达到了这样无拘无束、自由爽朗的情状，而内心生活这一主题自然更适合通过绘画、音乐和诗歌表达。这样一来，启示宗教解放了浪漫型艺术。

在启示宗教中，普遍的神性不会被分解为个体的内心世界或情感，而是被聚拢到教团之中，成为普遍的自我意识，使人充分意识到作为精神的绝对精神（精神本身的规定）。与古典型艺术相比，对普遍自由本质的理解在基督宗教中才真正圆满完成，就此意义而言，启示宗教克服了古典型艺术中外在形象的分裂，即将诸神的形象汇集到万神殿中成为普遍的神性。与浪漫型艺术相比，启示宗教并不涉及世俗生活的方方面面，而仅仅将千差万别的人的内心生活凝聚为整个宗教教团唯一的敬拜活动，这也扬弃了浪漫型艺术在内容上的支离破碎，神性的统一性成为自由人性的普遍表达。

三 艺术的独立性

艺术虽然有其局限性，按照概念的自由规定，外在性（感性的认识方式）势必会自我扬弃将自己提升到纯粹的内在性之中，但宗教同样需要艺术，因为艺术本身具有宗教和哲学不可替代的功能，"看到艺术的出现指证一种尚还同感性外在性连在一起的宗教的衰落。同时地，由于它显得是在赋予宗教以至高的礼赞、表现和光耀，它也就把宗教高推到宗教的局限性之外"[①]，富尔达认为，宗教作为"一种自身内自我中介着的知"，一方面从处在反思规定下的多样性中抽身而出，返回到现实当前精神的统一之中，因此在信仰或者在"崇拜的默祷"（Andacht des Kultus）之中，宗教的反映方式不再受到外在直接性的限制。因而，宗教作为自由概念内在普遍性的实现，

---

① ［德］黑格尔：《哲学科学全书纲要》（1830年版），薛华译，商务印书馆2021年版，第416页。

超越了艺术，在艺术宗教中以直观方式呈现的希腊诸神为主体内在的表象生产所取代；另一方面，这种表象的反映模式使得内在性的普遍性滑向了纯粹的主观性，从而实体性的内容重新分裂为诸多片段式独立的形态。① 一言以蔽之，宗教缺乏艺术所具有的外在的客观性。正是基于这一点，天主教需要艺术的帮助，以形象化的方式充分表达宗教教义，"那些以默祷敬奉的图像是一些不美的偶像图画，是作为些行奇迹的护符，这些护符可达及一种彼岸的客观性，而比之此类的图像，骨头也可以提供同样的服务，甚或还更为优良的服务"②。宗教在解放艺术的同时，要求艺术的协助，艺术作品甚至构成了启示宗教的神像，它能起到比偶像还好的作用。在浪漫型艺术发展的初期，黑格尔肯定了这一阶段中特定的宗教艺术成就，更多地强调了人的个性，强调了自然与人类生活中的特殊性与偶然性。然而无论是艺术从宗教中解放还是协助宗教表达教义的真理，以及宗教中个体的自由，艺术都失去了古典希腊时期对真理和自由表达的垄断权。正如之前所强调的，艺术虽然通过将实体性的因素提升为思维中的理想，而摆脱了特定历史原则以及特殊的民族精神对之的局限，从而上升到了一种真正的普适性，但是这种自主性和普遍性的获得付出了一定的代价，这就是艺术发现自身在表现形式上的局限，它在表达自由时无法再与宗教站在同一高度。"艺术在现代世界不可能——也不应该——具有它在古希腊或中世纪以及文艺复兴时期所具有的同样地位。我们可以正当地期望，艺术依然会有未来，它将'始终会把自身提升到完善的高度'，不过它对人性来说再也不会成为自我意识的最高形式。艺术在现代世界并没有死去，因为理想的审美个体性的景象将始终是人类关切的一个对象。我们将始终是审美的是者。然而，无论艺术有多么理想、多么深刻、多么能够打动人，

---

① Vgl. Hans Friedrich Fulda, *Georg Wilhelm Friedrich Hegel*, München: C. H. Beck, 2003, S. 254–255.

② ［德］黑格尔：《哲学科学全书纲要》（1830 年版），薛华译，商务印书馆 2021 年版，第 416 页。

我们作为'现代人'最终总是会感受到，艺术终究只是艺术。"①

艺术按照其本质规定乃是绝对精神对自身的直观，因而只是与外在客体直接关联，而无法彻底以其主体的内在性为中介并扬弃这一中介②，黑格尔认为，艺术所达到的外在的客观性称不上真正的客观性，只是一种直接性，而真正的客观性"不是现实性，而是被扬弃为可能性了的现实性，或被克服了的直接性；［旧的］形态已经变成了形态的缩影，变成了简单的思想规定"③，这种简单的思想规定彻底为概念所中介的历史，是思维的内容——思想，因而哲学是艺术和宗教的综合，它同时扬弃了艺术的外在客观性和宗教的内在主观性，成了绝对意义上的自由，即概念的本真自由——自我思维的思维。尽管美的艺术无法以概念的方式揭示出精神运动本身，但它仍然与宗教和哲学一样担负着守护精神自由的崇高使命，在艺术中，精神摆脱了不自由，成为直接的绝对精神。在现代世界中，艺术并没有死亡，它作为对世界历史反思之模式，同样是对人类的自由本质完整的彻思，只是担负着与哲学以及宗教不同的功能，"艺术之所以异于宗教与哲学，在于艺术用感性形式表现最崇高的东西，因此，使这最崇高的东西更接近自然现象，更接近我们的感觉和情感"④。在这个意义上将"艺术终结"这一颇为人诟病的口号与黑格尔艺术哲学牢牢地绑定在一起，并将之作为拒斥黑格尔艺术哲学的根本原因⑤是不合适的。相反正如本书反复提到的，通过从哲学和宗教的角

---

① ［英］霍尔盖特：《黑格尔导论：自由、真理与历史》，丁三东译，商务印书馆2013年版，第377页。

② Michael Theunissen, *Hegels Lehre vom absoluten Geist als theologisch-politischer Traktat*, Berlin: De Gruyter, 1970, S. 214.

③ ［德］黑格尔：《精神现象学》（上），贺麟、王玖兴译，商务印书馆1981年版，第19页。

④ ［德］黑格尔：《美学》（第一卷），朱光潜译，商务印书馆1996年版，第10—11页。

⑤ Vgl. Annemarie Gethmann-Siefert, *Einführung in Hegels Ästhetik*, München: Fink, 1995, S. 230.

度对艺术的回望，真正激发了艺术本身的自由潜能，费维克认为，艺术的终结并不意味着艺术的没落和衰亡，相反它是自由艺术发展的开始，"美的艺术在其自由中才是真正的艺术"①。而亨利希则指出，"艺术终结意味着放弃关于未来艺术的幻想"，它在原则上排除进一步的、更高级的艺术发展阶段出现的可能性。② 到了能思维的理性充分支配外在现实的近代，就艺术本身的标准而言，绝对精神找到了更适合自身的表现形式——内在情感的普遍性和纯粹思想的客观性，因而精神本身活动和内在性日趋与感性的存在方式产生裂痕，这意味着艺术无法以古典艺术式的有限者与无限者在有限者中直接合一的模式体现人类的自由精神。在这个意义上，浪漫型艺术成为艺术发展真正的顶峰，它同时扬弃了象征型艺术中理想和感性形式之间的不一致和古典型艺术中理想和感性形式之间的和谐，以更符合精神内在性的方式重构了这两个环节的区别和对立，因此，精神在艺术中不再显现为"美"，而是"自由"，这种自由意味着不仅美在艺术中显现，而且连不美或丑都在艺术中得到了表现。

在这个意义上，艺术始终以一种理想化的形式向人类显示，我们与我们的自由本质处在一种统一性中，在自由的规定性不断深入的过程中，世界历史朝向自由的发展正是通过个体自由意识的不断深化而展开。艺术并不直接给予人类对自由意识正确的认识，因为艺术作品所呈现的始终是审美的具体形象，而非伦理的或道德的具体形象，艺术只能通过这些审美形象使我们欣赏到统一性与和谐的价值，宗教和哲学却有能力使这种统一性与和谐成为更直接的内心信仰规定或客观的思维规定。然而，即使在这种艺术成为间接的而

---

① ［德］费维克：《黑格尔的艺术哲学》，徐贤樑等译，商务印书馆2018年版，第185页。

② Vgl. Dieter Henrich, Zur Aktualität von Hegels Ästhetik. Überlegungen am Schluß des Kolloquiums über Hegels Kunstphilosophie, in *Stuttgarter Hegel-Tage 1970*, Hegel Studien, Beiheft 11, hrsg von Hans-Georg Gadamer, Bonn: Bouvier, 1983, S. 295ff.

不是直接的教化模式的情况下,我们也绝不能丧失对自由、和谐与具体生命的审美追求,一旦陷入现代世界的分裂图景,导致审美经验的贫乏,放任审美环节(文明价值和教育中最关键的环节之一)被实用性的、功利性的兴趣主宰,那么无疑就有堕入异化、堕入恶的无限性的危险。

在强调浪漫型艺术中主观自由的巨大价值的同时,黑格尔不同于早期浪漫派的成员,而与歌德、席勒以及威廉·洪堡类似,深深地信赖个体整全性的审美理想,这种理想由于宗教和哲学的崛起获得了一种思维中的普遍性,由此在现代世界中持续发挥着重要的审美价值。与古典希腊时代不同,"我们尽管可以希望艺术还会蒸蒸日上,日趋于完善,但是艺术的形式已不复是精神最高的需求了,我们尽管觉得希腊的神像还很优美,天父、基督和玛利亚在艺术里也表现得很庄严完善,但是这都是徒然的,我们不再屈膝膜拜了"[①],因为现代艺术所呈现的人类普遍的自由本质已经经过思维或者概念的中介,"思想和反思使美相形见绌"[②],亨利希认为在现代世界中艺术只能承担一部分作用,它失去了对绝对精神完全的约束力[③]。

至此,我们可以对所谓"艺术终结"这一论题做一简单小结,这一命题按照黑格尔体系有两层基本含义:首先,在现代世界中,艺术已经不是绝对精神之自由本性唯一表达自己的方式,在此意义上,艺术的黄金时代已经过去,但这种过去性并不完全是编年史意义上的,而是基于宗教和哲学对艺术的回溯;其次,通过这种回溯,艺术的自由本性被充分激发,它虽然还保持在艺术形式之内,但却

[①] [德]黑格尔:《美学》(第一卷),朱光潜译,商务印书馆1996年版,第132页,译文有改动。

[②] [德]黑格尔:《美学》(第一卷),朱光潜译,商务印书馆1996年版,第13页,译文有改动。

[③] Dieter Henrich, "Kunst und Kunstphilosophie der Gegenwart", in *Immanente Ästhetik-ästhetische Reflexion*, Poetik und Hermeneutik Ⅱ, München, Fink, 1996, S. 15.

不断提升和完善自己，它尝试以更富有内在性和活动性的方式表现精神，以此来贴近精神的本性——在自身中成为自由的，而不在他物之中，因而艺术在现代世界中经历了它的转型，艺术同样以自己独特的方式守护着现代自由，人类通过艺术证明自己有能力"把自然的起源转变为真正的自我呈现和真正文明。不过，这种自我呈现是某种我们自己不得不维持的东西。只有不断地把它带向我们的意识，才能够持续存在。我们做到这一点的方式之一就是通过对美（和自由）的审美经验"①。

---

① ［英］霍尔盖特：《黑格尔导论：自由、真理与历史》，丁三东译，商务印书馆2013年版，第362页。

结　语

艺术作为现代世界中通向自由的教化

　　黑格尔通过将"概念"自身对其全部现实性的反思纳入艺术领域，实现了对启蒙以来德意志学院美学和康德所代表的鉴赏判断两大传统的双重校正和超越。首先，黑格尔通过对现象学中"艺术宗教"的分析，阐明了艺术所具有的真理性功能：相比于启蒙之后科学化、知性化的主流思维方式，艺术的创造性既剥离了本体论层面的实体性因素，又清除了认识论层面的种种预设，因而具有更高意义上的真理性，构成了对概念之真的象征型显示，由此"艺术—真理"论克服了莱布尼兹沃尔夫学派将美学局限于认识论初级阶段的片面性。其次，黑格尔完成了实在哲学架构中"艺术"的功能性规定，奠定了艺术在现代世界中担负的自由教化之使命：相比于康德将克服时代分裂的希望寄托于审美自由，黑格尔证成了艺术创造能在更高层面上兼容审美自由，艺术创造是一种比审美自由更高阶的对异质性因素的统一；相较于早期浪漫派将艺术创造视为自然与精神重新复归统一的顶点，黑格尔审慎地指出，艺术创造的自由潜能依赖于概念纯粹的自由规定，简言之，艺术之自由本质既是概念自由的感性表现，又以概念自由为根据，由此"艺术—自由"论既克服了康德鉴赏力批判传统将美学在现代世界中的价值局限于审美自由的片面性，又预防了艺术创造的自由倒向主观的任意和专断。在黑格尔看来，传统的美学种种形式已无法容纳艺术的新规定——作为对世界历史中不断形成、成熟和深化的人类自由本质的直接反思

（反映），故此，必须以概念之前进—回溯的方式严密地建立起艺术和真理、艺术与自由的内在关联。在这个意义上，艺术、宗教和思辨哲学作为对人类本质的整体性反思，一方面超越了世界历史，另一方面内在于世界历史，以世界历史为反思的全部内容，这与黑格尔建筑学上的隐喻相一致，国家（世界历史）就是一座理性的神庙（Tempel der Vernunft），而这座神庙的基座就是艺术、宗教和哲学。对世界历史而言，艺术、宗教和思辨哲学有着同样重要的使命：它们应当以独属于自己的特殊方式给予绝对精神在客观精神中最高的解放（höchste Befriedigung），即守护人类的本真自由，并不断推进人类对自身自由本质的认识。三者由此在更深的层次克服了启蒙以来出现的种种分裂，真正配得上被称为"整全知识"的殊荣。

本书以由现象学—逻辑科学—实在哲学构成的黑格尔体系的大圆圈为中枢，以1800年前后德意志思想界围绕艺术功能的大讨论为语境，遵循历史—诠释学的方法全面考察黑格尔对艺术的规定。本书认为，概念的自我规定在不同层次上的展开，决定了艺术的不同功能，在这个意义上，本书并不是传统意义上黑格尔艺术哲学的描述性研究，而是对其艺术论（现象学中的"艺术—真理"论和实在哲学中的"艺术—自由"论）的整体性阐释。

这种整体性阐释最终将重构一种作为文化哲学的艺术论。在黑格尔看来，历史的发展本身不是封闭的，而是不断完善自身的，这种对自身的完善就是通过文化间接消除那些掩盖本真自由的因素，艺术、宗教与哲学各自以自身独特的方式不断加深着历史中个体对自由本质的理解，因而文化哲学既与整个世界历史保持着同步性，又包含着差异，究其根本，文化的进步并不单纯发生在世界历史的一个区域之中，而是个体意识通过认识和行动，塑造和建构自身复又推动历史的进程，二者呈现为一种有中介的思辨的同一性。个体在文化哲学的影响下在认识和行动上加深对自身本质的意识，这也将推动着历史向着更本真的自由进发，那么艺术、宗教和哲学作为对世界历史的高阶反思，既是这一历史阶段的终点，也构成了新的历史阶段的开端,艺术与宗教、哲学共同担负起了引导人类历史、推动人类精神螺旋式上升的崇高使命的同时,黑格尔整个体系作为对这一永不终结的事情本身的呈现(Darstellung)注定是自由和必然、封闭与开放的统一。

基于此,本书至少在三个层面上得出与以往研究不同的结论。首先,在黑格尔那里,所谓艺术本身的历史性,并不是对艺术发展做编年史式的描述,而是对艺术在不同历史阶段的功能的整体性规定,这种整体性的规定就是艺术对世界历史的反思功能。艺术以这种方式从特定的民族精神和历史阶段中解放出来,获得了真正的普遍性。艺术自身的发展与人类对自身本质认识的不断加深是一致的,人类自由意识的进步当然首先直接体现在通过劳动塑造外部世界,"谁理性地看待世界,世界也会理性地看待谁,二者是在相互规定中"①,然而艺术(包括宗教、哲学)间接地反映出人类本身对这种自由意识进步的认识,唯有通过这种认识,自由意识的进步才能被规定为世界历史的目标,而自由才能从直接的、潜在的成为人的现实规定。

其次,艺术在现象学中引导自然意识朝向概念本身、朝向真理,而在实在哲学中又使人类逐步认识到自身的自由本质、朝向概念之自由,二者既有层次上的区别又是内在一致的。前者构成了后者的基本前提,而后者则是前者的最终根据,这种前提和根据之间的循环关系同样是黑格尔的概念之前进—回溯方法在艺术论中的透彻体现。这种前进—回溯作为事情本身的节奏使得个体意识的教化、世界历史的发展、绝对精神历史的前行始终处在一个良性的互动关系之中,这三个环节以不同的方式构成推论的前提和根据:以绝对精神历史作为前提,以个体意识之自由教化为中介,不断推动世界历史从更高阶段重新开始,迈向本真的自由;世界历史作为前提,以

---

① G. W. F. Hegel, *Vorlesungen über die Philosophie der Geschichte*, TWA, Bd. 12, Frankfurt. a. M.:Suhrkamp, 1986, S. 22.

结语　艺术作为现代世界中通向自由的教化　553

绝对精神历史的反思为中介，不断加深个体意识对自身自由本质的认识；个体意识之自由为前提，以对世界历史的改造和推动为中介，不断使绝对精神之历史在更高层次返回自身。总而言之，不仅个体教化史、世界历史和绝对精神历史这三重历史永不终结，而且现象学、实在哲学和逻辑科学也绝不是一劳永逸的封闭体系，而是共同构成了一个在封闭中不断螺旋式上升的总体关联。

最后，黑格尔的艺术论既不应被视为对文艺创作、艺术实践的经验性总结与反思，也不应被抬高为早期浪漫派和青年谢林意义上的审美形而上学或作为整个哲学基础的美学。黑格尔一方面对西方世界中几乎全部的艺术形式和伟大杰作有着自己深入的见解，另一方面对同时代人关于艺术功能及其价值的种种思考烂熟于心，这使得他既能合理地吸纳同时代人对艺术规定的真知灼见，并将对西方世界中那些伟大的艺术作品的真知灼见熔铸于柏林时期美学讲座之中，又能批判性地反思同时代人艺术规定中新的预设及局限，并以一种恰切的方式在自己的艺术论建构中加以纯化和修正。如是，黑格尔就将对艺术功能和价值的思考推向了一个前所未有的深度。

末了，让我们用黑格尔的话作结：

> 只有在它的这种自由之中，美的艺术才成为真正的艺术，只有在它和宗教与哲学处在同一层面，成为认识和表现神圣之物、人类的最深刻的旨趣以及精神的最深广的真理的一种方式和手段时，艺术才算尽了它的最高职责。①
>
> 黑格尔

In dieser ihrer Freiheit nun ist die schöne Kunst erst wahrhafte Kunst und löst dann erst ihre höchste Aufgabe, wenn sie sich in den

---

① G. W. F. Hegel, *Vorlesungen über die Ästhetik I*, TWA, Bd. 13, Frankfurt. a. M.: Suhrkamp, 1986, S. 21; 中译见 [德] 黑格尔《美学》（第一卷），朱光潜译，商务印书馆 1996 年版，第 10 页，译文有改动。

gemeinschaftlichen Kreis mit der Religion und Philosophie gestellt hat und nur eine Art und Weise ist, das Göttliche, die tiefsten Interessen des Menschen, die umfassendsten Wahrheiten des Geistes zum Bewußtsein zu bringen und auszusprechen.

G. W. F. Hegel

参考文献

一 文中常用文献缩略记号

TWA：《黑格尔理论版著作集》，G. W. F. Hegel, *Werke in zwanzig Bänden, Theorie Werkausgabe, Auf der Grundlage der Werke von 1832 – 1845*, Neu edierte Ausgabe, Redaktion Eva Moldenhauer und Karl Markus Michel., Frankfurt. a. M.：Suhrkamp, 1969ff.

GW：《黑格尔历史批评版著作集》，G. W. F. Hegel, *Gesammelte Werk*, hrsg von der Rheinisch-Westfälischen Akademie der Wissenschaften, Hamburg：Felix Meiner, 1968ff.

SW：《谢林斯图加特版全集》，F. W. J. Schelling, *Sämmtliche Werke*, hrsg von K. F. A. Schelling, Stuttgart：Cotta, 1856 – 1861.

二 黑格尔及其同时代人原著

（一）黑格尔

［德］黑格尔：《精神现象学》（上），贺麟、王玖兴译，商务印书馆1981年版。

［德］黑格尔：《精神现象学》（下），贺麟、王玖兴译，商务印书馆1981年版。

［德］黑格尔：《哲学科学全书纲要》（1817），薛华译，商务印书馆2021年版。

［德］黑格尔：《哲学科学全书纲要》（1827），薛华译，商务印书馆2021年版。

［德］黑格尔：《哲学科学全书纲要》（1830），薛华译，商务印书馆2021年版。

［德］黑格尔：《美学》（第一卷），朱光潜译，商务印书馆1996年版。

［德］黑格尔：《美学》（第二卷），朱光潜译，商务印书馆1996年版。

［德］黑格尔：《美学》（第三卷）（上），朱光潜译，商务印书馆1981年版。

［德］黑格尔：《美学》（第三卷）（下），朱光潜译，商务印书馆1981年版。

［德］黑格尔：《逻辑学》（上），杨一之译，商务印书馆1982年版。

［德］黑格尔：《逻辑学》（下），杨一之译，商务印书馆1982年版。

［德］黑格尔：《小逻辑》，贺麟译，商务印书馆1996年版。

［德］黑格尔：《自然哲学》，梁志学、薛华、钱广华、沈真译，商务印书馆1986年版。

［德］黑格尔：《精神哲学》，杨祖陶译，人民出版社2006年版。

［德］黑格尔：《哲学史讲演录》（第一卷），贺麟、王太庆译，商务印书馆1983年版。

［德］黑格尔：《哲学史讲演录》（第二卷），贺麟、王太庆译，商务印书馆1983年版。

［德］黑格尔：《哲学史讲演录》（第三卷），贺麟、王太庆译，商务印书馆1983年版。

［德］黑格尔：《哲学史讲演录》（第四卷），贺麟、王太庆译，商务印书馆1983年版。

［德］黑格尔：《黑格尔早期神学著作》，贺麟译，商务印书馆1988年版。

［德］黑格尔：《费希特与谢林哲学体系的差别》，宋祖良、程志民译，商务印书馆1994年版。

［德］黑格尔：《黑格尔政治著作选》，薛华译，中国法制出版社2008年版。

［德］黑格尔：《耶拿体系1804—1805：逻辑学和形而上学》，杨祖陶

译，人民出版社2012年版。

[德] 黑格尔:《历史哲学》，王造时译，上海书店出版社2001年版。

[德] 黑格尔:《法哲学原理：或自然法和国家学纲要》，张企泰、范扬译，商务印书馆1979年版。

[德] 黑格尔:《耶拿时期著作（1801—1807）》，《黑格尔著作集（第2卷)》，朱更生译，人民出版社2017年版。

[德] 黑格尔:《精神现象学》，《黑格尔著作集（第3卷)》，先刚译，人民出版社2013年版。

[德] 黑格尔:《宗教哲学讲演录Ⅰ》，《黑格尔著作集（第16卷)》，燕宏远、张国良译，人民出版社2015年版。

[德] 黑格尔:《宗教哲学讲演录Ⅱ》，《黑格尔著作集（第17卷)》，燕宏远、张松、郭成译，人民出版社2015年版。

[德] 黑格尔:《耶拿体系草稿（Ⅰ）》，《黑格尔全集（第6卷)》，郭大为、梁志学译，商务印书馆2017年版。

[德] 黑格尔:《纽伦堡高级中学教程和讲话（1808—1816）》，《黑格尔全集（第10卷)》，张东辉、户晓辉译，商务印书馆2012年版。

[德] 黑格尔:《讲演手稿Ⅰ（1816—1831）》，《黑格尔全集（第17卷)》，梁志学、李理译，商务印书馆2012年版。

[德] 黑格尔:《讲演手稿Ⅱ（1816—1831）》，《黑格尔全集（第17卷)》，沈真、张东辉译，梁志学、李理校，商务印书馆2019年版。

[德] 黑格尔:《世界史哲学讲演录（1822—1823）》，《黑格尔全集（第27卷 第Ⅰ分册)》，刘立群、沈真、张东辉、姚燕译，张慎、梁志学校，商务印书馆2014年版。

[德] 黑格尔:《黑格尔通信百封》，苗力田译，上海人民出版社1983年版。

《黑格尔与霍尔德林、谢林来往书信》，苗力田编译，中国人民大学哲学系外国哲学史教研室1978年版。

（二）谢林

[德] 谢林:《先验唯心论体系》，石泉、梁志学译，商务印书馆1983

年版。

［德］谢林:《布鲁诺对话:论事物的神性原理和本性原理》,邓安庆译,商务印书馆2008年版。

［德］谢林:《谢林著作集:近代哲学史》,先刚译,北京大学出版社2016年版。

［德］谢林:《谢林著作集:世界时代》,先刚译,北京大学出版社2018年版。

［德］谢林:《谢林著作集:学术研究方法论》,先刚译,北京大学出版社2019年版。

［德］谢林:《谢林著作集:论世界灵魂》,庄振华译,北京大学出版社2018年版。

［德］谢林:《谢林著作集:艺术哲学》,先刚译,北京大学出版社2021年版。

(三) 康德

［德］康德:《纯粹理性批判》,邓晓芒译,杨祖陶校,人民出版社2004年版。

［德］康德:《实践理性批判》,邓晓芒译,杨祖陶校,人民出版社2004年版。

［德］康德:《判断力批判》,邓晓芒译,杨祖陶校,人民出版社2002年版。

［德］康德:《康德著作全集(第3卷):纯粹理性批判》,李秋零译,中国人民大学出版社2004年版。

［德］康德:《纯粹理性批判》(第1版),《未来形而上学导论 道德形而上学的奠基 自然科学的形而上学初始根据》,《康德著作全集(第4卷)》,李秋零译,中国人民大学出版社2005年版。

［德］康德:《实践理性批判 判断力批判》,《康德著作全集(第5卷)》,李秋零译,中国人民大学出版社2007年版。

［德］康德:《纯然理性界限内的宗教 道德形而上学》,《康德著作全集(第6卷)》,李秋零译,中国人民大学出版社2007年版。

［德］康德：《学科之争　实用人类学》，《康德著作全集（第7卷）》，李秋零译，中国人民大学出版社2008年版。

［德］康德：《历史理性批判文集》，何兆武译，商务印书馆1990年版。

（四）费希特

［德］费希特：《全部知识学的基础》，王玖兴译，商务印书馆1986年版。

［德］费希特：《费希特著作选集》（卷一），梁志学主编，商务印书馆1990年版。

［德］费希特：《费希特著作选集》（卷二），梁志学主编，商务印书馆1994年版。

［德］费希特：《费希特著作选集》（卷三），梁志学主编，商务印书馆1997年版。

［德］费希特：《费希特著作选集》（卷四），梁志学主编，商务印书馆2000年版。

（五）其他

［德］安德烈亚斯·弗利特纳编著：《洪堡人类学和教育理论论文集》，胡嘉荔、崔延强译，重庆大学出版社2013年版。

［德］费尔巴哈：《费尔巴哈哲学著作选集》（上卷），荣震华、李金山等译，商务印书馆1984年版。

［德］歌德：《歌德文集》（全十卷），绿原等译，人民文学出版社1999年版。

［德］歌德、［德］席勒：《歌德席勒文学书简》，张玉书、张荣昌译，安徽文艺出版社1991年版。

［德］歌德：《歌德谈话录》，［德］爱克曼辑录，朱光潜译，人民文学出版社1991年版。

［德］荷尔德林：《荷尔德林文集》，戴晖译，商务印书馆1999年版。

［德］亨利希·海涅：《浪漫派》，薛华译，商务印书馆2016年版。

［德］亨利希·海涅：《论德国宗教和哲学的历史》，海安译，商务印书馆2017年版。

［德］洪堡：《论国家的作用》，林荣远、冯兴元译，中国社会科学出版社2016年版。

［德］莱辛：《拉奥孔》，朱光潜译，人民文学出版社1984年版。

［德］马克思：《黑格尔辩证法和哲学一般的批判》，贺麟译，人民出版社1955年版。

《马克思恩格斯选集》（第二卷），中共中央马克思恩格斯列宁斯大林著作编译局编译，人民出版社1972年版。

《马克思恩格斯文集》（第二卷），中共中央马克思恩格斯列宁斯大林著作编译局编译，人民出版社2009年版。

［德］诺瓦利斯：《夜颂中的革命和宗教——诺瓦利斯选集卷一》，刘小枫编，林克等译，华夏出版社2007年版。

［德］诺瓦利斯：《大革命与诗化小说——诺瓦利斯选集卷二》，刘小枫编，林克等译，华夏出版社2008年版。

［德］施莱尔马赫：《论宗教》，邓安庆译，人民出版社2011年版。

［德］施勒格尔：《浪漫派风格——施勒格尔批评文集》，李伯杰译，华夏出版社2005年版。

［德］温克尔曼：《论古代艺术》，邵大箴译，中国人民大学出版社1989年版。

［德］席勒：《席勒文集》（全六卷），张玉书等译，人民文学出版社2005年版。

［德］席勒：《审美教育书简》，冯至、范大灿译，北京大学出版社1985年版。

三　中文研究著作

（按作者姓名首字母排序）

曹俊峰、朱立元、张玉能：《德国古典美学》，北京师范大学出版社2013年版。

邓晓芒：《黑格尔〈精神现象学〉句读》（十卷），人民出版社2017年版。

贺麟：《黑格尔哲学演讲集》，上海人民出版社1986年版。
洪汉鼎主编：《理解与解释：诠释学经典文选》，东方出版社2001年版。
侯鸿勋：《论黑格尔的历史哲学》，上海人民出版社1982年版。
胡继华：《浪漫的灵知》，北京大学出版社2016年版。
黄金城：《有机的现代性：青年黑格尔与审美现代性话语》，上海人民出版社2019年版。
蒋孔阳：《德国古典美学》，商务印书馆1980年版。
赖贤宗：《康德、费希特和青年黑格尔论伦理神学》，桂冠出版社1998年版。
梁志学：《论黑格尔的自然哲学》，上海人民出版社1986年版。
刘创馥：《黑格尔新释》，商务印书馆2019年版。
刘哲：《黑格尔辩证——思辨的真无限概念：在康德与费希特哲学视域中的黑格尔〈逻辑学〉》，北京大学出版社2009年版。
汝信：《论黑格尔哲学》，中国社会科学出版社2014年版。
宋祖良：《青年黑格尔的哲学思想》，湖南教育出版社1989年版。
王树人：《历史哲学反思：关于〈精神现象学〉的研究》，中国社会科学出版社1988年版。
王树人：《思辨哲学新探》，人民出版社1985年版。
温纯如：《黑格尔逻辑学的真理观》，中国社会科学出版社2008年版。
薛华：《黑格尔与艺术难题》，中国社会科学出版社1986年版。
薛华：《黑格尔、哈贝马斯与自由意识》，中国法制出版社2008年版。
杨河、邓安庆：《康德黑格尔哲学在中国》，首都师范大学出版社2002年版。
杨俊杰：《艺术的危机与神话：谢林艺术哲学探微》，北京大学出版社2011年版。
杨祖陶：《德国古典哲学逻辑进程》，武汉大学出版社2003年版。
杨祖陶：《康德黑格尔哲学研究》，人民出版社2015年版。
杨祖陶著，舒远招整理：《黑格尔〈精神哲学〉指要》，人民出版社

2018 年版。

俞吾金等：《德国古典哲学》，人民出版社 2009 年版。

翟灿：《艺术与神话：谢林的两大艺术哲学切入点》，上海人民出版社 2013 年版。

张汝伦等：《黑格尔与我们同在：黑格尔哲学新论》，上海人民出版 2017 年版。

张慎主编：《德国古典哲学》，江苏人民出版社 2011 年版。

张世英：《黑格尔的哲学》，上海人民出版社 1960 年版。

张世英：《论黑格尔的精神哲学》，上海人民出版社 1986 年版。

张世英：《自我实现的历程：解读黑格尔〈精神现象学〉》，山东人民出版社 2001 年版。

张政文等：《德意志审美现代性话语研究》，中国社会科学出版社 2015 年版。

周礼全：《黑格尔的辩证逻辑：概念、判断和推理的辩证发展》，中国社会科学出版社 1989 年版。

朱立元：《黑格尔美学论稿》，复旦大学出版社 1986 年版。

朱立元：《黑格尔美学引论》，天津教育出版社 2013 年版。

朱学平：《古典与现代的冲突与融合——青年黑格尔思想的形成与演进》，湖南教育出版社 2010 年版。

庄振华：《〈精神现象学〉讲读》，人民出版社 2018 年版。

庄振华：《黑格尔的历史观》，上海人民出版社 2013 年版。

四 汉译著作

（按作者姓名首字母排序）

[法] 阿尔都塞：《黑格尔的幽灵》，唐正东、吴静译，南京大学出版社 2005 年版。

[美] 阿伦·伍德：《黑格尔的伦理思想》，黄涛译，知识产权出版社 2016 年版。

[美] 阿瑟·丹托：《艺术的终结之后：当代艺术与历史的界限》，

王春辰译，江苏人民出版社 2007 年版。

［以］阿维纳瑞：《黑格尔的现代国家理论》，朱学平、王兴赛译，知识产权出版社 2016 年版。

［德］埃米尔·路德维希：《德国人：一个民族的双重历史》，杨成绪、潘琪译，文汇出版社 2019 年版。

［美］奥弗洛赫蒂等编：《尼采与古典传统》，田立年译，华东师范大学出版社 2007 年版。

［美］巴姆巴赫：《海德格尔的根——尼采，国家社会主义和希腊人》，张志和译，上海书店出版社 2007 年版。

［法］贝尔纳·布尔乔亚：《德国古典哲学》，邓刚译，高宣扬校，人民出版社 2013 年版。

［美］彼得·盖伊：《启蒙时代：人的觉醒与现代秩序的诞生》，刘北成、王皖强译，上海人民出版社 2019 年版。

［英］鲍桑葵：《美学史》，李步楼译，商务印书馆 2017 年版。

［希］柏拉图：《理想国》，郭斌和、张竹明译，商务印书馆 2002 年版。

［美］伯纳德特：《苏格拉底的再次起航：柏拉图〈王制〉疏证》，黄敏译，华东师范大学出版社 2015 年版。

［美］大卫·库尔珀：《纯粹现代性批判——黑格尔、海德格尔及其以后》，臧佩洪译，商务印书馆 2019 年版。

［意］但丁：《论世界帝国》，朱虹译，商务印书馆 1986 年版。

［法］迪迪埃·埃里蓬：《米歇尔·福柯传》，谢强、马月译，上海人民出版社 2017 年版。

［德］迪特·亨利希：《康德与黑格尔之间：德国观念论讲演录》，彭文本译，商周出版 2006 年版。

［德］迪特尔·亨利希：《自身关系——关于德国古典哲学奠基的思考与阐释》，郑辟瑞译，中国人民大学出版社 2017 年版。

［德］狄尔泰：《体验与诗》，胡其鼎译，生活·读书·新知三联书店 2003 年版。

［美］弗里德里克·拜塞尔：《黑格尔》，姜佑福、王志宏译，华夏出版社 2019 年版。

［美］弗里德里克·拜泽尔：《狄奥提玛的孩子们——从莱布尼茨到莱辛的德国审美理性主义》，张红军译，人民出版社 2019 年版。

［美］弗雷德里克·拜泽尔：《浪漫的律令——早期德国浪漫主义观念》，黄江译，韩潮校，华夏出版社 2019 年版。

［德］弗里德里希·梅尼克：《历史主义的兴起》，陆月宏译，译林出版社 2009 年版。

［德］弗兰克：《浪漫派的将来之神——新神话学讲稿》，李双志译，华东师范大学出版社 2011 年版。

［苏］古留加：《黑格尔传》，刘半九、伯幼等译，商务印书馆 1978 年版。

［德］伽达默尔：《科学时代的理性》，薛华等译，国际文化出版公司 1988 年版。

［德］伽达默尔：《美的现实性：作为游戏、象征、节日的艺术》，张志扬等译，生活·读书·新知三联书店 1991 年版。

［德］伽达默尔：《伽达默尔论黑格尔》，张志伟译，光明日报出版社 1992 年版。

［德］伽达默尔：《诠释学Ⅰ：真理与方法——哲学诠释学的基本特征》（修订译本），洪汉鼎译，商务印书馆 2007 年版。

［德］伽达默尔：《诠释学Ⅱ：真理与方法——补充和索引》（修订译本），洪汉鼎译，商务印书馆 2007 年版。

［德］伽达默尔：《诠释学的实施：美学与诗学》，吴建广译，北京大学出版社 2013 年版。

［德］哈贝马斯：《现代性的哲学话语》，曹卫东译，凤凰出版传媒集团译林出版社 2004 年版。

［德］海德格尔：《路标》，孙周兴译，商务印书馆 2001 年版。

［德］海德格尔：《林中路》，孙周兴译，上海译文出版社 2008 年版。

［德］海德格尔：《同一与差异》，孙周兴等译，商务印书馆 2014

年版。

［德］汉斯·昆、瓦尔特·延斯：《诗与宗教》，李永平译，生活·读书·新知三联书店 2005 年版。

［古希腊］荷马：《伊利亚特》，罗念生、王焕生译，上海人民出版社 2004 年版。

［德］贺伯特·博德：《黑格尔〈精神现象学〉讲座：穿越意识哲学的自然和历史》，戴晖译，商务印书馆 2016 年版。

［英］霍布斯鲍姆：《革命的年代》，王章辉等译，江苏人民出版社 1999 年版。

［英］霍尔盖特：《黑格尔导论：自由、真理与历史》，丁三东译，商务印书馆 2013 年版。

［英］霍尔盖特：《黑格尔〈逻辑学〉开篇：从存在到无限性》，刘一译，中国人民大学出版社 2021 年版。

［德］卡尔·洛维特：《从黑格尔到尼采：19 世纪思维中的革命性决裂》，李秋零译，生活·读书·新知三联书店 2006 年版。

［英］开尔德、［美］鲁一士：《黑格尔 黑格尔学述——"员麟全集"第十卷》，贺麟编译，上海人民出版社 2012 年版。

［法］科耶夫：《黑格尔导读》，姜志辉译，译林出版社 2005 年版。

［法］科维纲：《现实与理性——黑格尔与客观精神》，张大卫译，华夏出版社 2018 年版。

［德］克朗纳：《论康德与黑格尔》，关子尹译，同济大学出版社 2004 年版。

［德］克劳斯·杜辛：《黑格尔与哲学史——古代、近代的本体论与辩证法》，王树人译，社会科学文献出版社 1992 年版。

［德］克劳斯·费维克：《黑格尔的艺术哲学》，徐贤樑等译，商务印书馆 2018 年版。

［意］克罗齐：《黑格尔哲学中的活东西和死东西》，王衍孔译，商务印书馆 1959 年版。

［意］克罗齐：《作为表现的科学和一般语言学的美学的历史》，王

天清译，袁华清校，中国社会科学出版社 1984 年版。

［德］库诺·菲舍尔：《青年黑格尔的哲学思想》，张世英译，吉林人民出版社 1983 年版。

［美］理查德·罗蒂：《偶然、反讽与团结》，徐文瑞译，商务印书馆 2003 年版。

［匈］卢卡奇：《青年黑格尔》（选译），王玖兴译，商务印书馆 1963 年版。

［美］罗伯特·皮平：《黑格尔的观念论：自意识的满足》，陈虎平译，华夏出版社 2006 年版。

［美］罗伯特·皮平：《作为哲学问题的现代主义——论对欧洲高雅文化的不满》，阎嘉译，商务印书馆 2007 年版。

［美］马尔库塞：《理性和革命——黑格尔和社会理论的兴起》，程志民等译，重庆出版社 1993 年版。

［意］莫米利亚诺：《现代史学的古典基础》，冯洁音译，华东师范大学出版社 2009 年版。

［德］欧根·芬克：《黑格尔〈精神现象学〉的现象学阐释》，贾红雨等译，上海书店出版社 2011 年版。

［美］平卡德：《黑格尔传》，朱进东译，商务印书馆 2015 年版。

［美］平卡德：《德国哲学 1760—1860：观念论的遗产》，侯振武译，中国人民大学出版社 2019 年版。

［德］萨弗兰斯基：《席勒传》，卫茂平译，人民文学出版社 2010 年版。

［意］圣多玛斯·阿奎那：《神学大全》（第三册：论创造人类与治理万物），刘俊余译，碧岳学社、中华明道会 2009 年版。

［美］施泰因克劳斯：《黑格尔哲学新研究》，王树人等译，商务印书馆 1990 年版。

［德］斯宾格勒：《西方的没落》（上），齐世荣等译，商务印书馆 1953 年版。

［荷］斯宾诺莎：《伦理学》，贺麟译，商务印书馆 1998 年版。

［加］泰勒：《黑格尔》，张国清译，译林出版社 2012 年版。

［德］特洛尔奇：《基督教理论与现代》，朱雁冰、李承言、刘宗坤译，华夏出版社 2004 年版。

［波］瓦迪斯瓦夫·塔塔尔凯维奇：《西方六大美学观念史》，刘文潭译，上海译文出版社 2006 年版。

［意］维科：《论意大利最古老的智慧——从拉丁语源发掘而来》，张小勇译，上海三联书店 2006 年版。

［德］维尔纳·马克思：《黑格尔的〈精神现象学〉——"序言"和"导论"中对其理念的规定》，谢永康译，人民出版社 2014 年版。

［德］沃尔夫冈·宾德尔：《论荷尔德林》，林笳译，华夏出版社 2019 年版。

［古希腊］希罗多德：《历史》（上），王以铸译，商务印书馆 1997 年版。

［澳］辛格：《黑格尔》，张卜天译，译林出版社 2015 年版。

［法］雅克·董特：《黑格尔传》，李成季、邓刚译，上海人民出版社 2015 年版。

［古希腊］亚里士多德：《灵魂论及其他》，吴寿彭译，商务印书馆 1999 年版。

［古希腊］亚里士多德：《尼各马可伦理学》，廖申白译注，商务印书馆 2003 年版。

［罗马尼亚］伊利亚德：《宗教思想史》，晏可佳、吴晓群、姚蓓琴译，上海社会科学院出版社 2004 年版。

五　中文期刊、论文集

（一）中文期刊

（按作者姓名首字母排序）

邓安庆：《正在复兴的黑格尔哲学》，《中国社会科学报》2019 年 1 月 8 日。

［德］迪特·亨利希：《自身意识：一门理论的批判导言》，张任之译，《现代外国哲学》2021 年第 1 期。

谷裕：《思想史语境中的德语修养小说：创作与诗学》，《比较文学与世界文学》2012 年第 2 期。

［德］哈贝马斯：《现代性——一个未完成的方案》，黄金城译，《文化与诗学》2019 年第 1 期。

贾红雨：《黑格尔艺术哲学重述》，《哲学研究》2020 年第 2 期。

［德］克劳斯·费维克：《席勒、黑格尔论通向自由的审美教育》，徐贤樑译，《复旦学报》（社会科学版）2019 年第 1 期。

［德］克劳斯·费维克：《论黑格尔所钟爱的艺术作品——在复旦大学中文系的讲演》，徐贤樑译，《美学与艺术评论》2020 年第 1 期。

［德］Walter Jaeschke：《黑格尔〈全集〉：论发展中体系的编纂》，张灯译，《现代哲学》2010 年第 1 期。

［美］W. 考夫曼：《黑格尔〈精神现象学〉中术语的形象性》，张冀星译，《国外社会科学》1988 年第 10 期。

［德］瓦尔特·耶施克：《德国古典哲学视野中的启蒙运动》，李鹃译，《伦理学术》2018 年第 1 期。

［德］沃尔夫冈·韦尔施：《为什么黑格尔如此推崇罗西尼，却从未提及贝多芬？》，戴晖译，《马克思主义美学研究》2018 年第 1 期。

先刚：《"回忆"和黑格尔精神现象学的开端》，《江苏社会科学》2019 年第 1 期。

先刚：《试析早期谢林与费希特的"绝对自我"观的差异》，《云南大学学报》（社会科学版）2019 年第 4 期。

徐贤樑：《论黑格尔美学体系的形成——〈美学讲演录（1820/1821）〉的文献意义与体系价值》，《西南大学学报》（社会科学版）2019 年第 5 期。

徐贤樑：《从"意识的发现之旅"到"精神的奥德赛"——教养小说模式下的〈精神现象学〉》，《学术月刊》2022 年第 6 期。

杨宝富：《理性的历史性与历史的合理性——论黑格尔哲学史观的基础问题》，《云南大学学报》（社会科学版）2021 年第 4 期。

张汝伦：《现代性问题域中的艺术哲学——对黑格尔〈美学〉的若干思考》，《清华西方哲学研究》2016年第2期。

朱立元：《德国古典美学在中国》，《湖南社会科学》2016年第5期。

朱立元：《内在提升·辩证综合·自由艺术——对黑格尔"艺术终结"论的再思考之二（上）》，《当代文坛》2020年第1期。

朱立元：《内在提升·辩证综合·自由艺术——对黑格尔"艺术终结"论的再思考之二（下）》，《当代文坛》2020年第2期。

（二）中文论文集

《黑格尔之谜：新黑格尔主义者论黑格尔》，杨寿堪等编译，北京师范大学出版社1988年版。

《国外学者论黑格尔哲学》，朱亮等编译，南京大学出版社1986年版。

张汝伦主编：《德国观念论》，商务印书馆2019年版。

中国社会科学院哲学研究所西方哲学史研究室编：《国外黑格尔哲学新论》，中国社会科学出版社1982年版。

六　外文原著

Hegel：

G. W. F. Hegel, *Frühe Schriften*, Werke in zwanzig Bänden, TWA, Bd. 1, Frankfurt. a. M.：Suhrkamp, 1986.

G. W. F. Hegel, *Jenaer Schriften（1801 – 1807）*, Werke in zwanzig Bänden, TWA, Bd. 2, Frankfurt. a. M.：Suhrkamp, 1986.

G. W. F. Hegel, *Phänomenologie des Geistes*, Werke in zwanzig Bänden, TWA, Bd. 3, Frankfurt. a. M.：Suhrkamp, 1986.

G. W. F. Hegel, *Nürnberger und Heiderlberger Schriften（1808 – 1817）*, Werke in zwanzig Bänden, TWA, Bd. 4, Frankfurt. a. M.：Suhrkamp, 1986.

G. W. F. Hegel, *Wissenschaft der Logik I*, Werke in zwanzig Bänden, TWA, Bd. 5, Frankfurt. a. M.：Suhrkamp, 1986.

G. W. F. Hegel, *Wissenschaft der Logik II*, Werke in zwanzig Bänden,

TWA, Bd. 6, Frankfurt. a. M. : Suhrkamp, 1986.

G. W. F. Hegel, *Grundlinien der philosophie des Rechts oder Naturrecht und Staatswissenschaft im Grundrisse*, TWA, Bd. 7, Frankfurt. a. M. : Suhrkamp, 1986.

G. W. F. Hegel, *Enzyklopädie der philosophischen Wissenschaften im Grundrisse I*, Werke in zwanzig Bänden, TWA, Bd. 8, Frankfurt. a. M. : Suhrkamp, 1986.

G. W. F. Hegel, *Enzyklopädie der philosophischen Wissenschaften im Grundrisse III*, Werke in zwanzig Bänden, TWA, Bd. 10, Frankfurt. a. M. : Suhrkamp, 1986.

G. W. F. Hegel, *Berliner Schriften (1818 - 1831)*, Werke in zwanzig Bänden, TWA, Bd. 11, Frankfurt. a. M. : Suhrkamp, 1986.

G. W. F. Hegel, *Vorlesungen über die Geschichte der Philosophie*, Werke in zwanzig Bänden, TWA, Bd. 12, Frankfurt. a. M. : Suhrkamp, 1986.

G. W. F. Hegel, *Vorlesungen über die Ästhetik I*, Werke in zwanzig Bänden, TWA, Bd. 13, Frankfurt. a. M. : Suhrkamp, 1986.

G. W. F. Hegel, *Vorlesungen über die Ästhetik II*, Werke in zwanzig Bänden, TWA, Bd. 14, Frankfurt. a. M. : Suhrkamp, 1986.

G. W. F. Hegel, *Vorlesungen über die Ästhetik III*, Werke in zwanzig Bänden, TWA, Bd. 15, Frankfurt. a. M. : Suhrkamp, 1986.

G. W. F. Hegel, *Vorlesungen über die Philosophie der Religion I*, Werke in zwanzig Bänden, TWA, Bd. 16, Frankfurt. a. M. : Suhrkamp, 1986.

G. W. F. Hegel, *Vorlesungen über die Philosophie der Religion II*, TWA, Bd. 17, Frankfurt. a. M. : Suhrkamp, 1986.

G. W. F. Hegel, *Vorlesungen über die Geschichte der Philosophie I*, Werke in zwanzig Bänden, TWA, Bd. 18, Frankfurt. a. M. : Suhrkamp, 1986.

G. W. F. Hegel, *Vorlesungen über die Geschichte der Philosophie II*, Werke in zwanzig Bänden, TWA, Bd. 19, Frankfurt. a. M. : Suhrkamp, 1986.

G. W. F. Hegel, *Vorlesungen über die Geschichte der Philosophie III*, Werke in zwanzig Bänden, TWA, Bd. 20, Frankfurt. a. M.: Suhrkamp, 1986.

G. W. F. Hegel, GW. Bd. 1, *Frühe Schriften I*, hrsg von Friedhelm Nicolin und Gisela Schüler, Hamburg: Felix Meiner, 1989.

G. W. F. Hegel, GW. Bd. 2, *Frühe Schriften II*, hrsg von Walter Jaeschke, Hamburg: Felix Meiner, 2014.

G. W. F. Hegel, GW. Bd. 4, *Jenaer kritisches Schriften*, hrsg von Hartmut Buchner und Otto Pöggeler, Hamburg: Felix Meiner, 1968.

G. W. F. Hegel, GW. Bd. 5, *Schriften und Entwürfe (1799–1808)*, hrsg von Manfred Baum und Kurt Rainer Meist, Hamburg: Felix Meiner, 1998.

G. W. F. Hegel, GW. Bd. 6, *Jenaer Systementwürfe I*, hrsg von Klaus Düsing und Heinz Kimmerle, Hamburg: Felix Meiner, 1975.

G. W. F. Hegel, GW. Bd. 7, *Jenaer Systementwürfe II*, hrsg von Rolf-Peter Horstmann und Johann Heinrich Trede, Hamburg: Felix Meiner, 1971.

G. W. F. Hegel, GW. Bd. 8, *Jenaer Systementwürfe III*, hrsg von Rolf-Peter Horstmann, Hamburg: Felix Meiner, 1976.

G. W. F. Hegel, GW. Bd. 9, *Phänomenologie des Geistes*, hrsg von Wolfgang Bonsiepen und Reinhard Hede, Hamburg: Felix Meiner, 1968.

G. W. F. Hegel, GW. Bd. 10.1, *Nürnberger Gymnasialkurse und Gymnasialreden (1808–1816)*, hrsg von Klaus Grotsch, Hamburg: Felix Meiner, 2006.

G. W. F. Hegel, GW. Bd. 10.2, *Nürnberger Gymnasialkurse und Gymnasialreden (1808–1816)*, hrsg von Klaus Grotsch, Hamburg: Felix Meiner, 2006.

G. W. F. Hegel, GW. Bd. 13, *Enzyklopädie der philosophischen Wissenschaften im Grundrisse (1817)*, hrsg von Wolfgang Bonsiepen und Klaus Grotsch, Hamburg: Felix Meiner, 2000.

G. W. F. Hegel, GW. Bd. 19, *Enzyklopädie der philosophischen Wissenschaften im Grundrisse (1827)*, hrsg von Wolfgang Bonsiepen und Hans-

Christian Lucas, Hamburg: Felix Meiner, 1989.

G. W. F. Hegel, GW. Bd. 20, *Enzyklopädie der philosophischen Wissenschaften im Grundrisse (1830)*, hrsg von Wolfgang Bonsiepen und Hans-Christian Lucas, Hamburg: Felix Meiner, 1992.

G. W. F. Hegel, GW. Bd. 28. 1, *Vorlesungen über die Philosophie der Kunst*, hrsg von Niklas Hebing, Hamburg: Felix Meiner, 2015.

G. W. F. Hegel, *Vorlesung über Ästhetik*, Berlin 1820/21, Eine Nachschrift. I. Textband, hrsg von Helmut Schneider. Frankfurt. a. M. : Peter Lang, 1995.

G. W. F. Hegel, *Philosophie der Kunst oder Ästhetik*, Nach Hegel, Im Sommer 1826 Mitschrift Friedrich Carl Hermann Victor von Kehler, hrsg von Annemarie Gethmann-Siefert und Bernadette Collenberg-Plotnikov, München: Fink, 2004.

G. W. F. Hegel, *Vorlesungen zur Ästhetik*, Vorlesungsmitschrift Adolf Heimann (*1828/1829*), hrsg von Annemarie Gethmann-Siefert und Alain Patrick Olivier, München: Fink, 2017.

G. W. F. Hegel, *Vorlesungen über die Philosophie der Kunst Berlin 1823 Nachgeschrieben von Heinrich Gustav Hotho*, hrsg von Annemarie Gethmann-Siefert, Ausgewählte Nachschriften und Manuskripte Bd. 2, Hamburg: Felix Meiner, 1998.

G. W. F. Hegel, *Vorlesungen über die Philosophie der Religion Teil 1*, hrsg von Walter Jaeschke, Ausgewählte Nachschriften und Manuskripte Bd. 3, Hamburg: Felix Meiner, 1983.

G. W. F. Hegel, *Vorlesungen über die Philosophie der Religion Teil 2*, hrsg von Walter Jaeschke, Ausgewählte Nachschriften und Manuskripte Bd. 4a, Hamburg: Felix Meiner, 1985.

G. W. F. Hegel, *Vorlesungen über die Philosophie der Religion Teil 2*, hrsg von Walter Jaeschke, Ausgewählte Nachschriften und Manuskripte Bd. 4b, Hamburg: Felix Meiner, 1983.

G. W. F. Hegel, *Vorlesungen über die Philosophie der Religion Teil 3*, hrsg von Walter Jaeschke, Ausgewählte Nachschriften und Manuskripte Bd. 5, Hamburg: Felix Meiner, 1984.

G. W. F. Hegel, *Vorlesungen über die Philosophie der Weltgeschichte*, Berlin 1822/1823 Nachschriften von Karl Gustav Julius von Griesheim, Heinrich Gustav Hotho und Friedrich Carl Hermann Victor von Kehler, hrsg von Karl Heinz Ilting, Karl Brehmer und Hoo Nam Seelmann, Ausgewählte Nachschriften und Manuskripte Bd. 12, Hamburg: Felix Meiner, 1996.

G. W. F. Hegel, *Vorlesungen über die Philosophie des Geistes*, Berlin 1827/28, nachgeschrieben von Johann Eduard Erdmann und Ferdinand Walter, hrsg von Franz Hespe und Burkhard Tuschling, Ausgewählte Nachschriften und Manuskripte Bd. 13, Hamburg: Felix Meiner, 1994.

G. W. F. Hegel, *Sämtliche Werke. Kritische Ausgabe*, Bd. XVa: *Vorlesungen über die Geschichte der Philosophie*, Leipzig: Felix Meiner, 1944.

G. W. F. Hegel, *Enzyklopädie der philosophischen Wissenschaften im Grundrisse (1830)*, hrsg von Otto Pöggeler und Friedhelm Nicolin, Hamburg: Felix Meiner, 1969.

G. W. F. Hegel, *Ästhetik*, hrsg von Friedrich Bassenge, Berlin: Aufbau, 1955.

G. W. F. Hegel, *Hegels theologische Jugendschriften*, Nach den Handschriften der Kgl. Bibliothek in Berlin, hrsg von Hermann Nohl, Tühingen: Mohr (Siebeck), 1907.

Briefe von und an Hegel, *Bd. I*, hrsg von J. Hoffmeister, Hamburg: Felix Meiner, 1969.

Briefe von und an Hegel, *Bd. II*, hrsg von J. Hoffmeister, Hamburg, Felix Meiner, 1969.

Briefe von und an Hegel, *Bd. III*, hrsg von J. Hoffmeister, Hamburg, Felix Meiner, 1969.

Schelling:

F. W. J. Schelling, *Erste Abtheilung*, *Erster Band*: 1792 – 1797, SW 1.1, Stuttgart: Cotta, 1856.

F. W. J. Schelling, *Erste Abtheilung*, *Zweiter Band*: 1797 – 1798, SW 1.2, Stuttgart: Cotta, 1857.

F. W. J. Schelling, *Erste Abtheilung*, *Dritter Band*: 1799 – 1800, SW 1.3, Stuttgart: Cotta, 1858.

F. W. J. Schelling, *Erste Abtheilung*, *Vierter Band*: 1800 – 1802, SW 1.4, Stuttgart: Cotta, 1859.

F. W. J. Schelling, *Erste Abtheilung*, *Fünfter Band*: 1802 – 1803, SW 1.5, Stuttgart: Cotta, 1859.

F. W. J. Schelling, *Erste Abtheilung*, *Sechster Band*: 1804, SW 1.6, Stuttgart: Cotta, 1860.

F. W. J. Schelling, *Erste Abtheilung*, *Siebenter Band*: 1805 – 1810, SW 1.7, Stuttgart: Cotta, 1860.

F. W. J. Schelling, *System des transzendentalen Idealismus*, hrsg von Horst D. Brandt und Peter Müller und Walter Schulz, Hamburg: Felix Meiner, 1957.

Kant:

Immanuel Kant, *Kritik der reinen Vernunft*, hrsg. von Raymund Schmidt, Hamburg: Felix Meiner, 1956.

Immanuel Kant, *Kritik der Urteilskraft*, hrsg von Karl Vorländer, Leipzig: Felix Meiner, 1992.

Friedrich Schlegel:

August Schlegel und Friedrich Schlegel, *Athenaeum*: *Eine Zeitschrift*, Stuttgart: Cotta, 1960.

Friedrich Schlegel, *Kritische Friedrich-Schlegel-Ausgabe*, *Erste Abteilung*: *Kritische Neuausgabe*, Bd.1, hrsg von Ernst Behler, München & Paderborn & Wien & Zürich: Schöningh, 1979.

Friedrich Schlegel, *Kritische Friedrich-Schlegel-Ausgabe*, *Erste Abteilung*: *Kritische Neuausgabe*, Bd. 2, hrsg von Hans Eichner, München & Paderborn & Wien & Zürich: Schöningh, 1967.

Friedrich Schlegel, *Kritische Friedrich-Schlegel-Ausgabe*, *Zweiter Abteilung*, Bd. 12, hrsg von Jean-Jacques Anstett, Paderborn & München & Wien & Zürich: Schöningh, 1964.

Friedrich Schlegel, *Kritische Friedrich-Schlegel-Ausgabe*, *Zweiter Abteilung*, Bd. 19, hrsg. von Ernst Behler, München & Paderborn & Wien & Zürich: Schöningh, 1971.

Friedrich Schlegel, *Gespräch über die Poesie*, mit einem Nachwort von Hans Eichner, Stuttgart: Metzler, 1968.

Friedrich Schlegel, *Die Griechen und Römer*, *Historische und kritische Versuche über das klassische Alterthum*, Bd. 1, Neustrelitz: Beim hofbuchhaändler Michaelis, 1797.

Friedrich Schlegel, *Schriften und Fragmente*, *Ein Gesamtbild seines Geistes*, Aus den Werken und dem Handschriftlichem Zusammengestellt und Eingeleitet von Ernst Behler, Stuttgart: Kohlhammer, 1956.

Friedrich Hölderlin:

Friedrich Hölderlin, *Sämtliche Werke*, *Große Stuttgarter Ausagbe*, *Hyperion*. Bd. 3, hrsg von Friedrich Beißner, Stuttgart: Kohlhammer, 1969.

Friedrich Hölderlin, *Sämtliche Werke*, *Große Stuttgarter Ausagbe*, *Der Tod des Empedokles*, *Aufsätze*, *Text und Erläuterungen*, Bd. 4.1, hrsg von Friedrich Beißner, Stuttgart: Kohlhammer, 1972.

Friedrich Hölderlin, *Sämtliche Werke*, *Große Stuttgarter Ausagbe*, *Der Tod des Empedokles*, *Aufsätze. Überlieferung und Lesarten*, Bd. 4.2, hrsg von Friedrich Beißner, Stuttgart: Kohlhammer, 1972.

Friedrich Hölderlin, *Sämtliche Werke*, *Große Stuttgarter Ausagbe*, *übersetzungen*, Bd. 5, hrsg von Friedrich Beißner, Stuttgart: Kohlhammer, 1974.

Friedrich Hölderlin, *Sämtliche Werke*, *Große Stuttgarter Ausagbe*, *Briefe*, *Text. Bd. 6. 1*, hrsg von Friedrich Beißner, Stuttgart: Kohlhammer, 1954.

　　Schiller und die Andere:

August Wilhelm von Schlegel, *Kritische Ausgabe der Vorlesungen*, *Bd. 1*, hrsg von Ernst Behler, Paternborn: Schönigh, 1989.

Friedrich Heinrich Jacobi, *Schriften zum Spinozastreit*, *Text*, *Kommentar*, *Werke*, *Band 1. 1*, Hamburg: Felix Meiner, 1998.

Friedrieh Heinrich Jacobi, *The Main Philosophical Writings and the Novel*, *Allwill*, translated and edited by George di Giovanni, Montreal & Kingsdon: McGill—Queen's University Press, 1994.

Friedrich Schiller, *Sämtliche Werke*, *Bd. 5*, München: Hanser, 1962.

Friedrich Schiller, *Briefwechsel*, *Nationalausgabe*, *Bd. 28*, Weimar: Hermann Böhlau, 1969.

Friedrich Schleiermacher, *Vorlesungen über die Aesthetik*: *Aus Schleiermacher's handschriftlichem Nachlasse und aus nachgeschriebenen Heften*, hrsg von Carl Lommatzsch, Berlin: Reimer, 1842.

Friedrich Schleiermacher, *über die Religion*, *Reden an die Gebildeten unter ihren Verächtern* (*1799*), in Friedrich Daniel Ernst Schleiermacher, *Schriften aus der Berliner Zeit* (*1796 – 1799*), *KGA I/2*, hrsg von Günter Meckenstock, Berlin & New York: Walter de Gruyter, 1984.

Jean Paul, *Vorschule der Ästhetik*, *Abt I*, *Bd. 5*, hrsg von Norbert Miller und Wilhelm Schmidt-Biggemann, München: Hanser Verlag, 1976.

Johann Georg August Wirth, *Denkwürdigkeiten aus meinem Leben*, *Bd. 1*, Emmishofen: Verlag des Literarischen Institue, 1844.

Johann Georg Hamann, *Sämtliche Werke*, *Bd. 2* hrsg von Josef Nadler, Wien: Thomas-Morus-Presse im Verlag Herder, 1950.

Johann Gottfried von Herder, *Ideen zur Philosophie der Geschichte der Menschheit*, *Band 1*, Berlin & Weimar: Aufbau, 1965.

Johann Gottfried von Herder, *Sämtliche Werke*, *Bd. 1*, Berlin: Weidemannsche, 1877.

Johann Gottfried von Herder, *Sämtliche Werke*, *Bd. 10*, Berlin: Weidemannsche, 1879.

Johann Gottfried von Herder, *Sämtliche Werke*, *Bd. 20*, Berlin: Weidmann, 1880.

Karl Leonhard Reinhold, *Briefe über die kantische Philosophie*, hrsg von Raymond Schmidt, Lepzig: Meiner, 1923.

Karl Philipp Moritz, *Werke*, *Bd. 2*, Frankfurt. a. M. : Insel, 1981.

Karl Philipp Moritz, *Werke in Zwei Bänden*, *Bd. 2*, hrsg von Heide Hollmer und Albert Meier, Frankfurt. a. M. : Deutscher Klassiker Verlag, 1997.

J. G. Fichte, Werke (1791 – 1794), *J. G. Fichte-Gesamtausgabe*, *Werk*, *Bd. 1*, hrsg von Reinhad Lauth und Hans Jacob unter Mitwirkung von Manfred Zahn und Richard Schottky, Stuttgart: Frommann Holzboog, 1964.

Novalis, Schriften Ⅱ, hrsg *von Richard Samuel in Zusammenarbeit mit Hans-Joachim Mähl und Gerhard Schulz*, Stuttgart: Kohlhammer, 1965.

Novalis, Schriften Ⅲ, hrsg *von Richard Samuel in Zusammenarbeit mit Hans-Joachim Mähl und Gerhard Schulz*, Stuttgart: Kohlhammer, 1968.

Wilhelm Heinrich Wackenroder, *Dichtung*, *Schriften*, *Briefe*, hrsg *von Heinrich Gerda*, Berlin: Union, 1984.

七　外文研究著作

（按作者姓名首字母排序）

Adriaan Peperzak, *Selbsterkenntnis des Absoluten*, Stuttgart-Bad Cannstatt: Frommann-Holzboog Verlag, 1987.

Annemarie Gethmann-Siefert, *Einführung in Hegels Ästhetik*, München: Fink, 2005.

Aristoteles, *Nikomachische Ethik VI*, herausgegeben und übersetzt von Hans-Georg Gadamer, Frankfurt. a. M. : Vittorio Klostermann, 1998.

Benno von Wiese, *Goethe und Schiller im wechselseitigen Vor-Urteil*, Wiesbaden: Springer, 1967.

Brigitte Hilmer, *Scheinen des Begriffs*, Hamburg: Felix Meiner, 1997.

Charles Taylor, *Hegel*, Cambridge: Cambridge Press, 1975.

Christian Hermann Weisse, *Die Idee der Gottheit: Eine philosophische Abhandlung*, als wissenschaftliche Grundlegung zur Philosophie der Religion, Dresden: Grimm, 1833.

Christian Hermann Weisse, *System der Ästhetik als Wissenschaft von der Idee der Schönheit*, Lepzig: E. H. F. Hartmann, 1830.

Christofer Frey, *Reflexion und Zeit. Ein Beitrag zum Selbstverständnis der Theologie in der Auseinandersetzung vor allem mit Hegel*, Gütersloh: Mohn, 1973.

Constanze Peres, *Die Struktur der Kunst in Hegels Ästhetik*, Bonn: Bouvier Verlag, 1983.

Domenico Losurdo, *Hegel and Freedom of Moderns*, translated by Marella and Jon Morris, Durham: Duke University Press, 2004.

Dieter Henrich, *Hegel im Kontext*, Frankfurt. a. M. : Suhrkamp, 1971.

Dieter Henrich, *Selbstverhältnisse*, Stuttgart: Reclam, 1982.

Dieter Henrich, *Konstellation: Probleme und Debatten am Ursprung der idealistischen Philosophie (1789–1795)*, Stuttgart: Klett-Cotta, 1991.

Dieter Henrich, *Fixpunkte: Abhandlungen und Essays zur Theorie der Kunst*, Frankfurt. a. M. : Suhrkamp, 2003.

Dieter Henrich, *Aesthetic Judgment and Moral Image of the World*, Standford: Standford University Press, 1992.

Dieter Henrich, *The Course of Remembrance and Other Essays on Hölderlin*, California: Stanford University Press, 1997.

Dieter Henrich, *Between Kant and Hegel*, Lectures on German Idealism,

Edited by David S. Pacini, Cambridge & Massachusetts: Harvard University Press, 2008.

Dieter Jähnig, *Schelling: Die Kunst in der Philosophie, Zweiter Band. Die Wahrheitsfunktion der Kunst*, Pfüllingen: Neske, 1969.

Donald Phillip Verene, *Hegel's Absolute: An Introduction to Reading the Phenomenology of Spirit*, Albany: State University of New York, 2007.

Erik Schmidt, *Hegel System der Theologie*, Berlin & New York: De Gruyter, 1974.

Ermylos Plevrakis, *Das Absolute und der Begriff*, Zur Frage philosophischer Theologie in Hegels »Wissenschaft der Logik«, Tübingen: Mohr (Siebeck), 2017.

Ernst Behler, *Studien zur Romantik und zur idealistischen Philosophie*, München & Wien & Zürich: Ferdiand Schönigh, 1988.

Ernst Behler, *Studien zur Romantik und zur idealistischen Philosophie 2*, Paderborn & München & Wien & Zürich: Ferdinand Schöningh, 1993.

Eugen Fink, *Hegel*, Frankfurt. a. M. : Klostermann, 1977.

F. G. Weiss, *Hegel's Critique of Aristotle's Philosophy of Mind*, The Hague: Martinus Nijhoff, 1969.

Frank-Peter Hansen, *Georg W. F. Hegel: >Phänomenologie des Geistes<*, Paderborn: Schöningh, 1994.

Frank-Peter Hansen, *Das älteste Systemprogramm des deutschen Idealismus, Rezeptionsgeschichte und Interpretation*, Berlin & New York: De Gruyter, 1989.

Frderick C. Beiser, *Enlightenment, Revolution, and Romanticism: The Genesis of German Political Thought (1790 – 1800)*, Cambridge: Harvard University Press, 1992.

Frederick C. Beiser, *The Fate of Reason, German Philosophy from Kant to Fichte*, Cambridge & Massachusetts & London: Harvard University Press, 1993.

Frederick C. Beiser, *German Idealism: The Struggle aginst Subjectivism (1781 – 1801)*, Cambridge & London: Harvard University Press, 2002.

G. R. G. Mure, *An Introduction to Hegel*, Oxford: Greenwood Press, 1948.

G. R. G. Mure, *The philosophy of Hegel*, London: Oxford University Press, 1965.

Georg Sans, *Die Realisierung des Begriffs*, Berlin: Akademie Verlag, 2004.

Gerhart Mayer, *Der deutsche Bildungsroman*, Von der Aufklärung bis zur Gegenwart, Stuttgart: Metzler, 1992.

Georg Lasson, *Was heißt Hegelianismus?* Berlin: Reuther & Reichard, 1916.

Georg Lukács, *Der junge Hegel*, Über die Beziehungen von Dialektik und Ökonomie, Frankfurt. a. M. : Suhrkamp, 1973.

Gunter Scholtz, *Schleiermachers Musikphilosophie*, Göttingen: Vandenhoeck & Ruprecht, 1981.

Günter Wohlfart, *Der spekulative Satz*, Berlin & New York: De Gruyter, 1981.

Gustav-H. H. Falke, *Begriffne Geschichte*, Berlin: Lukas Verlag, 1996.

H. S. Harris, *Hegel's Development I, Towards the Sunlight (1770 – 1801)*, Oxford: Oxford University Press, 1972.

H. S. Harris, *Hegel's Development II , Night Thoughts (Jena 1801 – 1806)*, Oxford: Oxford University Press, 1983.

Hans Belting, Bild und Kult, *Eine Geschichte des Bildes vor dem Zeitalter der Kunst*, München: C. H. Beck, 1991.

Hans Friedrich Fulda, *Das Problem einer Einleitung in Hegels Wissenschaft der Logik*, Frankfurt. a. M. : Vittorio Klostermann, 1975.

Hans Friedrich Fulda, *Georg Wilhelm Friedrich Hegel*, München: C. H. Beck, 2003.

Hans Friedrich Fulda, Rolf-Peter Horstmann, Michael Theunissen, *Kri-*

tische Darstellung der Metaphysik: Eine Diskussion über Hegels «Logik», Frankfurt. a. M.: Suhrkamp, 1980.

Hans Michael Baumgartner und Harald Korten, *Friedrich Wilhelm Joseph Schelling*, München: Beck, 1996.

Hans-Georg Gadamer, *Hegels Dialektik*, *Fünf hermeneutische Studien*, Tübingen: Mohr (Siebeck), 1971.

Hans-Georg Gadamer, *Neuere Philosophie I: Hegel · Husserl · Heidegger*, *Gesammelte Werke*, *Bd. 3*, Tübingen: Mohr (Siebeck), 1987.

Hans-Georg Gadamer, *Ästhetik und Poetik II*, *Gesammelte Werke*, *Bd. 9*, Tübingen: Mohr (Siebeck), 1993.

Hans-Otto Rebstock, *Hegels Auffassung des Mythos in seinen Frühschriften*, Freiburg: Karl Alber, 1958.

Heinz Röttiges, *Der Begriff der Method in der Philosophie Hegels*, Meisenheim a. M.: Hain, 1981.

Helmut Kuhn, *Schriften zur Ästhetik*, hrsg von Wolfhart Henckmann, München: Kösel, 1966.

Helmut Schneider, *Geist und Geschichte*, Frankfurt. a. M.: Peter Lang, 1998.

Herbert Marcuse, *Vernunft und Revolution: Hegel und die Entstehung der Gesellschaftstheorie*, Frankfurt. a. M.: Suhrkamp, 1989.

Herbert Scheit, *Geist und Gemeinde*, München: Anton Pustet, 1973.

Herbert Schnädelbach, G. W. F. *Hegel. zur Einführung*, Hamburg: Junius Verlag, 1999.

Hermann Glockner, *Hegel*, *B. 1*, Stuttgart: Frommann, 1954.

Horst Althaus, *Hegel und die heroischen Jahre der Philosophie: Eine Biographie*, München: Carl Hanser, 1992.

Ingtraud Görland, *Die Kantkritik des jungen Hegel*, Frankfurt. a. M.: Vittorio Klostermann, 1999.

J. N. Findlay, *Hegel*, *A Re-examination*, Routledge, 1958.

Jack Kaminsky, *Hegel on Art*, New York: State University of New York Press, 1962.

Jacob Burckhardt, *Griechische Kulturgeschichte*, Leipzig: Kröner, 1929.

Jacobs Jürgen, *Wilhelm Meister und seine Brüder*, *Untersuchungen zum deutschen Bildungsroman*, München: C. H. Beck, 1972.

Jean Hyppolite, *Genesis and Structure of Hegel's Phenomenology of Spirit*, translated by John Heckman, Evanston: Northwestern University Press, 1974.

Jean-Marie Schaeffer, *Art of the Modern Age: Philosophy of Art from Kant to Heidegger*, translated by Steven Rendall, Princeton, N. J. : Princeton University Press, 2000.

Jens Rometsch, *Hegels Theorie des erkennenden Subjekts*, Würzburg: Königshausen & Neumann, 2007.

Jeong-Im Kwon, *Hegels Bestimmung der Kunst*, München: Fink, 2001.

John Steinfort Kedney, *Hegel's Aesthetics: A Critical Exposition*, Chicago: S. C. Griggs and Company, 1885.

Jörg Splett, *Die Trinitätslehre G. W. F. Hegels*, Freiburg & München: Karl Alber, 1984.

Joachim Ritter, *Hegel und die franzosische Revolution*, Arbeitsgemeinschaft für Forschung des Landes Nordrhein-Westfalen 63, Köln & Opladen: Westdeutscher Verlag, 1957.

Joachim Ritter, *Metaphysik und Politik*, Frankfurt. a. M. : Suhrkamp, 1969.

Johannes Hoffmeister, *Goethe und der deutsche Idealismus*, Leipzig: Felix Meiner, 1932.

Johannes Hoffmeister, *Die Heimkehr des Geistes*, Hameln: Seifert, 1946.

Josef Schmidt,„ *Geist* ",„ *Religion* " und „ *absolutes Wissen* ", Stuttgart: Kohlhammer, 1997.

Julius Ebbinghaus, *Relativer und absoluter Idealismus*, *Historisch-systematische Untersuchung über den Weg von Kant zu Hegel*, Leipzig: Voß, 1910.

Jürgen-Eckardt Pleines, *Ästhetik und Vernunftkritik*, Hildesheim & Zürich & New York: Georg Olms, 1989.

Karl Löwith, Von Hegel zu Nietzsche, *Der revolutionäre Bruch im Denken des neunzehnten Jahrhunderts*, Frankfurt. a. M. : S. Fischer, 1969.

Karl Rosenkranz, *Georg Wilhelm Friedrich Hegels Leben*, Darmstadt: Wissenschaftliche Buchgesellschaft, 1963.

Karl Rosenkranz, *Hegel als deutscher Nationalphilosoph*, Darmstadt: Wissenschaftliche Buchgesellschaft, 1965.

Klaus Düsing, *Aufhebung der Tradition im dialektischen Denken*, München: Fink, 2012.

Klaus Düsing, *Subjektivität und Freiheit*, Stuttgart: Frommann-Holzboog, 2002.

Klaus Erich Kaehler, Werner Marx, *Die Vernunft in Hegels Phänomenologie des Geistes*, Frankfurt. a. Main: Vittorio Klostermann, 1992.

Klaus Hartmann, Hegels Logik, *hrsg von Olaf Müller*, mit einem Vorwort von Klaus Brinkmann, Belin & New York: De Gruyter, 1999.

Klaus Vieweg, *Skepsis und Freiheit-Hegel über den Skeptizismus zwischen Philosophie und Literatur*, München: Fink, 2007.

Klaus Vieweg, *Philosophie des Remis*, Der Junge Hegel und Das "Gespenst des Skepticismus", München: Fink, 1999.

Klaus Vieweg, *Das Denken der Freiheit*, München: Fink, 2012.

Klaus Vieweg, Hegel, *Der Philosoph der Freiheit*, München: C. H. Beck, 2019.

Konrad Schüttauf, *Die Kunst und die bildenden Künste*, Bonn: Bouvier, 1984.

Kuno Fischer, *Geschichte der neuern Philosophie*, *Bd. 8: Hegels Leben*,

Werke und Lehre; *Teil 1*, Heidelberg: Winter, 1911.

Kyriaki Goudeli, *Challenges to German Idealism*, *Schelling*, *Fichte and Kant*, London: Palgrave Macmillan, 2002.

Larry Krasnoff, *Hegel's Phenomenology of Spirit: An Introduction*, Cambridge: Cambridge University Press, 2008.

Lewis White Beck, *Early German Philosophy*, Cambridge: Harvard University Press, 1969.

Leszek Kolakowski, *Die Gegenwärtigkeit des Mythos*, München, Piper, 1973.

Louis Althusser, *The Spectre of Hegel*, Early Writings, translated by G. M. Goshgarian, London & New York: Verso, 1997.

Ludwig Siep, *Anerkennung als Prinzip der praktischen Philosophie*, Untersuchungen zu Hegels Jenaer Philosophie des Geistes, Freiburg: Karl Alber, 1979.

Ludwig Siep, *Der Weg der »Phänomenologie des Geistes«*, Frankfurt. a. M.: Suhrkamp, 2000.

Ludwig Siep, *Praktische Philosophie im deutschen Idealismus*, Frankfurt. a. M.: Suhrkamp, 1992.

Luis Mariano de la Maza, *Knoten und Bund*, Bonn: Bouvier, 1998.

Manfred Frank, *Auswege aus dem deutschen Idealismus*, Frankfurt. a. M.: Suhrkamp, 2007.

Manfred Frank, *Der unendliche Mangel an Sein*, Schellings Hegelkritik und die Anfäng der Maxschen Dialetik, München: Fink, 1992.

Manfred Frank, *Einführung in die frühromantische Ästhetik*, Frankfurt. a. M.: Suhrkamp, 1989.

Manfred Frank, *Selbstgefühl: Eine historisch-systematische Erkundung*, Frankfurt. a. M.: Suhrkamp, 2002.

Markus Gabriel, Slavoj Žižek, *Mythology, Madness, and Laughter, Subjectivity in German Idealism*, New York: Continuum, 2009.

Manfred Riedel, *System und Geschichte*, Frankfurt. a. M.: Suhrkamp, 1973.

Martin Wendte, *Gottmenschliche Einheit bei Hegel*, Berlin & New York: De Gruyter, 2007.

Max Horkheimer, *Means and Ends in Eclipse of Reason*, London & New York: Continuum, 1974.

Max Horkheimer und Theodor W. Adorno, *Dialektik der Aufklärung*, Gesammelte Schriften Bd. 5, hrsg von Gunzelin Schmid Noerr, Frankfurt. a. M.: Fischer, 1987.

Max Weber, *Gesammelte Aufsätze zur Wissenschaftslehre*, hrsg von Johannes Winckelmann, Tübingen: Mohr (Siebeck), 1968.

Michael Quante, *Die Wirklichkeit des Geistes*, Frankfurt. a. M.: Suhrkamp, 2011.

Michael Theunissen, *Hegels Lehre vom absoluten Geist als theologisch-politischer Traktat*, Berlin: De Gruyter, 1970.

Michael Theunissen, *Sein und Schein: Die kritische Funktion der Hegelschen Logik*, Frankfurt. a. M.: Suhrkamp, 1980.

Nicolai Hartmann, *Die Philosophie des Deutschen Idealismus*, Berlin: De Gruyter, 1960.

Niklas Hebing, *Hegel Ästhetik des Komischen*, Hamburg: Felix Meiner, 2015.

Niklas Luhmann, *Soziologische Aufklärung*, Bd. 1, Opladen: Westdeutscher Verlag, 1970.

Odo Marquard, *Aesthetica und Anaesthetica*, Philosophische überlegungen, München: Fink, 2003.

Otto Pöggeler, *Hegels Idee einer Phänomenologie des Geistes*, Freiberg: Karl Alber, 1993.

Otto Pöggeler, *Preußische Kulturpolitik im Spiegel von Hegels Ästhetik*, Opladen: Westdeutscher, 1987.

Panajotis Kondylis, *Die Entstehung der Dialektik*, Stuttgart: Kletta Cotta, 1979.

Paul Kluckhohn, *Das Ideengut der deutschen Romantik*, Tübingen: Max Niemeyer, 1961.

Philippe Lacoue-Labarthe and Jean-Luc Nancy, *The Literary Absolute: The Theory of Literature in German Romanticism*, translated by Philip Barnard and Chery Lester, Albany, N. Y.: State University of New York Press, 1988.

Pirmin Stekeler-Weithofer, *Hegels Phänomenologie des Geistes, Ein dialogischer Kommentar, Bd. 2. Geist und Religion*, Hamburg: Felix Meiner, 2014.

Reinhard Leuze, *Die außerchristlichen Religionen bei Hegel*, Göttingen: Vandenhöck & Ruprecht, 1975.

Reinhart Klemens Maurer, *Hegel und das Ende der Geschichte*, Freiburg: Karl Alber, 1980.

Reinhart Koselleck, *Geschichtliche Grundbegriffe, Historisches Lexikon zur politisch—sozialen Sprache in Deutschland*, Stuttgart: Klett-Cotta, 1972.

Reinhart Koselleck, *Historische Semantik und Begriffsgeschichte*, Stuttgart: Klett-Cotta, 1979.

Reinhart Koselleck, *Begriffsgeschichten*, Studien zur Semantik und Pragmatik der politischen und sozialen Sprache, Frankfurt. a. M.: Suhrkamp, 2006.

Richard Kroner, *Von Kant bis Hegel, Bd. 1*: Von Vernunftkritik der zur Naturphilosophie, Tübingen: Mohr (Siebeck), 1961.

Richard Kroner, *Von Kant bis Hegel, Bd. 2*: Von der Naturphilosophie zur Philosophie des Geistes, Tübingen: Mohr (Siebeck), 1977.

Robert B. Pippin, *Idealism as Modernism: Hegelian Variations*, Cambridge: Cambridge University Press, 1997.

Robert B. Pippin, *Modernism as a Philosophical Problem*, New Jersey: Wiley-Blackwell, 1999.

Robert C. Solomon, *In the Spirit of Hegel*, Oxford: Oxford University Press, 1983.

Robert Stern, *Hegel and the Phenomenology of Spirit*, London: Routledge, 2002.

Rolf-Peter Horstmann, *Die Grenzen der Vernunft, Eine Untersuchung zu Zielen und Motiven des Deutschen Idealimus*, Frankfurt. a. M. : Vittorio Klostermann, 2004.

Rolf-Peter Horstmann, *Wahrheit aus dem Begriff: eine Einführung in Hegel*, Frankfurt. a. M. : Hain, 1990.

Rudolf Haym, *Hegel und seine Zeit*, Hildesheim: Olms, 1962.

Rüdiger Bubner, *Ästhetische Erfahrung*, Frankfurt am Main: Suhrkamp Verlag, 1989.

Rüdiger Buber, *The Innovation of Idealism*, New York: Cambridge University Press, 2003.

Stephen Bungay, *Beauty and Truth*, Oxford: Oxford University Press, 1984.

Stefan Majetschak, *Die Logik des Absoluten, Spekulation und Zeitlichkeit in der Philosophie Hegels*, Berlin: Akademie Verlag, 1992.

Terry Pinkard, *German Philosophy (1760 – 1860), The Legacy of Idealism*, Cambridge: Cambridge University Press, 2002.

Theodor Adorno, *Aesthetic Theory*, newly translated, edited, and with a translator's introduction by Robert Hullot-Kentor, London & New York: Continuum, 2002.

Theodor Litt, Hegel, *Versuch einer kritischen Erneuerung*, Heidelberg: Quelle & Meyer, 1953.

Thomas M. Schmidt, *Anerkennung und absolute Religion*, Stuttgart: Frommann-Holzboog, 1997.

Ulrich Dierse, *Enzyklopädie: zur Geschichte eines philosophischen und wissenschaftstheoretischen Begriffs*, Bonn: Bouvier, 1977.

Ulrich Claesges, *Geschichte des Selbstbewusstseins: Der Ursprung des Spekulativen Problems in Fichtes Wissenschaftslehre von 1794 – 1795*, Netherlands: Nijhoff, 1974.

Vittorio Hösie, *Hegel System*, Hamburg: Felix Meiner, 1998.

Walter Jaeschke, *Die Religionsphilosophie Hegels*, Darmstadt: Wissenschaftliche Buchgesellschaft, 1983.

Walter Jaeschke, *Die Vernunft in der Religion*, Stuttgart: Frommann-Holzboog, 1986.

Walter Jaeschke, Andreas Arndt, *Die Klassische Deutsche Philosophie nach Kant, Systeme der reinen Vernunft und ihre Kritik (1785 – 1845)*, München: C. H. Beck, 2012.

Walter Schulz, *Die Vollendung des deutschen Idealismus in der Spätphilosophie Schellings*, Stuttgart: Kohlhammer, 1954.

Werner Marx, *Das Selbstbewußtsein in Hegels Phänomenologie des Geistes*, Frankfurt am Main: Klostermann, 1986.

Werner Marx, *Hegels Phänomenologie des Geistes: die Bestimmung ihrer Idee in "Vorrede" und "Einleitung"*, Frankfurt. a. M.: Klostermann, 1981.

Werner Marx, *Reason and World, between tradition and another beginnig*, Netherlands: Springer, 1971.

Werner Marx, *Schelling, Geschichte, System*, Freiheit, München & Freiburg: Karl Alber, 1977.

Wilhelm Dilthey, *Das Leben Schleiermachers*, Bd. 1, Berlin & Leipzig: De Gruyter, 1922.

Wilhelm Dilthey, *Die Jugendgeschichte Hegels*, Berlin, 1905, Nachdruck in: Dilthey, *Gesammelte Schriften*, Bd. 4, hrsg von Karlfried Gründer, Stuttgart: Teubner, 1990.

Wilhelm Dilthey, *Das Erlebnis und die Dichtung*, *Lessing*, *Goethe*, *Novalis*, *Holderlin*, 4. Aufl, Göttingen: Vandenhoeck & Ruprecht, 1970.

William Desmond, *Art and the Absolute*, New York: State University of New York Press, 1986.

William Desmond, *Beyond Hegel and Dialectic: Speculation*, *Cult*, *and Comedy*, Albany, N. Y. : State University of New York Press, 1992.

Wilhelm Schmidt-Biggemann, *Maschine und Teufel*, Jean Pauls Jugendsatiren nach ihrer Modellgeschichte, Freiburg & München: Karl Alber, 1975.

Wilhelm Windelband, *Die Erneuerung des Hegelianismus: Festrede in der Heidelberger Akademie der Wissenschaften*, Heidelberg: C. Winter, 1910.

Wilhelm Windelband, *Die Geschichte der Neueren Philosophie*, *Erster Band*, *Von der Renaissance bis Kant*, Leipzig: Breitkopf & Härtel, 1922.

Wilhelm Windelband, *Die Geschichte der Neueren Philosophie*, *Zweiter Band*, *Von Kant bis Hegel und Herbart*, Leipzig: Breitkopf & Härtel, 1904.

Wilhelm Windelband, *Lehrbuch der Geschichte der Philosophie*, Tübingen: Mohr (Siebeck), 1935.

Wofgang Janke, *Die dreifache Vollendung des Deutschen Idealismus: Schelling*, *Hegel und Fichtes ungeschriebene Lehre* (*Fichte-Studien. Supplementa*, *Bd. 22*), Amsterdam & New York: Rodopi, 2009.

Wolfgang Marx, *Hegels Theorie logischer Vermittlung*, Kritik der dialektischen Begriffskonstruktionen in der, Wissenschaft der Logik', Stuttgart: Frommann-Holzboog, 1972.

Art and Logic in Hegel's Philosophy, edited by Warren E. Steinkraus & Kenneth L. Schmitz, Harvester Press, 1980.

Ausführliches Lexikon der griechischen und römischen Mythologie, Bd. I, hrsg von Wilhelm Heinrich Roscher, Hildesheim: Olms, 1965.

Ästhetische Grundbegriffe, *Historisches Wörterbuch in sieben Bänden*, Bd. 5, hrsg von Karlheinz Barck, Martin Fontius, Dieter Schlenstedt, Burkhart Steinwachs, Friedrich Wolfzettel, Stuttgart & Weimar: J. B. Metzler,

2010.

Brockhaus, Wahrig, Deutsches Wörterbuch: mit einem Lexikon der Sprachlehre, hrsg von Renate Wahrig-Burfeind, Gütersloh & München: Wissenmedia, 2011.

Das Ende der Kunst als Anfang freier Kunst, hrsg von K. Vieweg & F. Iannelli & F. Vercellone, München: Fink, 2015.

Der Streit um die Grundlagen der Ästhetik (1795 – 1805), hrsg von Walter Jaeschke, Hamburg: Felix Meiner, 1999.

Der Weg zum System, Materialien zum jungen Hegel, hrsg von Christoph Jamme und Helmut Schneider, Frankfurt. a. M. : Suhrkamp, 1990.

Die Aktualität der Romantik, hrsg von Michael N. , *Forster und Klaus Vieweg*, Berlin: LIT – Verlag, 2012.

Die Flucht in den Begriff: Materialien zu Hegels Religionsphilosophie, hrsg von Friedrich Wilhelm Graf und Falk Wagner, Stuttgart: Klett-Cotta, 1982.

Die geschichtliche Bedeutung der Kunst und die Bestimmung der Künste, hrsg von Annemarie Gethmann-Siefert, Lu de Vos und Bernadette Collenberg-Plotnikov, München: Fink, 2005.

Die Interdisziplinarität der Begriffsgeschichte (Archiv für Begriffsgeschichte, Sonderheft), hrsg. von Gunter Scholtz, Hamburg: Felix Meiner, 2000.

Eight Great Comedies, edited by Sylvan Barnet, Morton Berman, William Burto, New York: Penguin Books, 1996.

Fichte und die Kunst. Fichte-Studien (Band 41), hrsg von Ives Radrizzani, in Zusammenarbeit mit Faustino Oncina Coves, Amsterdam & New York: Rodopi, 2014.

"Frankfurt aber ist der Nabel dieser Erde", Das Schicksal einer Generation der Goethezeit, hrsg von Christoph Jamme und Otto Pöggeler, Stuttgart: Klett-Cotta, 1983.

Friedrich Heinrich Jacobi, Ein Wendepunkt der geistigen Bildung der Zeit, hrsg von Walter Jaeschke und Birgit Sandkaulen, Hamburg: Felix Meiner, 2004.

Gestalten des Bewußtseins, hrsg von Birgit Sandkaulen und Walter Jaeschke, Hamburg: Felix Meiner, 2009.

G. W. F. Hegel: Phänomenologie des Geistes, hrsg. von D. Köhler und O. Pöggeler, Berlin: Akademie Verlag, 1998.

Handbuch philosophischer Grundbegriffe, Bd. 1, hrsg von Willi Oelmüller, München, 1973.

Hegel and Aesthetics, edited by William Maker, Albany: State University of New York Press, 2000.

Hegel und die antike Dialektik, hrsg von Manfred Riedel, Frankfurt. a. M.: Suhrkamp, 1990.

Hegel und die "Kritik der Urteilskraft", hrsg von Hans-Friedrich Fulda und Rolf-Peter Horstmann, Stuttgart: Klett-Cotta, 1990.

Hegel und die Phänomenologie des Geistes, hrsg von Michael Gerten, Würzburg: Verlag Königshausen & Neumann, 2012.

Hegel und Nietzsche, Eine literarisch-philosophische Begegnung, hrsg. von Klaus Vieweg, Richard T. Gray, Weimar: Verlag der Bauhaus-Universität Weimar, 2007.

Hegels Ästhetik als Theorie der Moderne, hrsg von Annemarie Gethmann-Siefert, Herta Nagl-Docekal, Erzsebet Rözsa und Elisabeth Weisser-Lohmann, Berlin: Akademie Verlag, 2013.

Hegels Denkentwicklung in der Berner und Frankfurter Zeit, hrsg von Martin Bondeli und Helmut Linneweber-Lammerskitten, München: Fink, 1999.

Hegels »Enzyklopädie der philosophischen Wissenschaften« (1830), Frankfurt. a. M.: Suhrkamp, 2000.

Hegels enzyklopädisches System der Philosophie, hrsg von Hans-Christian Lucas und Burkhard Tuschling und Ulrich Vogel, Stuttgart: Frommann-

Holzboog Verlag, 2004.

Hegels Logik der Philosophie, hrsg von Dieter Henrich und Rolf – Peter Horstmann, Stuttgart: Klett-Cotta, 1984.

Hegel's Phenomenology of Spirit, A Critical Guide, Edited by Dean Moyar and Micheal Quante, Cambridge: University Press, 2008.

Hegel, Einführung in seine Philosophie, hrsg von Otto Pöggeler, Freiburg & München: Karl Alber, 1977.

Hegel in Berichten seiner Zeitgenossen, hrsg von Günther Nicolin, Hamburg: Felix Meiner, 1970.

Hegels Einleitung in die Phänomenologie des Geistes, hrsg von Jindfich Karäsek, Jan Kunes und Ivan Landa, Würzburg: Königshausen & Neumann, 2006.

Hegels Phänomenologie des Geistes, hrsg von Klaus Vieweg und Wolfgang Welsch, Frankfurt am Main: Suhrkamp, 2008.

Hegels Theorie der Bildung, Band II, *Kommentare*, hrsg von Jürgen-Eckardt Pleines, Hildesheim & Zürich & New York: Georg Olms Verlag, 1986.

Hegels Theorie des subjektiven Geistes, hrsg von Lothar Eley, Stuttgart-Bad Cannstatt: Frommann-Holzboog Verlag, 1990.

Herakles: Euripides, Sophokles, Seneca, Wieland, Klinger, Wedekind, Pound, Dürrenmatt, hrsg von Joachim Schondorff und Walter H. Sokel, München &Wien: Langen & Müller, 1964.

Hermeneutik und Dialektik, Bd. 1, hrsg von Rüdiger Bubner, Tübingen: Mohr (Siebeck), 1970.

Historisches Wörterbuch der Philosophie Bd. I – Bd. XII, Hrsg von J. Ritter, Basel: Schwabe, 1971.

Homburg vor der Höhe in der deutschen Geistesgeschichte, Studien zum Freundeskreis um Hegel und Hölderlin, hrsg von Christoph Jamme und Otto Pöggeler, Stuttgart: Klett-Cotta, 1986.

Isaac von Sinclair zwischen Fichte, Hölderlin und Hegel, Ein Beitrag zur Entstehungsgeschichte der idealistischen Philosophie, hrsg von Hannelore Hegel, Frankfurt. a. M.：Vittorio Klostermann, 1971.

Idealismus und Aufklärung, Kontinuität und Kritik der Aufklärung in Philosophie und Poesie um 1800, hrsg von Christoph Jamme und Gerhard Kurz, Stuttgart：Klett-Cotta, 1988.

Immanuel Kant Schriften zur Geschichtsphilosophie, hrsg von Otfried Höffe, Berlin：Akademie Verlag, 2011.

Inventions of the Imagination：Romanticism and Beyond, edited by Richard T. Gray, Seattle and London：University of Washington Press, 2012.

Internationales Jahrbuch des Deutschen Idealismus, Bd. 10, Berlin：De Gruyter, 2012.

Kant-Lexikon. Band 1, hrsg von Marcus Willaschek, Jürgen Stolzenberg, Georg Mohr, Stefano Bacin, Berlin & Boston：Walter de Gruyter, 2015.

Kolloquium Kunst und Philosophie, Band 1, Ästhetische Erfahrung, hrsg von Willi Oelmüller, Paderborn：Ferdinand Schöningh, 1981.

Kunst und Geschichte im Zeitalter, hrsg von Christoph Jamme, Hamburg：Felix Meiner, 1996.

Kulturpolitik und Kunstgeschichte, hrsg von A. Gethmann-Siefert, Hamburg：Felix Meiner, 2000.

Materialien zu Hegels Phänomenologie des Geistes, hrsg von Hans Friedrich Fulda und Dieter Henrich, Frankfurt. a. M.：Suhrkamp, 1973.

Materialien zu Schellings philosophischen Anfängen, hrsg von Manfred Frank und Gerhard Kurz, Frankfurt. a. M.：Suhrkamp, 1975.

Mythologie der Vernunft, Hegels "ältestes Systemprogramm des deutschen Idealismus", hrsg von Ch. Jamme und H. Schneider. Frankfurt. a. M.：Suhrkamp Verlag, 1984.

Natur und Geschichte, Karl Löwith zum 70, Geburtstag, Stuttgart：Frommann-Holzboog, 1967.

New Perspectives on Hegel's Philosophy of Religion, edited by Kolb, David, New York: University of New York Press, 1992.

Psychologie und Anthropologie oder Philosophie des Geistes, hrsg von Franz Hespe u. Burkhard Tuschling, Stuttgart: Frommann-Holzboog, 1991.

Romantik in Deutschland, *Ein interdisziplinäres Symposion*, hrsg von. Richard Brinkmann, Stuttgart: Metzler, 1978.

Rousseau, die Revolution und der junge Hegel, hrsg. von Hans Friedrich Fulda und Rolf-Peter Horstmann, Stuttgart: Klett-Cotta, 1991.

Seminar: Dialektik in der Philosophie Hegels, herausgegeben und eingeleitet von Rolf-Peter Horstmann, Frankfurt. a. M. : Suhrkamp, 1978.

Sein-Reflexion-Freiheit, Aspekte der Philosophie Johann Gottlieb Fichtes, hrsg von Christoph Asmuth, Amsterdam & Philadelphia: B. R. Grüner, 1997.

Systembegriffe nach 1800 – 1809, Systeme in Bewegung, hrsg von Christian Danz, Jürgen Stolzenberg, Violetta L. Waibel, Hamburg: Felix Meiner, 2018.

Systemphilosophie als Selbsterkenntnis, hrsg von Hans Friedrich Fulda, Würzburg: Königshausen & Neumann, 2006.

The Cambridge Companion to German Idealism, edited by Karl Ameriks, Cambridge: Cambridge University Press, 2000.

The Cambridge Companion to Hegel, edited by Fredrick Beiser, Cambridge; Cambridge University Press, 1993.

The Dimensions of Hegel's Dialectic, edited by N. G Limnatis, London & New York: Continuum, 2010.

The Emergence of German Idealism, edited by Micheal Baur and Daniel O. Dahlstrom, Washington: The Catholic University of American Press, 1999.

The Hegel Myths and Legends, edited by Jon Stewart, Evanston: Northwestern University Press, 1996.

Zwischen Philosophie und Kunstgeschichte, *Beiträge zur Begründung der Kunstgeschichtsfofschung bei Hegel und im Hegelianismus*, hrsg von Annemarie Gethmann-Siefert, Bernadette Collenberg-Plotnikov, München: Fink, 2008.

八 外文期刊

Erich Auerbach, Entdeckung Dantes in der Romantik, in *Deutsche Vierteljahrsschrift für Literaturwissenschaft und Geistesgeschichte*, 7 (1929): 682-692.

Hegel Studien, In Verbindung mit der Hegel-Kommission der Deutschen Forschungsgemeinschaft, Bonn: Bouvier, (1-51), 1961ff.

Hegel Studien, *Beiheft*, In Verbindung mit der Hegel-Kommission der Rheinisch-Westfälischen Akademie der Wissenschaften, Bonn: Bouvier, (1-67), 1964ff.

Hegel-Jahrbuch, Begründet von Wilhelm Raimund Beyer, Berlin: Akademie Verlag, (1999-2017), 2000ff.

Hölderlin Jahrbuch, Gründung der Hölderlin-Gesellschaft, Stuttgart: Metzler, (1943-2017), 1944ff.

Hans Friedrich Fulda, Die Ontologie und ihr Schicksal in der Philosophie Hegels Kantkritik in Fortsetzung kantischer Gedanken, in *Revue Internationale de Philosophie*, 4, 1999: 465-484.

Hans Friedrich Fulda, Die Hegelforschung am Ende unseres Jahrhunderts, in *Information Philosophie*, 26 (1998), Nr. 2: 7-18.

Hans Heinrich Borcherdt, Bildungsroman, in *Reallexikon der deutschen Literaturgeschichte. 2. Auflage*, Bd. I, 1958: 175-178.

Helmuth Pleßner, Das Identitätssystem, in *Verhandlungen auf der Schelling-Tagung Bad Ragaz*, *Jahrbuch der schweizer*, *Philosophischen Gesellschaft*, 14, 1954: 68-80.

Justus Schwarz, Die Vorbereitung der Phänomenologie des Geistes in Hegels Jenenser Systementwürfen, In *Zeitschrift für deutsche Kulturphilosophie*, 2, 1936.

Karl Ulmer, »Kunst und Philosophie«, in *Zeitschrift für Ästhetik und allgemeine Kunstwissenschaft XVUI*, 1973.

Ludwig Strauß, Jacob Zwilling und sein Nachlaß, in *Euphorion*, 29, 1928.

Manfred Frank, »Alle Wahrheit ist relativ, alles Wissen ist symbolisch«, Motive der Grundsatz-Skepsis in der frühen Jenaer Romantik (1796), in *Revue Internationale de Philosophie*, 3, 1996: 403 – 436.

Otto Pöggeler, Hegel und die Anfänge der Nihilismus-diskussion, in *Man and World*, 3, 1970: 163 – 199.

Otto Pöggeler, Heideggers Begegnung mit Hölderlin, in *Man and World*, 10 (1), 1977: 13 – 61.

Otto Pöggeler, Hegel's Interpretation of Judaism, in *Human Context*, 1974: 523 – 560.

Schellings Ästhetik in der überlieferung von Henry Crabb Robinson, hrsg von Ernst Behler, in *Philosophisches Jahrbuch LXXXIII*, 1976.

Werner Hartkopf, Die Anfänge der Dialektik bei Schelling und Hegel, Zusammenhänge und Unterschiede, in *Zeitschrift für Philosophische Forschung*, 30 (4), 1976: 545 – 566.

九 硕博论文

Winfried Pielow, *Die Erziehergestalten der großen deutschen Bildungsromane von Goethe bis zur Gegenwart*, Diss. Münster, 1951.

索引与术语表

B

悲剧 8，270，278，279，286，287，290-292，316，317，321-328，333，341，343，344，357，360，361，363，381，391，405，407，409，411，432，537

本体论 54，55，71，97-100，102，103，108，117，147，148，176，181，226，227，238，270，277，291，306，334，379，380，382，384，385，390-392，456，466，468，494，550

本真形而上学 18，31，71，97，101，102，289

辩证 4，6，18，41，51，53，70-72，75-82，86，88，90，117，133，148，150，179，219，222，234，275，279，286，288，290，329，359，388，451，493，530

表象 10，14，45，59，70，73，83，99，100，102，142，143，179，189，194，205，206，218，219，233，246，247，266，269，270，295，299，305，313，315，318，321，322，329，331，340，363-374，376-379，383，387，395，401，409，412，417，418，445，446，467，470，473-487，491，492，498，502，506，507，509，513，529，535，536，539，540，545

C

超越性 14，16，47，154，162，176，181，187，214，235，284，285，333，395，449

陈述 45，52，54，215，231-235，238，240，247，271，318，411，491

纯粹思维 8，10，84，95，96，101-103，109，114，178，240，

248, 330, 334, 369, 370, 378, 379, 390, 465, 494, 512

D

道成肉身　161, 179, 283, 313, 331, 340, 374, 375, 505, 508, 509, 531

定在　2, 11, 15, 70, 80, 85, 91, 93, 99, 106, 109, 197, 201, 227, 264, 272, 282, 293–295, 310, 355, 360, 374, 375, 381, 385, 391, 413, 423, 439, 442, 445–447, 464, 477, 478, 482–484, 487, 493, 494, 498, 502, 503, 509, 521, 529, 530, 534, 535, 540, 542, 543, 546, 551

大全　21, 40, 51, 65, 69, 97, 98, 100, 126, 135, 278, 282, 285, 291, 416

F

反思　1, 2, 9, 16–18, 30, 31, 54, 74, 78–82, 142, 143, 145, 146, 186–189, 191, 194, 196, 198, 209, 210, 215–218, 224, 230, 241, 244, 248, 249, 251, 253, 264, 266–269, 271–273, 280, 282, 285, 300, 310, 313, 326, 328, 329, 333, 350, 351, 359, 365, 383, 387, 391, 394, 400, 413, 441, 445, 446, 448, 450, 452, 453, 455, 456, 459, 460, 465, 477, 487, 492, 510, 517, 523, 527, 528, 530, 536, 539, 544, 546, 548, 550–553

反思哲学　3, 6, 61, 76, 142, 147, 148, 184, 186, 187, 194, 200, 276, 399, 521

反映　4, 10, 18, 49–51, 55, 57–60, 69, 70, 78–81, 84–88, 91, 92, 101, 103, 106, 107, 114–117, 142, 148, 179, 186, 189, 190, 201, 204, 205, 208–210, 212, 214, 216, 223, 228, 231, 232, 234, 235, 239, 241, 244, 246, 248, 249, 266–273, 276, 281, 282, 293, 295, 296, 300, 302, 304–311, 313–317, 326, 350, 354, 356–358, 362, 364, 367, 370–372, 375–377, 383, 384, 386, 399, 442–444, 447, 454, 456, 459, 461, 465–468, 471–473, 475, 485–487, 491, 492, 495, 497–499, 501–504, 507, 510, 513, 514, 516, 518, 528–531, 534, 538, 542–545, 551, 552

范畴　15, 25, 56, 57, 70, 85, 99–101, 104, 125, 129, 152, 161, 178, 179, 182, 188, 239,

298，360，390，442－444，458－461，519

G

概念　2，4－10，14－16，20，25，26，31，32，34，44－49，52－57，60－72，74－83，85－89，91，92，95－114，116，117，122－124，126，127，131，133，136，142－144，146，147，150－153，157，160，164，170，171，176－180，182，184，186－191，193－195，197，201，210，216，218－223，226，228，231－239，245－248，252，253，260，271－273，275，276，279，280，282，286，289，293，297－299，304，305，307，312，316，317，321－323，328，330，333，334，339，345，346，351－358，362－374，376－380，382－388，390－395，399，409－413，417，418，422，429，430，440－447，450－460，463－372，474－476，478，479，481，482，485，487，488，490－492，494－497，499，501－505，507，511，512，519，521，523，524，528，531，533，535－538，542，544，546，548，550－552

概念式思维　4，32，175，272，459，470

概念之真　8，9，15，16，31，150，170，171，304，332，334，388，391，393，430，440，441，457，467，468，470－472，488，497，550

概念之自由　15，16，31，150，388，393，445，452，457，467，468，470－472，488，495－497，499，503，505，516，526，530，535，538，542，552

感性　1，3，15，16，125，127，129，130，137，141，152，154，155，158－160，166－168，177，189，200，208，214，224，239－241，245－247，253，258，259，262，268，269，290，292，295，298，327，342，347，359，363，374，375，377，388，392，408，412，413，437，453－456，458，460，467，473，474，483－485，490，503－505，507，511，513－516，520，525－530，533－535，537－542，544，546，547，550

感性知识　2，95，499

个体性　132，161，224，230，269，319，322－324，345，349，363，376，381，406，413，452，462，545

古典希腊　4，134，140－142，157，

162, 167, 169, 170, 238, 252－254, 259, 262, 272－274, 278, 282, 294, 299, 327, 333, 336, 337, 380, 381, 399, 404, 406, 409, 454, 501, 528, 545, 548

古典型艺术　10, 300, 302, 391, 402, 429, 498, 502, 505, 510, 511, 525－529, 531, 534－538, 544, 547

古今之争　14, 129, 134, 285, 518, 521, 522

观念论　3, 7, 11－13, 19－24, 26, 29, 39, 43－45, 52, 54, 56, 63, 64, 71, 72, 111, 121, 134, 137－140, 144, 145, 147, 149, 150, 161, 168, 180, 183, 189, 195－198, 200, 202, 204, 252, 253, 258, 262, 280, 294, 301, 338, 352, 399, 417, 449, 450, 460

H

回忆　9, 91, 116, 118, 170, 198, 249, 334, 341, 352－356, 362, 363, 371, 382, 385, 387, 388, 390, 399, 444, 446, 448, 473, 477－479, 484, 488, 492, 497, 523

J

基督宗教　126, 270, 291, 358, 509, 511, 541, 544

技艺　122－124, 127, 134, 329, 379, 383, 384, 518

教化　2, 5－7, 9, 11, 12, 14, 16, 17, 97, 102, 111, 113, 115, 116, 118, 125, 159, 166, 195, 197, 215, 220－224, 227, 229－235, 238, 240, 243, 251, 257, 259, 260, 263, 271, 274, 288, 293, 296, 306, 334－356, 381, 385, 388, 390－392, 397, 399, 400, 403, 413, 414, 417, 453, 454, 457, 473, 481, 487－489, 491, 499, 521, 523, 532, 548, 550, 552

教化史　115, 176, 238, 240, 353－356, 488, 490, 553

教养小说　32, 91, 219, 221－224, 229, 233, 520

精神性神话　303

精神现象学　1, 5, 7－10, 12, 24, 31－34, 40, 45－52, 55－60, 68－72, 75－82, 84, 88－93, 95－97, 102－104, 109, 112, 115－117, 132, 147, 150－152, 169－171, 173, 174, 176－180, 192－198, 201, 213, 214, 219, 220, 222－235, 237－239, 245, 246, 248－250, 253, 265－273, 277, 284, 286, 287, 292, 294,

298，301，302，304－315，317－330，339，341－343，345，352－356，358，360－364，366，367，369－378，383，385，387，389，390，392，399，408，411，415，418，419，422，423，432，441，444，448，457，462，488，489，492，496，497，508，521－523，546

精神哲学　2，13，31，33，34，62，69－71，85，89，91－94，103，104，106－109，112，113，117，150，168，183，192，194，232，246，367，375，387，401，403，414，415，418－420，441，445，464，475，504，513，529，540

绝对观念论　43－45，140，149，150，183，202，460

绝对精神　2，9，10，13，33，45，62，66，91，92，108，112，114－116，118，168，173－175，184，244，251，294，345，369，391，394，395，397，403，412－414，416，418，421－423，429，430，441，445－447，451，454－456，458，460，461，464－466，469，470，473，486－489，491－499，501－505，507，509，510，512－516，522，524，525，527－529，532－534，536，537，539－544，546－548，551－553

绝对精神历史　10，17，113，114，354，389，400，413，441，454，455，472，473，489，490，493，552，553

绝对者　74，78，108，140，156，165，182，184－189，191－194，198，201，204，205，207，208，213，214，235，280，283－285，288，291，297，346，349，351，409

绝对知识　9，32，45，82，85，95，115，176，179，180，193，197，200，201，224，230，231，239，240，245，247，271，367，368，378，379，385，386，388，391，392，412，422，465，492，497

绝对主体性　3，54，71，89，117，191，200，366

L

浪漫型艺术　10，25，391，402，406，429，430，433，498，512，525，526，528－531，534－539，541－545，547，548

理念　3，15，25，26，32，38，44，47，54，56，64，67，68，71，72，83，89，90，98，102，105－112，125，127，131，138，156，158，166，174，179，195，

197，199，200，213，221，223，
229，238，251，254，255，258，
273，274，276，278，283－285，
292，297，298，304，328，338，
341，355，372，375，391－394，
404，410－412，416，440，441，
444，453，458，460－467，470，
471，473，474，486，488，492，
495，496，498－503，508，522，
524－530，534，538，540，542，
543

理想　10，39，102，127，132，
157，158，163，164，167，172，
173，201，210，212，221，235，
258，251，253，254，262，269，
278，279，285－287，290，291，
293，336，351，380－382，393，
400，404，406，409，411，418，
423，434，443，446，449，452，
460，462，463，467，473，481，
498－502，504，507，508，513，
515，516，520，525－527，529，
533，535，536，538，540，541，
545，547，548

理智　3，52，56，83，128，183，
189，198，200，205－207，211，
212，215，328，343，347，366，
367，405，437，459，465，474－
486，495，497，515，526，529，
540，543

理智直观　32，44，54，63，66，
76，82，185，187，189，190，
192，194，195，207－216，226，
235，272，280，284，297

历史哲学　8，9，25，34，41，60，
91，130，141，142，148，168，
169，196，238，264，274，280，
284，285，291，295，296，334，
340，394，400，414，426，437，
441－443，445，446，449，450，
466，470，486，522

伦理实体　64，168，269，272，
291，293，294，296，303－305，
319，321，323－328，331，341，
344，357，359，360，362，367，
384，405，441，453，498，501，
509，510，512，535

逻辑学　10，15，16，33，37，41，
42，45，52，70－72，74－76，
79，82－104，111，117，118，
120，180，182－184，190－193，
235，236，239，317，334，354，
393，400，414－416，419，420，
440－443，457，458，460－464，
470－472，507，524，525

M

美学　3－10，12－18，20－31，
34，52，91，119，121，123－
127，130，134－140，142，144－

146，148，149，151，157，164，173，174，216，222，251，253，256，257，262，268，274，277，301，302，318，322，334，336，344，348，352，379，389，392，393，397－402，407，408，410，411，414－416，419，421，423－431，433，434，436－438，455－461，463，466，467，473，490－492，494，498－502，504，505，507，511，512，515－522，524，525，527，529，530，532－534，538，539，541，546，548，550，553

美学柏拉图主义　8，148，183，238，253，273，275－279，286，290，298，333，337，399，404

秘仪　47，312－316，342，537

民族精神　60，66，92，113，295，317，321，322，344，360，406，409，423，446，447，451，455，493，501，506，509，510，531，536，545，552

P

普遍性　15，48，52－54，58，86，106，112，130，135，219，223，230，242－245，267，270，285，304，305，308，310－312，315，317，318，320，324，326－329，333，340，341，344，354，360，363－365，367－371，373－377，381，383，384，406，409，435，440，446，448，452，454，455，457，460，462，474－481，485，494，495，498，501，509，516，518，519，524－526，536，539，540，542－545，547，548，552

普遍意识　243，244，249，250，259，260，264－267，270－273，285，292－295，302，304，306，307，309－311，315，326，327，333，345，357－360，363，365，379，384－386，391，399，413，414，447，455，456

Q

启示宗教（天启宗教）　9，161，163，176，244，249，268，270，271，296，314，331，334，335，344，345，357，358，364－368，377－379，383，385，386，391，392，399，421，422，452，491，498，528，533，537，540－545

虔敬　13，39，155－157，160－163，169，173，174，181，221，261，274，335，345，346，406，541

确定性　76－78，155，224，232，

239－246，267，268，270，314，338，342，348，360，361，364，365，388，408，452，454，475，497

R

认识论　10，41，97，103，130，143，194，227，238，243，256，334，350，379，384，385，391，392，395，399，417，468，473，475，486，522，550

认知　33，72－74，76，77，102，124，142－144，176，186，187，190，191，196，207，208，227，238，245，264，267，272，316，325，331，342，343，365，366，393，399，440，454，456，459，461，464，466，470，473－475，478，486，488，495，496，503，507，512，540，542

S

三段论　23，87，402，403，406，411

神话　3，4，8，130，151，152，154，155，158，167，168，173，198，238，248，250，252－254，256，258－264，271－273，275，278，280－292，294－305，311，314，333－335，338－342，348，364，368，380，399，402－404，409，414，415，434，453，454，460，501，505，510，520

神秘学　47，311，312，334，338－340，352

神秘主义　47，147，163，217，220，274，340，351，377，378，407

神学　19，30，33，39，54，61，62，98，99，102，108，110，126，130，135，146，147，155，157，159，164，170，175，178，180－182，216，220，221，274－276，278，287，289，291，300，341，345，346，351，367，371－374，378，379，394，395，403，406，418，446，451，469，470，494

审美革命　121，122，165，237，255，257，260，264，502

审美形而上学　4－6，8，9，11，17，20－22，134，136，139，140，144－147，149，150，175，177，180，202，215，217－219，235，244，399，553

审美直观　185，210－214，235

诗歌与哲学之争　251

实存　92，107，111，144，152，168，179，209，266，272，281，289，307，339，350，442，446，447，465－467，474，479，484，485，487，495，536

实定宗教　188

实体性　47，52，53，108，131，141，153，185，205，215，217，235，250，258，263，267，269，277，278，285，292，296，303，304，306，309，327，329，339，357－361，380－382，384，386，399，404，411，423，452，454，457，481，485，491，494，502，504－506，524，526，537，545

实体性形而上学　72，75，99，117，176，182，184－186，195，201

实体性因素　9，63，68，181，215，238，261－263，270，304，307，309，313，329，334，354，355，357，361－364，366，369，379，383，384，391，392，442，446，447，456，466，470，486，497，498，506，507，509，511，532，536，550

实在　2－5，54，56，77，133，138，145，185，197，200，202，204－207，209－211，213，214，216，219，223，226，235，280，281，283，284，290，291，325，338，368，404，442，459，463－467，495，497，525，530，538，552，553

实在哲学　1，2，5，7，9，10，13，14，16，23，31，33，93，103－105，107，117，151，168，173，175，176，178，180，235，354，389，393，398－401，408，410，412，414，415，419，420，423，439－441，444，458，460，490，491，493，499，522，533，550－553

史诗　8，120，261，270，281，292，294，305，316－321

世界历史　2，5，9，10，14，16，17，33，113－118，150，176，235，243，249，255，271，274，284，290，293，334，357，358，363，381，384，390，391，393，394，397，403，411，441－449，451，452，454－456，460，465，466，469，472，473，487－491，493，496，510，517，518，522，530，546，547，550，551－553

思辨　4－8，23，30，34，38，39，41，45，59－61，65，71，72，76－82，87，88，92，108，113，117，138，145，148，150，174，179，183，186，189，190，209，220，234，257，261，275，288，291，293，304，348，350，358，364，366，378，411，416，443，472，489，497，500，508，509，511，532，551

思辨陈述　215

思维预设　4，9，334，470，497，532

T

太一　51，98，182，275，276，279，282，286－289，390

体系功能　197，238

体系哲学　4，5，9，25，44，72－74，83，98，135，144，146，149，166，180，197，280

同一性　4，54－59，67，74，77－79，81，87，90，92，101，106，109，111，112，131，142，184－187，189－191，201，203－205，208，209，211，213－216，219，224－227，229，231，236，280，283，284，297，328，340，370，372，379，385，386，388，391，399，412，422，439，441，451，452，465，466，470，479，482，485，489，495，503－505，514，530，551

同一哲学　145，184，185，198，201，202，205，280，281，284，290，297

统一哲学　21，23，139，147，183，275，278，500

W

为他存在　189，228，241，302，309

无限　61，63，66，67，82，88，110，112，116，117，141，182，184，185，187－189，191，209，214，218，233，241，243，258，270，275，278，279，282－284，287，301，302，311，312，338－340，346，349，351，352，360，362，374，375，380－382，409，432，443，444，452，462，464，465，478，487，490，501，503，505，506，509，514，528，530，531，534－540，543，547，548

X

希腊宗教　135，141，262，294－296，298，311－313，316，338，341，358，359，409，423，508，537

喜剧　8，25，28，305，317，327－331，333，341，357，359－361，391，519，537

先验哲学　120，133，144，145，147，185，196，198，201－207，210－213，216，275，280

象征　154，170，237，251，281，284，285，288－290，296－304，340－342，356，358，385，391，399，402，403，406，408，410，418，429，468，494，497，501，

507，508，512，517，518，524，530

象征型艺术 28，300，302，391，406，410，429，494，498，512，525-529，534，538，542，547

新古典人文主义 157，274，334，336，501

新神话 3，8，151，152，167，168，248，250，253，256，258-264，271，273，275，278，285，290，295，299，314，333，348，399，415

信仰 38，61，73-76，87，155，162，163，165，166，180，181，183，184，186-190，214，243，247，250，260，275，306，315，342，345，351，358，361，364，365，367，368，375-377，379，393，394，422，435，469，470，495，497，502，508，544，547

Y

扬弃 3，4，11，17，50，51，59，60，62，69，71，78-81，84，92，95-97，101，106，107，109，111-114，117，144，170，175-177，185，186，189，191，192，195，200，223，232，241，244，245，266，270-273，284，292，306，309，311-314，331，333，

334，339，344，353，354，364-367，375-378，380，381，383，385，386，390-392，399，412，437，441-444，452，454，463，465，468，470，475，477，479，485，487，496，497，503，505，510，512，516，529，530，537，538，542，544，546，547

艺术类型 283，391，402，403，410，429，460，498，507，510，512，516-519，521-528，530，533，534，538，540

艺术门类 10，123-126，163，391，400，410，459，460，491，507，519，533-535，537，538

艺术哲学 1，2，4，8-12，16，17，24-26，29-31，34，41，121，142，144-146，149，173-175，207，210，223，238，280，281，283，285，290，291，296，297，300，301，326，377，390，391，393，399-404，408-410，414，415，417，421，423，430，431，435，437，441，457，459，460，473，490，491，493，497，499，517，521，522，524，530，532，533，537，546，547，551

艺术宗教 1，5，7-10，12，14，32，150，151，157-159，161-164，167，169-171，173-176，

237，238，249，252，253，268，
269，271，272，277，285，291，
294－296，302－307，312，314，
316，327，330，331，333－335，
341，356－361，363，364，366，
375，379，380，385－387，390，
391，393，398，399，411，418，
421－423，452，458，491，502，
508，537，545，550

意识　1－3，5，6，8－10，12，
13，17，19，20，22，32，34，
42－44，47，51，52，54，56，
60，61，63，65，71，72，74－
76，78，84，91－93，95－97，
102，103，106，112，113，115－
118，123，129，131，132，135，
140，142－148，150，175－180，
182，183，185，187－189，192－
214，216，218，221－235，238－
251，259，260，263－275，277，
280，285，288，291－297，299，
301－304，306－319，322，337，
342，343，345－348，351－361，
363－393，399，400，404，409，
413，414，417，423，434，435，
441，444，446－452，454－457，
466，473，475，476，478－481，
487－489，491－495，498，499，
502－504，506，507，509，510，
512，518－521，523，527，529，

531，532，534，541－545，547，
549，551－553

意识经验运动　96，175，231，238，
247，265，334，335，382，385，
388

意识形态　8，19，91，92，178，
225，226，228，231，233－235，
238－240，243，244，247－250，
264，266－268，275，307，361，
378，393，441，444

有教养的意识　386－388，448，
473，493

有限　7，10，63，67，68，82，
88，100，109，110，116，131，
135，136，141，145，179，182，
184－189，191，192，194，201，
203，209，214，232，253，271，
275，282－284，287，301，311，
312，338－340，349，351，352，
357，359，360，387，399，409，
422，444，453，454，456，464，
474，475，477，488，490，494，
495，498，500，501，504，510，
528，534－536，542，547

Z

真理性　2，5－9，47，67，77，
95，106，107，129，159，170，
211，217，218，224，226，234，
235，239，240，242，251，263，

270, 296, 297, 304, 306, 333, 341, 385, 389, 391, 392, 399, 497, 508, 530, 550

真实者　46－48, 51, 52, 54, 55, 60, 66, 71, 75, 82, 85, 102, 103, 176, 200, 231, 240－242, 244, 245, 267, 385－389, 461

知识　2, 9, 12, 19, 20, 32, 44, 45, 48, 52－55, 57, 61, 65, 68, 73－76, 78, 82, 85, 87, 92, 95, 115, 116, 120, 123－125, 129, 138, 142－145, 171, 176, 177, 179, 180, 183－186, 188－197, 199－211, 213－215, 219, 223－235, 239－248, 254, 260, 265, 268, 271－273, 281, 285, 291, 294, 295, 297, 310, 314, 315, 324－326, 328, 329, 331, 333, 343, 354－356, 358, 360, 361, 363－368, 378－381, 384－386, 388, 391, 392, 412, 422, 426, 432, 438, 452, 465, 473－476, 482, 492, 494, 495, 497－499, 502, 504, 510, 522, 529, 540, 542, 543, 551

直接性　4, 46, 48, 49, 52－54, 57－60, 69, 74, 77, 79, 84, 86－107, 110－112, 117, 143, 149, 194, 214, 241, 244, 246－248, 265, 267－270, 272, 277, 291, 294, 306, 307, 309, 312, 323, 333, 345, 354, 356, 367, 371, 372, 378, 380, 385, 387, 390, 391, 393, 404, 408, 441, 442, 447, 458, 463, 468, 470, 474, 477, 478, 482, 483, 485, 486, 499, 502－507, 513－516, 522, 535, 538, 543, 544, 546

直接知识　8, 53, 73, 74, 82, 144, 171, 180, 187, 218, 245, 246, 542

中介　2, 5, 17, 46, 49－51, 55, 57, 58, 62, 71, 72, 74, 77, 84, 86－88, 91, 116－118, 140, 149, 152, 154, 163, 165, 166, 169, 180, 187, 188, 190, 196, 197, 208, 209, 228, 235, 243, 245, 269, 272, 276－278, 291, 298, 299, 302, 309, 310, 312－314, 318, 339, 353, 358, 363, 367, 375, 377－379, 384, 404, 405, 407, 442, 459, 460, 475, 477, 479, 482, 486, 489, 491, 496, 497, 503, 511, 514, 537, 540, 542－544, 546, 548, 551－553

主体性　3, 6, 54, 60, 61, 63－65, 71, 81, 85－87, 89－91, 117, 131, 132, 135, 141－143, 146, 148, 152, 170, 182, 186,

187，191，194，200，207，209，222，235，267，272，304，306，307，309，317，322，324，327，329，331，357，359，361，366，380－382，386，399，404，440，453，454，457，460，466，475－477，480，481，498，504－507，511，513，514，520，524，526，534，542，543

主体性形而上学　9，184，201

自然神话　238，253，272，280，292，302，304，339，399，501

自然意识　1，175，178，195－197，200，214，225，226，228，230，232，233，238，240，244，245，248，273，386，388，446－448，457，492，493，552

自然哲学　3，31，41，61，89－91，103，104，106，107，117，138，150，168，170，183，184，191，192，194，198，200，205－208，220，261－263，273，338，340，414，415，418－420，445，447

自为　60，67，105，106，108，111，112，115，179，222，228，231，250，265，267，364，370，371，377，386，388，439，452，462，463，468，471，474，482，485，496，499，509，540，542，543

自为存在　50，60，67，106，108，109，112，225，241，309，355，360，366，370，372－374，452

自我规定　2，49，57，81，85，103－105，108，149，176，194，201，210，233，241，248，280，338，358，364－366，369，370，376－379，385，386，390，392，399，409－413，422，440，442，443，451，453，459，464，468，470，471，473，474，477，507，551

自我意识　22，47，52，56，63，65，71，72，96，106，112，113，115，117，131，132，193，195－197，199，200，203，205，207，208，216，222，230－232，239－244，246，248－250，265，269，270，272，273，292，304，306－317，319，322－331，333，334，343，345，346，353－361，363－367，369，371－376，378，386－388，409，448，451，454，466，476，493，498，503，506，529，542，544，545

自我意识之历史　180，196－202，204，206，209，212－214，230，235

自由　2，4－7，9－12，14－17，29－31，33，34，37－39，42，

索引与术语表　　611

43，53，60，62，67，71，72，75，76，86，88 - 91，110 - 113，115 - 118，120，125，126，128，141，146 - 148，150，152，155，160，161，167，181，183，189，203，208，210，211，215，216，246，249，258，269，270，275，277 - 279，286，290 - 293，298，306，318，319，326，327，329，330，333，348 - 351，354，357 - 359，361，373，374，381 - 383，387 - 395，397，399，400，403 - 405，408，409，411，413，414，417，429，432，434 - 437，440，441，443 - 447，452 - 455，457 - 459，462 - 472，474，478 - 482，485 - 491，493，495 - 499，501 - 503，505 - 508，510，512，514 - 516，520，523，526 - 553

自在　　10，60，86，105，107，108，111，115，222，225，227，228，231，237，241，242，247，248，250，265，267，324，355，364，366，368 - 370，374，387，388，435，439，440，447，462，465，468，471，474，475，478，485，495，496，498，499，502，509，513，527 - 529，540，542，543

自在存在　　89，106，108，112，227，228

哲学神话学　　8，253，280，282，285，290，291，296，333

宗教意识　　249，251，266 - 268，271，296，317，347，348，351，352，377，387，388，441，448，488，492，521，523

后　　记

"自然和艺术，像是互相藏躲，
可是出乎意外，又遇在一起；
我觉得敌对业已消失，
二者好像同样吸引着我。

这只在于真诚的努力！
只要我们用有限的光阴
投身艺术而全意全心，
自然就活跃在我心里。

一切的文艺也都是如此。
放荡不羁的人将不可能
把纯洁的崇高完成。

要创造伟大，必须精神凝集。
在限制中才显示出能手，
只有规律能给我们自由。"

——歌德：《自然与艺术》

本书脱胎于我的博士学位论文，写作起于 2018 年秋，修改完成于 2022 年秋，横跨四年，在此有必要首先简述成书之缘起与经过。

从硕士学习开始，我对绵延于康德与黑格尔之间的德国古典哲学和美学情有所钟，最初是康德与早期浪漫派，其后为黑格尔所吸引，到博士时便径直将黑格尔论"艺术"及"艺术宗教"确立为选题，但我当时并无系统的研究计划和明确的问题意识，只是单纯顺着自己的兴趣，意欲以此为自己对黑格尔的研习打下一定基础。事实上，博士学位论文的写作较为草促，现在看来其中不少论断尚缺乏深入思考，有些甚至带有明显急就章的色彩。尽管博士学位论文在外审和答辩时（2019年）受到了评审老师们的鼓励与肯定，但揽文自视，我深知当时的论文尚未真正涉及问题根本，行文中亦有不少纰缪，甚至缺少了硕士学位论文的锐意。博士学位论文中不尽如人意之处令我深以为憾，也因此将其视为学习黑格尔的习作。毕业后，如何使博士学位论文得到完善，成为我持续钻研黑格尔的动力与阶段性目标，与读博期间相比，我的关注焦点从黑格尔的体系建构转向了其思想的形成史，尤其重点考察了黑格尔思想定型前与同时代其他思想家的争辩语境，在此过程中，我逐渐摸索出自身理解黑格尔的基本视点：在黑格尔看来，浪漫派（甚至包括写作《先验唯心论体系》时期的谢林）所尊奉的主流艺术观与启蒙的主观理性实质上以两种相悖的方式展现了现代世界的底色——对真理的有限性和自由的任意性沾沾自喜——看似殊途，实则同归。如此，艺术在现代世界中的功能与定位，不仅涉及黑格尔与同时代人之间不同艺术观的交锋，更关系到真理与自由的大本大宗。而在此后对伽达默尔及哈贝马斯等人的阅读中，我发觉黑格尔于实在哲学整体中建构艺术哲学的理路实则隐伏于不少有高明远识的德国现代思想家对艺术审美化的批判之中。

在思考逐渐成型的过程中，我开始重新反思当初博士学位论文选题的意义，而其间我有幸获得了国家社科基金博士论文出版项目的资助，评审专家亦提出不少有针对性的建议，这成为我系统修改、重写博士学位论文的契机。从本书最后呈现的面貌来看，可以说对博士学位论文进行了大刀阔斧的修改，甚至是彻底的重写（本书只有第三部分大体保持了博士学位论文原本的框架和部分内容)。遗憾的是,由于天性的拖沓与特殊的外部情境,最终论文主体的修订被压缩到短短几个月的时间内,而修改的篇幅与整个改动幅度又远远超出预期的计划。在更深入的阅读原文与参鉴经典研究文献的基础上,我发现原先论文的篇章乃至整个框架难以承载新的构想,更何况这种"拆除式的重建"某种程度上较博士学位论文从无到有的写作更为困难。论文总体篇幅从原先的30万字扩充到了50万字,为了尽可能地呈现黑格尔思想的伟力,或者说迫使自己努力提升以更贴近地去理解,我不得不绞尽脑汁,伤透脑筋,不少段落是一改再改。坦白说,重写过程的艰辛和遗憾使我几次萌生了放弃的念头,完全是在爱人和师友们的鼓励中才勉强坚持了下来。在焦灼与拉锯和"死线"的促迫中,我一度陷入"意见的急躁",有时到了失眠都颇为奢侈的地步,但也正是在这种密集的持续思考与集中写作中,对黑格尔文本的重读反而让我心气平澹,思辨的力量挽回了"概念的耐心",使我得以艰难地赶在时限内完成了对论文差强人意的重建。在这样步履维艰的行进与不断坚持中,我慢慢体悟到一种别样的乐趣,这不仅给了我重新系统学习黑格尔的机会,更在这种向伟大思想的贴近中磨砺心性。在酝酿构思到书稿完成近四年的光景中,自我怀疑有之,艰难困阻、灰心丧意乃至利惹名牵亦常有之,重读黑格尔不啻在求知道路上确立起了自我检验的准则,反向自心,便庶几无憾。他的文字使人振奋,同样让人警醒。在修订过程中,我更深地体味到黑格尔对思想的敬畏与对语言的恭敬,他字斟句酌地去处理每一文句,竭力排除任意性和主观性。在这点上,我同样极其惭愧。倘使我对时间节奏把握得稍好一些,那么或许个别问题上能有机会处理得更深入,至少文字能打磨得更精细,撰述能更文雅一些。不过,写作的完成并不意味着修改的终止,相反,几乎其中涉及的所有问题都必然会持续思考和深入下去,尽管有种种不完不备,但我还是愿意先出版这本小书,这本书包含了我从学以来对黑格尔研究的心得与阶段性的回顾,从时间跨度上论,对它的构思、写作和修订过程亦贯穿了我硕博、博后与教研工作的全部时光，尽管并不完美，但仍于我个人有着极宝贵的意义。黑格尔就曾告诫，人们当作是自己早已熟知的东西，并非就是他们已然真知的东西。让我稍感宽慰的是，在对黑格尔的反复研读以及本书的修改中确有所得。假使这部小书能使读者感到一二足取，则实属意外之喜，更期待方家教正。

此外，这部书稿凝聚着在求学道路上各位师友对我始终如一的关怀与帮助。我深知，如没有诸位师长、同事和学友们的帮助和鼓励，我难以开启，更遑论坚持完成这项工作。要特别感激的是业师朱立元教授。朱老师是我的导师，正是他的传道授业，启发和引领了我对德国古典美学研究的兴趣与热忱，而多年的交往中，老师所给予的谆谆教诲、悉心关怀与垂爱，早已超逾师生的情谊，不仅在为学，而且在为人上极大影响与塑造了我，言谢太轻，仅能以这部小书聊表寸心。对我的博士后合作导师张政文教授，我亦深深地感激，从相识起，张老师始终对我的学习、工作与生活关心备至，他开阔的研究思路与敏锐的学术直觉给予我莫大的启发，帮助我打破了原先有些固化的研究视域。我深知张老师的殷切希望与良苦用心，没有他这些年的鞭策、鼓励和提携，我亦很难有现在的成长。而博士学位论文的主体完成于德国耶拿大学，能够跟随费维克老师学习是我人生的幸事，如今我仍会时常回想起在耶拿的岁月，怀念当时定期的谈话和讨论，更敬佩费维克老师对黑格尔毫无保留的热爱和充沛的研究激情，但愿这部小书不至令他失望。我还要感谢李钧老师，李老师于我既是良师，又是益友。从硕士开始我就跟着他一起研读黑格尔，我们时常有异常深入甚至激烈的讨论，李老师敏锐的学术洞察力常使我有豁然开朗之感，受益良多。此外，在耶拿大学学习期间，安德烈亚斯·施密特（Andreas Schmidt）教授关于康德、黑格尔的课程及其对于费希特的精深研究让人钦佩，常给予我启示。同样要感谢的还有我的硕士导师陆扬老师，他总是关心着我的学术与个人成长。感谢参加我博士学位论文答辩的各位师长，尤其是王才勇老师、朱志荣老师、夏锦乾老师和苏宏斌老师，他们对我的论文的肯定与提出的宝贵建议让我心怀感激。在我求学和工作期间，汪涌豪老师、朱刚老师、陶寰老师、白钢老师、张宝贵老师、张勤老师、我的师姐牛文君老师在各方面给予了我诸多帮助和支持，而在博士后研究期间，袁宝龙老师、张跣老师、周勤勤老师、李涛老师和李俊老师所给予的热忱鼓励，我一直心存感恩。

在博士学位论文写作阶段，一些具体观点和文本的分析，我曾多次与王骏博士、何舒骏博士、郭冠宇博士、于思岩博士、朱渝阳博士、王子廓博士、Johannes Korngiebel 博士和 Bruno Gonçalves 博士讨论，在此一并谨致谢忱。而在论文重新修改期间，与徐逸飞博士、黄钰洲博士、周小龙博士、汪尧翀老师、黄江博士和陈龙博士的讨论令我受益良多，学友与同道的帮助令我感激不尽。而书稿最终能顺利出版，离不开我的责编王小溪老师，我由衷地感谢王老师，她不仅在书稿的统校编辑上付出了巨大的心力与劳动，而对我超出预期的修订时间给予了极大的宽容，她始终以严谨的工作态度保持着高效的节奏，以极其细致的态度尽己所能推动本书的修改、定稿与最终出版。我们的父母一直在背后默默地支持我们，对我们的选择永远无限宽容和尊重，这部书的诞生同样寄托了他们的期望。

在修改和重写本书的过程中，我接连知悉 Jens Halfwasen、Christoph Jamme、Walter Jaeschke、Dieter Henrich 和 Klaus Düsing 等一众杰出学人先后谢世的消息，令人怆然，尤其是今年 8 月底惊闻 Hans Friedrich Fulda 仙游的噩耗，一度使我无法投入工作。我到耶拿学习伊始，费维克老师就赠我 Fulda 的《格奥尔格·威廉·弗里德里希·黑格尔》（Georg Wilhelm Friedrich Hegel），这本小册子属于 C. H. Beck 思想家系列丛书中最为杰出的著作，成为我多年来学习研究之准绳；而其影响了整个黑格尔研究走向的巨作《导论》（Das Problem einer Einleitung in Hegels Wissenschaft der Logik）在论文的修改过程中使我获益良多，如小书薄有一得，莫匪 Fulda 之研究所赐。《法兰克福汇报》在 Fulda 纪念专栏中的感叹"德国哲学家的整整一辈人正在离开",使我在怅惋的同时日益感受到一种紧迫的驱策,提醒我应竭已所能去努力完成真正重要的工作。在所有给予我无私帮助的师友中,有着极为特殊的一位,他就是薛华先生。薛先生是真正谦逊的长者,对有志于学的后辈满怀善意和期许,他慷慨地赐我三版《哲学科学全书纲要》的最新译本,鼓励我要学习黑格尔对现实深刻的洞察,告诫我不要轻视现实。在感激先生教诲的同时,我也时常惴惴不安,不知这份书稿是否合格,反省自己对黑格尔到底懂了多少,能不能保持对待学问应有的"诚"。

最后,同样也是最重要的,我想把这本小书题献给我的爱人,本书凝聚着我们共同的心血,包含着我们一起学习、思考、生活的点滴和无数美好的回忆,书中的所有都出自我们的共同讨论,每一个标点符号都是我们一起审读的。正因如此,本书的写作与修订又充满了幸福与甜蜜。我对她满怀敬爱与钦佩,无数次思考方向的确立与写作框架的调整,都出于她的引导。在我论文的写作与修订期间,我的爱人牺牲了全部个人时间,抛却个人事务,全身心地帮助我,殚精竭虑地为我营造一个让我心无旁骛的研究环境,在我颓唐焦虑、自我怀疑之时,她始终不渝地给予我无限的宽慰和勉励,这些天赐的眷顾使我渐渐能收敛心性,抵御磋磨。我深知,没有她的付出,离开她的就伴,我难以拥有今日之面貌。这份情感我一直藏于心底,不敢轻易表露,因为我深知自己远没有达到她的期许,也始终为自己没有真正承担起自己的责任而深怀感愧。在初读黑格尔时,我曾为他动人的语言所吸引,"爱既不限制他物,也不为他物所限制,它绝不是有限的东西","在爱中生命找到了它自身,作为它自身的双重化,亦即生命找到了它自身与它自身的合一。生命必须从这种未经发展的合一出发,经过曲折的圆圈式的教养,以达到一种完满的合一",但那时的理解却仅仅流于表面,直至我们共同经历,方重获新知。我拙于言辞,上述话语实难表达我心中情感的万一:"我想起你,当那儿带着沉闷的轰鸣，有波浪升起，在清净的林子里我经常去谛听，那时万籁俱寂。"

徐贤樑

2023 年 8 月初（初稿）

2023 年 9 月 10 日（定稿）